教科書ガイド 数研出版版 数学 II

本書は，数研出版が発行する教科書「数学 II［数 II/709］」に沿って編集された，教科書の**公式ガイドブック**です。教科書のすべての問題の解き方と答えに加え，例と例題の解説動画も付いていますので，教科書の内容がすべてわかります。また，巻末には，オリジナルの演習問題も掲載していますので，これらに取り組むことで，更に実力が高まります。

本書の特徴と構成要素

1　**教科書の問題の解き方と答えがわかる。予習・復習にピッタリ！**

2　**オリジナル問題で演習もできる。定期試験対策もバッチリ！**

3　**例・例題の解説動画付き。教科書の理解はバンゼン！**

まとめ	各項目の冒頭に，公式や解法の要領，注意事項をまとめてあります。
指針	問題の考え方，解法の手がかり，解答の進め方を説明しています。
解答	指針に基づいて，できるだけ詳しい解答を示しています。
別解	解答とは別の解き方がある場合は，必要に応じて示しています。
注意	問題の考え方，解法の手がかり，解答の進め方で，特に注意すべきことを，必要に応じて示しています。
演習編	巻末に教科書の問題の類問を掲載しています。これらに取り組むことで，教科書で学んだ内容がいっそう身につきます。また，章ごとにまとめの問題も取り上げていますので，定期試験対策などにご利用ください。
デジタルコンテンツ	2 次元コードを利用して，教科書の例・例題の解説動画や，巻末の演習編の問題の詳しい解き方などを見ることができます。

目　次

＜デジタルコンテンツ＞

次のものを用意しております。

デジタルコンテンツ ➡

① 教科書「数学Ⅱ［数Ⅱ/709］」の例・例題の解説動画
② 演習編の詳解
③ 教科書「数学Ⅱ［数Ⅱ/709］」と青チャート，黄チャートの対応表

第1章　式と証明

第1節　式と計算

1　3次式の展開と因数分解

まとめ

1　3次式の展開

①　**展開の公式　1**　$(a+b)^3=a^3+3a^2b+3ab^2+b^3$

$(a-b)^3=a^3-3a^2b+3ab^2-b^3$

展開の公式　2　$(a+b)(a^2-ab+b^2)=a^3+b^3$

$(a-b)(a^2+ab+b^2)=a^3-b^3$

2　3次式の因数分解

①　**因数分解の公式**　$a^3+b^3=(a+b)(a^2-ab+b^2)$

$a^3-b^3=(a-b)(a^2+ab+b^2)$

A　3次式の展開

教 p.9

練習 1

次の式を展開せよ。

(1)　$(x+1)^3$　　(2)　$(x-2)^3$

(3)　$(3a+b)^3$　　(4)　$(2x-3y)^3$

指針　**公式1による展開（和の3乗・差の3乗）**

(3)　$(a+b)^3$ において，a に $3a$ をあてはめる。

(4)　$(a-b)^3$ において，a に $2x$，b に $3y$ をあてはめる。

解答　(1)　$(x+1)^3=x^3+3\cdot x^2\cdot 1+3\cdot x\cdot 1^2+1^3$

$=\boldsymbol{x^3+3x^2+3x+1}$　答

(2)　$(x-2)^3=x^3-3\cdot x^2\cdot 2+3\cdot x\cdot 2^2-2^3$

$=\boldsymbol{x^3-6x^2+12x-8}$　答

(3)　$(3a+b)^3=(3a)^3+3\cdot(3a)^2\cdot b+3\cdot 3a\cdot b^2+b^3$

$=\boldsymbol{27a^3+27a^2b+9ab^2+b^3}$　答

(4)　$(2x-3y)^3=(2x)^3-3\cdot(2x)^2\cdot 3y+3\cdot 2x\cdot(3y)^2-(3y)^3$

$=\boldsymbol{8x^3-36x^2y+54xy^2-27y^3}$　答

問 1 教 p.9

教科書 9 ページの展開の公式 **2** が成り立つことを，左辺を展開して確かめよ。

指針 **展開の公式 2 の証明**　分配法則を利用して，左辺を展開し，整理すればよい。

解答 $(a+b)(a^2-ab+b^2)=a(a^2-ab+b^2)+b(a^2-ab+b^2)$

$=a^3-a^2b+ab^2+a^2b-ab^2+b^3=a^3+b^3$　終

$(a-b)(a^2+ab+b^2)=a(a^2+ab+b^2)-b(a^2+ab+b^2)$

$=a^3+a^2b+ab^2-a^2b-ab^2-b^3=a^3-b^3$　終

練習 2 教 p.9

次の式を展開せよ。

(1)　$(x+2)(x^2-2x+4)$　　(2)　$(x-3)(x^2+3x+9)$

(3)　$(3x+y)(9x^2-3xy+y^2)$　　(4)　$(2a-3b)(4a^2+6ab+9b^2)$

指針 **公式 2 による展開**
（3 乗の和・3 乗の差になる）
公式 **2** では，符号に注意する。

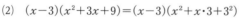

同符号
$(a+b)(a^2-ab+b^2)=a^3+b^3$
異符号
$(a-b)(a^2+ab+b^2)=a^3-b^3$
同符号

解答 (1)　$(x+2)(x^2-2x+4)$

$=(x+2)(x^2-x\cdot 2+2^2)$

$=x^3+2^3=\boldsymbol{x^3+8}$　答

(2)　$(x-3)(x^2+3x+9)=(x-3)(x^2+x\cdot 3+3^2)$

$=x^3-3^3=\boldsymbol{x^3-27}$　答

(3)　$(3x+y)(9x^2-3xy+y^2)=(3x+y)\{(3x)^2-3x\cdot y+y^2\}$

$=(3x)^3+y^3$

$=\boldsymbol{27x^3+y^3}$　答

(4)　$(2a-3b)(4a^2+6ab+9b^2)=(2a-3b)\{(2a)^2+2a\cdot 3b+(3b)^2\}$

$=(2a)^3-(3b)^3$

$=\boldsymbol{8a^3-27b^3}$　答

B　3 次式の因数分解

練習 3 教 p.10

次の式を因数分解せよ。

(1)　x^3+8　　(2)　x^3-64　　(3)　a^3+27b^3　　(4)　$8x^3-125y^3$

指針 **公式による因数分解（3 乗の和・3 乗の差）**　(1)〜(4) はすべて 3 乗の和や差であるから，公式が使える。

解答 (1) $x^3+8=x^3+2^3=(x+2)(x^2-x\cdot 2+2^2)$

$=\boldsymbol{(x+2)(x^2-2x+4)}$ 答

(2) $x^3-64=x^3-4^3=(x-4)(x^2+x\cdot 4+4^2)$

$=\boldsymbol{(x-4)(x^2+4x+16)}$ 答

(3) $a^3+27b^3=a^3+(3b)^3=(a+3b)\{a^2-a\cdot 3b+(3b)^2\}$

$=\boldsymbol{(a+3b)(a^2-3ab+9b^2)}$ 答

(4) $8x^3-125y^3=(2x)^3-(5y)^3$

$=(2x-5y)\{(2x)^2+2x\cdot 5y+(5y)^2\}$

$=\boldsymbol{(2x-5y)(4x^2+10xy+25y^2)}$ 答

教 p.10

練習 4

次の式を因数分解せよ。

(1) x^6-1　　(2) $a^6+9a^3b^3+8b^6$

指針 **因数分解の公式の利用**

(1) $x^6=(x^3)^2$，(2) では $a^6=(a^3)^2$，$b^6=(b^3)^2$ と考える。

解答 (1) $x^6-1=(x^3)^2-1^2=(x^3+1)(x^3-1)$

$=(x+1)(x^2-x+1)(x-1)(x^2+x+1)$

$=\boldsymbol{(x+1)(x-1)(x^2-x+1)(x^2+x+1)}$ 答

(2) $a^6+9a^3b^3+8b^6=(a^3)^2+9a^3b^3+8(b^3)^2=(a^3+b^3)(a^3+8b^3)$

$=(a+b)(a^2-ab+b^2)(a+2b)(a^2-2ab+4b^2)$

$=\boldsymbol{(a+b)(a+2b)(a^2-ab+b^2)(a^2-2ab+4b^2)}$ 答

教 p.10

深める

教科書の例題 1 (1) を $x^6-y^6=(x^2)^3-(y^2)^3$ と考えて因数分解してみよう。

指針 **因数分解の公式の利用**　x^2 を a，y^2 を b とおくと，a^3-b^3 の因数分解となり，公式を利用できる。x^2-y^2，$x^4+x^2y^2+y^4$ も因数分解できることに注意する。

解答 $x^6-y^6=(x^2)^3-(y^2)^3=(x^2-y^2)\{(x^2)^2+x^2y^2+(y^2)^2\}$

$=(x+y)(x-y)\{(x^2+y^2)^2-x^2y^2\}$

$=\boldsymbol{(x+y)(x-y)(x^2-xy+y^2)(x^2+xy+y^2)}$ 答

2 二項定理

まとめ

1 パスカルの三角形

① $(a+b)^n$ の展開式の各項の係数を，上から順に $n=1$, 2, 3, 4, 5, …… の場合について三角形状に並べると，右のような数の配列になる。

$(a+b)^1$　1 1
$(a+b)^2$　1 2 1
$(a+b)^3$　1 3 3 1
$(a+b)^4$　1 4 6 4 1
$(a+b)^5$　1 5 10 10 5 1
⋮

これを **パスカルの三角形** といい，次の性質がある。

1　数の配列は左右対称で，各行の両端の数は 1 である。

2　両端以外の各数は，その左上の数と右上の数の和に等しい。

2 二項定理

① **二項定理**　$\boldsymbol{(a+b)^n={}_n\mathrm{C}_0a^n+{}_n\mathrm{C}_1a^{n-1}b+{}_n\mathrm{C}_2a^{n-2}b^2+\cdots\cdots+{}_n\mathrm{C}_ra^{n-r}b^r+\cdots\cdots+{}_n\mathrm{C}_{n-1}ab^{n-1}+{}_n\mathrm{C}_nb^n}$

注意 $a^0=1$，$b^0=1$ と定めると，上の展開式の各項は ${}_n\mathrm{C}_ra^{n-r}b^r$ の形である。

② 二項定理における ${}_n\mathrm{C}_ra^{n-r}b^r$ を，$(a+b)^n$ の展開式の **一般項** といい，係数 ${}_n\mathrm{C}_r$ を **二項係数** という。

3 二項定理の応用

① 二項定理の等式　$(a+b)^n={}_n\mathrm{C}_0a^n+{}_n\mathrm{C}_1a^{n-1}b+{}_n\mathrm{C}_2a^{n-2}b^2+\cdots\cdots+{}_n\mathrm{C}_nb^n$ において，$a=1$，$b=x$ とすると，次の等式が得られる。

$$\boldsymbol{(1+x)^n={}_n\mathrm{C}_0+{}_n\mathrm{C}_1x+{}_n\mathrm{C}_2x^2+\cdots\cdots+{}_n\mathrm{C}_nx^n}$$

この等式で，x に適当な値を代入するといろいろな等式が得られる。

② 二項定理を繰り返し利用して，$(a+b+c)^n$ の展開式における各項の係数を求めることができる。

[1]　$(a+b+c)^n=\{(a+b)+c\}^n$ と考えると，右辺の展開式において，
　c^r を含む項は　${}_n\mathrm{C}_r(a+b)^{n-r}c^r$

[2]　ここで，$(a+b)^{n-r}$ の展開式において，
　$a^{n-r-q}b^q$ を含む項の係数は　${}_{n-r}\mathrm{C}_q$

[3]　[1]，[2] から，$a^{n-r-q}b^qc^r$ の項の係数は　${}_n\mathrm{C}_r\times{}_{n-r}\mathrm{C}_q$

A パスカルの三角形

教 p.11

問 2　次の□に入る各数を，係数だけを取り出す計算によって求めよ。

$$(a+b)^5=a^5+\square a^4b+\square a^3b^2+\square a^2b^3+\square ab^4+b^5$$

指針 **$(a+b)^5$ の展開式** $(a+b)^5$ の展開式の各項の係数は，$(a+b)^4$ の展開式の各項の係数 1，4，6，4，1 を 1 つずらして下に書き，上下を足したものとして得られる。

解答

$$\begin{array}{rrrrrrr} & 1 & 4 & 6 & 4 & 1 & \\ \times) & 1 & 1 & & & & \\ \hline & 1 & 4 & 6 & 4 & 1 & \\ & & 1 & 4 & 6 & 4 & 1 \\ \hline & 1 & 5 & 10 & 10 & 5 & 1 \end{array}$$

$(a+b)^5=a^5+\mathbf{5}a^4b+\mathbf{10}a^3b^2+\mathbf{10}a^2b^3+\mathbf{5}ab^4+b^5$ 答

教 p.12

練習 5

パスカルの三角形の性質を用いて，パスカルの三角形の 6 行目，7 行目の数の配列を求めよ。

指針 **パスカルの三角形** パスカルの三角形のある行がわかると，パスカルの三角形の性質 **1**，**2** を利用することによって，その次の行を足し算だけで作ることができる。

ある行の数の並びが 1，a，b，……，1 のとき，その次の行の作り方は

$$\begin{array}{ccccccc} & 1 & & a & & b \cdots\cdots & 1 \\ 1 & & 1+a & & a+b & \cdots\cdots & & 1 \end{array}$$

① 左端を 1 とする(性質 **1**)

② 順に，左上の数と右上の数の和を並べていく(性質 **2**)

③ 右端を 1 とする(性質 **1**)

解答 パスカルの三角形で，5 行目($n=5$ のとき)の数の並びは

1，5，10，10，5，1

$$\begin{array}{ccccccccccccccc} & & 1 & & 5 & & 10 & & 10 & & 5 & & 1 & & \\ & 1 & & 6 & & 15 & & 20 & & 15 & & 6 & & 1 & \\ 1 & & 7 & & 21 & & 35 & & 35 & & 21 & & 7 & & 1 \end{array}$$

これをもとにすると，6 行目は，左端が 1 で，5 行目の隣り合った 2 つの数の和を求めていくと

$1+5=6$，$5+10=15$，$10+10=20$，…… で，右端は 1

よって，6 行目は **1，6，15，20，15，6，1** 答

同様にして，6 行目をもとにして 7 行目を順に求めていくと

1，$1+6=7$，$6+15=21$，$15+20=35$，…… で，右端は 1

よって，7 行目は **1，7，21，35，35，21，7，1** 答

B 二項定理

教 p.13

練習 6

次の式の展開式を求めよ。

(1) $(a-b)^5$ (2) $(x+2)^6$

教科書 p.13

指針 **二項定理による展開**

(1) 二項定理において，$a \to a$，$b \to -b$，$n=5$ として得られる式を更に計算すればよい。

(2) (1) と同様に，二項定理において，$a \to x$，$b \to 2$，$n=6$ として得られる式を更に計算すればよい。

なお，${}_n\mathrm{C}_r$ の計算では ${}_n\mathrm{C}_0={}_n\mathrm{C}_n=1$，${}_n\mathrm{C}_r={}_n\mathrm{C}_{n-r}$ に注意すること。

解答 (1) 二項定理により

$$(a-b)^5={}_5\mathrm{C}_0a^5+{}_5\mathrm{C}_1a^4(-b)+{}_5\mathrm{C}_2a^3(-b)^2+{}_5\mathrm{C}_3a^2(-b)^3+{}_5\mathrm{C}_4a(-b)^4+{}_5\mathrm{C}_5(-b)^5$$

ここで

$${}_5\mathrm{C}_0=1,\ {}_5\mathrm{C}_5=1,\ {}_5\mathrm{C}_4={}_5\mathrm{C}_1=5,\ {}_5\mathrm{C}_3={}_5\mathrm{C}_2=\frac{5\cdot4}{2\cdot1}=10$$

よって

$$(a-b)^5=\boldsymbol{a^5-5a^4b+10a^3b^2-10a^2b^3+5ab^4-b^5}$$ 答

(2) 二項定理により

$$(x+2)^6={}_6\mathrm{C}_0x^6+{}_6\mathrm{C}_1x^5\cdot2+{}_6\mathrm{C}_2x^4\cdot2^2+{}_6\mathrm{C}_3x^3\cdot2^3+{}_6\mathrm{C}_4x^2\cdot2^4+{}_6\mathrm{C}_5x\cdot2^5+{}_6\mathrm{C}_6\cdot2^6$$

ここで　${}_6\mathrm{C}_0=1$，${}_6\mathrm{C}_6=1$，${}_6\mathrm{C}_5={}_6\mathrm{C}_1=6$，

$${}_6\mathrm{C}_4={}_6\mathrm{C}_2=\frac{6\cdot5}{2\cdot1}=15,\ {}_6\mathrm{C}_3=\frac{6\cdot5\cdot4}{3\cdot2\cdot1}=20$$

よって

$$(x+2)^6=x^6+6\cdot x^5\cdot2+15\cdot x^4\cdot2^2+20\cdot x^3\cdot2^3+15\cdot x^2\cdot2^4+6\cdot x\cdot2^5+2^6$$
$$=\boldsymbol{x^6+12x^5+60x^4+160x^3+240x^2+192x+64}$$ 答

練習 7 教 p.13

次の式の展開式における，[　] 内に指定された項の係数を求めよ。

(1) $(2x+3)^6$　$[x^2]$　　(2) $(3x-2y)^5$　$[x^2y^3]$

指針 **展開式における項の係数**　$(a+b)^n$ の展開式の一般項は ${}_n\mathrm{C}_ra^{n-r}b^r$ である。

(1) $a \to 2x$，$b \to 3$，$n=6$ とすると，一般項は　${}_6\mathrm{C}_r(2x)^{6-r}\cdot3^r$

これが x^2 の項になるのは，x^{6-r} が x^2 のときである。

(2) (1) と同様に考えると，$(3x)^{5-r}\cdot(-2y)^r$ が x^2y^3 の項のときである。

解答 (1) $(2x+3)^6$ の展開式の一般項は

$${}_6\mathrm{C}_r(2x)^{6-r}\cdot3^r={}_6\mathrm{C}_r\cdot2^{6-r}\cdot3^r\cdot x^{6-r}$$

x^2 の項は $6-r=2$　すなわち　$r=4$ のときである。

よって，求める係数は

$${}_6\mathrm{C}_4\cdot2^{6-4}\cdot3^4={}_6\mathrm{C}_4\cdot2^2\cdot3^4$$
$$=\frac{6\cdot5}{2\cdot1}\times4\times81=\mathbf{4860}$$ 答

(2) $(3x-2y)^5$ の展開式の一般項は

$${}_5C_r(3x)^{5-r}(-2y)^r={}_5C_r\cdot 3^{5-r}\cdot(-2)^r\cdot x^{5-r}y^r$$

x^2y^3 の項は $r=3$ のときである。

よって，求める係数は

$${}_5C_3\cdot 3^{5-3}\cdot(-2)^3={}_5C_2\cdot 3^2\cdot(-2)^3$$

$$=\frac{5\cdot 4}{2\cdot 1}\times 9\times(-8)=\mathbf{-720}$$ 答

深める 教 p.13

教科書 12 ページのパスカルの三角形の性質 **1**, **2** を，二項係数 ${}_nC_r$ を使った等式で表してみよう。

指針 **パスカルの三角形**

1　n 行目の左端の数は ${}_nC_0$，右端の数は ${}_nC_n$ である。

2　両端以外の数が ${}_nC_r$ のとき

その左上の数は ${}_{n-1}C_{r-1}$，右上の数は ${}_{n-1}C_r$

解答 **1**　$\mathbf{{}_nC_0=1}$，$\mathbf{{}_nC_n=1}$ 答

2　**$n\geqq 2$ のとき**　$\mathbf{{}_nC_r={}_{n-1}C_{r-1}+{}_{n-1}C_r}$ 答

C 二項定理の応用

練習 8 教 p.14

$(1+x)^n={}_nC_0+{}_nC_1x+{}_nC_2x^2+\cdots\cdots+{}_nC_nx^n$ …… ①

上の等式 ① を用いて，次の等式を導け。

(1) ${}_nC_0-{}_nC_1+{}_nC_2-\cdots\cdots+(-1)^r{}_nC_r+\cdots\cdots+(-1)^n{}_nC_n=0$

(2) ${}_nC_0-2{}_nC_1+2^2{}_nC_2-\cdots\cdots+(-2)^r{}_nC_r+\cdots\cdots+(-2)^n{}_nC_n$
$=(-1)^n$

指針 **二項係数に関する等式の証明**　二項定理で $a=1$，$b=x$ とおいて得られる等式 ① で，x に適当な値を代入する。

$(1+x)^n={}_nC_0+{}_nC_1x+{}_nC_2x^2+\cdots\cdots+{}_nC_rx^r+\cdots\cdots+{}_nC_nx^n$ …… ①

(1) 証明したい等式の右辺は　0

ここで，$x=-1$ とすると

$$(1+x)^n=0$$

これより，① に $x=-1$ を代入してみる。

(2) 証明したい等式の右辺は　$(-1)^n$

ここで，$x=-2$ とすると

$$(1+x)^n=(1-2)^n=(-1)^n$$

これより，① に $x=-2$ を代入してみる。

解答 二項定理により，次の等式①が得られる。

$(1+x)^n={}_n\mathrm{C}_0+{}_n\mathrm{C}_1x+{}_n\mathrm{C}_2x^2+\cdots\cdots+{}_n\mathrm{C}_rx^r+\cdots\cdots+{}_n\mathrm{C}_nx^n$ …… ①

(1) $x=-1$ を ① に代入すると

$$(1-1)^n={}_n\mathrm{C}_0+{}_n\mathrm{C}_1\cdot(-1)+{}_n\mathrm{C}_2\cdot(-1)^2+\cdots\cdots+{}_n\mathrm{C}_r\cdot(-1)^r+\cdots\cdots+{}_n\mathrm{C}_n\cdot(-1)^n$$

すなわち

$${}_n\mathrm{C}_0-{}_n\mathrm{C}_1+{}_n\mathrm{C}_2-\cdots\cdots+(-1)^r{}_n\mathrm{C}_r+\cdots\cdots+(-1)^n{}_n\mathrm{C}_n=0$$ 終

(2) $x=-2$ を ① に代入すると

$$(1-2)^n={}_n\mathrm{C}_0+{}_n\mathrm{C}_1\cdot(-2)+{}_n\mathrm{C}_2\cdot(-2)^2+\cdots\cdots+{}_n\mathrm{C}_r\cdot(-2)^r+\cdots\cdots+{}_n\mathrm{C}_n\cdot(-2)^n$$

すなわち

$${}_n\mathrm{C}_0-2{}_n\mathrm{C}_1+2^2{}_n\mathrm{C}_2-\cdots\cdots+(-2)^r{}_n\mathrm{C}_r+\cdots\cdots+(-2)^n{}_n\mathrm{C}_n=(-1)^n$$ 終

練習 9 教 p.14

$(a+b+c)^7$ の展開式における次の項の係数を求めよ。

(1) a^4bc^2　　(2) a^3b^3c　　(3) b^4c^3

指針 **$(a+b+c)^7$ の展開式における項の係数**

$(a+b+c)^7=\{(a+b)+c\}^7$ と考えて，二項定理を繰り返し用いる。

(1) a^4bc^2 の項の係数は，次のようにして求める。

① c^2 に着目する ⟶ $\{(a+b)+c\}^7$ の c^2 を含む項は ${}_7\mathrm{C}_2(a+b)^5c^2$

② 次に，a^4b に着目する ⟶ $(a+b)^5$ の a^4b を含む項の係数は ${}_5\mathrm{C}_1$

①，② から

$$\begin{aligned}(a+b+c)^7&=\cdots\cdots+{}_7\mathrm{C}_2(a+b)^5c^2+\cdots\cdots\\&=\cdots\cdots+{}_7\mathrm{C}_2(\cdots\cdots+{}_5\mathrm{C}_1a^4b+\cdots\cdots)c^2+\cdots\cdots\\&=\cdots\cdots+{}_7\mathrm{C}_2\times{}_5\mathrm{C}_1a^4bc^2+\cdots\cdots\end{aligned}$$

(2)，(3) も同様に考える。

解答 (1) $\{(a+b)+c\}^7$ の展開式において，c^2 を含む項は ${}_7\mathrm{C}_2(a+b)^5c^2$

また，$(a+b)^5$ の展開式において，a^4b を含む項の係数は ${}_5\mathrm{C}_1$

よって，a^4bc^2 の項の係数は

$${}_7\mathrm{C}_2\times{}_5\mathrm{C}_1=\frac{7\cdot6}{2\cdot1}\times5=\mathbf{105}$$ 答

(2) $\{(a+b)+c\}^7$ の展開式において，c を含む項は ${}_7\mathrm{C}_1(a+b)^6c$

また，$(a+b)^6$ の展開式において，a^3b^3 を含む項の係数は ${}_6\mathrm{C}_3$

よって，a^3b^3c の項の係数は

$${}_7\mathrm{C}_1\times{}_6\mathrm{C}_3=7\times\frac{6\cdot5\cdot4}{3\cdot2\cdot1}=\mathbf{140}$$ 答

(3) $\{(a+b)+c\}^7$ の展開式において，c^3 を含む項は ${}_7\mathrm{C}_3(a+b)^4c^3$

また，$(a+b)^4$ の展開式において，b^4 を含む項の係数は　${}_4C_4$
よって，b^4c^3 の項の係数は

$${}_7C_3\times{}_4C_4=\frac{7\cdot6\cdot5}{3\cdot2\cdot1}\times1=\mathbf{35}$$ 答

注意 (1)　$\{(a+b)+c\}^7$ の一般項は ${}_7C_r(a+b)^{7-r}c^r$ であるから，$(a+b+c)^7$ の展開式において，c^2 は ${}_7C_2(a+b)^5c^2$ の式の中にしか出てこない。また，$(a+b)^5$ の一般項は ${}_5C_qa^{5-q}b^q$ であるから，a^4bc^2 の項は ${}_7C_2\times{}_5C_1a^4bc^2$ 以外にはないことがいえる。

研究　$(a+b+c)^n$ の展開式

まとめ

$(a+b+c)^n$ の展開式

同じものを含む順列の総数の公式により，$(a+b+c)^n$ の展開式における $a^pb^qc^r$ の項の係数は

$$\frac{n!}{p!q!r!}\qquad ただし\quad p+q+r=n$$

練習 1　教 p.15

$(a+b+c)^{10}$ の展開式における $a^5b^2c^3$ の項の係数を求めよ。

指針　**$(a+b+c)^n$ の展開式における項の係数**　$(a+b+c)^n$ の展開式における $a^pb^qc^r$ の項の係数は　$\dfrac{n!}{p!q!r!}$　ただし $p+q+r=n$

解答　$p=5$，$q=2$，$r=3$，$n=10$ とすると

$$\frac{10!}{5!2!3!}=\frac{10\cdot9\cdot8\cdot7\cdot6}{2\cdot1\times3\cdot2\cdot1}=\mathbf{2520}$$ 答

3　多項式の割り算

まとめ

1　多項式の割り算

①　A と B が同じ1つの文字についての多項式で，$B\neq0$ とするとき

$A=BQ+R$，R は0か，B より次数の低い多項式

を満たす多項式 Q と R がただ1通りに定まる。
多項式 Q を，A を B で割ったときの **商** といい，R を **余り** という。余りが

0 のとき，A は B で **割り切れる** という。
② 多項式 A を多項式 B で割るときは，次のことに注意する。
1 A，B を降べきの順に整理してから，割り算を行う。
2 余りが 0 になるか，余りの次数が割る式 B の次数より低くなるまで計算を続ける。

A 多項式の割り算

教 p.17

練習 10

次の多項式 A，B について，A を B で割った商と余りを求めよ。
(1) $A=3x^2+5x-6$，$B=x+3$
(2) $A=2x^3+9x^2-1$，$B=x^2+4x-3$
(3) $A=4x^3-9x^2+7x$，$B=3-2x+x^2$

指針 **多項式の割り算** まず，A，B とも降べきの順(項の次数が低くなる順)に整理することが大切である。また，割られる式 A に，ある次数の項がないときには，その項の場所をあけて計算する。

解答 (1)

$$
\begin{array}{r|l}
 & 3x-4 \\
\hline
x+3 & 3x^2+5x-6 \\
 & 3x^2+9x \\
\hline
 & -4x-6 \\
 & -4x-12 \\
\hline
 & 6
\end{array}
$$

商 $3x-4$，余り 6 答

(2)

$$
\begin{array}{r|l}
 & 2x+1 \\
\hline
x^2+4x-3 & 2x^3+9x^2 \qquad -1 \\
 & 2x^3+8x^2-6x \\
\hline
 & x^2+6x-1 \\
 & x^2+4x-3 \\
\hline
 & 2x+2
\end{array}
$$

商 $2x+1$，余り $2x+2$ 答

(3)

$$
\begin{array}{r|l}
 & 4x-1 \\
\hline
x^2-2x+3 & 4x^3-9x^2+7x \\
 & 4x^3-8x^2+12x \\
\hline
 & -x^2-5x \\
 & -x^2+2x-3 \\
\hline
 & -7x+3
\end{array}
$$

商 $4x-1$，余り $-7x+3$ 答

教 p.18

練習 11

多項式 $2x^3+5x^2-6x+3$ を多項式 B で割ると，商が $2x-1$，余りが $x+1$ である。B を求めよ。

指針 **多項式の割り算に関する等式 $A=BQ+R$** $A=BQ+R$ に
$A=2x^3+5x^2-6x+3$，$Q=2x-1$，$R=x+1$ を代入して，B を求める。

解答 条件から，次の等式が成り立つ。

$$2x^3+5x^2-6x+3=B\times(2x-1)+x+1$$

ゆえに

$$2x^3+5x^2-7x+2=B\times(2x-1)$$

よって，$2x^3+5x^2-7x+2$ は $2x-1$ で割り切れて，その商が B である。

右の計算により　$\boldsymbol{B=x^2+3x-2}$ 答

$$\begin{array}{r|l} & x^2+3x-2 \\ \hline 2x-1 & 2x^3+5x^2-7x+2 \\ & 2x^3-\ \ x^2 \\ \hline & \qquad 6x^2-7x \\ & \qquad 6x^2-3x \\ \hline & \qquad\qquad -4x+2 \\ & \qquad\qquad -4x+2 \\ \hline & \qquad\qquad\qquad 0 \end{array}$$

練習 12 教 p.18

$A=3x^3-2ax^2+5a^2x$，$B=3x+a$ を x についての多項式とみて，A を B で割った商と余りを求めよ。

指針 **2文字を含む多項式の割り算**　x に着目して，割り算を行う。

解答

$$\begin{array}{r|l} & x^2-\ ax\ +2a^2 \\ \hline 3x+a & 3x^3-2ax^2+5a^2x \\ & 3x^3+\ ax^2 \\ \hline & \quad -3ax^2+5a^2x \\ & \quad -3ax^2-\ a^2x \\ \hline & \qquad\qquad 6a^2x \\ & \qquad\qquad 6a^2x+2a^3 \\ \hline & \qquad\qquad\quad -2a^3 \end{array}$$

商　$\boldsymbol{x^2-ax+2a^2}$，
余り　$\boldsymbol{-2a^3}$ 答

4 分数式とその計算

まとめ

1 分数式

① A，B を多項式とするとき，$\dfrac{A}{B}$ の形に表され，B に文字を含む式を **分数式** といい，B をその **分母**，A をその **分子** という。

② 分数式では，分母と分子に 0 でない同じ多項式を掛けても，分母と分子をその共通因数で割っても，もとの分数式に等しい。

$$\frac{AC}{BC}=\frac{A}{B}\qquad (ただし，C\neq 0)$$

③ 分数式の分母と分子をその共通因数で割ることを **約分** するという。分母と分子が共通因数をもたない分数式は約分できない。このような分数式を **既約分数式** という。

2　分数式の四則計算

①　**分数式の乗法，除法**

$$\frac{A}{B}\times\frac{C}{D}=\frac{AC}{BD},\quad \frac{A}{B}\div\frac{C}{D}=\frac{A}{B}\times\frac{D}{C}=\frac{AD}{BC}$$

分数式の四則計算は，分数と同様に行う。

分数式の計算では，結果は既約分数式または多項式にしておく。

②　**分数式の加法，減法**

$$\frac{A}{C}+\frac{B}{C}=\frac{A+B}{C},\quad \frac{A}{C}-\frac{B}{C}=\frac{A-B}{C}$$

注意 分母が同じ分数式の加法，減法は，分数の計算と同様に，分子の和または差を計算すればよい。計算の結果は，分母・分子を因数分解して約分できるかどうか調べる。

③　分母が異なる分数式の加法，減法は，まず各分数式の分母と分子に適当な多項式を掛けて，分母が同じ分数式に直してから計算する。2 つ以上の分数式の分母を同じ多項式にすることを **通分** するという。

A　分数式

教 p.19

練習 13

次の分数式を約分して簡単にせよ。

(1) $\dfrac{8a^2x^3y}{40axy^2}$　　(2) $\dfrac{x^2+6x+5}{x^2-2x-3}$

(3) $\dfrac{x^2-1}{x^3-1}$　　(4) $\dfrac{a^3+3a^2b-4ab^2}{2a^2-4ab+2b^2}$

指針 **分数式の約分**　分母・分子をその共通因数で割る。

(1)　共通の数と共通の文字について約分する。

(2)~(4)　まず，分母・分子を因数分解する。

解答 (1)　分母と分子の共通因数は　$8axy$

よって　$\dfrac{8a^2x^3y}{40axy^2}=\boldsymbol{\dfrac{ax^2}{5y}}$　答

(2)　$x^2+6x+5=(x+1)(x+5)$，$x^2-2x-3=(x+1)(x-3)$

であり，分母と分子の共通因数は　$x+1$

よって　$\dfrac{x^2+6x+5}{x^2-2x-3}=\dfrac{(x+1)(x+5)}{(x+1)(x-3)}=\boldsymbol{\dfrac{x+5}{x-3}}$　答

(3)　$x^2-1=(x+1)(x-1)$，$x^3-1=(x-1)(x^2+x+1)$

であり，分母と分子の共通因数は　$x-1$

よって　$\dfrac{x^2-1}{x^3-1}=\dfrac{(x+1)(x-1)}{(x-1)(x^2+x+1)}=\boldsymbol{\dfrac{x+1}{x^2+x+1}}$　答

(4) $a^3+3a^2b-4ab^2=a(a^2+3ab-4b^2)=a(a-b)(a+4b)$,
$2a^2-4ab+2b^2=2(a^2-2ab+b^2)=2(a-b)^2$
であり，分母と分子の共通因数は　$a-b$
よって　$\dfrac{a^3+3a^2b-4ab^2}{2a^2-4ab+2b^2}=\dfrac{a(a-b)(a+4b)}{2(a-b)^2}=\boldsymbol{\dfrac{a(a+4b)}{2(a-b)}}$ 答

B 分数式の四則計算

練習 14 教 p.20

次の式を計算せよ。

(1) $\dfrac{x^2-xy-6y^2}{x^2+xy}\times\dfrac{x+y}{x+2y}$

(2) $\dfrac{x^2-x}{x^2-7x+12}\div\dfrac{x^2+5x}{x^2+2x-15}$

指針 **分数式の乗法，除法**　分数式を掛けるときには，分母どうし，分子どうしを掛ける。分数式で割るときには，割る式の分母と分子を入れ替えて掛ける。いずれの場合も，分母・分子を因数分解して，共通な因数があれば約分する。

解答 (1) $\dfrac{x^2-xy-6y^2}{x^2+xy}\times\dfrac{x+y}{x+2y}=\dfrac{(x+2y)(x-3y)}{x(x+y)}\times\dfrac{x+y}{x+2y}$

$=\boldsymbol{\dfrac{x-3y}{x}}$ 答

(2) $\dfrac{x^2-x}{x^2-7x+12}\div\dfrac{x^2+5x}{x^2+2x-15}=\dfrac{x^2-x}{x^2-7x+12}\times\dfrac{x^2+2x-15}{x^2+5x}$

$=\dfrac{x(x-1)}{(x-3)(x-4)}\times\dfrac{(x-3)(x+5)}{x(x+5)}$

$=\boldsymbol{\dfrac{x-1}{x-4}}$ 答

練習 15 教 p.20

次の式を計算せよ。

(1) $\dfrac{x^2-2}{x+2}-\dfrac{2}{x+2}$　　(2) $\dfrac{2x}{x^2-a^2}+\dfrac{2a}{a^2-x^2}$

指針 **分母が同じ分数式の加法，減法**　分子の和または差を計算する。計算の結果は，分母・分子を因数分解して，共通因数があるときは約分する。既約分数式または多項式の形で答える。

解答 (1) $\dfrac{x^2-2}{x+2}-\dfrac{2}{x+2}=\dfrac{(x^2-2)-2}{x+2}=\dfrac{x^2-4}{x+2}$

$=\dfrac{(x+2)(x-2)}{x+2}=\boldsymbol{x-2}$ 答

(2) $a^2-x^2=-(x^2-a^2)$ であるから

$$\frac{2x}{x^2-a^2}+\frac{2a}{a^2-x^2}=\frac{2x}{x^2-a^2}-\frac{2a}{x^2-a^2}=\frac{2x-2a}{x^2-a^2}$$

$$=\frac{2(x-a)}{(x+a)(x-a)}=\boldsymbol{\frac{2}{x+a}}$$ 答

教 p.21

練習 16

次の式を計算せよ。

(1) $\dfrac{1}{x^2+x}+\dfrac{1}{x^2+3x+2}$　　(2) $\dfrac{2x-3}{x^2-3x+2}-\dfrac{3x-2}{x^2-4}$

指針 **分母が異なる分数式の加法，減法**　まず，分母を因数分解してから，通分する。通分するとき，分数の場合と同様に，分母・分子に同じ多項式を掛ける。

解答 (1) $\dfrac{1}{x^2+x}+\dfrac{1}{x^2+3x+2}=\dfrac{1}{x(x+1)}+\dfrac{1}{(x+1)(x+2)}$

$$=\frac{1\times(x+2)}{x(x+1)\times(x+2)}+\frac{1\times x}{(x+1)(x+2)\times x}$$

$$=\frac{(x+2)+x}{x(x+1)(x+2)}=\frac{2x+2}{x(x+1)(x+2)}$$

$$=\frac{2(x+1)}{x(x+1)(x+2)}=\boldsymbol{\frac{2}{x(x+2)}}$$ 答

(2) $\dfrac{2x-3}{x^2-3x+2}-\dfrac{3x-2}{x^2-4}=\dfrac{2x-3}{(x-1)(x-2)}-\dfrac{3x-2}{(x+2)(x-2)}$

$$=\frac{(2x-3)\times(x+2)}{(x-1)(x-2)\times(x+2)}-\frac{(3x-2)\times(x-1)}{(x+2)(x-2)\times(x-1)}$$

$$=\frac{(2x-3)(x+2)-(3x-2)(x-1)}{(x-1)(x-2)(x+2)}$$

$$=\frac{(2x^2+x-6)-(3x^2-5x+2)}{(x-1)(x-2)(x+2)}$$

$$=\frac{-x^2+6x-8}{(x-1)(x-2)(x+2)}=\frac{-(x-2)(x-4)}{(x-1)(x-2)(x+2)}$$

$$=-\boldsymbol{\frac{x-4}{(x-1)(x+2)}}$$ 答

教 p.21

練習 17

次の式を簡単にせよ。

(1) $\dfrac{1+\dfrac{x-y}{x+y}}{1-\dfrac{x-y}{x+y}}$　　(2) $\dfrac{1}{1-\dfrac{1}{1-\dfrac{1}{a}}}$

指針 **分母や分子に分数式を含む式**　分数式 $\dfrac{P}{Q}$ において，P，Q のどちらか，または両方に分数式を含むとき，この式を簡単にするには

① $P \div Q$ の形にして計算する

② 分母・分子に同じ式を掛ける

の 2 通りの方法がある。

解答 (1)

$$\frac{1+\dfrac{x-y}{x+y}}{1-\dfrac{x-y}{x+y}}=\frac{\dfrac{(x+y)+(x-y)}{x+y}}{\dfrac{(x+y)-(x-y)}{x+y}}=\frac{\dfrac{2x}{x+y}}{\dfrac{2y}{x+y}}$$

$$=\frac{2x}{x+y}\div\frac{2y}{x+y}=\frac{2x}{x+y}\times\frac{x+y}{2y}=\boldsymbol{\frac{x}{y}}$$ 答

(2)

$$\frac{1}{1-\dfrac{1}{1-\dfrac{1}{a}}}=\frac{1}{1-\dfrac{1}{\dfrac{a-1}{a}}}=\frac{1}{1-\left(1\div\dfrac{a-1}{a}\right)}$$

$$=\frac{1}{1-1\times\dfrac{a}{a-1}}=\frac{1}{\dfrac{(a-1)-a}{a-1}}$$

$$=1\div\left(-\frac{1}{a-1}\right)=\boldsymbol{-a+1}$$ 答

別解 (1)

$$\frac{1+\dfrac{x-y}{x+y}}{1-\dfrac{x-y}{x+y}}=\frac{\left(1+\dfrac{x-y}{x+y}\right)\times(x+y)}{\left(1-\dfrac{x-y}{x+y}\right)\times(x+y)}$$

$$=\frac{(x+y)+(x-y)}{(x+y)-(x-y)}$$

$$=\frac{2x}{2y}=\boldsymbol{\frac{x}{y}}$$ 答

(2)

$$\frac{1}{1-\dfrac{1}{1-\dfrac{1}{a}}}=\frac{1}{1-\dfrac{1\times a}{\left(1-\dfrac{1}{a}\right)\times a}}=\frac{1}{1-\dfrac{a}{a-1}}$$

$$=\frac{1\times(a-1)}{\left(1-\frac{a}{a-1}\right)\times(a-1)}=\frac{a-1}{(a-1)-a}$$

$$=-a+1$$ 答

5 恒等式

まとめ

1 恒等式

① 含まれている各文字にどのような値を代入しても，両辺の値が存在する限り常に成り立つ等式を，それらの文字についての **恒等式** という。

② a, b, c, a', b', c' を定数とするとき，次のことが成り立つ。

[1] $\boldsymbol{ax^2+bx+c=a'x^2+b'x+c'}$ **が x についての恒等式である**

$$\Longleftrightarrow \boldsymbol{a=a',\ b=b',\ c=c'}$$

[2] $\boldsymbol{ax^2+bx+c=0}$ **が x についての恒等式である**

$$\Longleftrightarrow \boldsymbol{a=b=c=0}$$

③ 同類項を整理した多項式について，次のことが成り立つ。

P, Q を x についての多項式とする。

1 $P=Q$ が恒等式 $\Longleftrightarrow$ [P と Q の次数は等しく，両辺の同じ次数の項の係数は，それぞれ等しい]

2 $P=0$ が恒等式 $\Longleftrightarrow$ P の各項の係数はすべて 0 である

A 恒等式

教 p.22

問 3 次の等式のうち，恒等式はどれか。

(1) $(a+b)^3=a^3+b^3$ (2) $a^2-3a-4=(a+1)(a-4)$

(3) $2x^2+4x=x^2+2x$ (4) $\dfrac{1}{x-1}+\dfrac{1}{x}=\dfrac{2x-1}{x(x-1)}$

指針 **恒等式** 等式の文字にある値を代入してその等式が成り立たないとき，その等式は恒等式でない。

また，式の変形によって導かれる等式は恒等式である。

解答 (1) $a=1$, $b=1$ を左辺に代入すると $(1+1)^3=8$

右辺に代入すると $1^3+1^3=2$

よって，$(a+b)^3=a^3+b^3$ は恒等式でない。

(2) 左辺を因数分解すると $a^2-3a-4=(a+1)(a-4)$

よって，$a^2-3a-4=(a+1)(a-4)$ は恒等式である。

(3)　$x=1$ を左辺に代入すると　　$2\cdot1^2+4\cdot1=6$

右辺に代入すると　　$1^2+2\cdot1=3$

よって，$2x^2+4x=x^2+2x$ は恒等式でない。

(4)　左辺を通分して計算すると

$$\frac{1}{x-1}+\frac{1}{x}=\frac{x}{x(x-1)}+\frac{x-1}{x(x-1)}=\frac{2x-1}{x(x-1)}$$

よって，$\frac{1}{x-1}+\frac{1}{x}=\frac{2x-1}{x(x-1)}$ は恒等式である。

以上から，恒等式は　**(2)**，**(4)**　答

教 p.23

練習 18

次の等式が x についての恒等式となるように，定数 a，b，c，d の値を定めよ。

(1)　$a(x+2)+b(x-2)=2x+8$

(2)　$x^2=a(x-1)^2+b(x-1)+c$

(3)　$x^3=ax(x+1)(x+2)+bx(x+1)+cx+d$

指針　**恒等式の係数の決定**　左辺と右辺の同じ次数の項の係数を比較して求める。または，x に適当な値をいくつか代入して，連立方程式を作り，それを解いて係数の値を求める。

解答　(1)　等式の左辺を x について整理すると

$(a+b)x+2(a-b)=2x+8$

この等式が x についての恒等式となるのは，両辺の同じ次数の項の係数が等しいときである。

よって　$a+b=2$，　$2(a-b)=8$

この連立方程式を解いて　$\boldsymbol{a=3}$，$\boldsymbol{b=-1}$　答

(2)　等式の右辺を x について整理すると

$x^2=ax^2+(-2a+b)x+a-b+c$

この等式が x についての恒等式となるのは，両辺の同じ次数の項の係数が等しいときである。

よって　$a=1$，　$-2a+b=0$，　$a-b+c=0$

この連立方程式を解いて　$\boldsymbol{a=1}$，$\boldsymbol{b=2}$，$\boldsymbol{c=1}$　答

(3)　等式の右辺を x について整理すると

$x^3=ax^3+(3a+b)x^2+(2a+b+c)x+d$

この等式が x についての恒等式となるのは，両辺の同じ次数の項の係数が等しいときである。

よって　$a=1$，　$3a+b=0$，　$2a+b+c=0$，　$d=0$

この連立方程式を解いて　$\boldsymbol{a=1}$，$\boldsymbol{b=-3}$，$\boldsymbol{c=1}$，$\boldsymbol{d=0}$　答

別解 (1) x にどのような値を代入しても等式が成り立つから

$x=2,\ -2$ を代入すると

$4a=12,\quad -4b=4$　これを解いて　$a=3,\ b=-1$

逆に，$a=3,\ b=-1$ のとき，等式の左辺は

$3(x+2)+(-1)\cdot(x-2)=2x+8$

これは右辺に等しいので，与えられた等式は恒等式となる。

したがって　$\boldsymbol{a=3,\ b=-1}$ 答

(2) x にどのような値を代入しても等式が成り立つから

$x=0,\ 1,\ 2$ を代入すると　$a-b+c=0,\quad c=1,\quad a+b+c=4$

この連立方程式を解いて　$a=1,\ b=2,\ c=1$

逆に，$a=1,\ b=2,\ c=1$ のとき，等式の右辺は

$1\cdot(x-1)^2+2(x-1)+1=x^2$

これは左辺に等しいので，与えられた等式は恒等式となる。

したがって　$\boldsymbol{a=1,\ b=2,\ c=1}$ 答

(3) x にどのような値を代入しても等式が成り立つから

$x=0,\ -1,\ -2,\ 1$ を代入すると

$d=0,\ -c+d=-1,\ 2b-2c+d=-8,\ 6a+2b+c+d=1$

この連立方程式を解いて　$a=1,\ b=-3,\ c=1,\ d=0$
このとき，等式の両辺は 3 次以下の多項式であり，異なる 4 個の x の値に対して等式が成り立つから，この等式は恒等式となる。　(＊)

したがって　$\boldsymbol{a=1,\ b=-3,\ c=1,\ d=0}$ 答

注意 (3) の(＊)の部分は，もとの式で確かめる方法にすると

逆に，$a=1,\ b=-3,\ c=1,\ d=0$ のとき，等式の右辺は

$1\cdot x(x+1)(x+2)-3x(x+1)+1\cdot x+0=x^3$

これは左辺に等しいので，与えられた等式は恒等式となる。

したがって　$\boldsymbol{a=1,\ b=-3,\ c=1,\ d=0}$ 答

(1), (2) について，(3) の(＊)と同様の方法で証明してもよい。

(2) のような等式については，次のような係数比較法の別解もある。

$y=x-1$ とおくと　$x=y+1$

$x^2=(y+1)^2=y^2+2y+1=(x-1)^2+2(x-1)+1$

よって　$\boldsymbol{a=1,\ b=2,\ c=1}$ 答

練習 19　教 p.24

等式 $\dfrac{2x-1}{(x+1)(x+2)}=\dfrac{a}{x+1}+\dfrac{b}{x+2}$ が x についての恒等式となるように，定数 $a,\ b$ の値を定めよ。

教科書 *p.*24〜25

指針 **恒等式と分数式**　分母を払って得られる等式が恒等式となるような a, b の値を求める。

解答 等式 $\dfrac{2x-1}{(x+1)(x+2)}=\dfrac{a}{x+1}+\dfrac{b}{x+2}$ が x についての恒等式ならば，その両辺に $(x+1)(x+2)$ を掛けて得られる等式

$2x-1=a(x+2)+b(x+1)$

も x についての恒等式である。この式の右辺を x について整理すると

$2x-1=(a+b)x+2a+b$

両辺の同じ次数の項の係数が等しいから

$a+b=2$,　$2a+b=-1$　　これを解いて　$\boldsymbol{a=-3}$, $\boldsymbol{b=5}$　答

別解 両辺に $(x+1)(x+2)$ を掛けて得られる等式

$2x-1=a(x+2)+b(x+1)$　…… ①

が x についての恒等式であるとき，x にどのような値を代入しても等式が成り立つから，① に $x=-1$, -2 を代入すると

$a=-3$,　$-b=-5$　　よって　$a=-3$, $b=5$

逆に，$a=-3$, $b=5$ のとき，① の右辺は

$-3(x+2)+5(x+1)=2x-1$

これは左辺に等しいので，① は恒等式である。

したがって　$\boldsymbol{a=-3}$, $\boldsymbol{b=5}$　答

注意 ① がすべての実数 x で成り立つとき，与えられた等式は，$(x+1)(x+2)\neq 0$ の範囲の x について常に成り立つ。

よって，① が恒等式ならば，与えられた等式も恒等式である。

研究　2つの文字についての恒等式

まとめ

2つの文字についての恒等式

a, b, c, d, e, f を定数とするとき

$ax^2+by^2+cxy+dx+ey+f=0$ が x, y についての恒等式

$\iff a=b=c=d=e=f=0$

第1章 第1節 問題

教 p.26

1 次の式を展開せよ。

(1) $(2xy+1)^3$　　(2) $(a-b)^2(a^2+ab+b^2)^2$

指針 **展開の公式の利用**　次の公式を利用する。

(1) $(a+b)^3=a^3+3a^2b+3ab^2+b^3$

(2) $(a-b)(a^2+ab+b^2)=a^3-b^3$

解答 (1) $(2xy+1)^3=(2xy)^3+3\cdot(2xy)^2\cdot1+3\cdot2xy\cdot1^2+1^3$

$=\boldsymbol{8x^3y^3+12x^2y^2+6xy+1}$ 答

(2) $(a-b)^2(a^2+ab+b^2)^2=\{(a-b)(a^2+ab+b^2)\}^2$

$=(a^3-b^3)^2$

$=\boldsymbol{a^6-2a^3b^3+b^6}$ 答

教 p.26

2 次の式を因数分解せよ。

(1) $x^3+y^3z^3$　　(2) $(x+y)^3-1$

(3) $a^3-9a^2+27a-27$

指針 **因数分解の公式の利用**　次の公式を利用する。

(1) $a^3+b^3=(a+b)(a^2-ab+b^2)$

(2) $a^3-b^3=(a-b)(a^2+ab+b^2)$

(3) $a^3-3a^2b+3ab^2-b^3=(a-b)^3$

解答 (1) $x^3+y^3z^3=x^3+(yz)^3$

$=(x+yz)\{x^2-x\cdot yz+(yz)^2\}$

$=\boldsymbol{(x+yz)(x^2-xyz+y^2z^2)}$ 答

(2) $(x+y)^3-1=(x+y)^3-1^3$

$=(x+y-1)\{(x+y)^2+(x+y)\cdot1+1^2\}$

$=\boldsymbol{(x+y-1)(x^2+2xy+y^2+x+y+1)}$ 答

(3) $a^3-9a^2+27a-27=a^3-3\cdot a^2\cdot3+3\cdot a\cdot3^2-3^3$

$=\boldsymbol{(a-3)^3}$ 答

教 p.26

3 次の式の展開式における，[　]内に指定された項の係数を求めよ。

(1) $(2x^2-3)^6$　$[x^2]$　　(2) $(x-3y-z)^5$　$[x^2yz^2]$

指針 **展開式における項の係数**　二項定理により，$(a+b)^n$ の展開式の一般項は ${}_nC_r a^{n-r}b^r$

(1) $a \to 2x^2$，$b \to -3$，$n=6$ とする。

(2) $(a+b+c)^n=\{(a+b)+c\}^n$ として，二項定理を繰り返し使う。

解答 (1) 二項定理により，$(2x^2-3)^6$ の展開式の一般項は

$${}_6C_r(2x^2)^{6-r}\cdot(-3)^r={}_6C_r\cdot 2^{6-r}\cdot(-3)^r\cdot x^{2(6-r)}$$

よって，$2(6-r)=2$ から　$r=5$

このとき，x^2 の項が得られ，その係数は

$${}_6C_5\cdot 2^{6-5}\cdot(-3)^5=6\cdot 2\cdot(-3)^5=\mathbf{-2916}$$ 答

(2) 二項定理により，$(x-3y-z)^5=\{(x-3y)-z\}^5$ の展開式において，z^2 を含む項は

$${}_5C_2(x-3y)^3(-z)^2={}_5C_2(-1)^2(x-3y)^3z^2$$

また，$(x-3y)^3$ の展開式において，x^2y を含む項は

$${}_3C_1x^2(-3y)={}_3C_1(-3)x^2y$$

よって，x^2yz^2 の項の係数は

$${}_5C_2\times{}_3C_1(-3)(-1)^2=\frac{5\cdot 4}{2\cdot 1}\times 3\times(-3)=\mathbf{-90}$$ 答

教 p.26

4 次の多項式 A，B について，A を B で割った商と余りを求めよ。

(1) $A=4x^3+4x^2-7x-2$，$B=2x^2-3x+1$

(2) $A=2x^3-3x^2+2x-8$，$B=2x-1$

指針 **多項式の割り算**　割る式，割られる式が降べきの順になっていることを確認する。余りの次数が割る式の次数より低くなるまで計算を続ける。(2) のように商や余りに分数が含まれることもある。

解答 (1)

$$\begin{array}{r|l} & 2x+5 \\ \hline 2x^2-3x+1 & 4x^3+4x^2-7x-2 \\ & 4x^3-6x^2+2x \\ \hline & 10x^2-9x-2 \\ & 10x^2-15x+5 \\ \hline & 6x-7 \end{array}$$

答 **商　$2x+5$，**
余り　$6x-7$

(2)

$$
\begin{array}{r}
x^2-x+\frac{1}{2} \\
2x-1\,\overline{)\,2x^3-3x^2+2x-8} \\
\underline{2x^3-x^2\qquad\qquad} \\
-2x^2+2x\quad\; \\
\underline{-2x^2+x\qquad} \\
x-8 \\
\underline{x-\frac{1}{2}} \\
-\frac{15}{2}
\end{array}
$$

答 **商　$x^2-x+\frac{1}{2}$，余り　$-\frac{15}{2}$**

注意 (1) の余り $6x-7$，(2) の余り $-\frac{15}{2}$ はともに割る式の次数より低い次数である。また，A を B で割ったときの商を Q，余りを R とすると，$A=BQ+R$ により，検算をすることも大切である。

教 p.26

5 ある多項式を x^2-x-3 で割ると，商が $3x+1$，余りが $5x+4$ である。この多項式を求めよ。

指針 **多項式の割り算に関する等式 $A=BQ+R$**　多項式 A を多項式 B で割ると商が Q，余りが R となるとき，$A=BQ+R$ となる。この式にあてはめる。

解答　$(x^2-x-3)(3x+1)+(5x+4)$

$=(3x^3-2x^2-10x-3)+5x+4$

$=\mathbf{3x^3-2x^2-5x+1}$ 答

$$
\begin{array}{r}
x^2-x-3 \\
\times\;)\;3x+1 \\
\hline
3x^3-3x^2-9x\quad \\
x^2-x-3 \\
\hline
3x^3-2x^2-10x-3
\end{array}
$$

教 p.26

6 次の式を計算せよ。

(1) $\dfrac{x^2+2x-3}{x^2-x}\times\dfrac{x^2-2x}{x^2+x-6}$　　(2) $\dfrac{9x^2-4y^2}{6x^2+xy-2y^2}\div\dfrac{6x^2-xy-2y^2}{4x^2-4xy+y^2}$

(3) $\dfrac{x-3}{x^2+3x+2}-\dfrac{x-4}{x^2+2x+1}$　　(4) $\dfrac{2}{4x^2-1}+\dfrac{3x}{2x^2-x-1}$

指針 **分数式の計算**　まず，分母と分子をそれぞれ因数分解する。

(1)　分母どうし・分子どうしを掛ける。分母と分子に共通な因数があれば約分する。

(2)　割る式の分母と分子を入れ替えて掛ける。乗法の形にする。

(3), (4)　通分して，分子の和または差を計算する。

計算の結果は既約分数式または多項式にする。

解答 (1)　$\dfrac{x^2+2x-3}{x^2-x}\times\dfrac{x^2-2x}{x^2+x-6}$

$=\dfrac{(x-1)(x+3)}{x(x-1)}\times\dfrac{x(x-2)}{(x-2)(x+3)}=\mathbf{1}$　答

(2)　$\dfrac{9x^2-4y^2}{6x^2+xy-2y^2}\div\dfrac{6x^2-xy-2y^2}{4x^2-4xy+y^2}$

$=\dfrac{9x^2-4y^2}{6x^2+xy-2y^2}\times\dfrac{4x^2-4xy+y^2}{6x^2-xy-2y^2}$

$=\dfrac{(3x+2y)(3x-2y)}{(2x-y)(3x+2y)}\times\dfrac{(2x-y)^2}{(2x+y)(3x-2y)}=\boldsymbol{\dfrac{2x-y}{2x+y}}$　答

(3)　$\dfrac{x-3}{x^2+3x+2}-\dfrac{x-4}{x^2+2x+1}$

$=\dfrac{x-3}{(x+1)(x+2)}-\dfrac{x-4}{(x+1)^2}$

$=\dfrac{(x-3)(x+1)-(x-4)(x+2)}{(x+1)^2(x+2)}$

$=\dfrac{(x^2-2x-3)-(x^2-2x-8)}{(x+1)^2(x+2)}=\boldsymbol{\dfrac{5}{(x+1)^2(x+2)}}$　答

(4)　$\dfrac{2}{4x^2-1}+\dfrac{3x}{2x^2-x-1}$

$=\dfrac{2}{(2x+1)(2x-1)}+\dfrac{3x}{(2x+1)(x-1)}$

$=\dfrac{2(x-1)+3x(2x-1)}{(2x+1)(2x-1)(x-1)}$

$=\dfrac{6x^2-x-2}{(2x+1)(2x-1)(x-1)}$

$=\dfrac{(2x+1)(3x-2)}{(2x+1)(2x-1)(x-1)}=\boldsymbol{\dfrac{3x-2}{(2x-1)(x-1)}}$　答

教 p.26

7 次の等式が x についての恒等式となるように，定数 a，b，c の値を定めよ。

(1) $ax(x+1)+bx(x-1)+c(x-1)(x-3)=x^2+3$

(2) $x^3+ax+2=(x-1)(x^2+bx+c)$

(3) $\dfrac{1}{x^3+1}=\dfrac{a}{x+1}+\dfrac{bx+c}{x^2-x+1}$

指針 **恒等式の係数の決定**　次の 2 つの方法がある。

（方法 1） 各辺を展開して整理し，両辺の同じ次数の項の係数を等しいとおいて連立方程式を作る。

（方法 2） x に適当な値を代入して連立方程式を作る。この方法では，すべての x についても等式が成り立つかどうかを確認する。

解答 (1) 等式の左辺を x について整理すると

$$(a+b+c)x^2+(a-b-4c)x+3c=x^2+3$$

この等式が x についての恒等式となるのは，両辺の同じ次数の項の係数が等しいときであるから

$$a+b+c=1,\ a-b-4c=0,\ 3c=3$$

これを解いて　$\boldsymbol{a=2,\ b=-2,\ c=1}$ 答

(2) 等式の右辺を x について整理すると

$$x^3+ax+2=x^3+(b-1)x^2+(-b+c)x-c$$

この等式が x についての恒等式となるのは，両辺の同じ次数の項の係数が等しいときであるから

$$b-1=0,\ a=-b+c,\ -c=2$$

これを解いて　$\boldsymbol{a=-3,\ b=1,\ c=-2}$ 答

(3) 与えられた等式が x についての恒等式ならば，その両辺に $x^3+1=(x+1)(x^2-x+1)$ を掛けて得られる等式 $1=a(x^2-x+1)+(bx+c)(x+1)$ も x についての恒等式である。

この式の右辺を x について整理すると

$$1=(a+b)x^2+(-a+b+c)x+a+c$$

両辺の同じ次数の項の係数が等しいから

$$0=a+b,\ 0=-a+b+c,\ 1=a+c$$

これを解いて　$\boldsymbol{a=\dfrac{1}{3},\ b=-\dfrac{1}{3},\ c=\dfrac{2}{3}}$ 答

別解 (1) x にどのような値を代入しても等式が成り立つから

$x=0$ を代入して　$3c=3$ …… ①

$x=1$ を代入して　$2a=4$ …… ②

$x=-1$ を代入して　　$2b+8c=4$ …… ③

①，②，③ を解いて　　$a=2$，$b=-2$，$c=1$

逆に，$a=2$，$b=-2$，$c=1$ のとき，等式の左辺は

$$2x(x+1)-2x(x-1)+1\cdot(x-1)(x-3)$$
$$=(2x^2+2x)-(2x^2-2x)+(x^2-4x+3)=x^2+3$$

これは右辺に等しいので，与えられた等式は x についての恒等式となる。

したがって　**$a=2$，$b=-2$，$c=1$** 答

(2) x にどのような値を代入しても等式が成り立つから

$x=0$ を代入して　　$-c=2$ …… ①

$x=1$ を代入して　　$a+3=0$ …… ②

$x=2$ を代入して　　$2a+10=4+2b+c$ …… ③

①，②，③ を解いて　　$a=-3$，$b=1$，$c=-2$

逆に，$a=-3$，$b=1$，$c=-2$ のとき

等式の左辺は　　x^3-3x+2

右辺は　　$(x-1)(x^2+x-2)=x^3-3x+2$

両辺が等しいので，与えられた等式は x についての恒等式となる。

したがって　　**$a=-3$，$b=1$，$c=-2$** 答

教 p.26

8 次の□に入る数を，二項定理を用いて求めよ。

$${}_{99}C_0+{}_{99}C_1+{}_{99}C_2+\cdots\cdots+{}_{99}C_{48}+{}_{99}C_{49}=2^{\square}$$

指針 **二項定理の応用**　　二項定理 $(a+b)^n={}_nC_0a^n+{}_nC_1a^{n-1}b+\cdots\cdots+{}_nC_nb^n$ で，$n=99$，$a=1$，$b=1$ として求める。

解答 二項定理により

$$(1+x)^{99}={}_{99}C_0+{}_{99}C_1x+{}_{99}C_2x^2+\cdots\cdots+{}_{99}C_{98}x^{98}+{}_{99}C_{99}x^{99}$$

この両辺に $x=1$ を代入すると

$$2^{99}={}_{99}C_0+{}_{99}C_1+{}_{99}C_2+\cdots\cdots+{}_{99}C_{98}+{}_{99}C_{99}$$
$$={}_{99}C_0+{}_{99}C_1+{}_{99}C_2+\cdots\cdots+{}_{99}C_{49}+{}_{99}C_{49}+\cdots\cdots+{}_{99}C_1+{}_{99}C_0$$
$$=2({}_{99}C_0+{}_{99}C_1+{}_{99}C_2+\cdots\cdots+{}_{99}C_{49})$$

ゆえに　${}_{99}C_0+{}_{99}C_1+{}_{99}C_2+\cdots\cdots+{}_{99}C_{48}+{}_{99}C_{49}=2^{98}$　　よって　**98** 答

第2節　等式と不等式の証明

6 等式の証明

まとめ

1 恒等式の証明

① 恒等式 $A=B$ を証明するとき，次の 3 つの方法がよく用いられる。

1 A か B の一方を変形して，他方を導く。

2 A，B をそれぞれ変形して，同じ式を導く。

3 $A-B=0$ であることを示す。

2 条件つきの等式

① 恒等式ではないが，ある条件のもとで成り立つような等式もある。このような等式を証明するとき，条件を使って，証明すべき式の両辺をそれぞれ変形し，同じ式を導くという方法がよく用いられる。

3 比例式

① $a:b=c:d$ や $\dfrac{a}{b}=\dfrac{c}{d}$ のように，比や比の値が等しいことを表す等式を **比例式** という。

② $\dfrac{a}{x}=\dfrac{b}{y}=\dfrac{c}{z}$ を $a:b:c=x:y:z$ のように表す。$a:b:c$ を，a，b，c の **連比** という。

$a:b:c=x:y:z$ のとき，$\dfrac{a}{x}=\dfrac{b}{y}=\dfrac{c}{z}$ が成り立つから，これを k とおくことにより $a=xk$，$b=yk$，$c=zk$ と表される。

A 恒等式の証明

練習 20 　教 p.28

次の等式を証明せよ。

(1) $x^4+x^2+1=(x^2+x+1)(x^2-x+1)$

(2) $(a^2-b^2)(x^2-y^2)=(ax+by)^2-(ay+bx)^2$

指針 **恒等式の証明**　$A=B$ を証明するのに，A か B の一方を変形して，他方を導くときには，複雑な辺の方を変形するとよい。　(1) 右辺から左辺を導く。(2) 左辺，右辺をそれぞれ展開，整理して，同じ式を導く。

解答 (1) $(x^2+x+1)(x^2-x+1)=\{(x^2+1)+x\}\{(x^2+1)-x\}$

$=(x^2+1)^2-x^2=x^4+2x^2+1-x^2=x^4+x^2+1$

よって　$x^4+x^2+1=(x^2+x+1)(x^2-x+1)$　終

(2) $(a^2-b^2)(x^2-y^2)=a^2x^2-a^2y^2-b^2x^2+b^2y^2$

$(ax+by)^2-(ay+bx)^2$

$=(a^2x^2+2abxy+b^2y^2)-(a^2y^2+2abxy+b^2x^2)$

$=a^2x^2+b^2y^2-a^2y^2-b^2x^2$

$=a^2x^2-a^2y^2-b^2x^2+b^2y^2$

よって　$(a^2-b^2)(x^2-y^2)=(ax+by)^2-(ay+bx)^2$ 終

B 条件つきの等式

教 p.28

練習 21

$a+b+c=0$ のとき，次の等式が成り立つことを証明せよ。

(1) $a^2-bc=b^2-ac$　　(2) $a^2+b^2+c^2+2(ab+bc+ca)=0$

指針 **条件つきの等式の証明**　条件の式 $a+b+c=0$ から，c を消去する方針で，$c=-(a+b)$ として，与えられた等式の左辺と右辺に代入する。

解答 (1) $a+b+c=0$ より，$c=-(a+b)$ であるから

$a^2-bc-(b^2-ac)=a^2+b(a+b)-b^2-a(a+b)$

$=a^2+ab+b^2-b^2-a^2-ab=0$

よって　$a^2-bc=b^2-ac$ 終

(2) $a+b+c=0$ より，$c=-(a+b)$ であるから

$a^2+b^2+c^2+2(ab+bc+ca)$

$=a^2+2ab+b^2+c^2+2c(a+b)$

$=(a+b)^2+(a+b)^2-2(a+b)^2=0$

よって　$a^2+b^2+c^2+2(ab+bc+ca)=0$ 終

別解 (1) $a+b+c=0$ であるから

$a^2-bc-(b^2-ac)=a^2-b^2+(a-b)c$

$=(a+b)(a-b)+(a-b)c$

$=(a-b)(a+b+c)=0$

よって　$a^2-bc=b^2-ac$ 終

(2) $a+b+c=0$ であるから

$a^2+b^2+c^2+2(ab+bc+ca)=(a+b+c)^2=0$ 終

教 p.28

練習 22

$a+b+c=0$ のとき，次の等式が成り立つことを証明せよ。

$$ab(a+b)+bc(b+c)+ca(c+a)+3abc=0$$

指針 **条件つきの等式の証明**　条件の式 $a+b+c=0$ より，$a+b=-c$，$b+c=-a$，$c+a=-b$ として与えられた等式に代入する。
または，$c=-(a+b)$ を代入して c を消去した形にする。

解答 $a+b+c=0$ より

$$a+b=-c,\ b+c=-a,\ c+a=-b$$

ゆえに　$ab(a+b)+bc(b+c)+ca(c+a)+3abc$

$=ab\cdot(-c)+bc\cdot(-a)+ca\cdot(-b)+3abc$

$=-3abc+3abc=0$

よって　$ab(a+b)+bc(b+c)+ca(c+a)+3abc=0$ 終

別解 $ab(a+b)+bc(b+c)+ca(c+a)+3abc$ を c について整理すると

$$(b+a)c^2+(a^2+3ab+b^2)c+ab(a+b) \quad \cdots\cdots ①$$

$a+b+c=0$ より，$c=-(a+b)$ を ① に代入すると，① は

$(a+b)^3-(a^2+3ab+b^2)(a+b)+ab(a+b)$

$=(a+b)\{(a+b)^2-(a^2+3ab+b^2)+ab\}$

$=(a+b)\{(a^2+2ab+b^2)-(a^2+3ab+b^2)+ab\}$

$=(a+b)\cdot 0=0$

よって　$ab(a+b)+bc(b+c)+ca(c+a)+3abc=0$ 終

深める 教 p.28

次の等式を証明しよう。また，この等式を用いて教科書の例題 8 を証明しよう。

$$a^3+b^3+c^3-3abc=(a+b+c)(a^2+b^2+c^2-ab-bc-ca)$$

指針 **等式の証明**　右辺を a について整理してから展開する。

解答 $(a+b+c)(a^2+b^2+c^2-ab-bc-ca)$

$=\{a+(b+c)\}\{a^2-(b+c)a+(b^2-bc+c^2)\}$

$=a^3-(b+c)a^2+(b^2-bc+c^2)a+(b+c)a^2-(b+c)^2a$
$\quad +(b+c)(b^2-bc+c^2)$

$=a^3+\{(b^2-bc+c^2)a-(b^2+2bc+c^2)a\}+b^3+c^3$

$=a^3+b^3+c^3-3abc$

よって　$a^3+b^3+c^3-3abc=(a+b+c)(a^2+b^2+c^2-ab-bc-ca)$

また，この等式の右辺に $a+b+c=0$ を代入すると　$a^3+b^3+c^3-3abc=0$

よって　$a^3+b^3+c^3=3abc$ 終

参考 $a^3+b^3+c^3-3abc$ の因数分解

$a^3+b^3+c^3-3abc$

$=(a+b)^3-3ab(a+b)+c^3-3abc$

$=(a+b)^3+c^3-3ab(a+b+c)$

$=\{(a+b)+c\}\{(a+b)^2-(a+b)c+c^2\}-3ab(a+b+c)$

$=(a+b+c)(a^2+2ab+b^2-ac-bc+c^2-3ab)$

$=(a+b+c)(a^2+b^2+c^2-ab-bc-ca)$

C 比例式

教 p.29

練習 23

$\dfrac{a}{b}=\dfrac{c}{d}$ のとき，次の等式が成り立つことを証明せよ。

(1) $\dfrac{3a+2c}{3b+2d}=\dfrac{3a-2c}{3b-2d}$　　(2) $\dfrac{a^2-b^2}{a^2+b^2}=\dfrac{c^2-d^2}{c^2+d^2}$

指針 **条件式が比例式のときの等式の証明**　$\dfrac{a}{b}=\dfrac{c}{d}=k$ とおき，$a=bk$，$c=dk$ として与えられた等式の左辺と右辺に代入し，それぞれを変形して等しくなることを示す。

解答 (1) $\dfrac{a}{b}=\dfrac{c}{d}=k$ とおくと　$a=bk$，$c=dk$

よって　$\dfrac{3a+2c}{3b+2d}=\dfrac{3bk+2dk}{3b+2d}=\dfrac{(3b+2d)k}{3b+2d}=k$

$\dfrac{3a-2c}{3b-2d}=\dfrac{3bk-2dk}{3b-2d}=\dfrac{(3b-2d)k}{3b-2d}=k$

ゆえに　$\dfrac{3a+2c}{3b+2d}=\dfrac{3a-2c}{3b-2d}$　終

(2) $\dfrac{a}{b}=\dfrac{c}{d}=k$ とおくと　$a=bk$，$c=dk$

よって　$\dfrac{a^2-b^2}{a^2+b^2}=\dfrac{(bk)^2-b^2}{(bk)^2+b^2}=\dfrac{b^2(k^2-1)}{b^2(k^2+1)}=\dfrac{k^2-1}{k^2+1}$

$\dfrac{c^2-d^2}{c^2+d^2}=\dfrac{(dk)^2-d^2}{(dk)^2+d^2}=\dfrac{d^2(k^2-1)}{d^2(k^2+1)}=\dfrac{k^2-1}{k^2+1}$

ゆえに　$\dfrac{a^2-b^2}{a^2+b^2}=\dfrac{c^2-d^2}{c^2+d^2}$　終

教 p.29

練習 24

$\dfrac{a}{b}=\dfrac{c}{d}$ のとき，次の等式が成り立つことを証明せよ。

$$\frac{ma+nc}{mb+nd}=\frac{a}{b}$$

指針 **条件式が比例式のときの等式の証明**　$\dfrac{a}{b}=\dfrac{c}{d}=k$ とおき，$a=bk$，$c=dk$ として与えられた式の左辺と右辺に代入し，等しくなることを示す。

解答 $\dfrac{a}{b}=\dfrac{c}{d}=k$ とおくと　$a=bk$，$c=dk$

よって　$\dfrac{ma+nc}{mb+nd}=\dfrac{m\cdot bk+n\cdot dk}{mb+nd}=\dfrac{k(mb+nd)}{mb+nd}=k$

$\dfrac{a}{b}=k$

ゆえに　$\dfrac{ma+nc}{mb+nd}=\dfrac{a}{b}$ 終

深める 教 p.29

教科書の例題 9 を，教科書 28 ページの例題 8 のように，条件式を用いて文字を減らす方法で証明してみよう。

指針 **条件式が比例式のときの等式の証明**（文字を減らす方法利用）　条件式から $a=\dfrac{bc}{d}$　これを，等式の左辺 $\dfrac{a+c}{b+d}$ と等式の右辺 $\dfrac{a-c}{b-d}$ に代入して，等式が成り立つことを示す。

解答 $\dfrac{a}{b}=\dfrac{c}{d}$ より，$a=\dfrac{bc}{d}$ であるから

$$\frac{a+c}{b+d}=\frac{\frac{bc}{d}+c}{b+d}=\frac{c(b+d)}{d(b+d)}=\frac{c}{d},$$

$$\frac{a-c}{b-d}=\frac{\frac{bc}{d}-c}{b-d}=\frac{c(b-d)}{d(b-d)}=\frac{c}{d}$$

よって　$\dfrac{a+c}{b+d}=\dfrac{a-c}{b-d}$ 終

練習 25 教 p.30

$a:b:c=3:4:5$，$a+b+c=36$ のとき，a，b，c の値を求めよ。

指針 **比例式と連比**　$a:b:c=x:y:z$ のとき，$a=xk$，$b=yk$，$c=zk$ と表される。

解答 $a:b:c=3:4:5$ であるから，k を定数として

$$a=3k,\ b=4k,\ c=5k$$

と表される。

$a+b+c=36$ より

$$3k+4k+5k=36$$

$12k=36$ から　　$k=3$

したがって　　$\boldsymbol{a=9,\ b=12,\ c=15}$ 答

教 p.30

練習 26

$a+b \neq 0$，$b+c \neq 0$，$c+a \neq 0$ とする。$\dfrac{a+b}{3}=\dfrac{b+c}{4}=\dfrac{c+a}{5}$ のとき，a，b，c の連比を求めよ。

指針 **分数の形で表された比例式と連比**　$\dfrac{a+b}{3}=\dfrac{b+c}{4}=\dfrac{c+a}{5}=k$ とおき，a，b，c を k を用いて表す。

解答 $\dfrac{a+b}{3}=\dfrac{b+c}{4}=\dfrac{c+a}{5}=k$ とおくと

$$a+b=3k,\ b+c=4k,\ c+a=5k$$

よって　$(a+b)+(b+c)+(c+a)=12k$　すなわち　$a+b+c=6k$

ゆえに　$a=2k$，$b=k$，$c=3k$　　よって　$\boldsymbol{a:b:c=2:1:3}$ 答

7 不等式の証明

まとめ

1 実数の大小関係

① 実数の大小関係について，次のことが成り立つ。

実数の大小関係の基本性質

1 $\boldsymbol{a>b,\ b>c \Longrightarrow a>c}$

2 $\boldsymbol{a>b \Longrightarrow a+c>b+c,\ a-c>b-c}$

3 $\boldsymbol{a>b,\ c>0 \Longrightarrow ac>bc,\ \dfrac{a}{c}>\dfrac{b}{c}}$

4 $\boldsymbol{a>b,\ c<0 \Longrightarrow ac<bc,\ \dfrac{a}{c}<\dfrac{b}{c}}$

注意 以下，不等式では，特に断らない限り，文字は実数を表すものとする。

② 上の基本性質から次のことが成り立つ。

$\boldsymbol{a>0,\ b>0 \Longrightarrow a+b>0}$　　$\boldsymbol{a>0,\ b>0 \Longrightarrow ab>0}$

$\boldsymbol{a<0,\ b<0 \Longrightarrow a+b<0}$　　$\boldsymbol{a<0,\ b<0 \Longrightarrow ab>0}$

5 $\boldsymbol{a>b \Longleftrightarrow a-b>0}$

6 $\boldsymbol{a<b \Longleftrightarrow a-b<0}$

2 実数の平方

① **実数の平方についての性質**

1 実数 a について　$\boldsymbol{a^2 \geqq 0}$

等号が成り立つのは，$a=0$ のときである。

2 実数 a，b について　$\boldsymbol{a^2+b^2 \geqq 0}$

等号が成り立つのは，$a=b=0$ のときである。

3　正の数の大小と平方の大小

①　$a>0$，$b>0$ のとき　　$\boldsymbol{a^2>b^2 \iff a>b}$

$\boldsymbol{a^2 \geqq b^2 \iff a \geqq b}$

注意 上のことは，$a \geqq 0$，$b \geqq 0$ のときにも成り立つ。

4　絶対値と不等式

①　実数 a について

$$|\boldsymbol{a}| \geqq \boldsymbol{0},\quad |\boldsymbol{a}| \geqq \boldsymbol{a},\quad |\boldsymbol{a}| \geqq -\boldsymbol{a},\quad |\boldsymbol{a}|^2=\boldsymbol{a}^2$$

実数 a，b について　$|\boldsymbol{ab}|=|\boldsymbol{a}||\boldsymbol{b}|$　　$b \neq 0$ のとき　$\left|\dfrac{\boldsymbol{a}}{\boldsymbol{b}}\right|=\dfrac{|\boldsymbol{a}|}{|\boldsymbol{b}|}$

5　相加平均と相乗平均

①　2つの実数 a，b について，$\dfrac{a+b}{2}$ を，a と b の **相加平均** という。

また，$a>0$，$b>0$ のとき，$\sqrt{ab}$ を，a と b の **相乗平均** という。

②　相加平均と相乗平均の間には，次のような大小関係がある。

相加平均と相乗平均の大小関係

$a>0$，$b>0$ のとき　　$\boldsymbol{\dfrac{a+b}{2} \geqq \sqrt{ab}}$

等号が成り立つのは $a=b$ のときである。

注意 不等式 $\dfrac{a+b}{2} \geqq \sqrt{ab}$ は，$a \geqq 0$，$b \geqq 0$ のときにも成り立つ。また，

不等式 $\dfrac{a+b}{2} \geqq \sqrt{ab}$ は $a+b \geqq 2\sqrt{ab}$　の形で用いられることもある。

A 実数の大小関係

教 p.31

問 4　教科書 31 ページの基本性質を用いて，次のことが成り立つことを証明せよ。

(1)　$a>b$，$c>d \Longrightarrow a+c>b+d$

(2)　$a>b>0$，$c>d>0 \Longrightarrow ac>bd$

指針　**不等式の証明**　(1) は基本性質 **2** と **1**，(2) は基本性質 **3** と **1** を利用。

解答　(1)　$a>b$ から，基本性質 **2** により　　$a+c>b+c$

$c>d$ から，基本性質 **2** により　　$c+b>d+b$

よって，基本性質 **1** により　　$a+c>b+d$　終

(2)　$a>b$，$c>0$ から，基本性質 **3** により　　$ac>bc$

$c>d$，$b>0$ から，基本性質 **3** により　　$cb>db$

よって，基本性質 **1** により　　$ac>bd$　終

教 p.32

練習 27

$a>b$，$c>d$ のとき，次の不等式が成り立つことを証明せよ。

$$ac+bd>ad+bc$$

指針 **不等式 $A>B$ の証明**

$A>B \iff A-B>0$ により，$(ac+bd)-(ad+bc)>0$ を示す。

解答 $(ac+bd)-(ad+bc)=(ac-ad)+(bd-bc)=a(c-d)-(c-d)b$

$=(a-b)(c-d)$

$a>b$，$c>d$ より，$a-b>0$，$c-d>0$ であるから

$(a-b)(c-d)>0$　　すなわち　　$(ac+bd)-(ad+bc)>0$

よって　$ac+bd>ad+bc$ 終

B 実数の平方

教 p.32

問 5

不等式 $a^2+b^2 \geqq 2ab$ を証明せよ。また，等号が成り立つのはどのようなときか。

指針 **不等式の証明**　$A-B=(\quad)^2 \geqq 0$ として，$A \geqq B$ を証明する。

解答 $a^2+b^2-2ab=(a-b)^2 \geqq 0$

よって　$a^2+b^2 \geqq 2ab$

等号が成り立つのは，$a=b$ のときである。 終

教 p.33

練習 28

次の不等式を証明せよ。また，等号が成り立つのはどのようなときか。

(1)　$a^2+ab+b^2 \geqq 0$　　　(2)　$(a^2+b^2)(x^2+y^2) \geqq (ax+by)^2$

指針 **不等式の証明**　$(\quad)^2$ または $(\quad)^2+(\quad)^2$ の形に変形する。

(1)　数学 I で学んだように，2 次式 ax^2+bx+c を $a(x-p)^2+q$ の形に変形することを平方完成するという。

$$ax^2+bx+c=a\left(x+\frac{b}{2a}\right)^2-\frac{b^2-4ac}{4a}$$

ここでは，a^2+ab+b^2 を a についての 2 次式とみて平方完成を行う。

(2)　$A-B=(\quad)^2$ の形に変形して証明する。

解答 (1)　$a^2+ab+b^2=\left\{a^2+2a\cdot\frac{b}{2}+\left(\frac{b}{2}\right)^2\right\}-\left(\frac{b}{2}\right)^2+b^2$

$$=\left(a+\frac{b}{2}\right)^2+\frac{3}{4}b^2$$

ここで $\left(a+\dfrac{b}{2}\right)^2 \geqq 0$，$\dfrac{3}{4}b^2 \geqq 0$ であるから

$\left(a+\dfrac{b}{2}\right)^2+\dfrac{3}{4}b^2 \geqq 0$　　ゆえに　$a^2+ab+b^2 \geqq 0$

等号が成り立つのは　$a+\dfrac{b}{2}=0$ かつ $b=0$　すなわち　$a=b=0$ のときである。 終

(2)　$(a^2+b^2)(x^2+y^2)-(ax+by)^2$

$=(a^2x^2+a^2y^2+b^2x^2+b^2y^2)-(a^2x^2+2abxy+b^2y^2)$

$=a^2y^2-2abxy+b^2x^2=(ay-bx)^2 \geqq 0$

ゆえに　$(a^2+b^2)(x^2+y^2) \geqq (ax+by)^2$

等号が成り立つのは　$ay-bx=0$　すなわち　$ay=bx$ のときである。 終

練習 29　教 p.33

次の不等式を証明せよ。また，等号が成り立つのはどのようなときか。

$$a^2+b^2 \geqq 2(a+b-1)$$

指針　**不等式の証明**　$A-B=(\quad)^2+(\quad)^2 \geqq 0$ の形で証明する。

解答　$a^2+b^2-2(a+b-1)=(a^2-2a+1)+(b^2-2b+1)$

$=(a-1)^2+(b-1)^2 \geqq 0$

よって　$a^2+b^2 \geqq 2(a+b-1)$

等号が成り立つのは，$a-1=0$ かつ $b-1=0$

すなわち，$a=b=1$ のときである。 終

C 正の数の大小と平方の大小

練習 30　教 p.34

$a>0$，$b>0$ のとき，次の不等式が成り立つことを証明せよ。

$$3\sqrt{a}+2\sqrt{b}>\sqrt{9a+4b}$$

指針　**不等式の証明(平方の大小)**　$3\sqrt{a}+2\sqrt{b}>0$，$\sqrt{9a+4b}>0$ から，両辺の平方の差により，大小関係を調べる。

解答　両辺の平方の差を考えると

$(3\sqrt{a}+2\sqrt{b})^2-(\sqrt{9a+4b})^2=(9a+12\sqrt{ab}+4b)-(9a+4b)$

$=12\sqrt{ab}>0$

よって　$(3\sqrt{a}+2\sqrt{b})^2>(\sqrt{9a+4b})^2$

$3\sqrt{a}+2\sqrt{b}>0$，$\sqrt{9a+4b}>0$ であるから

$3\sqrt{a}+2\sqrt{b}>\sqrt{9a+4b}$　終

D 絶対値と不等式

教 p.35

練習 31

次の不等式を証明せよ。また，等号が成り立つのはどのようなときか。

$$|a-b| \leqq |a|+|b|$$

指針 **絶対値を含む不等式の証明** $A^2-B^2 \geqq 0$ を証明して，$A \geqq 0$，$B \geqq 0$ のとき，$A \geqq B \iff A^2 \geqq B^2$ を利用する。

解答 両辺の平方の差を考えると

$$\begin{aligned}(|a|+|b|)^2-|a-b|^2 &= (|a|^2+2|a||b|+|b|^2)-(a-b)^2 \\ &= (a^2+2|ab|+b^2)-(a^2-2ab+b^2) \\ &= 2(|ab|+ab) \geqq 0\end{aligned}$$

よって　$|a-b|^2 \leqq (|a|+|b|)^2$

$|a-b| \geqq 0$，$|a|+|b| \geqq 0$ であるから

$$|a-b| \leqq |a|+|b|$$

等号が成り立つのは，$|ab|=-ab$

すなわち，$ab \leqq 0$ のときである。 終

E 相加平均と相乗平均

教 p.37

問 6

$a>0$，$b>0$ のとき，不等式 $(a+b)\left(\dfrac{1}{a}+\dfrac{1}{b}\right) \geqq 4$ が成り立つことを証明せよ。また，等号が成り立つのはどのようなときか。

指針 **不等式の証明(相加平均と相乗平均の大小関係の利用)** 左辺を展開して整理すると，$2+\dfrac{a}{b}+\dfrac{b}{a}$　ここで，$\dfrac{a}{b}>0$，$\dfrac{b}{a}>0$ より，$\dfrac{a}{b}$ と $\dfrac{b}{a}$ について，相加平均と相乗平均の大小関係を用いる。

解答 $(a+b)\left(\dfrac{1}{a}+\dfrac{1}{b}\right)=a\cdot\dfrac{1}{a}+a\cdot\dfrac{1}{b}+b\cdot\dfrac{1}{a}+b\cdot\dfrac{1}{b}$

$$=2+\frac{a}{b}+\frac{b}{a} \quad \cdots\cdots ①$$

$\dfrac{a}{b}>0$，$\dfrac{b}{a}>0$ から，相加平均と相乗平均の大小関係により

$$\frac{a}{b}+\frac{b}{a} \geqq 2\sqrt{\frac{a}{b}\cdot\frac{b}{a}} \qquad \text{ゆえに} \quad \frac{a}{b}+\frac{b}{a} \geqq 2 \quad \cdots\cdots ②$$

よって，① から　$(a+b)\left(\dfrac{1}{a}+\dfrac{1}{b}\right) \geqq 4$

等号が成り立つのは，

②で $\dfrac{a}{b}=\dfrac{b}{a}$　すなわち　$a=b$ のときである。 終

教 p.37

練習 32

次の不等式を証明せよ。また，等号が成り立つのはどのようなときか。ただし，a，b，c，d は正の数とする。

(1)　$2a+\dfrac{3}{a}\geqq 2\sqrt{6}$　　(2)　$\left(\dfrac{b}{a}+\dfrac{d}{c}\right)\left(\dfrac{a}{b}+\dfrac{c}{d}\right)\geqq 4$

指針　**不等式の証明(相加平均と相乗平均の大小関係の利用)**　相加平均と相乗平均の大小関係を利用するときは，まず2数が正の数であることを確認する。

解答　(1)　$a>0$ のとき　$2a>0$，$\dfrac{3}{a}>0$ から，相加平均と相乗平均の大小関係により　$2a+\dfrac{3}{a}\geqq 2\sqrt{2a\cdot\dfrac{3}{a}}$　　ゆえに　$2a+\dfrac{3}{a}\geqq 2\sqrt{6}$

等号が成り立つのは，

$2a=\dfrac{3}{a}$　すなわち　$a=\sqrt{\dfrac{3}{2}}=\dfrac{\sqrt{6}}{2}$ のときである。 終

(2)　$\left(\dfrac{b}{a}+\dfrac{d}{c}\right)\left(\dfrac{a}{b}+\dfrac{c}{d}\right)=\dfrac{b}{a}\cdot\dfrac{a}{b}+\dfrac{b}{a}\cdot\dfrac{c}{d}+\dfrac{d}{c}\cdot\dfrac{a}{b}+\dfrac{d}{c}\cdot\dfrac{c}{d}$

$=2+\dfrac{bc}{ad}+\dfrac{ad}{bc}$　…… ①

$\dfrac{bc}{ad}>0$，$\dfrac{ad}{bc}>0$ から，相加平均と相乗平均の大小関係により

$\dfrac{bc}{ad}+\dfrac{ad}{bc}\geqq 2\sqrt{\dfrac{bc}{ad}\cdot\dfrac{ad}{bc}}$　　ゆえに　$\dfrac{bc}{ad}+\dfrac{ad}{bc}\geqq 2$　…… ②

よって，①から　$\left(\dfrac{b}{a}+\dfrac{d}{c}\right)\left(\dfrac{a}{b}+\dfrac{c}{d}\right)\geqq 4$

等号が成り立つのは，

②で $\dfrac{bc}{ad}=\dfrac{ad}{bc}$　すなわち　$ad=bc$ のときである。 終

深める 教 p.37

$x>0$ のとき，$\left(x+\dfrac{1}{x}\right)\left(x+\dfrac{4}{x}\right)$ の最小値を求める問題について，次のように考えると誤りである理由を説明しよう。

> $x>0$，$\dfrac{1}{x}>0$，$\dfrac{4}{x}>0$ であるから，相加平均と相乗平均の大小関係により
>
> $x+\dfrac{1}{x}\geqq 2\sqrt{x\cdot\dfrac{1}{x}}$　　よって　　$x+\dfrac{1}{x}\geqq 2$　……①
>
> $x+\dfrac{4}{x}\geqq 2\sqrt{x\cdot\dfrac{4}{x}}$　　よって　　$x+\dfrac{4}{x}\geqq 4$　……②
>
> ①，② の辺々を掛けて　$\left(x+\dfrac{1}{x}\right)\left(x+\dfrac{4}{x}\right)\geqq 2\cdot 4=8$
>
> よって，求める最小値は 8 である。

指針　**相加平均と相乗平均の大小関係の応用**

① の不等式と ② の不等式について，等号が成立する x の値に著目する。

解答　① の不等式は，$x>0$ かつ $x=\dfrac{1}{x}$，すなわち $x=1$ のとき等号が成立するのに対し，② の不等式は，$x>0$ かつ $x=\dfrac{4}{x}$，すなわち $x=2$ のとき等号が成立する。

$x+\dfrac{1}{x}=2$ と $x+\dfrac{4}{x}=4$ を同時に満たす x は存在しないため，

$\left(x+\dfrac{1}{x}\right)\left(x+\dfrac{4}{x}\right)=8$ を満たす x は存在しない。

よって，$\left(x+\dfrac{1}{x}\right)\left(x+\dfrac{4}{x}\right)$ の最小値は 8 ではない。 終

第1章 第2節　問　題

教 p.38

9 次の等式を証明せよ。

(1) $x^3+\dfrac{1}{x^3}=\left(x+\dfrac{1}{x}\right)^3-3\left(x+\dfrac{1}{x}\right)$

(2) $x^3-\dfrac{1}{x^3}=\left(x-\dfrac{1}{x}\right)^3+3\left(x-\dfrac{1}{x}\right)$

指針 **等式の証明**　右辺を変形して，左辺に等しくなることを示す。

解答 (1) $\left(x+\dfrac{1}{x}\right)^3-3\left(x+\dfrac{1}{x}\right)=x^3+3x+\dfrac{3}{x}+\dfrac{1}{x^3}-3x-\dfrac{3}{x}$

$=x^3+\dfrac{1}{x^3}$

よって　$x^3+\dfrac{1}{x^3}=\left(x+\dfrac{1}{x}\right)^3-3\left(x+\dfrac{1}{x}\right)$　終

(2) $\left(x-\dfrac{1}{x}\right)^3+3\left(x-\dfrac{1}{x}\right)=x^3-3x+\dfrac{3}{x}-\dfrac{1}{x^3}+3x-\dfrac{3}{x}$

$=x^3-\dfrac{1}{x^3}$

よって　$x^3-\dfrac{1}{x^3}=\left(x-\dfrac{1}{x}\right)^3+3\left(x-\dfrac{1}{x}\right)$　終

教 p.38

10 $a+b+c=0$ のとき，次の等式が成り立つことを証明せよ。

$$(b+c)^2+(c+a)^2+(a+b)^2+2(bc+ca+ab)=0$$

指針 **等式の証明**　条件式を変形して，左辺に代入する。

解答 $a+b+c=0$ から　$b+c=-a,\ c+a=-b,\ a+b=-c$

ゆえに　(左辺)$=(-a)^2+(-b)^2+(-c)^2+2(bc+ca+ab)$

$=a^2+b^2+c^2+2ab+2bc+2ca$

$=(a+b+c)^2=0$

よって　$(b+c)^2+(c+a)^2+(a+b)^2+2(bc+ca+ab)=0$　終

別解 $a+b+c=0$ より，$c=-(a+b)$ であるから

(左辺)$=\{b-(a+b)\}^2+\{-(a+b)+a\}^2+(a+b)^2$

$+2\{-b(a+b)-(a+b)a+ab\}$

$=a^2+b^2+(a^2+2ab+b^2)+2(-ab-b^2-a^2-ab+ab)$

$=2(a^2+ab+b^2)-2(a^2+ab+b^2)=0$

よって　$(b+c)^2+(c+a)^2+(a+b)^2+2(bc+ca+ab)=0$　終

教 p.38

11 $\dfrac{x}{a}=\dfrac{y}{b}=\dfrac{z}{c}$ のとき，次の等式が成り立つことを証明せよ。

$$\frac{x+2y+3z}{a+2b+3c}=\frac{x+y+z}{a+b+c}$$

指針 **条件式が比例式のときの等式の証明**　$\dfrac{x}{a}=\dfrac{y}{b}=\dfrac{z}{c}=k$ とおき，$x=ak$，$y=bk$，$z=ck$ として，左辺と右辺に代入し，等しくなることを示す。

解答 $\dfrac{x}{a}=\dfrac{y}{b}=\dfrac{z}{c}=k$ とおくと　$x=ak$，$y=bk$，$z=ck$

よって　$$\frac{x+2y+3z}{a+2b+3c}=\frac{ak+2bk+3ck}{a+2b+3c}=\frac{(a+2b+3c)k}{a+2b+3c}=k$$

$$\frac{x+y+z}{a+b+c}=\frac{ak+bk+ck}{a+b+c}=\frac{(a+b+c)k}{a+b+c}=k$$

ゆえに　$\dfrac{x+2y+3z}{a+2b+3c}=\dfrac{x+y+z}{a+b+c}$　終

教 p.38

12 $a>0$ のとき，次の不等式が成り立つことを証明せよ。

$$\sqrt{1+a}<1+\frac{a}{2}$$

指針 **平方根を含む不等式の証明**　$A>0$，$B>0$ のとき，$A>B \iff A^2>B^2$ により，$A^2-B^2>0$ を示す。

解答 $$\left(1+\frac{a}{2}\right)^2-(\sqrt{1+a})^2=\left(1+a+\frac{a^2}{4}\right)-(1+a)=\frac{a^2}{4}$$

$a>0$ のとき　$\dfrac{a^2}{4}>0$

よって，$\left(1+\dfrac{a}{2}\right)^2-(\sqrt{1+a})^2>0$ より　$\left(1+\dfrac{a}{2}\right)^2>(\sqrt{1+a})^2$

$a>0$ のとき，$1+\dfrac{a}{2}>0$，$\sqrt{1+a}>0$ であるから　$\sqrt{1+a}<1+\dfrac{a}{2}$　終

教 p.38

13 次の不等式を証明せよ。

(1) $|a|-|b| \leqq |a-b|$　　(2) $|a|-|b| \leqq |a+b|$

指針 **絶対値を含む不等式の証明**　$A \geqq 0$, $B \geqq 0$ のとき

$A \geqq B \iff A^2 \geqq B^2$ により, $A^2-B^2 \geqq 0$ が成り立つことを示す。

または, $|p+q| \leqq |p|+|q|$ が成り立つことを利用する。

解答 (1) $|a|-|b|<0$ のとき

$|a-b| \geqq 0$ より　　$|a|-|b|<|a-b|$ …… ①

$|a|-|b| \geqq 0$ のとき

$$|a-b|^2-(|a|-|b|)^2=(a-b)^2-(|a|^2-2|a||b|+|b|^2)$$
$$=(a^2-2ab+b^2)-(a^2-2|ab|+b^2)$$
$$=2(|ab|-ab) \geqq 0$$

よって　$(|a|-|b|)^2 \leqq |a-b|^2$

$|a|-|b| \geqq 0$, $|a-b| \geqq 0$ より　　$|a|-|b| \leqq |a-b|$ …… ②

①, ② から　$|a|-|b| \leqq |a-b|$

等号が成り立つのは,

$|a|-|b| \geqq 0$, $|ab|-ab=0$　すなわち　$|a| \geqq |b|$, $ab \geqq 0$ から

$a \geqq b \geqq 0$　または　$a \leqq b \leqq 0$ のときである。 終

(2) $|a|-|b|<0$ のとき

$|a+b| \geqq 0$ より　　$|a|-|b|<|a+b|$ …… ①

$|a|-|b| \geqq 0$ のとき

$$|a+b|^2-(|a|-|b|)^2=(a+b)^2-(|a|^2-2|a||b|+|b|^2)$$
$$=(a^2+2ab+b^2)-(a^2-2|ab|+b^2)$$
$$=2(|ab|+ab) \geqq 0$$

よって　$(|a|-|b|)^2 \leqq |a+b|^2$

$|a|-|b| \geqq 0$, $|a+b| \geqq 0$ より　　$|a|-|b| \leqq |a+b|$ …… ②

①, ② から　$|a|-|b| \leqq |a+b|$

等号が成り立つのは,

$|a|-|b| \geqq 0$, $|ab|+ab=0$　すなわち　$|a| \geqq |b|$, $ab \leqq 0$ から

$a \geqq -b \geqq 0$　または　$a \leqq -b \leqq 0$ のときである。 終

別解 (2) (1) において, b を $-b$ でおき換えると

$|a|-|-b| \leqq |a-(-b)|$ より　$|a|-|b| \leqq |a+b|$

等号が成り立つのは,

$a \geqq -b \geqq 0$　または　$a \leqq -b \leqq 0$ のときである。 終

教 p.38

14 $a>0$，$b>0$ のとき，次の不等式が成り立つことを証明せよ。

(1) $ab+\dfrac{4}{ab}\geqq 4$　　(2) $\left(a+\dfrac{4}{b}\right)\left(b+\dfrac{9}{a}\right)\geqq 25$

指針 **不等式の証明（相加平均と相乗平均の大小関係の利用）**

$p>0$，$q>0$ のとき

$\dfrac{p+q}{2}\geqq\sqrt{pq}$　（相加平均と相乗平均の大小関係）を利用する。

(2) では，まず展開して整理し，(1) を利用する。

解答 (1) $a>0$，$b>0$ のとき，$ab>0$，$\dfrac{4}{ab}>0$ であるから

相加平均と相乗平均の大小関係により

$$ab+\frac{4}{ab}\geqq 2\sqrt{ab\cdot\frac{4}{ab}}$$

よって　$ab+\dfrac{4}{ab}\geqq 4$

等号が成り立つのは，$ab=\dfrac{4}{ab}$　すなわち　$ab=2$ のときである。 終

(2) $\left(a+\dfrac{4}{b}\right)\left(b+\dfrac{9}{a}\right)=ab+a\cdot\dfrac{9}{a}+\dfrac{4}{b}\cdot b+\dfrac{4}{b}\cdot\dfrac{9}{a}$

$$=ab+\frac{36}{ab}+13$$

相加平均と相乗平均の大小関係により

$$ab+\frac{36}{ab}\geqq 2\sqrt{ab\cdot\frac{36}{ab}}$$

よって　$ab+\dfrac{36}{ab}\geqq 12$ であるから

$$\left(a+\frac{4}{b}\right)\left(b+\frac{9}{a}\right)\geqq 12+13=25$$

等号が成り立つのは，$ab=\dfrac{36}{ab}$　すなわち　$ab=6$ のときである。 終

別解 (1) $ab+\dfrac{4}{ab}-4=\dfrac{a^2b^2+4-4ab}{ab}$

$$=\frac{(ab-2)^2}{ab}\geqq 0$$

等号が成り立つのは，$ab=2$ のときである。 終

教 p.38

15 $a>0$ のとき，$\left(a+\dfrac{2}{a}\right)\left(a+\dfrac{8}{a}\right)$ の最小値を求めよ。

指針 **相加平均と相乗平均の大小関係の応用**　展開すると　$a^2+\dfrac{16}{a^2}+10$

よって，$a^2+\dfrac{16}{a^2}$ に着目して最小値を求める。

解答
$$\left(a+\frac{2}{a}\right)\left(a+\frac{8}{a}\right)=a^2+\frac{16}{a^2}+10$$

$a^2>0$，$\dfrac{16}{a^2}>0$ であるから，相加平均と相乗平均の大小関係により

$$a^2+\frac{16}{a^2}+10\geqq 2\sqrt{a^2\cdot\frac{16}{a^2}}+10=2\cdot 4+10=18$$

よって　$\left(a+\dfrac{2}{a}\right)\left(a+\dfrac{8}{a}\right)\geqq 18$

この不等式は，$a>0$ かつ $a^2=\dfrac{16}{a^2}$，すなわち $a=2$ のとき等号が成り立つ。

したがって，求める最小値は　**18**　答

教 p.38

16 面積が一定値 S である長方形のうち，周の長さが最小となるのは正方形である。このことを，長方形の隣り合う 2 辺の長さを a，b とし，a，b について相加平均と相乗平均の大小関係を用いて証明せよ。

指針 **相加平均と相乗平均の大小関係の図形への応用**
長方形の周の長さは $2(a+b)$　よって，周の長さが最小となるのは，$a+b$ が最小のときである。

解答 $a>0$，$b>0$ であるから，相加平均と相乗平均の大小関係により

$$2(a+b)\geqq 2\cdot 2\sqrt{ab}=4\sqrt{S}$$

等号が成り立つのは，$a=b$ のときである。
よって，面積が一定値 S である長方形のうち，周の長さが最小となるのは正方形である。　終

第1章　演習問題A

教 p.39

1. 次の式を計算せよ。

$$\frac{b-c}{(a+b)(a+c)}+\frac{c-a}{(b+c)(b+a)}+\frac{a-b}{(c+a)(c+b)}$$

指針 **3つの分数式の加法**　3つの項を通分して計算する。このとき，分母は $(a+b)(b+c)(c+a)$ となる。

解答

$$\frac{b-c}{(a+b)(a+c)}+\frac{c-a}{(b+c)(b+a)}+\frac{a-b}{(c+a)(c+b)}$$

$$=\frac{(b-c)(b+c)+(c-a)(c+a)+(a-b)(a+b)}{(a+b)(b+c)(c+a)}$$

$$=\frac{(b^2-c^2)+(c^2-a^2)+(a^2-b^2)}{(a+b)(b+c)(c+a)}=\mathbf{0}$$ 答

教 p.39

2. x の多項式 $A=x^3+ax^2+2x+1$ を x^2+x-2 で割ると，余りが $2x+5$ となるように，定数 a の値を定めよ。また，そのときの商を求めよ。

指針 **多項式の割り算に関する等式 $A=BQ+R$**　3次式を2次式で割ったとき商は1次式であるから $bx+c$ とおける。

$A=(x^2+x-2)(bx+c)+2x+5$ は x についての恒等式である。

解答 商を $bx+c$ とおくと

$x^3+ax^2+2x+1=(x^2+x-2)(bx+c)+2x+5$

$=bx^3+(b+c)x^2+(2-2b+c)x+5-2c$

この等式は x についての恒等式であるから，両辺の同じ次数の項の係数は等しい。

よって　$1=b$，$a=b+c$，$2=2-2b+c$，$1=5-2c$

これを解いて　$a=3$，$b=1$，$c=2$　したがって　$\boldsymbol{a=3}$**，商は** $\boldsymbol{x+2}$ 答

教 p.39

3. 等式 $a^3+b^3+c^3-3abc=(a+b+c)(a^2+b^2+c^2-ab-bc-ca)$ を用いて，次の不等式を証明せよ。ただし，a，b，c は正の数とする。

$$a^3+b^3+c^3\geqq 3abc$$

指針 **不等式の証明**　等式の右辺 $\geqq 0$ を示せばよい。

$$a^2+b^2+c^2-ab-bc-ca=\frac{1}{2}\{(a-b)^2+(b-c)^2+(c-a)^2\}$$

を利用する。

解答　$a^2+b^2+c^2-ab-bc-ca$

$$=\frac{1}{2}(a^2-2ab+b^2+b^2-2bc+c^2+c^2-2ca+a^2)$$

$$=\frac{1}{2}\{(a-b)^2+(b-c)^2+(c-a)^2\}\geqq 0$$

また，$a+b+c>0$ であるから

$$(a+b+c)(a^2+b^2+c^2-ab-bc-ca)\geqq 0$$

よって　$a^3+b^3+c^3-3abc\geqq 0$

ゆえに　$a^3+b^3+c^3\geqq 3abc$

等号が成り立つのは　$a-b=0$ かつ $b-c=0$ かつ $c-a=0$ より，$a=b=c$ のときである。 終

教 p.39

4. 二項定理を用いて，次のことを証明せよ。

$x>0$ のとき　$(1+x)^n>1+nx$　ただし　$n=2,\ 3,\ 4,\ \cdots\cdots$

指針 **不等式の証明(二項定理の利用)**　例えば，$n=3$ のとき，$(1+x)^n$ の展開式は　$(1+x)^3=1+3x+3x^2+x^3$

ここで，$x>0$ であるから，$3x^2+x^3>0$ より　$1+3x+3x^2+x^3>1+3x$

同様に考えて，$(1+x)^n$ を二項定理を使って展開したとき

$(1+x)^n=1+nx+$(正の項)　の形になることを示せばよい。

解答　二項定理　$(a+b)^n={}_n\mathrm{C}_0a^n+{}_n\mathrm{C}_1a^{n-1}b+{}_n\mathrm{C}_2a^{n-2}b^2+\cdots\cdots+{}_n\mathrm{C}_nb^n$

において，$a=1$，$b=x$ とすると，次の等式が成り立つ。

$$(1+x)^n={}_n\mathrm{C}_0+{}_n\mathrm{C}_1x+{}_n\mathrm{C}_2x^2+\cdots\cdots+{}_n\mathrm{C}_nx^n \quad \cdots\cdots ①$$

この式で　${}_n\mathrm{C}_0=1,\ {}_n\mathrm{C}_1=n$

また，$n\geqq 2$，$x>0$ であるから

$${}_n\mathrm{C}_2>0,\ \cdots\cdots,\ {}_n\mathrm{C}_n>0,\quad x^2>0,\ \cdots\cdots,\ x^n>0$$

よって　${}_n\mathrm{C}_2x^2+\cdots\cdots+{}_n\mathrm{C}_nx^n>0$

ゆえに，① の右辺について

$${}_n\mathrm{C}_0+{}_n\mathrm{C}_1x+{}_n\mathrm{C}_2x^2+\cdots\cdots+{}_n\mathrm{C}_nx^n>1+nx$$

すなわち，$(1+x)^n>1+nx$ が成り立つ。 終

第1章　演習問題 B

教 p.39

5. 等式 $(k+2)x+(k+1)y-3k-4=0$ が，k のどのような値に対しても成り立つように，x，y の値を定めよ。

指針 **恒等式の係数の決定**　k についての恒等式であるように，x，y の値を定める。
P を k についての多項式とする。このとき
　$P=0$ が恒等式　$\Longleftrightarrow$　P の各項の係数はすべて 0 である。
k について整理して，各項の係数を 0 とすることにより，x，y の連立方程式を作る。

解答 等式の左辺を k について整理すると　$k(x+y-3)+2x+y-4=0$
これが，k についての恒等式となるのは，各項の係数が 0 になるときであるから　$x+y-3=0$ …… ①
$2x+y-4=0$ …… ②
②−① から　$x-1=0$　よって　$x=1$
これを ① に代入して　$y-2=0$　ゆえに　$y=2$
したがって　$\boldsymbol{x=1}$，$\boldsymbol{y=2}$　答

教 p.39

6. $\dfrac{x}{b+c}=\dfrac{y}{c+a}=\dfrac{z}{a+b}$ のとき，次の等式が成り立つことを証明せよ。

$$a(y-z)+b(z-x)+c(x-y)=0$$

指針 **条件つきの等式の証明**　$\dfrac{x}{b+c}=\dfrac{y}{c+a}=\dfrac{z}{a+b}=k$ とおき，$x=k(b+c)$，$y=k(c+a)$，$z=k(a+b)$ として代入する。

解答 $\dfrac{x}{b+c}=\dfrac{y}{c+a}=\dfrac{z}{a+b}=k$ とおくと

$$x=k(b+c),\ y=k(c+a),\ z=k(a+b)$$

よって　$a(y-z)+b(z-x)+c(x-y)$

$$=(-b+c)x+(a-c)y+(-a+b)z$$
$$=(-b+c)\cdot k(b+c)+(a-c)\cdot k(c+a)+(-a+b)\cdot k(a+b)$$
$$=k(-b^2+c^2)+k(a^2-c^2)+k(-a^2+b^2)$$
$$=k(-b^2+c^2+a^2-c^2-a^2+b^2)=0$$

ゆえに　$a(y-z)+b(z-x)+c(x-y)=0$　終

教 p.39

7. 次の等式，不等式を証明せよ。

(1) $(a^2+b^2+c^2)(x^2+y^2+z^2)$
$=(ax+by+cz)^2+(ay-bx)^2+(bz-cy)^2+(cx-az)^2$

(2) $(a^2+b^2+c^2)(x^2+y^2+z^2)\geqq(ax+by+cz)^2$

指針 **等式，不等式の証明**　(1) を利用して，(2) を証明する。

(1) 右辺を変形して左辺を導く。

解答 (1)　$(ax+by+cz)^2+(ay-bx)^2+(bz-cy)^2+(cx-az)^2$

$=\{a^2x^2+b^2y^2+c^2z^2+2(abxy+bcyz+cazx)\}$
$\quad+(a^2y^2-2abxy+b^2x^2)+(b^2z^2-2bcyz+c^2y^2)$
$\quad+(c^2x^2-2cazx+a^2z^2)$
$=a^2(x^2+y^2+z^2)+b^2(x^2+y^2+z^2)+c^2(x^2+y^2+z^2)$
$=(a^2+b^2+c^2)(x^2+y^2+z^2)$

よって

$(a^2+b^2+c^2)(x^2+y^2+z^2)$
$=(ax+by+cz)^2+(ay-bx)^2+(bz-cy)^2+(cx-az)^2$　終

(2) (1) から

$(a^2+b^2+c^2)(x^2+y^2+z^2)-(ax+by+cz)^2$
$=(ay-bx)^2+(bz-cy)^2+(cx-az)^2\geqq0$

よって　$(a^2+b^2+c^2)(x^2+y^2+z^2)\geqq(ax+by+cz)^2$

等号が成り立つのは　$ay=bx$　かつ　$bz=cy$　かつ　$cx=az$
のときである。終

教 p.39

8. $0<a<b$，$a+b=1$ のとき，$\dfrac{1}{2}$，$2ab$，a^2+b^2 を小さい方から順に並べよ。

指針 **式の大小**　条件を満たす数値を代入して大小の見当をつけてから，証明する。$0<a<b$，$a+b=1$ を満たす $a=\dfrac{1}{3}$，$b=\dfrac{2}{3}$ を代入すると

$2ab=2\cdot\dfrac{1}{3}\cdot\dfrac{2}{3}=\dfrac{4}{9}$，　$a^2+b^2=\dfrac{1}{9}+\dfrac{4}{9}=\dfrac{5}{9}$

したがって，$2ab<\dfrac{1}{2}<a^2+b^2$ となることが予想されるので

$a^2+b^2-\dfrac{1}{2}>0$，$\dfrac{1}{2}-2ab>0$　を示せばよい。

教科書 $p.39$

解答 $a+b=1$ より　　$b=1-a$

$0<a<b$ より　　$0<a<1-a$

$a-(1-a)<0$ より　　$a<\dfrac{1}{2}$

よって　　$0<a<\dfrac{1}{2}$

[1]　$a^2+b^2-\dfrac{1}{2}=a^2+(1-a)^2-\dfrac{1}{2}$

$$=2a^2-2a+\frac{1}{2}=2\left(a-\frac{1}{2}\right)^2>0$$

ゆえに　$\dfrac{1}{2}<a^2+b^2$

[2]　$\dfrac{1}{2}-2ab=\dfrac{1}{2}-2a(1-a)$

$$=2a^2-2a+\frac{1}{2}=2\left(a-\frac{1}{2}\right)^2>0$$

ゆえに　$2ab<\dfrac{1}{2}$

[1]，[2] より，小さい方から順に並べると

$\boldsymbol{2ab}$，$\boldsymbol{\dfrac{1}{2}}$，$\boldsymbol{a^2+b^2}$　答

別解 $a^2+b^2-\dfrac{1}{2}=\{(a+b)^2-2ab\}-\dfrac{1}{2}$

$$=(1-2ab)-\frac{1}{2}$$

$$=\frac{1}{2}-2ab \quad \cdots\cdots ①$$

$\dfrac{1}{2}=\dfrac{(a+b)^2}{2}$，$a \neq b$ であるから

$\dfrac{1}{2}-2ab=\dfrac{(a+b)^2}{2}-2ab$

$$=\frac{a^2-2ab+b^2}{2}$$

$$=\frac{(a-b)^2}{2}>0 \quad \cdots\cdots ②$$

①，② から　$a^2+b^2-\dfrac{1}{2}=\dfrac{1}{2}-2ab>0$

よって，小さい方から順に並べると

$\boldsymbol{2ab}$，$\boldsymbol{\dfrac{1}{2}}$，$\boldsymbol{a^2+b^2}$　答

教 p.39

9. $|a|<1$, $|b|<1$ のとき，次の不等式が成り立つことを証明せよ。
(1) $1+ab>0$　　(2) $|a+b|<1+ab$

指針 **絶対値を含む不等式の証明**　条件式の扱い方がポイントである。
(1) まず $|ab|<1$ を示す。
(2) (1) より $1+ab>0$　また $|a+b|\geqq 0$ であるから，両辺の平方の差を考える。

解答 (1) $|a|<1$, $|b|<1$ から　$|a||b|<1$
よって　$|ab|<1$
ゆえに　$-1<ab<1$
したがって　$1+ab>0$　終

(2) $|a|<1$, $|b|<1$ から

$$\begin{aligned}(1+ab)^2-|a+b|^2&=(1+2ab+a^2b^2)-(a+b)^2\\&=(1+2ab+a^2b^2)-(a^2+2ab+b^2)\\&=1-a^2-b^2+a^2b^2\\&=(1-a^2)(1-b^2)\\&=(1-|a|^2)(1-|b|^2)>0\end{aligned}$$

よって　$|a+b|^2<(1+ab)^2$
(1) から　$1+ab>0$
また，$|a+b|\geqq 0$ であるから
$|a+b|<1+ab$　終

第2章　複素数と方程式

1　複素数

まとめ

1　複素数

① 2次方程式 $x^2=2$ は，有理数の範囲では解をもたないが，無理数を考えて，数の範囲を実数にまで広げると，解 $x=\pm\sqrt{2}$ をもつ。

② 2乗すると -1 になる新しい数を1つ考えて，これを文字 $\boldsymbol{i}$ で表し，**虚数単位** という。すなわち，$i^2=-1$ とする。

③ 2つの実数 a，b を用いて $\boldsymbol{a+bi}$ の形に表される数を考え，これを **複素数** という。a をその **実部**，b を **虚部** という。

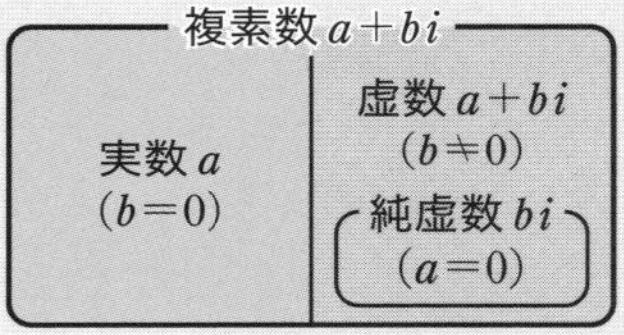

④ 虚部が0である複素数 $a+0i$ は実数 a を表すものとする。
$b\neq 0$ のとき，複素数 $a+bi$ を **虚数** という。特に，$a=0$，$b\neq 0$ のとき，$0+bi$ は bi と表して，これを **純虚数** という。

注意 **以下，$a+bi$ などでは，文字 a，b は実数を表すものとする。**

⑤ 2つの複素数が等しいのは，実部も虚部も等しいときである。

複素数の相等

$$\boldsymbol{a+bi=c+di \iff a=c \text{ かつ } b=d}$$

特に　$$\boldsymbol{a+bi=0 \iff a=0 \text{ かつ } b=0}$$

2　複素数の計算

① i を文字のように扱って計算する。ただし，i^2 が出てくれば，それを -1 でおき換える。

② 複素数 $a+bi$ と $a-bi$ を互いに **共役な複素数** という。なお，実数 a と共役な複素数は a 自身である。

③ 複素数 α と共役な複素数を $\overline{\alpha}$ で表す。

④ 互いに共役な複素数 $\alpha=a+bi$，$\overline{\alpha}=a-bi$ の和と積は

$$\alpha+\overline{\alpha}=(a+bi)+(a-bi)=2a,\quad \alpha\overline{\alpha}=(a+bi)(a-bi)=a^2+b^2$$

となり，ともに実数である。

⑤ 複素数の四則計算の結果は，次のようになる。

加法　$(a+bi)+(c+di)=(a+c)+(b+d)i$

減法　$(a+bi)-(c+di)=(a-c)+(b-d)i$

乗法　$(a+bi)(c+di)=(ac-bd)+(ad+bc)i$

除法　$\dfrac{a+bi}{c+di}=\dfrac{ac+bd}{c^2+d^2}+\dfrac{bc-ad}{c^2+d^2}i$

したがって，2つの複素数の和，差，積，商はまた複素数である。

⑥　α，β を複素数とすると，次のことが成り立つ。

$$\boldsymbol{\alpha\beta=0 \iff \alpha=0} \text{ **または** } \boldsymbol{\beta=0}$$

注意 虚数については，大小関係や正，負は考えない。

3　負の数の平方根

①　$a>0$ のとき，記号 $\sqrt{-a}$ の意味を次のように定める。

$a>0$ のとき　$\boldsymbol{\sqrt{-a}=\sqrt{a}\,i}$　　特に　$\boldsymbol{\sqrt{-1}=i}$

このように定めると，次のことがいえる。

負の数の平方根

$a>0$ のとき，$-a$ の平方根は　$\pm\boldsymbol{\sqrt{-a}}$　すなわち　$\pm\boldsymbol{\sqrt{a}\,i}$

A 複素数

練習 1 教 p.42

次の複素数の実部と虚部をいえ。

(1)　$-2-3i$　　(2)　$\dfrac{-2+\sqrt{5}\,i}{3}$　　(3)　-4　　(4)　$5i$

指針 **複素数の実部・虚部**　複素数 $a+bi$ の実部は a，虚部は b である。実数 a は $a+0i$，純虚数 bi は $0+bi$ と考える。

解答 (1)　$-2-3i=-2+(-3)i$ から　　**実部 -2，虚部 -3**　答

(2)　$\dfrac{-2+\sqrt{5}\,i}{3}=-\dfrac{2}{3}+\dfrac{\sqrt{5}}{3}i$ から　　**実部 $-\dfrac{2}{3}$，虚部 $\dfrac{\sqrt{5}}{3}$**　答

(3)　$-4=-4+0i$ から　　**実部 -4，虚部 0**　答

(4)　$5i=0+5i$ から　　**実部 0，虚部 5**　答

練習 2 教 p.43

次の等式を満たす実数 x，y の値を求めよ。

(1)　$(x+3)+(x-y)i=0$　　(2)　$(3x-y)+(2x+3y)i=9-5i$

指針 **複素数の相等**　a，b，c，d が実数であるとき

$$a+bi=0 \iff a=0 \text{ かつ } b=0$$

$$a+bi=c+di \iff a=c \text{ かつ } b=d$$

解答 (1)　x，y が実数であるから，$x+3$，$x-y$ は実数である。

よって　　$x+3=0$　かつ　$x-y=0$

これを解いて　　$\boldsymbol{x=-3}$, $\boldsymbol{y=-3}$ 答

(2) x, y が実数であるから, $3x-y$, $2x+3y$ は実数である。

よって　　$3x-y=9$　かつ　$2x+3y=-5$

これを解いて　　$\boldsymbol{x=2}$, $\boldsymbol{y=-3}$ 答

B 複素数の計算

教 p.43

練習 3

次の式を計算せよ。

(1) $(7+3i)+(3-4i)$　　(2) $(5-i)-(3+2i)$

(3) $(2-i)-(5-2i)$　　(4) $(1+4i)+(4+3i)+(7-2i)$

指針 **複素数の加法, 減法**　i を文字と考えて, 今までの文字を含む式と同様に計算する。

解答 (1) $(7+3i)+(3-4i)=(7+3)+(3-4)i=\boldsymbol{10-i}$ 答

(2) $(5-i)-(3+2i)=(5-3)+(-1-2)i=\boldsymbol{2-3i}$ 答

(3) $(2-i)-(5-2i)=(2-5)+(-1+2)i=\boldsymbol{-3+i}$ 答

(4) $(1+4i)+(4+3i)+(7-2i)=(1+4+7)+(4+3-2)i=\boldsymbol{12+5i}$ 答

教 p.44

練習 4

次の式を計算せよ。

(1) $(2+3i)(3-2i)$　　(2) $(1-3i)^2$

(3) $(4+3i)(4-3i)$　　(4) i^3

指針 **複素数の乗法**　i を文字と考えて, 今までの文字を含む式と同様に計算する。ただし, i^2 が出てくれば, -1 でおき換える。特に, 乗法公式を用いた式の展開についても, 文字式の場合と同様にできることに注意する。

解答 (1) $(2+3i)(3-2i)=6+(-4+9)i-6i^2$

$=6+5i-6\cdot(-1)=\boldsymbol{12+5i}$ 答

(2) $(1-3i)^2=1-6i+9i^2=1-6i+9\cdot(-1)=\boldsymbol{-8-6i}$ 答

(3) $(4+3i)(4-3i)=16-9i^2=16-9\cdot(-1)=\boldsymbol{25}$ 答

(4) $i^3=i^2\cdot i=(-1)i=\boldsymbol{-i}$ 答

教 p.44

練習 5

次の複素数と共役な複素数をいえ。

(1) $3+2i$　　(2) $-4-5i$　　(3) $\sqrt{3}\,i$　　(4) -5

指針 **共役な複素数**　$a+bi$ と共役な複素数は $a-bi$ である。共役な複素数を求めるには虚部の符号を変えればよい。

解答 (1) $\boldsymbol{3-2i}$ 答

(2) $\boldsymbol{-4+5i}$ 答

(3) $0+\sqrt{3}\,i$ と共役な複素数は $0-\sqrt{3}\,i$ より　$\boldsymbol{-\sqrt{3}\,i}$ 答

(4) $-5+0i$ と共役な複素数は $-5-0i$ より　$\boldsymbol{-5}$ 答

練習 6 教 p.45

次の式を計算せよ。

(1) $\dfrac{7+i}{1+3i}$　(2) $\dfrac{2i}{3-i}$　(3) $\dfrac{3-2i}{3+2i}$

指針 **複素数の除法**　一般に，複素数の除法は，分母と共役な複素数を分母と分子に掛けて，分母を実数にする。計算の結果を $a+bi$ の形にしておくのが一般的である。

解答 (1) $\dfrac{7+i}{1+3i}=\dfrac{(7+i)(1-3i)}{(1+3i)(1-3i)}=\dfrac{7-21i+i-3i^2}{1-9i^2}=\dfrac{10-20i}{10}$

$=\boldsymbol{1-2i}$ 答

(2) $\dfrac{2i}{3-i}=\dfrac{2i(3+i)}{(3-i)(3+i)}=\dfrac{6i+2i^2}{9-i^2}=\dfrac{-2+6i}{10}=\boldsymbol{-\dfrac{1}{5}+\dfrac{3}{5}i}$ 答

(3) $\dfrac{3-2i}{3+2i}=\dfrac{(3-2i)^2}{(3+2i)(3-2i)}=\dfrac{9-12i+4i^2}{9-4i^2}$

$=\dfrac{9-12i-4}{13}=\boldsymbol{\dfrac{5}{13}-\dfrac{12}{13}i}$ 答

C 負の数の平方根

練習 7 教 p.46

次の式を計算せよ。

(1) $\sqrt{-18}\sqrt{-8}$　(2) $\dfrac{\sqrt{27}}{\sqrt{-9}}$　(3) $\dfrac{\sqrt{-45}}{\sqrt{-5}}$　(4) $\dfrac{\sqrt{-2}}{\sqrt{3}}$

指針 **負の数の平方根を含む式の計算**　$\sqrt{-a}$ を $\sqrt{a}\,i$ としてから計算する。

$a>0$，$b>0$ のとき　$\sqrt{-a}\sqrt{-b}=\sqrt{a}\,i\times\sqrt{b}\,i$

$=\sqrt{ab}\,i^2=-\sqrt{ab}$

また　$\dfrac{\sqrt{-a}}{\sqrt{-b}}=\dfrac{\sqrt{a}\,i}{\sqrt{b}\,i}=\dfrac{\sqrt{a}}{\sqrt{b}}=\sqrt{\dfrac{a}{b}}$

解答 (1) $\sqrt{-18}\sqrt{-8}=\sqrt{18}\,i\times\sqrt{8}\,i=3\sqrt{2}\,i\times2\sqrt{2}\,i$

$=3\sqrt{2}\times2\sqrt{2}\,i^2=12i^2=\boldsymbol{-12}$ 答

(2) $\dfrac{\sqrt{27}}{\sqrt{-9}}=\dfrac{\sqrt{27}}{\sqrt{9}\,i}=\dfrac{3\sqrt{3}}{3i}=\dfrac{\sqrt{3}}{i}=\dfrac{\sqrt{3}\times i}{i\times i}=\boldsymbol{-\sqrt{3}\,i}$ 答

(3) $\dfrac{\sqrt{-45}}{\sqrt{-5}}=\dfrac{\sqrt{45}\,i}{\sqrt{5}\,i}=\dfrac{\sqrt{45}}{\sqrt{5}}=\sqrt{\dfrac{45}{5}}=\sqrt{9}=\mathbf{3}$ 答

(4) $\dfrac{\sqrt{-2}}{\sqrt{3}}=\dfrac{\sqrt{2}\,i}{\sqrt{3}}=\dfrac{\sqrt{2}\,i\times\sqrt{3}}{\sqrt{3}\times\sqrt{3}}=\boldsymbol{\dfrac{\sqrt{6}}{3}i}$ 答

深める 教 p.46

次の等式は成り立つだろうか。成り立たない場合は，右辺を直して正しい等式にしよう。

(1) $\sqrt{2}\sqrt{-7}=\sqrt{-14}$　　(2) $\dfrac{1}{\sqrt{-3}}=\sqrt{-\dfrac{1}{3}}$

指針 **負の数の平方根を含む等式**　$\sqrt{-a}$ を $\sqrt{a}\,i$ としてから左辺を計算する。

解答 (1) 左辺 $=\sqrt{2}\times\sqrt{7}\,i=\sqrt{14}\,i=\sqrt{-14}$

よって，与えられた等式は成り立つ。 終

(2) 左辺 $=\dfrac{1}{\sqrt{3}\,i}=\dfrac{\sqrt{3}\,i}{3i^2}=-\dfrac{\sqrt{3}}{3}i=-\sqrt{\dfrac{1}{3}}\,i$

よって，正しい等式は　$\dfrac{1}{\sqrt{-3}}=-\sqrt{\dfrac{1}{3}}\,i$　$\left(\dfrac{1}{\sqrt{-3}}=-\sqrt{-\dfrac{1}{3}}\right)$ 終

2　2次方程式の解と判別式

まとめ

1　2次方程式

① 数の範囲を複素数にまで広げて考えると，実数を係数とするすべての2次方程式は，複素数の範囲で常に解をもつ。

② **2次方程式の解の公式**　a，b，c は実数とする。

2次方程式 $ax^2+bx+c=0$ の解は

$$x=\frac{-b\pm\sqrt{b^2-4ac}}{2a}$$

特に，2次方程式 $ax^2+2b'x+c=0$ の解は

$$x=\frac{-b'\pm\sqrt{b'^2-ac}}{a}$$

2　2次方程式の解の種類の判別

① 方程式の解のうち，実数であるものを **実数解**，虚数であるものを **虚数解** という。

注意 今後，特に断りがない場合は，方程式の係数はすべて実数とし，方程式の解は複素数の範囲で考えるものとする。

② 2次方程式 $ax^2+bx+c=0$ の解は $x=\dfrac{-b\pm\sqrt{b^2-4ac}}{2a}$ であるから，解の種類は，根号内の式 b^2-4ac すなわち判別式の符号で判別できる。判別式は，普通 D で表す。すなわち，$D=b^2-4ac$ である。

2次方程式の解の種類の判別

$D>0$ $\iff$ 異なる2つの実数解をもつ

$D=0$ $\iff$ 重解をもつ

$D<0$ $\iff$ 異なる2つの虚数解をもつ

注意 2次方程式 $ax^2+2b'x+c=0$ においては，$D=4(b'^2-ac)$ であるから，D の代わりに $\dfrac{D}{4}=b'^2-ac$ を用いて，解の種類を判別できる。

A 2次方程式の解

教 p.47

練習 8

次の2次方程式を解け。

(1) $x^2+x+1=0$ (2) $3x^2-7x+5=0$

(3) $-2x^2+6x-7=0$ (4) $(x-3)(x-7)=-5$

指針 **2次方程式の解（解の公式の利用）** 2次方程式 $ax^2+bx+c=0$ について，$b^2-4ac<0$ のときも解の公式を使って求めることができる。このとき，$\sqrt{-p}=\sqrt{p}\,i\ (p>0)$ を用いて虚数で表す。

(3) x^2 の係数を正の数に直してから，解の公式を使う。

(4) 展開，整理をして，$ax^2+bx+c=0$ の形にする。

(3)，(4) x の係数が偶数である場合の公式を使う。

解答 (1) $\boldsymbol{x}=\dfrac{-1\pm\sqrt{1^2-4\cdot1\cdot1}}{2\cdot1}=\boldsymbol{\dfrac{-1\pm\sqrt{3}\,i}{2}}$ 答

(2) $\boldsymbol{x}=\dfrac{-(-7)\pm\sqrt{(-7)^2-4\cdot3\cdot5}}{2\cdot3}=\dfrac{7\pm\sqrt{-11}}{6}=\boldsymbol{\dfrac{7\pm\sqrt{11}\,i}{6}}$ 答

(3) 両辺に -1 を掛けると $2x^2-6x+7=0$

$a=2$，$b'=-3$，$c=7$ であるから

$\boldsymbol{x}=\dfrac{-(-3)\pm\sqrt{(-3)^2-2\cdot7}}{2}=\dfrac{3\pm\sqrt{-5}}{2}=\boldsymbol{\dfrac{3\pm\sqrt{5}\,i}{2}}$ 答

(4) 展開して整理すると $x^2-10x+26=0$

$\boldsymbol{x}=-(-5)\pm\sqrt{(-5)^2-1\cdot26}=5\pm\sqrt{-1}=\boldsymbol{5\pm i}$ 答

B 2次方程式の解の種類の判別

教 p.49

練習 9

次の2次方程式の解の種類を判別せよ。

(1) $x^2-5x+5=0$　　(2) $x^2+2\sqrt{3}x+2=0$

(3) $-7x^2+6x-2=0$　　(4) $9x^2-6\sqrt{2}x+2=0$

指針 **2次方程式の解の種類の判別**　判別式 $D=b^2-4ac$ の符号によって，「異なる2つの実数解」,「重解」,「異なる2つの虚数解」のいずれかで答える。b^2-4ac に代入した式を省略しないで書くようにする。

(2), (3), (4)　x の係数が $2b'$ の形であるから $\dfrac{D}{4}$ を判別式として用いる。

解答 2次方程式の判別式を D とする。

(1) $D=(-5)^2-4\cdot1\cdot5=5>0$

よって，この2次方程式は **異なる2つの実数解** をもつ。答

(2) $\dfrac{D}{4}=(\sqrt{3})^2-1\cdot2=1>0$

よって，この2次方程式は **異なる2つの実数解** をもつ。答

(3) $\dfrac{D}{4}=3^2-(-7)\cdot(-2)=-5<0$

よって，この2次方程式は **異なる2つの虚数解** をもつ。答

(4) $\dfrac{D}{4}=(-3\sqrt{2})^2-9\cdot2=0$

よって，この2次方程式は **重解** をもつ。答

教 p.49

練習 10

m は定数とする。次の2次方程式の解の種類を判別せよ。

$$x^2+(m+1)x+m^2=0$$

指針 **2次方程式の解の種類の判別**　$D>0$, $D=0$, $D<0$ のそれぞれについて，m の値または m の値の範囲を求める。

2次不等式について，$\alpha<\beta$ のとき

$(x-\alpha)(x-\beta)>0$ の解は　$x<\alpha$, $\beta<x$

$(x-\alpha)(x-\beta)<0$ の解は　$\alpha<x<\beta$

解答 この2次方程式の判別式を D とすると

$D=(m+1)^2-4\cdot1\cdot m^2=(m^2+2m+1)-4m^2$

$=-3m^2+2m+1=-(3m+1)(m-1)$

$D>0$ のとき　$-(3m+1)(m-1)>0$

よって　$(3m+1)(m-1)<0$　ゆえに　$-\dfrac{1}{3}<m<1$

$D=0$ のとき　$-(3m+1)(m-1)=0$　　ゆえに　$m=-\frac{1}{3}$，1

$D<0$ のとき　$-(3m+1)(m-1)<0$

よって　　$(3m+1)(m-1)>0$　　ゆえに　$m<-\frac{1}{3}$，$1<m$

したがって，方程式の解は次のようになる。

$-\frac{1}{3}<m<1$　　**のとき　異なる 2 つの実数解**

$m=-\frac{1}{3}$，1　　**のとき　重解**

$m<-\frac{1}{3}$，$1<m$ **のとき　異なる 2 つの虚数解**　答

3 解と係数の関係

まとめ

1　2次方程式の解と係数の関係

① **解と係数の関係**　2 次方程式 $ax^2+bx+c=0$ の 2 つの解を α，β とすると

$$\alpha+\beta=-\frac{b}{a},\quad \alpha\beta=\frac{c}{a}$$

2　2次式の因数分解

① **2 次式の因数分解**　2 次方程式 $ax^2+bx+c=0$ の 2 つの解を α，β とすると

$$ax^2+bx+c=a(x-\alpha)(x-\beta)$$

3　2数を解とする2次方程式

① **2 数を解とする 2 次方程式**　2 数 α，β に対して，$p=\alpha+\beta$，$q=\alpha\beta$ とすると，α と β を解とする 2 次方程式の 1 つは　$\boldsymbol{x^2-px+q=0}$

② p，q が与えられたとき，$\alpha+\beta=p$，$\alpha\beta=q$ となる 2 数 α，β を求めるには，α，β を解とする 2 次方程式 $x^2-px+q=0$ を解けばよい。

4　2次方程式の実数解の符号

① 2 つの実数 α，β について，次のことが成り立つ。

$\alpha>0$ かつ $\beta>0$　$\iff$　$\alpha+\beta>0$ かつ $\alpha\beta>0$

$\alpha<0$ かつ $\beta<0$　$\iff$　$\alpha+\beta<0$ かつ $\alpha\beta>0$

α と β が異符号　$\iff$　$\alpha\beta<0$

A 2次方程式の解と係数の関係

教 p.50

練習 11

次の2次方程式について，2つの解の和と積を求めよ。

(1) $x^2+3x-5=0$ (2) $-3x^2+7x-4=0$ (3) $3x^2+2=0$

指針 **2次方程式の2つの解の和と積** 2次方程式の2つの解を求めて計算するのではなく，解と係数の関係 $\alpha+\beta=-\dfrac{b}{a}$, $\alpha\beta=\dfrac{c}{a}$ により求める。

解答 (1) 2つの解を α, β とすると

$$\alpha+\beta=-\frac{3}{1}=-3,\quad \alpha\beta=\frac{-5}{1}=-5$$ 答 **和は -3，積は -5**

(2) 2つの解を α, β とすると

$$\alpha+\beta=-\frac{7}{-3}=\frac{7}{3},\quad \alpha\beta=\frac{-4}{-3}=\frac{4}{3}$$ 答 **和は $\dfrac{7}{3}$，積は $\dfrac{4}{3}$**

(3) 2つの解を α, β とすると

$$\alpha+\beta=-\frac{0}{3}=0,\quad \alpha\beta=\frac{2}{3}$$ 答 **和は 0，積は $\dfrac{2}{3}$**

教 p.51

練習 12

2次方程式 $x^2-3x-1=0$ の2つの解を α, β とするとき，次の式の値を求めよ。

(1) $\alpha^3+\beta^3$ (2) $\dfrac{\beta}{\alpha}+\dfrac{\alpha}{\beta}$ (3) $(\alpha-\beta)^2$

指針 **2次方程式の2つの解に関する対称式の値** x^2+xy+y^2 のように x と y を入れ替えても変わらない式を **対称式** という。

x，y の対称式は基本対称式 $x+y$，xy を用いて表される。

それぞれの式を，$\alpha+\beta$ と $\alpha\beta$ を用いて表して，解と係数の関係により求めた $\alpha+\beta$ と $\alpha\beta$ の値を代入する。

$\alpha^2+\beta^2=(\alpha^2+2\alpha\beta+\beta^2)-2\alpha\beta=(\alpha+\beta)^2-2\alpha\beta$

$(\alpha-\beta)^2=\alpha^2-2\alpha\beta+\beta^2=(\alpha^2+2\alpha\beta+\beta^2)-4\alpha\beta=(\alpha+\beta)^2-4\alpha\beta$

$\alpha^3+\beta^3=(\alpha^3+3\alpha^2\beta+3\alpha\beta^2+\beta^3)-3\alpha^2\beta-3\alpha\beta^2=(\alpha+\beta)^3-3\alpha\beta(\alpha+\beta)$

解答 解と係数の関係から，$\alpha+\beta=3$, $\alpha\beta=-1$

(1) $\alpha^3+\beta^3=(\alpha+\beta)^3-3\alpha\beta(\alpha+\beta)=3^3-3\cdot(-1)\cdot 3=\mathbf{36}$ 答

(2) $\dfrac{\beta}{\alpha}+\dfrac{\alpha}{\beta}=\dfrac{\beta^2+\alpha^2}{\alpha\beta}=\dfrac{(\alpha+\beta)^2-2\alpha\beta}{\alpha\beta}=\dfrac{3^2-2\cdot(-1)}{-1}=\mathbf{-11}$ 答

(3) $(\alpha-\beta)^2=(\alpha+\beta)^2-4\alpha\beta=3^2-4\cdot(-1)=\mathbf{13}$ 答

教 p.51

練習 13

2 次方程式 $2x^2+3x+m=0$ において，1 つの解が他の解の 2 倍であるとき，定数 m の値と 2 つの解を求めよ。

指針 **2次方程式の解と係数の決定**　2 つの解を α，2α とおき，解と係数の関係から，α と m を求める。

解答 2 つの解は α，2α と表すことができる。

解と係数の関係から　$\alpha+2\alpha=-\frac{3}{2}$，　$\alpha\cdot 2\alpha=\frac{m}{2}$

すなわち　$3\alpha=-\frac{3}{2}$ …… ①，　$2\alpha^2=\frac{m}{2}$ …… ②

① から　$\alpha=-\frac{1}{2}$　② から　$m=4\alpha^2=4\cdot\left(-\frac{1}{2}\right)^2=1$

2 つの解は　$\alpha=-\frac{1}{2}$，$2\alpha=2\cdot\left(-\frac{1}{2}\right)=-1$

答　**$m=1$，2 つの解は　$-\frac{1}{2}$，-1**

教 p.51

練習 14

2 次方程式 $4x^2+mx-3=0$ において，1 つの解が他の解に 2 を加えた数であるとき，定数 m の値と 2 つの解を求めよ。

指針 **2次方程式の解と係数の決定**　2 つの解を α，$\alpha+2$ とおき，解と係数の関係から，α と m を求める。

解答 2 つの解は α，$\alpha+2$ と表すことができる。

解と係数の関係から　$\alpha+\alpha+2=-\frac{m}{4}$，　$\alpha(\alpha+2)=\frac{-3}{4}$

すなわち　$2\alpha+2=-\frac{m}{4}$ …… ①，　$\alpha(\alpha+2)=-\frac{3}{4}$ …… ②

② から　$4\alpha^2+8\alpha+3=0$

$(2\alpha+1)(2\alpha+3)=0$

よって　$\alpha=-\frac{1}{2}$，$-\frac{3}{2}$

$\alpha=-\frac{1}{2}$ のとき，① から　$m=-4(2\alpha+2)=-4$

2 つの解は　$\alpha=-\frac{1}{2}$，$\alpha+2=\frac{3}{2}$

$\alpha=-\frac{3}{2}$ のとき，① から　$m=-4(2\alpha+2)=4$

2 つの解は　$\alpha=-\frac{3}{2}$，$\alpha+2=\frac{1}{2}$

答　$m=-4$，2つの解は　$-\dfrac{1}{2}$，$\dfrac{3}{2}$　または

$m=4$，　2つの解は　$-\dfrac{3}{2}$，$\dfrac{1}{2}$

B　2次式の因数分解

教 p.52

練習 15

次の2次式を，複素数の範囲で因数分解せよ。

(1)　x^2+8x+5　　(2)　$2x^2-5x+1$　　(3)　$2x^2+3x+2$

指針　**2次式の因数分解**　因数分解の公式

$$acx^2+(ad+bc)x+bd=(ax+b)(cx+d)$$

において，a，b，c，d が見つけにくい，または見つからないとき，与えられた2次式 $=0$ とおいた2次方程式の解 α，β を解の公式から求めて，$ax^2+bx+c=a(x-\alpha)(x-\beta)$ とすれば因数分解できる。

解答　(1)　2次方程式 $x^2+8x+5=0$ を解くと　$x=-4\pm\sqrt{11}$

よって　$x^2+8x+5=\{x-(-4+\sqrt{11})\}\{x-(-4-\sqrt{11})\}$

$=\boldsymbol{(x+4-\sqrt{11})(x+4+\sqrt{11})}$　答

(2)　$2x^2-5x+1=0$ を解くと　$x=\dfrac{5\pm\sqrt{17}}{4}$

よって　$2x^2-5x+1=\boldsymbol{2\left(x-\dfrac{5+\sqrt{17}}{4}\right)\left(x-\dfrac{5-\sqrt{17}}{4}\right)}$　答

(3)　2次方程式 $2x^2+3x+2=0$ を解くと　$x=\dfrac{-3\pm\sqrt{7}\,i}{4}$

よって　$2x^2+3x+2=2\left(x-\dfrac{-3+\sqrt{7}\,i}{4}\right)\left(x-\dfrac{-3-\sqrt{7}\,i}{4}\right)$

$=\boldsymbol{2\left(x+\dfrac{3-\sqrt{7}\,i}{4}\right)\left(x+\dfrac{3+\sqrt{7}\,i}{4}\right)}$　答

注意　**1.**　$ax^2+bx+c=a(x-\alpha)(x-\beta)$ の a を忘れないようにする。

2.　係数が実数である2次式は，複素数の範囲で常に1次式の積に因数分解できる。

C　2数を解とする2次方程式

教 p.53

練習 16

次の2数を解とする2次方程式を作れ。

(1)　-3，4　　(2)　$1+\sqrt{2}$，$1-\sqrt{2}$

(3)　$-2+i$，$-2-i$

指針 **2数を解とする2次方程式**　α，β を解とする2次方程式は，x^2 の係数を1とすると，$(x-\alpha)(x-\beta)=0$ より，$x^2-(\alpha+\beta)x+\alpha\beta=0$ である。したがって，まず2数の和と積を求める。
x の係数は，$-(\alpha+\beta)$ であることに注意する。

解答 (1)　2数の和は　$-3+4=1$
積は　$-3\cdot4=-12$
よって，この2数を解とする2次方程式の1つは
$\boldsymbol{x^2-x-12=0}$　答

(2)　2数の和は　$(1+\sqrt{2})+(1-\sqrt{2})=2$
積は　$(1+\sqrt{2})(1-\sqrt{2})=1-(\sqrt{2})^2=1-2=-1$
よって，この2数を解とする2次方程式の1つは
$\boldsymbol{x^2-2x-1=0}$　答

(3)　2数の和は　$(-2+i)+(-2-i)=-4$
積は　$(-2+i)(-2-i)=(-2)^2-i^2=4-(-1)=5$
よって，この2数を解とする2次方程式の1つは
$\boldsymbol{x^2+4x+5=0}$　答

問1　教 p.53

和が2，積が3である2数を求めよ。

指針 **和・積が与えられた2数**　求める2数を α，β とする。
$\alpha+\beta=p$，$\alpha\beta=q$ のとき，α，β は $(x-\alpha)(x-\beta)=0$ の解，すなわち $x^2-(\alpha+\beta)x+\alpha\beta=0$ の解である。したがって，$x^2-px+q=0$ を解けば，α，β を求めることができる。

解答 和が2，積が3である2数を解とする2次方程式の1つは
$x^2-2x+3=0$
これを解くと　$x=-(-1)\pm\sqrt{(-1)^2-1\cdot3}=1\pm\sqrt{2}\,i$
よって，求める2数は　$\boldsymbol{1+\sqrt{2}\,i}$，$\boldsymbol{1-\sqrt{2}\,i}$　答

練習17　教 p.53

和と積が次のようになる2数を求めよ。
(1)　和が1，積が1　　(2)　和が -5，積が3

指針 **和・積が与えられた2数**　和が p，積が q である2数を求めるには，2次方程式 $x^2-px+q=0$ を作って解けばよい。

解答 (1)　和が1，積が1である2数を解とする2次方程式の1つは
$x^2-x+1=0$　　これを解くと　$x=\dfrac{1\pm\sqrt{3}\,i}{2}$

よって，求める 2 数は $\dfrac{\mathbf{1+\sqrt{3}\,i}}{\mathbf{2}}$，$\dfrac{\mathbf{1-\sqrt{3}\,i}}{\mathbf{2}}$ 答

(2) 和が -5，積が 3 である 2 数を解とする 2 次方程式の 1 つは

$x^2+5x+3=0$　　これを解くと　$x=\dfrac{-5\pm\sqrt{13}}{2}$

よって，求める 2 数は $\dfrac{\mathbf{-5+\sqrt{13}}}{\mathbf{2}}$，$\dfrac{\mathbf{-5-\sqrt{13}}}{\mathbf{2}}$ 答

教 p.54

練習 18

2 次方程式 $2x^2-3x+5=0$ の 2 つの解を α，β とするとき，次の 2 数を解とする 2 次方程式を作れ。

(1) $2\alpha-1$，$2\beta-1$　　(2) $-\alpha$，$-\beta$　　(3) α^2，β^2

指針 **α，β で表された 2 数を解とする 2 次方程式**　解と係数の関係から $\alpha+\beta$ と $\alpha\beta$ の値を求める。求める 2 次方程式の解の和と積を，$\alpha+\beta$，$\alpha\beta$ の値を代入できる形に変形する。

解答 解と係数の関係により　$\alpha+\beta=\dfrac{3}{2}$，　$\alpha\beta=\dfrac{5}{2}$

(1) 2 数の和は　$(2\alpha-1)+(2\beta-1)=2(\alpha+\beta)-2$

$$=2\cdot\frac{3}{2}-2=1$$

積は　$(2\alpha-1)(2\beta-1)=4\alpha\beta-2(\alpha+\beta)+1$

$$=4\cdot\frac{5}{2}-2\cdot\frac{3}{2}+1=8$$

よって，この 2 数を解とする 2 次方程式の 1 つは

$\boldsymbol{x^2-x+8=0}$ 答

(2) 2 数の和は　$(-\alpha)+(-\beta)=-(\alpha+\beta)=-\dfrac{3}{2}$

積は　$(-\alpha)(-\beta)=\alpha\beta=\dfrac{5}{2}$

よって，この 2 数を解とする 2 次方程式の 1 つは

$$x^2+\frac{3}{2}x+\frac{5}{2}=0$$

両辺を 2 倍して　　$\boldsymbol{2x^2+3x+5=0}$ 答

(3) 2 数の和は　$\alpha^2+\beta^2=(\alpha+\beta)^2-2\alpha\beta$

$$=\left(\frac{3}{2}\right)^2-2\cdot\frac{5}{2}=-\frac{11}{4}$$

積は　$\alpha^2\beta^2=(\alpha\beta)^2=\left(\dfrac{5}{2}\right)^2=\dfrac{25}{4}$

よって，この 2 数を解とする 2 次方程式の 1 つは

$$x^2+\frac{11}{4}x+\frac{25}{4}=0$$

両辺を 4 倍して　　$\boldsymbol{4x^2+11x+25=0}$ 答

注意 得られた 2 次方程式の係数が分数のとき，両辺を何倍かして，係数が最も簡単な整数の 2 次方程式で答えるようにする。

D　2 次方程式の実数解の符号

教 p.55

練習 19

2 次方程式 $x^2+mx+m+3=0$ が次のような異なる 2 つの解をもつように，定数 m の値の範囲を定めよ。

(1)　2 つとも正　　(2)　2 つとも負　　(3)　異符号

指針 **2 次方程式が正の解・負の解をもつ条件**　それぞれの条件を満たすような定数 m の値の範囲を求める。

(1)　異なる 2 つの正の解をもつ条件は

$D>0,\quad \alpha+\beta>0,\quad \alpha\beta>0$

(2)　異なる 2 つの負の解をもつ条件は

$D>0,\quad \alpha+\beta<0,\quad \alpha\beta>0$

(3)　異符号の解をもつ条件は　$\alpha\beta<0$

解答 (1)　2 次方程式 $x^2+mx+m+3=0$ が異なる 2 つの実数解をもつための条件は，判別式を D とすると，$D>0$ である。

すなわち　$D=m^2-4(m+3)=m^2-4m-12$

$=(m+2)(m-6)$

であるから　　$(m+2)(m-6)>0$　…… ①

このとき，2 つの実数解 α，β がともに正となるための条件は，$\alpha+\beta>0$，$\alpha\beta>0$ である。すなわち

$\alpha+\beta=-m>0$　…… ②

$\alpha\beta=m+3>0$　…… ③

① から　$m<-2,\ 6<m$　…… ④

② から　$m<0$　…… ⑤

③ から　$m>-3$　…… ⑥

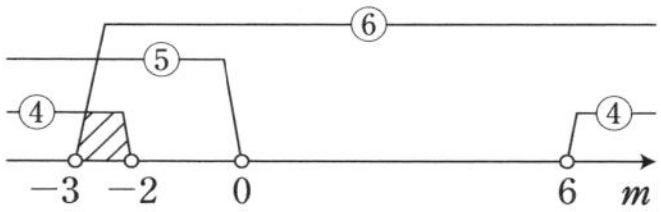

④，⑤，⑥ の共通範囲を求めて

$\boldsymbol{-3<m<-2}$ 答

(2)　異なる 2 つの実数解をもつための条件は，$D>0$ であるから，

$D=(m+2)(m-6)$ より

$(m+2)(m-6)>0$　…… ①

このとき，2 つの実数解 α，β がともに負となるための条件は

$\alpha+\beta<0$, $\alpha\beta>0$

すなわち

$\alpha+\beta=-m<0$ …… ②

$\alpha\beta=m+3>0$ …… ③

① から　$m<-2$, $6<m$ …… ④

② から　$m>0$ …… ⑤

③ から　$m>-3$ …… ⑥

④, ⑤, ⑥ の共通範囲を求めて

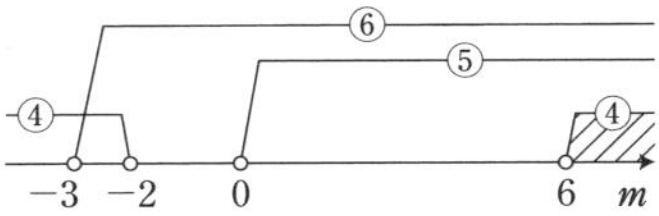

$m>6$ 答

(3)　2 次方程式 $x^2+mx+m+3=0$ が異なる 2 つの実数解をもち，それらが異符号である条件は　$\alpha\beta<0$

すなわち　$m+3<0$

よって，求める m の値の範囲は　**$m<-3$** 答

注意 (3) の異符号の解をもつ条件は $\alpha\beta<0$ だけでよい。$\alpha\beta<0$ のときは，常に $D>0$ が成り立つ。

深める 教 p.55

教科書の応用例題 2 において，条件 $D>0$ がないと「2 次方程式が異なる 2 つの正の解をもつ」という条件を満たさないことを，例をあげて示してみよう。

指針 **2 次方程式が異なる 2 つの正の解をもつ条件**　② かつ ③ を満たし，① を満たさない m の値の範囲は $-1\leqq m<0$　この範囲の m の値の 1 つについて調べればよい。

解答 例　応用例題 2 において，② かつ ③ を満たし，① のみを満たさない $m=-1$ の場合について考える。

2 次方程式 $x^2+2mx+m+2=0$ に $m=-1$ を代入すると

$x^2-2x+1=0$　　すなわち　　$(x-1)^2=0$

この 2 次方程式は $x=1$ を重解としてもつから，異なる 2 つの正の解をもたない。終

4 剰余の定理と因数定理

まとめ

1 剰余の定理

① x についての多項式を **$P(x)$** などと書き，多項式 $P(x)$ の x に数 k を代入したときの $P(x)$ の値を **$P(k)$** と書く。

② 多項式 $P(x)$ を 1 次式 $x-k$ で割ったときの商を $Q(x)$，余りを R とすると，次の等式が成り立つ。

$$P(x)=(x-k)Q(x)+R \qquad R \text{ は定数}$$

この等式の両辺の x に k を代入すると　$P(k)=R$

したがって，次の **剰余の定理** が成り立つ。

多項式 $P(x)$ を 1 次式 $x-k$ で割ったときの余りは　$P(k)$

2　因数定理

① 剰余の定理により，次のことが成り立つ。

多項式 $P(x)$ が 1 次式 $x-k$ で割り切れる　$\Longleftrightarrow$　$P(k)=0$

② **因数定理**

1 次式 $x-k$ が多項式 $P(x)$ の因数である　$\Longleftrightarrow$　$P(k)=0$

A 剰余の定理

教 p.56

練習 20

次の多項式を，[　] 内の 1 次式で割ったときの余りを求めよ。

(1) $3x^2-2x+1$　$[x-1]$　　(2) $2x^3-5x^2+3x+1$　$[x+2]$

指針 **剰余の定理**　多項式 $P(x)$ を $x-k$ で割ったとき，商を $Q(x)$，余りを定数 R とすると，$P(x)=(x-k)Q(x)+R$ より　$R=P(k)$

すなわち　$P(x)$ の x に k を代入すると，R が求められる。

与えられた式を $P(x)$ とおき，(1) では 1，(2) では -2 を x に代入して求める。

解答 (1) $P(x)=3x^2-2x+1$ とおくと，求める余りは

$P(1)=3\cdot1^2-2\cdot1+1=\mathbf{2}$ 答

(2) $P(x)=2x^3-5x^2+3x+1$ とおくと，求める余りは

$P(-2)=2(-2)^3-5(-2)^2+3(-2)+1$

$=-16-20-6+1=\mathbf{-41}$ 答

教 p.56

問 2

次のことが成り立つことを示せ。

多項式 $P(x)$ を 1 次式 $ax+b$ で割ったときの余りは $P\left(-\dfrac{b}{a}\right)$

指針 **剰余の定理（$ax+b$ で割る）**　多項式 $P(x)$ を $x-k$ で割ったときの商を $Q(x)$，余りを定数 R として，$P(x)=(x-k)Q(x)+R$ と表したように，$P(x)$ を $ax+b$，$Q(x)$，R で表してみる。

解答 多項式 $P(x)$ を 1 次式 $ax+b$ で割ったときの商を $Q(x)$，余りを R とすると，次の等式が成り立つ。

$P(x)=(ax+b)Q(x)+R$　　R は定数

x に $-\dfrac{b}{a}$ を代入すると　$P\left(-\dfrac{b}{a}\right)=\left\{a\left(-\dfrac{b}{a}\right)+b\right\}Q\left(-\dfrac{b}{a}\right)+R$

$=(-b+b)Q\left(-\dfrac{b}{a}\right)+R=R$

よって，次のことが成り立つ。

多項式 $P(x)$ を 1 次式 $ax+b$ で割ったときの余りは　$P\left(-\dfrac{b}{a}\right)$ 終

教 p.56

練習 21

多項式 $2x^3-x^2+5$ を，次の 1 次式で割ったときの余りを求めよ。

(1)　$2x+3$　　　(2)　$3x-1$

指針　**剰余の定理（$ax+b$ で割る）**　多項式 $P(x)$ を 1 次式 $ax+b$ で割ったときの余りは $P\left(-\dfrac{b}{a}\right)$ である。与えられた式を $P(x)$ とおき，(1) では $-\dfrac{3}{2}$，(2) では $\dfrac{1}{3}$ を x に代入して求める。

解答　(1)　$P(x)=2x^3-x^2+5$ とおくと，求める余りは

$$P\left(-\frac{3}{2}\right)=2\left(-\frac{3}{2}\right)^3-\left(-\frac{3}{2}\right)^2+5=-\frac{27}{4}-\frac{9}{4}+5=\mathbf{-4}$$ 答

(2)　$P(x)=2x^3-x^2+5$ とおくと，求める余りは

$$P\left(\frac{1}{3}\right)=2\left(\frac{1}{3}\right)^3-\left(\frac{1}{3}\right)^2+5=\frac{2}{27}-\frac{1}{9}+5=\mathbf{\frac{134}{27}}$$ 答

教 p.57

練習 22

多項式 $P(x)=x^3+ax^2-x-a+3$ を $x+3$ で割ったときの余りが -5 になるように，定数 a の値を定めよ。

指針　**剰余の定理の利用**　$P(-3)=-5$ より，a についての方程式を作る。

解答　$P(x)$ を $x+3$ で割ったときの余りが -5 になるための条件は，剰余の定理により

$P(-3)=-5$　すなわち　$(-3)^3+a(-3)^2-(-3)-a+3=-5$

よって　$8a=16$　　ゆえに　$\boldsymbol{a=2}$ 答

教 p.57

練習 23

多項式 $P(x)$ を $x-3$ で割ると余りが -11，$x+2$ で割ると余りが 4 である。$P(x)$ を x^2-x-6 で割ったときの余りを求めよ。

指針　**剰余の定理の利用**　多項式 $P(x)$ を 2 次式で割ったときの余りは，1 次式か

定数であるから，求める余りを $ax+b$ とおくことができる。
割る式 x^2-x-6 を因数分解すると　$(x-3)(x+2)$
この式で $P(x)$ を割ったときの商を $Q(x)$ とすると

$$P(x)=(x-3)(x+2)Q(x)+ax+b$$

$P(3)=-11$，$P(-2)=4$ から，a，b についての連立方程式を作る。

解答 $x^2-x-6=(x-3)(x+2)$ より，$P(x)$ を2次式 $(x-3)(x+2)$ で割ったときの商を $Q(x)$，余りを $ax+b$ とすると，次の等式が成り立つ。

$$P(x)=(x-3)(x+2)Q(x)+ax+b \quad (a,\ b \text{ は定数})$$

与えられた条件から，剰余の定理により

$$P(3)=-11 \quad \text{かつ} \quad P(-2)=4$$

よって $\begin{cases} 3a+b=-11 & \cdots\cdots ① \\ -2a+b=4 & \cdots\cdots ② \end{cases}$

①，② から　$a=-3$，$b=-2$
したがって，求める余りは　$\boldsymbol{-3x-2}$　答

B 因数定理

練習 24　教 p.58

次の式を因数分解せよ。

(1)　x^3-7x+6　　(2)　$2x^3-7x^2+9$
(3)　$x^3+5x^2-2x-24$　　(4)　$2x^3-3x^2-11x+6$

指針 **高次式の因数分解**　3次以上の多項式を因数分解するには，まず，因数定理を利用して1次の因数を見つけて，その1次の因数でもとの多項式を割る。更に，その商の因数分解を考える。1次の因数は定数項の約数を代入して見つける。定数項が2のときには，$P(1)$，$P(-1)$，$P(2)$，$P(-2)$ について0になるかどうかを調べてみればよい。

解答 (1)　$P(x)=x^3-7x+6$ とすると

$$P(1)=1^3-7\cdot1+6=0$$

ゆえに，$P(x)$ は $x-1$ を因数にもつ。
右の割り算から

$$P(x)=(x-1)(x^2+x-6)$$

よって

$$x^3-7x+6=\boldsymbol{(x-1)(x-2)(x+3)}$$ 答

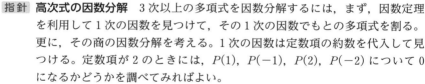

$$\begin{array}{r} x^2+x-6 \\ x-1\,\big)\overline{\,x^3 \qquad -7x+6} \\ \underline{x^3-x^2 \qquad\qquad} \\ x^2-7x \quad\; \\ \underline{x^2-\ x \quad\;} \\ -6x+6 \\ \underline{-6x+6} \\ 0 \end{array}$$

(2) $P(x)=2x^3-7x^2+9$ とすると

$P(-1)=2(-1)^3-7(-1)^2+9=0$

ゆえに，$P(x)$ は $x+1$ を因数にもつ。

右の割り算から

$P(x)=(x+1)(2x^2-9x+9)$

よって　$2x^3-7x^2+9$

$=(x+1)(2x^2-9x+9)$

$=\boldsymbol{(x+1)(x-3)(2x-3)}$ 答

$$
\begin{array}{r|l}
 & 2x^2-9x+9 \\ \hline
x+1 & 2x^3-7x^2+9 \\
 & 2x^3+2x^2 \\ \hline
 & -9x^2 \\
 & -9x^2-9x \\ \hline
 & 9x+9 \\
 & 9x+9 \\ \hline
 & 0
\end{array}
$$

(3) $P(x)=x^3+5x^2-2x-24$ とすると

$P(2)=2^3+5\cdot2^2-2\cdot2-24=0$

ゆえに，$P(x)$ は $x-2$ を因数にもつ。

右の割り算から

$P(x)=(x-2)(x^2+7x+12)$

よって

$x^3+5x^2-2x-24=(x-2)(x^2+7x+12)$

$=\boldsymbol{(x-2)(x+3)(x+4)}$ 答

$$
\begin{array}{r|l}
 & x^2+7x+12 \\ \hline
x-2 & x^3+5x^2-2x-24 \\
 & x^3-2x^2 \\ \hline
 & 7x^2-2x \\
 & 7x^2-14x \\ \hline
 & 12x-24 \\
 & 12x-24 \\ \hline
 & 0
\end{array}
$$

(4) $P(x)=2x^3-3x^2-11x+6$ とすると

$P(-2)=2(-2)^3-3(-2)^2-11(-2)+6$

$=0$

ゆえに，$P(x)$ は $x+2$ を因数にもつ。

右の割り算から

$P(x)=(x+2)(2x^2-7x+3)$

よって

$2x^3-3x^2-11x+6=(x+2)(2x^2-7x+3)$

$=\boldsymbol{(x+2)(x-3)(2x-1)}$ 答

$$
\begin{array}{r|l}
 & 2x^2-7x+3 \\ \hline
x+2 & 2x^3-3x^2-11x+6 \\
 & 2x^3+4x^2 \\ \hline
 & -7x^2-11x \\
 & -7x^2-14x \\ \hline
 & 3x+6 \\
 & 3x+6 \\ \hline
 & 0
\end{array}
$$

問3 教 p.58

多項式 $P(x)=2x^3+ax+5$ が $x+1$ で割り切れるように，定数 a の値を定めよ。

指針 **因数定理の利用**　因数定理により

$P(x)$ が $x-(-1)$ で割り切れる　$\Longleftrightarrow$　$P(-1)=0$

解答 因数定理により，$P(x)$ が $x+1$ で割り切れるのは $P(-1)=0$ のときである。

$P(x)$ に $x=-1$ を代入して　$P(-1)=-a+3$

よって　$-a+3=0$

したがって　$\boldsymbol{a=3}$ 答

練習 25 教 p.58

多項式 $P(x)=x^3+a^2x^2-a-3$ が $x-1$ で割り切れるように，定数 a の値を定めよ。

指針 **因数定理の利用**　問 3 と同様に考える。

解答 因数定理により，$P(x)$ が $x-1$ で割り切れるのは $P(1)=0$ のときである。

$P(x)$ に $x=1$ を代入して　　$P(1)=a^2-a-2$

よって　　$a^2-a-2=0$　すなわち　　$(a+1)(a-2)=0$

これを解いて　　$\boldsymbol{a=-1,\ 2}$　答

研究　組立除法

まとめ

組立除法

多項式 ax^3+bx^2+cx+d を 1 次式 $x-k$ で割ったときの商を lx^2+mx+n，余りを R とする。l，m，n および R は次のようにして求めることができる。この方法を **組立除法** という。

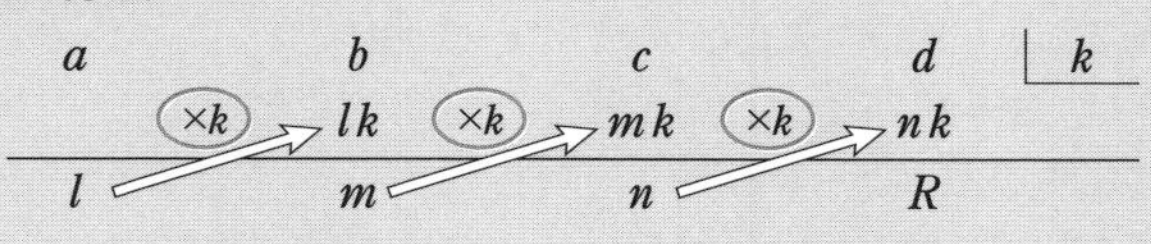

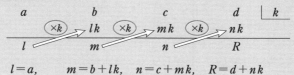

$$l=a,\qquad m=b+lk,\quad n=c+mk,\quad R=d+nk$$

5　高次方程式

まとめ

1　因数分解による高次方程式の解法

① x の多項式 $P(x)$ が n 次式のとき，方程式 $P(x)=0$ を **n 次方程式** という。また，3 次以上の方程式を **高次方程式** という。

② 高次方程式 $P(x)=0$ は，$P(x)$ が 2 次以下の多項式の積に因数分解できるときには，簡単に解くことができる。

③ 3 乗して a になる数，すなわち，方程式 $x^3=a$ の解を，a の **3 乗根** という。1 の 3 乗根は　1，$\dfrac{-1+\sqrt{3}\,i}{2}$，$\dfrac{-1-\sqrt{3}\,i}{2}$

2　因数定理を利用する高次方程式の解法

① 例えば，方程式 $(x+2)^2(x-3)=0$ の解 $x=-2$ を，この方程式の **2 重解** という。また，方程式 $(x+2)^3(x-3)=0$ の解 $x=-2$ を，この方程式の

3 重解 という。2 重解は重なった 2 個の解，3 重解は重なった 3 個の解などと数えることにすると，一般に n 次方程式は，複素数の範囲で，常に n 個の解をもつことが知られている。

3　高次方程式の解と係数

①　係数が実数である n 次方程式が虚数解 $a+bi$ を解にもつならば，それと共役な複素数 $a-bi$ もこの方程式の解である。

A 因数分解による高次方程式の解法

教 p.60

練習 26

次の 3 次方程式を解け。

(1)　$x^3=8$　　(2)　$x^3=-1$

指針　**因数分解による 3 次方程式の解法**　移項して因数分解の公式

$a^3+b^3=(a+b)(a^2-ab+b^2)$，$a^3-b^3=(a-b)(a^2+ab+b^2)$

を利用する。

解答　(1)　移項すると　$x^3-8=0$

左辺を因数分解して　$(x-2)(x^2+2x+4)=0$

よって　$x-2=0$　または　$x^2+2x+4=0$

ゆえに　$\boldsymbol{x=2,\ -1\pm\sqrt{3}\,i}$　答

(2)　移項すると　$x^3+1=0$

左辺を因数分解して　$(x+1)(x^2-x+1)=0$

よって　$x+1=0$　または　$x^2-x+1=0$

ゆえに　$\boldsymbol{x=-1,\ \dfrac{1\pm\sqrt{3}\,i}{2}}$　答

教 p.60

問 4

1 の 3 乗根のうち，虚数であるものの 1 つを ω とするとき，次のことを示せ。

(1)　1 の 3 乗根は，1，ω，ω^2 である。

(2)　$\omega^2+\omega+1=0$　　(3)　$\omega^4+\omega^2+1=0$

指針　**1 の 3 乗根**　3 乗して 1 になる数は，1，$\dfrac{-1+\sqrt{3}\,i}{2}$，$\dfrac{-1-\sqrt{3}\,i}{2}$ である。

(1) では，ω を $\omega=\dfrac{-1+\sqrt{3}\,i}{2}$ とする場合と $\omega=\dfrac{-1-\sqrt{3}\,i}{2}$ とする場合の 2 通りに分けて，ω^2 が 1 の 3 乗根であることを示す。

解答　(1)　1 の 3 乗根のうち，虚数のものは $\dfrac{-1\pm\sqrt{3}\,i}{2}$ であるから，

$\omega=\dfrac{-1+\sqrt{3}\,i}{2}$ とおくと

$$\omega^2=\left(\frac{-1+\sqrt{3}\,i}{2}\right)^2=\frac{1-2\sqrt{3}\,i+3i^2}{4}=\frac{-1-\sqrt{3}\,i}{2}$$

また，$\omega=\dfrac{-1-\sqrt{3}\,i}{2}$ とおくと

$$\omega^2=\left(\frac{-1-\sqrt{3}\,i}{2}\right)^2=\frac{1+2\sqrt{3}\,i+3i^2}{4}=\frac{-1+\sqrt{3}\,i}{2}$$

したがって，1 の 3 乗根は 1，ω，ω^2 である。 終

(2)　$x^3-1=(x-1)(x^2+x+1)$

より，ω は方程式 $x^2+x+1=0$ の解である。

よって　$\omega^2+\omega+1=0$　終

(3)　$\omega^3=1$ であるから　$\omega^4=\omega^3\cdot\omega=\omega$

よって，(2) から　$\omega^4+\omega^2+1=\omega+\omega^2+1$

$=\omega^2+\omega+1=0$

すなわち　$\omega^4+\omega^2+1=0$　終

練習 27　教 p.61

次の 4 次方程式を解け。

(1)　$x^4-3x^2-10=0$　　(2)　$x^4=1$

指針　**因数分解による 4 次方程式の解法**　$ax^4+bx^2+c=0$ の形の方程式を **複 2 次方程式** という。複 2 次方程式の因数分解には

[1]　$x^2=t$ とおいて，公式による因数分解

[2]　$(x^2+A)^2-(Bx)^2$ の形を作る

の方法がある。ここでは，[1] による。

解答　(1)　左辺を因数分解すると　$(x^2-5)(x^2+2)=0$

よって　$x^2-5=0$　または　$x^2+2=0$

ゆえに　$\boldsymbol{x=\pm\sqrt{5},\ \pm\sqrt{2}\,i}$　答

(2)　移項すると　$x^4-1=0$

左辺を因数分解して　$(x^2-1)(x^2+1)=0$

よって　$x^2-1=0$　または　$x^2+1=0$

ゆえに　$\boldsymbol{x=\pm1,\ \pm i}$　答

B 因数定理を利用する高次方程式の解法

教 p.61

練習 28

次の 3 次方程式を解け。

(1) $x^3-4x+3=0$　　(2) $2x^3-7x+2=0$

(3) $x^3+x^2-8x-12=0$　　(4) $x^3+3x^2+4x+2=0$

指針 **因数定理を利用する高次方程式の解法**　高次方程式 $P(x)=0$ の $P(x)$ を因数定理により 2 次以下の多項式の積に因数分解して解く。

解答 (1) $P(x)=x^3-4x+3$ とすると

$P(1)=1^3-4\cdot1+3=0$

よって，$P(x)$ は $x-1$ で割り切れるから，$P(x)$ を因数分解すると

$P(x)=(x-1)(x^2+x-3)$

$P(x)=0$ から

$x-1=0$　または　$x^2+x-3=0$

したがって　$\boldsymbol{x=1,\ \dfrac{-1\pm\sqrt{13}}{2}}$ 答

$$\begin{array}{r|l} & x^2+x-3 \\ \hline x-1 & x^3 \quad\quad -4x+3 \\ & x^3-x^2 \\ \hline & x^2-4x \\ & x^2-x \\ \hline & -3x+3 \\ & -3x+3 \\ \hline & 0 \end{array}$$

(2) $P(x)=2x^3-7x+2$ とすると

$P(-2)=2(-2)^3-7(-2)+2=0$

よって，$P(x)$ は $x+2$ で割り切れるから，$P(x)$ を因数分解すると

$P(x)=(x+2)(2x^2-4x+1)$

$P(x)=0$ から

$x+2=0$　または　$2x^2-4x+1=0$

したがって　$\boldsymbol{x=-2,\ \dfrac{2\pm\sqrt{2}}{2}}$ 答

$$\begin{array}{r|l} & 2x^2-4x+1 \\ \hline x+2 & 2x^3 \quad\quad -7x+2 \\ & 2x^3+4x^2 \\ \hline & -4x^2-7x \\ & -4x^2-8x \\ \hline & x+2 \\ & x+2 \\ \hline & 0 \end{array}$$

(3) $P(x)=x^3+x^2-8x-12$ とすると

$P(-2)=(-2)^3+(-2)^2-8(-2)-12=0$

よって，$P(x)$ は $x+2$ で割り切れるから，$P(x)$ を因数分解すると

$P(x)=(x+2)(x^2-x-6)$

$=(x+2)^2(x-3)$

$P(x)=0$ から

$x+2=0$　または　$x-3=0$

したがって　$\boldsymbol{x=-2}$ **(2 重解)，3** 答

$$\begin{array}{r|l} & x^2-x-6 \\ \hline x+2 & x^3+x^2-8x-12 \\ & x^3+2x^2 \\ \hline & -x^2-8x \\ & -x^2-2x \\ \hline & -6x-12 \\ & -6x-12 \\ \hline & 0 \end{array}$$

(4) $P(x)=x^3+3x^2+4x+2$ とすると

$P(-1)=(-1)^3+3(-1)^2+4(-1)+2=0$

よって，$P(x)$ は $x+1$ で割り切れるから，$P(x)$ を因数分解すると

$P(x)=(x+1)(x^2+2x+2)$

$P(x)=0$ から

$x+1=0$ または $x^2+2x+2=0$

したがって **$x=-1,\ -1\pm i$** 答

$$\begin{array}{r|l} & x^2+2x+2 \\ x+1 & x^3+3x^2+4x+2 \\ & x^3+x^2 \\ \hline & 2x^2+4x \\ & 2x^2+2x \\ \hline & 2x+2 \\ & 2x+2 \\ \hline & 0 \end{array}$$

教 p.62

練習 29

次の 4 次方程式を解け。

(1) $x^4-x^3-x^2-x-2=0$

(2) $x^4+2x^3+2x^2-2x-3=0$

(3) $x^4-6x^2+8x-3=0$

指針 **因数定理を利用する高次方程式の解法** 高次方程式 $P(x)=0$ の $P(x)$ を因数定理により 2 次以下の多項式の積に因数分解して解く。

解答 (1) $P(x)=x^4-x^3-x^2-x-2$ とすると

$P(-1)=0$

よって，$P(x)$ は $x+1$ で割り切れるから，$P(x)$ を因数分解すると

$P(x)=(x+1)(x^3-2x^2+x-2)$

$Q(x)=x^3-2x^2+x-2$ とすると

$Q(2)=0$

よって，$Q(x)$ は $x-2$ で割り切れるから，$Q(x)$ を因数分解すると

$Q(x)=(x-2)(x^2+1)$

ゆえに

$P(x)=(x+1)(x-2)(x^2+1)$

$P(x)=0$ から

$x+1=0$ または $x-2=0$ または $x^2+1=0$

したがって **$x=-1,\ 2,\ \pm i$** 答

$$\begin{array}{r|l} & x^3-2x^2+x-2 \\ x+1 & x^4-x^3-x^2-x-2 \\ & x^4+x^3 \\ \hline & -2x^3-x^2 \\ & -2x^3-2x^2 \\ \hline & x^2-x \\ & x^2+x \\ \hline & -2x-2 \\ & -2x-2 \\ \hline & 0 \end{array}$$

$$\begin{array}{r|l} & x^2\qquad+1 \\ x-2 & x^3-2x^2+x-2 \\ & x^3-2x^2 \\ \hline & x-2 \\ & x-2 \\ \hline & 0 \end{array}$$

教科書 $p.62$

(2) $P(x)=x^4+2x^3+2x^2-2x-3$ とすると

$P(1)=0$

よって，$P(x)$ は $x-1$ で割り切れるから，$P(x)$ を因数分解すると

$P(x)=(x-1)(x^3+3x^2+5x+3)$

$Q(x)=x^3+3x^2+5x+3$ とすると

$Q(-1)=0$

よって，$Q(x)$ は $x+1$ で割り切れるから，$Q(x)$ を因数分解すると

$Q(x)=(x+1)(x^2+2x+3)$

ゆえに

$P(x)=(x-1)(x+1)(x^2+2x+3)$

$P(x)=0$ から

$x-1=0$　または　$x+1=0$　または

$x^2+2x+3=0$

したがって　$\boldsymbol{x=\pm1,\ -1\pm\sqrt{2}\,i}$　答

$$
\begin{array}{r}
x^3+3x^2+5x+3 \\
x-1\,\big)\,\overline{x^4+2x^3+2x^2-2x-3} \\
\underline{x^4-x^3\qquad\qquad\qquad} \\
3x^3+2x^2\qquad\qquad \\
\underline{3x^3-3x^2\qquad\qquad} \\
5x^2-2x\qquad \\
\underline{5x^2-5x\qquad} \\
3x-3 \\
\underline{3x-3} \\
0
\end{array}
$$

$$
\begin{array}{r}
x^2+2x+3 \\
x+1\,\big)\,\overline{x^3+3x^2+5x+3} \\
\underline{x^3+x^2\qquad\qquad} \\
2x^2+5x\qquad \\
\underline{2x^2+2x\qquad} \\
3x+3 \\
\underline{3x+3} \\
0
\end{array}
$$

(3) $P(x)=x^4-6x^2+8x-3$ とすると

$P(1)=0$

よって，$P(x)$ は $x-1$ で割り切れるから，$P(x)$ を因数分解すると

$P(x)=(x-1)(x^3+x^2-5x+3)$

$Q(x)=x^3+x^2-5x+3$ とすると

$Q(1)=0$

よって，$Q(x)$ は $x-1$ で割り切れるから，$Q(x)$ を因数分解すると

$Q(x)=(x-1)(x^2+2x-3)$

$\quad=(x-1)(x-1)(x+3)$

$\quad=(x-1)^2(x+3)$

ゆえに　$P(x)=(x-1)^3(x+3)$

$P(x)=0$ から

$x-1=0$　または　$x+3=0$

したがって　$\boldsymbol{x=1}$ **(3 重解)，$\boldsymbol{-3}$**　答

$$
\begin{array}{r}
x^3+x^2-5x+3 \\
x-1\,\big)\,\overline{x^4\qquad\ -6x^2+8x-3} \\
\underline{x^4-x^3\qquad\qquad\qquad} \\
x^3-6x^2\qquad\qquad \\
\underline{x^3-x^2\qquad\qquad} \\
-5x^2+8x\qquad \\
\underline{-5x^2+5x\qquad} \\
3x-3 \\
\underline{3x-3} \\
0
\end{array}
$$

$$
\begin{array}{r}
x^2+2x-3 \\
x-1\,\big)\,\overline{x^3+x^2-5x+3} \\
\underline{x^3-x^2\qquad\qquad} \\
2x^2-5x\qquad \\
\underline{2x^2-2x\qquad} \\
-3x+3 \\
\underline{-3x+3} \\
0
\end{array}
$$

C 高次方程式の解と係数

教 p.63

練習 30

3 次方程式 $x^3+ax^2+14x+b=0$ が 1 と 2 を解にもつとき，定数 a，b の値を求めよ。また，他の解を求めよ。

指針 **3次方程式の解と係数**　$x=\alpha$ が $P(x)=0$ の解 $\iff$ $P(\alpha)=0$ より，方程式に $x=1$，2 をそれぞれ代入して，a と b の連立方程式を作る。また，方程式の左辺は $(x-1)(x-2)$ で割り切れることを利用する。

解答 1 と 2 が解であるから　$1^3+a\cdot1^2+14\cdot1+b=0$

$2^3+a\cdot2^2+14\cdot2+b=0$

すなわち　$a+b=-15$，$4a+b=-36$

これを解いて　$a=-7$，$b=-8$

このとき，方程式は

$x^3-7x^2+14x-8=0$

この式の左辺は $(x-1)(x-2)$ で割り切れるから，左辺を因数分解すると

$(x-1)(x-2)(x-4)=0$

$$
\begin{array}{r|l}
 & x\ -4 \\ \hline
x^2-3x+2 & x^3-7x^2+14x-8 \\
 & x^3-3x^2+\ 2x \\ \hline
 & \quad -4x^2+12x-8 \\
 & \quad -4x^2+12x-8 \\ \hline
 & \qquad\qquad\qquad 0
\end{array}
$$

したがって，他の解は　$x=4$　答　$\boldsymbol{a=-7}$，$\boldsymbol{b=-8}$，**他の解は　4**

教 p.63

深める

教科書の例題 12 において，x^3+4x^2+ax+b を $(x+3)(x-1)$ で割ったときの余りを求めることにより，定数 a，b の値を求めてみよう。

指針 **3次方程式の解と係数**(割り算の余りを利用)　実際に割ると，商は $x+2$，余りは $(a-1)x+b+6$　割り切れるから，余りは 0 である。

解答 実際に x^3+4x^2+ax+b を $(x+3)(x-1)$　すなわち x^2+2x-3 で割ると

商は $x+2$，

余りは $(a-1)x+b+6$

である。

$$
\begin{array}{r|l}
 & x\ +2 \\ \hline
x^2+2x-3 & x^3+4x^2+\qquad ax+b \\
 & x^3+2x^2-\qquad 3x \\ \hline
 & \quad 2x^2+(a+3)x+b \\
 & \quad 2x^2+\qquad 4x-6 \\ \hline
 & \qquad (a-1)x+b+6
\end{array}
$$

x^3+4x^2+ax+b は x^2+2x-3 で割り切れるから

$a-1=0$，$b+6=0$

よって　$\boldsymbol{a=1}$，$\boldsymbol{b=-6}$　答

教 p.64

練習 31

3 次方程式 $x^3+ax+b=0$ が $1-2i$ を解にもつとき，実数の定数 a，b の値を求めよ。また，他の解を求めよ。

指針 **虚数解をもつ 3 次方程式**　次の 2 つの解法がある。

[1]　$1-2i$ を x に代入して，式を整理して $A+Bi=0$ の形にする。
A，B が実数のとき　$A+Bi=0 \iff A=0$ かつ $B=0$
より，a，b の連立方程式を作る。

[2]　$1-2i$ が解であるとき，$1+2i$ も解となることから，この 2 数を解とする方程式を作ると $x^2-2x+5=0$　この左辺 x^2-2x+5 で x^3+ax+b が割り切れることを利用して a，b を求める。

解答 $1-2i$ が解であるから　$(1-2i)^3+a(1-2i)+b=0$
整理して　$(a+b-11)+(2-2a)i=0$
a，b は実数であるから　$a+b-11$，$2-2a$ も実数で
　　$a+b-11=0$，$2-2a=0$　　これを解いて　$a=1$，$b=10$
このとき，与えられた方程式は　$x^3+x+10=0$
左辺を因数分解すると　$(x+2)(x^2-2x+5)=0$
これを解いて　　$x=-2$，$1\pm 2i$
したがって　**$a=1$，$b=10$，他の解は　-2，$1+2i$**　答

別解 方程式の係数が実数であるから，$1-2i$ と共役な複素数 $1+2i$ もこの方程式の解である。この 2 数を解とする方程式は
　$(1-2i)+(1+2i)=2$，$(1-2i)(1+2i)=5$ より　$x^2-2x+5=0$
これから，与えられた方程式の左辺は，x^2-2x+5 で割り切れる。右の計算から
　　$a-1=0$，$b-10=0$
よって　$a=1$，$b=10$
以降は，解答と同じ。

$$
\begin{array}{r|l}
 & x+2 \\
\hline
x^2-2x+5 & x^3 \qquad + ax + b \\
 & x^3-2x^2+5x \\
\hline
 & 2x^2+(a-5)x+b \\
 & 2x^2-4x+10 \\
\hline
 & (a-1)x+b-10
\end{array}
$$

研究　方程式の解と共役な複素数

まとめ

方程式の解と共役な複素数

2 つの複素数 α，β について，次のことが成り立つ。

1　$\overline{\alpha+\beta}=\overline{\alpha}+\overline{\beta}$　　**2**　$\overline{\alpha\beta}=\overline{\alpha}\,\overline{\beta}$

練習 1 教 p.65

教科書 65 ページの **1**, **2** を証明せよ。

指針 **共役な複素数の性質**　$\alpha=a+bi$ に対し $\overline{\alpha}=a-bi$, $\beta=c+di$ に対し $\overline{\beta}=c-di$ として確かめる。

解答 $\alpha=a+bi$, $\beta=c+di$ (a, b, c, d は実数) とする。

1 の証明　$\alpha+\beta=(a+c)+(b+d)i$

よって　$\overline{\alpha+\beta}=(a+c)-(b+d)i=(a-bi)+(c-di)=\overline{\alpha}+\overline{\beta}$　終

2 の証明　$\overline{\alpha\beta}=\overline{(a+bi)(c+di)}=\overline{(ac-bd)+(ad+bc)i}$

$=(ac-bd)-(ad+bc)i$

$\overline{\alpha}\,\overline{\beta}=(a-bi)(c-di)=(ac-bd)-(ad+bc)i$

よって　$\overline{\alpha\beta}=\overline{\alpha}\,\overline{\beta}$　終

練習 2 教 p.65

教科書 64 ページの応用例題 4 の 3 次方程式 $x^3-3x^2+ax+b=0$ は, $1+3i$ を解にもつから, それと共役な複素数 $1-3i$ もこの方程式の解である。よって, 方程式の左辺は $\{x-(1+3i)\}\{x-(1-3i)\}$ すなわち $x^2-2x+10$ で割り切れる。x^3-3x^2+ax+b を $x^2-2x+10$ で割ったときの余りを求めることにより, 実数の定数 a, b の値を求めよ。

指針 **方程式の解から係数の決定**　α と $\overline{\alpha}$ が解であるから, 方程式の左辺は $(x-\alpha)(x-\overline{\alpha})$ すなわち $x^2-(\alpha+\overline{\alpha})x+\alpha\overline{\alpha}$ で割り切れることを利用して, 割り算を実行する。

解答 実際に $x^3-3x^2+ax+b=0$ を $x^2-2x+10$ で割る割り算を行うと,

商は $x-1$, 余りは $(a-12)x+b+10$

である。

$x^3-3x^2+ax+b=0$ は $x^2-2x+10$ で割り切れるから

$a-12=0$, $b+10=0$

よって　$\boldsymbol{a=12}$, $\boldsymbol{b=-10}$　答

発展 3次方程式の解と係数の関係

まとめ

3次方程式の解と係数の関係

3次方程式 $ax^3+bx^2+cx+d=0$ の3つの解を α, β, γ とすると

$$\boldsymbol{\alpha+\beta+\gamma=-\frac{b}{a},\quad \alpha\beta+\beta\gamma+\gamma\alpha=\frac{c}{a},\quad \alpha\beta\gamma=-\frac{d}{a}}$$

練習 1 教 p.66

3次方程式 $x^3+3x^2+4=0$ の3つの解を α, β, γ とするとき，次の式の値を求めよ。

(1) $\alpha^2+\beta^2+\gamma^2$ (2) $(\alpha+1)(\beta+1)(\gamma+1)$

指針 **3次方程式の解と係数の関係** 上のまとめの3次方程式の係数が $a=1$, $b=3$, $c=0$, $d=4$ の場合であるから

$$\alpha+\beta+\gamma=-\frac{3}{1},\quad \alpha\beta+\beta\gamma+\gamma\alpha=\frac{0}{1},\quad \alpha\beta\gamma=-\frac{4}{1}$$

解答 3次方程式の解と係数の関係から

$$\alpha+\beta+\gamma=-3,\quad \alpha\beta+\beta\gamma+\gamma\alpha=0,\quad \alpha\beta\gamma=-4$$

(1) $\alpha^2+\beta^2+\gamma^2=(\alpha+\beta+\gamma)^2-2(\alpha\beta+\beta\gamma+\gamma\alpha)$

$=(-3)^2-2\cdot 0$

$=\mathbf{9}$ 答

(2) $(\alpha+1)(\beta+1)(\gamma+1)=\alpha\beta\gamma+(\alpha\beta+\beta\gamma+\gamma\alpha)+(\alpha+\beta+\gamma)+1$

$=-4+0-3+1$

$=\mathbf{-6}$ 答

第2章 問題

教 p.67

1 次の式を計算せよ。

(1) $(\sqrt{-2}+\sqrt{5})(\sqrt{-24}-\sqrt{15})$　　(2) $(1+i)^3$

(3) $i+i^2+i^3+i^4+\dfrac{1}{i}$　　(4) $\dfrac{1-i}{2-i}+\dfrac{1+i}{2+i}$

指針 **複素数の計算**

(1) $a>0$ のとき　$\sqrt{-a}=\sqrt{a}\,i$

(2) 公式により展開して，i^2 は -1 でおき換える。

(3) $i^3=i^2\cdot i=-i$,　$i^4=(i^2)^2=1$

(3), (4) 分数は分母と共役な複素数を分母と分子に掛けて，分母を実数にする。ただし，(3) では i を掛ける方が簡単。

解答 (1)
$$\begin{aligned}(\sqrt{-2}+\sqrt{5})(\sqrt{-24}-\sqrt{15})&=(\sqrt{2}\,i+\sqrt{5})(2\sqrt{6}\,i-\sqrt{15})\\&=\sqrt{3}(\sqrt{2}\,i+\sqrt{5})(2\sqrt{2}\,i-\sqrt{5})\\&=\sqrt{3}(-4-\sqrt{10}\,i+2\sqrt{10}\,i-5)\\&=\sqrt{3}(-9+\sqrt{10}\,i)\\&=\boldsymbol{-9\sqrt{3}+\sqrt{30}\,i}\end{aligned}$$ 答

(2)
$$\begin{aligned}(1+i)^3&=1^3+3i+3i^2+i^3\\&=1+3i-3-i\\&=\boldsymbol{-2+2i}\end{aligned}$$ 答

(3)
$$\begin{aligned}i+i^2+i^3+i^4+\frac{1}{i}&=i+(-1)+(-i)+1+\frac{i}{i^2}\\&=i-1-i+1-i\\&=\boldsymbol{-i}\end{aligned}$$ 答

(4)
$$\begin{aligned}\frac{1-i}{2-i}+\frac{1+i}{2+i}&=\frac{(1-i)(2+i)}{(2-i)(2+i)}+\frac{(1+i)(2-i)}{(2+i)(2-i)}\\&=\frac{2+i-2i-i^2}{4-i^2}+\frac{2-i+2i-i^2}{4-i^2}\\&=\frac{3-i}{5}+\frac{3+i}{5}\\&=\boldsymbol{\frac{6}{5}}\end{aligned}$$ 答

教 p.67

2 次の等式を満たす実数 x, y の値を求めよ。

(1) $(4-3i)x-(3-2i)y=6-5i$　(2) $(1+i)(x-yi)=1+3i$

指針 **複素数の相等**　a, b, c, d を実数とするとき

$a+bi=c+di \iff a=c$ かつ $b=d$

解答 (1) 左辺を i について整理すると

$$(4x-3y)+(-3x+2y)i=6-5i$$

$4x-3y$, $-3x+2y$ は実数である。

よって　$4x-3y=6$, $-3x+2y=-5$

これを解いて　$\boldsymbol{x=3}$, $\boldsymbol{y=2}$　答

(2) 左辺を i について整理すると

$$(x+y)+(x-y)i=1+3i$$

$x+y$, $x-y$ は実数である。

よって　$x+y=1$, $x-y=3$

これを解いて　$\boldsymbol{x=2}$, $\boldsymbol{y=-1}$　答

教 p.67

3 次の 2 次方程式を解け。

(1) $x^2-\sqrt{2}x+1=0$　(2) $4(x-1)^2+3=4(1-x)$

指針 **2次方程式の解法**　$ax^2+bx+c=0$ の形にして，左辺が因数分解できないときには解の公式を利用する。b^2-4ac が負の数になるときは，$\sqrt{-p}=\sqrt{p}\,i\ (p>0)$ により，虚数で表す。

解答 (1) 解の公式より　$\boldsymbol{x}=\dfrac{-(-\sqrt{2})\pm\sqrt{(-\sqrt{2})^2-4\cdot1\cdot1}}{2\cdot1}$

$$=\frac{\sqrt{2}\pm\sqrt{-2}}{2}=\boldsymbol{\frac{\sqrt{2}\pm\sqrt{2}\,i}{2}}$$　答

(2) 移項して整理すると　$4x^2-4x+3=0$

解の公式より　$\boldsymbol{x}=\dfrac{-(-2)\pm\sqrt{(-2)^2-4\cdot3}}{4}$

$$=\frac{2\pm\sqrt{-8}}{4}=\frac{2\pm2\sqrt{2}\,i}{4}$$

$$=\boldsymbol{\frac{1\pm\sqrt{2}\,i}{2}}$$　答

教 p.67

4 2次方程式 $x^2+(x-m)^2=3$ が虚数解をもつように，定数 m の値の範囲を定めよ。

指針 **虚数解をもつための条件**　まず，$ax^2+bx+c=0$ の形にして，判別式 $D=b^2-4ac$ を計算する。$D<0$ として，m についての2次不等式を解いて，m の値の範囲を求める。

解答 方程式を展開し整理すると

$$2x^2-2mx+m^2-3=0$$

この x についての2次方程式の判別式を D とすると

$$\frac{D}{4}=(-m)^2-2(m^2-3)=-(m^2-6)$$

$D<0$ のとき，与えられた2次方程式は虚数解をもつ。

よって　$-(m^2-6)<0$　　ゆえに　$m^2-6>0$

したがって，求める m の値の範囲は　$\boldsymbol{m<-\sqrt{6},\ \sqrt{6}<m}$　答

教 p.67

5 2次方程式 $x^2-4x-3=0$ の2つの解を α，β とするとき，次の式の値を求めよ。

(1)　$(\alpha+2\beta)(\beta+2\alpha)$　　(2)　$\dfrac{\beta^2}{\alpha}+\dfrac{\alpha^2}{\beta}$　　(3)　$\dfrac{\beta}{\alpha+1}+\dfrac{\alpha}{\beta+1}$

指針 **2次方程式の解に関する対称式の値**　2次方程式 $ax^2+bx+c=0$ の2つの解を α，β とすると　$\alpha+\beta=-\dfrac{b}{a}$，　$\alpha\beta=\dfrac{c}{a}$

この解と係数の関係を利用して，$\alpha+\beta$ と $\alpha\beta$ の値を求める。与えられた式を $\alpha+\beta$ と $\alpha\beta$ の値が代入できる形に変形する。

解答 解と係数の関係から　$\alpha+\beta=4$，　$\alpha\beta=-3$

(1)　$(\alpha+2\beta)(\beta+2\alpha)=\alpha\beta+2\alpha^2+2\beta^2+4\alpha\beta=2(\alpha^2+\beta^2)+5\alpha\beta$

$$=2\{(\alpha+\beta)^2-2\alpha\beta\}+5\alpha\beta=2(\alpha+\beta)^2+\alpha\beta$$

$$=2\cdot4^2-3=\mathbf{29}$$　答

(2)　$$\frac{\beta^2}{\alpha}+\frac{\alpha^2}{\beta}=\frac{\beta^3+\alpha^3}{\alpha\beta}=\frac{(\alpha+\beta)^3-3\alpha\beta(\alpha+\beta)}{\alpha\beta}$$

$$=\frac{4^3-3\cdot(-3)\cdot4}{-3}=-\frac{\mathbf{100}}{\mathbf{3}}$$　答

(3) $\dfrac{\beta}{\alpha+1}+\dfrac{\alpha}{\beta+1}=\dfrac{\beta(\beta+1)+\alpha(\alpha+1)}{(\alpha+1)(\beta+1)}=\dfrac{\alpha^2+\beta^2+\alpha+\beta}{\alpha\beta+\alpha+\beta+1}$

$=\dfrac{(\alpha+\beta)^2-2\alpha\beta+\alpha+\beta}{\alpha\beta+\alpha+\beta+1}$

$=\dfrac{4^2-2(-3)+4}{-3+4+1}$

$=\mathbf{13}$ 答

教 p.67

6 多項式 $P(x)=4x^3+ax+b$ が $x+1$ で割り切れ，$x-1$ で割ると余りが 6 となるように，定数 a，b の値を定めよ。

指針 **因数定理と剰余の定理の応用**　$P(-1)=0$ と $P(1)=6$ より，a と b の連立方程式を作って解く。

解答 $P(x)$ が $x+1$ で割り切れるから　$P(-1)=0$

よって　$-4-a+b=0$　　ゆえに　$-a+b=4$　…… ①

$P(x)$ を $x-1$ で割ると 6 余るから　$P(1)=6$

よって　$4+a+b=6$　　ゆえに　$a+b=2$　…… ②

①＋② から　$2b=6$　　よって　$b=3$

これを ① に代入して　$-a+3=4$　　ゆえに　$a=-1$

したがって　$\boldsymbol{a=-1,\ b=3}$ 答

教 p.67

7 次の方程式を解け。

(1) $x^4+7x^2+12=0$　　(2) $2x^3+3x^2-5x-6=0$

指針 **高次方程式の解法**　高次方程式 $P(x)=0$ は公式によるか因数定理により $P(x)$ を 2 次以下の多項式の積に因数分解して解く。

(1) $x^2=t$ とおいて，因数分解の公式を利用する。

(2) 因数定理を利用する。

解答 (1) 左辺を因数分解すると

$(x^2+4)(x^2+3)=0$

よって　$x^2+4=0$　または　$x^2+3=0$

ゆえに　$\boldsymbol{x=\pm 2i,\ \pm\sqrt{3}\,i}$ 答

(2) $P(x)=2x^3+3x^2-5x-6$ とすると

$P(-1)=0$

よって，$P(x)$ を $x+1$ で割って，因数分解すると

$$P(x)=(x+1)(2x^2+x-6)$$
$$=(x+1)(x+2)(2x-3)$$

$$\begin{array}{r} 2x^2+x-6 \\ x+1 \overline{) 2x^3+3x^2-5x-6} \\ \underline{2x^3+2x^2 \quad\quad\quad} \\ x^2-5x \quad \\ \underline{x^2+x \quad} \\ -6x-6 \\ \underline{-6x-6} \\ 0 \end{array}$$

よって，方程式は

$(x+1)(x+2)(2x-3)=0$

ゆえに　$\boldsymbol{x=-1,\ -2,\ \frac{3}{2}}$　答

教 p.67

8 縦 12 cm，横 18 cm の長方形の厚紙の四隅から，合同な正方形を切り取った残りで，ふたのない直方体の箱を作り，箱の深さは 2 cm 以上，容積は 160 cm^3 にしたい。切り取る正方形の 1 辺の長さを求めよ。

指針 **高次方程式の応用**　求める辺の長さを x cm として，容積についての方程式を作る。方程式は 3 次となるので，因数定理を利用して解く。求めた解により，縦，横が正で，深さが 2 cm 以上になるかどうかを調べる。

解答 切り取る正方形の辺の長さを x cm とする。

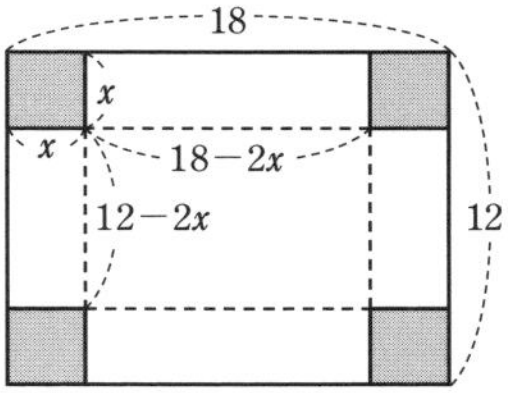

このとき，箱の各辺の長さは

縦 $(12-2x)$ cm，横 $(18-2x)$ cm，

深さ x cm となる。

各辺の長さは正であり，深さは 2 cm 以上であるから

$12-2x>0,\quad 18-2x>0,\quad x\geqq 2$

よって　$2\leqq x<6$　…… ①

箱の容積について

$$(12-2x)(18-2x)x=160$$

整理すると　$x^3-15x^2+54x-40=0$　…… ②

$P(x)=x^3-15x^2+54x-40$ とすると，$P(1)=0$ より

$$P(x)=(x-1)(x^2-14x+40)=(x-1)(x-4)(x-10)$$

よって，方程式 ② の解は　　$x=1,\ 4,\ 10$

このうち，① を満たすものは　$x=4$

すなわち，求める正方形の 1 辺の長さは　**4 cm**　答

第2章　演習問題A

教 p.68

1. 2乗すると $3+4i$ となる複素数 z を求めよ。

指針 **2乗すると $x+yi$ となる複素数**　$z=a+bi$ とおいて z^2 を計算し，それが $3+4i$ となることから実数 a，b についての連立方程式を作る。

解答 a，b を実数として $z=a+bi$ とおくと

$$z^2=(a+bi)^2=a^2-b^2+2abi$$

これが $3+4i$ に等しいことから

$a^2-b^2=3$　…… ①

$2ab=4$　すなわち　$ab=2$　…… ②

① から　$b^2=a^2-3$　…… ③，② から　$a^2b^2=4$　…… ④

③，④ から　$a^2(a^2-3)=4$

ゆえに　$a^4-3a^2-4=0$　すなわち　$(a^2-4)(a^2+1)=0$

a は実数であるから　$a^2+1>0$

よって　$a^2-4=0$　すなわち　$a=\pm 2$

② から　$a=2$ のとき　$b=1$，$a=-2$ のとき　$b=-1$

したがって　$\boldsymbol{z=2+i,\ -2-i}$　答

教 p.68

2. 2次方程式 $x^2+ax+b=0$ が $1+2i$ を解にもつとき，実数の定数 a，b の値を求めよ。また，他の解を求めよ。

指針 **虚数解をもつ2次方程式**　2次方程式が虚数解 $1+2i$ をもつときそれと共役な複素数 $1-2i$ もこの方程式の解である。2つの解の和と積から，解と係数の関係を利用して a と b を求める。

解答 2次方程式 $x^2+ax+b=0$ の解の1つが $\alpha=1+2i$ であるとき，α と共役な複素数 $\beta=1-2i$ もこの2次方程式の解である。

このとき，α，β を解とする2次方程式は

$$x^2-(\alpha+\beta)x+\alpha\beta=0$$

であるから　$a=-(\alpha+\beta)$，$b=\alpha\beta$

よって　$a=-\{(1+2i)+(1-2i)\}=-2$

$b=(1+2i)(1-2i)=1-(2i)^2=1+4=5$

したがって　$\boldsymbol{a=-2}$，$\boldsymbol{b=5}$，**他の解 $\boldsymbol{1-2i}$**　答

別解 $1+2i$ が解であるから　$(1+2i)^2+a(1+2i)+b=0$

整理して　$(a+b-3)+(2a+4)i=0$

a, b は実数であるから, $a+b-3$, $2a+4$ も実数で

$a+b-3=0$,　$2a+4=0$

これを解いて　$a=-2$, $b=5$

よって, 2次方程式は　$x^2-2x+5=0$

これを解いて　$x=1\pm2i$

ゆえに, 他の解は　$x=1-2i$

したがって　**$a=-2$, $b=5$, 他の解 $1-2i$**　答

教 p.68

3. 2つの2次方程式 $x^2+(m+1)x+m^2=0$, $x^2+2mx+2m=0$ の一方が異なる2つの実数解をもち, 他方が虚数解をもつとき, 定数 m の値の範囲を求めよ。

指針 **判別式と2次不等式**　与えられた2次方程式の判別式をそれぞれ D_1, D_2 とすると, 条件は

「$D_1>0$ かつ $D_2<0$」または「$D_1<0$ かつ $D_2>0$」

となる。これらを満たす実数 m の値の範囲を求める。

解答 与えられた2次方程式を

$x^2+(m+1)x+m^2=0$　…… ①

$x^2+2mx+2m=0$　…… ②

とする。

① の判別式を D_1, ② の判別式を D_2 とすると

$D_1=(m+1)^2-4m^2=-3m^2+2m+1$

$=-(3m+1)(m-1)$

$\dfrac{D_2}{4}=m^2-2m=m(m-2)$

[1]　① が異なる2つの実数解をもち, ② が虚数解をもつとき

「$D_1>0$ かつ $D_2<0$」のときであるから

$(3m+1)(m-1)<0$ かつ $m(m-2)<0$

すなわち

$-\dfrac{1}{3}<m<1$ かつ $0<m<2$

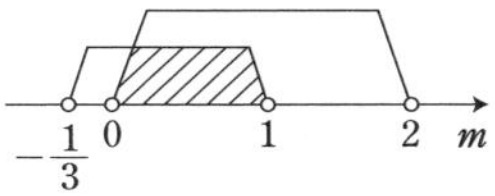

よって　$0<m<1$

[2]　① が虚数解をもち, ② が異なる2つの実数解をもつとき

「$D_1<0$ かつ $D_2>0$」のときであるから

$(3m+1)(m-1)>0$ かつ $m(m-2)>0$

すなわち　$m<-\dfrac{1}{3}$, $1<m$　かつ　$m<0$, $2<m$

よって　　$m<-\frac{1}{3}$，$2<m$

[1]，[2] から求める m の値の範囲は

$\boldsymbol{m<-\frac{1}{3}}$，$\boldsymbol{0<m<1}$，$\boldsymbol{2<m}$　答

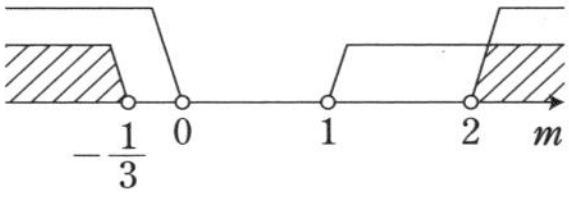

教 p.68

4．2 次方程式 $x^2+ax+b=0$ の 2 つの解から，それぞれ 1 を引いた数を解にもつ 2 次方程式が $x^2+bx+a=0$ であるという。定数 a，b の値を求めよ。

指針　**2 次方程式の解と係数の関係の利用**　方程式 $x^2+ax+b=0$ の 2 つの解を α，β とすると，方程式 $x^2+bx+a=0$ の解は $\alpha-1$，$\beta-1$ と表される。解と係数の関係を利用して，a，b についての連立方程式を導く。

解答　2 次方程式 $x^2+ax+b=0$ の 2 つの解を α，β とすると，解と係数の関係より

$\alpha+\beta=-a$，　$\alpha\beta=b$　…… ①

2 次方程式 $x^2+bx+a=0$ の 2 つの解は $\alpha-1$，$\beta-1$ から，解と係数の関係より　　$(\alpha-1)+(\beta-1)=-b$

$(\alpha-1)(\beta-1)=a$

よって　$\alpha+\beta-2=-b$

$\alpha\beta-(\alpha+\beta)+1=a$

これに ① を代入すると

$-a-2=-b$，　$b-(-a)+1=a$

よって　$a-b=-2$，　$b=-1$

これを解いて　$\boldsymbol{a=-3}$，$\boldsymbol{b=-1}$　答

教 p.68

5．次の方程式を解け。

(1)　$x(x+1)(x+2)=1\cdot2\cdot3$　　(2)　$2x^3-5x^2+1=0$

(3)　$(x^2+x-1)(x^2+x-7)=-5$

指針　**高次方程式の解法**

(1)　式を展開する。元の形から，$x=1$ は 1 つの解。

(2)　定数項が 1 で 3 次の係数が 1 でないから，分数の解をもつと考える。

$P\left(\frac{q}{p}\right)=0$ のとき，$P(x)$ は $px-q$ で割り切れる。

(3)　$x^2+x=t$ とおいて，t についての 2 次方程式を作る。

解答 (1) 与えられた方程式を展開して整理すると　$x^3+3x^2+2x-6=0$

$P(x)=x^3+3x^2+2x-6$ とすると，$P(1)=0$ から

$$P(x)=(x-1)(x^2+4x+6)$$

$P(x)=0$ から　$x-1=0$　または　$x^2+4x+6=0$

ゆえに　$\boldsymbol{x=1,\ -2\pm\sqrt{2}\,i}$　答

(2) $P(x)=2x^3-5x^2+1$ とすると，$P\left(\dfrac{1}{2}\right)=0$ から

$$P(x)=(2x-1)(x^2-2x-1)$$

$P(x)=0$ から　$2x-1=0$　または　$x^2-2x-1=0$

ゆえに　$\boldsymbol{x=\dfrac{1}{2},\ 1\pm\sqrt{2}}$　答

(3) $x^2+x=t$ とすると　$(t-1)(t-7)=-5$

展開して整理すると　$t^2-8t+12=0$

よって　$(t-2)(t-6)=0$　　すなわち　$t=2,\ 6$

$t=2$ から　$x^2+x-2=0$，　$t=6$ から　$x^2+x-6=0$

ゆえに　$(x-1)(x+2)=0$，$(x-2)(x+3)=0$

したがって　$\boldsymbol{x=1,\ -2,\ 2,\ -3}$　答

第2章　演習問題 B

教 p.68

6. 多項式 $P(x)$ を x^2-x-2 で割ると余りが $x-1$，x^2-2x-3 で割ると余りが $3x+1$ である。$P(x)$ を x^2-5x+6 で割ったときの余りを求めよ。

指針 **剰余の定理の利用**　　求める余りを $ax+b$ とおき，剰余の定理の考え方を利用して a，b についての連立方程式を作る。

解答 $P(x)$ を x^2-x-2 で割った余りが $x-1$ から，商を $Q_1(x)$ として

$$P(x)=(x^2-x-2)Q_1(x)+x-1=(x-2)(x+1)Q_1(x)+x-1$$

$x=2$ を代入して　　$P(2)=1$　…… ①

$P(x)$ を x^2-2x-3 で割った余りが $3x+1$ から，商を $Q_2(x)$ として

$$P(x)=(x^2-2x-3)Q_2(x)+3x+1=(x-3)(x+1)Q_2(x)+3x+1$$

$x=3$ を代入して　　$P(3)=10$　…… ②

$P(x)$ を x^2-5x+6 で割った商を $Q(x)$，余りを $ax+b$ とすると

$$P(x)=(x^2-5x+6)Q(x)+ax+b=(x-2)(x-3)Q(x)+ax+b$$

$x=2,\ 3$ を代入して　　$P(2)=2a+b$，$P(3)=3a+b$

①，② から　　$2a+b=1$，$3a+b=10$

これを解いて　$a=9$, $b=-17$　　よって，余りは　$\boldsymbol{9x-17}$　答

教 p.68

7\. $x=1+\sqrt{2}\,i$ のとき，次の問いに答えよ。

(1) $x^2-2x+3=0$ であることを示せ。

(2) (1)の結果を用いて，$x^3+3x^2-5x-14$ の値を求めよ。

指針　**式の値**　$x^3+3x^2-5x-14$ を x^2-2x+3 で割ったときの商を $Q(x)$，余りを $R(x)$ とすると　$x^3+3x^2-5x-14=(x^2-2x+3)Q(x)+R(x)$

$R(x)$ に $x=1+\sqrt{2}\,i$ を代入した値を求めればよい。

解答　(1) $x=1+\sqrt{2}\,i$ より　$x-1=\sqrt{2}\,i$　　ゆえに　$(x-1)^2=(\sqrt{2}\,i)^2$

よって　$x^2-2x+1=-2$　　これから　$x^2-2x+3=0$　終

(2) 右の割り算から

$x^3+3x^2-5x-14$

$=(x^2-2x+3)(x+5)+2x-29$

$x=1+\sqrt{2}\,i$ を代入すると

$2(1+\sqrt{2}\,i)-29=\boldsymbol{-27+2\sqrt{2}\,i}$　答

$$
\begin{array}{r}
x+5 \\
x^2-2x+3\;\big)\;\overline{x^3+3x^2-5x-14}\\
x^3-2x^2+3x\\
\hline
5x^2-8x-14\\
5x^2-10x+15\\
\hline
2x-29
\end{array}
$$

教 p.68

8\. 3次方程式 $x^3+ax^2-5x+b=0$ が2重解 -1 をもつとき，定数 a，b の値を求めよ。また，他の解を求めよ。

指針　**3次方程式の2重解と係数**　方程式を $(x+1)^2(x+c)=0$　$(c\neq1)$ とおいて係数を比較して求める。または，因数定理を2回用いる。

解答　与えられた式が $x=-1$ を2重解としてもつから

$x^3+ax^2-5x+b=(x+1)^2(x+c)$　$(c\neq1)$　とおける。

右辺を展開すると　$x^3+ax^2-5x+b=x^3+(c+2)x^2+(2c+1)x+c$

これは x についての恒等式であるから，両辺の同じ次数の項の係数が等しい。

よって　$a=c+2$,　$-5=2c+1$,　$b=c$

これを解いて　$c=-3$,　$a=-1$,　$b=-3$

また，他の解は　$x-3=0$ から　$x=3$

したがって　$\boldsymbol{a=-1}$，$\boldsymbol{b=-3}$，**他の解 3**　答

別解　$P(x)=x^3+ax^2-5x+b$ とすると，$x+1$ が $P(x)$ の因数であるから

$P(-1)=0$　　よって　$(-1)^3+a(-1)^2-5(-1)+b=0$

整理すると　$b=-a-4$　……①

このとき，$P(x)=x^3+ax^2-5x-(a+4)$ は $x+1$ で割り切れる。

$$
\begin{array}{r}
x^2+(a-1)x\ -(a+4) \\
x+1\,\big)\overline{x^3+\quad ax^2-\quad 5x-(a+4)} \\
\underline{x^3+\quad x^2\qquad\qquad\qquad} \\
(a-1)x^2-\quad 5x\qquad\quad \\
\underline{(a-1)x^2+(a-1)x\qquad\quad} \\
-(a+4)x-(a+4) \\
\underline{-(a+4)x-(a+4)} \\
0
\end{array}
$$

上の割り算から　　$P(x)=(x+1)\{x^2+(a-1)x-(a+4)\}$

ここで　$Q(x)=x^2+(a-1)x-(a+4)$ とすると，$x+1$ が $Q(x)$ の因数であるから　$Q(-1)=0$

よって　$1+(a-1)(-1)-(a+4)=0$

ゆえに　$a=-1$　　① に代入して　$b=-3$

このとき，$Q(x)=x^2-2x-3=(x+1)(x-3)$ となるから

$$P(x)=(x+1)^2(x-3)$$

よって，$P(x)=0$ の他の解は　$x=3$

したがって　**$a=-1$，$b=-3$，他の解 3**　答

第3章　図形と方程式

第1節　点と直線

1　直線上の点

まとめ

1　数直線上の2点間の距離

① 数直線上では，点Pに1つの実数 a が対応している。このとき，a を点Pの座標といい，座標が a である点Pを $\mathrm{P}(a)$ で表す。

② 数直線上で，原点Oと点 $\mathrm{P}(a)$ の距離を，a の絶対値といい，$|a|$ で表す。
すなわち，2点O，P間の距離OPは $\mathbf{OP}=|\boldsymbol{a}|$ で表される。
また，数直線上の2点 $\mathrm{A}(a)$，$\mathrm{B}(b)$ 間の距離ABは $\mathbf{AB}=|\boldsymbol{b}-\boldsymbol{a}|$ で表される。

2　線分の内分点，外分点

① m，n は正の数とする。
点Pが線分AB上にあって
AP：PB$=m：n$ が成り立つとき，点Pは線分ABを $m：n$ に **内分** するといい，Pを **内分点** という。

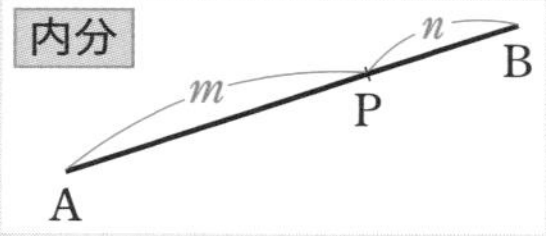

② m，n は正の数とする。
点Qが線分ABの延長上にあって
AQ：QB$=m：n$ が成り立つとき，点Qは線分ABを $m：n$ に **外分** するといい，Qを **外分点** という。外分では，$m \neq n$ である。

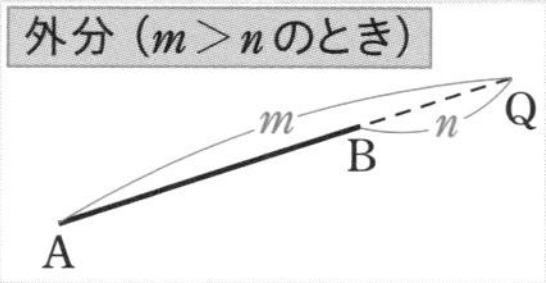

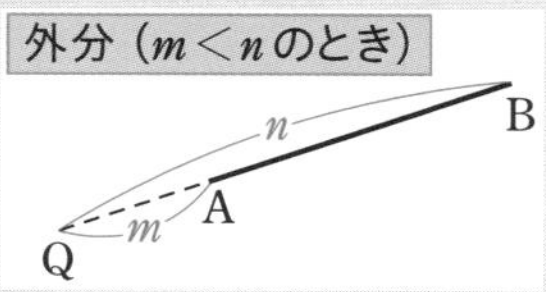

③ 数直線上の2点 $\mathrm{A}(a)$，$\mathrm{B}(b)$ に対して，線分ABを $m：n$ に内分する点を $\mathrm{P}(x)$，線分ABを $m：n$ に外分する点を $\mathrm{Q}(x)$ とする。

点 P(x) の座標は　$\dfrac{na+mb}{m+n}$

特に，$m=n$ のとき点 P は線分 AB の中点となり，その座標は

$$\frac{a+b}{2}$$

点 Q(x) の座標は　$\dfrac{-na+mb}{m-n}$

A 数直線上の 2 点間の距離

教 p.72

練習 1

次の 2 点間の距離を求めよ。

(1)　A(-2)，B(4)　　(2)　A(4)，B(1)　　(3)　O(0)，A(-3)

指針 **数直線上の 2 点間の距離**　$\mathrm{AB}=|b-a|$ により求める。

解答 (1)　$\mathrm{AB}=|4-(-2)|=|6|=\mathbf{6}$　答

(2)　$\mathrm{AB}=|1-4|=|-3|=\mathbf{3}$　答

(3)　$\mathrm{OA}=|-3-0|=|-3|=\mathbf{3}$　答

B 線分の内分点，外分点

教 p.73

深める

教科書 73 ページの説明において，$a>b$ のときも ① が導かれることを確かめてみよう。

指針 **線分の内分点の座標**　$a>b$ のとき　$\mathrm{AP}=a-x$，$\mathrm{PB}=x-b$
あとは，$a<b$ のときと同様にして導く。

解答 $a>b$ のとき　$b<x<a$ であるから

$\mathrm{AP}=a-x$，$\mathrm{PB}=x-b$

$\mathrm{AP}:\mathrm{PB}=m:n$ より　$(a-x):(x-b)=m:n$

よって　$n(a-x)=m(x-b)$

ゆえに　$(m+n)x=na+mb$

したがって　$x=\dfrac{na+mb}{m+n}$　終

教 p.74

問 1

2 点 A(1)，B(5) を結ぶ線分 AB について，次の点の座標を求めよ。

(1)　3：1 に内分する点 C　　(2)　1：3 に内分する点 D

(3)　3：1 に外分する点 E　　(4)　1：3 に外分する点 F

教科書 p.74

指針 **線分の内分点・外分点の座標**　公式を適用して求める。
内分点の分子は図のように「たすきに掛ける」と覚えておくとよい。
また，外分点は，$m:(-n)$ に内分するとみなせば，内分点の公式が適用できる。
求めた座標は，図に表して確認できるようにしておく。

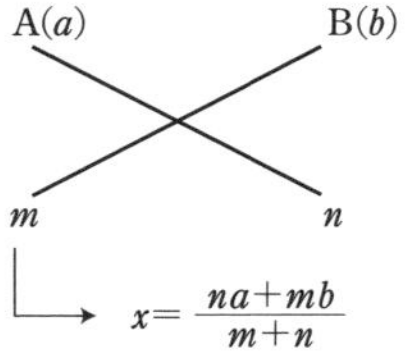

解答 (1)　$\frac{1\cdot1+3\cdot5}{3+1}=\mathbf{4}$　答

(2)　$\frac{3\cdot1+1\cdot5}{1+3}=\mathbf{2}$　答

(3)　$\frac{-1\cdot1+3\cdot5}{3-1}=\mathbf{7}$　答

(4)　$\frac{-3\cdot1+1\cdot5}{1-3}=\mathbf{-1}$　答

練習 2　教 p.74

2点 A(-2)，B(6) を結ぶ線分 AB について，次の点の座標を求めよ。

(1)　3：2 に内分する点 C　　(2)　3：2 に外分する点 D

(3)　2：3 に外分する点 E　　(4)　中点 M

指針 **内分点・外分点の座標**　公式により求める。m，n，a，b の値は大小，正負にかかわらず，そのまま代入する。

解答 (1)　$\frac{2\cdot(-2)+3\cdot6}{3+2}=\mathbf{\frac{14}{5}}$　答

(2)　$\frac{-2\cdot(-2)+3\cdot6}{3-2}=\mathbf{22}$　答

(3)　$\frac{-3\cdot(-2)+2\cdot6}{2-3}=\mathbf{-18}$　答

(4)　$\frac{-2+6}{2}=\mathbf{2}$　答

2 平面上の点

まとめ

1　2点間の距離

① 2点 $A(x_1,\ y_1)$，$B(x_2,\ y_2)$ 間の距離 AB は

$$\mathbf{AB}=\sqrt{(x_2-x_1)^2+(y_2-y_1)^2}$$

特に，原点Oと点 $A(x_1,\ y_1)$ の距離 OA は　$\mathbf{OA}=\sqrt{x_1^2+y_1^2}$

2　線分の内分点，外分点の座標

① 2点 $A(x_1,\ y_1)$，$B(x_2,\ y_2)$ に対して，

1　線分 AB を $m:n$ に内分する点の座標は

$$\left(\frac{nx_1+mx_2}{m+n},\ \frac{ny_1+my_2}{m+n}\right)$$

特に，線分 AB の中点の座標は　$\left(\dfrac{x_1+x_2}{2},\ \dfrac{y_1+y_2}{2}\right)$

2　線分 AB を $m:n$ に外分する点の座標は

$$\left(\frac{-nx_1+mx_2}{m-n},\ \frac{-ny_1+my_2}{m-n}\right)$$

② **三角形の重心の座標**　3点 $A(x_1,\ y_1)$，$B(x_2,\ y_2)$，$C(x_3,\ y_3)$ を頂点とする △ABC の重心Gの座標は　$\left(\dfrac{x_1+x_2+x_3}{3},\ \dfrac{y_1+y_2+y_3}{3}\right)$

3　点に関して対称な点

① 点 $A(a,\ b)$ に関して，2点 $P(x_1,\ y_1)$，$Q(x_2,\ y_2)$ が対称であるとき，次の等式が成り立つ。

$$a=\frac{x_1+x_2}{2},\quad b=\frac{y_1+y_2}{2}$$

A　2点間の距離

教 p.75

練習 3

次の2点間の距離を求めよ。

(1)　A(1，−1)，B(4，3)　　(2)　O(0，0)，A(−7，−1)

指針　**2点間の距離**　公式により求める。直角三角形の斜辺の長さとして三平方の定理により求めるものである。

解答 (1)　$AB=\sqrt{(4-1)^2+\{3-(-1)\}^2}=\sqrt{3^2+4^2}=\sqrt{25}=\mathbf{5}$　答

(2)　$OA=\sqrt{(-7)^2+(-1)^2}=\sqrt{7^2+1^2}=\sqrt{50}=\mathbf{5\sqrt{2}}$　答

教 p.76

練習 4

3 点 A(−2, −1), B(1, −2), C(−1, 2) を頂点とする △ABC は，直角二等辺三角形であることを示せ。

指針 **三角形の形状**　AB^2，BC^2，CA^2 をそれぞれ計算して調べる。

解答
$AB^2=(1+2)^2+(-2+1)^2=10$
$BC^2=(-1-1)^2+(2+2)^2=20$
$CA^2=(-2+1)^2+(-1-2)^2=10$

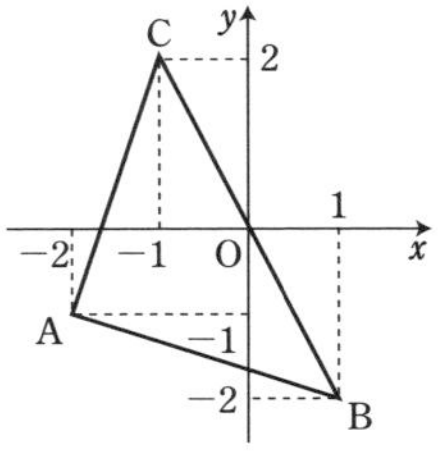

よって
$AB^2+CA^2=BC^2$，$AB=AC=\sqrt{10}$
ゆえに，△ABC は BC を斜辺とする直角二等辺三角形である。 終

教 p.76

練習 5

△ABC において，辺 BC を 1：2 に内分する点を D とする。このとき，等式 $2AB^2+AC^2=3(AD^2+2BD^2)$ が成り立つことを証明せよ。

指針 **座標の利用**　BC を x 軸，D を原点にとると，計算がらくになる。

解答 直線 BC を x 軸に，点 D を原点 O にとると，3 頂点は $A(a, b)$，$B(-c, 0)$，$C(2c, 0)$ と表すことができる。

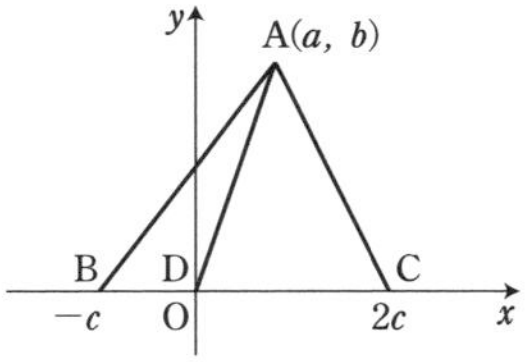

このとき　$AB^2=(-c-a)^2+(-b)^2$
$AC^2=(2c-a)^2+(-b)^2$
ゆえに　$2AB^2+AC^2=3(a^2+b^2+2c^2)$
また　$AD^2+2BD^2=(a^2+b^2)+2c^2=a^2+b^2+2c^2$
したがって　$2AB^2+AC^2=3(AD^2+2BD^2)$ 終

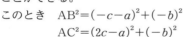

B 線分の内分点，外分点の座標

教 p.78

練習 6

2 点 A(−3, 4)，B(1, −4) を結ぶ線分 AB について，次の点の座標を求めよ。

(1) 3：2 に内分する点 C　　(2) 3：2 に外分する点 D
(3) 2：3 に外分する点 E　　(4) 中点 M

指針 **内分点・外分点の座標**　平面上の線分の内分点・外分点の座標は，x 座標，y 座標に分けると，直線上の内分点・外分点の座標と同様に求めることができる。

解答 (1) $\left(\frac{2\cdot(-3)+3\cdot1}{3+2},\ \frac{2\cdot4+3\cdot(-4)}{3+2}\right)=\left(-\frac{3}{5},\ -\frac{4}{5}\right)$ 答

(2) $\left(\frac{-2\cdot(-3)+3\cdot1}{3-2},\ \frac{-2\cdot4+3\cdot(-4)}{3-2}\right)=(9,\ -20)$ 答

(3) $\left(\frac{-3\cdot(-3)+2\cdot1}{2-3},\ \frac{-3\cdot4+2\cdot(-4)}{2-3}\right)=(-11,\ 20)$ 答

(4) $\left(\frac{-3+1}{2},\ \frac{4+(-4)}{2}\right)=(-1,\ 0)$ 答

練習 7 教 p.79

次の 3 点 A，B，C を頂点とする △ABC の重心の座標を求めよ。

(1) A(−2, 5)，B(1, −3)，C(7, 1)

(2) A(3, −6)，B(−4, 5)，C(−8, −4)

指針 **三角形の重心** 公式を利用する。重心が 3 本の中線を 2：1 に内分する点になっていることを確かめておこう。

解答 △ABC の重心の座標を $(x,\ y)$ とする。

(1) $x=\frac{-2+1+7}{3}=2$，$y=\frac{5+(-3)+1}{3}=1$

よって，重心の座標は **(2, 1)** 答

(2) $x=\frac{3+(-4)+(-8)}{3}=-3$，$y=\frac{-6+5+(-4)}{3}=-\frac{5}{3}$

よって，重心の座標は $\left(-3,\ -\frac{5}{3}\right)$ 答

C 点に関して対称な点

練習 8 教 p.79

点 A(3, 1) に関して，点 P(−2, 5) と対称な点 Q の座標を求めよ。

指針 **点に関して対称な点の座標**

点 A に関して，点 P と Q が対称 ⟺ 点 A は線分 PQ の中点

点 Q の座標を $(x,\ y)$ として求める。

解答 点 Q の座標を $(x,\ y)$ とすると，点 A は線分 PQ の中点であるから

$3=\frac{-2+x}{2}$，　$1=\frac{5+y}{2}$

これを解いて　$x=8$，$y=-3$

よって，Q の座標は **(8, −3)** 答

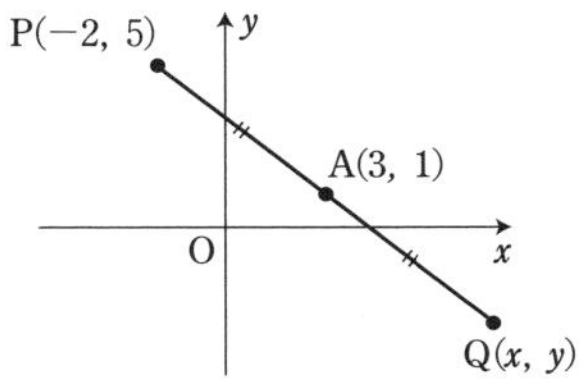

3 直線の方程式

まとめ

1 x, y の1次方程式の表す図形

① x, y の方程式を満たす点 $(x,\ y)$ の全体からできる図形のことを **方程式の表す図形** といい，その方程式を **図形の方程式** という。

② x, y の1次方程式 $ax+by+c=0$ の表す図形は直線である。ここで，a, b, c は定数で，$a \neq 0$ または $b \neq 0$ である。実際に，

$b \neq 0$ のとき，傾きが $-\dfrac{a}{b}$ の直線 $y=-\dfrac{a}{b}x-\dfrac{c}{b}$ を表し，

$b=0$ のとき，x 軸に垂直な直線 $x=-\dfrac{c}{a}$ を表す。

逆に，座標平面上のすべての直線は，次の形の1次方程式で表される。

$ax+by+c=0$ ただし，a, b, c は定数で $a \neq 0$ または $b \neq 0$

2 直線の方程式

① **直線の方程式Ⅰ**

1 点 $(x_1,\ y_1)$ を通り，傾きが m の直線の方程式は

$$y-y_1=m(x-x_1)$$

2 点 $(x_1,\ y_1)$ を通り，x 軸に垂直な直線の方程式は $x=x_1$

② **直線の方程式Ⅱ** 異なる2点 $\mathrm{A}(x_1,\ y_1)$, $\mathrm{B}(x_2,\ y_2)$ を通る直線の方程式は

$x_1 \neq x_2$ のとき $y-y_1=\dfrac{y_2-y_1}{x_2-x_1}(x-x_1)$

$x_1=x_2$ のとき $x=x_1$

③ 直線が x 軸，y 軸とそれぞれ点 $(a,\ 0)$, $(0,\ b)$ で交わるとき，a をこの直線の **x 切片**，b をこの直線の **y 切片** という。

A x, y の1次方程式の表す図形

教 p.80

練習 9

次の方程式の表す直線を座標平面上にかけ。

(1) $2x+5y+10=0$　　(2) $y+3=0$　　(3) $2x-7=0$

指針 **$ax+by+c=0$ の表す図形** (1), (2) は $b \neq 0$ のときで，y について解く。(3) は $b=0$ のときで，x について解く。

解答 (1) y について解くと $y=-\dfrac{2}{5}x-2$

傾きが $-\dfrac{2}{5}$，切片が -2 の直線で，図のようになる。

(2) y について解くと　$y=-3$

点 $(0,\ -3)$ を通り，y 軸に垂直な直線で，図のようになる。

(3) x について解くと　$x=\dfrac{7}{2}$

点 $\left(\dfrac{7}{2},\ 0\right)$ を通り，x 軸に垂直な直線で，図のようになる。

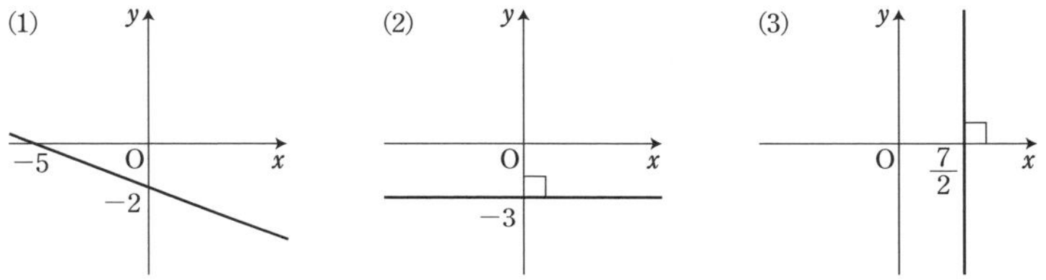

B 直線の方程式

練習 10　教 p.81

次の直線の方程式を求めよ。

(1) 点 $(2,\ 3)$ を通り，傾きが 2

(2) 点 $(-1,\ -3)$ を通り，傾きが $-\dfrac{2}{3}$

(3) 点 $(2,\ -4)$ を通り，x 軸に垂直

指針 **直線の方程式**　点 $(x_1,\ y_1)$ を通り，傾きが m の直線の方程式は

$$y-y_1=m(x-x_1)$$

x_1，y_1 のそれぞれに値を代入して，$y=mx+n$ の形にする。

点 $(x_1,\ y_1)$ を通り，x 軸に垂直な直線の方程式は　$x=x_1$

解答 (1) $y-3=2(x-2)$ より　　$\boldsymbol{y=2x-1}$　答

(2) $y-(-3)=-\dfrac{2}{3}\{x-(-1)\}$ より　　$\boldsymbol{y=-\dfrac{2}{3}x-\dfrac{11}{3}}$　答

(3) x 軸に垂直であるから　　$\boldsymbol{x=2}$　答

練習 11　教 p.82

次の 2 点を通る直線の方程式を求めよ。

(1) A(3, 5)，B(5, 1)　　(2) A(−2, 1)，B(3, 6)

(3) A(2, −1)，B(−3, −1)　　(4) A(−3, 3)，B(−3, 1)

指針 **2点を通る直線の方程式**　2 点の座標を公式にあてはめて求める。

$x_1 \neq x_2$ のとき　$y-y_1=\dfrac{y_2-y_1}{x_2-x_1}(x-x_1)$　　　$x_1=x_2$ のとき　$x=x_1$

解答 (1) $y-5=\frac{1-5}{5-3}(x-3)$ 　ゆえに　$y-5=-2(x-3)$

よって　$\boldsymbol{y=-2x+11}$ 答

(2) $y-1=\frac{6-1}{3-(-2)}\{x-(-2)\}$ 　ゆえに　$y-1=x+2$

よって　$\boldsymbol{y=x+3}$ 答

(3) $y-(-1)=\frac{-1-(-1)}{-3-2}(x-2)$ 　ゆえに　$y+1=0$

よって　$\boldsymbol{y=-1}$ 答

(4) A，B の x 座標がともに -3 で等しいから，x 軸に垂直な直線で

$\boldsymbol{x=-3}$ 答

注意 (3) 異なる 2 点 $\mathrm{A}(x_1,\ y_1)$，$\mathrm{B}(x_2,\ y_2)$ を通る直線の方程式は

$y_1=y_2$ のとき　$y=y_1$

教 p.82

練習 12

$a \fallingdotseq 0$，$b \fallingdotseq 0$ のとき，x 切片が a，y 切片が b である直線の方程式は

$\boldsymbol{\frac{x}{a}+\frac{y}{b}=1}$ の形で表されることを示せ。

指針 **切片と直線の方程式**　2 点 $(a,\ 0)$，$(0,\ b)$ を通る直線の方程式を求めて変形する。

解答 2 点 $(a,\ 0)$，$(0,\ b)$ を通る直線の方程式は，$a \fallingdotseq 0$ であるから

$y-0=\frac{b-0}{0-a}(x-a)$ より

$y=-\frac{b}{a}x+b$　すなわち　$\frac{b}{a}x+y=b$

$b \fallingdotseq 0$ より　$\frac{x}{a}+\frac{y}{b}=1$ 終

4 2直線の関係

まとめ

1　2直線の平行と垂直

① 2 直線 $y=m_1x+n_1$，$y=m_2x+n_2$ について

2 直線が平行 $\Longleftrightarrow$ $\boldsymbol{m_1=m_2}$

2 直線が垂直 $\Longleftrightarrow$ $\boldsymbol{m_1m_2=-1}$

注意 $m_1=m_2$ かつ $n_1=n_2$ のとき，2 直線は一致するが，この場合も，2 直線は平行であると考えることにする。

② 点 $(x_1,\ y_1)$ を通り，直線 $ax+by+c=0$ に平行な直線，垂直な直線は，それぞれ次の方程式で表される。

平行　$a(x-x_1)+b(y-y_1)=0$

垂直　$b(x-x_1)-a(y-y_1)=0$

2　2直線の関係と連立1次方程式の解

① 2直線 $ax+by+c=0$, $a'x+b'y+c'=0$ の共有点の座標は，2つの方程式を連立方程式として解くことにより求められる。

2直線が1点で交わる　⟺　連立方程式はただ1組の解をもつ。
2直線が平行で一致しない　⟺　連立方程式は解をもたない。
2直線が一致する　⟺　連立方程式は無数の解をもつ。

3　2直線の交点を通る直線の方程式

① 異なる2直線 $ax+by+c=0$, $a'x+b'y+c'=0$ の交点を通る直線の方程式は，k を定数として，次のように表される。

$$k(ax+by+c)+(a'x+b'y+c')=0$$

注意 ただし，直線 $ax+by+c=0$ は表さない。

4　直線に関して対称な点

① 2点 A, B が直線 ℓ に関して対称であることは，次の [1], [2] がともに成り立つことと同値である。

[1]　直線 AB は ℓ に垂直である。
[2]　線分 AB の中点は ℓ 上にある。

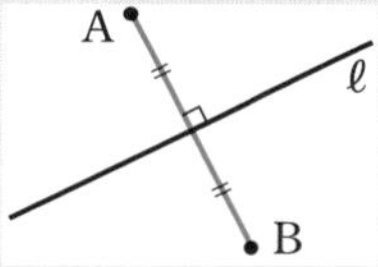

補足 直線 ℓ 上の点は，ℓ に関して自分自身と対称となる。

5　点と直線の距離

① 点Pから直線 ℓ に下ろした垂線を PH とすると，点Pと直線 ℓ の距離は線分 PH の長さで表される。

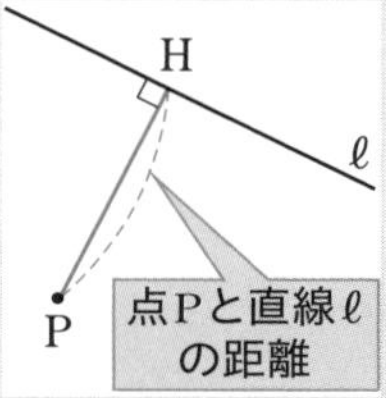

② 原点Oと直線 $ax+by+c=0$ の距離 d は

$$d=\frac{|c|}{\sqrt{a^2+b^2}}$$

③ **点と直線の距離**　点 $(x_1,\ y_1)$ と直線 $ax+by+c=0$ の距離 d は

$$d=\frac{|ax_1+by_1+c|}{\sqrt{a^2+b^2}}$$

6　図形の性質の証明

① 三角形の頂点に向かい合う辺を，その頂点の **対辺** という。

② 三角形の3つの頂点から，それぞれの対辺またはその延長に下ろした3本の垂線は1点で交わる。この点を，三角形の **垂心** という。

A 2直線の平行と垂直

教 p.84

練習 13

次の 2 直線は，それぞれ平行，垂直のいずれであるか。

(1) $y=3x-1$，$x+3y+2=0$

(2) $3x+2y=3$，$6x+4y=5$

指針 **2直線の平行と垂直**　直線の方程式が $ax+by+c=0$ の形になっているときは，まず傾きを求める。傾きが同じであれば平行，2 つの傾きの積が -1 であれば垂直である。

解答 (1) 直線 $y=3x-1$ の傾きは　3

直線 $x+3y+2=0$ の傾きは　$-\dfrac{1}{3}$

$3\cdot\left(-\dfrac{1}{3}\right)=-1$ であるから，2 直線は **垂直** である。 答

(2) 直線 $3x+2y=3$ の傾きは　$-\dfrac{3}{2}$

直線 $6x+4y=5$ の傾きは　$-\dfrac{3}{2}$

よって，傾きが等しいから，2 直線は **平行** である。 答

教 p.84

練習 14

点 $(3,\ -2)$ を通り，直線 $3x-4y+1=0$ に平行な直線，垂直な直線の方程式を，それぞれ求めよ。

指針 **2直線の平行，垂直**　点 $(x_1,\ y_1)$ を通り，直線 $ax+by+c=0$ に平行，垂直な直線の方程式は

平行　$a(x-x_1)+b(y-y_1)=0$　　垂直　$b(x-x_1)-a(y-y_1)=0$

解答 点 $(3,\ -2)$ を通り，直線 $3x-4y+1=0$ に平行な直線の方程式は

$$3(x-3)-4\{y-(-2)\}=0$$

よって　$\boldsymbol{3x-4y-17=0}$ 答

点 $(3,\ -2)$ を通り，直線 $3x-4y+1=0$ に垂直な直線の方程式は

$$-4(x-3)-3\{y-(-2)\}=0$$

よって　$\boldsymbol{4x+3y-6=0}$ 答

B 2直線の関係と連立1次方程式の解

教 p.85

問2 教科書の例7の連立方程式が解をもたないための必要十分条件を求めよ。また，無数の解をもつための必要十分条件を求めよ。

指針 **2直線の関係と連立方程式の解**　2直線が平行であるときと2直線が一致するときの条件を求める。

解答 連立方程式　$2x+y+3=0$　……①　　$ax+y+c=0$　……②

解をもたない条件

2直線①，②が平行で異なることであるから　$\boldsymbol{a=2,\ c \neq 3}$　答

無数の解をもつ条件

2直線①，②が一致することであるから　$\boldsymbol{a=2,\ c=3}$　答

教 p.85

練習15 次の連立方程式が，ただ1組の解をもつ，解をもたない，無数の解をもつための必要十分条件を，それぞれ求めよ。

$$x-3y-2=0,\qquad ax+2y+c=0$$

指針 **2直線の関係と連立方程式の解**　連立方程式の解についての条件は，2直線の共有点についての条件として考える。

解答 連立方程式　$x-3y-2=0$　……①　　$ax+2y+c=0$　……②

ただ1組の解をもつための条件

2直線①，②が平行でないこと，すなわち，直線①の傾き $\dfrac{1}{3}$ と直線②の傾き $-\dfrac{a}{2}$ が異なることであるから　$\dfrac{1}{3} \neq -\dfrac{a}{2}$

よって　$\boldsymbol{a \neq -\dfrac{2}{3}}$　答

解をもたないための条件

2直線①，②が平行で異なることであるから

$\dfrac{1}{3}=-\dfrac{a}{2},\ -\dfrac{2}{3} \neq -\dfrac{c}{2}$　　よって　$\boldsymbol{a=-\dfrac{2}{3},\ c \neq \dfrac{4}{3}}$　答

無数の解をもつ条件

2直線①，②が一致することであるから

$\dfrac{1}{3}=-\dfrac{a}{2},\ -\dfrac{2}{3}=-\dfrac{c}{2}$　　よって　$\boldsymbol{a=-\dfrac{2}{3},\ c=\dfrac{4}{3}}$　答

3章 図形と方程式

C 2直線の交点を通る直線の方程式

練習 16 教 p.86

2直線 $2x+y-1=0$, $x+4y+3=0$ の交点と点 $(-2,\ -2)$ を通る直線の方程式を求めよ。

指針 **2直線の交点を通る直線の方程式** 2直線 $2x+y-1=0$, $x+4y+3=0$ の交点を通る直線の方程式は, k を定数として,

$$k(2x+y-1)+(x+4y+3)=0$$

と表される。この直線が点 $(-2,\ -2)$ を通ると考えて, $x=-2$, $y=-2$ を代入して, k の値を決定する。

解答 2直線 $2x+y-1=0$, $x+4y+3=0$ の交点を通る直線の方程式は, k を定数として

$$k(2x+y-1)+(x+4y+3)=0 \quad \cdots\cdots \text{①}$$

と表される。

この直線が点 $(-2,\ -2)$ を通るとすると, ① に $x=-2$, $y=-2$ を代入して,

$-7k-7=0$　　よって　$k=-1$

これを ① に代入して整理すると

$$\boldsymbol{-x+3y+4=0}\ (\boldsymbol{x-3y-4=0}\ \text{でもよい})$$ 答

深める 教 p.86

l を定数として　$(x+2y-4)+l(2x-y-3)=0$　…… ①′

とするとき, 教科書の例 8 の方程式 ① が表すことのできる直線と方程式 ①′ が表すことのできる直線は同じだろうか。

指針 **2直線の交点を通る直線の方程式** 方程式 ①′ は, 2直線 $x+2y-4=0$, $2x-y-3=0$ の交点を通る直線を表す。ただし, 直線 $2x-y-3=0$ は表さない。

解答 例 8 の方程式 ① と, 方程式 ①′ は, いずれも 2直線 $x+2y-4=0$, $2x-y-3=0$ の交点を通る直線を表す。ただし, 方程式 ① は直線 $x+2y-4=0$ を表すことができず, 方程式 ①′ は直線 $2x-y-3=0$ を表すことができない。

よって, 表すことのできる直線は同じではない。 終

D 直線に関して対称な点

練習 17 教 p.87

次の直線に関して, 点 A$(3,\ 1)$ と対称な点の座標を求めよ。

(1)　$y=x$　　　(2)　$4x-6y+7=0$

指針 **直線に関して対称な点**

(1) 求める点の座標を $B(p,\ q)$ とおいて，次の [1]，[2] を満たす p，q の値を求める。

[1] 直線 AB は直線 $y=x$ に垂直である。

[2] 線分 AB の中点は直線 $y=x$ 上にある。

(2) も (1) と同様にする。

解答 (1) 直線 $y=x$ を ℓ とし，求める点を $B(p,\ q)$ とする。

直線 ℓ の傾きは 1 であり，直線 AB は ℓ に垂直であるから

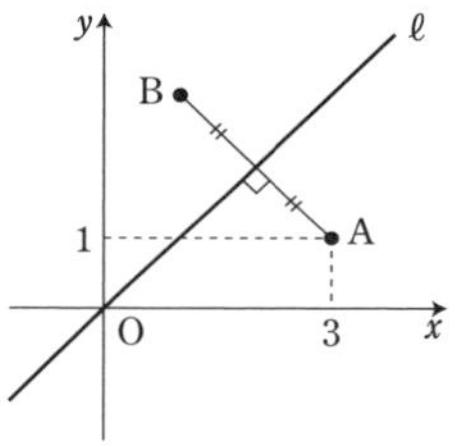

$$1\cdot\frac{q-1}{p-3}=-1$$

ゆえに　$p+q-4=0$　…… ①

また，線分 AB の中点 $\left(\frac{p+3}{2},\ \frac{q+1}{2}\right)$ は直線 ℓ 上にあるから

$$\frac{q+1}{2}=\frac{p+3}{2}$$

ゆえに　$p-q+2=0$　…… ②

方程式 ①，② を連立させて解くと　$p=1$，$q=3$

したがって，点 B の座標は　**(1，3)**　答

(2) 直線 $4x-6y+7=0$ を ℓ とし，求める点を $B(p,\ q)$ とする。

直線 ℓ の傾きは $\frac{2}{3}$ であり，直線 AB は ℓ に垂直であるから

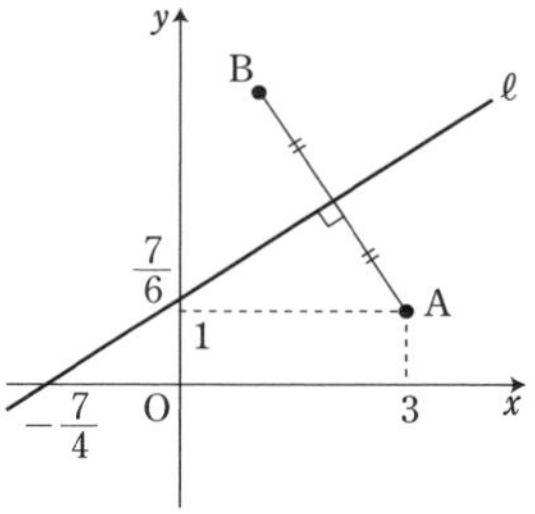

$$\frac{2}{3}\cdot\frac{q-1}{p-3}=-1$$

ゆえに　$3p+2q-11=0$　…… ①

また，線分 AB の中点 $\left(\frac{p+3}{2},\ \frac{q+1}{2}\right)$ は直線 ℓ 上にあるから

$$4\cdot\frac{p+3}{2}-6\cdot\frac{q+1}{2}+7=0$$

ゆえに　$2p-3q+10=0$　…… ②

方程式 ①，② を連立させて解くと　$p=1$，$q=4$

したがって，点 B の座標は　**(1，4)**　答

E 点と直線の距離

教 p.89

練習 18

次の点と直線の距離を求めよ。

(1) 原点，直線 $2x-y-5=0$

(2) 点 $(2,\ 1)$，直線 $3x-4y+3=0$

(3) 点 $(2,\ -3)$，直線 $2x+y-3=0$

(4) 点 $(-1,\ -3)$，直線 $y=3x-5$

指針 **点と直線の距離**　公式を利用して求める。

解答 (1) $\dfrac{|-5|}{\sqrt{2^2+(-1)^2}}=\dfrac{5}{\sqrt{5}}=\boldsymbol{\sqrt{5}}$ 答

(2) $\dfrac{|3\cdot2-4\cdot1+3|}{\sqrt{3^2+(-4)^2}}=\dfrac{5}{5}=\mathbf{1}$ 答

(3) $\dfrac{|2\cdot2+(-3)-3|}{\sqrt{2^2+1^2}}=\dfrac{2}{\sqrt{5}}=\boldsymbol{\dfrac{2\sqrt{5}}{5}}$ 答

(4) $3x-y-5=0$ となるから

$$\frac{|3\cdot(-1)-(-3)-5|}{\sqrt{3^2+(-1)^2}}=\frac{5}{\sqrt{10}}=\boldsymbol{\frac{\sqrt{10}}{2}}$$ 答

F 図形の性質の証明

教 p.90

練習 19

△ABC の 3 辺の垂直二等分線は，1 点で交わることを証明せよ。

指針 **三角形の外心**　3 頂点を $A(a,\ b)$，$B(-c,\ 0)$，$C(c,\ 0)$ とおくと，辺 BC の垂直二等分線は y 軸である。辺 AB，AC のそれぞれの垂直二等分線の交点が y 軸上にあることを示す。

解答 △ABC において，直線 BC を x 軸に，辺 BC の中点が原点 O となるように座標軸をとって，△ABC の各頂点の座標を，それぞれ次のようにおく。

$A(a,\ b)$，$B(-c,\ 0)$，$C(c,\ 0)$

ただし，$b\neq0$，$c\neq0$ である。

辺 AB，AC の中点を，それぞれ M，N とすると

$M\left(\dfrac{a-c}{2},\ \dfrac{b}{2}\right)$，$N\left(\dfrac{a+c}{2},\ \dfrac{b}{2}\right)$

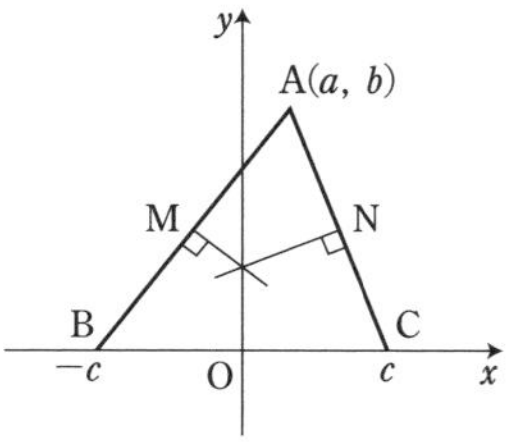

直線ABの傾きは　$\dfrac{b}{a+c}$ より，辺ABの垂直二等分線の方程式は

$$y-\frac{b}{2}=-\frac{a+c}{b}\left(x-\frac{a-c}{2}\right)$$

すなわち　$y=-\dfrac{a+c}{b}x+\dfrac{a^2+b^2-c^2}{2b}$　…… ①

直線ACの傾きは　$\dfrac{b}{a-c}$ より，辺ACの垂直二等分線の方程式は

$$y-\frac{b}{2}=-\frac{a-c}{b}\left(x-\frac{a+c}{2}\right)$$

すなわち　$y=-\dfrac{a-c}{b}x+\dfrac{a^2+b^2-c^2}{2b}$　…… ②

方程式①，②を連立させて解くと　$x=0$，$y=\dfrac{a^2+b^2-c^2}{2b}$

よって，辺AB，ACの垂直二等分線の交点 $\left(0,\ \dfrac{a^2+b^2-c^2}{2b}\right)$ は y 軸上，すなわち辺BCの垂直二等分線上にある。

したがって，三角形の3辺の垂直二等分線は，1点で交わる。 終

第3章 第1節　問　題

教 p.91

1　2点 A$(-1,\ 2)$，B$(3,\ 8)$ から等距離にある x 軸上の点 P の座標を求めよ。

指針　**2点間の距離**　点 P は x 軸上の点であるから P$(x,\ 0)$ とおける。
$AP^2=BP^2$ より，x の方程式を作ればよい。

解答　点 P の座標を $(x,\ 0)$ とする。
点 P は 2 点 A，B から等距離にあるから

$AP=BP$　すなわち　$AP^2=BP^2$

$AP^2=\{x-(-1)\}^2+(0-2)^2=x^2+2x+5$

$BP^2=(x-3)^2+(0-8)^2=x^2-6x+73$

よって，$x^2+2x+5=x^2-6x+73$ より　$x=\dfrac{17}{2}$

ゆえに，点 P の座標は　$\left(\dfrac{17}{2},\ 0\right)$　答

別解　点 P の座標を $(x,\ y)$ とすると，$AP^2=BP^2$ より

$\{x-(-1)\}^2+(y-2)^2=(x-3)^2+(y-8)^2$

よって　$x^2+y^2+2x-4y+5=x^2+y^2-6x-16y+73$

ゆえに　$2x+3y=17$

P は x 軸上にあるから　$y=0$

このとき $x=\dfrac{17}{2}$ であり，点 P の座標は　$\left(\dfrac{17}{2},\ 0\right)$　答

教 p.91

2　2点 A$(-3,\ 3)$，B$(4,\ -2)$ を 2 つの頂点とし，点 G$(3,\ 1)$ を重心とする △ABC の頂点 C の座標を求めよ。

指針　**三角形の重心**　3点 A$(x_1,\ y_1)$，B$(x_2,\ y_2)$，C$(x_3,\ y_3)$ を頂点とする
△ABC の重心 G の座標は　$\left(\dfrac{x_1+x_2+x_3}{3},\ \dfrac{y_1+y_2+y_3}{3}\right)$

解答　点 C の座標を $(x,\ y)$ とすると，点 G の座標から

$$\frac{-3+4+x}{3}=3,\quad \frac{3+(-2)+y}{3}=1$$

よって　$x=8$，$y=2$　　ゆえに，点 C の座標は　$(8,\ 2)$　答

教 p.91

3　4 点 A(−3, 2), B(2, −2), C(4, 3), D を頂点とする平行四辺形 ABCD について，次の点の座標を求めよ。

(1)　対角線 AC の中点 M　　　(2)　頂点 D

指針　**平行四辺形と座標**　平行四辺形の対角線はそれぞれの中点で交わる。まず，対角線 AC の中点を求めて，それが対角線 BD の中点でもあることを利用して求める。

解答　(1)　対角線 AC の中点 M の座標は

$$\left(\frac{-3+4}{2},\ \frac{2+3}{2}\right)\ \text{すなわち}\ \left(\boldsymbol{\frac{1}{2}},\ \boldsymbol{\frac{5}{2}}\right)$$ 答

(2)　点 D の座標を $(x,\ y)$ とすると，対角線 BD と AC の中点が一致するから　$\frac{2+x}{2}=\frac{1}{2}$,　$\frac{-2+y}{2}=\frac{5}{2}$

これを解いて　$x=-1$, $y=7$

ゆえに，点 D の座標は　**(−1, 7)**　答

教 p.91

4　2 直線 $x+2y-3=0$, $4x-3y+10=0$ の交点を通り，次の条件を満たす直線の方程式を，それぞれ求めよ。

(1)　直線 $3x-2y=0$ に平行

(2)　直線 $3x-2y=0$ に垂直

指針　**2直線の交点を通る直線**　2 直線の交点の座標は直線の式を連立させた方程式の解である。点 $(x_1,\ y_1)$ を通り，直線 $ax+by+c=0$ に

平行な直線の方程式は　$a(x-x_1)+b(y-y_1)=0$

垂直な直線の方程式は　$b(x-x_1)-a(y-y_1)=0$

解答　2 直線 $x+2y-3=0$, $4x-3y+10=0$ の交点の座標は　(−1, 2)

(1)　点 (−1, 2) を通り，直線 $3x-2y=0$ に平行な直線の方程式は

$$3\{x-(-1)\}-2(y-2)=0$$

よって　$\boldsymbol{3x-2y+7=0}$　答

(2)　点 (−1, 2) を通り，直線 $3x-2y=0$ に垂直な直線の方程式は

$$-2\{x-(-1)\}-3(y-2)=0$$

よって　$\boldsymbol{2x+3y-4=0}$　答

3章　図形と方程式

教 p.91

5 3点 $(0,\ 8)$，$(4,\ 0)$，$(t,\ t^2)$ が一直線上にあるとき，t の値を求めよ。

指針 **同じ直線上にある3点**　2点 $(0,\ 8)$，$(4,\ 0)$ を通る直線上に点 $(t,\ t^2)$ があればよい。

解答 3点を $A(0,\ 8)$，$B(4,\ 0)$，$P(t,\ t^2)$ とおく。

直線 AB の方程式は　$\dfrac{x}{4}+\dfrac{y}{8}=1$　すなわち　$2x+y=8$

点 P がこの直線上にあるから　$2t+t^2=8$

よって　$t^2+2t-8=0$　　ゆえに　$(t-2)(t+4)=0$

したがって　$\boldsymbol{t=2,\ -4}$　答

教 p.91

6 次の問いに答えよ。

(1) 2直線 $ax+by+c=0$，$a'x+b'y+c'=0$ について，次のことを証明せよ。ただし，$b\neq0$，$b'\neq0$ とする。

$$2\text{直線が平行} \iff ab'-ba'=0$$
$$2\text{直線が垂直} \iff aa'+bb'=0$$

(2) 2直線 $ax+y=1$，$(a+1)x-2y=2$ が平行であるとき，および垂直であるときの定数 a の値を，それぞれ求めよ。

指針 **2直線の平行条件・垂直条件**

(1) 2直線が平行 ⟺ 傾きが等しい
　 2直線が垂直 ⟺ 傾きの積が -1
　 } の関係を利用する。

(2) (1)で得られた平行条件，垂直条件を使う。

解答 (1) $b\neq0$，$b'\neq0$ であるから2直線 $ax+by+c=0$，$a'x+b'y+c'=0$ の傾きは，それぞれ　$-\dfrac{a}{b}$，$-\dfrac{a'}{b'}$

よって　　2直線が平行 ⟺ $-\dfrac{a}{b}=-\dfrac{a'}{b'}$

すなわち　2直線が平行 ⟺ $ab'-ba'=0$

また　　　2直線が垂直 ⟺ $-\dfrac{a}{b}\cdot\left(-\dfrac{a'}{b'}\right)=-1$

すなわち　2直線が垂直 ⟺ $aa'+bb'=0$　終

(2) (1)から，2直線が平行であるとき

$a\cdot(-2)-1\cdot(a+1)=0$

よって　$-3a-1=0$　　ゆえに　$a=-\dfrac{1}{3}$

2直線が垂直であるとき

$a(a+1)+1\cdot(-2)=0$

よって　$a^2+a-2=0$　　$(a-1)(a+2)=0$

ゆえに　$a=1,\ -2$

したがって　**平行のとき**　$\boldsymbol{a=-\frac{1}{3}}$

垂直のとき　$\boldsymbol{a=1,\ -2}$　答

教 p.91

7　3点 A$(-2,\ 4)$，B$(-3,\ -5)$，C$(5,\ -1)$ について，次のものを求めよ。

(1)　直線 BC の方程式　　(2)　線分 BC の長さ

(3)　点 A と直線 BC の距離　　(4)　△ABC の面積

指針　**三角形の面積**

(4)　底辺を BC として，(2)，(3) の結果から，△ABC の面積を求める。

解答　(1)　$y-(-5)=\frac{-1-(-5)}{5-(-3)}\{x-(-3)\}$

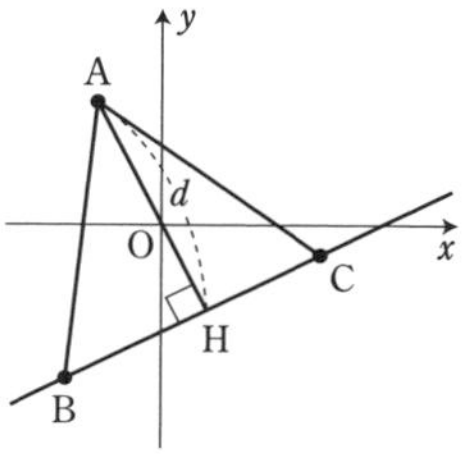

よって　$y+5=\frac{1}{2}(x+3)$

整理して　$\boldsymbol{x-2y-7=0}$　答

(2)　$BC=\sqrt{\{5-(-3)\}^2+\{-1-(-5)\}^2}$

$=\sqrt{8^2+4^2}=\boldsymbol{4\sqrt{5}}$　答

(3)　点 A$(-2,\ 4)$ と直線 $x-2y-7=0$ の距離 d は

$d=\frac{|(-2)-2\cdot4-7|}{\sqrt{1^2+(-2)^2}}=\frac{17}{\sqrt{5}}=\boldsymbol{\frac{17\sqrt{5}}{5}}$　答

(4)　(2)，(3) から

$\triangle ABC=\frac{1}{2}\cdot BC\cdot d=\frac{1}{2}\cdot4\sqrt{5}\cdot\frac{17}{\sqrt{5}}=\boldsymbol{34}$　答

教 p.91

8　4点 A$(-3,\ 2)$，B$(2,\ -2)$，C$(4,\ 3)$，D を頂点とする平行四辺形について，頂点 D となりうる点の座標をすべて求めよ。

指針　**平行四辺形の頂点の座標**　四角形 ABCD，ABDC，ADBC の場合がある。

解答　頂点 D の座標を $(x,\ y)$ とする。

平行四辺形の対角線はそれぞれの中点で交わる。

[1]　四角形 ABCD が平行四辺形となるとき

対角線 BD，AC の中点は一致するから

$$\frac{x+2}{2}=\frac{-3+4}{2},\quad \frac{y-2}{2}=\frac{2+3}{2}$$

よって　　$x=-1$，$y=7$

[2]　四角形 ABDC が平行四辺形となるとき

対角線 AD，BC の中点が一致するから

$$\frac{x-3}{2}=\frac{2+4}{2},\quad \frac{y+2}{2}=\frac{-2+3}{2}$$

よって　　$x=9$，$y=-1$

[3]　四角形 ADBC が平行四辺形となるとき

対角線 AB，DC の中点が一致するから

$$\frac{-3+2}{2}=\frac{x+4}{2},\quad \frac{2-2}{2}=\frac{y+3}{2}$$

よって　　$x=-5$，$y=-3$

[1]～[3] から　　**(−1，7)，(9，−1)，(−5，−3)**　答

第2節　円

5　円の方程式

まとめ

1　円の方程式

①　点 $(a,\ b)$ を中心とし，半径が r の円の方程式は

$$(x-a)^2+(y-b)^2=r^2$$

特に，原点Oを中心とし，半径が r の円の方程式は

$$x^2+y^2=r^2$$

2　$x^2+y^2+lx+my+n=0$ の表す図形

①　円の方程式は，l，m，n を定数として，次の形に表される。

$$x^2+y^2+lx+my+n=0 \quad \cdots\cdots \text{Ⓐ}$$

②　方程式Ⓐは，$(x-a)^2+(y-b)^2=k$ の形に変形できて

$k>0$ ならば，中心が $(a,\ b)$，半径が $\sqrt{k}$ の円

$k=0$ ならば，点 $(a,\ b)$

$k<0$ ならば，方程式Ⓐが表す図形はない。

注意　Ⓐを変形すると　$\left(x+\dfrac{l}{2}\right)^2+\left(y+\dfrac{m}{2}\right)^2=\dfrac{l^2}{4}+\dfrac{m^2}{4}-n$

したがって　$a=-\dfrac{l}{2}$，$b=-\dfrac{m}{2}$，$k=\dfrac{l^2}{4}+\dfrac{m^2}{4}-n$

③　**3点A，B，Cを通る円の方程式**　方程式 $x^2+y^2+lx+my+n=0$ に3点A，B，Cの座標を代入して，l，m，n の値を求める。この円は△ABCの外接円であり，その方程式は $(x-a)^2+(y-b)^2=r^2$ の形に変形できて，点 $(a,\ b)$ は△ABCの外心の座標である。

A　円の方程式

教 p.92

練習 20

次のような円の方程式を求めよ。

(1)　中心が原点，半径が3

(2)　中心が点 $(-2,\ 3)$，半径が $\sqrt{5}$

指針　**円の方程式**　公式を利用する。

解答　(1)　$x^2+y^2=9$　答　　(2)　$(x+2)^2+(y-3)^2=5$　答

教 p.92

練習 21

円 $(x+3)^2+(y-2)^2=3$ の中心と半径を求めよ。

指針 **円の中心と半径**　円の公式 $(x-a)^2+(y-b)^2=r^2$ の a，b，r の決定。

解答 円の方程式は　$\{x-(-3)\}^2+(y-2)^2=(\sqrt{3})^2$

よって，**中心は点 $(-3,\ 2)$，半径は $\sqrt{3}$**　答

教 p.93

練習 22

次のような円の方程式を求めよ。

(1)　点 $(-1,\ 2)$ を中心とし，点 $(2,\ 3)$ を通る

(2)　2 点 $(2,\ 2)$，$(0,\ -6)$ を直径の両端とする

指針 **円の方程式**　(1) では中心と通る点の距離が半径である。(2) では中心は 2 点を結ぶ線分の中点，半径は 2 点間の距離の半分である。

解答 (1)　半径を r とすると，r は 2 点 $(-1,\ 2)$，$(2,\ 3)$ 間の距離であるから

$$r^2=\{2-(-1)\}^2+(3-2)^2=10$$

よって，求める円の方程式は　$\boldsymbol{(x+1)^2+(y-2)^2=10}$　答

(2)　$A(2,\ 2)$，$B(0,\ -6)$ とする。

線分 AB の中点が求める円の中心で

$\left(\dfrac{2+0}{2},\ \dfrac{2+(-6)}{2}\right)$ より　$(1,\ -2)$

AB が直径であるから，求める円の半径は

$$\frac{1}{2}AB=\frac{1}{2}\sqrt{(0-2)^2+(-6-2)^2}=\sqrt{17}$$

よって，求める円の方程式は　$\boldsymbol{(x-1)^2+(y+2)^2=17}$　答

参考 (1)，(2) の円を図示すると，次のようになる。

(1)

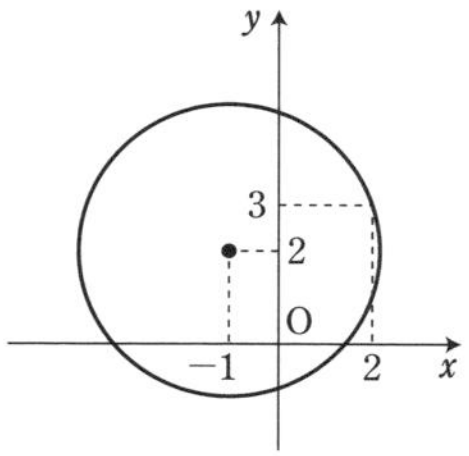

(2)

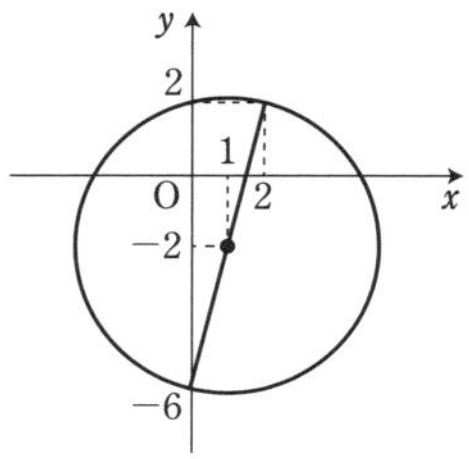

B $x^2+y^2+lx+my+n=0$ の表す図形

教 p.94

練習 23

次の方程式はどのような図形を表すか。

(1) $x^2+y^2-2x+4y-11=0$　　(2) $x^2+y^2+6x-8y+16=0$

指針 **x, y の2次方程式と図形**　x^2, y^2 の係数が等しく, xy の項を含まない x, y の2次方程式 $x^2+y^2+lx+my+n=0$ は

$$(x-a)^2+(y-b)^2=k$$

の形に変形される。そして $k>0$ のとき, 円を表す。

解答 (1)　$(x^2-2x+1^2)-1^2+(y^2+4y+2^2)-2^2-11=0$

よって　$(x-1)^2+(y+2)^2=4^2$

これは, **点 $(1, -2)$ を中心とし, 半径が4の円** を表す。 答

(2)　$(x^2+6x+3^2)-3^2+(y^2-8y+4^2)-4^2+16=0$

よって　$(x+3)^2+(y-4)^2=3^2$

これは, **点 $(-3, 4)$ を中心とし, 半径が3の円** を表す。 答

教 p.94

問 3

次の方程式はどのような図形を表すか。

(1) $x^2+y^2+2x-4y+5=0$　　(2) $x^2+y^2+2x-4y+6=0$

指針 **x, y の2次方程式と図形**　$(x-a)^2+(y-b)^2=k$ の形に変形する。本問は $k=0$, $k<0$ の場合である。

$(x-a)^2+(y-b)^2 \geqq 0$ であり, 等号が成り立つのは

$x-a=0$, $y-b=0$ のときである。

A, B が実数のとき　$A^2+B^2=0 \iff A=B=0$

解答 (1)　この方程式を変形すると　$(x+1)^2+(y-2)^2=0$　…… ①

ここで, $x+1$, $y-2$ は実数であるから, ① が成り立つのは

$x+1=0$, $y-2=0$ の場合に限られる。

よって, $x=-1$, $y=2$

ゆえに, ① が表す図形は　**点 $(-1, 2)$** 答

(2)　この方程式を変形すると　$(x+1)^2+(y-2)^2=-1$　…… ②

$(x+1)^2 \geqq 0$, $(y-2)^2 \geqq 0$ であるから

$$(x+1)^2+(y-2)^2 \geqq 0$$

よって, ② を満たす実数は存在しない。

すなわち, ② が表す図形は　**ない。** 答

3章 図形と方程式

教 p.94

練習 24

次の方程式はどのような図形を表すか。

(1) $x^2+y^2-6x+4y+13=0$　　(2) $x^2+y^2+4x+8y+21=0$

指針 **x, y の2次方程式と図形**　$(x-a)^2+(y-b)^2=k$ の形に変形して k の値を調べる。

$k>0$ なら円, $k=0$ なら1点, $k<0$ なら存在しない

解答 (1) 与えられた方程式を変形すると　$(x-3)^2+(y+2)^2=0$

これが表す図形は　**点 $(3,\ -2)$**　答

(2) 与えられた方程式を変形すると　$(x+2)^2+(y+4)^2=-1$

これが表す図形は　**ない。**　答

教 p.95

練習 25

3点 A$(-1,\ 0)$, B$(2,\ 1)$, C$(3,\ -2)$ がある。

(1) 3点 A, B, C を通る円の方程式を求めよ。

(2) △ABC の外心の座標と, 外接円の半径を求めよ。

指針 **3点を通る円**　求める円の方程式を $x^2+y^2+lx+my+n=0$ として, 3点の座標を代入して, l, m, n の連立方程式を作って解く。更に, $(x-a)^2+(y-b)^2=r^2$ と変形して, a, b, r を求める。

解答 (1) 求める円の方程式を $x^2+y^2+lx+my+n=0$ とすると,

この円が, A$(-1,\ 0)$ を通るから　$(-1)^2-l+n=0$

B$(2,\ 1)$ を通るから　$2^2+1^2+2l+m+n=0$

C$(3,\ -2)$ を通るから　$3^2+(-2)^2+3l-2m+n=0$

これらを整理すると

$l-n=1$,　$2l+m+n=-5$,　$3l-2m+n=-13$

これを解いて　$l=-2$, $m=2$, $n=-3$

よって, 求める円の方程式は　$\boldsymbol{x^2+y^2-2x+2y-3=0}$　答

(2) (1)で求めた方程式を変形すると　$(x-1)^2+(y+1)^2=5$

よって, △ABC の外心の座標は　**$(1,\ -1)$**　答

また, 外接円の半径は　$\boldsymbol{\sqrt{5}}$　答

別解 (1) $AB^2=(2+1)^2+(1-0)^2=10$

$BC^2=(3-2)^2+(-2-1)^2=10$

$CA^2=(-1-3)^2+(0+2)^2=20$

よって, $AB^2+BC^2=CA^2$, AB=BC であるから, △ABC は ∠B=90° の直角二等辺三角形であり, 3点 A, B, C を通る円は AC を直径とする円である。

円の中心は $\left(\dfrac{-1+3}{2},\ \dfrac{0-2}{2}\right)$ すなわち $(1,\ -1)$

半径は　$\dfrac{1}{2}\mathrm{AC}=\dfrac{1}{2}\cdot 2\sqrt{5}=\sqrt{5}$

ゆえに，求める円の方程式は　$\boldsymbol{(x-1)^2+(y+1)^2=5}$　答

6 円と直線

まとめ

1　円と直線の共有点

①　円と直線が共有点をもつとき，その共有点の座標は，それらの図形の方程式を連立させた連立方程式の実数解として得られる。

2　円と直線の位置関係

①　**円と直線の位置関係Ⅰ**　円の方程式と直線の方程式から y を消去して x の2次方程式が得られるとき，その判別式を D とすると

$D>0$　⟺　**異なる2点で交わる**

$D=0$　⟺　**接する**

$D<0$　⟺　**共有点をもたない**

②　**円と直線の位置関係Ⅱ**　半径 r の円の中心Cと直線 ℓ の距離を d とする。

$d<r$　⟺　**異なる2点で交わる**

$d=r$　⟺　**接する**

$d>r$　⟺　**共有点をもたない**

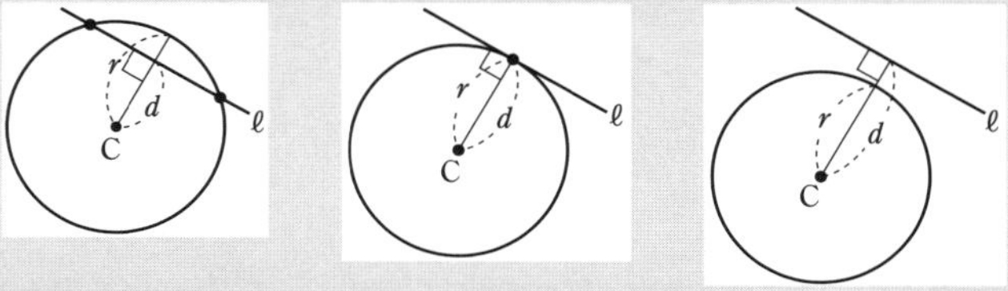

3　円の接線の方程式

①　円 $x^2+y^2=r^2$ 上の点 $\mathrm{P}(x_1,\ y_1)$ におけるこの円の接線の方程式は

$$\boldsymbol{x_1x+y_1y=r^2}$$

A 円と直線の共有点

教 p.96

練習 26

次の円と直線の共有点の座標を求めよ。

(1)　$x^2+y^2=25,\ y=x+1$　　(2)　$x^2+y^2=2,\ x+y=2$

教科書 p.96〜97

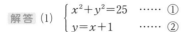

指針 **円と直線の共有点**　円の方程式は x, y の 2 次方程式，直線の方程式は x, y の 1 次方程式であるから，これらを連立させた連立方程式は，一般に 2 組の解をもつ。その解が円と直線の共有点の座標を表す。

解答 (1) $\begin{cases} x^2+y^2=25 & \cdots\cdots ① \\ y=x+1 & \cdots\cdots ② \end{cases}$

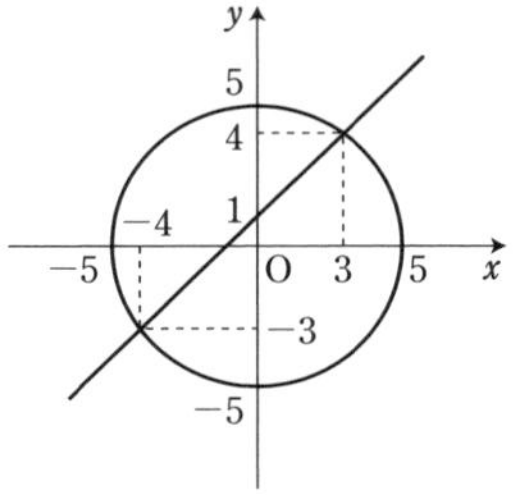

② を ① に代入して整理すると

$x^2+x-12=0$

これを解いて　$x=-4,\ 3$

② に代入して

$x=-4$ のとき　$y=-3$

$x=3$ のとき　$y=4$

よって，共有点の座標は　**$(-4,\ -3)$, $(3,\ 4)$**　答

(2) $\begin{cases} x^2+y^2=2 & \cdots\cdots ① \\ x+y=2 & \cdots\cdots ② \end{cases}$

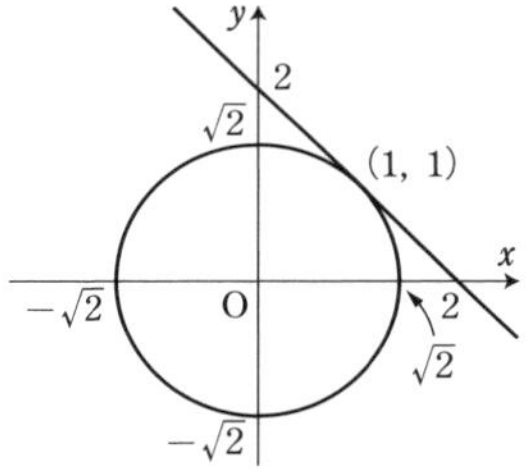

② から　$y=-x+2$　$\cdots\cdots$ ③

③ を ① に代入して整理すると

$x^2-2x+1=0$

これを解いて　$x=1$

③ に代入して　$y=1$

よって，共有点の座標は　**$(1,\ 1)$**　答

B 円と直線の位置関係

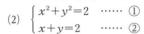

練習 27　教 p.97

次の円と直線の共有点の個数を求めよ。

(1) $x^2+y^2=4$, $y=x+1$　　(2) $x^2+y^2=1$, $y=-2x+3$

(3) $x^2+y^2=10$, $3x+y-10=0$

指針 **円と直線の共有点の個数**　2 つの方程式から y を消去して得られる 2 次方程式の判別式を利用する。

解答 (1) $\begin{cases} x^2+y^2=4 & \cdots\cdots ① \\ y=x+1 & \cdots\cdots ② \end{cases}$

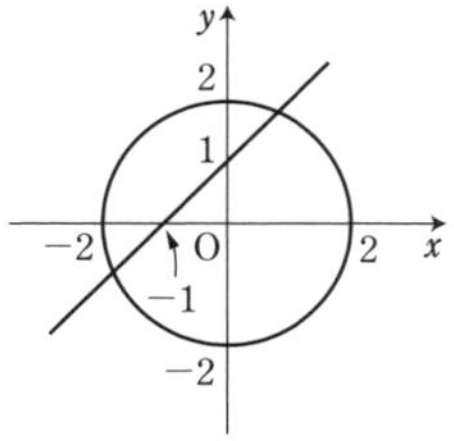

② を ① に代入して，y を消去すると

$x^2+(x+1)^2=4$

整理して

$2x^2+2x-3=0$

$\dfrac{D}{4}=1^2-2\cdot(-3)=7>0$

よって，共有点の個数は　**2 個**　答

(2) $\begin{cases} x^2+y^2=1 & \cdots\cdots ① \\ y=-2x+3 & \cdots\cdots ② \end{cases}$

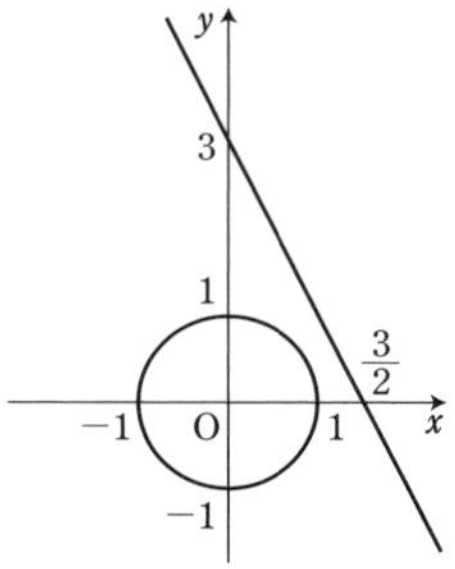

② を ① に代入して，y を消去すると

$x^2+(-2x+3)^2=1$

整理して　$5x^2-12x+8=0$

$\frac{D}{4}=(-6)^2-5\cdot8=-4<0$

よって，共有点の個数は　**0 個**　答

(3) $\begin{cases} x^2+y^2=10 & \cdots\cdots ① \\ 3x+y-10=0 & \cdots\cdots ② \end{cases}$

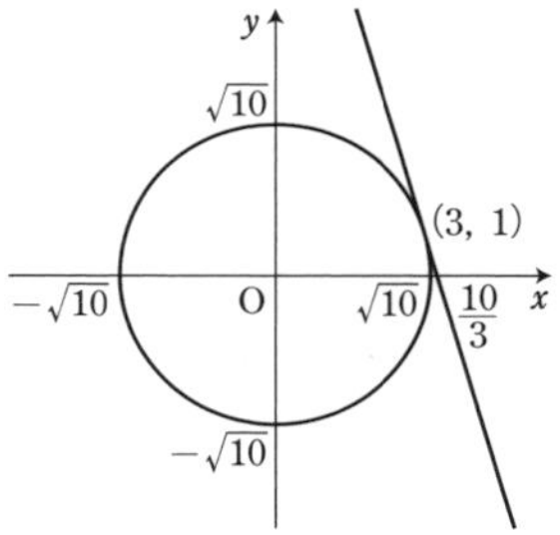

② より　$y=-3x+10$　$\cdots\cdots$ ③

③ を ① に代入して

$x^2+(-3x+10)^2=10$

整理して　$x^2-6x+9=0$

$\frac{D}{4}=(-3)^2-1\cdot9=0$

よって，共有点の個数は　**1 個**　答

教 p.98

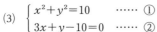

問 4　円 $x^2+y^2=1$ と直線 $y=x+k$ について，次の問いに答えよ。

(1)　円と直線が接するとき，定数 k の値と接点の座標を求めよ。

(2)　円と直線が共有点をもたないとき，定数 k の値の範囲を求めよ。

指針　**円と直線の位置関係**　円と直線の方程式から y を消去してできる x についての 2 次方程式において，(1) では $D=0$ として得られる k についての 2 次方程式，(2) では $D<0$ として得られる k についての 2 次不等式を解く。

解答　連立方程式 $\begin{cases} x^2+y^2=1 & \cdots\cdots ① \\ y=x+k & \cdots\cdots ② \end{cases}$

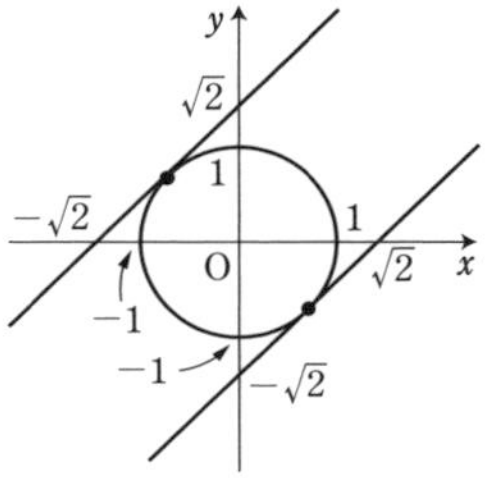

において，② を ① に代入して整理すると

$2x^2+2kx+k^2-1=0$　$\cdots\cdots$ ③

この 2 次方程式の判別式を D とすると

$\frac{D}{4}=k^2-2(k^2-1)$

$=-(k^2-2)$

(1)　直線が円に接するための必要十分条件は

$D=0$

よって　$-(k^2-2)=0$　　　ゆえに　$k^2-2=0$

この方程式を解いて　$k=\pm\sqrt{2}$

このとき，③ の解は　$x=-\frac{k}{2}$　　② に代入して　$y=\frac{k}{2}$

したがって，求める定数 k の値と接点の座標は

$k=\sqrt{2}$，$\left(-\frac{\sqrt{2}}{2},\ \frac{\sqrt{2}}{2}\right)$；　$k=-\sqrt{2}$，$\left(\frac{\sqrt{2}}{2},\ -\frac{\sqrt{2}}{2}\right)$ 答

(2)　直線が円と共有点をもたないための必要十分条件は　$D<0$

よって　$-(k^2-2)<0$　　ゆえに　$k^2-2>0$

この不等式を解いて　**$k<-\sqrt{2}$，$\sqrt{2}<k$** 答

教 p.98

練習 28

円 $x^2+y^2=5$ と直線 $y=2x+k$ について，次の問いに答えよ。

(1)　円と直線が共有点をもつとき，定数 k の値の範囲を求めよ。

(2)　円と直線が接するとき，定数 k の値と接点の座標を求めよ。

指針　**円と直線の位置関係**　円と直線の方程式から y を消去してできる x についての 2 次方程式において，$D\geqq 0$ として得られる k についての不等式，$D=0$ として得られる k についての方程式を解く。

解答 (1)　$\begin{cases} x^2+y^2=5 & \cdots\cdots ① \\ y=2x+k & \cdots\cdots ② \end{cases}$　とおく。

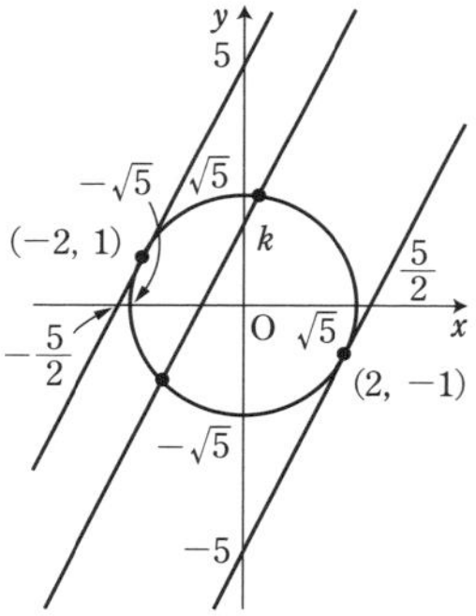

② を ① に代入して整理すると

$5x^2+4kx+k^2-5=0$　$\cdots\cdots$ ③

2 次方程式 ③ の判別式を D とすると

$\frac{D}{4}=(2k)^2-5(k^2-5)$

$=-(k^2-25)=-(k+5)(k-5)$

円と直線が共有点をもつとき

$D\geqq 0$ であるから

$-(k+5)(k-5)\geqq 0$　　よって　$(k+5)(k-5)\leqq 0$

この不等式を解いて　**$-5\leqq k\leqq 5$** 答

(2)　円と直線が接するとき　$D=0$ であるから　$k=\pm 5$

このとき，③ の解は　$x=-\frac{2k}{5}$　　②に代入して　$y=\frac{k}{5}$

よって，求める定数 k の値と接点の座標は

$k=5$ のとき　$(-2,\ 1)$，$k=-5$ のとき　$(2,\ -1)$ 答

教 p.99

練習 29

円 $x^2+y^2=4$ と直線 $y=2x+k$ の共有点の個数は，定数 k の値によって，どのように変わるか。

指針 **円の中心と直線との距離と共有点**　点 $(x_1,\ y_1)$ と直線 $ax+by+c=0$ の距離 d は $d=\dfrac{|ax_1+by_1+c|}{\sqrt{a^2+b^2}}$ であることを利用して，d と半径を比べることにより，共有点の個数を求める。

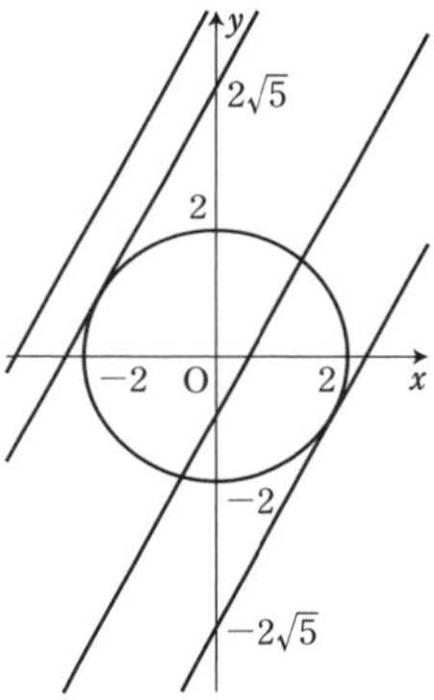

解答 円 $x^2+y^2=4$ の中心は原点 $(0,\ 0)$ で，半径 r は 2 である。

直線の方程式は $y=2x+k$ であるから

$$2x-y+k=0$$

原点と直線 $2x-y+k=0$ の距離 d は

$$d=\frac{|k|}{\sqrt{2^2+(-1)^2}}=\frac{|k|}{\sqrt{5}}$$

$d<r$　すなわち　$\dfrac{|k|}{\sqrt{5}}<2$ のとき

　共有点は 2 個

$d=r$　すなわち　$\dfrac{|k|}{\sqrt{5}}=2$ のとき　共有点は 1 個

$d>r$　すなわち　$\dfrac{|k|}{\sqrt{5}}>2$ のとき　共有点は 0 個

以上から　$\boldsymbol{-2\sqrt{5}<k<2\sqrt{5}}$　**のとき　2 個**

$\boldsymbol{k=\pm2\sqrt{5}}$　**のとき　1 個**

$\boldsymbol{k<-2\sqrt{5},\ 2\sqrt{5}<k}$ **のとき　0 個**　答

教 p.100

練習 30

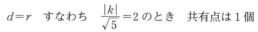

直線 $y=2x-3$ が円 $x^2+y^2=2$ によって切り取られてできる線分の長さを求めよ。

指針 **円が直線から切り取る線分**　円の中心と直線の距離を d，円の半径を r とすると，求める長さは円の弦であるから $2\sqrt{r^2-d^2}$ である。また，共有点の座標を求めて計算してもよい。

解答　円 $x^2+y^2=2$ は中心 $(0,\ 0)$，半径 $\sqrt{2}$ の円である。

また，直線 $y=2x-3$ は $2x-y-3=0$ より，円の中心と直線の距離は

$$\frac{|-3|}{\sqrt{2^2+(-1)^2}}=\frac{3}{\sqrt{5}}$$

よって，求める線分の長さは

$$2\sqrt{(\sqrt{2})^2-\left(\frac{3}{\sqrt{5}}\right)^2}=\boldsymbol{\frac{2\sqrt{5}}{5}}$$ 答

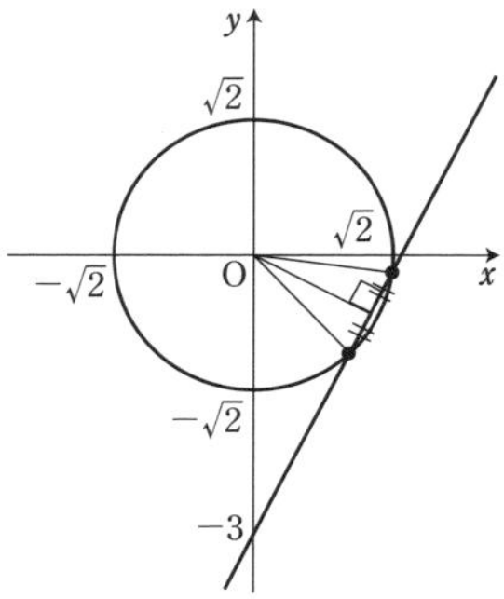

別解　$y=2x-3$ ……①，$x^2+y^2=2$ ……②

①を②に代入して整理すると　$5x^2-12x+7=0$

これを解いて　$x=1,\ \dfrac{7}{5}$

①に代入して，共有点の座標は　$(1,\ -1)$，$\left(\dfrac{7}{5},\ -\dfrac{1}{5}\right)$

ゆえに，求める線分の長さは

$$\sqrt{\left(1-\frac{7}{5}\right)^2+\left(-1+\frac{1}{5}\right)^2}=\boldsymbol{\frac{2\sqrt{5}}{5}}$$ 答

C 円の接線の方程式

教 p.101

練習 31　次の円の，円上の点Pにおける接線の方程式を求めよ。

(1)　$x^2+y^2=20$，$\mathrm{P}(-2,\ 4)$　　(2)　$x^2+y^2=9$，$\mathrm{P}(-2,\ -\sqrt{5})$

指針　**円の接線**　原点を中心とする円の方程式とその円上の1点の座標が与えられたとき，その点における接線の方程式は公式を利用して求めることができる。

解答 (1)　求める接線の方程式は　$-2\cdot x+4\cdot y=20$

すなわち　$\boldsymbol{x-2y=-10}$ 答

(2)　求める接線の方程式は　$-2\cdot x+(-\sqrt{5})\cdot y=9$

すなわち　$\boldsymbol{2x+\sqrt{5}y=-9}$ 答

教 p.102

練習 32　点 $\mathrm{A}(-3,\ 1)$ を通り，円 $x^2+y^2=1$ に接する直線の方程式と，接点の座標を求めよ。

指針　**円外の点から引いた接線の方程式**　円 $x^2+y^2=1$ 上の点 $(x_1,\ y_1)$ における接線が，点 $\mathrm{A}(-3,\ 1)$ を通るように，x_1 と y_1 を定める。

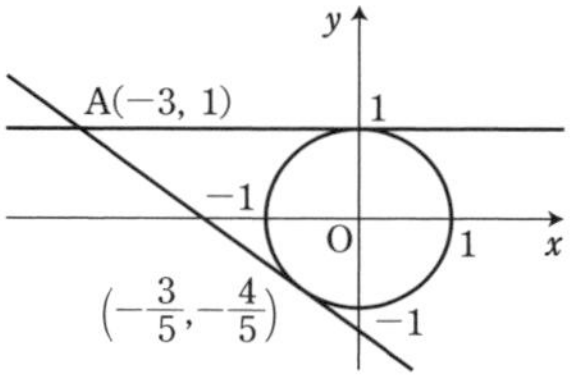

解答 接点を Q$(x_1,\ y_1)$ とすると

$x_1{}^2+y_1{}^2=1$ …… ①

また，点 Q におけるこの円の接線の方程式は

$x_1x+y_1y=1$ …… ②

この直線が点 A を通るから

$-3x_1+y_1=1$ …… ③

①，③ から y_1 を消去すると　$x_1{}^2+(3x_1+1)^2=1$

よって　$5x_1{}^2+3x_1=0$　　これを解いて　$x_1=0,\ -\dfrac{3}{5}$

③ から　$x_1=0$ のとき　$y_1=1$，　$x_1=-\dfrac{3}{5}$ のとき　$y_1=-\dfrac{4}{5}$

よって，② より求める直線の方程式と接点の座標は

$\boldsymbol{y=1,\ (0,\ 1)\ ;\ 3x+4y=-5,\ \left(-\dfrac{3}{5},\ -\dfrac{4}{5}\right)}$ 答

別解 [1]　円の中心と接線の距離が半径に等しいことを利用して解く。

点 A$(-3,\ 1)$ を通る接線は x 軸に垂直でないから，接線の傾きを m とすると　$y-1=m(x+3)$　　ゆえに　$mx-y+3m+1=0$ …… ①

原点と直線 ① の距離は円の半径 1 に等しいから

$\dfrac{|3m+1|}{\sqrt{m^2+(-1)^2}}=1$　　よって　$(3m+1)^2=m^2+1$

ゆえに　$m(4m+3)=0$　　よって　$m=0,\ -\dfrac{3}{4}$

① に代入して整理すると　$y=1,\ 3x+4y=-5$

接線が $\boldsymbol{y=1}$ **のとき**　$x^2+y^2=1$ に代入して　$x=0$

よって，接点は　$\boldsymbol{(0,\ 1)}$ 答

接線が $\boldsymbol{3x+4y=-5}$ **のとき**　接点を Q とすると，直線 OQ は

$4x-3y=0$　　2 つの直線の交点を求めて　$\mathrm{Q}\boldsymbol{\left(-\dfrac{3}{5},\ -\dfrac{4}{5}\right)}$ 答

[2]　判別式 $D=0$ を利用して解く。

[1] と同様にして，接線は　$y=m(x+3)+1$ …… ①

$x^2+y^2=1$ に代入して整理すると

$(m^2+1)x^2+2m(3m+1)x+(3m+1)^2-1=0$ …… ②

$\dfrac{D}{4}=m^2(3m+1)^2-(m^2+1)(9m^2+6m)=-8m^2-6m$

ゆえに　$4m^2+3m=0$　　これを解いて　$m=0,\ -\dfrac{3}{4}$

このとき，② の解は　$x=-\dfrac{m(3m+1)}{m^2+1}$ …… ③

①，③ に $m=0,\ -\dfrac{3}{4}$ を代入して解答が得られる。

3章 図形と方程式

教 p.102

深める

点 $(1,\ 3)$ を通る直線の方程式は，傾きを m とすると，
$y-3=m(x-1)$ すなわち $y=m(x-1)+3$ の形に表される。接線の方程式をこのようにおいて，教科書の応用例題 4 を解いてみよう。

指針 **円の接線の方程式**

(方法 1)

円と直線が接するとき，円の中心と直線の距離が半径に等しくなる。

(方法 2)

円と直線が接するとき，直線の方程式と円の方程式から y を消去して得られる x の 2 次方程式の判別式は 0 になる。

解答 $y=m(x-1)+3$ …… ① とする。

(方法 1) ① から $mx-y-m+3=0$

円 $x^2+y^2=5$ と直線 ① が接するとき，円の中心 $(0,\ 0)$ と直線 ① の距離が円の半径 $\sqrt{5}$ に等しいから

$$\frac{|-m+3|}{\sqrt{m^2+(-1)^2}}=\sqrt{5} \quad \text{すなわち} \quad |-m+3|=\sqrt{5(m^2+1)}$$

整理すると $2m^2+3m-2=0$ よって $(2m-1)(m+2)=0$

ゆえに $m=-2,\ \dfrac{1}{2}$

$m=-2$ のとき，① は $y=-2(x-1)+3$ すなわち $2x+y=5$

$m=\dfrac{1}{2}$ のとき，① は $y=\dfrac{1}{2}(x-1)+3$ すなわち $-x+2y=5$

よって，求める直線の方程式は $\boldsymbol{2x+y=5,\ -x+2y=5}$ 答

(方法 2) ① を $x^2+y^2=5$ に代入して整理すると

$$(m^2+1)x^2-2m(m-3)x+(m^2-6m+4)=0$$

この 2 次方程式の判別式を D とすると

$$\frac{D}{4}=\{-m(m-3)\}^2-(m^2+1)(m^2-6m+4)$$
$$=4m^2+6m-4=2(2m-1)(m+2)$$

円 $x^2+y^2=5$ と直線 ① が接するための必要十分条件は，$D=0$ であるから

$$m=-2,\ \frac{1}{2}$$

$m=-2$ のとき，① は $y=-2(x-1)+3$ すなわち $2x+y=5$

$m=\dfrac{1}{2}$ のとき，① は $y=\dfrac{1}{2}(x-1)+3$ すなわち $-x+2y=5$

よって，求める直線の方程式は $\boldsymbol{2x+y=5,\ -x+2y=5}$ 答

7 2つの円

まとめ

1　2つの円の位置関係

①　半径がそれぞれ r, r' である2つの円の中心C，C′の間の距離を d とする。ただし，$r>r'$ であるとする。

[1]　互いに外部にある

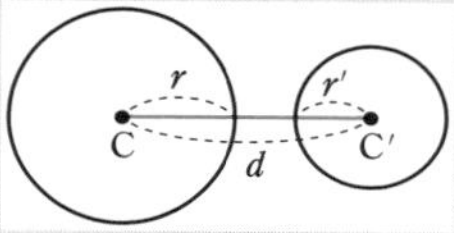

$d>r+r'$

[2]　外接する
（1点を共有する）

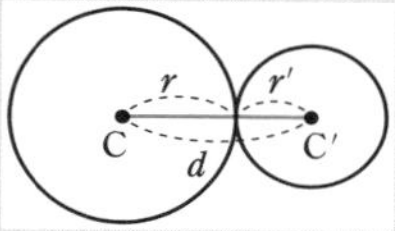

$d=r+r'$

[3]　2点で交わる

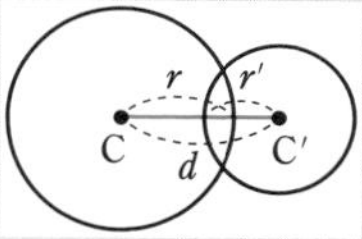

$r-r'<d<r+r'$

[4]　内接する
（1点を共有する）

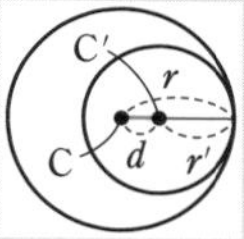

$d=r-r'$

[5]　一方が他方の内部にある

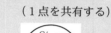

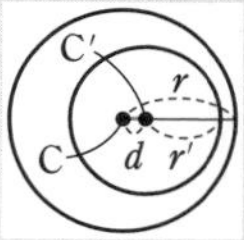

$d<r-r'$

2　2つの円の共有点

①　2つの円が共有点をもつとき，その共有点の座標は，2つの円の方程式を連立させた連立方程式の実数解として得られる。

②　**2つの円の交点を通る円**　k を定数とする。方程式

$$k(x^2+y^2+ax+by+c)+(x^2+y^2+a'x+b'y+c')=0$$

は，2つの円 $x^2+y^2+ax+by+c=0$, $x^2+y^2+a'x+b'y+c'=0$ の交点を通る図形を表す。

A　2つの円の位置関係

練習 33　教 p.104

円 $x^2+y^2=4$ と次の円の位置関係を調べよ。

(1)　$(x-4)^2+(y+3)^2=9$　　(2)　$(x+3)^2+(y-3)^2=8$

指針　**2つの円の位置関係**　2つの円の半径と中心間の距離を求め，それらの関係より調べる。

解答 円 $x^2+y^2=4$ は中心が原点，半径が 2 の円である。

(1) 円 $(x-4)^2+(y+3)^2=9$ は中心が点 $(4,\ -3)$，半径が 3 の円である。

2 つの円の中心間の距離 d は　$d=\sqrt{4^2+(-3)^2}=5$

$d=2+3$ から，2 つの円は **外接する**。 答

(2) 円 $(x+3)^2+(y-3)^2=8$ は中心が点 $(-3,\ 3)$，半径が $2\sqrt{2}$ の円である。

2 つの円の中心間の距離 d は　$d=\sqrt{(-3)^2+3^2}=3\sqrt{2}$

$2\sqrt{2}-2<d<2\sqrt{2}+2$ から，2 つの円は **2 点で交わる**。 答

教 p.104

練習 34

中心が点 $(4,\ 2)$ である円 C と，円 $x^2+y^2=5$ が内接するとき，円 C の方程式を求めよ。

指針 **2 つの円が内接する条件**　2 つの円の半径を r，r' $(r>r')$，中心間の距離を d とすると，内接する条件は　$d=r-r'$

解答 円 $x^2+y^2=5$ は，中心が原点，半径が $\sqrt{5}$ の円である。

2 つの円の中心間の距離は

$$\sqrt{4^2+2^2}=2\sqrt{5}$$

2 つの円が内接するとき，求める円 C の半径を r とすると

$$2\sqrt{5}=r-\sqrt{5}$$

これを解いて　$r=3\sqrt{5}$

よって，求める円 C の方程式は　$\boldsymbol{(x-4)^2+(y-2)^2=45}$ 答

教 p.104

深める

円 $x^2+y^2=20$ と次の円の位置関係を調べよう。

(1) $(x-1)^2+(y-2)^2=5$　　(2) $(x-1)^2+(y-2)^2=45$

指針 **2 つの円の位置関係**　2 つの円の半径と中心間の距離から位置関係を調べる。

解答 $x^2+y^2=20$ …… ① とする。

円 ① は中心が原点，半径が $2\sqrt{5}$ の円である。

(1) $(x-1)^2+(y-2)^2=5$ …… ② とする。

円 ② は中心が点 $(1,\ 2)$，半径が $\sqrt{5}$ の円である。

2 つの円 ①，② の中心間の距離 d_1 は

$$d_1=\sqrt{1^2+2^2}=\sqrt{5}$$

$d_1=2\sqrt{5}-\sqrt{5}$ であるから，2 つの円 ①，② は **内接する**。 答

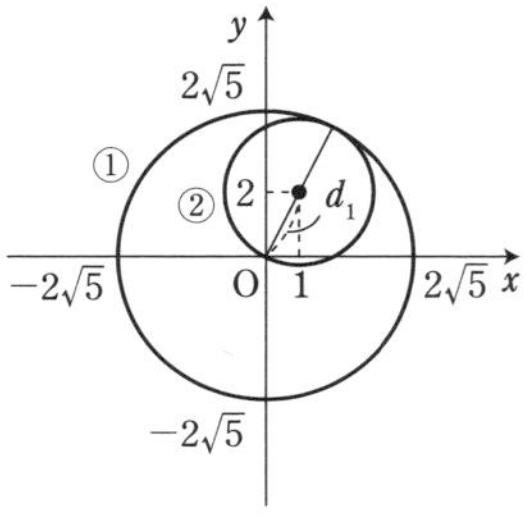

(2) $(x-1)^2+(y-2)^2=45$ …… ③ とする。

円 ③ は中心が点 (1, 2), 半径が $3\sqrt{5}$ の円である。

2 つの円 ①, ③ の中心間の距離 d_2 は

$$d_2=\sqrt{1^2+2^2}=\sqrt{5}$$

$d_2=3\sqrt{5}-2\sqrt{5}$ であるから, 2 つの円 ①, ② は **内接する。** 答

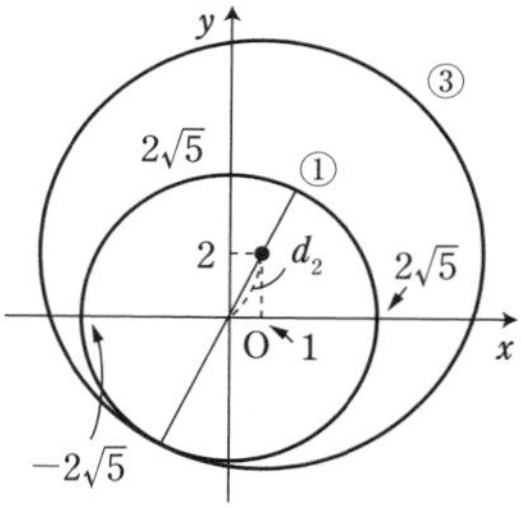

B 2つの円の共有点

練習 35 教 p.105

次の 2 つの円の共有点の座標を求めよ。

$$x^2+y^2=10, \quad x^2+y^2-2x-y-5=0$$

指針 **2つの円の共有点** 2 つの円 $x^2+y^2+lx+my+n=0$ …… ①, $x^2+y^2+l'x+m'y+n'=0$ …… ② の共有点の座標は, 連立方程式 ①, ② を解くことにより求めることができる。①−② から得られる x, y の 1 次方程式と ① または ② を連立させて解くことになる。

解答 求める共有点の座標は, 次の連立方程式の実数解である。

$$\begin{cases} x^2+y^2-10=0 & \cdots\cdots ① \\ x^2+y^2-2x-y-5=0 & \cdots\cdots ② \end{cases}$$

①−② から　$2x+y-5=0$　よって　$y=-2x+5$ …… ③

③ を ① に代入して整理すると　$x^2-4x+3=0$

$(x-1)(x-3)=0$　ゆえに　$x=1,\ 3$

③ に代入して　$x=1$ のとき $y=3$, $x=3$ のとき $y=-1$

よって, 共有点の座標は　**(1, 3), (3, −1)** 答

練習 36 教 p.106

2 つの円 $x^2+y^2-4=0$, $x^2+y^2-4x+2y-6=0$ の 2 つの交点と点 (1, 2) を通る円の中心と半径を求めよ。

指針 **2つの円の交点を通る円** k を定数として, 方程式 $k(x^2+y^2-4)+(x^2+y^2-4x+2y-6)=0$ を考える。

解答 k を定数として　$k(x^2+y^2-4)+(x^2+y^2-4x+2y-6)=0$ …… ①

とすると, ① は 2 つの円 $x^2+y^2-4=0$, $x^2+y^2-4x+2y-6=0$ の 2 つの交点を通る図形を表す。

① が点 (1, 2) を通るとすると, ① に $x=1$, $y=2$ を代入して

$$k-1=0 \qquad ゆえに \qquad k=1$$

これを ① に代入して整理すると　$x^2+y^2-2x+y-5=0$

すなわち　　$(x-1)^2+\left(y+\dfrac{1}{2}\right)^2=\left(\dfrac{5}{2}\right)^2$

よって，求める円の中心は　$\left(\mathbf{1},\ -\dfrac{\mathbf{1}}{\mathbf{2}}\right)$，半径は　$\dfrac{\mathbf{5}}{\mathbf{2}}$　答

教 p.106

深める

教科書の応用例題 6 において，方程式 ③ は 2 点 A，B を通る円のすべてを表せるか。

指針　**2 つの円の交点を通る円の方程式**　方程式 ③ は，2 つの円の交点 A，B を通る図形を表す。ただし，円 $x^2+y^2=5$ は表さない。

解答　方程式 ③ は，**円 $x^2+y^2-5=0$**（中心が原点，半径が $\sqrt{5}$ の円）**を表すことができない。**　答

第3章 第2節　問　題

教 p.107

9　3直線 $x+2=0$，$x-y-4=0$，$x+7y-12=0$ で作られる三角形について，その外心の座標と外接円の半径を求めよ。

指針　**三角形の外心，外接円**　まず，2直線の交点として，三角形の頂点の座標を求める。この3点を通る円の方程式から，円の中心，半径を求める。また，円の弦の垂直二等分線の交点から外心を求めてもよい。

解答　$x+2=0$ …… ①，$x-y-4=0$ …… ②

$x+7y-12=0$ …… ③ とおく。

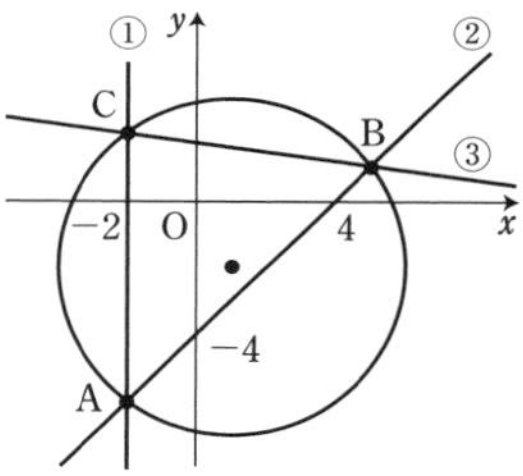

①，② の交点を A とすると　A$(-2,\ -6)$

②，③ の交点を B とすると　B$(5,\ 1)$

①，③ の交点を C とすると　C$(-2,\ 2)$

△ABC の外接円の方程式を

$x^2+y^2+lx+my+n=0$ …… ④ とおく。

④ が A$(-2,\ -6)$ を通るから

$(-2)^2+(-6)^2-2l-6m+n=0$

④ が B$(5,\ 1)$ を通るから　$5^2+1^2+5l+m+n=0$

④ が C$(-2,\ 2)$ を通るから　$(-2)^2+2^2-2l+2m+n=0$

これらを整理すると

$2l+6m-n=40$，　$5l+m+n=-26$，　$2l-2m-n=8$

これを解いて　$l=-2$，$m=4$，$n=-20$

④ に代入して，外接円の方程式は　$x^2+y^2-2x+4y-20=0$

すなわち　$(x-1)^2+(y+2)^2=5^2$

ゆえに，外心の座標は　**(1, −2)**，外接円の半径は　**5**　答

別解　線分 AB の垂直二等分線は，AB の中点 $\left(\frac{3}{2},\ -\frac{5}{2}\right)$ を通り，直線 ② に垂直であるから　$y-\left(-\frac{5}{2}\right)=-\left(x-\frac{3}{2}\right)$

すなわち　$x+y+1=0$ …… ⑤

線分 AC の垂直二等分線は，AC の中点 $(-2,\ -2)$ を通り，直線 ① に垂直であるから　$y=-2$ …… ⑥

⑤，⑥ の交点が外心であるから，その座標は　**(1, −2)**　答

また，外接円の半径は，外心と A の距離を求めて

$\sqrt{(1+2)^2+(-2+6)^2}=\mathbf{5}$　答

教 p.107

10 円 $x^2+y^2-2y=0$ と直線 $y=mx-3$ が異なる2点で交わるとき，定数 m の値の範囲を求めよ。また，接するとき，定数 m の値と接点の座標を求めよ。

指針 **円と直線の共有点の個数**　円と直線の方程式から y を消去して得られる x についての2次方程式で判別式 D を利用する。

異なる2点で交わる $\Longleftrightarrow$ $D>0$，　接する $\Longleftrightarrow$ $D=0$

解答　$y=mx-3$ …… ①　　$x^2+y^2-2y=0$ …… ②

①を②に代入して

$$x^2+(mx-3)^2-2(mx-3)=0$$

すなわち

$$(m^2+1)x^2-8mx+15=0 \quad \cdots\cdots ③$$

この2次方程式の判別式を D とすると

$$\frac{D}{4}=(-4m)^2-(m^2+1)\cdot 15=m^2-15$$

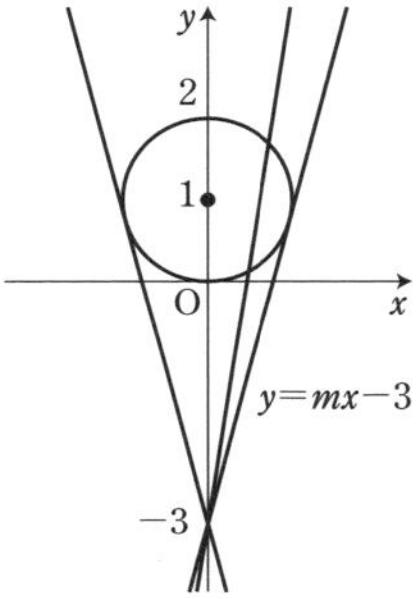

直線と円が異なる2点で交わるための必要十分条件は $D>0$ であるから　$m^2-15>0$

この不等式を解いて　　$\boldsymbol{m<-\sqrt{15}}$，$\boldsymbol{\sqrt{15}<m}$　答

直線と円が接するための必要十分条件は $D=0$ であるから

$$m^2-15=0$$

この方程式を解いて　　$m=\pm\sqrt{15}$

$m=\sqrt{15}$ のとき，2次方程式③の解は

$$x=\frac{4m}{m^2+1}=\frac{4\cdot\sqrt{15}}{(\sqrt{15})^2+1}=\frac{\sqrt{15}}{4}$$

このとき　$y=\sqrt{15}\cdot\dfrac{\sqrt{15}}{4}-3=\dfrac{3}{4}$

$m=-\sqrt{15}$ のとき，2次方程式③の解は

$$x=\frac{4m}{m^2+1}=\frac{4\cdot(-\sqrt{15})}{(-\sqrt{15})^2+1}=-\frac{\sqrt{15}}{4}$$

このとき　$y=-\sqrt{15}\cdot\left(-\dfrac{\sqrt{15}}{4}\right)-3=\dfrac{3}{4}$

よって，接するときの m の値と接点の座標は

$$\boldsymbol{m=\sqrt{15},\ \left(\frac{\sqrt{15}}{4},\ \frac{3}{4}\right);\ m=-\sqrt{15},\ \left(-\frac{\sqrt{15}}{4},\ \frac{3}{4}\right)}$$ 答

教 p.107

11 点P(2, 4)と，円 $x^2+y^2=10$ について，次の問いに答えよ。

(1) 点Pを通り，この円に接する直線の方程式と，接点の座標を求めよ。

(2) (1)の2つの接点を結ぶ直線の方程式を求めよ。

指針 **円の接線** 円 $x^2+y^2=10$ 上の点 (x_1, y_1) におけるこの円の接線 $x_1x+y_1y=10$ が，点Pを通るとして x_1，y_1 の関係式を導く。

解答 (1) 接点を (x_1, y_1) とすると

$x_1{}^2+y_1{}^2=10$ …… ①

また，点 (x_1, y_1) におけるこの円の接線の方程式は

$x_1x+y_1y=10$ …… ②

この直線が点Pを通るから

$2x_1+4y_1=10$ すなわち

$x_1+2y_1=5$ …… ③

①，③ から $y_1{}^2-4y_1+3=0$

ゆえに $y_1=1, 3$

③ から

$y_1=1$ のとき $x_1=3$，$y_1=3$ のとき $x_1=-1$

$x_1=3$，$y_1=1$ のとき，② は $3x+y=10$

$x_1=-1$，$y_1=3$ のとき，② は $x-3y=-10$

したがって，求める接線の方程式と接点の座標は

$\boldsymbol{3x+y=10}$，**(3, 1)**； $\boldsymbol{x-3y=-10}$，**(−1, 3)** 答

(2) 2つの接点の座標が (3, 1)，(−1, 3) であるから，2つの接点を結ぶ直線の方程式は

$$y-1=\frac{3-1}{-1-3}(x-3) \quad \text{すなわち} \quad \boldsymbol{x+2y=5}$$ 答

別解 (2) 2つの接点の座標をそれぞれ (a, b)，(c, d) とすると，(1)と同様にして，③ にあたる2つの方程式 $a+2b=5$，$c+2d=5$ が成り立つ。

これは2つの接点 (a, b)，(c, d) が直線 $x+2y=5$ 上にあることを示すから，2つの接点を結ぶ直線の方程式は $\boldsymbol{x+2y=5}$ 答

教 p.107

12 次のような円の接線の方程式を求めよ。

(1) 円 $x^2+y^2=9$ の接線で，直線 $4x+3y=1$ に平行なもの

(2) 円 $x^2+y^2=9$ の接線で，直線 $3x+y=5$ に垂直なもの

指針 **円の接線の方程式**　円 $x^2+y^2=r^2$ 上の点 $\mathrm{P}(x_1,\ y_1)$ におけるこの円の接線の方程式は $x_1x+y_1y=r^2$ であることを用いる。

また，2 直線 $ax+by+c=0$, $a'x+b'y+c'=0$ について

$b \neq 0$, $b' \neq 0$ のとき　2 直線が平行 $\iff ab'-ba'=0$

2 直線が垂直 $\iff aa'+bb'=0$

解答 接点を $\mathrm{P}(x_1,\ y_1)$ とすると，接線の方程式は　$x_1x+y_1y=9$　…… ①

点 P は円 $x^2+y^2=9$ 上にあるから　$x_1{}^2+y_1{}^2=9$　…… ②

(1)　接線 ① が $4x+3y=1$ に平行であるから　$4y_1-3x_1=0$　…… ③

よって　$y_1=\dfrac{3}{4}x_1$　　このとき，② から　$x_1=\pm\dfrac{12}{5}$

これを ③ に代入して　$(x_1,\ y_1)=\left(\dfrac{12}{5},\ \dfrac{9}{5}\right),\ \left(-\dfrac{12}{5},\ -\dfrac{9}{5}\right)$

したがって，求める接線の方程式は

$$\frac{12}{5}x+\frac{9}{5}y=9,\quad -\frac{12}{5}x-\frac{9}{5}y=9$$

すなわち　$\boldsymbol{4x+3y=15,\ 4x+3y=-15}$　答

(2)　接線 ① が直線 $3x+y=5$ に垂直であるから　$3x_1+y_1=0$

よって　$y_1=-3x_1$　　これを ② に代入して　$x_1{}^2+(-3x_1)^2=9$

ゆえに　$x_1=\pm\dfrac{3}{\sqrt{10}}$

これより　$(x_1,\ y_1)=\left(\dfrac{3}{\sqrt{10}},\ -\dfrac{9}{\sqrt{10}}\right),\ \left(-\dfrac{3}{\sqrt{10}},\ \dfrac{9}{\sqrt{10}}\right)$

したがって，求める接線の方程式は

$$\frac{3}{\sqrt{10}}x-\frac{9}{\sqrt{10}}y=9,\quad -\frac{3}{\sqrt{10}}x+\frac{9}{\sqrt{10}}y=9$$

すなわち　$\boldsymbol{x-3y=3\sqrt{10},\ x-3y=-3\sqrt{10}}$　答

別解 (1)　直線 $4x+3y=1$ に平行な直線の方程式は $4x+3y+c=0$ とおける。円 $x^2+y^2=9$ に接するためには，中心 $(0,\ 0)$ からの距離が半径 3 に等しければよい。$\dfrac{|c|}{\sqrt{4^2+3^2}}=3$　　ゆえに　$c=\pm15$

求める接線の方程式は　$\boldsymbol{4x+3y=15,\ 4x+3y=-15}$　答

(2)　直線 $3x+y=5$ に垂直な直線の方程式は $x-3y+c'=0$ とおける。円 $x^2+y^2=9$ に接するためには　$\dfrac{|c'|}{\sqrt{1^2+(-3)^2}}=3$

すなわち　$c'=\pm3\sqrt{10}$　　よって，求める接線の方程式は

$\boldsymbol{x-3y=3\sqrt{10},\ x-3y=-3\sqrt{10}}$　答

教 p.107

13 次の円の方程式を求めよ。

(1) 円 $x^2+y^2-2x+4y=0$ と中心が同じで，直線 $y=x$ に接する円

(2) 中心が直線 $y=x+1$ 上にあり，x 軸に接して，点 $(3,\ 2)$ を通る円

指針 **円の方程式**　公式 $(x-a)^2+(y-b)^2=r^2$ を用いる。

(1) 半径は円の中心と直線の距離として求められる。

(2) 円の中心の x 座標を a として，y 座標，半径を a で表す。

解答 (1) $x^2+y^2-2x+4y=0$ から

$$(x-1)^2+(y+2)^2=5$$

よって，求める円の中心の座標は $(1,\ -2)$ である。

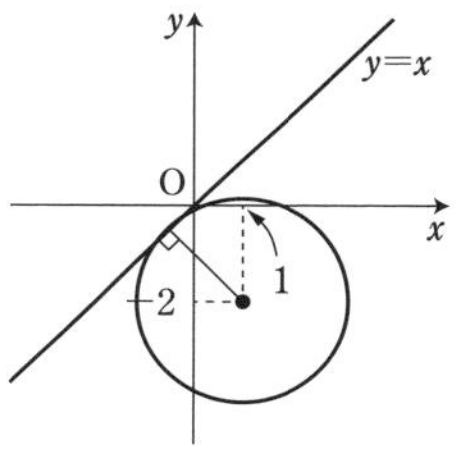

求める円の半径を r とすると，r は点 $(1,\ -2)$ と直線 $y=x$ すなわち $x-y=0$ の距離であるから

$$r=\frac{|1-(-2)|}{\sqrt{1^2+(-1)^2}}=\frac{3}{\sqrt{2}}$$

よって，求める円の方程式は

$$(x-1)^2+\{y-(-2)\}^2=\left(\frac{3}{\sqrt{2}}\right)^2$$

すなわち　$\boldsymbol{(x-1)^2+(y+2)^2=\frac{9}{2}}$　答

(2) 円の中心の x 座標を a とすると，y 座標は $a+1$，半径は $|a+1|$ であるから，求める円の方程式は

$$(x-a)^2+(y-a-1)^2=(a+1)^2 \quad \cdots\cdots ①$$

と表すことができる。

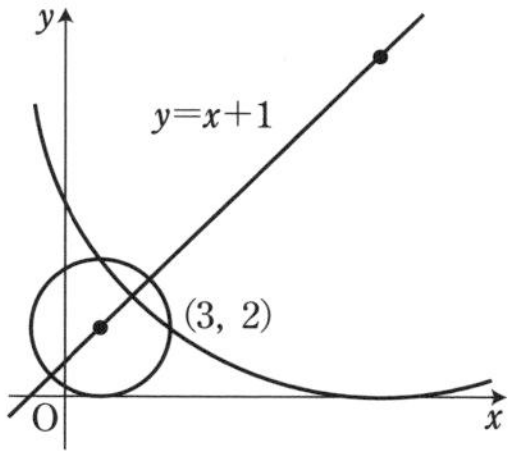

① は点 $(3,\ 2)$ を通るから

$$(3-a)^2+(1-a)^2=(a+1)^2$$

整理して　$a^2-10a+9=0$

よって　$a=1,\ 9$

ゆえに，求める円の方程式は

$\boldsymbol{(x-1)^2+(y-2)^2=4,\ (x-9)^2+(y-10)^2=100}$　答

教 p.107

14 中心が点 $(3,\ 3)$ である円 C と，円 $x^2+y^2=2$ が接するとき，円 C の方程式を求めよ。

指針 **2つの円の位置関係**　2つの円の半径を r，r'，中心間の距離を d とすると

2つの円が内接するとき　　$d=|r-r'|$

2つの円が外接するとき　　$d=r+r'$

解答 円 $x^2+y^2=2$ は，中心が原点，半径が $\sqrt{2}$ の円である。

2つの円の中心間の距離は　　$\sqrt{3^2+3^2}=3\sqrt{2}$

求める円 C の半径を r とする。

2つの円が内接するとき

$$3\sqrt{2}=|r-\sqrt{2}|$$

これを解くと　　$r=4\sqrt{2},\ -2\sqrt{2}$

$r>0$ であるから　　$r=4\sqrt{2}$

2つの円が外接するとき

$$3\sqrt{2}=r+\sqrt{2}$$

ゆえに　　$r=2\sqrt{2}$

よって，求める円 C の方程式は

$$\boldsymbol{(x-3)^2+(y-3)^2=32,\ (x-3)^2+(y-3)^2=8}$$ 答

教 p.107

15 円 $x^2+y^2-x-y-2=0$ と直線 $3x+y-2=0$ の2つの交点および原点を通る円の中心と半径を求めよ。

指針 **円と直線の交点を通る円**　　k を定数として，方程式

$k(3x+y-2)+(x^2+y^2-x-y-2)=0$ を考える。

解答 k を定数として　$k(3x+y-2)+(x^2+y^2-x-y-2)=0$　……①

とすると，① は円 $x^2+y^2-x-y-2=0$，直線 $3x+y-2=0$ の交点 A，B を通る図形を表す。

① が原点を通るとすると，① に $x=0$，$y=0$ を代入して

$-2k-2=0$　　　ゆえに　$k=-1$

これを ① に代入して　$x^2+y^2-4x-2y=0$

すなわち　$(x-2)^2+(y-1)^2=5$

したがって，求める円の中心は　$\boldsymbol{(2,\ 1)}$，半径は　$\boldsymbol{\sqrt{5}}$ 答

教 p.107

16 点 (0, 1) を通り，直線 $y=x$ 上の点 $(a,\ a)$ でこの直線に接する円 C について，次の問いに答えよ。

(1) 直線 $y=x$ と 2 点 (0, 1), $(a,\ a)$ がかかれているとき，コンパスと目盛りのない定規を用いて，円 C を作図する手順を説明せよ。

(2) 円 C の方程式を求めよ。

指針 **円の作図と方程式** (1) 円の中心は，弦の垂直二等分線上にある。また，円の接線は，接点を通る半径に垂直である。

(2) 点 $(a,\ a)$ を通り，直線 $y=x$ に垂直な直線の方程式は $y=-x+2a$
円 C の中心は，この直線上にあるから，その座標は $(p,\ -p+2a)$ とおける。また，円 C の中心は，2 点 (0, 1), $(a,\ a)$ から等距離にあることを利用する。

解答 (1) [1] 2 点 (0, 1), $(a,\ a)$ を結ぶ線分の垂直二等分線 ℓ_1 を引く。

[2] 点 $(a,\ a)$ から等距離にある 2 点を直線 $y=x$ 上にとり，その 2 点を結ぶ線分の垂直二等分線 ℓ_2 を引く。

[3] 2 直線 ℓ_1, ℓ_2 の交点を中心に，点 (0, 1) を通る円をかく。 終

(2) 点 $(a,\ a)$ を通り，直線 $y=x$ に垂直な直線 ℓ_2 の方程式は

$$y-a=-(x-a) \qquad \text{よって} \qquad y=-x+2a$$

円 C の中心は ℓ_2 上にあるから，その座標を $(p,\ -p+2a)$ とする。
中心 $(p,\ -p+2a)$ は，2 点 (0, 1), $(a,\ a)$ から等距離にあるから

$$(p-0)^2+\{(-p+2a)-1\}^2=(p-a)^2+\{(-p+2a)-a\}^2$$

これを解いて $\quad p=\dfrac{-2a^2+4a-1}{2}$

よって，中心は $\left(\dfrac{-2a^2+4a-1}{2},\ \dfrac{2a^2+1}{2}\right)$,

半径は $\sqrt{(p-a)^2+(-p+a)^2}=\sqrt{\dfrac{(2a^2-2a+1)^2}{2}}$ である。

ゆえに，円 C の方程式は

$$\boldsymbol{\left(x-\frac{-2a^2+4a-1}{2}\right)^2+\left(y-\frac{2a^2+1}{2}\right)^2=\frac{(2a^2-2a+1)^2}{2}}$$ 答

第3節　軌跡と領域

8　軌跡と方程式

まとめ

1　軌跡

① 与えられた条件を満たす点が動いてできる図形を，その条件を満たす点の**軌跡**という。

② 与えられた条件を満たす点Pの軌跡が図形 F であることを示すには，次の2つのことを証明する。

1　その条件を満たす任意の点Pは，図形 F 上にある。

2　図形 F 上の任意の点Pは，その条件を満たす。

補足　m，n は正の数とする。$m \neq n$ ならば，2点A，Bからの距離の比が $m:n$ である点の軌跡は，線分ABを $m:n$ に内分する点と外分する点を直径の両端とする円である。この円を**アポロニウスの円**という。$m=n$ ならば，軌跡は，線分ABの垂直二等分線である。

③ **軌跡を求める手順**　座標を用いて軌跡を求める手順をまとめると，次のようになる。

1　求める軌跡上の任意の点の座標を $(x,\ y)$ などで表し，与えられた条件を座標の間の関係式で表す。

2　軌跡の方程式を導き，その方程式の表す図形を求める。

3　その図形上の任意の点が条件を満たしていることを確かめる。

教 p.108

練習 37

2点 $A(1,\ 0)$，$B(3,\ 2)$ から等距離にある点Pの軌跡を求めよ。

指針　**軌跡**　条件を満たす任意の点Pの座標を $(x,\ y)$ として，与えられた条件を，x，y の方程式で表す。逆に，図形上の任意の点が条件を満たしていることを示す。また，「軌跡を求めよ」に対しては，軌跡の方程式ではなく，Pの描く図形として答える。

解答 点Pの座標を $(x,\ y)$ とすると

$\mathrm{AP}=\sqrt{(x-1)^2+y^2}$

$\mathrm{BP}=\sqrt{(x-3)^2+(y-2)^2}$

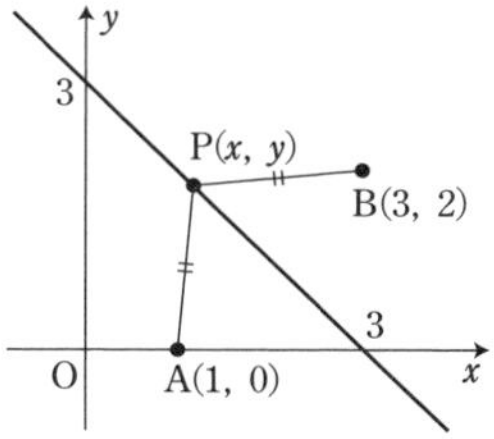

これらを条件の式　AP＝BP　…… ①

に代入して

$\sqrt{(x-1)^2+y^2}=\sqrt{(x-3)^2+(y-2)^2}$

両辺を2乗して整理すると

$x+y-3=0$　…… ②

ゆえに，条件を満たす点は，直線 ② 上にある。

逆に，直線 ② 上の任意の点は，条件 ① を満たす。

よって，求める軌跡は　**直線 $x+y-3=0$**　答

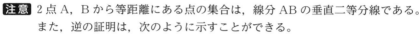

注意 2点A，Bから等距離にある点の集合は，線分ABの垂直二等分線である。

また，逆の証明は，次のように示すことができる。

直線 $x+y=3$ 上の任意の点を $\mathrm{P}(a,\ 3-a)$ とすると

$\mathrm{PA}^2=(a-1)^2+(3-a)^2$

$\mathrm{PB}^2=(a-3)^2+\{(3-a)-2\}^2=(a-3)^2+(a-1)^2$

であるから　$\mathrm{PA}^2=\mathrm{PB}^2$　すなわち　PA＝PB

よって，直線 $x+y=3$ 上の任意の点は，2点A，Bから等距離にある。

教 p.109

練習 38

2点 $\mathrm{A}(-1,\ 0)$，$\mathrm{B}(2,\ 0)$ からの距離の比が $1:2$ である点Pの軌跡を求めよ。

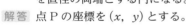

指針 **アポロニウスの円**　条件を満たす任意の点Pの座標を $(x,\ y)$ として，与えられた条件を，x，y の方程式で表す。2点A，Bからの距離の比が $m:n$ $(m \neq n)$ である点の軌跡は，線分ABを $m:n$ に内分する点と，外分する点を直径の両端とする円になる。

解答 点Pの座標を $(x,\ y)$ とする。

Pの満たす条件は

AP：BP＝1：2

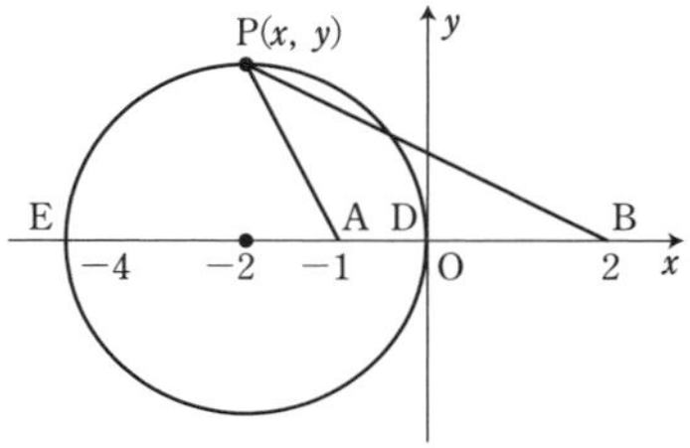

これより　　2AP＝BP

すなわち　　$4\mathrm{AP}^2=\mathrm{BP}^2$

$\mathrm{AP}^2=(x+1)^2+y^2$

$\mathrm{BP}^2=(x-2)^2+y^2$

を代入すると　　$4\{(x+1)^2+y^2\}=(x-2)^2+y^2$

整理すると　　$x^2+y^2+4x=0$

すなわち　　$(x+2)^2+y^2=2^2$　…… ①

ゆえに，条件を満たす点は，円 ① 上にある。
逆に，円 ① 上の任意の点は，条件を満たす。
よって，求める軌跡は　**中心が $(-2,\ 0)$，半径が 2 の円**　答

注意 線分 AB を $1:2$ の比に内分する点 D は $(0,\ 0)$，外分する点 E は $(-4,\ 0)$ で，軌跡は線分 DE を直径とする円になっている。

教 p.109

深める
2 点 $A(0,\ 0)$，$B(3,\ 0)$ と点 P を頂点とする $\triangle PAB$ が，$AP:BP=2:1$ を満たしながら変化するとき，点 P の軌跡を求めてみよう。

指針 **アポロニウスの円**　練習 38 と似ているが，$\triangle PAB$ であるから，点 P が直線 AB 上にある場合を除くことが必要になる。

解答 点 P の座標を $(x,\ y)$ とする。
$AP:BP=2:1$ から　$AP=2BP$　すなわち　$AP^2=4BP^2$
$AP^2=x^2+y^2$，$BP^2=(x-3)^2+y^2$ を代入すると
$x^2+y^2=4\{(x-3)^2+y^2\}$　整理すると　$x^2+y^2-8x+12=0$
すなわち　$(x-4)^2+y^2=2^2$　…… ①
3 点 P，A，B は $\triangle PAB$ の頂点であるから，点 P は直線 AB 上，すなわち x 軸上にはない。
円 ① 上の点のうち，x 軸上にあるのは 2 点 $(2,\ 0)$，$(6,\ 0)$ である。
ゆえに，点 P は，円 ① から 2 点 $(2,\ 0)$，$(6,\ 0)$ を除いた図形上にある。

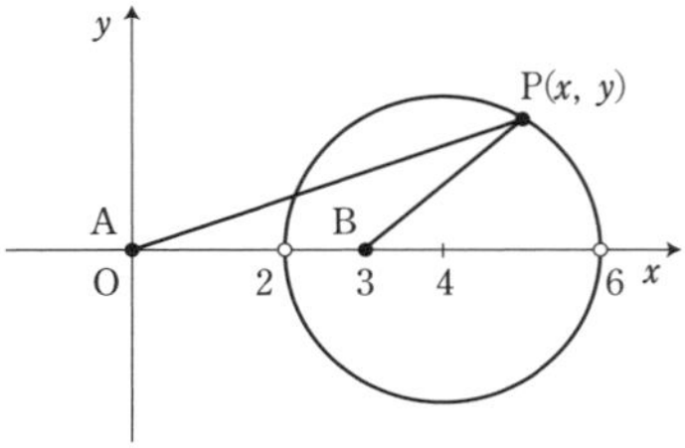

逆にこの図形上の任意の点 $P(x,\ y)$ は，条件を満たす。
よって，求める軌跡は，
中心が点 $(4,\ 0)$，半径が 2 の円。
ただし，2 点 $(2,\ 0)$，$(6,\ 0)$ を除く。　答

教 p.110

練習 39
点 Q が放物線 $y=x^2$ 上を動くとき，点 $A(0,\ 3)$ と点 Q を結ぶ線分 AQ を $2:1$ に内分する点 P の軌跡を求めよ。

指針 **ともなって動く点の軌跡**　点 P，Q の座標をそれぞれ $(x,\ y)$，$(s,\ t)$ として，Q の満たす s，t についての条件の式から x，y についての関係式を導く。

解答　点P，Qの座標を，それぞれ $(x,\ y)$，$(s,\ t)$ とする。

Qは放物線 $y=x^2$ 上にあるから

$$t=s^2 \quad \cdots\cdots ①$$

Pは線分AQを2：1に内分する点であるから

$$x=\frac{1\cdot0+2s}{3},\quad y=\frac{1\cdot3+2t}{3}$$

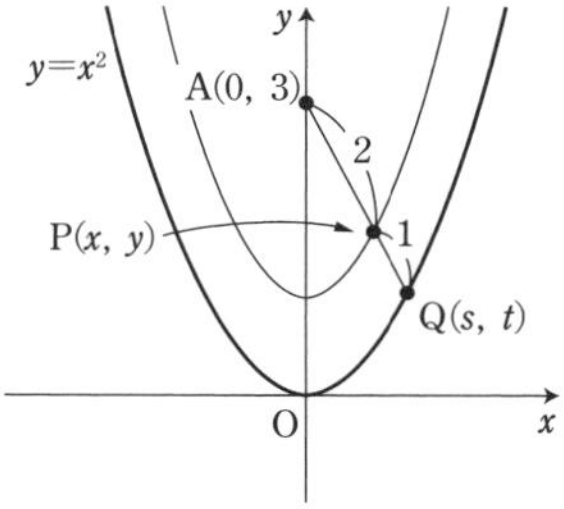

ゆえに，　$s=\frac{3}{2}x,\ t=\frac{1}{2}(3y-3)$

これを①に代入すると

$$\frac{1}{2}(3y-3)=\frac{9}{4}x^2 \qquad すなわち \quad y=\frac{3}{2}x^2+1 \quad \cdots\cdots ②$$

逆に，放物線②上の任意の点 $(x,\ y)$ は，条件を満たす。

よって，求める軌跡は，**放物線 $y=\frac{3}{2}x^2+1$**　答

9 不等式の表す領域

まとめ

1　直線を境界線とする領域

①　変数 x，y についての不等式を満たす座標平面上の点 $(x,\ y)$ 全体の集合を，その不等式の表す **領域** という。

②　**直線と領域**　直線 $y=mx+n$ を ℓ とする。

1　不等式 $y>mx+n$ の表す領域は
直線 ℓ の **上側の部分**

2　不等式 $y<mx+n$ の表す領域は
直線 ℓ の **下側の部分**

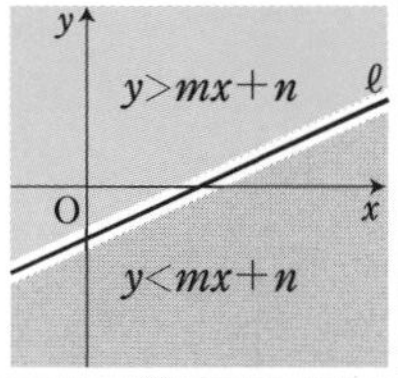

注意　$y\geqq mx+n$ や $y\leqq mx+n$ の表す領域は，直線 $y=mx+n$ を含む。

2　円を境界線とする領域

①　**円と領域**　円 $(x-a)^2+(y-b)^2=r^2$ を C とする。

1　不等式 $(x-a)^2+(y-b)^2<r^2$ の表す領域は
円 C の **内部**

2　不等式 $(x-a)^2+(y-b)^2>r^2$ の表す領域は
円 C の **外部**

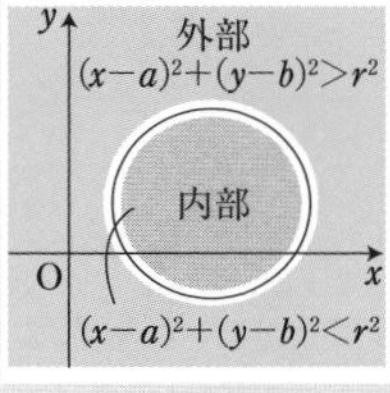

注意　$(x-a)^2+(y-b)^2\leqq r^2$ や $(x-a)^2+(y-b)^2\geqq r^2$ の表す領域は，円 $(x-a)^2+(y-b)^2=r^2$ を含む。

3 連立不等式の表す領域

① x, y についての連立不等式の表す領域は，各不等式を同時に満たす点 (x, y) 全体の集合で，各不等式の表す領域の共通部分である。

4 領域を利用した証明法

① 2つの条件 p, q について

条件 p を満たすもの全体の集合を P

条件 q を満たすもの全体の集合を Q

とすると，次のことが成り立つ。

「$p \Longrightarrow q$ が真である」$\Longleftrightarrow$「$P \subset Q$ が成り立つ」

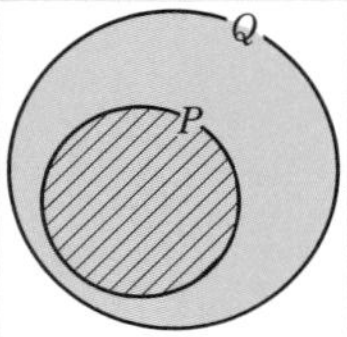

A 直線を境界線とする領域

教 p.112

練習 40

次の不等式の表す領域を図示せよ。

(1) $y>2x-3$　　(2) $y \leqq -x+1$

(3) $3x+y-2>0$　　(4) $3x-4y \geqq -12$

指針 **直線と領域**　まず，不等号を等号として，境界の直線を引く。
$y>mx+n$ のとき，直線の上側，$y<mx+n$ のとき，直線の下側に斜線を引く。境界線を含むか含まないかを示しておく。

(3), (4) y について解いた形にして，直線の上側か下側かを調べる。

解答 (1) 求める領域は直線 $y=2x-3$ の上側の部分で，図の斜線部分である。ただし，境界線を含まない。

(2) 求める領域は直線 $y=-x+1$ およびその下側の部分で，図の斜線部分である。ただし，境界線を含む。

(1)
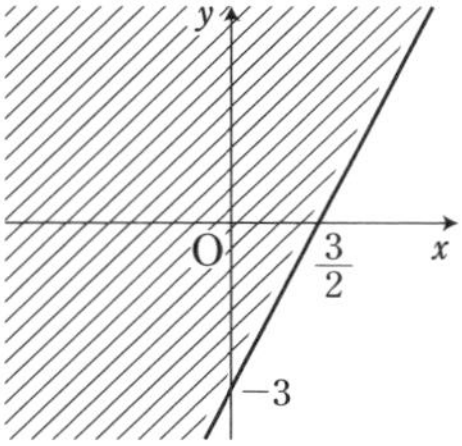

(2)
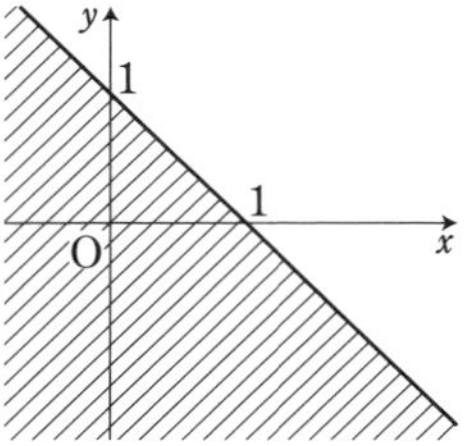

(3) 不等式を変形すると　　$y>-3x+2$

したがって，求める領域は直線 $y=-3x+2$ の上側の部分で，図の斜線部分である。ただし，境界線を含まない。

(4) 不等式を変形すると　　$y \leqq \dfrac{3}{4}x+3$

したがって，求める領域は直線 $y=\dfrac{3}{4}x+3$ およびその下側の部分で，図

の斜線部分である。ただし，境界線を含む。

(3)

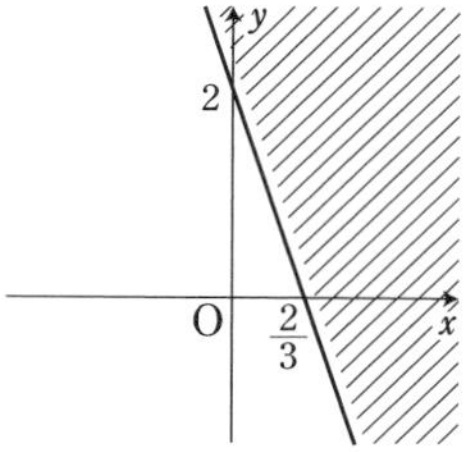

(4)

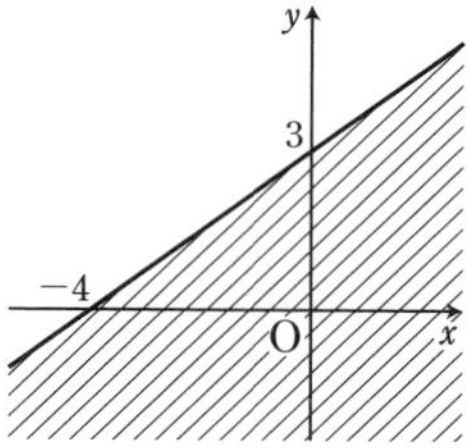

注意 例えば，(0, 0) を代入して，不等式が成り立つかどうかを調べて，成り立つときはその直線に関して原点を含む側，成り立たないときは原点を含まない側がそれぞれ領域であると判定できる。
(3) について，$3\cdot0+0-2>0$ は成り立たないので，原点を含まない側が領域である。

教 p.112

問 5 次の不等式の表す領域を図示せよ。

(1)　$y\leqq2$　　　(2)　$x>1$

指針 **不等式の表す領域**　境界線が x 軸に垂直な直線の場合は，その左側か右側の部分，y 軸に垂直な直線の場合は，その上側か下側の部分の領域を表すことになる。

解答 (1)　求める領域は直線 $y=2$ およびその下側の部分で，図の斜線部分である。ただし，境界線を含む。

(2)　求める領域は直線 $x=1$ の右側の部分で，図の斜線部分である。ただし，境界線を含まない。

(1)

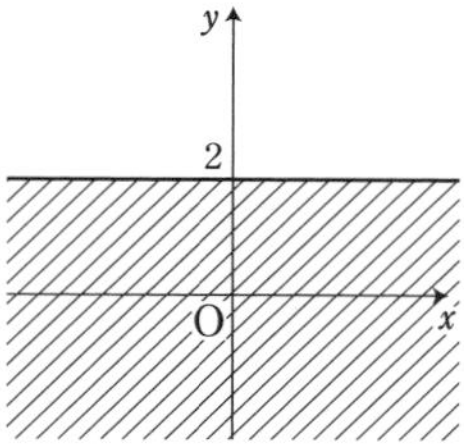

(2)

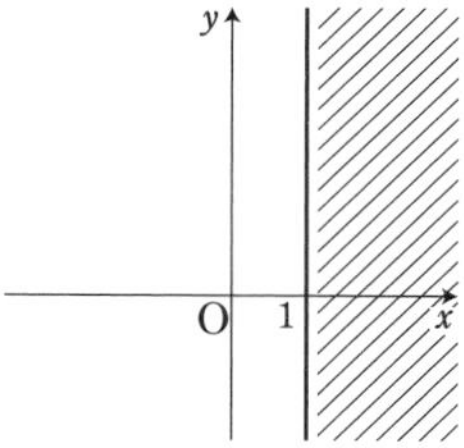

教 p.112

練習 41 次の不等式の表す領域を図示せよ。

(1)　$y>-1$　　　(2)　$y+3\leqq0$　　　(3)　$x\leqq2$

指針 **不等式の表す領域**　境界線として，x 軸または y 軸に垂直な直線を引く。この場合も原点が含まれるかどうかで確かめることができる。

解答 (1)　求める領域は直線 $y=-1$ の上側の部分で，図の斜線部分である。
ただし，境界線を含まない。

(2)　求める領域は直線 $y=-3$ およびその下側の部分で，図の斜線部分である。
ただし，境界線を含む。

(3)　求める領域は直線 $x=2$ およびその左側の部分で，図の斜線部分である。
ただし，境界線を含む。

(1)
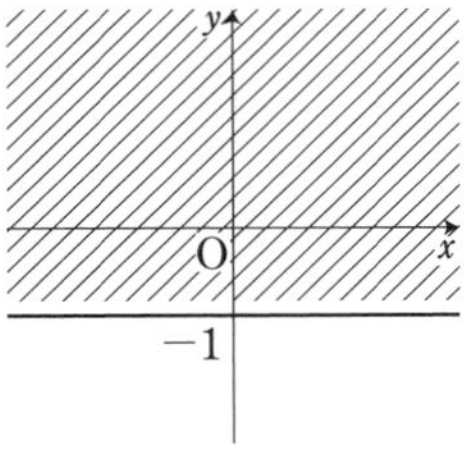

(2)
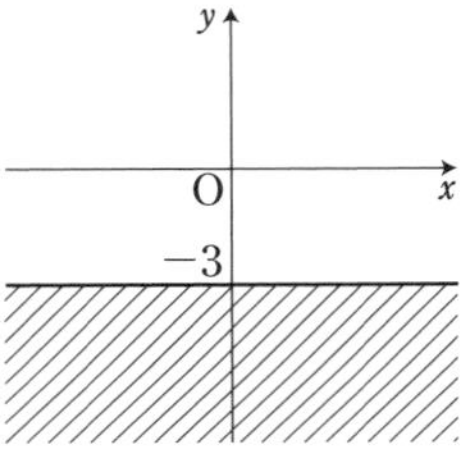

(3)
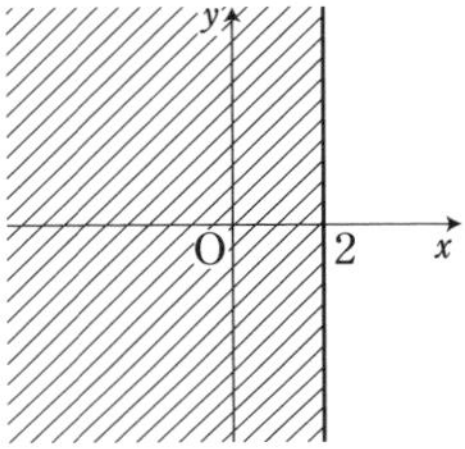

B 円を境界線とする領域

教 p.113

問 6　不等式 $(x+2)^2+y^2 \leqq 1$ の表す領域を図示せよ。

指針 **円と領域**　円 $(x+2)^2+y^2=1$ をかき，求める領域は，その内部か外部か，また，境界線は含むか含まないかを調べる。

解答 求める領域は
円 $(x+2)^2+y^2=1$ およびその内部で，
図の斜線部分である。
ただし，境界線を含む。

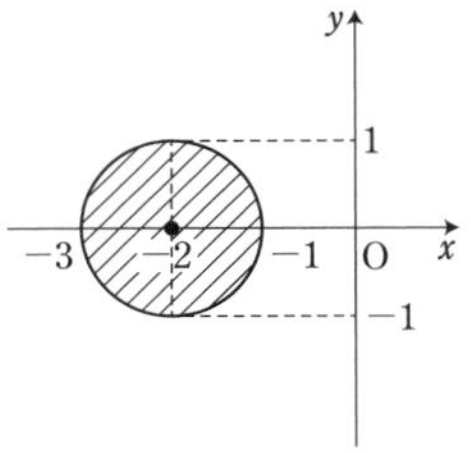

教 p.113

練習 42　次の不等式の表す領域を図示せよ。

(1)　$x^2+y^2<1$　　(2)　$x^2+y^2 \geqq 3$

(3)　$x^2+(y-3)^2 \leqq 4$　　(4)　$(x+1)^2+(y-2)^2>9$

指針 **円と領域**　境界線である円をかく。円の中心を含むかどうかで確かめる。

解答 (1)　求める領域は円 $x^2+y^2=1$ の内部で，図の斜線部分である。ただし，境界線を含まない。

(2) 求める領域は円 $x^2+y^2=3$ およびその外部で，図の斜線部分である。ただし，境界線を含む。

(1)

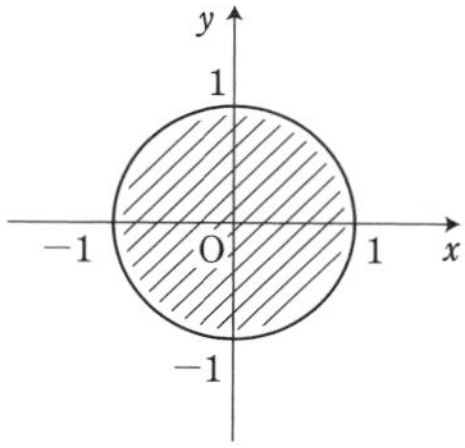

(2)

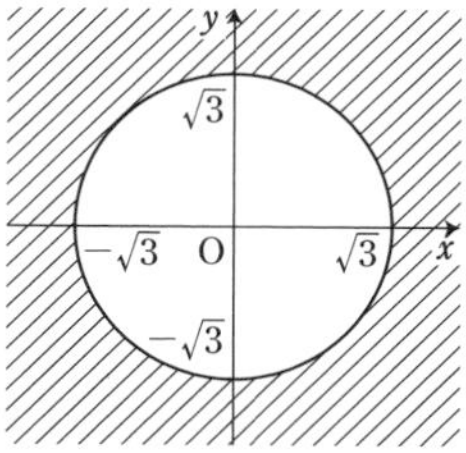

(3) 求める領域は円 $x^2+(y-3)^2=4$ およびその内部で，図の斜線部分である。ただし，境界線を含む。

(4) 求める領域は円 $(x+1)^2+(y-2)^2=9$ の外部で，図の斜線部分である。ただし，境界線を含まない。

(3)

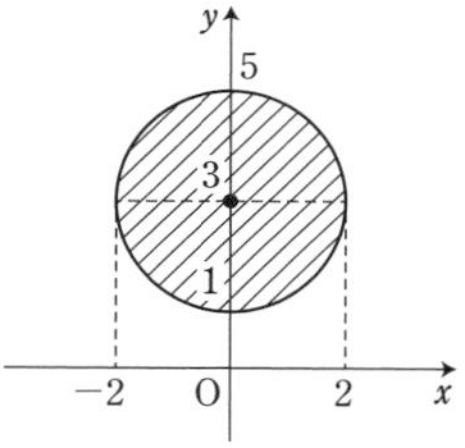

(4)

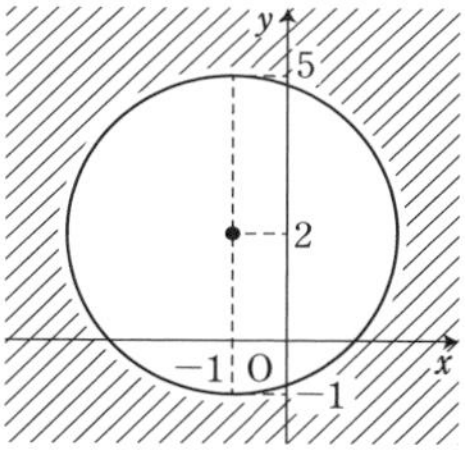

教 p.114

練習 43

次の不等式の表す領域を図示せよ。

(1) $x^2+y^2-6x-2y+9 \geqq 0$　　(2) $x^2+y^2+4x-6y+1<0$

指針 **円と領域**　まず，不等式を $(x-a)^2+(y-b)^2 \geqq r^2$，$(x-a)^2+(y-b)^2<r^2$ の形に表す。$(x-a)^2+(y-b)^2<r^2$ の表す領域は円の内部，$(x-a)^2+(y-b)^2>r^2$ の表す領域は円の外部である。

解答 (1) 不等式は $(x-3)^2+(y-1)^2 \geqq 1$ と変形できる。

求める領域は円 $(x-3)^2+(y-1)^2=1$ およびその外部で，図の斜線部分である。ただし，境界線を含む。

(2) 不等式は $(x+2)^2+(y-3)^2<12$ と変形できる。

求める領域は円 $(x+2)^2+(y-3)^2=12$ の内部で，図の斜線部分である。ただし，境界線を含まない。

(1)

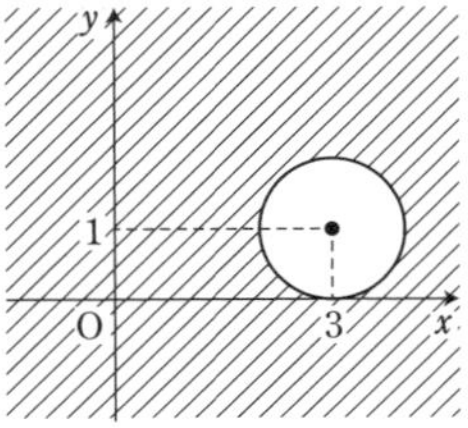

(2)

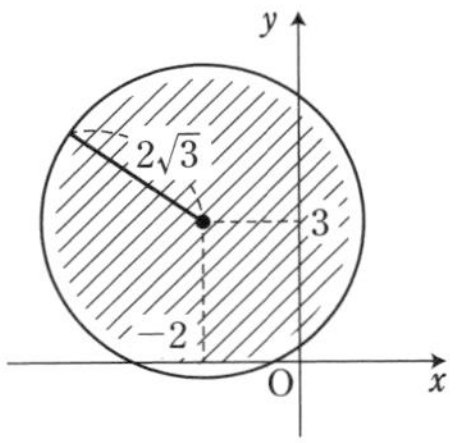

教 p.114

問 7　中心が (2, −3)，半径が 5 の円の内部を表す不等式を作れ。ただし，境界線を含まないものとする。

指針　**領域を表す不等式**　円の中心を C(2, −3) とすると，この円の内部の点 P は CP<5 を満たす点である。

　これを点 P の座標 $(x,\ y)$ で表せばよい。

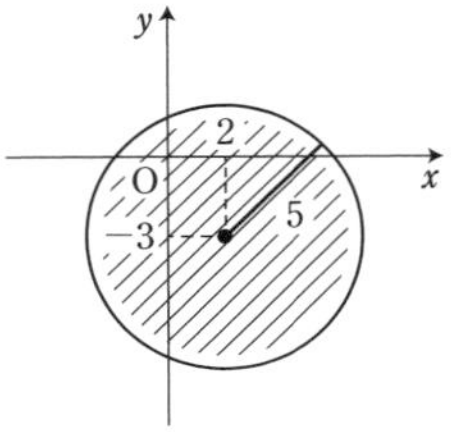

解答　C(2, −3) とおくと，円の内部の点 $P(x,\ y)$ は
CP<5　すなわち　$CP^2<25$ を満たすから
　$\boldsymbol{(x-2)^2+(y+3)^2<25}$　答

教 p.114

練習 44　右の図の斜線部分は，どのような不等式の表す領域か。ただし，境界線を含まないものとする。

(1)

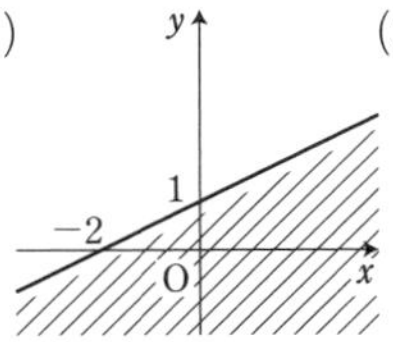

(2)

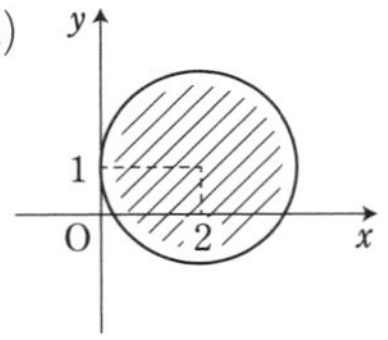

指針　**領域を表す不等式**　境界線を表す直線または円の方程式を求める。

(1)　直線の下側の部分より，$y<mx+n$ と表される。

(2)　円の内部より，$(x-a)^2+(y-b)^2<r^2$ と表される。

解答　(1)　領域は直線 $y=\dfrac{1}{2}x+1$ の下側の部分であるから

$y<\dfrac{1}{2}x+1$　すなわち　$\boldsymbol{x-2y+2>0}$　答

(2)　領域は中心が (2, 1)，半径が 2 の円の内部であるから
$(x-2)^2+(y-1)^2<2^2$　すなわち　$\boldsymbol{x^2+y^2-4x-2y+1<0}$　答

C 連立不等式の表す領域

教 p.115

練習 45

次の連立不等式の表す領域を図示せよ。

(1) $\begin{cases} x+y<3 \\ 2x-y<6 \end{cases}$　　(2) $\begin{cases} (x-2)^2+y^2 \geqq 1 \\ x+2y \geqq 3 \end{cases}$

指針 **連立不等式の表す領域**　2 つの式のそれぞれの表す領域の共通部分である。

解答 (1)　$x+y<3$ の表す領域は直線 $x+y=3$ の下側の部分であり，$2x-y<6$ の表す領域は，直線 $2x-y=6$ の上側の部分である。

よって，求める領域は，これらの共通部分で，図の斜線部分である。ただし，境界線を含まない。

(2)　$(x-2)^2+y^2 \geqq 1$ の表す領域は円 $(x-2)^2+y^2=1$ および外部であり，$x+2y \geqq 3$ の表す領域は直線　$y=-\frac{1}{2}x+\frac{3}{2}$ およびその上側の部分である。

よって，求める領域は，これらの共通部分で，図の斜線部分である。ただし，境界線を含む。

(1)
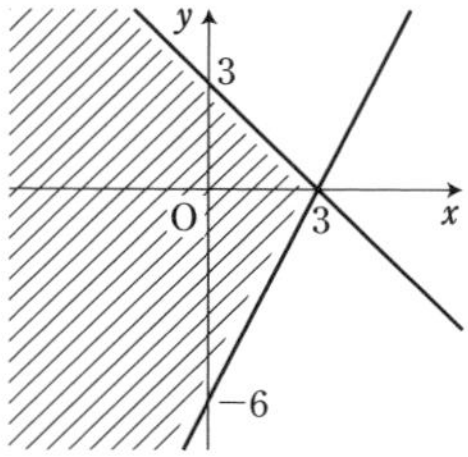

(2)
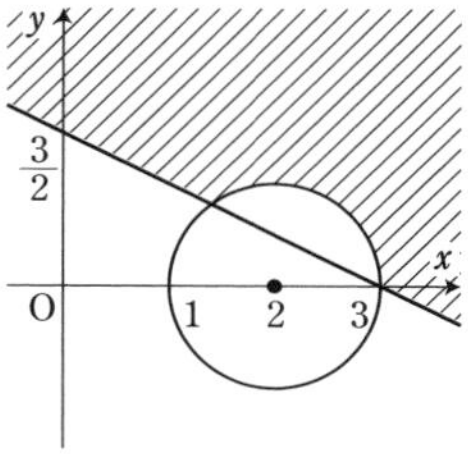

教 p.115

練習 46

次の不等式の表す領域を図示せよ。

(1)　$(3x+4y-12)(x-2y+4)>0$　　(2)　$(x-1)(y-1)<0$

指針 **不等式 $PQ>0$ の表す領域**

$$PQ<0 \iff \begin{cases} P>0 \\ Q<0 \end{cases} \text{または} \begin{cases} P<0 \\ Q>0 \end{cases}$$

$$PQ>0 \iff \begin{cases} P>0 \\ Q>0 \end{cases} \text{または} \begin{cases} P<0 \\ Q<0 \end{cases}$$

として，2 組の連立不等式の表すそれぞれの領域の和集合が求める領域である。

解答 (1)　与えられた不等式が成り立つことは

$$\begin{cases} 3x+4y-12>0 \\ x-2y+4>0 \end{cases} \quad \cdots\cdots ① \quad \text{または} \quad \begin{cases} 3x+4y-12<0 \\ x-2y+4<0 \end{cases} \quad \cdots\cdots ②$$

が成り立つことと同値である。

よって，求める領域は，① の表す領域 A と ② の表す領域 B の和集合 $A\cup B$ である。すなわち，下の図(1)の斜線部分である。

ただし，境界線を含まない。

(2) 与えられた不等式が成り立つことは

$$\begin{cases} x-1>0 \\ y-1<0 \end{cases} \quad \cdots\cdots ① \quad \text{または} \quad \begin{cases} x-1<0 \\ y-1>0 \end{cases} \quad \cdots\cdots ②$$

が成り立つことと同値である。

よって，求める領域は，① の表す領域 A と ② の表す領域 B の和集合 $A\cup B$ である。すなわち，下の図(2)の斜線部分である。

ただし，境界線を含まない。

(1)
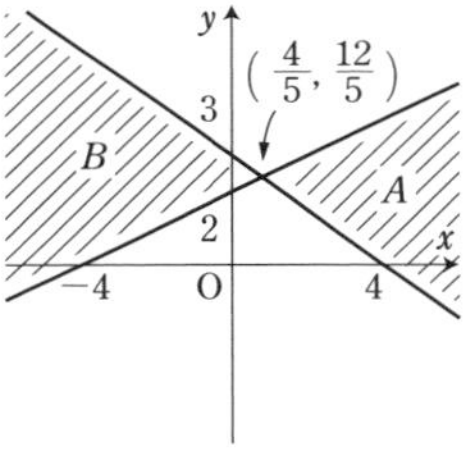

(2)
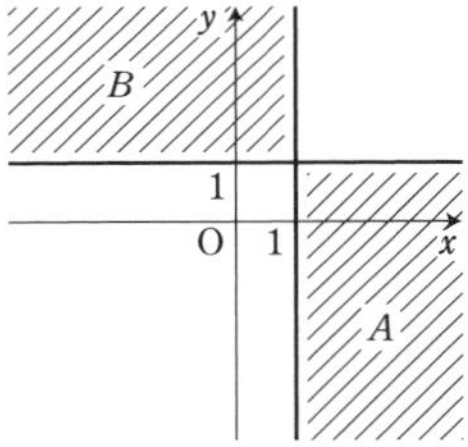

D 領域と最大・最小

教 p.116

練習 47

x，y が 4 つの不等式 $x\geqq 0$，$y\geqq 0$，$3x+y\leqq 9$，$x+2y\leqq 8$ を満たすとき，$2x+y$ の最大値および最小値を求めよ。

指針 **領域と最大・最小**　$2x+y=k$ とおくと，これは $y=-2x+k$ より，傾きが -2，y 切片が k の直線を表す。この直線が与えられた連立不等式の表す領域と共有点をもつ場合を，直線を移動させて調べ，k の値の最大値と最小値を求める。

解答 与えられた連立不等式の表す領域を A とすると，領域 A は 4 点 $(0,\ 0)$，$(3,\ 0)$，$(2,\ 3)$，$(0,\ 4)$ を頂点とする四角形の周および内部である。

$2x+y=k$ ······ ①

とおくと，これは，傾きが -2，y 切片が k の直線を表す。この直線 ① が領域 A と共有点を

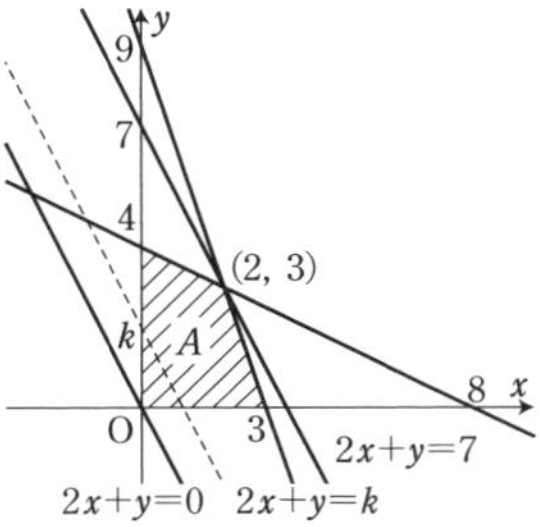

もつような k の値の最大値と最小値を求めればよい。
領域 A においては，直線 ① が点 $(2,\ 3)$ を通るとき k の値は最大になり，原点 O を通るとき k の値は最小になる。
よって，$2x+y$ は　**$x=2$，$y=3$ のとき最大値 7**　をとり，
$x=0$，$y=0$ のとき最小値 0　をとる。 答

教 p.116

深める

m は定数とする。x，y が教科書の応用例題 8 と同じ条件を満たすとき，$mx+y$ が $x=0$，$y=4$ のときに最大値をとるような m の値の範囲を求めよう。

指針 **領域と最大・最小**　$mx+y=l$ とおくと，これは $y=-mx+l$ より，傾きが $-m$，y 切片が l の直線を表す。
この直線が領域 A と点 $(0,\ 4)$ のみを共有点にもつか，または 2 点 $(0,\ 4)$，$(3,\ 2)$ を通る直線と一致する場合を考える。

解答 $mx+y=l$ とおくと，これは傾きが $-m$，y 切片が l の直線を表す。
直線 $mx+y=l$ が点 $(0,\ 4)$ を通るとき　　$l=4$
よって　$mx+y=4$　…… ①′
この直線が領域 A と点 $(0,\ 4)$ のみを共有点にもつか，または 2 点 $(0,\ 4)$，$(3,\ 2)$ を通る直線と一致するような m の値の範囲を求めればよい。

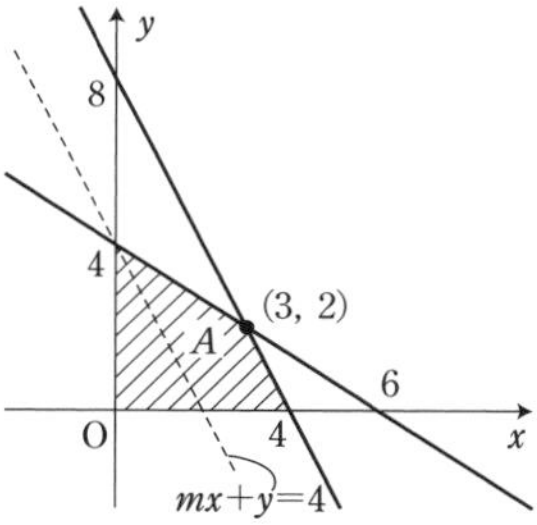

2 点 $(0,\ 4)$，$(3,\ 2)$ を通る直線の傾きは $-\dfrac{2}{3}$ であるから　$-m \geqq -\dfrac{2}{3}$

したがって　　**$m \leqq \dfrac{2}{3}$**　答

E 領域を利用した証明法

教 p.117

練習 48

x，y は実数とする。次のことを証明せよ。

$$x^2+y^2<1 \quad ならば \quad x+y<\sqrt{2}$$

指針 **領域を利用した証明**　不等式 $x^2+y^2<1$ を満たすどんな $(x,\ y)$ の組も常に $x+y<\sqrt{2}$ を満たすことを証明するのに，領域を使って示す。不等式 $x^2+y^2<1$，$x+y<\sqrt{2}$ の表す領域を，それぞれ P，Q として，$P \subset Q$ であることを示す。

解答　不等式 $x^2+y^2<1$ の表す領域を P,
不等式 $x+y<\sqrt{2}$ の表す領域を Q
とする。
P は中心 (0, 0), 半径 1 の円の内部, Q は直線 $x+y=\sqrt{2}$ の下側の部分で, 円の中心と直線の距離は

$$\frac{|0+0-\sqrt{2}|}{\sqrt{1^2+1^2}}=1$$

よって　$P\subset Q$
ゆえに　$x^2+y^2<1$　ならば　$x+y<\sqrt{2}$　終

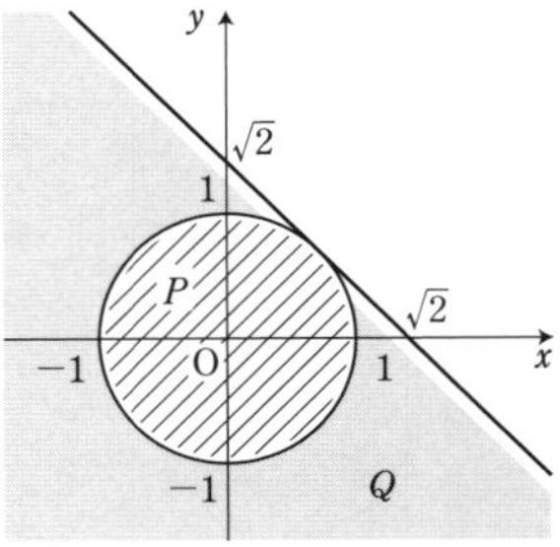

研究　放物線を境界線とする領域

まとめ

不等式の表す領域

不等式 $y>f(x)$ の表す領域は, 曲線 $y=f(x)$ の上側の部分である。
不等式 $y<f(x)$ の表す領域は, 曲線 $y=f(x)$ の下側の部分である。

第3章 第3節　問　題

教 p.119

17 2点 A$(-1,\ 0)$，B$(1,\ 0)$ からの距離の2乗の差 AP^2-BP^2 が8である点Pの軌跡を求めよ。

指針 **軌跡と方程式**　条件を満たす点を P$(x,\ y)$ として，x と y の関係式を求めて，その方程式が表す図形を答える。逆に，図形上の任意の点が与えられた条件を満たしていることを示す。

解答 点Pの座標を $(x,\ y)$ とすると

$AP=\sqrt{(x+1)^2+y^2}$

$BP=\sqrt{(x-1)^2+y^2}$

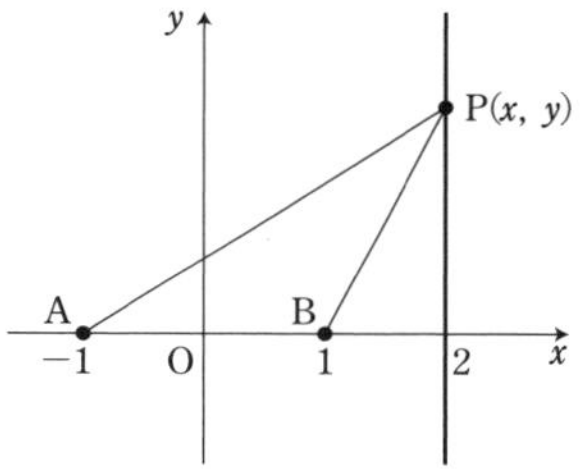

これらを条件の式

$AP^2-BP^2=8$ …… ①

に代入して

$(x+1)^2+y^2-\{(x-1)^2+y^2\}=8$

整理すると　$x=2$ …… ②

ゆえに，条件を満たす点は直線②上にある。

逆に，直線②上の任意の点 P$(2,\ y)$ をとると

$AP^2-BP^2=(3^2+y^2)-(1^2+y^2)=8$　より，条件①を満たす。

よって，求める軌跡は　**点 (2, 0) を通り，x 軸に垂直な直線**　答

教 p.119

18 点 $(2,\ 1)$ に関して点 Q$(a,\ b)$ と対称な点をPとする。Qが直線 $2x-y+1=0$ 上を動くとき，点Pの軌跡を求めよ。

指針 **ともなって動く点の軌跡**　Pの座標を $(x,\ y)$ とする。線分PQの中点の座標が $(2,\ 1)$ である。$a,\ b,\ x,\ y$ の関係式から，$x,\ y$ についての関係式を導く。

解答 Pの座標を $(x,\ y)$ とする。

点 $(2,\ 1)$ が線分PQの中点であるから

$2=\dfrac{x+a}{2},\quad 1=\dfrac{y+b}{2}$

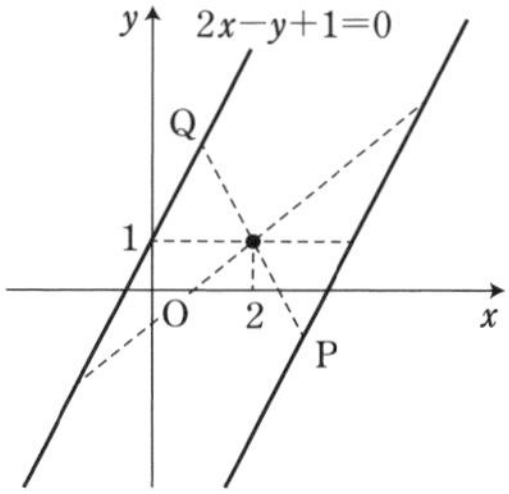

よって　$a=4-x,\quad b=2-y$ …… ①

Qは直線 $2x-y+1=0$ 上にあるから

$2a-b+1=0$ …… ②

①を②に代入すると

$2(4-x)-(2-y)+1=0$

すなわち　$2x-y-7=0$　…… ③

ゆえに，条件を満たす点 P は，直線 ③ 上にある。

逆に，直線 ③ 上の任意の点は，条件を満たす。

よって，求める軌跡は　**直線 $2x-y-7=0$**　答

教 p.119

19 点 Q が円 $x^2+y^2=9$ 上を動くとき，2 点 A(6, 0)，B(3, 3) と Q を頂点とする △ABQ の重心 P の軌跡を求めよ。

指針　**ともなって動く点の軌跡**　P$(x,\ y)$，Q$(s,\ t)$ とし，Q の満たす条件 $s^2+t^2=9$ を利用して，x，y についての関係式を導く。

解答　P，Q の座標を，それぞれ $(x,\ y)$，$(s,\ t)$ とする。

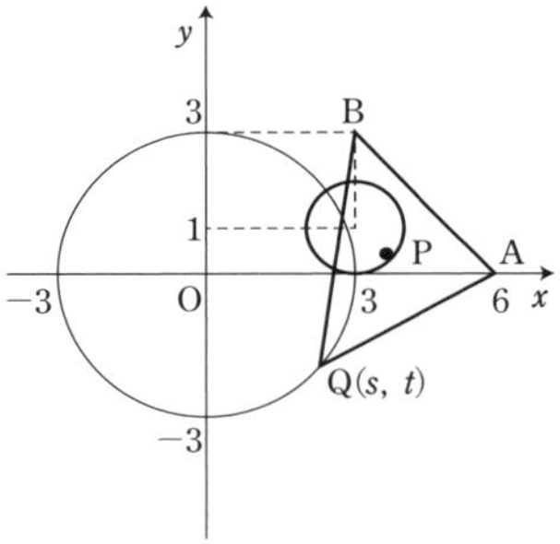

Q は円 $x^2+y^2=9$ 上にあるから

$s^2+t^2=9$　…… ①

P は △ABQ の重心であるから

$$x=\frac{6+3+s}{3}=\frac{9+s}{3}$$

$$y=\frac{0+3+t}{3}=\frac{3+t}{3}$$

ゆえに　$s=3(x-3)$，$t=3(y-1)$

これを ① に代入すると　$9(x-3)^2+9(y-1)^2=9$

すなわち　$(x-3)^2+(y-1)^2=1^2$　…… ②

逆に，円 ② 上の任意の点は，条件を満たす。

よって，求める軌跡は　**中心が点 (3, 1)，半径が 1 の円**　答

注意　逆の証明は，次のようにして示される。

円 ② 上の任意の点を P$(x,\ y)$ とすると，P は △ABQ の重心であるから，線分 AB の中点を M とするとき，線分 QM を 2 : 1 に内分する。

$\mathrm{M}\left(\dfrac{9}{2},\ \dfrac{3}{2}\right)$，Q$(s,\ t)$ より

$$x=\frac{s+2\cdot\frac{9}{2}}{2+1}=\frac{s}{3}+3,\qquad y=\frac{t+2\cdot\frac{3}{2}}{2+1}=\frac{t}{3}+1$$

これを ② に代入して整理すると　$s^2+t^2=9$

ゆえに，Q$(s,\ t)$ は円 $x^2+y^2=9$ 上の点である。

教 p.119

20 次の不等式の表す領域を図示せよ。

(1) $\begin{cases} 5x-2y-7<0 \\ (x-y+1)(2x+y-1)>0 \end{cases}$　　(2) $\begin{cases} x-3y+2\geqq 0 \\ (x+y-2)(x-y+2)\leqq 0 \end{cases}$

(3) $1<x^2+y^2<4$　　**研究** (4) $y\geqq x^2-2x$

指針 **連立不等式の表す領域**　それぞれの不等式が表す領域の共通部分が求める領域となる。まず，不等号を等号にした方程式の表す境界線をかく。(1)，(2) については図を分けてかいてみる。

(3) $x^2+y^2>1$ かつ $x^2+y^2<4$ として考える。

解答 (1) 不等式 $5x-2y-7<0$ の表す領域は，$y>\dfrac{5}{2}x-\dfrac{7}{2}$ より，図 [1] の斜線部分である。ただし，境界線を含まない。

不等式 $(x-y+1)(2x+y-1)>0$ の表す領域は

$\begin{cases} x-y+1>0 \\ 2x+y-1>0 \end{cases}$ または $\begin{cases} x-y+1<0 \\ 2x+y-1<0 \end{cases}$

より，図 [2] の斜線部分である。ただし，境界線を含まない。

したがって，求める領域は，[1] と [2] の共通部分で，図 [3] となる。ただし，境界線を含まない。

[1]
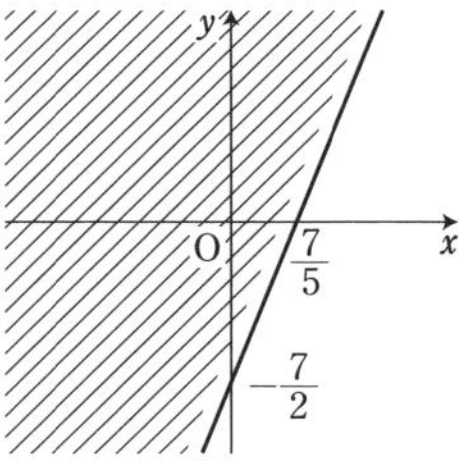

[2]
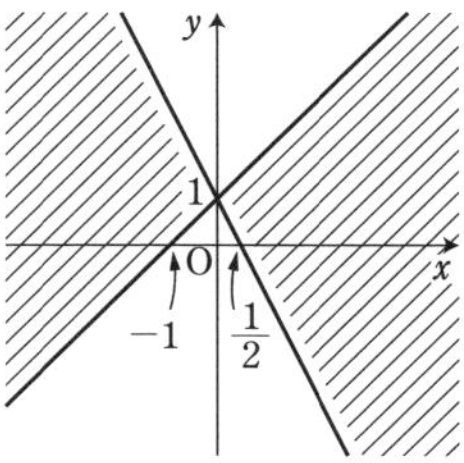

[3]
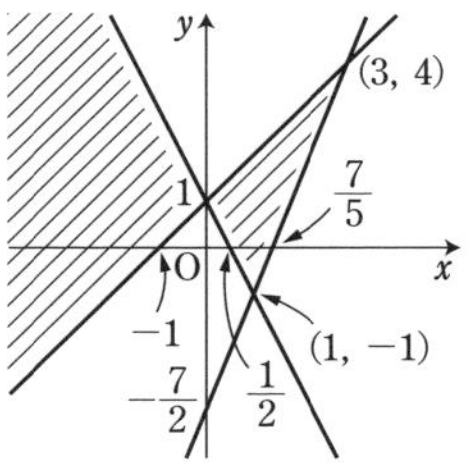

(2) 不等式 $x-3y+2\geqq 0$ の表す領域は，$y\leqq\dfrac{1}{3}x+\dfrac{2}{3}$ より，図 [1] の斜線部分である。ただし，境界線を含む。

不等式 $(x+y-2)(x-y+2)\leqq 0$ の表す領域は

$\begin{cases} x+y-2\geqq 0 \\ x-y+2\leqq 0 \end{cases}$ または $\begin{cases} x+y-2\leqq 0 \\ x-y+2\geqq 0 \end{cases}$

より，図 [2] の斜線部分である。ただし，境界線を含む。

したがって，求める領域は，[1] と [2] の共通部分で，図 [3] となる。ただし，境界線を含む。

[1]

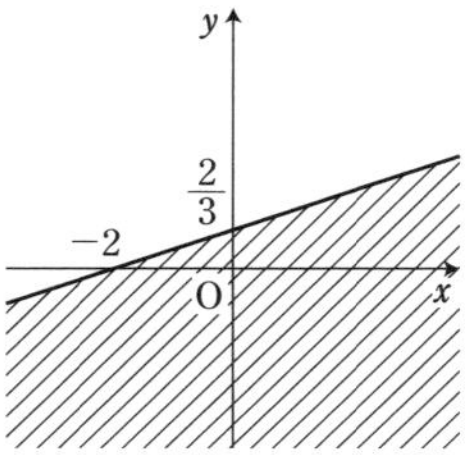

[2]

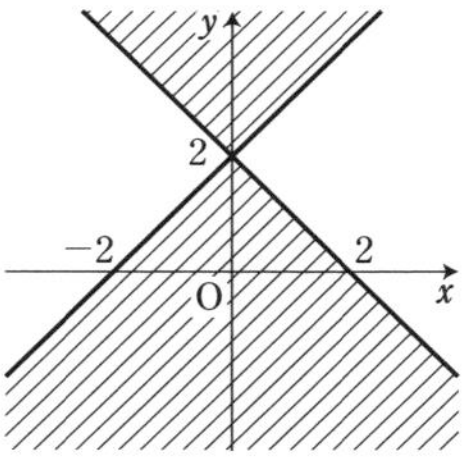

[3]

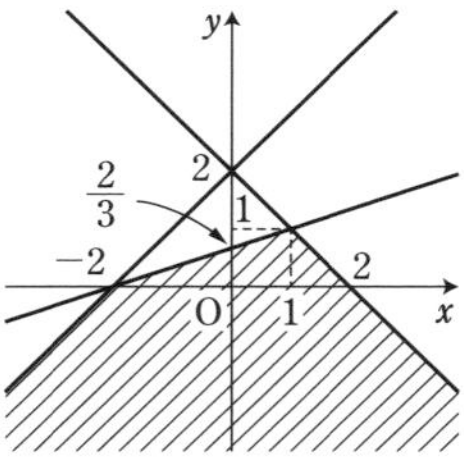

(3)　不等式 $x^2+y^2>1$ の表す領域は中心 $(0,\ 0)$，半径 1 の円の外部，不等式 $x^2+y^2<4$ の表す領域は，中心 $(0,\ 0)$，半径 2 の円の内部である。
よって，求める領域は，図の斜線部分である。ただし，境界線を含まない。

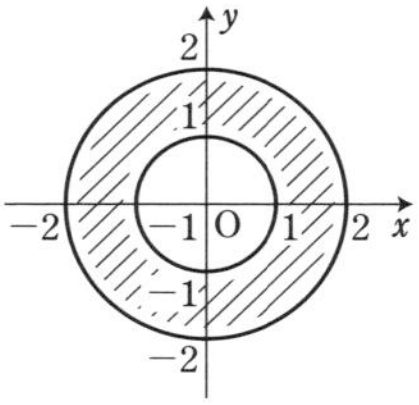

(4)　$y \geqq x^2-2x$ の表す領域は，放物線 $y=x^2-2x$ およびその上側の部分である。
すなわち，図の斜線部分である。ただし，境界線を含む。

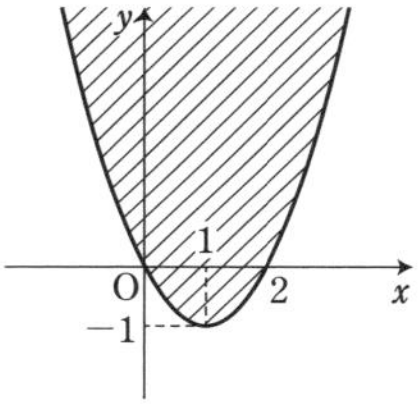

教 p.119

21 次の図の斜線部分は，どのような不等式の表す領域か。ただし，境界線を含まないものとする。

(1)

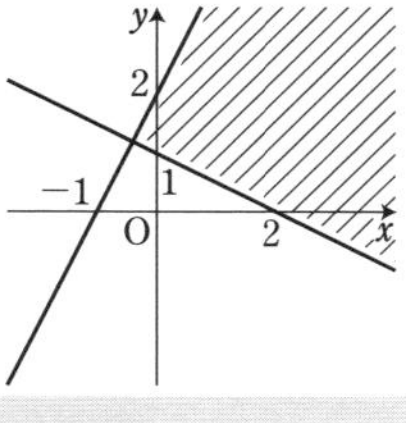

(2)

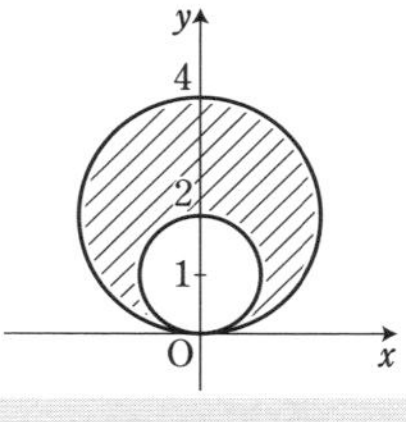

(3)

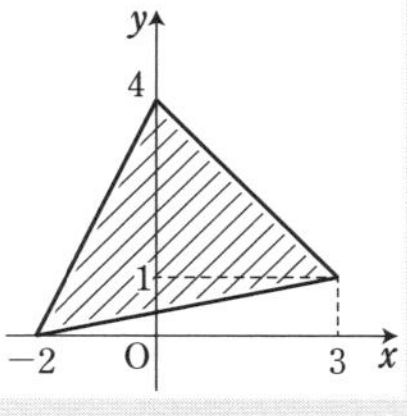

指針　**領域を表す不等式**　まず，境界線を表す方程式を求める。境界線の上側か下側か，内部か外部かによって求める領域を不等式で表す。

解答　(1)　直線 $y=2x+2$ の下側，$y=-\dfrac{1}{2}x+1$ の上側の共通部分であるから

$$y<2x+2 \quad \text{かつ} \quad y>-\frac{1}{2}x+1$$

よって，求める不等式は $\begin{cases} 2x-y+2>0 \\ x+2y-2>0 \end{cases}$ 答

(2) 円 $x^2+(y-1)^2=1$ の外部，$x^2+(y-2)^2=4$ の内部であるから，求める不等式は $\begin{cases} x^2+(y-1)^2>1 \\ x^2+(y-2)^2<4 \end{cases}$ 答

(3) 直線 $y=2x+4$ の下側，$y=\frac{1}{5}x+\frac{2}{5}$ の上側，$y=-x+4$ の下側の共通部分であるから

$y<2x+4$,　　$y>\frac{1}{5}x+\frac{2}{5}$,　　$y<-x+4$

すなわち $\begin{cases} 2x-y+4>0 \\ x-5y+2<0 \\ x+y-4<0 \end{cases}$ 答

教 p.119

22 x，y が 3 つの不等式 $2x+y\geqq 0$，$x+2y\leqq 6$，$4x-y\leqq 6$ を満たすとき，$x-y$ の最大値，最小値を求めよ。

指針 **領域と最大・最小**　まず，連立不等式の表す領域の図をかく。$x-y=k$ とおき，この直線が領域と共有点をもつような k の値の範囲を調べる。

解答 与えられた連立不等式の表す領域を A とすると，領域 A は図の斜線部分のように，3 点 $(-2,\ 4)$，$(1,\ -2)$，$(2,\ 2)$ を頂点とする三角形になる。ただし，境界線を含む。

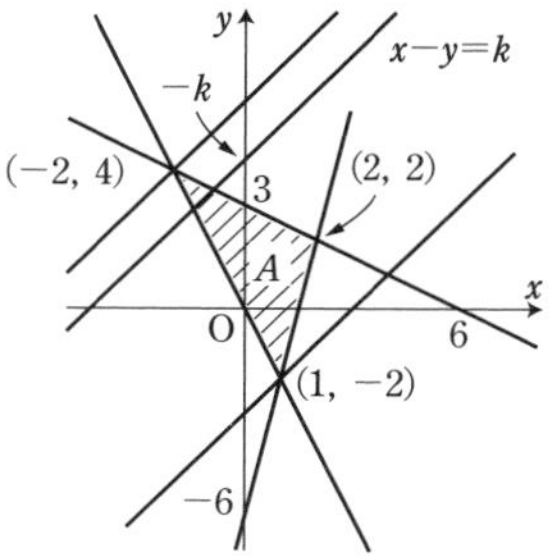

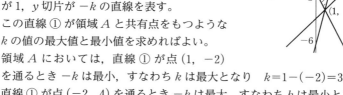

$x-y=k$ …… ① とおくと，これは傾きが 1，y 切片が $-k$ の直線を表す。

この直線 ① が領域 A と共有点をもつような k の値の最大値と最小値を求めればよい。

領域 A においては，直線 ① が点 $(1,\ -2)$ を通るとき $-k$ は最小，すなわち k は最大となり　$k=1-(-2)=3$

直線 ① が点 $(-2,\ 4)$ を通るとき $-k$ は最大，すなわち k は最小となり

$k=-2-4=-6$

よって，$x-y$ は　**$x=1$，$y=-2$ のとき最大値 3**　をとり，

$x=-2$，$y=4$ のとき最小値 -6 をとる。 答

教 p.119

23 m は正の数とする。異なる2点A，Bからの距離の比が $m:1$ であるような点Pの軌跡は，円または直線であることを証明せよ。

指針 **軌跡**　直線ABを x 軸にとり，点A，B，Pの座標を，それぞれ $(0,\ 0)$，$(s,\ 0)$，$(x,\ y)$ として，$m\text{BP}=\text{AP}$ から x，y の方程式を導く。この方程式が円または直線を表すことを示す。

解答 直線ABを x 軸にとり，点A，B，Pの座標を，それぞれ $(0,\ 0)$，$(s,\ 0)$，$(x,\ y)$ とする。

$m\text{BP}=\text{AP}$ から　　$m^2\text{BP}^2=\text{AP}^2$

ゆえに　$m^2\{(x-s)^2+(y-0)^2\}=x^2+y^2$

よって　$(m^2-1)x^2+(m^2-1)y^2-2sm^2x+m^2s^2=0$　…… ①

[1]　$m^2=1$ のとき，① から　　$2sx-s^2=0$

$s\neq0$ であるから　$x=\dfrac{s}{2}$　　よって，① は直線を表す。

[2]　$m^2\neq1$ のとき，① から

$$x^2+y^2-\frac{2sm^2}{m^2-1}x+\frac{m^2s^2}{m^2-1}=0$$

ゆえに　$\left(x-\dfrac{sm^2}{m^2-1}\right)^2+y^2=\dfrac{m^2s^2}{(m^2-1)^2}$

$\dfrac{m^2s^2}{(m^2-1)^2}>0$ であるから，① は円を表す。

[1]，[2] から，点Pの軌跡は円または直線である。 終

第3章　演習問題A

教 p.120

1. △ABC において，辺 BC，CA，AB を $m:n$ に内分する点を，それぞれ D，E，F とする。このとき，△ABC の重心と △DEF の重心は一致することを証明せよ。

指針 **三角形の辺の内分点と重心**　点 A，B，C の座標を $(x_1,\ y_1)$，$(x_2,\ y_2)$，$(x_3,\ y_3)$ として，点 D，E，F の座標を求める。△ABC の重心と △DEF の重心の座標が一致することを示す。

解答 △ABC の各頂点の座標を $A(x_1,\ y_1)$，$B(x_2,\ y_2)$，$C(x_3,\ y_3)$ とする。
△ABC の重心を G とすると

$$G\left(\frac{x_1+x_2+x_3}{3},\ \frac{y_1+y_2+y_3}{3}\right)$$

また

$$D\left(\frac{nx_2+mx_3}{m+n},\ \frac{ny_2+my_3}{m+n}\right)$$

$$E\left(\frac{nx_3+mx_1}{m+n},\ \frac{ny_3+my_1}{m+n}\right)$$

$$F\left(\frac{nx_1+mx_2}{m+n},\ \frac{ny_1+my_2}{m+n}\right)$$

であるから，△DEF の重心を $G'(x,\ y)$ とすると

$$x=\frac{1}{3}\left(\frac{nx_2+mx_3}{m+n}+\frac{nx_3+mx_1}{m+n}+\frac{nx_1+mx_2}{m+n}\right)$$

$$=\frac{(m+n)(x_1+x_2+x_3)}{3(m+n)}$$

$$=\frac{x_1+x_2+x_3}{3}$$

同様にして

$$y=\frac{1}{3}\left(\frac{ny_2+my_3}{m+n}+\frac{ny_3+my_1}{m+n}+\frac{ny_1+my_2}{m+n}\right)$$

$$=\frac{y_1+y_2+y_3}{3}$$

よって

$$G'\left(\frac{x_1+x_2+x_3}{3},\ \frac{y_1+y_2+y_3}{3}\right)$$

ゆえに，△ABC の重心と △DEF の重心は一致する。 終

教 p.120

2. 三角形の各辺の中点の座標が (5，4)，(3，−1)，(−2，3) であるとき，この三角形の 3 つの頂点の座標を求めよ。

指針 **三角形の辺の中点と頂点**　3 つの頂点の座標を $(x_1,\ y_1)$, $(x_2,\ y_2)$, $(x_3,\ y_3)$ とおいて連立方程式を作る。

解答 三角形の 3 つの頂点を $A(x_1,\ y_1)$, $B(x_2,\ y_2)$, $C(x_3,\ y_3)$ とし，辺 AB, BC, CA の中点をそれぞれ D(5, 4), E(3, −1), F(−2, 3) とする。

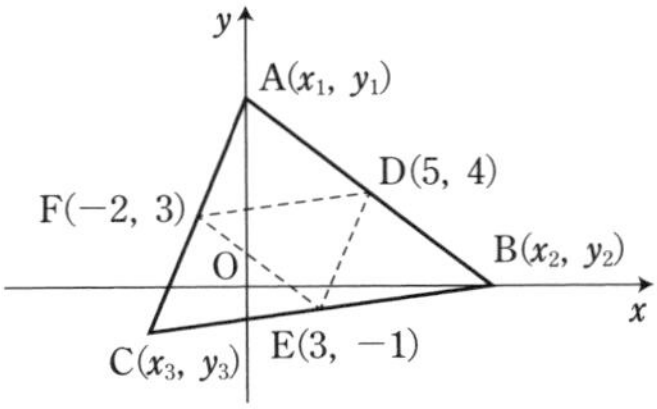

このとき

$$\frac{x_1+x_2}{2}=5,\qquad \frac{y_1+y_2}{2}=4$$

$$\frac{x_2+x_3}{2}=3,\qquad \frac{y_2+y_3}{2}=-1$$

$$\frac{x_3+x_1}{2}=-2,\qquad \frac{y_3+y_1}{2}=3$$

よって $\begin{cases} x_1+x_2=10 \\ x_2+x_3=6 \\ x_3+x_1=-4 \end{cases}$ $\begin{cases} y_1+y_2=8 \\ y_2+y_3=-2 \\ y_3+y_1=6 \end{cases}$

辺々を加えて 2 で割ると

$x_1+x_2+x_3=6,\quad y_1+y_2+y_3=6$

よって　$x_1=6-(x_2+x_3)=6-6=0$　　同様に　$x_2=10,\ x_3=-4$

また　$y_1=8,\ y_2=0,\ y_3=-2$

したがって，求める 3 つの頂点の座標は

(−4, −2), (0, 8), (10, 0) 答

教 p.120

3. k は定数とする。直線 $(2k+1)x+(k+4)y-k+3=0$ は，k の値に関係なく定点を通る。その定点の座標を求めよ。また，この直線が点 $(-1,\ 1)$ を通るように，k の値を定めよ。

指針 **2 直線の交点を通る直線**　直線 $k(ax+by+c)+a'x+b'y+c'=0$ は，2 直線 $ax+by+c=0$, $a'x+b'y+c'=0$ の交点を通る。k について整理して $k(2x+y-1)+x+4y+3=0$ として 2 直線 $2x+y-1=0$, $x+4y+3=0$ の交点が定点である。

解答 与えられた直線の方程式を k について整理すると

$k(2x+y-1)+x+4y+3=0$　…… ①

連立方程式 $\begin{cases} 2x+y-1=0 & \cdots\cdots ② \\ x+4y+3=0 & \cdots\cdots ③ \end{cases}$

を満たす x, y の値に対して ① は常に成り立つ。

②，③ を解くと　$x=1$，$y=-1$

したがって，与えられた直線は，k の値に関係なく，2 直線 ②，③ の交点である定点を通る。その定点の座標は　**(1，−1)**　答

また，直線 ① が $(-1,\ 1)$ を通るとき

$k(-2+1-1)-1+4+3=0$　　よって　$\boldsymbol{k=3}$　答

注意 $k=3$ のとき，直線 ① の方程式は，$x+y=0$ である。

教 p.120

4. 3 点 $O(0,\ 0)$，$A(x_1,\ y_1)$，$B(x_2,\ y_2)$ を頂点とする △OAB がある。

(1) 点 B と直線 OA の距離を x_1，y_1，x_2，y_2 を用いて表せ。

(2) △OAB の面積は，$\dfrac{1}{2}|x_1y_2-x_2y_1|$ で表されることを示せ。

指針 **三角形の面積**　(1) 点 $(p,\ q)$ と直線 $ax+by+c=0$ の距離は

$$\frac{|ap+bq+c|}{\sqrt{a^2+b^2}}$$

(2) (△OAB の面積) $=\dfrac{1}{2}\times$OA$\times$(点 B と直線 OA の距離)

解答 (1) 直線 OA の方程式は

$x_1\neq0$ のとき　$y=\dfrac{y_1}{x_1}x$，$x_1=0$ のとき　$x=0$

よって　$y_1x-x_1y=0$

点 B と直線 OA の距離を d とすると

$$d=\frac{|y_1x_2-x_1y_2|}{\sqrt{y_1{}^2+(-x_1)^2}}=\frac{|\boldsymbol{x_1y_2-x_2y_1}|}{\sqrt{\boldsymbol{x_1{}^2+y_1{}^2}}}$$　答

(2) △OAB の面積 S は

$$S=\frac{1}{2}\cdot OA\cdot d=\frac{1}{2}\times\sqrt{x_1{}^2+y_1{}^2}\times\frac{|x_1y_2-x_2y_1|}{\sqrt{x_1{}^2+y_1{}^2}}$$

$$=\frac{1}{2}|x_1y_2-x_2y_1|$$　終

教 p.120

5. 2 つの円 $(x-3)^2+(y-4)^2=9$，$x^2+y^2=r^2$ が共有点をもたないように，定数 r の値の範囲を定めよ。ただし，$r>0$ とする。

指針 **2円の位置関係**　2 円 O，O′ の半径をそれぞれ r，r' $(r>r')$，中心間の距離を d とするとき，共有点をもたないのは

$d>r+r'$（離れている）または $d<r-r'$（円 O′ が円 O の内部にある）の場合で

ある。

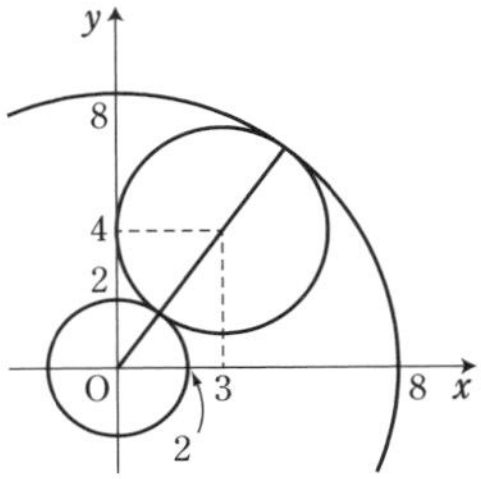

解答　$(x-3)^2+(y-4)^2=9$　…… ①

$x^2+y^2=r^2$　…… ②

円 ① は，中心 $(3,\ 4)$，半径 3

円 ② は，中心 $(0,\ 0)$，半径 r　$(r>0)$

中心間の距離を d とすると

$d=\sqrt{3^2+4^2}=5$

共有点をもたないのは，2 円が離れているか，① が ② の内部にある場合である。

2 円が離れているとき　$r+3<5$

よって　$0<r<2$

① が ② の内部にあるとき　$r-3>5$

よって　$r>8$

したがって，求める r の値の範囲は　$\boldsymbol{0<r<2,\ 8<r}$　答

教 p.120

6. 2 点 A$(-3,\ 0)$，B$(2,\ 0)$ と点 P を頂点とする △PAB が，PA：PB＝3：2 を満たしながら変化するとき，点 P の軌跡を求めよ。

指針　**アポロニウスの円**　点 P の座標を $(x,\ y)$ とし，条件から x，y についての関係式を導く。

解答　点 P の座標を $(x,\ y)$ とする。

P の満たす条件は　PA：PB＝3：2

これより　2PA＝3PB

すなわち　$4\text{PA}^2=9\text{PB}^2$

$\text{PA}^2=(x+3)^2+y^2$，$\text{PB}^2=(x-2)^2+y^2$ を代入すると

$4\{(x+3)^2+y^2\}=9\{(x-2)^2+y^2\}$

整理すると　$x^2+y^2-12x=0$

すなわち　$(x-6)^2+y^2=6^2$　…… ①

また，3 点 P，A，B は △PAB の頂点であるから，点 P は直線 AB 上，すなわち x 軸上にはない。

円 ① 上の点のうち，x 軸上にあるのは 2 点 $(0,\ 0)$，$(12,\ 0)$ である。

ゆえに，点 P は，円 ① から 2 点 $(0,\ 0)$，$(12,\ 0)$ を除いた図形上にある。

逆に，この図形上の任意の点 P$(x,\ y)$ は，条件を満たす。

よって，求める軌跡は，**中心が点 (6，0)，半径が 6 の円** である。

ただし，点 (0，0)，(12，0) を除く。　答

教 p.120

7. a は定数とする。放物線 $y=x^2-2ax+a^2+a+3$ について，次の問いに答えよ。
(1) 頂点の座標を a で表せ。
(2) a がすべての実数値をとって変化するとき，頂点の軌跡を求めよ。

指針 **放物線と軌跡**　まず，$y=(x-p)^2+q$ の形に変形する。
(1) 頂点の座標は $(p,\ q)$ である。
(2) 頂点を $(x,\ y)$ として，a で表された x，y から a を消去して x，y の関係式を導く。

解答 (1)　$y=x^2-2ax+a^2+a+3$
$=(x-a)^2+a+3$
よって，頂点の座標は
$(a,\ a+3)$ 答

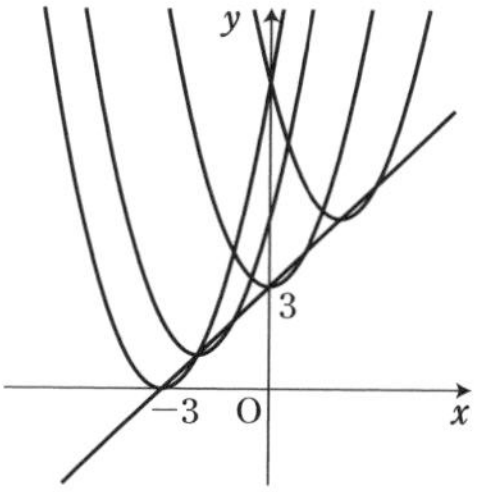

(2) 頂点を $\mathrm{P}(x,\ y)$ とすると，(1)から
$x=a,\ y=a+3$
a を消去して　$y=x+3$ …… ①
ゆえに，条件を満たす点は直線 ① 上にある。
逆に，直線 ① 上の任意の点は $(a,\ a+3)$ と表されて，与えられた放物線の頂点の座標となる。
よって，求める軌跡は　**直線 $y=x+3$** 答

教 p.120

8. x，y が $x^2+y^2\leqq 5$ を満たすとき，$2x+y$ の最大値および最小値と，そのときの x，y の値を求めよ。

指針 **領域と最大・最小**　$2x+y=k$ とおき，この直線が $x^2+y^2\leqq 5$ の表す領域と共有点をもつような k の値の最大値と最小値を求める。

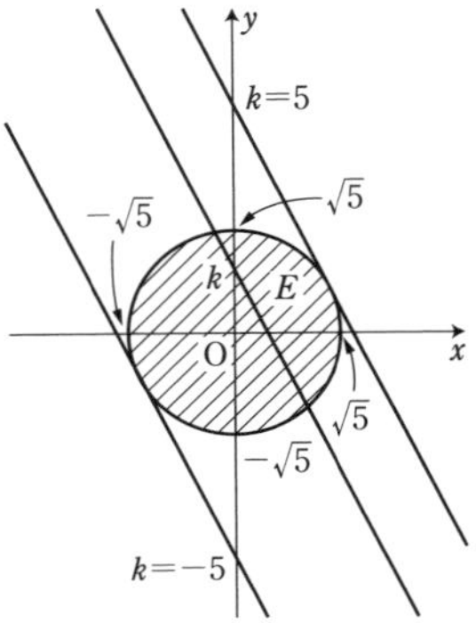

解答 (1) 不等式 $x^2+y^2\leqq5$ の表す領域を E とすると，領域 E は円 $x^2+y^2=5$ の周とその内部である。

$2x+y=k$ …… ① とおく。

この直線 ① が，領域 E と共有点をもつような k の値の最大値と最小値を求める。

① より　$y=k-2x$ …… ②

これを $x^2+y^2=5$ に代入して

$x^2+(k-2x)^2=5$

よって　$5x^2-4kx+k^2-5=0$ …… ③

この判別式を D とすると

$$\frac{D}{4}=(2k)^2-5(k^2-5)=-k^2+25$$

直線 ① が領域 E と共有点をもつための必要十分条件は，$D\geqq0$ であるから

$-k^2+25\geqq0$　　よって　$-5\leqq k\leqq5$

$k=5$ のとき

③ は重解をもつから　$x=\dfrac{2k}{5}=\dfrac{2\cdot5}{5}=2$

② に代入して　$y=5-2\cdot2=1$

$k=-5$ のとき

同様に　$x=-2$，$y=-1$

ゆえに，$2x+y$ は

$x=2$，$y=1$　のとき，最大値 5 をとり，

$x=-2$，$y=-1$ のとき，最小値 -5 をとる。 答

第3章　演習問題B

教 p.121

9. 3 直線 $x+2y=1$，$3x-4y=1$，$ax+by=1$ が 1 点で交わるならば，3 点 $(1,\ 2)$，$(3,\ -4)$，$(a,\ b)$ は，一直線上にあることを証明せよ。

指針 **同じ直線上にある点**　2 直線 $x+2y=1$，$3x-4y=1$ の交点の座標を求め，その交点が直線 $ax+by=1$ 上にあるための条件式を導く。そして，2 点 $(1,\ 2)$，$(3,\ -4)$ を通る直線上に点 $(a,\ b)$ があることを示す。

解答 $x+2y=1$ …… ①，$3x-4y=1$ …… ②，$ax+by=1$ …… ③ とする。

①×2+② から　$5x=3$　　ゆえに　$x=\dfrac{3}{5}$　　① から　$y=\dfrac{1}{5}$

よって，2 直線 ①，② の交点の座標は　$\left(\dfrac{3}{5},\ \dfrac{1}{5}\right)$

これが直線 ③ 上にあるから　$\dfrac{3}{5}a+\dfrac{1}{5}b=1$

ゆえに　$3a+b=5$　…… ④

2 点 $(1,\ 2)$，$(3,\ -4)$ を通る直線は　$y-2=\dfrac{-4-2}{3-1}(x-1)$

ゆえに　$3x+y-5=0$　…… ⑤

④ から　$3a+b-5=0$　　よって，点 $(a,\ b)$ は直線 ⑤ 上にある。

したがって，3 点 $(1,\ 2)$，$(3,\ -4)$，$(a,\ b)$ は，一直線上にある。 終

別解 交点の座標を $(m,\ n)$ とする。

$m+2n=1$，　$3m-4n=1$，　$am+bn=1$

よって，3 点 $(1,\ 2)$，$(3,\ -4)$，$(a,\ b)$ は直線 $mx+ny=1$ 上にある。すなわち，3 点 $(1,\ 2)$，$(3,\ -4)$，$(a,\ b)$ は，一直線上にある。 終

教 p.121

10. 原点 O を 1 つの頂点とする平行四辺形 OABC があり，直線 AB は $4x-y-14=0$，直線 BC は $x-2y+7=0$ で表されている。このとき，平行四辺形 OABC の面積を求めよ。

指針 **平行四辺形の面積**　平行四辺形 OABC の面積は (底辺)×(高さ) で求められる。

解答 直線 $4x-y-14=0$　…… ① と直線 $x-2y+7=0$　…… ② の交点 B の座標は，①×2−② から　$7x-35=0$　ゆえに　$x=5$

このとき，① から　$y=6$　　よって　B$(5,\ 6)$

AO∥BC であるから，直線 AO の方程式は　$x-2y=0$

これと直線 $4x-y-14=0$ の交点 A の座標は　A$(4,\ 2)$

ゆえに　$\text{AB}=\sqrt{(5-4)^2+(6-2)^2}=\sqrt{17}$

原点 O と直線 $4x-y-14=0$ の距離 d は

$$d=\frac{|4\cdot0-0-14|}{\sqrt{4^2+(-1)^2}}=\frac{14}{\sqrt{17}}$$

したがって，平行四辺形 OABC の面積は

$$\text{AB}\cdot d=\sqrt{17}\cdot\frac{14}{\sqrt{17}}=\mathbf{14}$$ 答

教 p.121

11. 中心が第1象限にあって，x 軸，y 軸および直線 $3x+4y-12=0$ に接する円の方程式を求めよ。

指針 **円と直線の位置関係**　円の半径を r，円の中心と直線の距離を d とすると，円と直線が接する条件は　$d=r$

解答 求める円の方程式は，半径を r として

$(x-r)^2+(y-r)^2=r^2$　$(r>0)$　とおける。

円の中心 $(r,\ r)$ と直線 $3x+4y-12=0$ の距離 d は

$$d=\frac{|3r+4r-12|}{\sqrt{3^2+4^2}}=\frac{|7r-12|}{5}$$

円と直線が接するとき　$\dfrac{|7r-12|}{5}=r$

これを解いて　$r=1,\ 6$

よって，求める円の方程式は

$\boldsymbol{(x-1)^2+(y-1)^2=1,\ (x-6)^2+(y-6)^2=36}$ 答

教 p.121

12. 点 P$(0,\ -3)$ を通り，円 $x^2+y^2+2x-1=0$ に接する直線の方程式と，接点の座標を求めよ。

指針 **円の接線**　点 P$(0,\ -3)$ を通るから，求める接線の方程式を $y=mx-3$ として，円の方程式から y を消去して得られる x についての2次方程式の判別式を D とする。$D=0$ から m の値が求められる。

解答 　$x^2+y^2+2x-1=0$　…… ①

点 P$(0,\ -3)$ を通る x 軸に垂直な直線 $x=0$ は接線にならないから，求める接線の傾きを m とすると，接線の方程式は

$y=mx-3$　…… ②　とおける。

② を ① に代入して　$x^2+(mx-3)^2+2x-1=0$

整理すると　$(m^2+1)x^2-2(3m-1)x+8=0$　…… ③

この2次方程式の判別式を D とすると

$$\frac{D}{4}=\{-(3m-1)\}^2-(m^2+1)\cdot 8$$

$$=m^2-6m-7=(m+1)(m-7)$$

② は ① に接するから　$D=0$　よって　$m=-1,\ 7$

$m=-1$ のとき　③ に代入して　$2x^2+8x+8=0$

よって　$(x+2)^2=0$　ゆえに　$x=-2$

② から，$y=-x-3$ より　$y=2-3=-1$

$m=7$ のとき　③ に代入して　$50x^2-40x+8=0$

よって　$(5x-2)^2=0$　ゆえに　$x=\frac{2}{5}$

② から，$y=7x-3$ より　$y=7\cdot\frac{2}{5}-3=-\frac{1}{5}$

以上から，求める直線の方程式と接点の座標は

$\boldsymbol{y=-x-3,\ (-2,\ -1)}$；　$\boldsymbol{y=7x-3,\ \left(\frac{2}{5},\ -\frac{1}{5}\right)}$ 答

教 p.121

13. 円 $(x-1)^2+(y+2)^2=25$ 上の点 $(4,\ 2)$ におけるこの円の接線の方程式を求めよ。

指針 **円の接線の方程式**　接線が円の中心 $(1,\ -2)$ と接点 $(4,\ 2)$ を結ぶ直線に垂直であることから求める。または，円の中心と接線の距離が半径に等しいことを利用する。

解答 点 $(4,\ 2)$ を通る x 軸に垂直な直線 $x=4$ は接線にならないから，求める接線の傾きを m とすると，接線の方程式は

$y=m(x-4)+2$ …… ①　とおける。

① が円の中心 $(1,\ -2)$ と接点 $(4,\ 2)$ を通る直線に垂直であるから

$\frac{2-(-2)}{4-1}\cdot m=-1$　よって　$m=-\frac{3}{4}$

したがって，求める接線の方程式は，① から

$y=-\frac{3}{4}x+5$　ゆえに　$\boldsymbol{3x+4y-20=0}$ 答

別解 求める接線の方程式を $y=m(x-4)+2$ とおく。

このとき　$mx-y-4m+2=0$ …… ②

円の中心 $(1,\ -2)$ と直線 ② の距離 d は

$$d=\frac{|m\cdot1-(-2)-4m+2|}{\sqrt{m^2+(-1)^2}}=\frac{|3m-4|}{\sqrt{m^2+1}}$$

直線 ② が接線となるとき，d は円の半径に等しく，$d=5$ より

$$5\sqrt{m^2+1}=|3m-4|$$

両辺を 2 乗して整理すると　$16m^2+24m+9=0$

すなわち　$(4m+3)^2=0$　よって　$m=-\frac{3}{4}$

② から，求める接線の方程式は　$\boldsymbol{3x+4y-20=0}$ 答

教 p.121

14. 次の問いに答えよ。

(1) 直線 $y=2x$ に関して，点 Q(s, t) と対称な点 P の座標を求めよ。

(2) (1) において，点 Q が直線 $x+y=2$ 上を動くとき，点 P の軌跡を求めよ。

指針 **対称点の軌跡**

(1) 点 P の座標を (x, y) として，次の 2 つの条件から x, y を求める。

[1] 直線 PQ は直線 $y=2x$ に垂直である。

[2] 線分 PQ の中点は直線 $y=2x$ 上にある。

(2) 点 Q が直線 $x+y=2$ 上を動くことから，s, t を x, y で表して，x, y についての関係式を導く。

解答 (1) 直線 $y=2x$ を ℓ とし，点 P の座標を (x, y) とする。

ℓ の傾きは 2 であり，直線 PQ は ℓ に垂直であるから

$2\cdot\dfrac{t-y}{s-x}=-1$　　ゆえに　$x+2y=s+2t$ …… ①

線分 PQ の中点 $\left(\dfrac{x+s}{2}, \dfrac{y+t}{2}\right)$ は直線 ℓ 上にあるから

$\dfrac{y+t}{2}=2\cdot\dfrac{x+s}{2}$　　ゆえに　$2x-y=-2s+t$ …… ②

方程式 ①，② を連立させて解くと

$$x=\frac{-3s+4t}{5},\ y=\frac{4s+3t}{5}$$

したがって，点 P の座標は　$\left(\boldsymbol{\dfrac{-3s+4t}{5}}, \boldsymbol{\dfrac{4s+3t}{5}}\right)$ 答

(2) (1) の方程式 ①，② を連立させて s, t について解くと

$$s=\frac{-3x+4y}{5},\ t=\frac{4x+3y}{5} \quad \cdots\cdots ③$$

点 Q(s, t) は直線 $x+y=2$ 上にあるから

$$s+t=2$$

③ を代入すると

$$\frac{-3x+4y}{5}+\frac{4x+3y}{5}=2$$

整理すると　$x+7y-10=0$ …… ④

ゆえに，条件を満たす点 P は，直線 ④ 上にある。

逆に，直線 ④ 上の任意の点 P(x, y) は，条件を満たす。

よって，求める軌跡は　**直線 $\boldsymbol{x+7y-10=0}$** 答

教 p.121

15. ある工場では製品 X，Y を製造している。それらを製造するには原料 a，b が必要で，X，Y を 1 kg 製造するために必要な原料の量と，原料の在庫量は右の表の通りである。また，X，Y 1 kg あたりの利益は，それぞれ 1 万円，2 万円である。原料の在庫量の範囲で，最大の利益を得るには，X，Y をそれぞれ何 kg 製造すればよいか。

	原料 a	原料 b
X	10 kg	20 kg
Y	30 kg	20 kg
在庫	300 kg	400 kg

指針 **領域と最大・最小の応用**　X，Y の製造量をそれぞれ x kg，y kg とする。$x\geqq 0$，$y\geqq 0$ である。更に，原料 a，b の在庫が 300 kg，400 kg であることから，x，y についての不等式を作る。これらの条件を領域として図示する。製品 X，Y の総利益は $x+2y$ (万円) で表されるから，その最大値を求める。

解答 製品 X，Y の製造量をそれぞれ x kg，y kg とする。

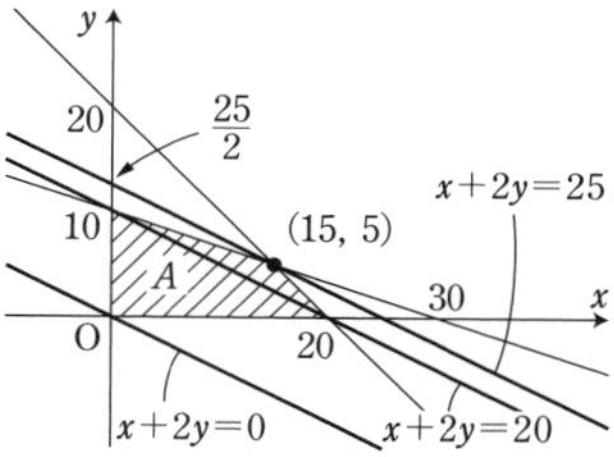

ただし　$x\geqq 0$，$y\geqq 0$　…… ①

原料 a は 300 kg 以下であるから

$$10x+30y\leqq 300$$

よって　$x+3y\leqq 30$　…… ②

原料 b は 400 kg 以下であるから

$$20x+20y\leqq 400$$

よって　$x+y\leqq 20$　…… ③

①，②，③ の不等式の表す領域を A とする。

A は，図のように，4 点 (0, 0)，(20, 0)，(15, 5)，(0, 10) を頂点とする四角形の周および内部である。

X，Y の総利益は $x+2y$ (万円) と表されるから

$$x+2y=k \quad \cdots\cdots ④$$

とおいて，直線 ④ が領域 A の点を通るときの k の値を調べる。

点 (0, 0) を通るとき $k=0$，　点 (20, 0) を通るとき $k=20$

点 (15, 5) を通るとき $k=25$，点 (0, 10) を通るとき $k=20$

これ以外で領域 A を通るとき　$0<k<25$

よって，$x+2y$ は $x=15$，$y=5$ のとき最大値 25 をとる。

したがって，最大利益を得るには

X を 15 kg，Y を 5 kg 製造すればよい。 答

注意 本問は「x，y が不等式 $x\geqq 0$，$y\geqq 0$，$x+3y\leqq 30$，$x+y\leqq 20$ を満たすとき，$x+2y$ が最大となる x，y の値を求めよ」という問題である。

教科書 p.124〜127

第4章 三角関数

第1節 三角関数

1 一般角と弧度法

まとめ

1 一般角

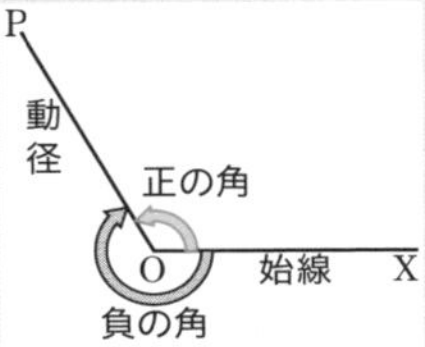

① 平面上で，点 O を中心として半直線 OP を回転させるとき，この半直線 OP を **動径** といい，その最初の位置を示す半直線 OX を **始線** という。

② 動径の回転には 2 つの向きがある。時計の針の回転と逆の向きを **正の向き**，時計の針の回転と同じ向きを **負の向き** という。

③ 正の向きの回転の角を **正の角**，負の向きの回転の角を **負の角** という。

④ 回転運動などを扱うとき，360° より大きい角や，回転の向きを考えた角が必要になる。この拡張した角を **一般角** という。

⑤ 一般角 θ に対して，始線 OX から角 θ だけ回転した位置にある動径 OP を，**θ の動径** という。

2 動径の表す角

① 例えば，30° の動径 OP と $390^\circ=30^\circ+360^\circ$，$750^\circ=30^\circ+360^\circ\times2$，$-330^\circ=30^\circ+360^\circ\times(-1)$ などの角の動径は一致する。これらの角を **動径 OP の表す角** という。

② 動径 OP と始線 OX のなす角の 1 つを α とすると，動径 OP の表す角は，
$\boldsymbol{\alpha+360^\circ\times n}$ （n は整数） のように表される。

注意 α は絶対値の最小なものとして $-180^\circ<\alpha\leqq180^\circ$，または，正の角で最小なものとして $0^\circ\leqq\alpha<360^\circ$ とすることが多い。

3 弧度法

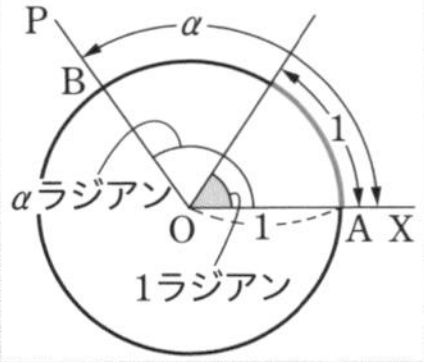

① 点 O を中心とする半径 1 の円と半直線 OX，OP の交点を，それぞれ A，B とする。このとき，∠XOP の大きさは弧 AB の長さに比例する。そこで，∠XOP の大きさを，弧 AB の長さ α で表すこととし，単位としては，**ラジアン** または弧度を用いる。角の大きさのこのような表し方を **弧度法** という。

$$180°=\pi \text{ ラジアン} \qquad 1\text{ ラジアン}=\left(\frac{180}{\pi}\right)^{\circ}\fallingdotseq 57.3°$$

［換算表］

度数法	0°	30°	45°	60°	90°	120°	135°	150°	180°	270°	360°
弧度法	0	$\frac{\pi}{6}$	$\frac{\pi}{4}$	$\frac{\pi}{3}$	$\frac{\pi}{2}$	$\frac{2}{3}\pi$	$\frac{3}{4}\pi$	$\frac{5}{6}\pi$	π	$\frac{3}{2}\pi$	2π

注意 弧度法では，普通，上の表のように単位のラジアンを略して書く。

③ 弧度法では，動径 OP と始線 OX のなす角の 1 つを α とすると，動径 OP の表す角は，次のように表される。

$$\alpha+2n\pi \quad (n \text{ は整数})$$

4 扇形の弧の長さと面積

① 半径が r，中心角が θ の扇形の弧の長さを l，面積を S とすると

$$l=r\theta, \qquad S=\frac{1}{2}r^2\theta=\frac{1}{2}rl$$

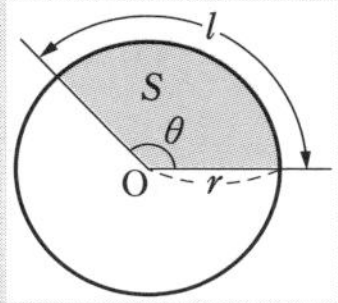

A 一般角

練習 1 教 p.125

次の角の動径を図示せよ。

(1) 300°　　(2) −120°　　(3) 510°　　(4) −675°

指針 **一般角の動径**　まず始線 OX を引く。始線は点 O から水平方向に右へと延びる半直線とする。次に動径 OP をかく。一般角では，大きさだけでなく回転の向きも考えることに注意する。

{ 正の角 …… 始線から正の向きに測る … 時計の針の回転と逆の向き
{ 負の角 …… 始線から負の向きに測る … 時計の針の回転と同じ向き

(3) 正の向きに 1 回転(360°)し，さらに 150° 回転する。

(4) 負の向きに 2 回転(720°)し，正の向きに 45° 回転する。

解答 (1)

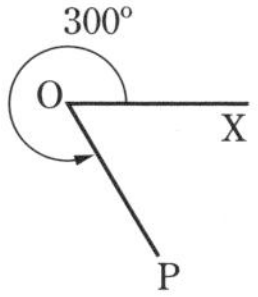

(2)

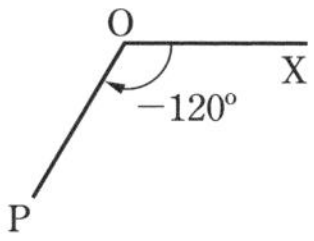

(3)
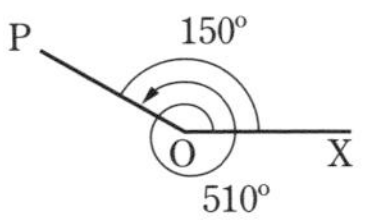

(4)
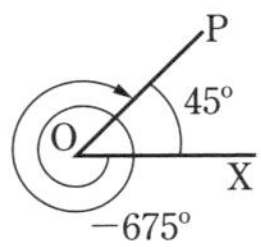

B 動径の表す角

教 p.125

練習 2

次の角のうち，その動径が 60° の動径と一致するものはどれか。

240°，600°，780°，−60°，−300°，−420°

指針 **動径の表す角**　与えられた角を，$\alpha+360°\times n$（n は整数，$0°\leqq\alpha<360°$）の形に表して，α が 60° となるものを選ぶ。

解答

$240°=240°+360°\times 0$

$600°=240°+360°\times 1$

$780°=\ 60°+360°\times 2$

$-60°=300°+360°\times(-1)$

$-300°=\ 60°+360°\times(-1)$

$-420°=300°+360°\times(-2)$

よって，60° の動径と同じ位置にある角は　**780°，−300°**　答

注意 始線の位置を定めたとき，角の大きさが決まると動径の位置も決まるが，動径の位置が決まっても角の大きさは 1 つに定まらない。

また，$0°\leqq\alpha<360°$ では，$600°=\ 240°+360°\times 1$　であるが

$-180°<\alpha\leqq 180°$ では，$600°=-120°+360°\times 2$　となる。

C 弧度法

教 p.127

練習 3

次の角を弧度法で表せ。

(1) 15°　(2) 210°　(3) −240°　(4) 315°

指針 **弧度法**　$1°=\dfrac{\pi}{180}$ ラジアンであるから，$a°$ は

$a\times 1°=a\times\dfrac{\pi}{180}$ ラジアンである。

解答 (1) $15°=15\times\dfrac{\pi}{180}=\boldsymbol{\dfrac{\pi}{12}}$　答

(2) $210°=210\times\dfrac{\pi}{180}=\boldsymbol{\dfrac{7}{6}\pi}$　答

(3) $-240°=-240\times\dfrac{\pi}{180}=\boldsymbol{-\dfrac{4}{3}\pi}$　答

(4)　$315° = 315 \times \dfrac{\pi}{180} = \boldsymbol{\dfrac{7}{4}\pi}$　答

練習 4　教 p.127

次の角を度数法で表せ。

(1)　$\dfrac{5}{4}\pi$　(2)　$\dfrac{8}{5}\pi$　(3)　$-\dfrac{5}{2}\pi$　(4)　$\dfrac{5}{12}\pi$

指針　**弧度法**　π ラジアン$=180°$ であるから，$a\pi$ ラジアンは
$a\times\pi$ ラジアン$=a\times180°$ である。

解答　(1)　$\dfrac{5}{4}\pi = \dfrac{5}{4}\times180° = \mathbf{225°}$　答

(2)　$\dfrac{8}{5}\pi = \dfrac{8}{5}\times180° = \mathbf{288°}$　答

(3)　$-\dfrac{5}{2}\pi = -\dfrac{5}{2}\times180° = \mathbf{-450°}$　答

(4)　$\dfrac{5}{12}\pi = \dfrac{5}{12}\times180° = \mathbf{75°}$　答

D　扇形の弧の長さと面積

練習 5　教 p.127

次のような扇形の弧の長さと面積を求めよ。

(1)　半径が 4，中心角が $\dfrac{\pi}{5}$　(2)　半径が 6，中心角が $\dfrac{5}{6}\pi$

指針　**扇形の弧の長さと面積**　公式　$l=r\theta$，　$S=\dfrac{1}{2}r^2\theta=\dfrac{1}{2}rl$　により求める。
ただし，θ は弧度法で表された角である。

解答　(1)　$l=4\cdot\dfrac{\pi}{5}=\dfrac{4}{5}\pi$，$S=\dfrac{1}{2}\cdot4\cdot\dfrac{4}{5}\pi=\dfrac{8}{5}\pi$

よって，弧の長さは　$\boldsymbol{\dfrac{4}{5}\pi}$，面積は　$\boldsymbol{\dfrac{8}{5}\pi}$　答

(2)　$l=6\times\dfrac{5}{6}\pi=5\pi$，$S=\dfrac{1}{2}\cdot6\cdot5\pi=15\pi$

よって，弧の長さは　$\boldsymbol{5\pi}$，面積は　$\boldsymbol{15\pi}$　答

2 三角関数

まとめ

1 一般角の三角関数

① **三角関数の定義** 座標平面上で，x 軸の正の部分を始線にとり，一般角 θ の動径と，原点を中心とする半径 r の円との交点 P の座標を $(x,\ y)$ とする。このとき，

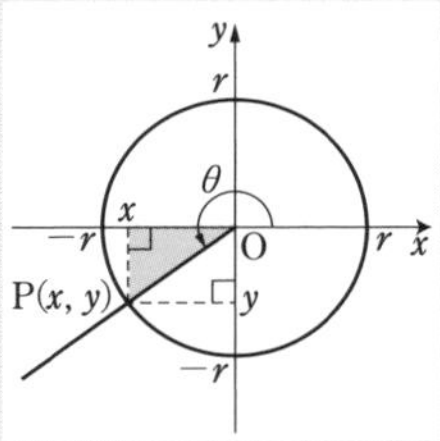

$$\sin\theta=\frac{y}{r},\quad \cos\theta=\frac{x}{r},\quad \tan\theta=\frac{y}{x}$$

と定め，これらをそれぞれ，
一般角 θ の **正弦，余弦，正接** という。

ただし，$\theta=\dfrac{\pi}{2}+n\pi$（$n$ は整数）に対しては，$\tan\theta$ の値を定義しない。

② θ の関数 $\sin\theta$，$\cos\theta$，$\tan\theta$ をまとめて **三角関数** という。

③ 三角関数の値の符号は，その角の動径が，どの象限にあるかで決まる。これを図示すると，次のようになる。

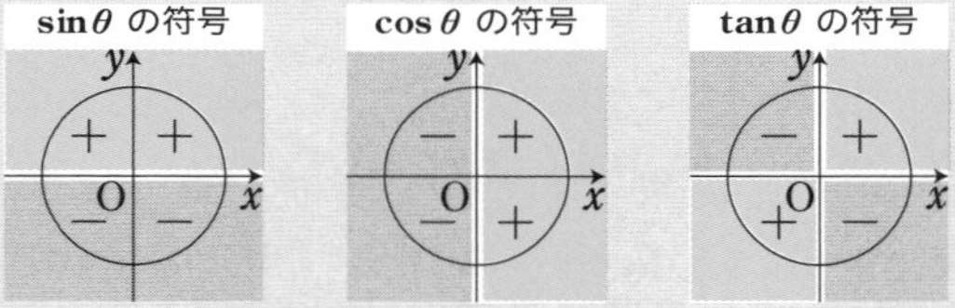

④ 原点を中心とする半径 1 の円を **単位円** という。

⑤ 角 θ の動径と単位円の交点を $\mathrm{P}(x,\ y)$ とし，直線 OP と直線 $x=1$ の交点を $\mathrm{T}(1,\ m)$ とすると

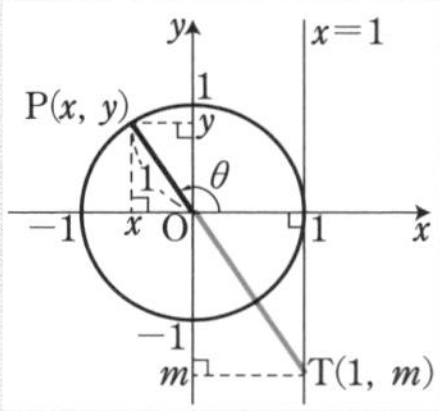

$$\boldsymbol{y=\sin\theta,\quad x=\cos\theta,\quad m=\tan\theta}$$

すなわち　$\mathbf{P}(\cos\theta,\ \sin\theta)$，$\mathbf{T}(1,\ \tan\theta)$

⑥ **三角関数の値の範囲**

$$-1\leqq\sin\theta\leqq1,\quad -1\leqq\cos\theta\leqq1$$

$\tan\theta$ の値の範囲は実数全体

2 三角関数の相互関係

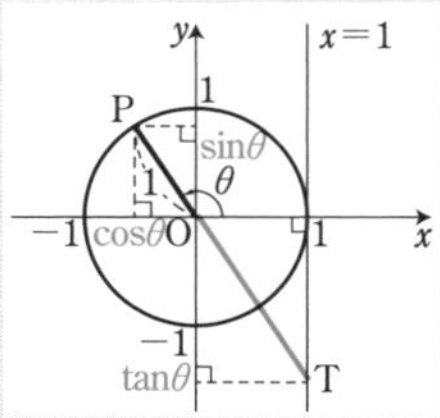

① **三角関数の相互関係**

1　$\tan\theta=\dfrac{\sin\theta}{\cos\theta}$

2　$\sin^2\theta+\cos^2\theta=1$

3　$1+\tan^2\theta=\dfrac{1}{\cos^2\theta}$

教科書 p.129

A 一般角の三角関数

教 p.129

練習 6

θ が次の値のとき，$\sin\theta$，$\cos\theta$，$\tan\theta$ の値を，それぞれ求めよ。

(1) $\dfrac{11}{6}\pi$　　(2) $-\dfrac{5}{4}\pi$　　(3) $\dfrac{10}{3}\pi$　　(4) -3π

指針 **三角関数の値**　円と動径の交点Pの x 座標，y 座標が簡単な値になるように r の値を定める。

解答 角 θ の動径と，原点を中心とする半径 r の円との交点Pの座標を $(x,\ y)$ とする。

(1) $r=2$ とすると　$\mathrm{P}(\sqrt{3},\ -1)$

$$\sin\frac{11}{6}\pi=-\frac{1}{2},\ \cos\frac{11}{6}\pi=\frac{\sqrt{3}}{2},\ \tan\frac{11}{6}\pi=-\frac{1}{\sqrt{3}}$$ 答

(2) $r=\sqrt{2}$ とすると　$\mathrm{P}(-1,\ 1)$

$$\sin\left(-\frac{5}{4}\pi\right)=\frac{1}{\sqrt{2}},\ \cos\left(-\frac{5}{4}\pi\right)=-\frac{1}{\sqrt{2}},\ \tan\left(-\frac{5}{4}\pi\right)=-1$$ 答

(1)
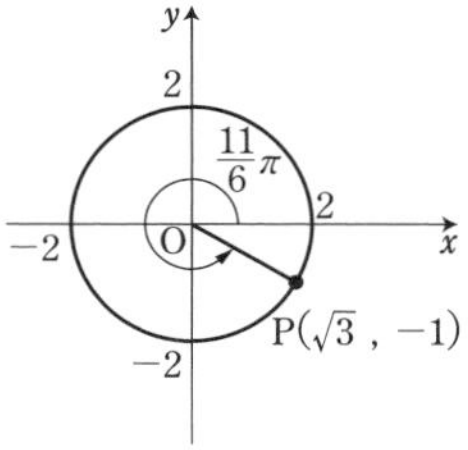

(2)
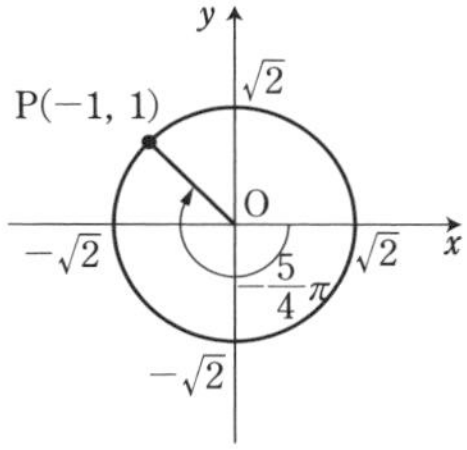

(3) $r=2$ とすると　$\mathrm{P}(-1,\ -\sqrt{3})$

$$\sin\frac{10}{3}\pi=-\frac{\sqrt{3}}{2},\ \cos\frac{10}{3}\pi=-\frac{1}{2},\ \tan\frac{10}{3}\pi=\sqrt{3}$$ 答

(4) $r=1$ とすると　$\mathrm{P}(-1,\ 0)$

$$\sin(-3\pi)=0,\ \cos(-3\pi)=-1,\ \tan(-3\pi)=0$$ 答

(3)
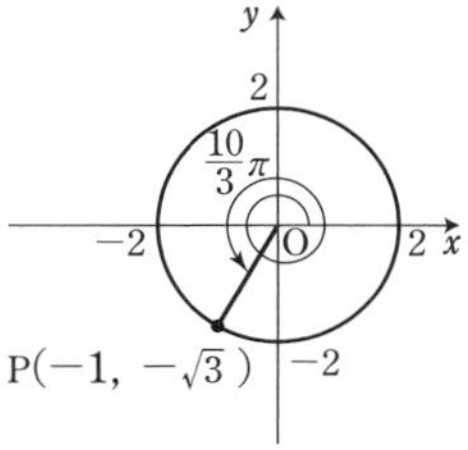

(4)
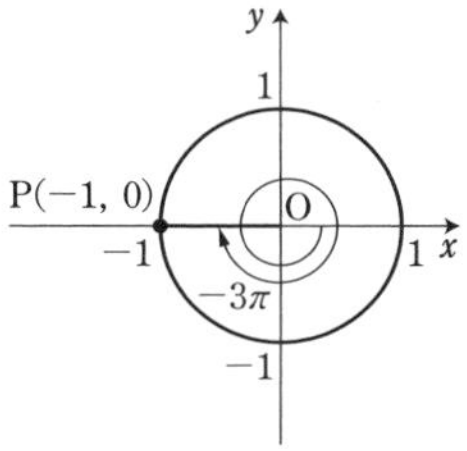

B 三角関数の相互関係

教 p.130

練習 7

θ の動径が第 4 象限にあり，$\cos\theta=\dfrac{5}{13}$ のとき，$\sin\theta$ と $\tan\theta$ の値を求めよ。

指針 **三角関数の相互関係**　$\sin^2\theta+\cos^2\theta=1$，$\tan\theta=\dfrac{\sin\theta}{\cos\theta}$ をそれぞれ利用して求める。

解答 θ の動径が第 4 象限にあるから　　$\sin\theta<0$

よって，$\sin^2\theta+\cos^2\theta=1$ から

$$\boldsymbol{\sin\theta}=-\sqrt{1-\cos^2\theta}$$
$$=-\sqrt{1-\left(\frac{5}{13}\right)^2}=-\boldsymbol{\frac{12}{13}}\quad \text{答}$$

また　$\boldsymbol{\tan\theta}=\dfrac{\sin\theta}{\cos\theta}=-\dfrac{12}{13}\div\dfrac{5}{13}=-\boldsymbol{\dfrac{12}{5}}$　答

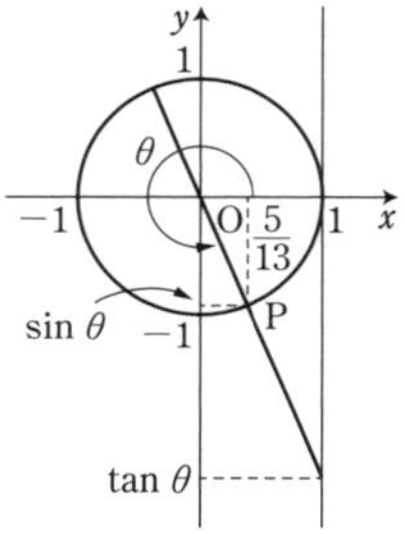

教 p.130

問 1

$\tan\theta=-2$ のとき，$\sin\theta$ と $\cos\theta$ の値を求めよ。

指針 **三角関数の相互関係**　$\tan\theta<0$ であるから，θ は第 2 象限または第 4 象限の角である。$\cos\theta$ の値は $1+\tan^2\theta=\dfrac{1}{\cos^2\theta}$，$\sin\theta$ の値は $\sin\theta=\cos\theta\tan\theta$ をそれぞれ利用して求める。

解答 $\tan\theta<0$ より，θ の動径は第 2 象限または第 4 象限にある。

θ の動径が第 2 象限にあるとき　$\cos\theta<0$

$1+\tan^2\theta=\dfrac{1}{\cos^2\theta}$ から

$$\cos\theta=-\sqrt{\frac{1}{1+\tan^2\theta}}=-\sqrt{\frac{1}{1+(-2)^2}}=-\frac{1}{\sqrt{5}}$$

また　$\sin\theta=\cos\theta\tan\theta=-\dfrac{1}{\sqrt{5}}\cdot(-2)=\dfrac{2}{\sqrt{5}}$

θ の動径が第 4 象限にあるとき　$\cos\theta>0$

よって　$\cos\theta=\sqrt{\dfrac{1}{1+\tan^2\theta}}=\sqrt{\dfrac{1}{1+(-2)^2}}=\dfrac{1}{\sqrt{5}}$

$$\sin\theta=\cos\theta\tan\theta=\frac{1}{\sqrt{5}}\cdot(-2)=-\frac{2}{\sqrt{5}}$$

ゆえに　$\boldsymbol{\sin\theta=\frac{2}{\sqrt{5}}}$,　$\boldsymbol{\cos\theta=-\frac{1}{\sqrt{5}}}$

または　$\boldsymbol{\sin\theta=-\frac{2}{\sqrt{5}}}$, $\boldsymbol{\cos\theta=\frac{1}{\sqrt{5}}}$　答

教 p.130

練習 8

$\tan\theta=\frac{1}{3}$ のとき，$\sin\theta$ と $\cos\theta$ の値を求めよ。

指針　**三角関数の相互関係**　$\tan\theta>0$ であるから，θ は第 1 象限または第 3 象限の角である。問 1 と同様にして解く。

解答　$\tan\theta>0$ より，θ の動径は第 1 象限または第 3 象限にある。

θ の動径が第 1 象限にあるとき　$\cos\theta>0$

$$\cos^2\theta=\frac{1}{1+\tan^2\theta}=1\div\left(1+\frac{1}{9}\right)=\frac{9}{10}\ \text{より}\quad \cos\theta=\frac{3}{\sqrt{10}}$$

$$\sin\theta=\cos\theta\tan\theta=\frac{3}{\sqrt{10}}\cdot\frac{1}{3}=\frac{1}{\sqrt{10}}$$

θ の動径が第 3 象限にあるとき　$\cos\theta<0$

$$\cos^2\theta=\frac{9}{10}\ \text{より}\quad \cos\theta=-\frac{3}{\sqrt{10}}$$

$$\sin\theta=\cos\theta\tan\theta=-\frac{3}{\sqrt{10}}\cdot\frac{1}{3}=-\frac{1}{\sqrt{10}}$$

ゆえに　$\boldsymbol{\sin\theta=\frac{1}{\sqrt{10}}}$,　$\boldsymbol{\cos\theta=\frac{3}{\sqrt{10}}}$

または　$\boldsymbol{\sin\theta=-\frac{1}{\sqrt{10}}}$, $\boldsymbol{\cos\theta=-\frac{3}{\sqrt{10}}}$　答

教 p.130

深める

教科書の例題 1 において，θ の動径が第 3 象限以外にあるとき，$\cos\theta$ と $\tan\theta$ の値を求めよう。

指針　**三角関数の相互関係**　$\sin\theta<0$ であるから，θ の動径は第 3 象限以外では第 4 象限にある。

解答　$\sin\theta=-\frac{3}{5}$ から，θ の動径が第 4 象限にあるときを考えればよい。

θ の動径が第 4 象限にあるから　　$\cos\theta>0$

よって，$\sin^2\theta+\cos^2\theta=1$ から

$$\boldsymbol{\cos\theta}=\sqrt{1-\sin^2\theta}=\sqrt{1-\left(-\frac{3}{5}\right)^2}=\boldsymbol{\frac{4}{5}}\quad \text{答}$$

また　$\tan\theta=\dfrac{\sin\theta}{\cos\theta}=\left(-\dfrac{3}{5}\right)\div\dfrac{4}{5}=-\dfrac{3}{4}$　答

教 p.131

練習 9

次の等式を証明せよ。

(1)　$(\sin\theta+\cos\theta)^2+(\sin\theta-\cos\theta)^2=2$

(2)　$\tan^2\theta+(1-\tan^4\theta)\cos^2\theta=1$

指針　**三角関数を含む等式の証明**　(1) では，$\sin^2\theta+\cos^2\theta=1$　(2) では，$1+\tan^2\theta=\dfrac{1}{\cos^2\theta}$ を使って，左辺を変形し，右辺を導く。

解答　(1)　$(\sin\theta+\cos\theta)^2+(\sin\theta-\cos\theta)^2$

$=(\sin^2\theta+2\sin\theta\cos\theta+\cos^2\theta)+(\sin^2\theta-2\sin\theta\cos\theta+\cos^2\theta)$

$=2(\sin^2\theta+\cos^2\theta)=2\cdot1=2$　終

(2)　$\tan^2\theta+(1-\tan^4\theta)\cos^2\theta$

$=\tan^2\theta+(1-\tan^2\theta)(1+\tan^2\theta)\cos^2\theta$

$=\tan^2\theta+(1-\tan^2\theta)\cdot\dfrac{1}{\cos^2\theta}\cdot\cos^2\theta$

$=\tan^2\theta+(1-\tan^2\theta)=1$　終

教 p.131

練習 10

$\sin\theta-\cos\theta=a$ のとき，次の式の値を a を用いて表せ。

(1)　$\sin\theta\cos\theta$　　　(2)　$\sin^3\theta-\cos^3\theta$

指針　**三角関数を含む式の値**　(1)　$\sin\theta-\cos\theta=a$ の両辺を 2 乗する。

(2)　因数分解して，$\sin^2\theta+\cos^2\theta=1$ と $\sin\theta\cos\theta$ の値を代入する。

解答　(1)　$\sin\theta-\cos\theta=a$ の両辺を 2 乗すると

$$\sin^2\theta-2\sin\theta\cos\theta+\cos^2\theta=a^2$$

よって　　$1-2\sin\theta\cos\theta=a^2$

ゆえに　　$\sin\theta\cos\theta=\dfrac{\boldsymbol{1-a^2}}{\boldsymbol{2}}$　答

(2)　$\sin^3\theta-\cos^3\theta=(\sin\theta-\cos\theta)(\sin^2\theta+\sin\theta\cos\theta+\cos^2\theta)$

$=(\sin\theta-\cos\theta)(1+\sin\theta\cos\theta)$

$=a\left(1+\dfrac{1-a^2}{2}\right)$

$=\dfrac{\boldsymbol{a(3-a^2)}}{\boldsymbol{2}}$　答

3 三角関数の性質

まとめ

1 $\theta+2n\pi$ の三角関数

① **$\theta+2n\pi$ の三角関数**

1 $\begin{cases} \sin(\theta+2n\pi)=\sin\theta \\ \cos(\theta+2n\pi)=\cos\theta \\ \tan(\theta+2n\pi)=\tan\theta \end{cases}$ （n は整数）

2 $-\theta$ の三角関数

① **$-\theta$ の三角関数**

2 $\begin{cases} \sin(-\theta)=-\sin\theta \\ \cos(-\theta)=\cos\theta \end{cases}$ $\tan(-\theta)=-\tan\theta$

3 $\theta+\pi$，$\theta+\dfrac{\pi}{2}$ の三角関数

① **$\theta+\pi$ の三角関数**

3 $\begin{cases} \sin(\theta+\pi)=-\sin\theta \\ \cos(\theta+\pi)=-\cos\theta \end{cases}$ $\tan(\theta+\pi)=\tan\theta$

② **$\theta+\dfrac{\pi}{2}$ の三角関数**

4 $\begin{cases} \sin\left(\theta+\dfrac{\pi}{2}\right)=\cos\theta \\ \cos\left(\theta+\dfrac{\pi}{2}\right)=-\sin\theta \end{cases}$ $\tan\left(\theta+\dfrac{\pi}{2}\right)=-\dfrac{1}{\tan\theta}$

A $\theta+2n\pi$ の三角関数

教 p.132

練習 11

$\sin\dfrac{8}{3}\pi$，$\cos\dfrac{13}{2}\pi$，$\tan\dfrac{17}{4}\pi$ の値を，それぞれ求めよ。

指針 **$\theta+2n\pi$ の三角関数**　n が整数のとき，角 $\theta+2n\pi$ と角 θ の動径は一致するので，$\theta+2n\pi$（n は整数，$0\leqq\theta<2\pi$）の三角関数の値は θ の三角関数の値と一致する。

解答 $\sin\dfrac{8}{3}\pi=\sin\left(\dfrac{2}{3}\pi+2\pi\right)=\sin\dfrac{2}{3}\pi=\dfrac{\sqrt{3}}{2}$ 答

$\cos\dfrac{13}{2}\pi=\cos\left(\dfrac{\pi}{2}+6\pi\right)=\cos\dfrac{\pi}{2}=0$ 答

$\tan\dfrac{17}{4}\pi=\tan\left(\dfrac{\pi}{4}+4\pi\right)=\tan\dfrac{\pi}{4}=1$ 答

注意 弧度法での主な三角関数の値は，次のようになる。記憶しておくか，図をかいてすぐ求められるようにしておく。

θ	0	$\frac{\pi}{6}$	$\frac{\pi}{4}$	$\frac{\pi}{3}$	$\frac{\pi}{2}$	$\frac{2}{3}\pi$	$\frac{3}{4}\pi$	$\frac{5}{6}\pi$	π	$\frac{3}{2}\pi$	2π
$\sin\theta$	0	$\frac{1}{2}$	$\frac{1}{\sqrt{2}}$	$\frac{\sqrt{3}}{2}$	1	$\frac{\sqrt{3}}{2}$	$\frac{1}{\sqrt{2}}$	$\frac{1}{2}$	0	-1	0
$\cos\theta$	1	$\frac{\sqrt{3}}{2}$	$\frac{1}{\sqrt{2}}$	$\frac{1}{2}$	0	$-\frac{1}{2}$	$-\frac{1}{\sqrt{2}}$	$-\frac{\sqrt{3}}{2}$	-1	0	1
$\tan\theta$	0	$\frac{1}{\sqrt{3}}$	1	$\sqrt{3}$	＼	$-\sqrt{3}$	-1	$-\frac{1}{\sqrt{3}}$	0	＼	0

B　$-\theta$ の三角関数

教 p.133

練習 12

$\sin\left(-\frac{\pi}{6}\right)$，$\cos\left(-\frac{\pi}{4}\right)$，$\tan\left(-\frac{\pi}{3}\right)$ の値を，それぞれ求めよ。

指針 **$-\theta$ の三角関数**　θ の動径と $-\theta$ の動径は x 軸に関して対称であることを確認して，公式 **2** を利用する。

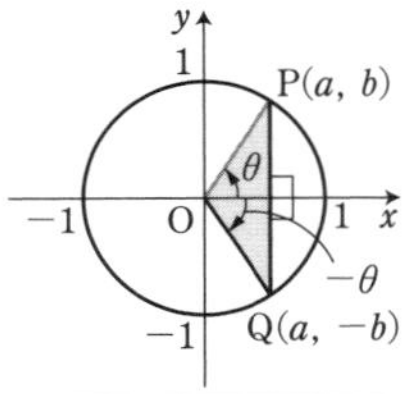

$a=\cos\theta,\ b=\sin\theta$

解答 $\sin\left(-\frac{\pi}{6}\right)=-\sin\frac{\pi}{6}=-\frac{1}{2}$　答

$\cos\left(-\frac{\pi}{4}\right)=\cos\frac{\pi}{4}=\frac{1}{\sqrt{2}}$　答

$\tan\left(-\frac{\pi}{3}\right)=-\tan\frac{\pi}{3}=-\sqrt{3}$　答

C　$\theta+\pi$，$\theta+\frac{\pi}{2}$ の三角関数

教 p.133

練習 13

$\sin\frac{5}{4}\pi$，$\cos\frac{7}{6}\pi$，$\tan\frac{7}{6}\pi$ の値を，それぞれ求めよ。

指針 **$\theta+\pi$ の三角関数**　θ の動径と $\theta+\pi$ の動径は原点に関して対称であることを確認して，公式 **3** を利用する。

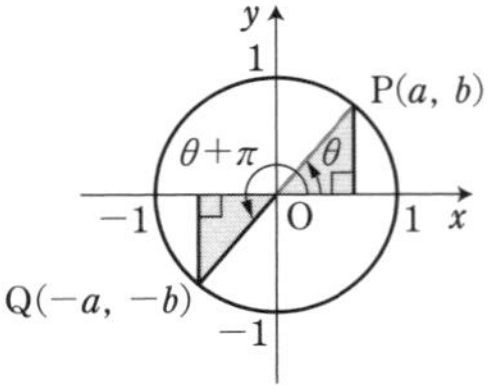

$a=\cos\theta,\ b=\sin\theta$

解答 $\sin\frac{5}{4}\pi=\sin\left(\frac{\pi}{4}+\pi\right)$

$=-\sin\frac{\pi}{4}=-\frac{1}{\sqrt{2}}$　答

$\cos\frac{7}{6}\pi=\cos\left(\frac{\pi}{6}+\pi\right)$

$=-\cos\frac{\pi}{6}=-\frac{\sqrt{3}}{2}$ 答

$\tan\frac{7}{6}\pi=\tan\left(\frac{\pi}{6}+\pi\right)=\tan\frac{\pi}{6}=\frac{1}{\sqrt{3}}$ 答

教 p.134

問 2 次の公式 3′, 4′ を証明せよ。

3′ $\begin{cases}\sin(\pi-\theta)=\sin\theta \\ \cos(\pi-\theta)=-\cos\theta \\ \tan(\pi-\theta)=-\tan\theta\end{cases}$ 4′ $\begin{cases}\sin\left(\frac{\pi}{2}-\theta\right)=\cos\theta \\ \cos\left(\frac{\pi}{2}-\theta\right)=\sin\theta \\ \tan\left(\frac{\pi}{2}-\theta\right)=\frac{1}{\tan\theta}\end{cases}$

指針 **三角関数の性質** 3′ については，$\pi+(-\theta)=(-\theta)+\pi$ として公式 3 を使う。4′ については，$\frac{\pi}{2}+(-\theta)=(-\theta)+\frac{\pi}{2}$ として公式 4 を使う。更に，公式 2 の $-\theta$ の三角関数を使って，3′, 4′ を証明できる。

解答 公式 3′ $\sin(\pi-\theta)=\sin\{(-\theta)+\pi\}=-\sin(-\theta)=\sin\theta$

$\cos(\pi-\theta)=\cos\{(-\theta)+\pi\}=-\cos(-\theta)=-\cos\theta$

$\tan(\pi-\theta)=\tan\{(-\theta)+\pi\}=\tan(-\theta)=-\tan\theta$ 終

公式 4′ $\sin\left(\frac{\pi}{2}-\theta\right)=\sin\left\{(-\theta)+\frac{\pi}{2}\right\}=\cos(-\theta)=\cos\theta$

$\cos\left(\frac{\pi}{2}-\theta\right)=\cos\left\{(-\theta)+\frac{\pi}{2}\right\}=-\sin(-\theta)=\sin\theta$

$\tan\left(\frac{\pi}{2}-\theta\right)=\tan\left\{(-\theta)+\frac{\pi}{2}\right\}=-\frac{1}{\tan(-\theta)}=\frac{1}{\tan\theta}$ 終

教 p.134

練習 14 $\sin\frac{19}{6}\pi$, $\cos\left(-\frac{17}{4}\pi\right)$, $\tan\frac{20}{3}\pi$ の値を，それぞれ求めよ。

指針 **三角関数の値** 公式 1〜4 を使って 0 から $\frac{\pi}{2}$ までの角に対する三角関数の値で表して求める。

解答 $\sin\frac{19}{6}\pi=\sin\left(\frac{7}{6}\pi+2\pi\right)=\sin\frac{7}{6}\pi=\sin\left(\frac{\pi}{6}+\pi\right)=-\sin\frac{\pi}{6}=-\frac{1}{2}$ 答

$\cos\left(-\frac{17}{4}\pi\right)=\cos\frac{17}{4}\pi=\cos\left(\frac{\pi}{4}+4\pi\right)=\cos\frac{\pi}{4}=\frac{1}{\sqrt{2}}$ 答

$\tan\frac{20}{3}\pi=\tan\left(\frac{2}{3}\pi+6\pi\right)=\tan\frac{2}{3}\pi=\tan\left(\pi-\frac{\pi}{3}\right)=-\tan\frac{\pi}{3}=-\sqrt{3}$ 答

4 三角関数のグラフ

まとめ

1 $y=\sin\theta$, $y=\cos\theta$ のグラフ

① 右の図のように，角 θ の動径と単位円の交点を $\mathrm{P}(a,\ b)$ とすると

$$\sin\theta=b,\qquad \cos\theta=a$$

となる。これらのことを用いて，関数

$$y=\sin\theta,\qquad y=\cos\theta$$

のグラフをかくことができる。

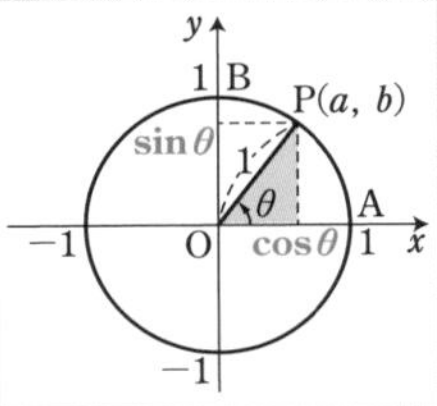

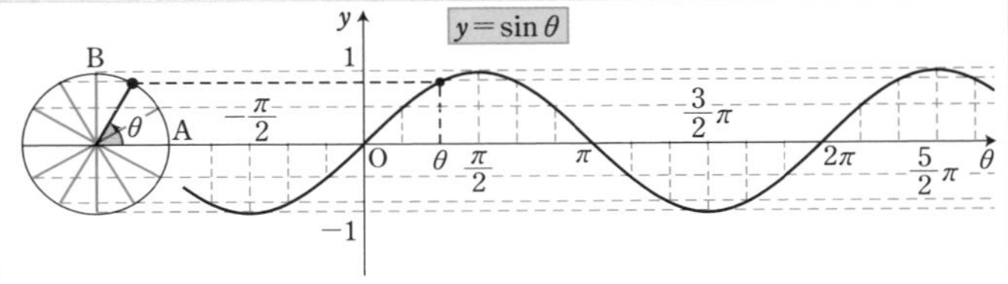

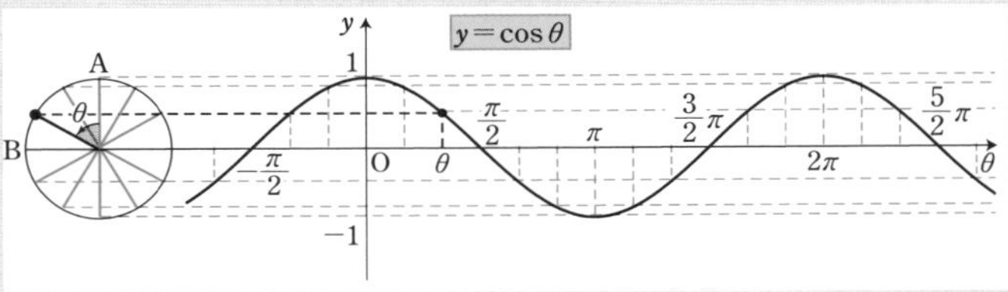

② $y=\sin\theta$ や $y=\cos\theta$ のグラフの形をした曲線を **正弦曲線** という。

$y=\cos\theta$ のグラフは $y=\sin\theta$ のグラフを，θ 軸方向に $-\dfrac{\pi}{2}$ だけ平行移動したものである。

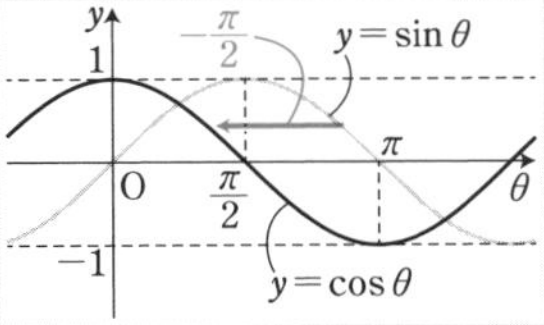

2 $y=\tan\theta$ のグラフ

① 右の図のように，角 θ の動径と単位円の交点を P とし，単位円の周上の点 $\mathrm{A}(1,\ 0)$ における接線と直線 OP の交点を $\mathrm{T}(1,\ m)$ とすると

$$\tan\theta=m$$

となる。このことを用いて，関数

$$y=\tan\theta$$

のグラフをかくことができる。

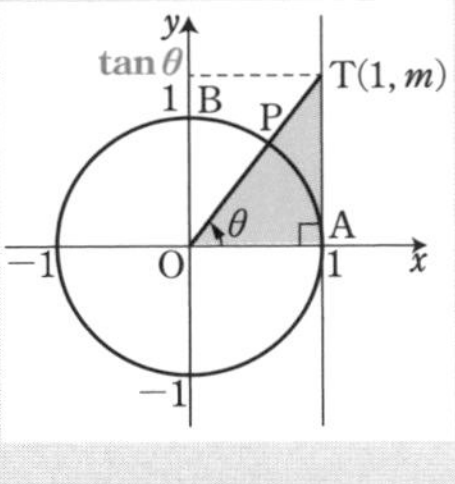

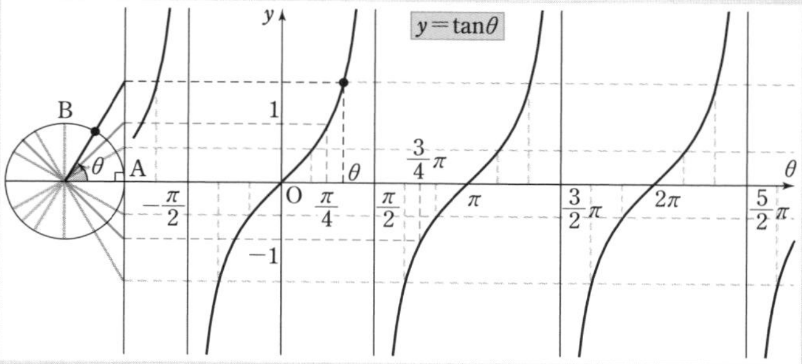

② グラフが一定の直線に限りなく近づくとき，その直線を，そのグラフの**漸近線** という。$y=\tan\theta$ のグラフは，次の直線を漸近線にもつ。

$$\text{直線 } \boldsymbol{\theta=\frac{\pi}{2}+n\pi} \quad (n \text{ は整数})$$

3 三角関数のグラフの特徴

① **$y=\sin\theta$，$y=\tan\theta$ のグラフは，原点に関して対称であり，**
$y=\cos\theta$ のグラフは，y 軸に関して対称である。

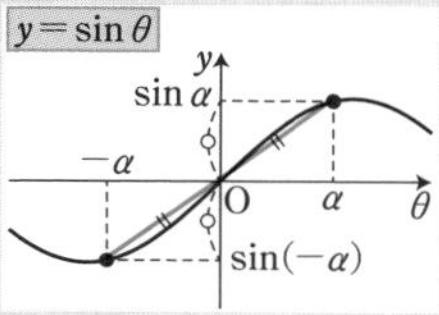

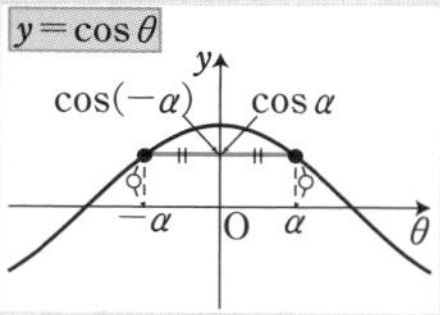

② 関数 $y=f(x)$ において

常に　$f(-x)=-f(x)$ が成り立つとき，$f(x)$ は **奇関数**

常に　$f(-x)=f(x)$　が成り立つとき，$f(x)$ は **偶関数**

であるという。奇関数のグラフは，原点に関して対称であり，偶関数のグラフは，y 軸に関して対称である。

$y=\sin\theta$，$y=\tan\theta$ は奇関数，$y=\cos\theta$ は偶関数である。

③ 関数 $f(x)$ において，0 でない定数 p があって，等式 $f(x+p)=f(x)$ が，x のどんな値に対しても成り立つとき，$f(x)$ は p を **周期** とする **周期関数** であるという。普通，周期といえば，正の周期のうち最小のものを意味する。

例えば　**$y=\sin\theta$，$y=\cos\theta$ は 2π を周期とする周期関数であり，**
$y=\tan\theta$ は π を周期とする周期関数である。

4 いろいろな三角関数のグラフ

① k が正の定数のとき，次のことが成り立つ。

関数 $y=\sin k\theta$，$y=\cos k\theta$ の周期はともに $\frac{2\pi}{k}$ であり，

関数 $y=\tan k\theta$ の周期は $\frac{\pi}{k}$ である。

4章 三角関数

A $y=\sin\theta$, $y=\cos\theta$ のグラフ　**B** $y=\tan\theta$ のグラフ

C 三角関数のグラフの特徴　**D** いろいろな三角関数のグラフ

教 p.138

練習 15

次の関数のグラフをかけ。また，その周期をいえ。

(1)　$y=2\cos\theta$　(2)　$y=\dfrac{1}{2}\sin\theta$　(3)　$y=\dfrac{1}{2}\tan\theta$

指針　**三角関数のグラフ**　$y=a\sin\theta$ のグラフは，$y=\sin\theta$ のグラフを，θ 軸をもとにして，y 軸方向に a 倍したものである。$y=a\cos\theta$，$y=a\tan\theta$ のグラフについても同様である。また，周期は $y=\sin\theta$，$y=\cos\theta$，$y=\tan\theta$ とそれぞれ同じである。

解答　(1)　$y=2\cos\theta$ のグラフは，$y=\cos\theta$ のグラフを，θ 軸をもとにして y 軸方向に 2 倍に拡大したもので，図のようになる。

周期は　**2π**　答

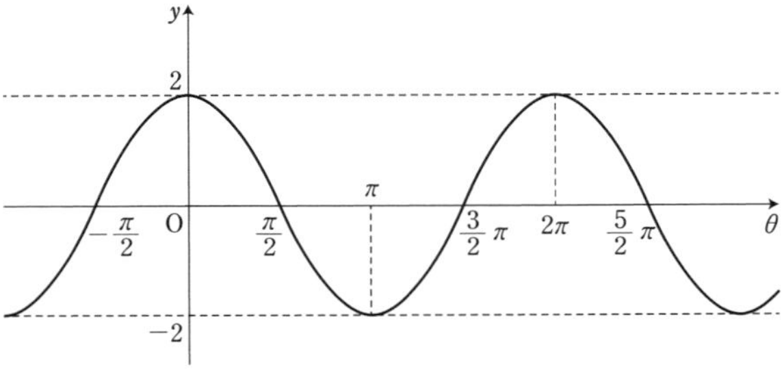

(2)　$y=\dfrac{1}{2}\sin\theta$ のグラフは，$y=\sin\theta$ のグラフを，θ 軸をもとにして y 軸方向に $\dfrac{1}{2}$ 倍に縮小したもので，図のようになる。

周期は　**2π**　答

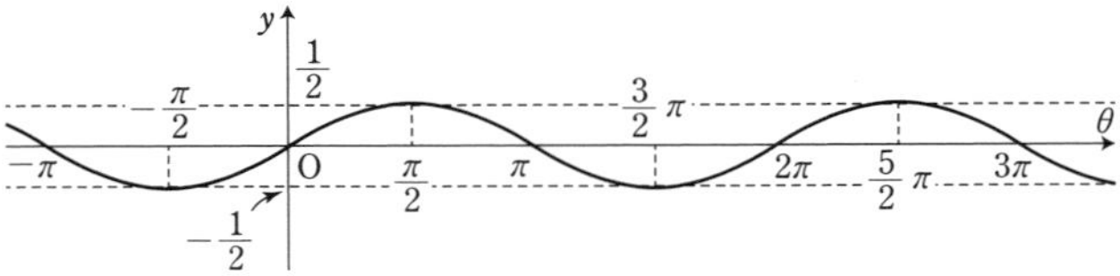

(3) $y=\frac{1}{2}\tan\theta$ のグラフは，$y=\tan\theta$ のグラフを，θ 軸をもとにして y 軸方向に $\frac{1}{2}$ 倍に縮小したもので，図のようになる。

周期は　　**π**　答

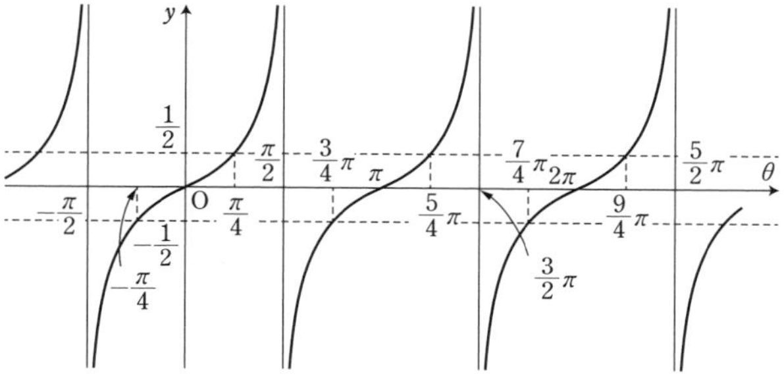

練習 16　教 p.139

次の関数のグラフをかけ。また，その周期をいえ。

(1) $y=\sin\left(\theta-\frac{\pi}{4}\right)$　　(2) $y=\cos\left(\theta+\frac{\pi}{6}\right)$

(3) $y=\tan\left(\theta-\frac{\pi}{4}\right)$

指針　**三角関数のグラフ**　$y=\sin(\theta-\alpha)$ のグラフは，$y=\sin\theta$ のグラフを θ 軸方向に α だけ平行移動したものである。
$y=\cos(\theta-\alpha)$，$y=\tan(\theta-\alpha)$ についても同様である。
また，周期は $y=\sin\theta$，$y=\cos\theta$，$y=\tan\theta$ とそれぞれ同じである。

解答 (1) $y=\sin\left(\theta-\frac{\pi}{4}\right)$ のグラフは，$y=\sin\theta$ のグラフを，θ 軸方向に $\frac{\pi}{4}$ だけ平行移動したもので，図のようになる。

周期は　　**2π**　答

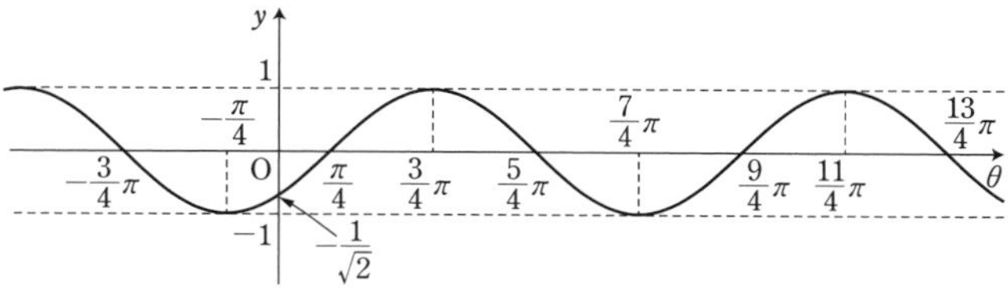

(2) $y=\cos\left(\theta+\dfrac{\pi}{6}\right)$ のグラフは，$y=\cos\theta$ のグラフを，θ 軸方向に $-\dfrac{\pi}{6}$ だけ平行移動したもので，図のようになる。

周期は　**2π** 答

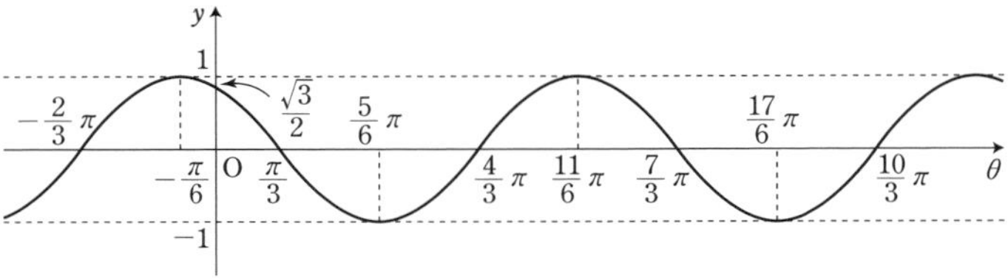

(3) $y=\tan\left(\theta-\dfrac{\pi}{4}\right)$ のグラフは，$y=\tan\theta$ のグラフを，θ 軸方向に $\dfrac{\pi}{4}$ だけ平行移動したもので，図のようになる。

周期は　**π** 答

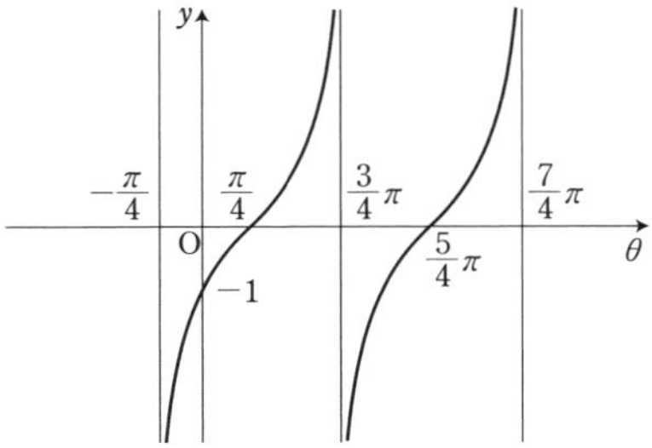

練習 17 　教 p.140

次の関数のグラフをかけ。また，その周期をいえ。

(1) $y=\sin 3\theta$　　(2) $y=\cos\dfrac{\theta}{2}$　　(3) $y=\tan 2\theta$

指針 **三角関数のグラフ**　$y=\sin k\theta$ のグラフは，$y=\sin\theta$ のグラフを，y 軸をもとにして θ 軸方向に $\dfrac{1}{k}$ 倍したものである。

$y=\cos k\theta$，$y=\tan k\theta$ のグラフについても同様である。

また，周期は $\dfrac{1}{k}$ 倍となる。

解答 (1) $y=\sin 3\theta$ のグラフは，$y=\sin\theta$ のグラフを，y 軸をもとにして θ 軸方向に $\dfrac{1}{3}$ 倍に縮小したもので，図のようになる。

周期は　$\dfrac{2\pi}{3}=\boldsymbol{\dfrac{2}{3}\pi}$ 答

教科書 p.140

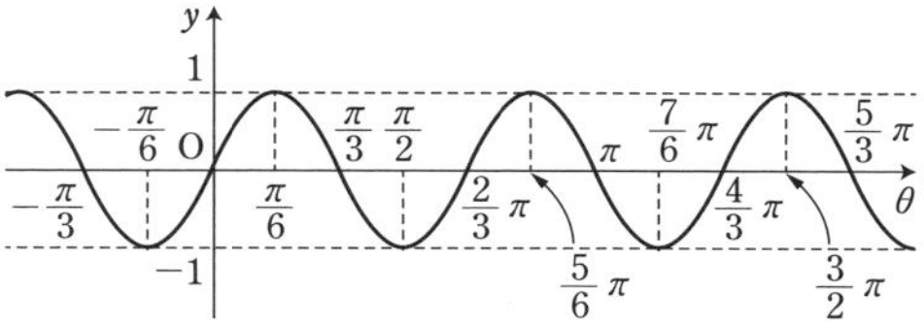

(2) $y=\cos\frac{\theta}{2}$ のグラフは，$y=\cos\theta$ のグラフを，y 軸をもとにして θ 軸方向に 2 倍に拡大したもので，図のようになる。

周期は　　$2\pi\div\frac{1}{2}=\boldsymbol{4\pi}$ 答

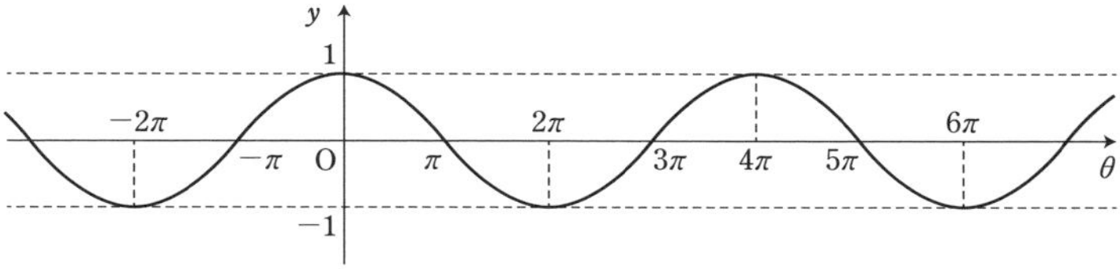

(3) $y=\tan 2\theta$ のグラフは，$y=\tan\theta$ のグラフを，y 軸をもとにして θ 軸方向に $\frac{1}{2}$ 倍に縮小したもので，図のようになる。

周期は　　$\boldsymbol{\frac{\pi}{2}}$ 答

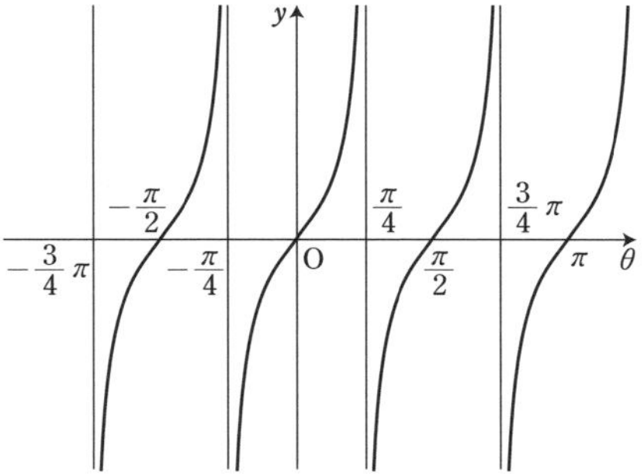

練習 18　　教 p.140

次の関数のグラフをかけ。また，その周期をいえ。

(1) $y=\sin 2\left(\theta+\frac{\pi}{3}\right)$　　　(2) $y=\cos\left(\frac{\theta}{2}-\frac{\pi}{4}\right)$

指針 **三角関数のグラフ**　(1) は $y=\sin 2\theta$，(2) は $y=\cos\frac{\theta}{2}$ のグラフを θ 軸方向に平行移動したものである。

解答 (1)　$y=\sin 2\theta$ のグラフを θ 軸方向に $-\dfrac{\pi}{3}$ だけ平行移動したもので，図のようになる。

周期は　　$\dfrac{2\pi}{2}=\boldsymbol{\pi}$　答

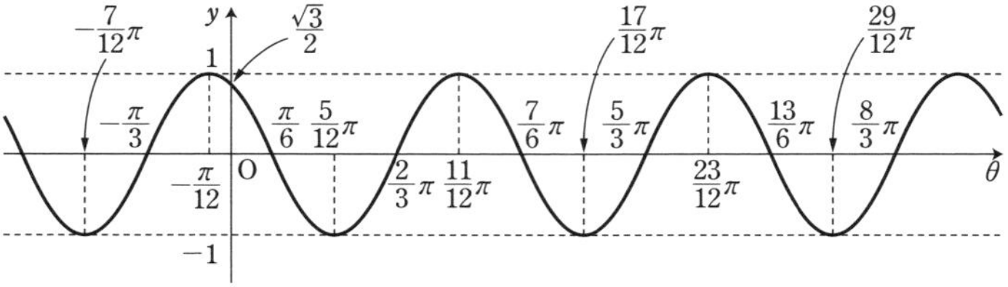

(2)　$\cos\left(\dfrac{\theta}{2}-\dfrac{\pi}{4}\right)=\cos\dfrac{1}{2}\left(\theta-\dfrac{\pi}{2}\right)$

$y=\cos\dfrac{1}{2}\left(\theta-\dfrac{\pi}{2}\right)$ のグラフは，$y=\cos\dfrac{\theta}{2}$ のグラフを θ 軸方向に $\dfrac{\pi}{2}$ だけ平行移動したもので，図のようになる。

周期は　　$2\pi\div\dfrac{1}{2}=\boldsymbol{4\pi}$　答

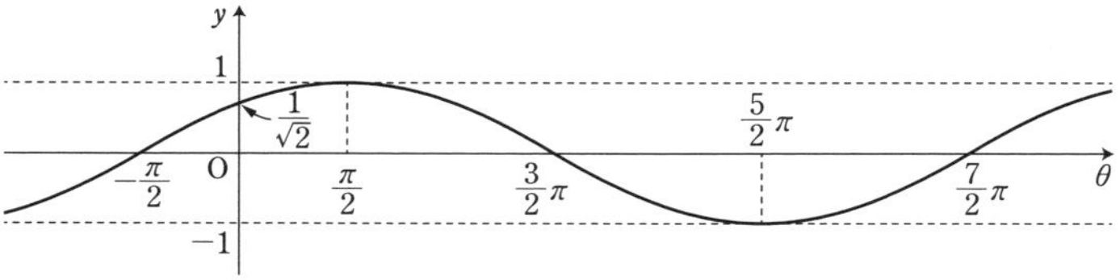

5　三角関数の応用

まとめ

1　三角関数を含む方程式，不等式

① **三角関数を含む方程式**　次の方程式を満たす θ は，それぞれの図で，動径 OP，OQ の表す角である。

$\sin\theta=k\ (|k|\leqq 1)$

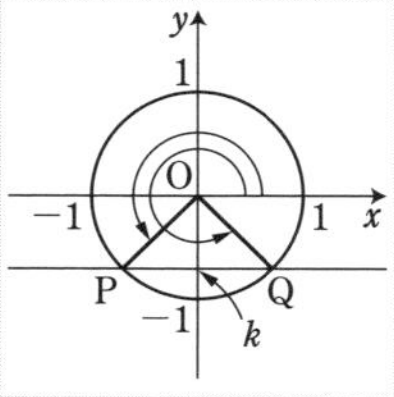

$\cos\theta=k\ (|k|\leqq 1)$

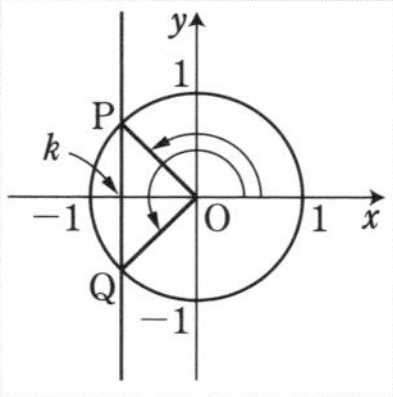

$\tan\theta=k$

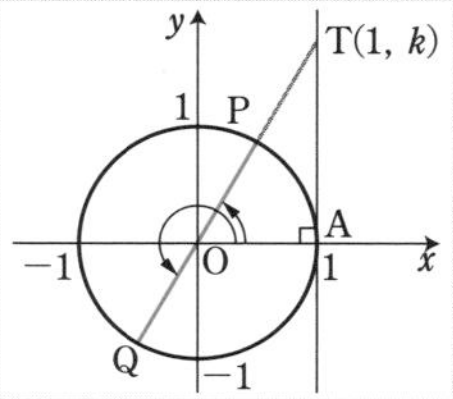

注意 単位円周上の点Pの座標は，動径OPの表す角をθとすると，$P(\cos\theta,\ \sin\theta)$である。よって，$\sin\theta=k$は，$y=k$と単位円の交点，$\cos\theta=k$は，$x=k$と単位円の交点，$\tan\theta=k$は，$x=1$と$y=k$の交点により，$\theta$を表す動径が得られる。

② **三角関数を含む不等式**　不等式$\sin\theta>k$，$\cos\theta\leqq k$，$\tan\theta>k$などの解を求めるには

[1]　不等号を＝とおいた方程式の解を求める。

[2]　その解を利用して，動径の存在範囲を調べて不等式の解を求める。

A 三角関数を含む方程式，不等式

練習 19　教 p.141

$0\leqq\theta<2\pi$のとき，次の方程式を解け。また，θの範囲に制限がないときの解を求めよ。

(1)　$2\sin\theta-1=0$　　(2)　$2\cos\theta+\sqrt{3}=0$

指針 **三角関数を含む方程式**　(1)は$\sin\theta=\dfrac{1}{2}$，(2)は$\cos\theta=-\dfrac{\sqrt{3}}{2}$と変形して単位円で考える。

解答 (1)　方程式を変形すると　$\sin\theta=\dfrac{1}{2}$

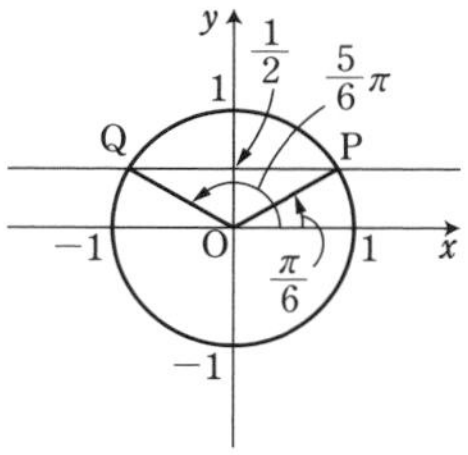

単位円上で，y座標が$\dfrac{1}{2}$となる点は，図の2点P，Qで，求めるθは，動径OP，OQの表す角である。

$0\leqq\theta<2\pi$のとき　$\boldsymbol{\theta=\dfrac{\pi}{6},\ \dfrac{5}{6}\pi}$　答

θの範囲に制限がないとき

$$\boldsymbol{\theta=\frac{\pi}{6}+2n\pi,\ \frac{5}{6}\pi+2n\pi}\quad(\boldsymbol{n}\text{ **は整数**})$$　答

(2)　方程式を変形すると　$\cos\theta=-\dfrac{\sqrt{3}}{2}$

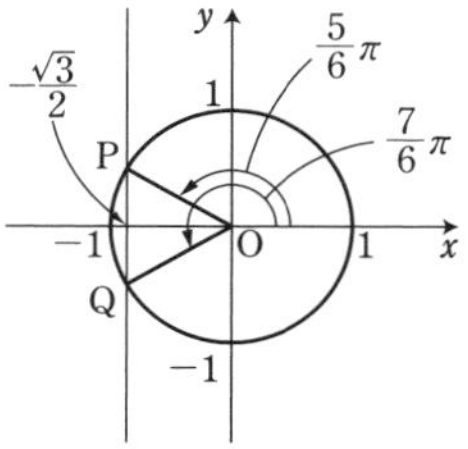

単位円上で，x座標が$-\dfrac{\sqrt{3}}{2}$となる点は，図の2点P，Qで，求めるθは，動径OP，OQの表す角である。

$0\leqq\theta<2\pi$のとき　$\boldsymbol{\theta=\dfrac{5}{6}\pi,\ \dfrac{7}{6}\pi}$　答

θの範囲に制限がないとき

$\theta=\frac{5}{6}\pi+2n\pi,\ \frac{7}{6}\pi+2n\pi$ （n は整数） 答

教 p.141

問 3 方程式 $\tan\theta=\sqrt{3}$ の解は $\theta=\frac{\pi}{3}+n\pi$（$n$ は整数）であることを示せ。

指針 **三角関数を含む方程式** 角 θ が表す動径の延長と直線 $x=1$ の交点を T(1, m) とすると，$\tan\theta=m$ であることを利用する。

解答 直線 $x=1$ 上に点 T(1, $\sqrt{3}$) をとり，直線 OT と単位円との交点を P，Q とすると，求める θ は，動径 OP，OQ の表す角である。

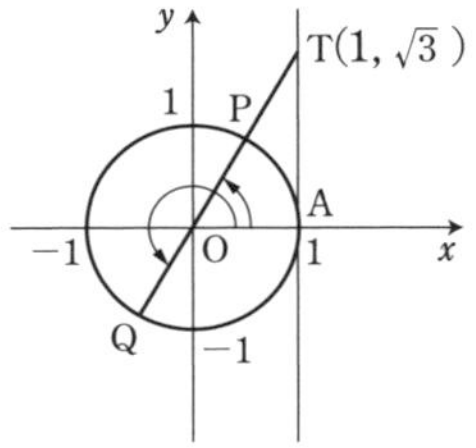

$0\leqq\theta<2\pi$ のとき $\theta=\frac{\pi}{3},\ \frac{4}{3}\pi$ であるから，θ の範囲に制限がないとき，求める解は

$$\theta=\frac{\pi}{3}+n\pi \quad (n \text{ は整数})$$ 終

教 p.141

練習 20 $0\leqq\theta<2\pi$ のとき，方程式 $\tan\theta=1$ を解け。また，θ の範囲に制限がないときの解を求めよ。

指針 **三角関数を含む方程式** 角 θ が表す動径の延長と直線 $x=1$ の交点を T(1, 1) とすると，$\tan\theta=1$ である。

解答 直線 $x=1$ 上に点 T(1, 1) をとり，直線 OT と単位円との交点を P，Q とすると，求める θ は，動径 OP，OQ の表す角である。

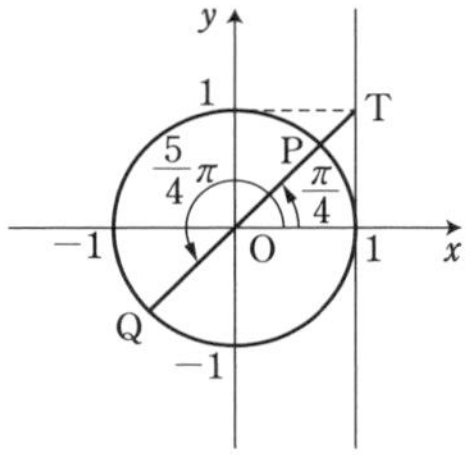

$0\leqq\theta<2\pi$ のとき

$$\boldsymbol{\theta=\frac{\pi}{4},\ \frac{5}{4}\pi}$$ 答

θ の範囲に制限がないとき

$$\boldsymbol{\theta=\frac{\pi}{4}+n\pi} \quad (\boldsymbol{n} \textbf{ は整数})$$ 答

教 p.142

練習 21 $0\leqq\theta<2\pi$ のとき，次の不等式を解け。

(1) $2\sin\theta<-\sqrt{3}$　　(2) $\sqrt{2}\cos\theta-1\geqq0$

指針 **三角関数を含む不等式** 単位円，またはグラフにより求める。

教科書 *p*.142

(1) $\sin\theta<-\frac{\sqrt{3}}{2}$ (2) $\cos\theta\geqq\frac{1}{\sqrt{2}}$ と変形して解く。

解答 単位円を利用した図と，三角関数のグラフのどちらで求めてもよい。

(1) $\sin\theta<-\frac{\sqrt{3}}{2}$ で，図から $\boldsymbol{\frac{4}{3}\pi<\theta<\frac{5}{3}\pi}$ 答

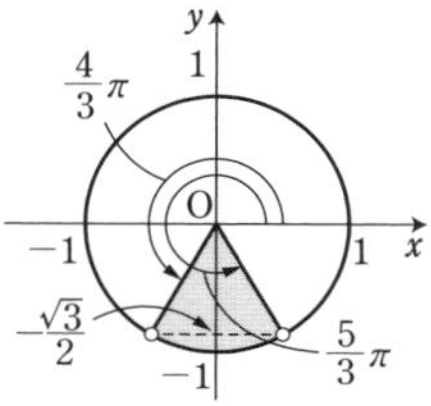

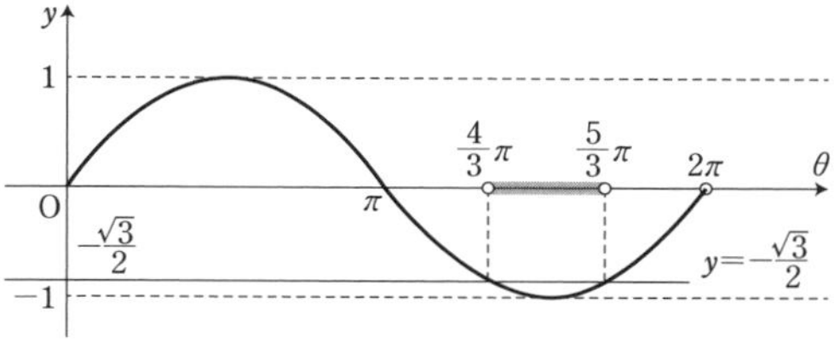

(2) $\cos\theta\geqq\frac{1}{\sqrt{2}}$ で，図から $\boldsymbol{0\leqq\theta\leqq\frac{\pi}{4},\ \frac{7}{4}\pi\leqq\theta<2\pi}$ 答

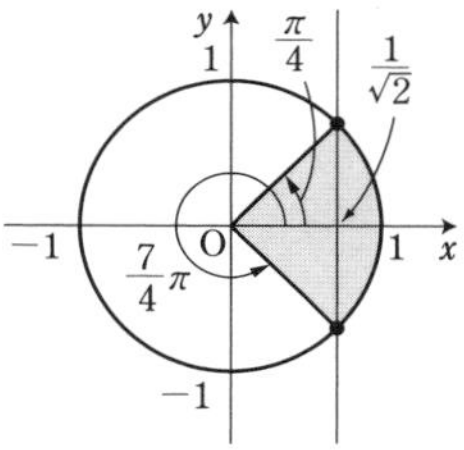

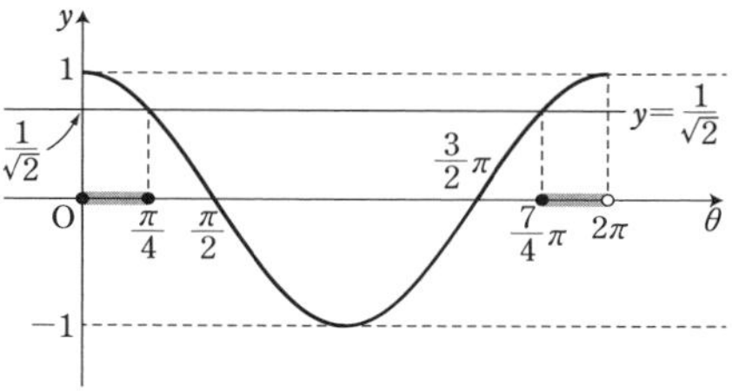

教 p.142

問 4 $0\leqq\theta<2\pi$ のとき，不等式 $\tan\theta<\sqrt{3}$ を解け。

指針 **三角関数を含む不等式** $\tan\theta=\sqrt{3}$ を満たす θ の値を求めて，単位円，またはグラフで，不等式を満たす θ の値の範囲を求める。

解答 直線 $x=1$ 上に点 T をとり，OT と単位円の交点を図のように P，Q とする。

$0\leqq\theta<2\pi$ の範囲で $\tan\theta=\sqrt{3}$ を満たす θ の値は

$\theta=\frac{\pi}{3},\ \frac{4}{3}\pi$

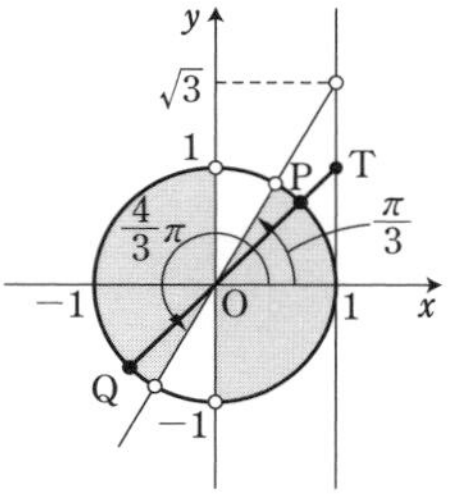

直線 OT が，右の図の影の部分を通るとき，すなわち動径 OP，OQ が影の部分にあるとき，θ は与えられた不等式を満たす。

$\theta\neq\frac{\pi}{2},\ \theta\neq\frac{3}{2}\pi$ であるから，求める θ の値の範囲は

$\boldsymbol{0\leqq\theta<\frac{\pi}{3},\ \frac{\pi}{2}<\theta<\frac{4}{3}\pi,\ \frac{3}{2}\pi<\theta<2\pi}$ 答

別解　求める θ の値の範囲は，関数 $y=\tan\theta\ (0\leqq\theta<2\pi)$ のグラフが，直線 $y=\sqrt{3}$ より下側にあるような θ の値の範囲である。
よって，図から

$\boldsymbol{0\leqq\theta<\frac{\pi}{3},\ \frac{\pi}{2}<\theta<\frac{4}{3}\pi,}$

$\boldsymbol{\frac{3}{2}\pi<\theta<2\pi}$　答

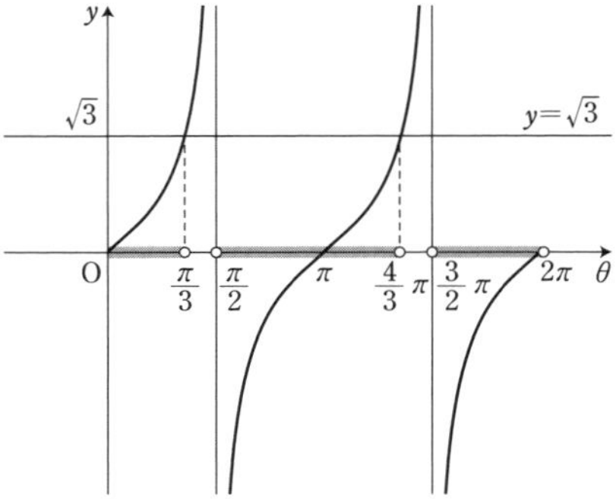

教 p.142

練習 22

$0\leqq\theta<2\pi$ のとき，不等式 $\tan\theta\geqq1$ を解け。

指針　**三角関数を含む不等式**　単位円，またはグラフにより求める。

解答　単位円を利用した図と，三角関数のグラフのどちらで求めてもよい。

$\boldsymbol{\frac{\pi}{4}\leqq\theta<\frac{\pi}{2},\ \frac{5}{4}\pi\leqq\theta<\frac{3}{2}\pi}$　答

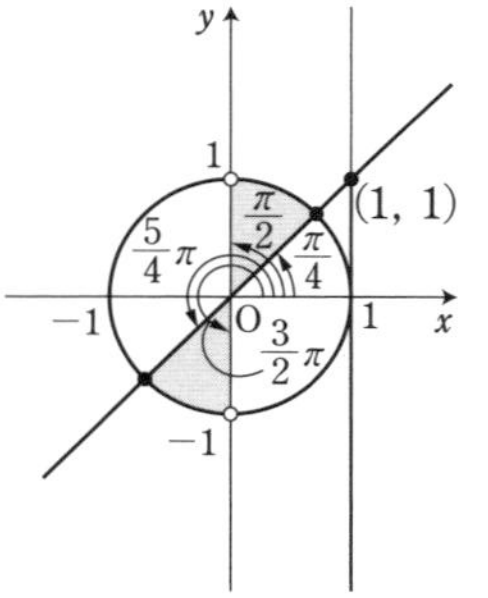

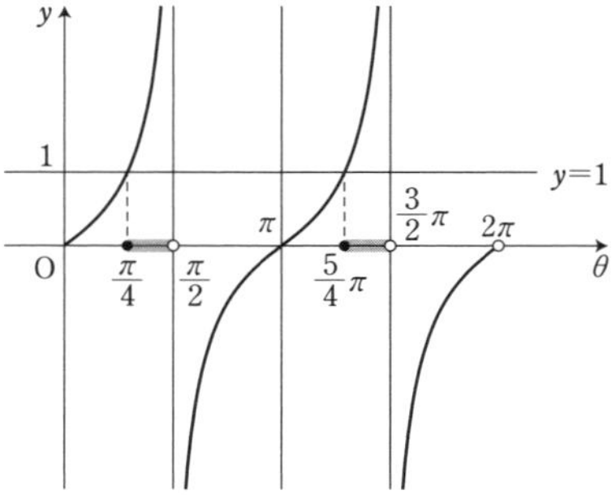

教 p.143

練習 23

$0\leqq\theta<2\pi$ のとき，次の方程式を解け。

(1)　$\sin\left(\theta+\frac{\pi}{6}\right)=\frac{\sqrt{3}}{2}$　　(2)　$\cos\left(\theta-\frac{\pi}{3}\right)=-\frac{1}{\sqrt{2}}$

(3)　$\sin\left(\theta+\frac{\pi}{4}\right)=\frac{1}{2}$　　(4)　$\tan\left(\theta+\frac{\pi}{6}\right)=1$

指針　**三角関数を含む方程式**　(　) 内の $\theta+\alpha$ のとりうる値の範囲に注意して，単位円を利用して解く。

教科書 p.143

解答 (1) $0 \leqq \theta < 2\pi$ のとき $\dfrac{\pi}{6} \leqq \theta + \dfrac{\pi}{6} < \dfrac{13}{6}\pi$ であるから

$\sin\left(\theta + \dfrac{\pi}{6}\right) = \dfrac{\sqrt{3}}{2}$ より　　$\theta + \dfrac{\pi}{6} = \dfrac{\pi}{3},\ \dfrac{2}{3}\pi$

ゆえに　　$\boldsymbol{\theta = \dfrac{\pi}{6},\ \dfrac{\pi}{2}}$ 答

(2) $0 \leqq \theta < 2\pi$ のとき $-\dfrac{\pi}{3} \leqq \theta - \dfrac{\pi}{3} < \dfrac{5}{3}\pi$ であるから

$\cos\left(\theta - \dfrac{\pi}{3}\right) = -\dfrac{1}{\sqrt{2}}$ より　　$\theta - \dfrac{\pi}{3} = \dfrac{3}{4}\pi,\ \dfrac{5}{4}\pi$

ゆえに　　$\boldsymbol{\theta = \dfrac{13}{12}\pi,\ \dfrac{19}{12}\pi}$ 答

(1)

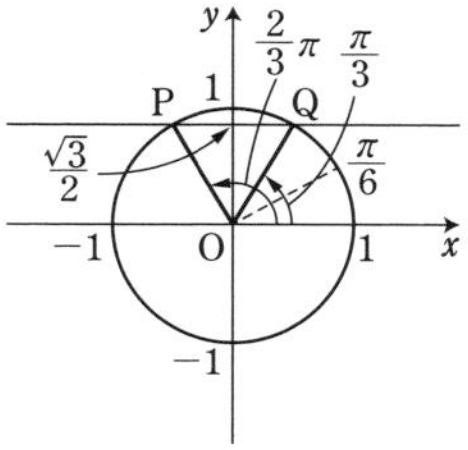

(2)

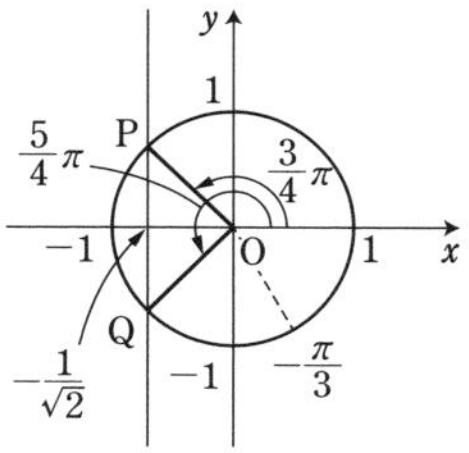

(3) $0 \leqq \theta < 2\pi$ のとき $\dfrac{\pi}{4} \leqq \theta + \dfrac{\pi}{4} < \dfrac{9}{4}\pi$ であるから

$\sin\left(\theta + \dfrac{\pi}{4}\right) = \dfrac{1}{2}$ より　　$\theta + \dfrac{\pi}{4} = \dfrac{5}{6}\pi,\ \dfrac{13}{6}\pi$

ゆえに　　$\boldsymbol{\theta = \dfrac{7}{12}\pi,\ \dfrac{23}{12}\pi}$ 答

(4) $0 \leqq \theta < 2\pi$ のとき $\dfrac{\pi}{6} \leqq \theta + \dfrac{\pi}{6} < \dfrac{13}{6}\pi$ であるから

$\tan\left(\theta + \dfrac{\pi}{6}\right) = 1$ より　　$\theta + \dfrac{\pi}{6} = \dfrac{\pi}{4},\ \dfrac{5}{4}\pi$

ゆえに　　$\boldsymbol{\theta = \dfrac{\pi}{12},\ \dfrac{13}{12}\pi}$ 答

(3)

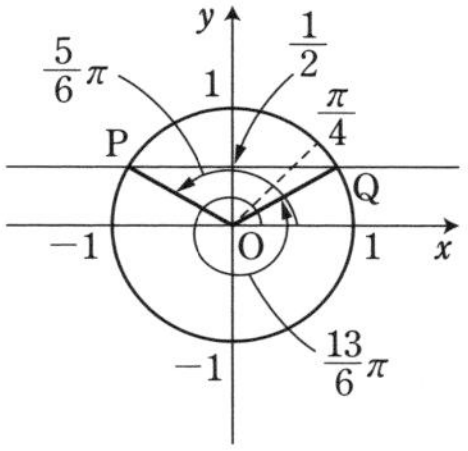

(4)

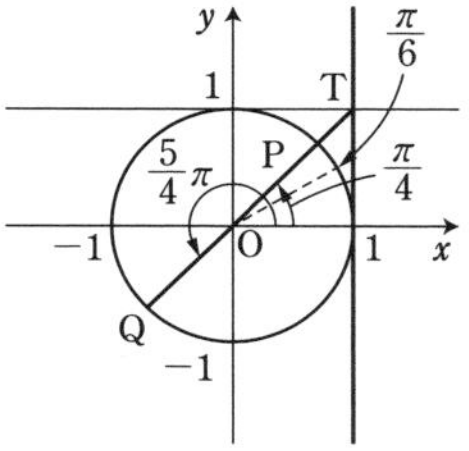

教 p.143

問 5 $0 \leqq \theta < 2\pi$ のとき，次の不等式を解け。

$$\sin\left(\theta+\frac{\pi}{3}\right) \geqq \frac{1}{\sqrt{2}}$$

指針 **三角関数を含む不等式** $\theta+\frac{\pi}{3}$ のとりうる値の範囲に注意して，単位円を利用して解く。

解答 $0 \leqq \theta < 2\pi$ のとき

$\frac{\pi}{3} \leqq \theta+\frac{\pi}{3} < \frac{7}{3}\pi$ であるから

$\sin\left(\theta+\frac{\pi}{3}\right) \geqq \frac{1}{\sqrt{2}}$ より

$\frac{\pi}{3} \leqq \theta+\frac{\pi}{3} \leqq \frac{3}{4}\pi$, $\frac{9}{4}\pi \leqq \theta+\frac{\pi}{3} < \frac{7}{3}\pi$

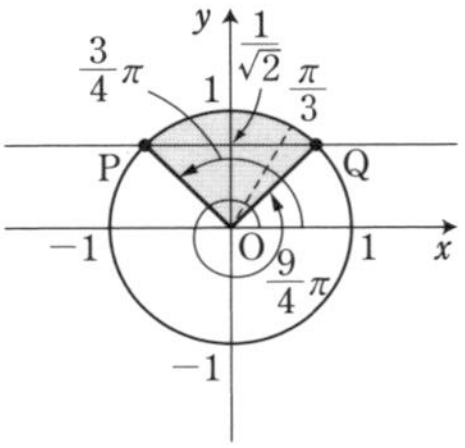

ゆえに　　$\boldsymbol{0 \leqq \theta \leqq \frac{5}{12}\pi,\ \frac{23}{12}\pi \leqq \theta < 2\pi}$ 答

教 p.143

練習 24 $0 \leqq \theta < 2\pi$ のとき，次の不等式を解け。

(1) $\cos\left(\theta+\frac{\pi}{6}\right) \geqq \frac{1}{2}$　　(2) $\sin\left(\theta-\frac{\pi}{4}\right) < \frac{\sqrt{3}}{2}$

(3) $\tan\left(\theta+\frac{\pi}{4}\right) > \sqrt{3}$

指針 **三角関数を含む不等式** (　) 内の $\theta+\alpha$, $\theta-\alpha$ のとりうる値の範囲に注意して，問 5 と同様にして解く。

解答 (1) $0 \leqq \theta < 2\pi$ のとき $\frac{\pi}{6} \leqq \theta+\frac{\pi}{6} < \frac{13}{6}\pi$ であるから

$\cos\left(\theta+\frac{\pi}{6}\right) \geqq \frac{1}{2}$ より

$\frac{\pi}{6} \leqq \theta+\frac{\pi}{6} \leqq \frac{\pi}{3}$, $\frac{5}{3}\pi \leqq \theta+\frac{\pi}{6} < \frac{13}{6}\pi$

ゆえに　　$\boldsymbol{0 \leqq \theta \leqq \frac{\pi}{6},\ \frac{3}{2}\pi \leqq \theta < 2\pi}$ 答

(2) $0 \leqq \theta < 2\pi$ のとき $-\frac{\pi}{4} \leqq \theta-\frac{\pi}{4} < \frac{7}{4}\pi$ であるから

$\sin\left(\theta-\frac{\pi}{4}\right) < \frac{\sqrt{3}}{2}$ より

$-\frac{\pi}{4} \leqq \theta-\frac{\pi}{4} < \frac{\pi}{3}$, $\frac{2}{3}\pi < \theta-\frac{\pi}{4} < \frac{7}{4}\pi$

ゆえに　$\mathbf{0 \leqq \theta < \frac{7}{12}\pi,\ \frac{11}{12}\pi < \theta < 2\pi}$　答

(3)　$0 \leqq \theta < 2\pi$ のとき $\frac{\pi}{4} \leqq \theta + \frac{\pi}{4} < \frac{9}{4}\pi$ であるから

$\tan\left(\theta + \frac{\pi}{4}\right) > \sqrt{3}$ より

$$\frac{\pi}{3} < \theta + \frac{\pi}{4} < \frac{\pi}{2},\ \frac{4}{3}\pi < \theta + \frac{\pi}{4} < \frac{3}{2}\pi$$

ゆえに　$\mathbf{\frac{\pi}{12} < \theta < \frac{\pi}{4},\ \frac{13}{12}\pi < \theta < \frac{5}{4}\pi}$　答

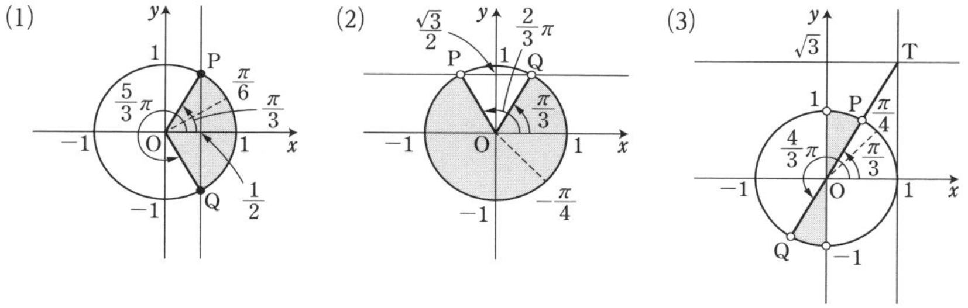

B 三角関数を含む関数の最大値，最小値

練習 25　教 p.144

$0 \leqq \theta < 2\pi$ のとき，関数 $y = \sin^2\theta - \cos\theta$ の最大値と最小値を求めよ。また，そのときの θ の値を求めよ。

指針　**三角関数を含む関数の最大値，最小値**　$\sin^2\theta + \cos^2\theta = 1$ より

$\sin^2\theta = 1 - \cos^2\theta$ を用いて，y を $\cos\theta$ だけの式にする。

$\cos\theta = t$ とおくと　　$-1 \leqq t \leqq 1,\ y = -t^2 - t + 1$

よって，t の 2 次関数の最大・最小をまず考える。

解答　$\cos\theta = t$ とおくと，$0 \leqq \theta < 2\pi$ であるから

$-1 \leqq t \leqq 1$ …… ①

y を t で表すと

$$\begin{aligned} y &= \sin^2\theta - \cos\theta \\ &= (1 - \cos^2\theta) - \cos\theta \\ &= -t^2 - t + 1 \\ &= -\left(t + \frac{1}{2}\right)^2 + \frac{5}{4} \end{aligned}$$

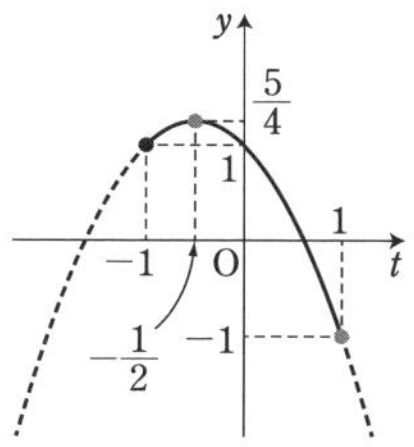

① の範囲において，y は

$t = -\frac{1}{2}$ で最大値 $\frac{5}{4}$ をとり

$t=1$　　で最小値 -1 をとる。

また，$0\leqq\theta<2\pi$ であるから

$t=-\dfrac{1}{2}$ ならば　$\theta=\dfrac{2}{3}\pi,\ \dfrac{4}{3}\pi$，　$t=1$ ならば　$\theta=0$

よって，この関数は

$\boldsymbol{\theta=\dfrac{2}{3}\pi,\ \dfrac{4}{3}\pi}$ で最大値 $\boldsymbol{\dfrac{5}{4}}$ をとり，

$\boldsymbol{\theta=0}$ で最小値 $\boldsymbol{-1}$ をとる。 答

注意 図は，$0\leqq\theta<2\pi$ における関数 $y=\sin^2\theta-\cos\theta$ のグラフの概形である。

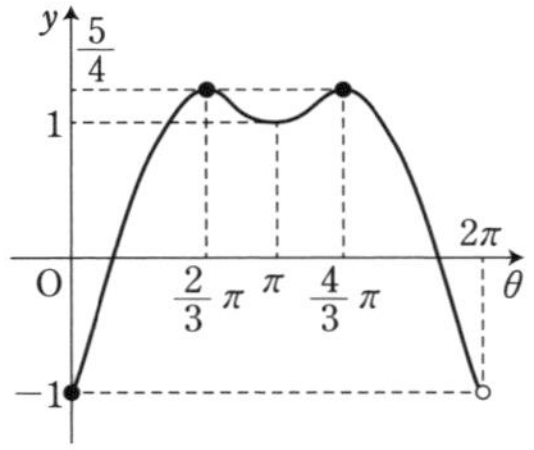

第4章 第1節　問題

教 p.145

1 $\tan\theta=3$ のとき，$\sin\theta$ と $\cos\theta$ の値を求めよ。

指針 **三角関数の相互関係**　$\tan\theta>0$ であるから，θ は第 1 象限または第 3 象限の角である。$\cos\theta$ の値は $1+\tan^2\theta=\dfrac{1}{\cos^2\theta}$，$\sin\theta$ の値は $\sin\theta=\cos\theta\tan\theta$ をそれぞれ利用して求める。

解答 $\tan\theta>0$ より，θ の動径は第 1 象限または第 3 象限にある。

θ の動径が第 1 象限にあるとき　$\cos\theta>0$

$$\cos^2\theta=\frac{1}{1+\tan^2\theta}=\frac{1}{1+3^2}=\frac{1}{10} \text{ より}\quad \cos\theta=\frac{1}{\sqrt{10}}$$

$$\sin\theta=\cos\theta\tan\theta=\frac{1}{\sqrt{10}}\cdot 3=\frac{3}{\sqrt{10}}$$

θ の動径が第 3 象限にあるとき　$\cos\theta<0$　　よって　$\cos\theta=-\dfrac{1}{\sqrt{10}}$

$$\sin\theta=-\frac{1}{\sqrt{10}}\cdot 3=-\frac{3}{\sqrt{10}}$$

ゆえに　$\boldsymbol{\sin\theta=\dfrac{3}{\sqrt{10}}}$，　$\boldsymbol{\cos\theta=\dfrac{1}{\sqrt{10}}}$

または　$\boldsymbol{\sin\theta=-\dfrac{3}{\sqrt{10}}}$，$\boldsymbol{\cos\theta=-\dfrac{1}{\sqrt{10}}}$　答

教 p.145

2 次の等式を証明せよ。

(1)　$\sin^2\theta-\sin^4\theta=\cos^2\theta-\cos^4\theta$

(2)　$\dfrac{\tan\theta}{\sin\theta}-\dfrac{\sin\theta}{\tan\theta}=\sin\theta\tan\theta$

指針 **等式の証明**　$\sin^2\theta+\cos^2\theta=1$，$\tan\theta=\dfrac{\sin\theta}{\cos\theta}$ を利用して，複雑な形をしている辺を変形し，より簡単な辺へと導く。

解答 (1)　$\sin^2\theta-\sin^4\theta=\sin^2\theta(1-\sin^2\theta)=(1-\cos^2\theta)\cos^2\theta$

$=\cos^2\theta-\cos^4\theta$　終

(2)　$\dfrac{\tan\theta}{\sin\theta}-\dfrac{\sin\theta}{\tan\theta}=\dfrac{1}{\sin\theta}\cdot\dfrac{\sin\theta}{\cos\theta}-\sin\theta\cdot\dfrac{\cos\theta}{\sin\theta}=\dfrac{1}{\cos\theta}-\cos\theta$

$=\dfrac{1-\cos^2\theta}{\cos\theta}=\dfrac{\sin^2\theta}{\cos\theta}=\sin\theta\cdot\dfrac{\sin\theta}{\cos\theta}=\sin\theta\tan\theta$　終

教 p.145

3 次の関数のグラフをかけ。また，その周期をいえ。

(1) $y=\tan\left(\theta-\frac{\pi}{6}\right)$　　(2) $y=\sin\frac{\theta}{2}+1$

(3) $y=-\cos\left(\frac{\theta}{2}+\frac{\pi}{2}\right)$

指針 **三角関数のグラフ，周期**　$y=a\sin k\theta\ (a>0,\ k>0)$ のグラフは，

$y=\sin\theta$ のグラフを θ 軸方向に $\frac{1}{k}$ 倍，y 軸方向に a 倍したもの，

$y=\sin(\theta-\alpha)$ のグラフは，$y=\sin\theta$ のグラフを θ 軸方向に α だけ平行移動したものである。

また，関数 $y=\sin k\theta$，$y=\cos k\theta$ の周期はともに $\frac{2\pi}{k}$ であり，関数

$y=\tan k\theta$ の周期は $\frac{\pi}{k}$ である。

(3) $y=-\cos\left(\frac{\theta}{2}+\frac{\pi}{2}\right)=\sin\frac{\theta}{2}$ である。

解答 (1) $y=\tan\left(\theta-\frac{\pi}{6}\right)$ のグラフは，$y=\tan\theta$ のグラフを θ 軸方向に $\frac{\pi}{6}$ だけ平行移動したもので，図のようになる。

周期は　$\boldsymbol{\pi}$ 答

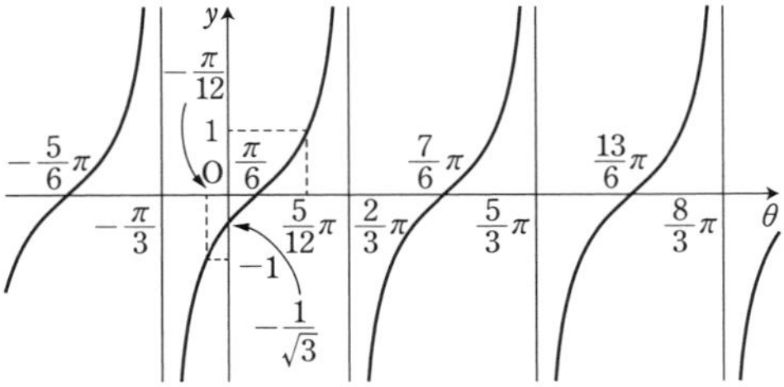

(2) $y=\sin\frac{\theta}{2}+1$ のグラフは，$y=\sin\theta$ のグラフを，y 軸をもとにして θ 軸方向に 2 倍して，y 軸方向に 1 だけ平行移動したもので，図のようになる。

周期は　$2\cdot2\pi=\boldsymbol{4\pi}$ 答

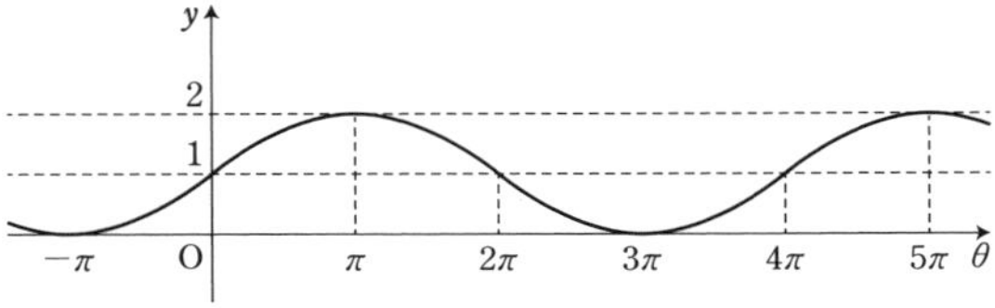

教科書 p.145

(3) $-\cos\left(\frac{\theta}{2}+\frac{\pi}{2}\right)=\sin\frac{\theta}{2}$

$y=\sin\frac{\theta}{2}$ のグラフは，$y=\sin\theta$ のグラフを，y 軸をもとにして θ 軸方向に 2 倍に拡大したもので，図のようになる。

周期は，(3) の関数の周期と等しく　**4π** 答

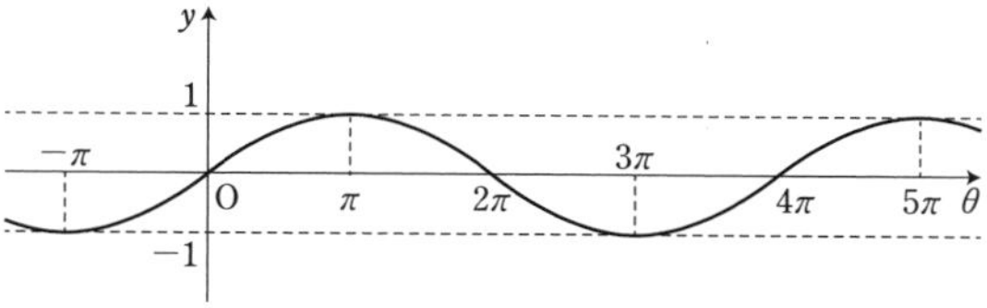

教 p.145

4 $0\leqq\theta<2\pi$ のとき，次の方程式，不等式を解け。

(1) $\sqrt{6}\cos\theta+\sqrt{3}=0$　(2) $2\sin\theta\leqq\sqrt{3}$　(3) $\tan\theta+\sqrt{3}\leqq0$

(4) $\sin\left(\theta-\frac{\pi}{3}\right)=-\frac{1}{2}$　(5) $\cos\left(\theta+\frac{\pi}{4}\right)>-\frac{\sqrt{3}}{2}$

指針 **三角関数を含む方程式，不等式**　単位円を利用して解く。

解答 (1) $\cos\theta=-\frac{1}{\sqrt{2}}$ より　$\boldsymbol{\theta=\frac{3}{4}\pi,\ \frac{5}{4}\pi}$ 答

(2) $\sin\theta\leqq\frac{\sqrt{3}}{2}$ より　$\boldsymbol{0\leqq\theta\leqq\frac{\pi}{3},\ \frac{2}{3}\pi\leqq\theta<2\pi}$ 答

(3) $\tan\theta\leqq-\sqrt{3}$ より　$\boldsymbol{\frac{\pi}{2}<\theta\leqq\frac{2}{3}\pi,\ \frac{3}{2}\pi<\theta\leqq\frac{5}{3}\pi}$ 答

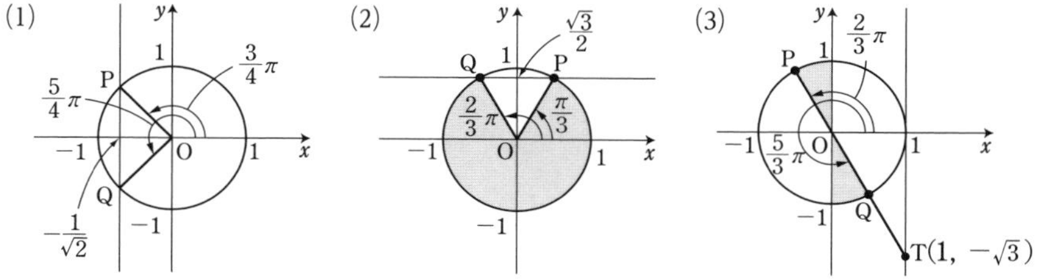

(4) $0\leqq\theta<2\pi$ のとき $-\frac{\pi}{3}\leqq\theta-\frac{\pi}{3}<\frac{5}{3}\pi$ であるから

$\sin\left(\theta-\frac{\pi}{3}\right)=-\frac{1}{2}$ より　$\theta-\frac{\pi}{3}=-\frac{\pi}{6},\ \frac{7}{6}\pi$

ゆえに　$\boldsymbol{\theta=\frac{\pi}{6},\ \frac{3}{2}\pi}$ 答

(5)　$0 \leqq \theta < 2\pi$ のとき $\frac{\pi}{4} \leqq \theta + \frac{\pi}{4} < \frac{9}{4}\pi$ であるから

$\cos\left(\theta + \frac{\pi}{4}\right) > -\frac{\sqrt{3}}{2}$ より　$\frac{\pi}{4} \leqq \theta + \frac{\pi}{4} < \frac{5}{6}\pi$，$\frac{7}{6}\pi < \theta + \frac{\pi}{4} < \frac{9}{4}\pi$

ゆえに　　$\boldsymbol{0 \leqq \theta < \frac{7}{12}\pi}$，$\boldsymbol{\frac{11}{12}\pi < \theta < 2\pi}$　答

(4)
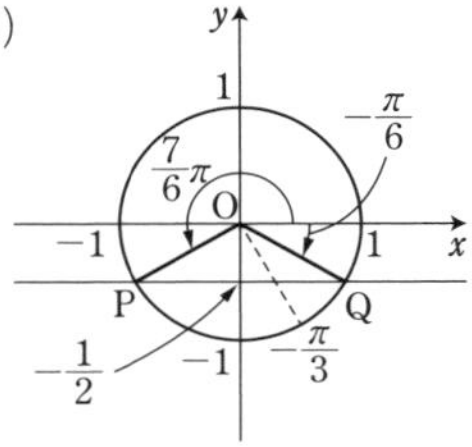

(5)
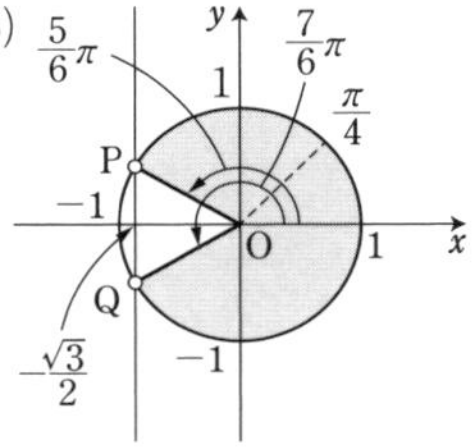

教 p.145

5　次の関数の最大値，最小値があれば，それを求めよ。また，そのときの θ の値を求めよ。

(1)　$y = -\sin\theta - 2$　$(0 \leqq \theta \leqq \pi)$　　(2)　$y = \cos^2\theta + \sin\theta$　$(0 \leqq \theta < 2\pi)$

(3)　$y = \tan^2\theta + 2\tan\theta + 3$　$\left(-\frac{\pi}{2} < \theta < \frac{\pi}{2}\right)$

指針　**三角関数を含む関数の最大値，最小値**

(1)　$0 \leqq \theta \leqq \pi$ のとき，$0 \leqq \sin\theta \leqq 1$ である。

(2)　$\cos^2\theta = 1 - \sin^2\theta$ を利用して，y を $\sin\theta$ だけの式にする。
$\sin\theta = t$ とおくと，右辺は t の 2 次式となる。

(3)　$\tan\theta = t$ とおくと，右辺は t の 2 次式となる。t は任意の実数値をとる。

解答　(1)　$\sin\theta = t$ とおくと　$0 \leqq t \leqq 1$

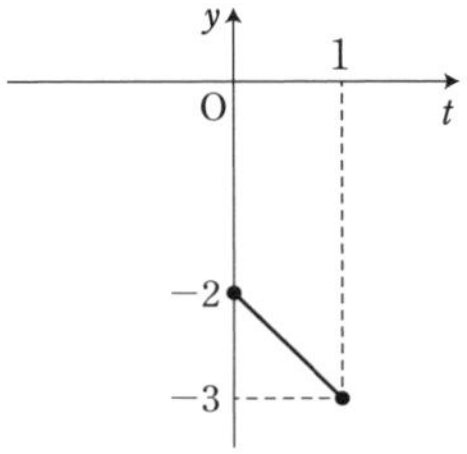

y を t で表すと　$y = -t - 2$

したがって，y は

$t = 0$ で　最大値 -2 をとり，

$t = 1$ で　最小値 -3 をとる。

また，$0 \leqq \theta \leqq \pi$ であるから

$t = 0$ ならば $\theta = 0$，π，$t = 1$ ならば $\theta = \frac{\pi}{2}$

よって，この関数は　$\boldsymbol{\theta = 0}$，$\boldsymbol{\pi}$ **で最大値** $\boldsymbol{-2}$ をとり，

$\boldsymbol{\theta = \frac{\pi}{2}}$　**で最小値** $\boldsymbol{-3}$ をとる。　答

(2)　$\sin\theta=t$ とおくと　$-1 \leqq t \leqq 1$

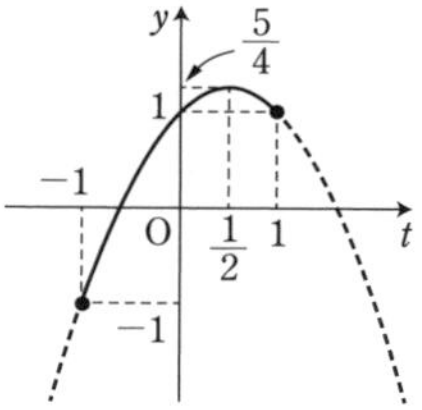

y を t で表すと

$y=(1-\sin^2\theta)+\sin\theta$

$=-t^2+t+1$

$=-\left(t-\frac{1}{2}\right)^2+\frac{5}{4}$

したがって，y は

$t=\frac{1}{2}$ で　最大値 $\frac{5}{4}$ をとり，$t=-1$ で　最小値 -1 をとる。

また，$0 \leqq \theta < 2\pi$ であるから

$t=\frac{1}{2}$ ならば $\theta=\frac{\pi}{6}$，$\frac{5}{6}\pi$，$t=-1$ ならば $\theta=\frac{3}{2}\pi$

よって，この関数は　**$\theta=\frac{\pi}{6}$，$\frac{5}{6}\pi$ で最大値 $\frac{5}{4}$** をとり，

$\theta=\frac{3}{2}\pi$　　で最小値 -1 をとる。 答

(3)　$\tan\theta=t$ とおくと　t は任意の実数値をとる。

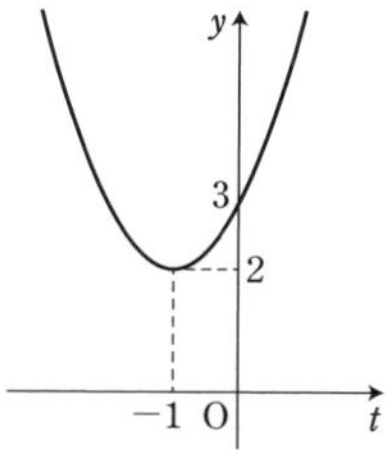

y を t で表すと

$y=t^2+2t+3=(t+1)^2+2$

したがって，y は

$t=-1$ で　最小値 2

最大値はない。

また，$-\frac{\pi}{2}<\theta<\frac{\pi}{2}$ であるから

$t=-1$ ならば　$\theta=-\frac{\pi}{4}$

よって，この関数は　**$\theta=-\frac{\pi}{4}$ で最小値 2** をとる。

最大値はない。 答

教 p.145

6 下の三角関数 ①～⑧ のうち，グラフが右の図のようになるものをすべて選べ。

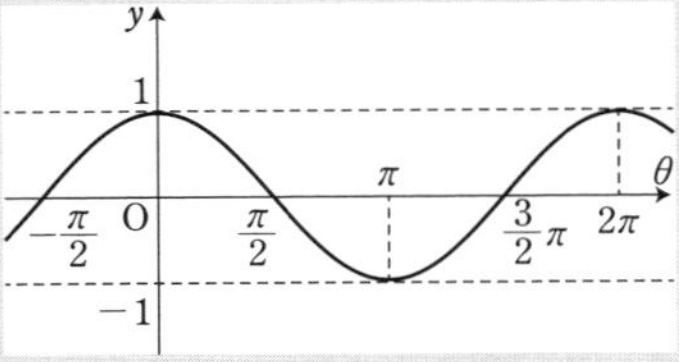

① $\sin\theta$　② $\sin\theta+\frac{\pi}{2}$　③ $\sin\left(\theta+\frac{\pi}{2}\right)$　④ $\sin(2\theta+\pi)$

⑤ $\cos\theta$　⑥ $\cos(-\theta)$　⑦ $-\cos\theta+\frac{\pi}{2}$　⑧ $-\cos(2\theta+\pi)$

指針 **三角関数のグラフ**　⑤ がグラフを表す三角関数であることはすぐにわかる。⑤ 以外の三角関数について，⑤ と同じに表せないかを調べる。

解答 ⑤ の関数のグラフは，与えられた図のようになる。

また，$\sin\left(\theta+\frac{\pi}{2}\right)=\cos\theta$，$\cos(-\theta)=\cos\theta$ であるから，③，⑥ は ⑤ と同じ関数である。

以上から　③，⑤，⑥　答

第2節 加法定理

6 加法定理

まとめ

1 正弦，余弦の加法定理

① 正弦，余弦の加法定理

1 $\begin{cases} \sin(\alpha+\beta)=\sin\alpha\cos\beta+\cos\alpha\sin\beta \\ \sin(\alpha-\beta)=\sin\alpha\cos\beta-\cos\alpha\sin\beta \end{cases}$

2 $\begin{cases} \cos(\alpha+\beta)=\cos\alpha\cos\beta-\sin\alpha\sin\beta \\ \cos(\alpha-\beta)=\cos\alpha\cos\beta+\sin\alpha\sin\beta \end{cases}$

2 正接の加法定理

① 正接の加法定理

3 $\tan(\alpha+\beta)=\dfrac{\tan\alpha+\tan\beta}{1-\tan\alpha\tan\beta}$，$\tan(\alpha-\beta)=\dfrac{\tan\alpha-\tan\beta}{1+\tan\alpha\tan\beta}$

3 2直線のなす角

① 2直線のなす角

交わる2直線 $y=m_1x+n_1$
$y=m_2x+n_2$
が垂直でないとき，そのなす鋭角を θ とすると，$\tan\theta$ は次のようになる。

$$\tan\theta=\left|\frac{m_1-m_2}{1+m_1m_2}\right|$$

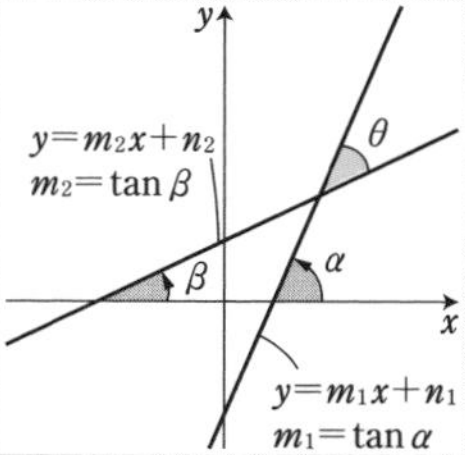

A 正弦，余弦の加法定理

練習 26 教 p.148

加法定理を用いて，次の値を求めよ。

(1) $\cos 75^\circ$ (2) $\sin 15^\circ$ (3) $\cos 15^\circ$ (4) $\sin 165^\circ$

指針 **正弦，余弦の加法定理** $75^\circ=45^\circ+30^\circ$，$15^\circ=45^\circ-30^\circ$，$165^\circ=120^\circ+45^\circ$ として，加法定理を用いて計算する。

解答 (1) $\cos 75^\circ=\cos(45^\circ+30^\circ)=\cos 45^\circ\cos 30^\circ-\sin 45^\circ\sin 30^\circ$

$$=\frac{1}{\sqrt{2}}\cdot\frac{\sqrt{3}}{2}-\frac{1}{\sqrt{2}}\cdot\frac{1}{2}=\frac{\sqrt{3}-1}{2\sqrt{2}}=\frac{\sqrt{6}-\sqrt{2}}{4}$$ 答

(2) $\sin 15^\circ=\sin(45^\circ-30^\circ)=\sin 45^\circ\cos 30^\circ-\cos 45^\circ\sin 30^\circ$

$$=\frac{1}{\sqrt{2}}\cdot\frac{\sqrt{3}}{2}-\frac{1}{\sqrt{2}}\cdot\frac{1}{2}=\frac{\sqrt{3}-1}{2\sqrt{2}}=\frac{\sqrt{6}-\sqrt{2}}{4}$$ 答

(3)　$\cos 15^\circ=\cos(45^\circ-30^\circ)=\cos 45^\circ\cos 30^\circ+\sin 45^\circ\sin 30^\circ$

$$=\frac{1}{\sqrt{2}}\cdot\frac{\sqrt{3}}{2}+\frac{1}{\sqrt{2}}\cdot\frac{1}{2}=\frac{\sqrt{3}+1}{2\sqrt{2}}=\boldsymbol{\frac{\sqrt{6}+\sqrt{2}}{4}}$$ 答

(4)　$\sin 165^\circ=\sin(120^\circ+45^\circ)=\sin 120^\circ\cos 45^\circ+\cos 120^\circ\sin 45^\circ$

$$=\frac{\sqrt{3}}{2}\cdot\frac{1}{\sqrt{2}}+\left(-\frac{1}{2}\right)\cdot\frac{1}{\sqrt{2}}=\frac{\sqrt{3}-1}{2\sqrt{2}}=\boldsymbol{\frac{\sqrt{6}-\sqrt{2}}{4}}$$ 答

練習 27 教 p.148

$\frac{7}{12}\pi=\frac{\pi}{3}+\frac{\pi}{4}$ であることを用いて，$\sin\frac{7}{12}\pi$，$\cos\frac{7}{12}\pi$ の値を求めよ。

指針　**正弦，余弦の加法定理**　弧度法でも加法定理を用いての計算は同様にできる。

解答　$\sin\frac{7}{12}\pi=\sin\left(\frac{\pi}{3}+\frac{\pi}{4}\right)=\sin\frac{\pi}{3}\cos\frac{\pi}{4}+\cos\frac{\pi}{3}\sin\frac{\pi}{4}$

$$=\frac{\sqrt{3}}{2}\cdot\frac{1}{\sqrt{2}}+\frac{1}{2}\cdot\frac{1}{\sqrt{2}}=\frac{\sqrt{3}+1}{2\sqrt{2}}=\boldsymbol{\frac{\sqrt{6}+\sqrt{2}}{4}}$$ 答

$\cos\frac{7}{12}\pi=\cos\left(\frac{\pi}{3}+\frac{\pi}{4}\right)=\cos\frac{\pi}{3}\cos\frac{\pi}{4}-\sin\frac{\pi}{3}\sin\frac{\pi}{4}$

$$=\frac{1}{2}\cdot\frac{1}{\sqrt{2}}-\frac{\sqrt{3}}{2}\cdot\frac{1}{\sqrt{2}}=\frac{1-\sqrt{3}}{2\sqrt{2}}=\boldsymbol{\frac{\sqrt{2}-\sqrt{6}}{4}}$$ 答

練習 28 教 p.148

$0<\alpha<\frac{\pi}{2}$，$\frac{\pi}{2}<\beta<\pi$ とする。$\sin\alpha=\frac{2}{3}$，$\sin\beta=\frac{4}{5}$ のとき，次の値を求めよ。

(1)　$\sin(\alpha-\beta)$　　　(2)　$\cos(\alpha+\beta)$

指針　**加法定理の利用**　$\cos\alpha>0$ より　$\cos\alpha=\sqrt{1-\sin^2\alpha}$

$\cos\beta<0$ より　$\cos\beta=-\sqrt{1-\sin^2\beta}$ として求め，加法定理を利用する。

解答　$0<\alpha<\frac{\pi}{2}$，$\frac{\pi}{2}<\beta<\pi$ であるから　$\cos\alpha>0$，$\cos\beta<0$

ゆえに　$\cos\alpha=\sqrt{1-\sin^2\alpha}=\sqrt{1-\left(\frac{2}{3}\right)^2}=\frac{\sqrt{5}}{3}$

$$\cos\beta=-\sqrt{1-\sin^2\beta}=-\sqrt{1-\left(\frac{4}{5}\right)^2}=-\frac{3}{5}$$

(1)　$\sin(\alpha-\beta)=\sin\alpha\cos\beta-\cos\alpha\sin\beta$

$$=\frac{2}{3}\cdot\left(-\frac{3}{5}\right)-\frac{\sqrt{5}}{3}\cdot\frac{4}{5}=\boldsymbol{-\frac{6+4\sqrt{5}}{15}}$$ 答

(2) $\cos(\alpha+\beta)=\cos\alpha\cos\beta-\sin\alpha\sin\beta$

$$=\frac{\sqrt{5}}{3}\cdot\left(-\frac{3}{5}\right)-\frac{2}{3}\cdot\frac{4}{5}=-\frac{\mathbf{8+3\sqrt{5}}}{\mathbf{15}}$$ 答

B 正接の加法定理

教 p.149

練習 29

加法定理を用いて，次の値を求めよ。

(1) $\tan 15°$　(2) $\tan 105°$　(3) $\tan 165°$

指針 **正接の加法定理**　$15°=60°-45°$，$105°=60°+45°$，$165°=135°+30°$ として，加法定理を用いる。

解答 (1) $\tan 15°=\tan(60°-45°)=\dfrac{\tan 60°-\tan 45°}{1+\tan 60°\tan 45°}=\dfrac{\sqrt{3}-1}{1+\sqrt{3}\cdot 1}$

$$=\frac{\sqrt{3}-1}{\sqrt{3}+1}=\frac{(\sqrt{3}-1)^2}{(\sqrt{3}+1)(\sqrt{3}-1)}=\frac{4-2\sqrt{3}}{2}=\mathbf{2-\sqrt{3}}$$ 答

(2) $\tan 105°=\tan(60°+45°)=\dfrac{\tan 60°+\tan 45°}{1-\tan 60°\tan 45°}=\dfrac{\sqrt{3}+1}{1-\sqrt{3}\cdot 1}$

$$=-\frac{(\sqrt{3}+1)^2}{(\sqrt{3}-1)(\sqrt{3}+1)}=-\frac{4+2\sqrt{3}}{2}=\mathbf{-2-\sqrt{3}}$$ 答

(3) $\tan 165°=\tan(135°+30°)=\dfrac{\tan 135°+\tan 30°}{1-\tan 135°\tan 30°}$

$$=\frac{-1+\dfrac{1}{\sqrt{3}}}{1+\dfrac{1}{\sqrt{3}}}=\frac{-\sqrt{3}+1}{\sqrt{3}+1}=-\frac{(\sqrt{3}-1)^2}{(\sqrt{3}+1)(\sqrt{3}-1)}$$

$$=-\frac{4-2\sqrt{3}}{2}=\mathbf{-2+\sqrt{3}}$$ 答

教 p.149

練習 30

$0<\alpha<\dfrac{\pi}{2}$，$0<\beta<\dfrac{\pi}{2}$ とする。$\tan\alpha=2$，$\tan\beta=3$ のとき，次の値を求めよ。

(1) $\tan(\alpha+\beta)$　(2) $\alpha+\beta$

指針 **加法定理の利用**　(1) 加法定理に与えられた $\tan\alpha$，$\tan\beta$ の値を代入して求める。(2) 方程式として求める。

解答 (1) $\tan(\alpha+\beta)=\dfrac{\tan\alpha+\tan\beta}{1-\tan\alpha\tan\beta}$

$$=\frac{2+3}{1-2\cdot 3}=\mathbf{-1}$$ 答

4章 三角関数

(2)　$0<\alpha<\dfrac{\pi}{2}$，$0<\beta<\dfrac{\pi}{2}$ より　　$0<\alpha+\beta<\pi$

(1)から，$\tan(\alpha+\beta)=-1$ より　　$\alpha+\beta=\boldsymbol{\dfrac{3}{4}\pi}$　答

C　2直線のなす角

教 p.150

練習 31

次の 2 直線のなす角 θ を求めよ。ただし，$0<\theta<\dfrac{\pi}{2}$ とする。

(1)　$y=\dfrac{\sqrt{3}}{2}x+4$，$y=-3\sqrt{3}x-2$

(2)　$2x-y-1=0$，$x-3y+3=0$

指針　**2直線のなす角**　2 直線の傾きから，まとめにある公式を使って，$\tan\theta$ の値を求める。(2) は，まず 2 直線の傾きを求める。

解答　(1)　2 直線のなす鋭角を θ とおくと，この 2 直線は垂直でないから

$$\tan\theta=\left|\frac{\dfrac{\sqrt{3}}{2}-(-3\sqrt{3})}{1+\dfrac{\sqrt{3}}{2}\cdot(-3\sqrt{3})}\right|=\sqrt{3}$$

ゆえに，$0<\theta<\dfrac{\pi}{2}$ から　$\boldsymbol{\theta=\dfrac{\pi}{3}}$　答

(2)　直線 $2x-y-1=0$ の傾きは　2

直線 $x-3y+3=0$ の傾きは　$\dfrac{1}{3}$

2 直線のなす鋭角を θ とおくと，この 2 直線は垂直でないから

$$\tan\theta=\left|\frac{2-\dfrac{1}{3}}{1+2\cdot\dfrac{1}{3}}\right|=1$$　　ゆえに，$0<\theta<\dfrac{\pi}{2}$ から　$\boldsymbol{\theta=\dfrac{\pi}{4}}$　答

教 p.150

深める

x 軸の正の向きとのなす角がそれぞれ α，β であるような 2 直線がある。

$\tan\alpha\tan\beta=-1$ のとき，この 2 直線のなす角を求めよう。

指針　**2直線のなす角**　$\tan\alpha$，$\tan\beta$ はそれぞれ 2 直線の傾きを表す。すなわち，$\tan\alpha\tan\beta$ は 2 直線の傾きの積を表す。

解答　$\tan\alpha\tan\beta=-1$ のとき，この 2 直線は垂直である。

よって，この 2 直線のなす角は　$\boldsymbol{\dfrac{\pi}{2}}$　答

研究 点の回転

まとめ

点の回転

加法定理を利用すると，座標平面上の点を，原点 O を中心として一定の角 θ だけ回転させた点の座標が求められる。

練習 1 教 p.151

点 $\mathrm{P}(3,\ 2)$ を，原点 O を中心として $\dfrac{\pi}{4}$ だけ回転させた点 Q の座標を求めよ。

指針 **点の回転**　動径 OP と x 軸の正の向きとのなす角を α とすると，動径 OQ と x 軸の正の向きとのなす角は $\alpha+\dfrac{\pi}{4}$ となる。

解答 点 $\mathrm{P}(3,\ 2)$ を，原点 O を中心として $\dfrac{\pi}{4}$ だけ回転させた点 Q の座標を $(x,\ y)$ とする。

$\mathrm{OP}=r$ として，動径 OP と x 軸の正の向きとのなす角を α とすると

$$3=r\cos\alpha,\ \ 2=r\sin\alpha$$

また，$\mathrm{OQ}=r$，動径 OQ と x 軸の正の向きとのなす角は $\alpha+\dfrac{\pi}{4}$ であるから

$$x=r\cos\left(\alpha+\frac{\pi}{4}\right),\ \ y=r\sin\left(\alpha+\frac{\pi}{4}\right)$$

加法定理により

$$x=r\cos\alpha\cos\frac{\pi}{4}-r\sin\alpha\sin\frac{\pi}{4}=3\cdot\frac{1}{\sqrt{2}}-2\cdot\frac{1}{\sqrt{2}}$$
$$=\frac{1}{\sqrt{2}}$$

$$y=r\sin\alpha\cos\frac{\pi}{4}+r\cos\alpha\sin\frac{\pi}{4}=2\cdot\frac{1}{\sqrt{2}}+3\cdot\frac{1}{\sqrt{2}}$$
$$=\frac{5}{\sqrt{2}}$$

したがって，点 Q の座標は　$\left(\dfrac{1}{\sqrt{2}},\ \dfrac{5}{\sqrt{2}}\right)$ 答

7 加法定理の応用

まとめ

1　2倍角の公式

① 正弦，余弦，正接の加法定理において，β を α でおき換えると，次の **2倍角の公式** が得られる。

$$\sin 2\alpha=2\sin\alpha\cos\alpha$$
$$\cos 2\alpha=\cos^2\alpha-\sin^2\alpha=1-2\sin^2\alpha=2\cos^2\alpha-1$$
$$\tan 2\alpha=\frac{2\tan\alpha}{1-\tan^2\alpha}$$

2　半角の公式

① **半角の公式**

$$\sin^2\frac{\alpha}{2}=\frac{1-\cos\alpha}{2}\qquad \cos^2\frac{\alpha}{2}=\frac{1+\cos\alpha}{2}\qquad \tan^2\frac{\alpha}{2}=\frac{1-\cos\alpha}{1+\cos\alpha}$$

A 2倍角の公式

教 p.152

練習 32

$\dfrac{\pi}{2}<\alpha<\pi$ で，$\sin\alpha=\dfrac{\sqrt{5}}{3}$ のとき，次の値を求めよ。

(1) $\sin 2\alpha$　　(2) $\cos 2\alpha$　　(3) $\tan 2\alpha$

指針 **2倍角の公式**　$\cos\alpha$ と $\tan\alpha$ の値を求めてから，2倍角の公式を用いる。$\cos 2\alpha$ の公式は3通りのうちどれを使ってもよい。

解答 $\dfrac{\pi}{2}<\alpha<\pi$ であるから　$\cos\alpha<0$

よって　$\cos\alpha=-\sqrt{1-\sin^2\alpha}=-\sqrt{1-\left(\dfrac{\sqrt{5}}{3}\right)^2}=-\dfrac{2}{3}$

また　$\tan\alpha=\dfrac{\sin\alpha}{\cos\alpha}=\dfrac{\sqrt{5}}{3}\div\left(-\dfrac{2}{3}\right)=-\dfrac{\sqrt{5}}{2}$

(1) $\sin 2\alpha=2\sin\alpha\cos\alpha=2\cdot\dfrac{\sqrt{5}}{3}\cdot\left(-\dfrac{2}{3}\right)=-\dfrac{4\sqrt{5}}{9}$　答

(2) $\cos 2\alpha=2\cos^2\alpha-1=2\cdot\left(-\dfrac{2}{3}\right)^2-1=-\dfrac{1}{9}$　答

(3) $\tan 2\alpha=\dfrac{2\tan\alpha}{1-\tan^2\alpha}=\dfrac{2\cdot\left(-\dfrac{\sqrt{5}}{2}\right)}{1-\left(-\dfrac{\sqrt{5}}{2}\right)^2}=4\sqrt{5}$　答

別解 (3) $\tan 2\alpha=\dfrac{\sin 2\alpha}{\cos 2\alpha}=-\dfrac{4\sqrt{5}}{9}\div\left(-\dfrac{1}{9}\right)=4\sqrt{5}$　答

問 6 教 p.152

次の等式を証明せよ。

(1) $\sin 3\alpha = 3\sin\alpha - 4\sin^3\alpha$

(2) $\cos 3\alpha = -3\cos\alpha + 4\cos^3\alpha$

指針 **3倍角の公式**　$3\alpha = 2\alpha + \alpha$ として加法定理と 2 倍角の公式を使う。

解答 (1) $\sin 3\alpha = \sin(2\alpha+\alpha) = \sin 2\alpha\cos\alpha + \cos 2\alpha\sin\alpha$

$= 2\sin\alpha\cos^2\alpha + (1-2\sin^2\alpha)\sin\alpha$

$= 2\sin\alpha(1-\sin^2\alpha) + \sin\alpha - 2\sin^3\alpha = 3\sin\alpha - 4\sin^3\alpha$　終

(2) $\cos 3\alpha = \cos(2\alpha+\alpha) = \cos 2\alpha\cos\alpha - \sin 2\alpha\sin\alpha$

$= (2\cos^2\alpha - 1)\cos\alpha - 2\sin^2\alpha\cos\alpha$

$= 2\cos^3\alpha - \cos\alpha - 2(1-\cos^2\alpha)\cos\alpha = -3\cos\alpha + 4\cos^3\alpha$　終

練習 33 教 p.153

次の等式を証明せよ。

(1) $(\sin\theta + \cos\theta)^2 = 1 + \sin 2\theta$　(2) $\cos^4\theta - \sin^4\theta = \cos 2\theta$

指針 **2倍角の公式と等式の証明**　左辺から右辺を導いてもよいし，右辺から左辺を導いてもよい。

(1) 左辺を展開して，$\sin^2\theta + \cos^2\theta = 1$ と 2 倍角の公式を使う。

(2) 左辺を因数分解する。

解答 (1) $(\sin\theta + \cos\theta)^2 = \sin^2\theta + 2\sin\theta\cos\theta + \cos^2\theta$

$= 1 + 2\sin\theta\cos\theta = 1 + \sin 2\theta$　終

(2) $\cos^4\theta - \sin^4\theta = (\cos^2\theta - \sin^2\theta)(\cos^2\theta + \sin^2\theta)$

$= \cos^2\theta - \sin^2\theta = \cos 2\theta$　終

B 半角の公式

練習 34 教 p.153

半角の公式を用いて，$\cos\dfrac{\pi}{8}$，$\tan\dfrac{\pi}{8}$ の値を求めよ。

指針 **半角の公式**　余弦の 2 倍角の公式で α を $\dfrac{\alpha}{2}$ でおき換えると半角の公式が得られる。符号に注意して半角の三角関数の値を求める。

解答 $\cos^2\dfrac{\pi}{8} = \dfrac{1+\cos\dfrac{\pi}{4}}{2} = \dfrac{1+\dfrac{1}{\sqrt{2}}}{2} = \dfrac{2+\sqrt{2}}{4}$

$\cos\dfrac{\pi}{8} > 0$ であるから　　$\boldsymbol{\cos\dfrac{\pi}{8}} = \sqrt{\dfrac{2+\sqrt{2}}{4}} = \boldsymbol{\dfrac{\sqrt{2+\sqrt{2}}}{2}}$　答

4章 三角関数

$$\tan^2\frac{\pi}{8}=\frac{1-\cos\frac{\pi}{4}}{1+\cos\frac{\pi}{4}}=\frac{1-\frac{1}{\sqrt{2}}}{1+\frac{1}{\sqrt{2}}}=\frac{\sqrt{2}-1}{\sqrt{2}+1}$$

$$=\frac{(\sqrt{2}-1)^2}{(\sqrt{2}+1)(\sqrt{2}-1)}=(\sqrt{2}-1)^2$$

$\tan\frac{\pi}{8}>0$ であるから　　$\boldsymbol{\tan\frac{\pi}{8}=\sqrt{2}-1}$ 答

教 p.153

練習 35

$\frac{\pi}{2}<\alpha<\pi$ で，$\cos\alpha=-\frac{4}{5}$ のとき，次の値を求めよ。

(1) $\sin\frac{\alpha}{2}$　　(2) $\cos\frac{\alpha}{2}$　　(3) $\tan\frac{\alpha}{2}$

指針 **半角の公式**　まず $\frac{\alpha}{2}$ の値の範囲を求めて，半角の公式を用いる。

解答 $\frac{\pi}{2}<\alpha<\pi$ から　　$\frac{\pi}{4}<\frac{\alpha}{2}<\frac{\pi}{2}$

このとき　$\sin\frac{\alpha}{2}>0$，$\cos\frac{\alpha}{2}>0$，$\tan\frac{\alpha}{2}>0$

(1) $\sin^2\frac{\alpha}{2}=\frac{1-\cos\alpha}{2}=\frac{1-\left(-\frac{4}{5}\right)}{2}=\frac{9}{10}$

$\sin\frac{\alpha}{2}>0$ であるから　　$\boldsymbol{\sin\frac{\alpha}{2}=\frac{3}{\sqrt{10}}}$ 答

(2) $\cos^2\frac{\alpha}{2}=\frac{1+\cos\alpha}{2}=\frac{1+\left(-\frac{4}{5}\right)}{2}=\frac{1}{10}$

$\cos\frac{\alpha}{2}>0$ であるから　　$\boldsymbol{\cos\frac{\alpha}{2}=\frac{1}{\sqrt{10}}}$ 答

(3) $\tan^2\frac{\alpha}{2}=\frac{1-\cos\alpha}{1+\cos\alpha}=\frac{1+\frac{4}{5}}{1-\frac{4}{5}}=9$

$\tan\frac{\alpha}{2}>0$ であるから　　$\boldsymbol{\tan\frac{\alpha}{2}=3}$ 答

別解 (3)　(1)，(2) から　$\tan\frac{\alpha}{2}=\frac{\sin\frac{\alpha}{2}}{\cos\frac{\alpha}{2}}=\frac{\frac{3}{\sqrt{10}}}{\frac{1}{\sqrt{10}}}=\boldsymbol{3}$ 答

C 三角関数を含む方程式，不等式

教 p.154

練習 36

$0 \leqq x < 2\pi$ のとき，次の方程式，不等式を解け。

(1) $2\cos 2x = 4\sin x - 1$　　(2) $\sin 2x = \sin x$

(3) $\cos 2x \leqq -5\sin x + 3$　　(4) $\cos 2x < \cos x$

指針 **三角関数を含む方程式，不等式**　2 倍角の公式を用いて変形し，右辺が 0 となるように移項して，左辺を因数分解する。

解答 (1) 2 倍角の公式を用いて，左辺を変形すると

$$2(1-2\sin^2 x) = 4\sin x - 1$$

移項して整理すると　$4\sin^2 x + 4\sin x - 3 = 0$

左辺を変形して　$(2\sin x - 1)(2\sin x + 3) = 0$

$2\sin x + 3 \neq 0$ であるから　$2\sin x - 1 = 0$　すなわち　$\sin x = \frac{1}{2}$

$0 \leqq x < 2\pi$ であるから　$\boldsymbol{x = \frac{\pi}{6},\ \frac{5}{6}\pi}$　答

(2) 2 倍角の公式を用いて，左辺を変形すると　$2\sin x\cos x = \sin x$

移項して変形すると　$\sin x(2\cos x - 1) = 0$

よって　$\sin x = 0$　または　$2\cos x - 1 = 0$

すなわち　$\sin x = 0$　または　$\cos x = \frac{1}{2}$

$0 \leqq x < 2\pi$ であるから　$\sin x = 0$　のとき　$x = 0,\ \pi$

$\cos x = \frac{1}{2}$ のとき　$x = \frac{\pi}{3},\ \frac{5}{3}\pi$

ゆえに，求める解は　$\boldsymbol{x = 0,\ \frac{\pi}{3},\ \pi,\ \frac{5}{3}\pi}$　答

(3) 2 倍角の公式を用いて，左辺を変形すると

$$1 - 2\sin^2 x \leqq -5\sin x + 3$$

移項して整理すると　$2\sin^2 x - 5\sin x + 2 \geqq 0$

左辺を変形して　$(2\sin x - 1)(\sin x - 2) \geqq 0$

$\sin x - 2 < 0$ であるから　$2\sin x - 1 \leqq 0$　すなわち　$\sin x \leqq \frac{1}{2}$

$0 \leqq x < 2\pi$ であるから　$\boldsymbol{0 \leqq x \leqq \frac{\pi}{6},\ \frac{5}{6}\pi \leqq x < 2\pi}$　答

(4) 2 倍角の公式を用いて，左辺を変形すると　$2\cos^2 x - 1 < \cos x$

移項して整理すると　$2\cos^2 x - \cos x - 1 < 0$

左辺を変形すると　$(2\cos x + 1)(\cos x - 1) < 0$

よって　$-\frac{1}{2} < \cos x < 1$

$0 \leqq x < 2\pi$ であるから　$\boldsymbol{0 < x < \frac{2}{3}\pi,\ \frac{4}{3}\pi < x < 2\pi}$　答

発展　和と積の公式

まとめ

和と積の公式

① **正弦と余弦の積を，和や差に変形する公式**

$$1\quad \sin\alpha\cos\beta=\frac{1}{2}\{\sin(\alpha+\beta)+\sin(\alpha-\beta)\}$$

$$2\quad \cos\alpha\sin\beta=\frac{1}{2}\{\sin(\alpha+\beta)-\sin(\alpha-\beta)\}$$

$$3\quad \cos\alpha\cos\beta=\frac{1}{2}\{\cos(\alpha+\beta)+\cos(\alpha-\beta)\}$$

$$4\quad \sin\alpha\sin\beta=-\frac{1}{2}\{\cos(\alpha+\beta)-\cos(\alpha-\beta)\}$$

② **正弦，余弦の和や差を，積に変形する公式**

$$5\quad \sin A+\sin B=2\sin\frac{A+B}{2}\cos\frac{A-B}{2}$$

$$6\quad \sin A-\sin B=2\cos\frac{A+B}{2}\sin\frac{A-B}{2}$$

$$7\quad \cos A+\cos B=2\cos\frac{A+B}{2}\cos\frac{A-B}{2}$$

$$8\quad \cos A-\cos B=-2\sin\frac{A+B}{2}\sin\frac{A-B}{2}$$

練習 1　教 p.155

次の式を，2つの三角関数の和または差の形に変形せよ。

(1)　$\sin 4\theta\cos 2\theta$　　(2)　$\cos\theta\cos 3\theta$　　(3)　$\sin\theta\sin 3\theta$

指針　**三角関数の式の変形**　正弦と余弦の積を，和や差に変形する公式を利用する。

解答　(1)　$\sin 4\theta\cos 2\theta=\frac{1}{2}\{\sin(4\theta+2\theta)+\sin(4\theta-2\theta)\}$

$$=\boldsymbol{\frac{1}{2}(\sin 6\theta+\sin 2\theta)}$$　答

(2)　$\cos\theta\cos 3\theta=\frac{1}{2}\{\cos(\theta+3\theta)+\cos(\theta-3\theta)\}$

$$=\boldsymbol{\frac{1}{2}(\cos 4\theta+\cos 2\theta)}$$　答

(3) $\sin\theta\sin 3\theta = -\dfrac{1}{2}\{\cos(\theta+3\theta)-\cos(\theta-3\theta)\}$

$= -\dfrac{1}{2}(\cos 4\theta - \cos 2\theta)$ 答

練習 2 教 p.155

教科書 155 ページの公式 **1**〜**4** を用いて，次の値を求めよ。

(1) $\sin 75^\circ \cos 45^\circ$ (2) $\cos 45^\circ \cos 75^\circ$ (3) $\sin 75^\circ \sin 15^\circ$

指針 **三角関数の式の値** 正弦と余弦の積を和や差に変形する公式を用いて求める。

解答 (1) $\sin 75^\circ \cos 45^\circ = \dfrac{1}{2}\{\sin(75^\circ+45^\circ)+\sin(75^\circ-45^\circ)\}$

$= \dfrac{1}{2}(\sin 120^\circ + \sin 30^\circ) = \dfrac{1}{2}\left(\dfrac{\sqrt{3}}{2}+\dfrac{1}{2}\right)$

$= \dfrac{\sqrt{3}+1}{4}$ 答

(2) $\cos 45^\circ \cos 75^\circ = \dfrac{1}{2}\{\cos(45^\circ+75^\circ)+\cos(45^\circ-75^\circ)\}$

$= \dfrac{1}{2}\{\cos 120^\circ + \cos(-30^\circ)\}$

$= \dfrac{1}{2}(\cos 120^\circ + \cos 30^\circ) = \dfrac{1}{2}\left(-\dfrac{1}{2}+\dfrac{\sqrt{3}}{2}\right)$

$= \dfrac{\sqrt{3}-1}{4}$ 答

(3) $\sin 75^\circ \sin 15^\circ = -\dfrac{1}{2}\{\cos(75^\circ+15^\circ)-\cos(75^\circ-15^\circ)\}$

$= -\dfrac{1}{2}(\cos 90^\circ - \cos 60^\circ) = -\dfrac{1}{2}\left(0-\dfrac{1}{2}\right) = \dfrac{1}{4}$ 答

練習 3 教 p.156

次の式を，2 つの三角関数の積の形に変形せよ。

(1) $\sin 5\theta + \sin 3\theta$ (2) $\cos 3\theta + \cos\theta$ (3) $\cos 3\theta - \cos 5\theta$

指針 **三角関数の式の変形** 正弦，余弦の和や差を，積に変形する公式を利用する。

解答 (1) $\sin 5\theta + \sin 3\theta = 2\sin\dfrac{5\theta+3\theta}{2}\cos\dfrac{5\theta-3\theta}{2}$

$= 2\sin 4\theta\cos\theta$ 答

(2) $\cos 3\theta + \cos\theta = 2\cos\dfrac{3\theta+\theta}{2}\cos\dfrac{3\theta-\theta}{2}$

$= 2\cos 2\theta\cos\theta$ 答

(3) $\cos 3\theta - \cos 5\theta = -2\sin\dfrac{3\theta+5\theta}{2}\sin\dfrac{3\theta-5\theta}{2}$

$= -2\sin 4\theta\sin(-\theta)$

$= \mathbf{2\sin 4\theta\sin\theta}$ 答

教 p.156

練習 4

教科書 156 ページの公式 5～8 を用いて，次の値を求めよ。

(1) $\sin 105^\circ - \sin 15^\circ$ (2) $\cos 75^\circ + \cos 15^\circ$ (3) $\cos 75^\circ - \cos 15^\circ$

指針 **三角関数の式の値**　正弦，余弦の和や差を積に変形する公式を用いて求める。

解答 (1) $\sin 105^\circ - \sin 15^\circ = 2\cos\dfrac{105^\circ+15^\circ}{2}\sin\dfrac{105^\circ-15^\circ}{2}$

$= 2\cos 60^\circ \sin 45^\circ = 2\cdot\dfrac{1}{2}\cdot\dfrac{1}{\sqrt{2}} = \mathbf{\dfrac{1}{\sqrt{2}}}$ 答

(2) $\cos 75^\circ + \cos 15^\circ = 2\cos\dfrac{75^\circ+15^\circ}{2}\cos\dfrac{75^\circ-15^\circ}{2}$

$= 2\cos 45^\circ \cos 30^\circ = 2\cdot\dfrac{1}{\sqrt{2}}\cdot\dfrac{\sqrt{3}}{2}$

$= \dfrac{\sqrt{3}}{\sqrt{2}} = \mathbf{\dfrac{\sqrt{6}}{2}}$ 答

(3) $\cos 75^\circ - \cos 15^\circ = -2\sin\dfrac{75^\circ+15^\circ}{2}\sin\dfrac{75^\circ-15^\circ}{2}$

$= -2\sin 45^\circ \sin 30^\circ = -2\cdot\dfrac{1}{\sqrt{2}}\cdot\dfrac{1}{2} = \mathbf{-\dfrac{1}{\sqrt{2}}}$ 答

教 p.156

練習 5

$0 \leqq x < 2\pi$ のとき，方程式 $\cos 3x - \cos x = 0$ を解け。

指針 **三角関数を含む方程式**　正弦，余弦の差を積に変形する公式を利用する。

解答 方程式を変形すると

$-2\sin\dfrac{3x+x}{2}\sin\dfrac{3x-x}{2} = 0$　　すなわち　$\sin 2x \sin x = 0$

よって　　$2\sin^2 x\cos x = 0$

ゆえに　　$\sin x = 0$　または　$\cos x = 0$

$0 \leqq x < 2\pi$ であるから

$\mathbf{x = 0,\ \dfrac{\pi}{2},\ \pi,\ \dfrac{3}{2}\pi}$ 答

8 三角関数の合成

まとめ

1 三角関数の合成

① $a\sin\theta+b\cos\theta$ を $r\sin(\theta+\alpha)$ の形に変形することを **三角関数の合成** という。ここで，$r=\sqrt{a^2+b^2}$ である。

三角関数の合成

$$\boldsymbol{a\sin\theta+b\cos\theta=\sqrt{a^2+b^2}\sin(\theta+\alpha)}$$

ただし $\boldsymbol{\sin\alpha=\dfrac{b}{\sqrt{a^2+b^2}}}$，$\boldsymbol{\cos\alpha=\dfrac{a}{\sqrt{a^2+b^2}}}$

A 三角関数の合成

教 p.157

練習 37

次の式を $r\sin(\theta+\alpha)$ の形に変形せよ。ただし，$r>0$，$-\pi<\alpha<\pi$ とする。

(1) $\sqrt{3}\sin\theta+\cos\theta$　　(2) $\sin\theta-\cos\theta$

指針 **$\boldsymbol{a\sin\theta+b\cos\theta}$ の変形**　$a\sin\theta+b\cos\theta=\sqrt{a^2+b^2}\sin(\theta+\alpha)$ において，まず $\sqrt{a^2+b^2}$ を求め，次に $\sin\alpha=\dfrac{b}{\sqrt{a^2+b^2}}$，$\cos\alpha=\dfrac{a}{\sqrt{a^2+b^2}}$，$-\pi<\alpha<\pi$ により α を求める。

解答 (1) $\sqrt{(\sqrt{3})^2+1^2}=2$ から

$$\sqrt{3}\sin\theta+\cos\theta=2\left(\frac{\sqrt{3}}{2}\sin\theta+\frac{1}{2}\cos\theta\right)$$
$$=2\left(\sin\theta\cos\frac{\pi}{6}+\cos\theta\sin\frac{\pi}{6}\right)$$
$$=\boldsymbol{2\sin\left(\theta+\frac{\pi}{6}\right)}$$ 答

(2) $\sqrt{1^2+(-1)^2}=\sqrt{2}$ から

$$\sin\theta-\cos\theta=\sqrt{2}\left(\frac{1}{\sqrt{2}}\sin\theta-\frac{1}{\sqrt{2}}\cos\theta\right)$$
$$=\sqrt{2}\left(\sin\theta\cos\frac{\pi}{4}-\cos\theta\sin\frac{\pi}{4}\right)$$
$$=\boldsymbol{\sqrt{2}\sin\left(\theta-\frac{\pi}{4}\right)}$$ 答

B 三角関数の合成の応用

教 p.158

練習 38

$0 \leqq x < 2\pi$ のとき，次の方程式を解け。

(1) $\sin x + \cos x = -1$　　(2) $\sqrt{3}\sin x - \cos x = \sqrt{3}$

指針 **三角関数の合成と方程式**　左辺を $r\sin(x+\alpha)$ の形に変形する。
$0 \leqq x < 2\pi$ のとき，$\alpha \leqq x+\alpha < 2\pi+\alpha$ であることに注意して解を求める。

解答 (1) 左辺を変形して　$\sqrt{2}\sin\left(x+\dfrac{\pi}{4}\right)=-1$

よって　$\sin\left(x+\dfrac{\pi}{4}\right)=-\dfrac{1}{\sqrt{2}}$　…… ①

$0 \leqq x < 2\pi$ のとき $\dfrac{\pi}{4} \leqq x+\dfrac{\pi}{4} < \dfrac{9}{4}\pi$ であるから，① より

$x+\dfrac{\pi}{4}=\dfrac{5}{4}\pi,\ \dfrac{7}{4}\pi$　ゆえに　$\boldsymbol{x=\pi,\ \dfrac{3}{2}\pi}$　答

(2) 左辺を変形して　$2\sin\left(x-\dfrac{\pi}{6}\right)=\sqrt{3}$

よって　$\sin\left(x-\dfrac{\pi}{6}\right)=\dfrac{\sqrt{3}}{2}$　…… ①

$0 \leqq x < 2\pi$ のとき $-\dfrac{\pi}{6} \leqq x-\dfrac{\pi}{6} < \dfrac{11}{6}\pi$ であるから，① より

$x-\dfrac{\pi}{6}=\dfrac{\pi}{3},\ \dfrac{2}{3}\pi$　ゆえに　$\boldsymbol{x=\dfrac{\pi}{2},\ \dfrac{5}{6}\pi}$　答

教 p.158

問 7

$0 \leqq x < 2\pi$ のとき，不等式 $\sin x - \sqrt{3}\cos x > 1$ を解け。

指針 **三角関数の合成と不等式**　左辺を $r\sin(\theta+\alpha)$ の形に変形する。
教科書 158 ページの $y=\sin x - \sqrt{3}\cos x$ のグラフを利用してもよい。

解答 $\sin x - \sqrt{3}\cos x = 2\sin\left(x-\dfrac{\pi}{3}\right)$ より

$\sin\left(x-\dfrac{\pi}{3}\right) > \dfrac{1}{2}$　…… ①

$0 \leqq x < 2\pi$ のとき $-\dfrac{\pi}{3} \leqq x-\dfrac{\pi}{3} < \dfrac{5}{3}\pi$ であるから，① より

$\dfrac{\pi}{6} < x-\dfrac{\pi}{3} < \dfrac{5}{6}\pi$　よって　$\boldsymbol{\dfrac{\pi}{2} < x < \dfrac{7}{6}\pi}$　答

教 p.158

練習 39

$0 \leqq x < 2\pi$ のとき，次の不等式を解け。

(1) $\sin x + \sqrt{3}\cos x < 1$　　(2) $\sqrt{3}\sin x - \cos x \leqq \sqrt{2}$

指針 **三角関数の合成と不等式**　左辺を $r\sin(\theta+\alpha)$ の形に変形する。

解答 (1) $\sin x + \sqrt{3}\cos x = 2\sin\left(x+\dfrac{\pi}{3}\right)$ より　$\sin\left(x+\dfrac{\pi}{3}\right) < \dfrac{1}{2}$ …… ①

$0 \leqq x < 2\pi$ のとき $\dfrac{\pi}{3} \leqq x+\dfrac{\pi}{3} < \dfrac{7}{3}\pi$ であるから，① より

$\dfrac{5}{6}\pi < x+\dfrac{\pi}{3} < \dfrac{13}{6}\pi$　　よって　$\boldsymbol{\dfrac{\pi}{2} < x < \dfrac{11}{6}\pi}$ 答

(2) $\sqrt{3}\sin x - \cos x = 2\sin\left(x-\dfrac{\pi}{6}\right)$ より　$\sin\left(x-\dfrac{\pi}{6}\right) \leqq \dfrac{1}{\sqrt{2}}$ …… ①

$0 \leqq x < 2\pi$ のとき $-\dfrac{\pi}{6} \leqq x-\dfrac{\pi}{6} < \dfrac{11}{6}\pi$ であるから，① より

$-\dfrac{\pi}{6} \leqq x-\dfrac{\pi}{6} \leqq \dfrac{\pi}{4}$，$\dfrac{3}{4}\pi \leqq x-\dfrac{\pi}{6} < \dfrac{11}{6}\pi$

よって　$\boldsymbol{0 \leqq x \leqq \dfrac{5}{12}\pi,\ \dfrac{11}{12}\pi \leqq x < 2\pi}$ 答

注意 グラフは図のようになる。

(1)

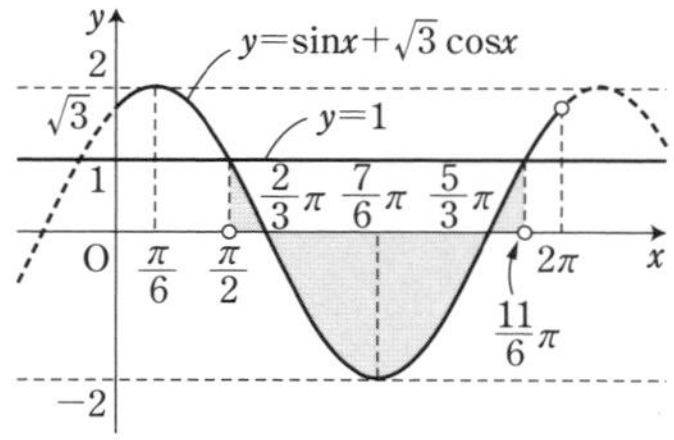

(2)

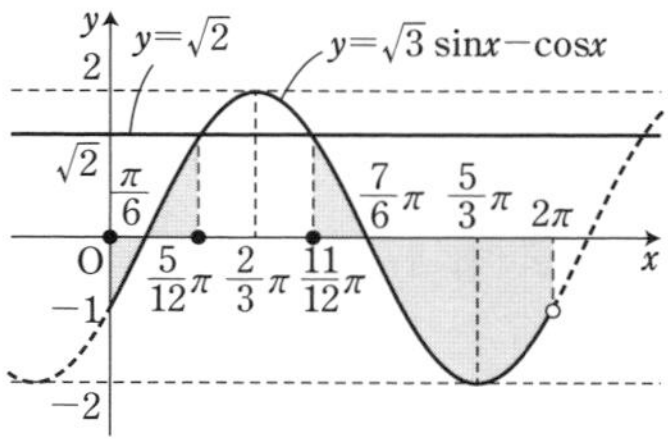

教 p.159

練習 40

次の関数の最大値と最小値，およびそのときの x の値を求めよ。

$y = \sqrt{3}\sin x - \cos x$　　$(0 \leqq x < 2\pi)$

指針 **三角関数の合成と最大，最小**　$y = r\sin(x+\alpha)$ の形に変形して，$-1 \leqq \sin(x+\alpha) \leqq 1$ を利用する。

解答 与えられた関数の式を変形すると　$y = 2\sin\left(x-\dfrac{\pi}{6}\right)$

$0 \leqq x < 2\pi$ のとき $-\dfrac{\pi}{6} \leqq x-\dfrac{\pi}{6} < \dfrac{11}{6}\pi$ であるから　$-1 \leqq \sin\left(x-\dfrac{\pi}{6}\right) \leqq 1$

よって　$-2 \leqq y \leqq 2$

また　$\sin\left(x-\frac{\pi}{6}\right)=-1$ のとき　$x-\frac{\pi}{6}=\frac{3}{2}\pi$ から　$x=\frac{5}{3}\pi$

$\sin\left(x-\frac{\pi}{6}\right)=1$ のとき　$x-\frac{\pi}{6}=\frac{\pi}{2}$ から　$x=\frac{2}{3}\pi$

ゆえに　**$x=\frac{2}{3}\pi$ で最大値 2，$x=\frac{5}{3}\pi$ で最小値 -2**　答

注意 関数 $y=\sqrt{3}\sin x-\cos x$ $(0\leqq x<2\pi)$ のグラフは，$y=2\sin x$ のグラフを x 軸方向に $\frac{\pi}{6}$ だけ平行移動して得られる曲線の $0\leqq x<2\pi$ の部分で，図のようになる。

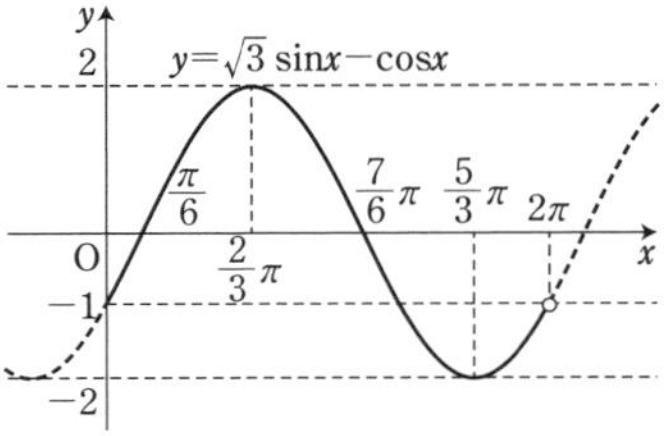

教 p.159

問 8　関数 $y=\sin x+2\cos x$ の最大値と最小値を求めよ。

指針　**三角関数の合成と最大，最小**　$y=r\sin(x+\alpha)$ の形に変形して $-1\leqq\sin(x+\alpha)\leqq 1$ を利用する。なお，この α は，$\frac{\pi}{6}$，$\frac{\pi}{4}$，$\frac{\pi}{3}$，…… などの見慣れた角で表すことはできない。文字 α のまま扱うことになる。

解答　与えられた関数の式を変形すると

$y=\sqrt{5}\sin(x+\alpha)$　　ただし　$\cos\alpha=\frac{1}{\sqrt{5}}$，$\sin\alpha=\frac{2}{\sqrt{5}}$

$-1\leqq\sin(x+\alpha)\leqq 1$ であるから　$-\sqrt{5}\leqq y\leqq\sqrt{5}$

よって，この関数は **最大値 $\sqrt{5}$**，**最小値 $-\sqrt{5}$** をとる。答

教 p.159

練習 41　関数 $y=3\sin x+4\cos x$ の最大値と最小値を求めよ。

指針　**三角関数の合成と最大，最小**　$y=r\sin(x+\alpha)$ の形に変形して，$-1\leqq\sin(x+\alpha)\leqq 1$ を利用する。問 8 と同様に，この α を今までの見慣れた角で表すことはできない。

解答　与えられた関数の式を変形すると

$y=5\sin(x+\alpha)$　　ただし　$\cos\alpha=\frac{3}{5}$，$\sin\alpha=\frac{4}{5}$

$-1\leqq\sin(x+\alpha)\leqq 1$ であるから　$-5\leqq y\leqq 5$

よって，この関数は **最大値 5**，**最小値 -5** をとる。答

第4章 第2節　問　題

教 p.160

7　$\theta=\dfrac{\pi}{12}$ のとき，$\sin\theta+\cos\theta$ の値を，次の各方法で求めよ。

(1)　$\dfrac{\pi}{12}=\dfrac{\pi}{4}-\dfrac{\pi}{6}$ と表すことで，$\sin\dfrac{\pi}{12}$，$\cos\dfrac{\pi}{12}$ の値を求める。

(2)　$\sin\theta+\cos\theta$ を 2 乗して，2 倍角の公式を用いる。

(3)　$\sin\theta+\cos\theta=r\sin(\theta+\alpha)$ と変形する。

指針　**三角関数を含む式の値**　定理・公式を利用して求める。

解答　(1)　$\sin\dfrac{\pi}{12}=\sin\left(\dfrac{\pi}{4}-\dfrac{\pi}{6}\right)=\sin\dfrac{\pi}{4}\cos\dfrac{\pi}{6}-\cos\dfrac{\pi}{4}\sin\dfrac{\pi}{6}$

$$=\frac{1}{\sqrt{2}}\cdot\frac{\sqrt{3}}{2}-\frac{1}{\sqrt{2}}\cdot\frac{1}{2}=\frac{\sqrt{6}-\sqrt{2}}{4}$$

$$\cos\frac{\pi}{12}=\cos\left(\frac{\pi}{4}-\frac{\pi}{6}\right)=\cos\frac{\pi}{4}\cos\frac{\pi}{6}+\sin\frac{\pi}{4}\sin\frac{\pi}{6}$$

$$=\frac{1}{\sqrt{2}}\cdot\frac{\sqrt{3}}{2}+\frac{1}{\sqrt{2}}\cdot\frac{1}{2}=\frac{\sqrt{6}+\sqrt{2}}{4}$$

よって　$\sin\dfrac{\pi}{12}+\cos\dfrac{\pi}{12}=\dfrac{\sqrt{6}-\sqrt{2}}{4}+\dfrac{\sqrt{6}+\sqrt{2}}{4}=\boldsymbol{\dfrac{\sqrt{6}}{2}}$　答

(2)　$(\sin\theta+\cos\theta)^2=\sin^2\theta+2\sin\theta\cos\theta+\cos^2\theta$

$$=1+2\sin\theta\cos\theta=1+\sin 2\theta$$

よって　$\left(\sin\dfrac{\pi}{12}+\cos\dfrac{\pi}{12}\right)^2=1+\sin\dfrac{\pi}{6}=1+\dfrac{1}{2}=\dfrac{3}{2}$

$\sin\dfrac{\pi}{12}+\cos\dfrac{\pi}{12}>0$ より　$\sin\dfrac{\pi}{12}+\cos\dfrac{\pi}{12}=\sqrt{\dfrac{3}{2}}=\boldsymbol{\dfrac{\sqrt{6}}{2}}$　答

(3)　$\sin\theta+\cos\theta=\sqrt{2}\sin\left(\theta+\dfrac{\pi}{4}\right)$

よって　$\sin\dfrac{\pi}{12}+\cos\dfrac{\pi}{12}=\sqrt{2}\sin\left(\dfrac{\pi}{12}+\dfrac{\pi}{4}\right)=\sqrt{2}\sin\dfrac{\pi}{3}$

$$=\sqrt{2}\cdot\frac{\sqrt{3}}{2}=\boldsymbol{\frac{\sqrt{6}}{2}}$$　答

教 p.160

8　等式 $\dfrac{\tan\alpha-\tan\beta}{\tan\alpha+\tan\beta}=\dfrac{\sin(\alpha-\beta)}{\sin(\alpha+\beta)}$ を証明せよ。

指針　**加法定理と等式の証明**　三角関数の相互関係と加法定理を用いる。

$\tan\alpha=\dfrac{\sin\alpha}{\cos\alpha}$, $\tan\beta=\dfrac{\sin\beta}{\cos\beta}$ を左辺に代入して整理する。

解答 $\tan\alpha-\tan\beta=\dfrac{\sin\alpha}{\cos\alpha}-\dfrac{\sin\beta}{\cos\beta}=\dfrac{\sin\alpha\cos\beta-\cos\alpha\sin\beta}{\cos\alpha\cos\beta}$

$\tan\alpha+\tan\beta=\dfrac{\sin\alpha}{\cos\alpha}+\dfrac{\sin\beta}{\cos\beta}=\dfrac{\sin\alpha\cos\beta+\cos\alpha\sin\beta}{\cos\alpha\cos\beta}$

よって $\dfrac{\tan\alpha-\tan\beta}{\tan\alpha+\tan\beta}=\dfrac{\sin\alpha\cos\beta-\cos\alpha\sin\beta}{\sin\alpha\cos\beta+\cos\alpha\sin\beta}$

$=\dfrac{\sin(\alpha-\beta)}{\sin(\alpha+\beta)}$ 終

教 p.160

9 $\tan\alpha=2$, $\tan\beta=4$, $\tan\gamma=13$ のとき，次の値を求めよ。

(1) $\tan(\alpha+\beta)$　　(2) $\tan(\alpha+\beta+\gamma)$

指針 **正接の加法定理**　正接の加法定理 $\tan(\alpha+\beta)=\dfrac{\tan\alpha+\tan\beta}{1-\tan\alpha\tan\beta}$ を利用する。

(2) は，$\tan\{(\alpha+\beta)+\gamma\}$ として (1) の結果を使う。

解答 (1) $\tan(\alpha+\beta)=\dfrac{\tan\alpha+\tan\beta}{1-\tan\alpha\tan\beta}=\dfrac{2+4}{1-2\cdot4}=-\boldsymbol{\dfrac{6}{7}}$ 答

(2) $\tan(\alpha+\beta+\gamma)=\tan\{(\alpha+\beta)+\gamma\}=\dfrac{\tan(\alpha+\beta)+\tan\gamma}{1-\tan(\alpha+\beta)\tan\gamma}$

$=\dfrac{-\dfrac{6}{7}+13}{1-\left(-\dfrac{6}{7}\right)\cdot13}=\dfrac{-6+7\cdot13}{7+6\cdot13}=\dfrac{85}{85}=\mathbf{1}$ 答

教 p.160

10 原点を通り，直線 $x-\sqrt{3}\,y=0$ と $\dfrac{\pi}{4}$ の角をなす直線の方程式を求めよ。

指針 **2直線のなす角**　交わる 2 直線が垂直でないとき，その傾きを m_1, m_2, x 軸の正の向きとのなす角を，それぞれ α, β, 2 直線のなす鋭角を θ とすると，$\beta=\alpha\pm\theta$ より　$m_2=\tan\beta=\tan(\alpha\pm\theta)$

求める直線の方程式を $y=mx$ とおいて，上の式より m を求める。

解答 直線 $x-\sqrt{3}\,y=0$ の傾きは $\dfrac{1}{\sqrt{3}}$ より，x 軸となす鋭角は $\dfrac{\pi}{6}$

求める直線は x 軸に垂直とはならないので，$y=mx$ とおける。

2 直線のなす角が $\dfrac{\pi}{4}$ であるから，求める直線の傾きは

$$m=\tan\left(\frac{\pi}{6}\pm\frac{\pi}{4}\right)$$

$$\tan\left(\frac{\pi}{6}+\frac{\pi}{4}\right)=\frac{\tan\frac{\pi}{6}+\tan\frac{\pi}{4}}{1-\tan\frac{\pi}{6}\tan\frac{\pi}{4}}=\frac{\frac{1}{\sqrt{3}}+1}{1-\frac{1}{\sqrt{3}}\cdot 1}$$

$$=\frac{1+\sqrt{3}}{\sqrt{3}-1}=\frac{(\sqrt{3}+1)^2}{(\sqrt{3}-1)(\sqrt{3}+1)}=\sqrt{3}+2$$

$$\tan\left(\frac{\pi}{6}-\frac{\pi}{4}\right)=\frac{\tan\frac{\pi}{6}-\tan\frac{\pi}{4}}{1+\tan\frac{\pi}{6}\tan\frac{\pi}{4}}=\frac{\frac{1}{\sqrt{3}}-1}{1+\frac{1}{\sqrt{3}}\cdot 1}$$

$$=\frac{1-\sqrt{3}}{\sqrt{3}+1}=\frac{(1-\sqrt{3})(\sqrt{3}-1)}{(\sqrt{3}+1)(\sqrt{3}-1)}=\sqrt{3}-2$$

よって　　$m=\sqrt{3}+2$　または　$m=\sqrt{3}-2$

したがって，求める直線の方程式は

$$y=(\sqrt{3}+2)x,\ \ y=(\sqrt{3}-2)x$$

すなわち　$\boldsymbol{(\sqrt{3}+2)x-y=0,\ (\sqrt{3}-2)x-y=0}$　答

教 p.160

11 $0<\alpha<\dfrac{\pi}{2}$ で，$\cos\alpha=\dfrac{3}{5}$ のとき，次の値を求めよ。

(1) $\cos 2\alpha$　　(2) $\sin 2\alpha$　　(3) $\cos\dfrac{\alpha}{2}$

指針 **半角の公式の利用**　(1)，(2) は 2 倍角の公式を利用する。(3) は半角の公式を利用する。$0<\alpha<\dfrac{\pi}{2}$ より，$\sin\alpha>0$ である。

解答 $0<\alpha<\dfrac{\pi}{2}$ より，$\sin\alpha>0$ であるから

$$\sin\alpha=\sqrt{1-\cos^2\alpha}=\sqrt{1-\left(\frac{3}{5}\right)^2}=\frac{4}{5}$$

(1) $\cos 2\alpha=2\cos^2\alpha-1=2\left(\dfrac{3}{5}\right)^2-1=\boldsymbol{-\dfrac{7}{25}}$　答

(2) $\sin 2\alpha=2\sin\alpha\cos\alpha=2\cdot\dfrac{4}{5}\cdot\dfrac{3}{5}=\boldsymbol{\dfrac{24}{25}}$　答

(3) $\cos^2\dfrac{\alpha}{2}=\dfrac{1+\cos\alpha}{2}=\dfrac{1+\frac{3}{5}}{2}=\dfrac{4}{5}$

$0<\alpha<\dfrac{\pi}{2}$ より，$0<\dfrac{\alpha}{2}<\dfrac{\pi}{4}$ であるから　$\cos\dfrac{\alpha}{2}>0$

よって　　$\cos\dfrac{\alpha}{2}=\sqrt{\dfrac{4}{5}}=\boldsymbol{\dfrac{2}{\sqrt{5}}}$ 答

教 p.160

12 $0\leqq x<2\pi$ のとき，次の方程式，不等式を解け。

(1) $\cos 2x+\cos x+1=0$　　(2) $\sqrt{3}\sin x+\cos x=0$

(3) $\sin x\geqq\sin\left(x-\dfrac{\pi}{3}\right)$　　(4) $\cos x-\sin x<\dfrac{1}{\sqrt{2}}$

指針 **三角関数を含む方程式，不等式**　(1) は 2 倍角の公式を用いる。(2)～(4) は，$a\sin\theta+b\cos\theta=\sqrt{a^2+b^2}\sin(\theta+\alpha)$ の変形を利用する。ただし，(3) はまず右辺を加法定理により $\sin x$，$\cos x$ で表す。

解答 (1) 2 倍角の公式を用いて，左辺を変形すると

$(2\cos^2x-1)+\cos x+1=0$　　ゆえに　$2\cos^2x+\cos x=0$

左辺を変形して　$\cos x(2\cos x+1)=0$

よって　$\cos x=0$　…… ①　または　$\cos x=-\dfrac{1}{2}$　…… ②

$0\leqq x<2\pi$ であるから　① より　$x=\dfrac{\pi}{2}$，$\dfrac{3}{2}\pi$

② より　$x=\dfrac{2}{3}\pi$，$\dfrac{4}{3}\pi$

ゆえに　$\boldsymbol{x=\dfrac{\pi}{2},\ \dfrac{2}{3}\pi,\ \dfrac{4}{3}\pi,\ \dfrac{3}{2}\pi}$ 答

(2) 左辺を変形して　$2\sin\left(x+\dfrac{\pi}{6}\right)=0$　…… ①

$0\leqq x<2\pi$ のとき　$\dfrac{\pi}{6}\leqq x+\dfrac{\pi}{6}<\dfrac{13}{6}\pi$

① より　$x+\dfrac{\pi}{6}=\pi$，2π　　ゆえに　$\boldsymbol{x=\dfrac{5}{6}\pi,\ \dfrac{11}{6}\pi}$ 答

(3) $\sin\left(x-\dfrac{\pi}{3}\right)=\sin x\cos\dfrac{\pi}{3}-\cos x\sin\dfrac{\pi}{3}$

$=\dfrac{1}{2}\sin x-\dfrac{\sqrt{3}}{2}\cos x$

よって　$\sin x\geqq\dfrac{1}{2}\sin x-\dfrac{\sqrt{3}}{2}\cos x$

ゆえに　$\sin x+\sqrt{3}\cos x\geqq 0$

左辺を変形して　$2\sin\left(x+\dfrac{\pi}{3}\right)\geqq 0$

よって　$\sin\left(x+\frac{\pi}{3}\right) \geqq 0$　…… ①

$0 \leqq x < 2\pi$ のとき　$\frac{\pi}{3} \leqq x+\frac{\pi}{3} < \frac{7}{3}\pi$

① より　$\frac{\pi}{3} \leqq x+\frac{\pi}{3} \leqq \pi$, $2\pi \leqq x+\frac{\pi}{3} < \frac{7}{3}\pi$

ゆえに　$\boldsymbol{0 \leqq x \leqq \frac{2}{3}\pi}$, $\boldsymbol{\frac{5}{3}\pi \leqq x < 2\pi}$　答

(4)　$\sin x - \cos x > -\frac{1}{\sqrt{2}}$

左辺を変形して　$\sqrt{2}\sin\left(x-\frac{\pi}{4}\right) > -\frac{1}{\sqrt{2}}$

よって　$\sin\left(x-\frac{\pi}{4}\right) > -\frac{1}{2}$　…… ①

$0 \leqq x < 2\pi$ のとき　$-\frac{\pi}{4} \leqq x-\frac{\pi}{4} < \frac{7}{4}\pi$

① より　$-\frac{\pi}{6} < x-\frac{\pi}{4} < \frac{7}{6}\pi$

ゆえに　$\boldsymbol{\frac{\pi}{12} < x < \frac{17}{12}\pi}$　答

教 p.160

13 次の関数の最大値と最小値，およびそのときの x の値を求めよ。

$$y=\cos 2x - 2\sin x + 1 \quad (0 \leqq x < 2\pi)$$

指針　**三角関数を含む関数の最大，最小**　2 倍角の公式により，y を $\sin x$ だけの式にする。

解答　2 倍角の公式を用いて

$$y=(1-2\sin^2 x)-2\sin x+1$$
$$=-2\sin^2 x-2\sin x+2$$

$\sin x = t$ とおくと　$-1 \leqq t \leqq 1$

y を t で表すと

$$y=-2t^2-2t+2=-2\left(t+\frac{1}{2}\right)^2+\frac{5}{2}$$

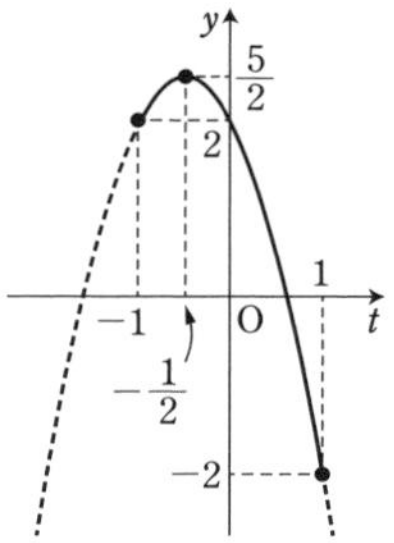

したがって，y は

$t=-\frac{1}{2}$ で　最大値 $\frac{5}{2}$ をとり

$t=1$　　で　最小値 -2 をとる。

また，$0 \leqq x < 2\pi$ であるから

$t=-\dfrac{1}{2}$ ならば　$x=\dfrac{7}{6}\pi$，$\dfrac{11}{6}\pi$，$t=1$ ならば　$x=\dfrac{\pi}{2}$

よって，この関数は　**$x=\dfrac{7}{6}\pi$，$\dfrac{11}{6}\pi$ で最大値 $\dfrac{5}{2}$，**

$x=\dfrac{\pi}{2}$ で最小値 -2　答

教 p.160

14 $0\leqq x<2\pi$ のとき，関数 $y=\sin x+\cos x$ の最大値と最小値を次のように求めるのは誤りである。その理由を説明せよ。

> $0\leqq x<2\pi$ のとき $-1\leqq\sin x\leqq1$，$-1\leqq\cos x\leqq1$ であるから
>
> $-2\leqq\sin x+\cos x\leqq2$
>
> よって　y の最大値は 2，最小値は -2

指針 **三角関数を含む関数の最大，最小**　$\sin x+\cos x$ が最小値 -2 をとるとすると，$\sin x=-1$ かつ $\cos x=-1$ のときである。これを満たす x は存在しないことを示す。最大値についても同様。

解答 $\sin x+\cos x$ が最小値として -2 をとるのは，$\sin x=-1$ かつ $\cos x=-1$ のときである。しかし，$0\leqq x<2\pi$ において

$\sin x=-1$ のとき　$x=\dfrac{3}{2}\pi$　　$\cos x=-1$ のとき　$x=\pi$

となり，$\sin x$ と $\cos x$ が同時に -1 となる x は存在しない。
$\sin x+\cos x$ が最大値として 2 をとるのは，$\sin x=1$ かつ $\cos x=1$ のときである。しかし，$0\leqq x<2\pi$ において

$\sin x=1$ のとき　$x=\dfrac{\pi}{2}$，　$\cos x=1$ のとき　$x=0$

となり，$\sin x$ と $\cos x$ が同時に 1 となる x は存在しない。
したがって，$-1\leqq\sin x\leqq1$，$-1\leqq\cos x\leqq1$ の辺々を加えることで，$\sin x+\cos x$ の最大値と最小値を求めるのは誤りである。 終

参考 $\sin x+\cos x=\sqrt{2}\sin\left(x+\dfrac{\pi}{4}\right)$ であるから　$-\sqrt{2}\leqq\sin x+\cos x\leqq\sqrt{2}$

第4章　演習問題A

教 p.161

1. $0 \leqq \theta \leqq \dfrac{\pi}{2}$ で，$\sin\theta-\cos\theta=\dfrac{\sqrt{2}}{3}$ のとき，次の式の値を求めよ。

(1) $\sin\theta\cos\theta$　　(2) $\sin\theta+\cos\theta$　　(3) $\sin\theta$，$\cos\theta$

指針　**三角関数を含む式の値**　$\sin^2\theta+\cos^2\theta=1$ を利用する。

(1) $\sin\theta-\cos\theta=\dfrac{\sqrt{2}}{3}$ の両辺を2乗する。

(2) $(\sin\theta+\cos\theta)^2$ の値を求める。$\sin\theta \geqq 0$，$\cos\theta \geqq 0$ に注意する。

(3) 和と差の値から $\sin\theta$ と $\cos\theta$ を求める。

解答 (1) $\sin\theta-\cos\theta=\dfrac{\sqrt{2}}{3}$ の両辺を2乗すると　$(\sin\theta-\cos\theta)^2=\dfrac{2}{9}$

$\sin^2\theta-2\sin\theta\cos\theta+\cos^2\theta=\dfrac{2}{9}$　　ゆえに　$1-2\sin\theta\cos\theta=\dfrac{2}{9}$

よって　$\sin\theta\cos\theta=\boldsymbol{\dfrac{7}{18}}$　答

(2) $(\sin\theta+\cos\theta)^2=\sin^2\theta+2\sin\theta\cos\theta+\cos^2\theta=1+2\cdot\dfrac{7}{18}=\dfrac{16}{9}$

$\sin\theta+\cos\theta \geqq 0$ より　$\sin\theta+\cos\theta=\sqrt{\dfrac{16}{9}}=\boldsymbol{\dfrac{4}{3}}$　答

(3) $\sin\theta+\cos\theta=\dfrac{4}{3}$　…… ①，$\sin\theta-\cos\theta=\dfrac{\sqrt{2}}{3}$　…… ②

①+② から　$2\sin\theta=\dfrac{4+\sqrt{2}}{3}$，①−② から　$2\cos\theta=\dfrac{4-\sqrt{2}}{3}$

よって　$\boldsymbol{\sin\theta=\dfrac{4+\sqrt{2}}{6}}$，$\boldsymbol{\cos\theta=\dfrac{4-\sqrt{2}}{6}}$　答

教 p.161

2. $0 \leqq x < 2\pi$ のとき，次の方程式，不等式を解け。

(1) $2\sin^2 x+\cos x-1=0$　　(2) $1 \leqq \sqrt{3}\sin x+\cos x \leqq \sqrt{3}$

指針　**三角関数を含む方程式，不等式**　(1) $\sin^2 x=1-\cos^2 x$ により，左辺を $\cos x$ だけの式にして，因数分解する。

(2) 三角関数の合成を行う。

解答 (1) $2(1-\cos^2 x)+\cos x-1=0$　　ゆえに　$2\cos^2 x-\cos x-1=0$

左辺を変形して　$(\cos x-1)(2\cos x+1)=0$

よって　　$\cos x=1,\ -\frac{1}{2}$

$0\leqq x<2\pi$ であるから　$\boldsymbol{x=0,\ \frac{2}{3}\pi,\ \frac{4}{3}\pi}$ 答

(2)　$\sqrt{3}\sin x+\cos x=2\sin\left(x+\frac{\pi}{6}\right)$

よって，与えられた不等式から　$\frac{1}{2}\leqq\sin\left(x+\frac{\pi}{6}\right)\leqq\frac{\sqrt{3}}{2}$

$0\leqq x<2\pi$ であるから　　$\frac{\pi}{6}\leqq x+\frac{\pi}{6}<\frac{13}{6}\pi$

ゆえに　　$\frac{\pi}{6}\leqq x+\frac{\pi}{6}\leqq\frac{\pi}{3},\ \frac{2}{3}\pi\leqq x+\frac{\pi}{6}\leqq\frac{5}{6}\pi$

したがって　$\boldsymbol{0\leqq x\leqq\frac{\pi}{6},\ \frac{\pi}{2}\leqq x\leqq\frac{2}{3}\pi}$ 答

教 p.161

3. 次の関数のグラフをかけ。また，その周期をいえ。

(1)　$y=\sin x\cos x$　　(2)　$y=\sin^2 x-\cos^2 x$　　(3)　$y=\sin^2 x$

指針　**三角関数のグラフ**　(1)，(2) は 2 倍角の公式により，また，(3) は半角の公式により，それぞれ関数を変形してからグラフをかく。

解答　(1)　$\sin x\cos x=\frac{1}{2}\sin 2x$

$y=\frac{1}{2}\sin 2x$ のグラフは，$y=\sin 2x$ のグラフを，x 軸をもとにして y 軸方向に $\frac{1}{2}$ 倍に縮小したもので，図のようになる。

周期は　　$\frac{2\pi}{2}=\boldsymbol{\pi}$ 答

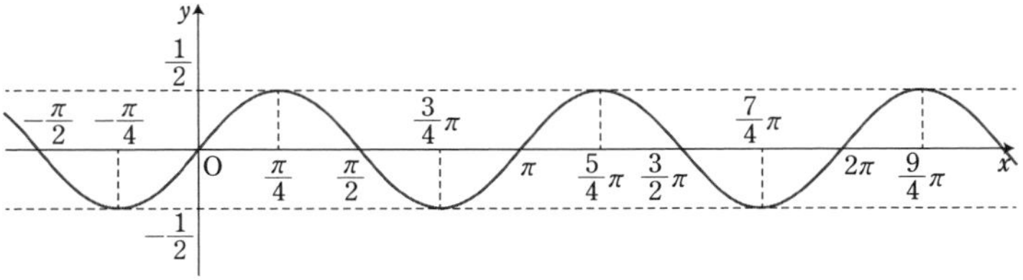

(2)　$\sin^2 x-\cos^2 x=-\cos 2x$

$y=-\cos 2x$ のグラフは，$y=\cos 2x$ のグラフを x 軸に関して対称に移動したもので，図のようになる。

周期は　　$\frac{2\pi}{2}=\boldsymbol{\pi}$ 答

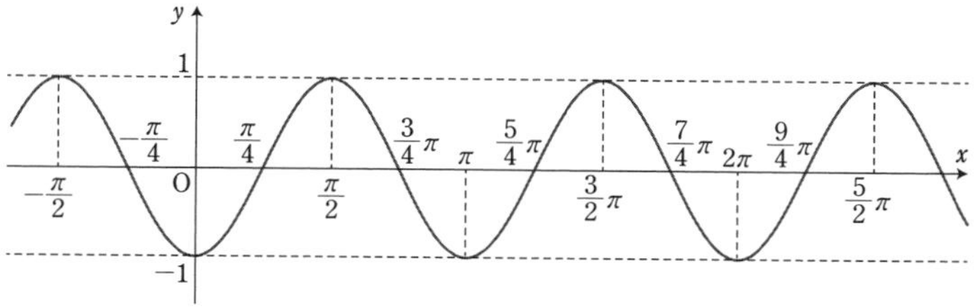

(3)　$\sin^2 x=\frac{1-\cos 2x}{2}=-\frac{1}{2}\cos 2x+\frac{1}{2}$

$y=-\frac{1}{2}\cos 2x+\frac{1}{2}$ のグラフは (2) のグラフを x 軸をもとにして y 軸方向に $\frac{1}{2}$ 倍に縮小し，y 軸方向に $\frac{1}{2}$ だけ平行移動したもので，図のようになる。

周期は　　$\frac{2\pi}{2}=\boldsymbol{\pi}$　答

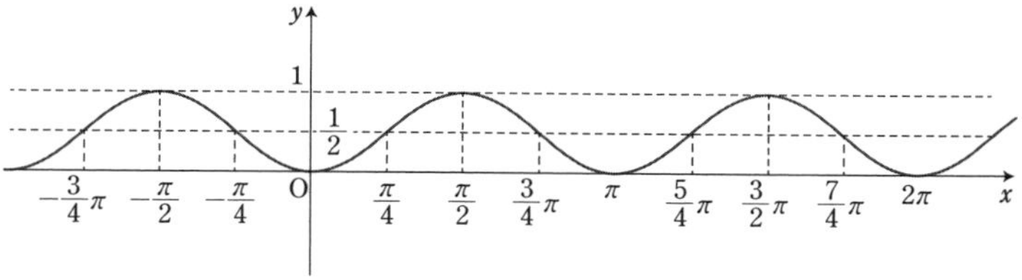

第4章　演習問題B

教 p.161

4. $0<\alpha<\pi$，$0<\beta<\pi$ のとき，$\sin(\alpha+\beta)$ と $\sin\alpha+\sin\beta$ の大小を比べよ。

指針　**三角関数の値の大小**　2つの式の差をとり，その正負を調べる。
$0<\alpha<\pi$，$0<\beta<\pi$ より　　$\sin\alpha>0$，$\sin\beta>0$
また，$-1<\cos\alpha<1$，$-1<\cos\beta<1$ であることを利用する。

解答　　$\sin(\alpha+\beta)-(\sin\alpha+\sin\beta)$
$=\sin\alpha\cos\beta+\cos\alpha\sin\beta-\sin\alpha-\sin\beta$
$=\sin\alpha(\cos\beta-1)+\sin\beta(\cos\alpha-1)$

$0<\alpha<\pi$，$0<\beta<\pi$ より　$\sin\alpha>0$，$\sin\beta>0$
また，$-1<\cos\alpha<1$，$-1<\cos\beta<1$ であるから
$\cos\beta-1<0$，$\cos\alpha-1<0$

よって，$\sin\alpha(\cos\beta-1)<0$，$\sin\beta(\cos\alpha-1)<0$ より

$$\sin(\alpha+\beta)-(\sin\alpha+\sin\beta)<0$$

ゆえに　$\boldsymbol{\sin(\alpha+\beta)<\sin\alpha+\sin\beta}$　答

教 p.161

5.　$\sin\alpha+\sin\beta=\dfrac{1}{2}$，$\cos\alpha+\cos\beta=\dfrac{1}{3}$ のとき，$\cos(\alpha-\beta)$ の値を求めよ。

指針　**三角関数を含む式の値**　$\sin^2\alpha+\cos^2\alpha=1$，$\sin^2\beta+\cos^2\beta=1$ を条件に含めて，$\cos(\alpha-\beta)$ が求められる形にする。

解答　$(\sin\alpha+\sin\beta)^2=\left(\dfrac{1}{2}\right)^2$ より　$\sin^2\alpha+2\sin\alpha\sin\beta+\sin^2\beta=\dfrac{1}{4}$　…… ①

$(\cos\alpha+\cos\beta)^2=\left(\dfrac{1}{3}\right)^2$ より　$\cos^2\alpha+2\cos\alpha\cos\beta+\cos^2\beta=\dfrac{1}{9}$　…… ②

①+② から

$$(\sin^2\alpha+\cos^2\alpha)+2(\sin\alpha\sin\beta+\cos\alpha\cos\beta)+(\sin^2\beta+\cos^2\beta)=\frac{13}{36}$$

よって　$2+2\cos(\alpha-\beta)=\dfrac{13}{36}$　　ゆえに　$\cos(\alpha-\beta)=\boldsymbol{-\dfrac{59}{72}}$　答

教 p.161

6.　$t=\tan\dfrac{\theta}{2}$ とするとき，次の等式が成り立つことを示せ。

(1)　$\cos\theta=\dfrac{1-t^2}{1+t^2}$　　(2)　$\tan\theta=\dfrac{2t}{1-t^2}$　　(3)　$\sin\theta=\dfrac{2t}{1+t^2}$

指針　**正接と半角の公式**　右辺の t に $\tan\dfrac{\theta}{2}$ を代入，整理して，2 倍角の公式や $1+\tan^2\theta=\dfrac{1}{\cos^2\theta}$ を使って左辺を導く。

解答　(1)　$\dfrac{1-t^2}{1+t^2}=\dfrac{1-\tan^2\dfrac{\theta}{2}}{1+\tan^2\dfrac{\theta}{2}}=\cos^2\dfrac{\theta}{2}\left(1-\dfrac{\sin^2\dfrac{\theta}{2}}{\cos^2\dfrac{\theta}{2}}\right)$

$$=\cos^2\frac{\theta}{2}-\sin^2\frac{\theta}{2}=\cos\theta$$　終

(2)　$\dfrac{2t}{1-t^2}=\dfrac{2\cdot\tan\dfrac{\theta}{2}}{1-\tan^2\dfrac{\theta}{2}}=\tan\theta$　終

(3) $\dfrac{2t}{1+t^2}=\dfrac{2\tan\dfrac{\theta}{2}}{1+\tan^2\dfrac{\theta}{2}}=\cos^2\dfrac{\theta}{2}\cdot 2\tan\dfrac{\theta}{2}=2\cos^2\dfrac{\theta}{2}\cdot\dfrac{\sin\dfrac{\theta}{2}}{\cos\dfrac{\theta}{2}}$

$=2\sin\dfrac{\theta}{2}\cos\dfrac{\theta}{2}=\sin\theta$ 終

教 p.161

7. 次の関数の最大値と最小値，およびそのときの x の値を求めよ。

$$y=\sin^2 x+4\sin x\cos x+5\cos^2 x \qquad (0\leqq x<2\pi)$$

指針 **三角関数を含む関数の最大値，最小値**　y を $\sin 2x$，$\cos 2x$ で表して，$\sin(2x+\alpha)$ への変形を考える。

解答 半角の公式，2 倍角の公式を用いて

$$y=\frac{1-\cos 2x}{2}+2\sin 2x+5\cdot\frac{1+\cos 2x}{2}$$

$$=2\sin 2x+2\cos 2x+3=2\sqrt{2}\sin\left(2x+\frac{\pi}{4}\right)+3$$

$0\leqq x<2\pi$ のとき　$\dfrac{\pi}{4}\leqq 2x+\dfrac{\pi}{4}<\dfrac{17}{4}\pi$ であるから

$\sin\left(2x+\dfrac{\pi}{4}\right)=1$ のとき　$2x+\dfrac{\pi}{4}=\dfrac{\pi}{2}$，$\dfrac{5}{2}\pi$ より $x=\dfrac{\pi}{8}$，$\dfrac{9}{8}\pi$

$\sin\left(2x+\dfrac{\pi}{4}\right)=-1$ のとき　$2x+\dfrac{\pi}{4}=\dfrac{3}{2}\pi$，$\dfrac{7}{2}\pi$ より $x=\dfrac{5}{8}\pi$，$\dfrac{13}{8}\pi$

ゆえに　**$x=\dfrac{\pi}{8}$，$\dfrac{9}{8}\pi$ で最大値 $2\sqrt{2}+3$**

$x=\dfrac{5}{8}\pi$，$\dfrac{13}{8}\pi$ で最小値 $-2\sqrt{2}+3$ 答

教 p.161

8. 関数 $y=2\sin x\cos x+\sin x+\cos x$ について，次の問いに答えよ。

(1) $t=\sin x+\cos x$ として，y を t の関数で表せ。

(2) t のとりうる値の範囲を求めよ。

(3) y の最大値と最小値を求めよ。

指針 **三角関数の最大，最小**

(1) $t=\sin x+\cos x$ の両辺を 2 乗する。

(2) $\sin x+\cos x$ を $\sin(x+\alpha)$ の形に変形する。

(3) (2) で求めた t の変域で (1) で表した t の関数の最大，最小を求める。

解答 (1) $t=\sin x+\cos x$ の両辺を2乗すると

$$t^2=\sin^2 x+\cos^2 x+2\sin x\cos x=1+2\sin x\cos x$$

よって　$2\sin x\cos x=t^2-1$

ゆえに　$y=(t^2-1)+t$　　すなわち　$\boldsymbol{y=t^2+t-1}$ 答

(2) $t=\sin x+\cos x=\sqrt{2}\sin\left(x+\frac{\pi}{4}\right)$　x は任意の角を表すから

$-1\leqq\sin\left(x+\frac{\pi}{4}\right)\leqq 1$　　よって　$\boldsymbol{-\sqrt{2}\leqq t\leqq\sqrt{2}}$ 答

(3) (1) から　$y=t^2+t-1=\left(t+\frac{1}{2}\right)^2-\frac{5}{4}$

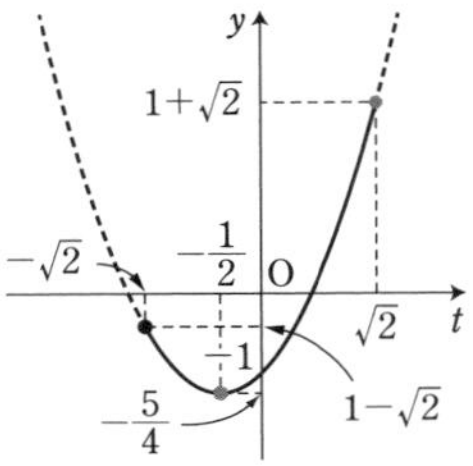

(2) より，$-\sqrt{2}\leqq t\leqq\sqrt{2}$ であるから，グラフは右の図のようになる。

したがって，y は

$t=\sqrt{2}$　で　**最大値** $\boldsymbol{1+\sqrt{2}}$

$t=-\frac{1}{2}$ で　**最小値** $\boldsymbol{-\frac{5}{4}}$ 答

第5章 指数関数と対数関数

第1節 指数関数

1 指数の拡張

まとめ

1 0や負の整数の指数

① 文字 a をいくつか掛けたものを a の **累乗** という。a を n 個掛けた累乗を a の **n 乗** といい，a^n と書く。n を a^n の **指数** という。

② **0や負の整数の指数**

$a \neq 0$ で，n が正の整数のとき　　$a^0=1$,　$a^{-n}=\dfrac{1}{a^n}$

③ **指数法則**

$a \neq 0$，$b \neq 0$ で，m，n が整数のとき

1　$a^m a^n = a^{m+n}$　　2　$(a^m)^n = a^{mn}$　　3　$(ab)^n = a^n b^n$

1′　$\dfrac{a^m}{a^n} = a^{m-n}$　　3′　$\left(\dfrac{a}{b}\right)^n = \dfrac{a^n}{b^n}$

2 累乗根

① n を正の整数とするとき，n 乗すると a になる数，すなわち $x^n=a$ となる数 x を，a の **n 乗根** という。

② 2乗根，3乗根，…… を，まとめて **累乗根** という。

③ 正の数 a の n 乗根のうち，正であるものについて考えると，正の数 a に対して，$x^n=a$ を満たす正の数 x がただ1つ定まる。これを $\sqrt[n]{a}$ で表す。また，$\sqrt[n]{0}=0$ である。

注意 $\sqrt[2]{a}$ はこれまで通り $\sqrt{a}$ で表す。

④ $a>0$ のとき，$\sqrt[n]{a}$ は次の2つの条件を満たすただ1つの数である。

$$(\sqrt[n]{a})^n = a,\quad \sqrt[n]{a} > 0$$

⑤ **累乗根の性質**

$a>0$，$b>0$ で，m，n，p が正の整数のとき

1　$\sqrt[n]{a}\sqrt[n]{b} = \sqrt[n]{ab}$　　2　$\dfrac{\sqrt[n]{a}}{\sqrt[n]{b}} = \sqrt[n]{\dfrac{a}{b}}$　　3　$(\sqrt[n]{a})^m = \sqrt[n]{a^m}$

4　$\sqrt[m]{\sqrt[n]{a}} = \sqrt[mn]{a}$　　5　$\sqrt[n]{a^m} = \sqrt[np]{a^{mp}}$

3　有理数の指数

①　$a>0$ で，m，n が正の整数，r が正の有理数のとき

$$a^{\frac{m}{n}}=\sqrt[n]{a^m},\qquad a^{-r}=\frac{1}{a^r}$$

②　**指数法則**　$a>0$，$b>0$ で，r，s が有理数のとき

1　$a^ra^s=a^{r+s}$　　2　$(a^r)^s=a^{rs}$　　3　$(ab)^r=a^rb^r$

1′　$\dfrac{a^r}{a^s}=a^{r-s}$　　3′　$\left(\dfrac{a}{b}\right)^r=\dfrac{a^r}{b^r}$

4　無理数の指数

①　指数が無理数のときにも，累乗の意味を定めることができる。

例えば，$\sqrt{2}=1.4142\cdots\cdots$ に対して，累乗の列 3^1，$3^{1.4}$，$3^{1.41}$，$3^{1.414}$，$3^{1.4142}$，…… は，右のようになり，次第に一定の値に近づいていく。その一定の値を $3^{\sqrt{2}}$ と定める。

$3^1=3$
$3^{1.4}=4.655536\cdots$
$3^{1.41}=4.706965\cdots$
$3^{1.414}=4.727695\cdots$
$3^{1.4142}=4.728733\cdots$
……

このようにして，$a>0$ のとき，実数 x に対して a^x の値が定められる。

指数法則は，指数が実数のときにもそのまま成り立つ。

A　0 や負の整数の指数

教 p.164

練習 1

次の値を求めよ。

(1)　4^0　　(2)　3^{-2}　　(3)　10^{-3}　　(4)　$(-5)^{-3}$　　(5)　0.2^{-2}

指針　**0 や負の整数の指数**　$a\neq 0$ のとき，a がどのような数であっても $a^0=1$ とする。また，$a^{-n}=\dfrac{1}{a^n}$ (n は正の整数) として計算する。

解答 (1)　$4^0=\mathbf{1}$　答

(2)　$3^{-2}=\dfrac{1}{3^2}=\mathbf{\dfrac{1}{9}}$　答

(3)　$10^{-3}=\dfrac{1}{10^3}=\mathbf{\dfrac{1}{1000}}$　答

(4)　$(-5)^{-3}=\dfrac{1}{(-5)^3}=\mathbf{-\dfrac{1}{125}}$　答

(5)　$0.2^{-2}=\dfrac{1}{0.2^2}=\dfrac{1}{0.04}=\mathbf{25}$　答

問1 教 p.165

次の式を計算せよ。

(1) $a^{-4}a^5$　(2) $(a^{-2})^{-3}$　(3) $(a^{-1}b)^2$　(4) $a^2 \div a^5$

指針 **指数法則** 指数が負の場合でも指数法則は成り立つ。

解答 (1) $a^{-4}a^5=a^{-4+5}=a^1=\boldsymbol{a}$ 答

(2) $(a^{-2})^{-3}=a^{(-2)\times(-3)}=\boldsymbol{a^6}$ 答

(3) $(a^{-1}b)^2=(a^{-1})^2b^2=\boldsymbol{a^{-2}b^2}\left(=\boldsymbol{\dfrac{b^2}{a^2}}\right)$ 答

(4) $a^2 \div a^5=a^{2-5}=\boldsymbol{a^{-3}}\left(=\boldsymbol{\dfrac{1}{a^3}}\right)$ 答

練習2 教 p.165

次の式を計算せよ。

(1) $a^{-3}a$　(2) $(a^{-3})^{-1}$　(3) $(ab^{-1})^3$　(4) $a^{-4} \div a^{-2}$

指針 **指数法則** 指数法則により，指数の計算をして求める。

解答 (1) $a^{-3}a=a^{-3+1}=\boldsymbol{a^{-2}}\left(=\boldsymbol{\dfrac{1}{a^2}}\right)$ 答

(2) $(a^{-3})^{-1}=a^{(-3)\times(-1)}=\boldsymbol{a^3}$ 答

(3) $(ab^{-1})^3=a^3(b^{-1})^3=\boldsymbol{a^3b^{-3}}\left(=\boldsymbol{\dfrac{a^3}{b^3}}\right)$ 答

(4) $a^{-4} \div a^{-2}=a^{-4-(-2)}=\boldsymbol{a^{-2}}\left(=\boldsymbol{\dfrac{1}{a^2}}\right)$ 答

B 累乗根

練習3 教 p.166

次の値を求めよ。

(1) $\sqrt[3]{343}$　(2) $\sqrt[5]{32}$　(3) $\sqrt[4]{0.0001}$

指針 **$\sqrt[n]{a}$ の計算** a を n 乗の形にする。　$\sqrt[n]{a^n}=a$　$(a>0)$

解答 (1) $\sqrt[3]{343}=\sqrt[3]{7^3}=\boldsymbol{7}$ 答

(2) $\sqrt[5]{32}=\sqrt[5]{2^5}=\boldsymbol{2}$ 答

(3) $\sqrt[4]{0.0001}=\sqrt[4]{0.1^4}=\boldsymbol{0.1}$ 答

教 p.167

問 2 指数法則を用いて，教科書 166 ページの性質 2 ～ 5 を証明せよ。

指針 **累乗根の性質** $(\sqrt[n]{a})^n=a$，$\sqrt[n]{a}>0$ を用いて証明する。まず，それぞれについての左辺が正であることを示して，右辺が○の□乗根であることに合わせて，左辺を□乗して○になることをいう。

解答 **2 の証明** $\left(\dfrac{\sqrt[n]{a}}{\sqrt[n]{b}}\right)^n=\dfrac{(\sqrt[n]{a})^n}{(\sqrt[n]{b})^n}=\dfrac{a}{b}$

ここで，$\sqrt[n]{a}>0$，$\sqrt[n]{b}>0$ から $\dfrac{\sqrt[n]{a}}{\sqrt[n]{b}}>0$

よって $\dfrac{\sqrt[n]{a}}{\sqrt[n]{b}}=\sqrt[n]{\dfrac{a}{b}}$ 終

3 の証明 $\{(\sqrt[n]{a})^m\}^n=(\sqrt[n]{a})^{mn}=\{(\sqrt[n]{a})^n\}^m=a^m$

ここで，$\sqrt[n]{a}>0$ から $(\sqrt[n]{a})^m>0$

よって $(\sqrt[n]{a})^m=\sqrt[n]{a^m}$ 終

4 の証明 $(\sqrt[m]{\sqrt[n]{a}})^{mn}=\{(\sqrt[m]{\sqrt[n]{a}})^m\}^n=(\sqrt[n]{a})^n=a$

ここで，$\sqrt[n]{a}>0$ から $\sqrt[m]{\sqrt[n]{a}}>0$

よって $\sqrt[m]{\sqrt[n]{a}}=\sqrt[mn]{a}$ 終

5 の証明 $(\sqrt[n]{a^m})^{np}=\{(\sqrt[n]{a^m})^n\}^p=(a^m)^p=a^{mp}$

ここで，$a^m>0$ から $\sqrt[n]{a^m}>0$

よって $\sqrt[n]{a^m}=\sqrt[np]{a^{mp}}$ 終

教 p.167

練習 4 次の式を簡単にせよ。

(1) $\sqrt[4]{9^2}$ (2) $\sqrt[4]{2}\sqrt[4]{8}$ (3) $\dfrac{\sqrt[3]{250}}{\sqrt[3]{2}}$ (4) $\sqrt{\sqrt[3]{729}}$ (5) $\sqrt[8]{16}$

指針 **累乗根の計算** 累乗根の性質の公式により計算する。

解答 (1) $\sqrt[4]{9^2}=\sqrt[4]{(3^2)^2}=\sqrt[4]{3^4}=\mathbf{3}$ 答

(2) $\sqrt[4]{2}\sqrt[4]{8}=\sqrt[4]{2\times8}=\sqrt[4]{2^4}=\mathbf{2}$ 答

(3) $\dfrac{\sqrt[3]{250}}{\sqrt[3]{2}}=\sqrt[3]{\dfrac{250}{2}}=\sqrt[3]{125}=\sqrt[3]{5^3}=\mathbf{5}$ 答

(4) $\sqrt{\sqrt[3]{729}}=\sqrt[6]{729}=\sqrt[6]{3^6}=\mathbf{3}$ 答

(5) $\sqrt[8]{16}=\sqrt[8]{2^4}=\sqrt[2\times4]{2^{1\times4}}=\sqrt{\mathbf{2}}$ 答

C 有理数の指数

練習 5 教 p.168

次の値を求めよ。

(1) $4^{\frac{1}{2}}$　(2) $125^{\frac{2}{3}}$　(3) $25^{-\frac{3}{2}}$

指針 **有理数の指数** (1), (2) は指数が有理数である累乗の定義 $a^{\frac{m}{n}}=\sqrt[n]{a^m}$ を用いて累乗根の形として計算する。(3) は，$a^{-r}=\dfrac{1}{a^r}$ としてから，a^r を累乗根の形にする。

解答 (1) $4^{\frac{1}{2}}=\sqrt{4}=\sqrt{2^2}=\mathbf{2}$ 答

(2) $125^{\frac{2}{3}}=\sqrt[3]{125^2}=\sqrt[3]{(5^2)^3}=5^2=\mathbf{25}$ 答

(3) $25^{-\frac{3}{2}}=\dfrac{1}{25^{\frac{3}{2}}}=\dfrac{1}{\sqrt{25^3}}=\dfrac{1}{\sqrt{(5^3)^2}}=\dfrac{1}{5^3}=\dfrac{\mathbf{1}}{\mathbf{125}}$ 答

練習 6 教 p.169

次の式を計算せよ。

(1) $4^{\frac{1}{3}}\times4^{\frac{1}{4}}\div4^{\frac{1}{12}}$　(2) $\left\{\left(\dfrac{16}{9}\right)^{-\frac{3}{4}}\right\}^{\frac{2}{3}}$

(3) $\sqrt[4]{9}\times\sqrt[6]{27}$　(4) $\sqrt{a^3}\times\sqrt[6]{a}$　(5) $\sqrt{a}\div\sqrt[6]{a}\times\sqrt[3]{a^2}$

指針 **指数法則** 指数が有理数でも指数法則が成り立つ。(3)～(5) は有理数の指数の形にして計算する。

解答 (1) $4^{\frac{1}{3}}\times4^{\frac{1}{4}}\div4^{\frac{1}{12}}=4^{\frac{1}{3}}\times4^{\frac{1}{4}}\times\dfrac{1}{4^{\frac{1}{12}}}=4^{\frac{1}{3}}\times4^{\frac{1}{4}}\times4^{-\frac{1}{12}}=4^{\frac{1}{3}+\frac{1}{4}-\frac{1}{12}}$

$=4^{\frac{1}{2}}=\sqrt{4}=\sqrt{2^2}=\mathbf{2}$ 答

(2) $\left\{\left(\dfrac{16}{9}\right)^{-\frac{3}{4}}\right\}^{\frac{2}{3}}=\left\{\left(\dfrac{4}{3}\right)^2\right\}^{-\frac{3}{4}\times\frac{2}{3}}=\left(\dfrac{4}{3}\right)^{2\times\left(-\frac{3}{4}\right)\times\frac{2}{3}}=\left(\dfrac{4}{3}\right)^{-1}=\dfrac{\mathbf{3}}{\mathbf{4}}$ 答

(3) $\sqrt[4]{9}\times\sqrt[6]{27}=(3^2)^{\frac{1}{4}}\times(3^3)^{\frac{1}{6}}=3^{\frac{1}{2}}\times3^{\frac{1}{2}}=3^{\frac{1}{2}+\frac{1}{2}}=3^1=\mathbf{3}$ 答

(4) $\sqrt{a^3}\times\sqrt[6]{a}=(a^3)^{\frac{1}{2}}\times a^{\frac{1}{6}}=a^{\frac{3}{2}}\times a^{\frac{1}{6}}$

$=a^{\frac{3}{2}+\frac{1}{6}}=a^{\frac{5}{3}}=a^{1+\frac{2}{3}}=\boldsymbol{a\sqrt[3]{a^2}}$ 答

(5) $\sqrt{a}\div\sqrt[6]{a}\times\sqrt[3]{a^2}=a^{\frac{1}{2}}\times\dfrac{1}{a^{\frac{1}{6}}}\times a^{\frac{2}{3}}=a^{\frac{1}{2}}\times a^{-\frac{1}{6}}\times a^{\frac{2}{3}}$

$=a^{\frac{1}{2}-\frac{1}{6}+\frac{2}{3}}=a^1=\boldsymbol{a}$ 答

教科書 $p.169\sim173$

D 無理数の指数

研究 負の数の n 乗根

まとめ

負の数の n 乗根

① **n が正の奇数のとき**

右の図からわかるように，負の数 a に対して，
$x^n=a$ を満たす負の数 x がただ1つある。
これも $\sqrt[n]{a}$ で表す。

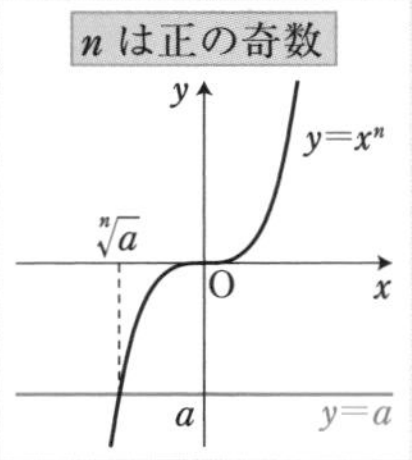

② **n が正の偶数のとき**

常に $x^n \geqq 0$ であるから，実数の範囲では，
負の数 a の n 乗根は存在しない。

2 指数関数

まとめ

1　指数関数のグラフ

① $a>0$，$a \neq 1$ とするとき，$y=a^x$ は x の関数である。関数 $\boldsymbol{y=a^x}$ を，a を **底** とする x の **指数関数** という。

② 指数関数 $y=a^x$ のグラフは，次のようになる。

1　点 $(0,\ 1)$，$(1,\ a)$ を通り，x 軸を漸近線としてもつ曲線である。

2　$a>1$ のとき右上がりの曲線，$0<a<1$ のとき右下がりの曲線である。

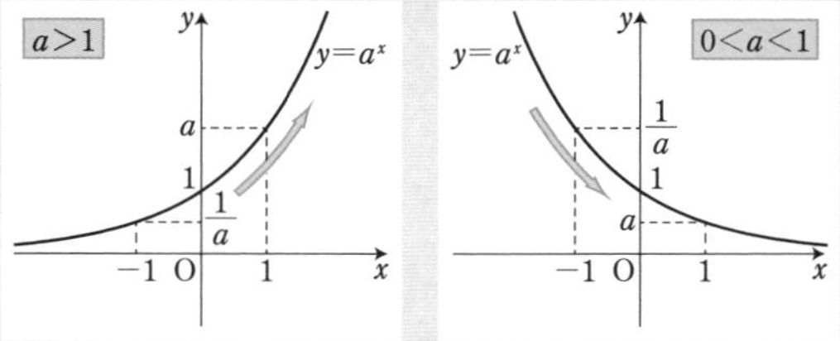

2　指数関数の性質

① **指数関数 $y=a^x$ の性質**

1　定義域は実数全体，値域は正の数全体である。

2　**$a>1$ のとき**　　x の値が増加すると y の値も増加する。

$$p<q \iff a^p<a^q$$

$0<a<1$ のとき　　x の値が増加すると y の値は減少する。

$$p<q \iff a^p>a^q$$

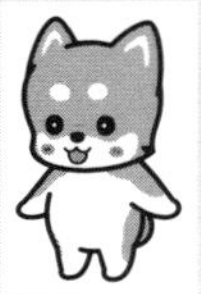

注意 $a>0$，$a \neq 1$ のとき 「$\boldsymbol{p=q} \iff \boldsymbol{a^p=a^q}$」が成り立つ。

A 指数関数のグラフ

教 p.170

問 3 指数関数 $y=\left(\frac{1}{2}\right)^x$ のグラフは，$y=2^x$ のグラフと y 軸に関して対称であることを示し，そのグラフをかけ。

指針 **指数関数のグラフ** 関数 $y=f(x)$ のグラフを x 軸，y 軸，原点に関して対称移動して得られる曲線の方程式は，それぞれ次のようになる。
x 軸：$-y=f(x)$，y 軸：$y=f(-x)$，原点：$-y=f(-x)$

解答 $f(x)=2^x$ とすると

$f(-x)=2^{-x}=(2^{-1})^x=\left(\frac{1}{2}\right)^x$

であるから，$y=\left(\frac{1}{2}\right)^x$ のグラフは，
$y=2^x$ のグラフと y 軸に関して対称である。 終
グラフは図のようになる。

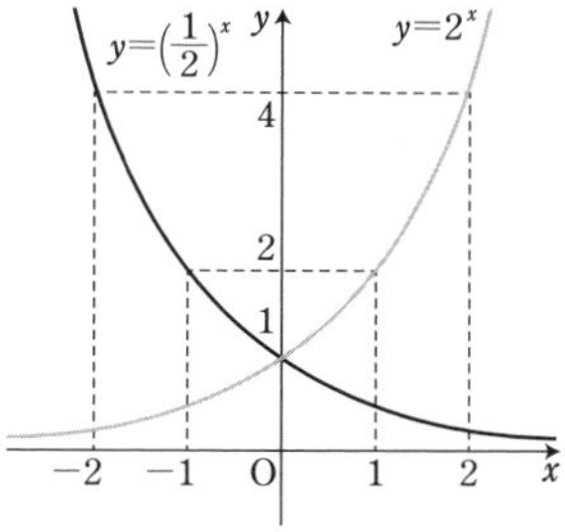

教 p.171

練習 7 次の関数のグラフをかけ。

(1) $y=3^x$ (2) $y=\left(\frac{1}{3}\right)^x$

指針 **指数関数のクラフ** 教科書 171 ページの性質 **1**，**2** に従って，$y=3^x$ のグラフをかく。$y=\left(\frac{1}{3}\right)^x$ のグラフは，y 軸に関して $y=3^x$ のグラフと対称である。

解答 (1) $y=3^x$ のグラフは，点 $(0,\ 1)$，$(1,\ 3)$ を通り，x 軸を漸近線とする右上がりの曲線で，図のようになる。

(2) $y=\left(\frac{1}{3}\right)^x$ のグラフは点 $(0,\ 1)$，$\left(1,\ \frac{1}{3}\right)$ を通り，x 軸を漸近線とする右下がりの曲線で，図のようになる。

(1)

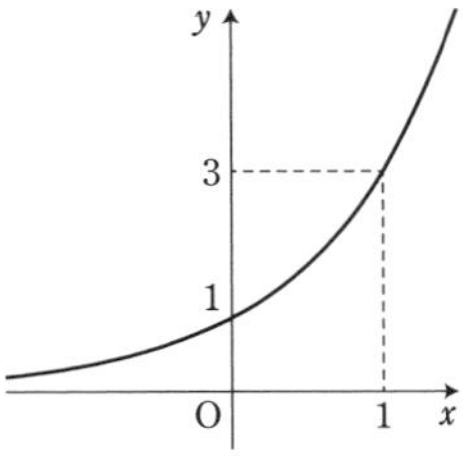

(2)

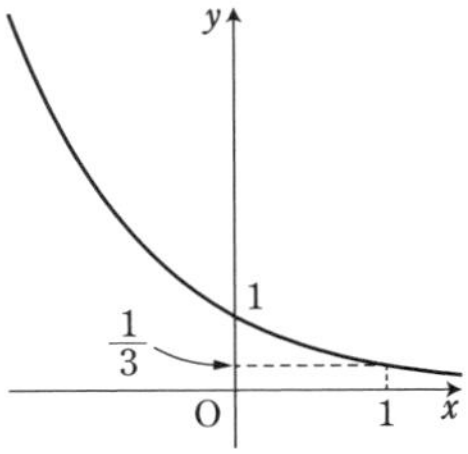

教 p.171

深める

教科書の練習 7 (1) の $y=3^x$ のグラフと教科書 170 ページの $y=2^x$ のグラフは，$x<0$，$x>0$ の範囲においてそれぞれどのような位置関係にあるかを説明しよう。

指針 **指数関数のグラフ**　グラフをかいて，2 つのグラフを比較する。

解答 $y=3^x$ のグラフと $y=2^x$ のグラフは図のようになる。

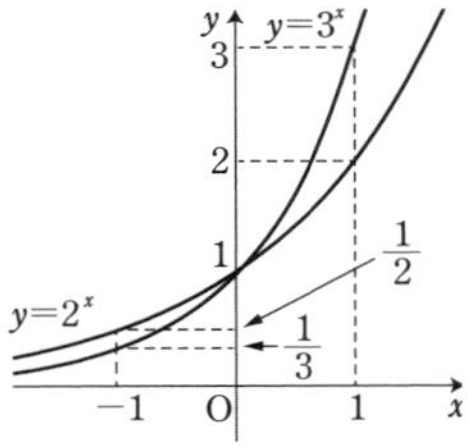

$x<0$ の範囲において $y=3^x$ のグラフは，$y=2^x$ のグラフより下側にあり，
$x>0$ の範囲において $y=3^x$ のグラフは，$y=2^x$ のグラフより上側にある。 終

B 指数関数の性質

教 p.172

練習 8

次の数の大小を不等号を用いて表せ。

(1)　$\sqrt[3]{3}$，$\sqrt[4]{9}$，$\sqrt[7]{27}$　　(2)　$\sqrt{\frac{1}{2}}$，$\sqrt[3]{\frac{1}{4}}$，$\sqrt[4]{\frac{1}{8}}$

指針 **累乗根の大小**　指数関数として考える。まず，底 a が (1) では 3，(2) では $\frac{1}{2}$ として累乗の形で表し，指数の大きさで大小関係を考える。

解答 (1)　3 の累乗で表すと

$$\sqrt[3]{3}=3^{\frac{1}{3}},\quad \sqrt[4]{9}=\sqrt[4]{3^2}=3^{\frac{1}{2}},\quad \sqrt[7]{27}=\sqrt[7]{3^3}=3^{\frac{3}{7}}$$

関数 $y=3^x$ の底 3 は 1 より大きく，$\frac{1}{3}<\frac{3}{7}<\frac{1}{2}$ であるから

$$3^{\frac{1}{3}}<3^{\frac{3}{7}}<3^{\frac{1}{2}}$$

よって　$\boldsymbol{\sqrt[3]{3}<\sqrt[7]{27}<\sqrt[4]{9}}$　答

(2) $\frac{1}{2}$ の累乗で表すと　$\sqrt{\frac{1}{2}}=\left(\frac{1}{2}\right)^{\frac{1}{2}}$,

$\sqrt[3]{\frac{1}{4}}=\left(\frac{1}{4}\right)^{\frac{1}{3}}=\left\{\left(\frac{1}{2}\right)^2\right\}^{\frac{1}{3}}=\left(\frac{1}{2}\right)^{\frac{2}{3}}$, $\sqrt[4]{\frac{1}{8}}=\left(\frac{1}{8}\right)^{\frac{1}{4}}=\left\{\left(\frac{1}{2}\right)^3\right\}^{\frac{1}{4}}=\left(\frac{1}{2}\right)^{\frac{3}{4}}$

関数 $y=\left(\frac{1}{2}\right)^x$ の底 $\frac{1}{2}$ は1より小さく，$\frac{1}{2}<\frac{2}{3}<\frac{3}{4}$ であるから

$\left(\frac{1}{2}\right)^{\frac{3}{4}}<\left(\frac{1}{2}\right)^{\frac{2}{3}}<\left(\frac{1}{2}\right)^{\frac{1}{2}}$　すなわち　$\boldsymbol{\sqrt[4]{\frac{1}{8}}<\sqrt[3]{\frac{1}{4}}<\sqrt{\frac{1}{2}}}$ 答

練習 9　教 p.173

次の方程式，不等式を解け。

(1) $8^x=4$　(2) $3^{2x-1}=243$　(3) $25^x=5^{3-x}$

(4) $2^x-32<0$　(5) $\left(\frac{1}{2}\right)^{x-1}\leqq\frac{1}{16}$　(6) $\left(\frac{1}{3}\right)^{2x+1}>\left(\frac{1}{81}\right)^x$

指針 **指数関数を含む方程式，不等式**　底をそろえて累乗の形にする。不等式では，底と1との大小関係に注意する。

解答 (1) 方程式を変形すると　$2^{3x}=2^2$

よって　$3x=2$　これを解いて　$\boldsymbol{x=\frac{2}{3}}$ 答

(2) 方程式を変形すると　$3^{2x-1}=3^5$

よって　$2x-1=5$　これを解いて　$\boldsymbol{x=3}$ 答

(3) 方程式を変形すると　$5^{2x}=5^{3-x}$

よって　$2x=3-x$　これを解いて　$\boldsymbol{x=1}$ 答

(4) 不等式を変形すると　$2^x<2^5$

底2は1より大きいから　$\boldsymbol{x<5}$ 答

(5) 不等式を変形すると　$\left(\frac{1}{2}\right)^{x-1}\leqq\left(\frac{1}{2}\right)^4$

底 $\frac{1}{2}$ は1より小さいから　$x-1\geqq4$

これを解いて　$\boldsymbol{x\geqq5}$ 答

(6) 不等式を変形すると　$\left(\frac{1}{3}\right)^{2x+1}>\left(\frac{1}{3}\right)^{4x}$

底 $\frac{1}{3}$ は1より小さいから　$2x+1<4x$　よって　$\boldsymbol{x>\frac{1}{2}}$ 答

教 p.173

練習 10

次の方程式，不等式を解け。

(1) $3^{2x}-3^{x+1}-54=0$　　(2) $2\cdot4^x-5\cdot2^x+2=0$

(3) $4^x-7\cdot2^x-8>0$　　(4) $\left(\dfrac{1}{3}\right)^{2x-1}+5\cdot\left(\dfrac{1}{3}\right)^x-2<0$

指針 **指数関数を含む方程式，不等式**　底をそろえて指数の関係の式を作る。(1) は $3^x=t$，(2) は $2^x=t$ とおく。このとき，$t>0$ であることに注意する。

解答 (1) 方程式を変形すると　$(3^x)^2-3\cdot3^x-54=0$

$3^x=t$ とおくと，$t>0$ であり，方程式は　$t^2-3t-54=0$

よって　$(t+6)(t-9)=0$　　$t>0$ であるから　$t=9$

ゆえに　$3^x=9$　すなわち　$3^x=3^2$　　よって　$\boldsymbol{x=2}$ 答

(2) 方程式を変形すると　$2(2^x)^2-5\cdot2^x+2=0$

$2^x=t$ とおくと，$t>0$ であり，方程式は　$2t^2-5t+2=0$

よって　$(t-2)(2t-1)=0$

$t>0$ であるから　$t=2,\ \dfrac{1}{2}$　　ゆえに　$2^x=2,\ \dfrac{1}{2}$

すなわち　$2^x=2^1,\ 2^{-1}$　　よって　$\boldsymbol{x=1,\ -1}$ 答

(3) 不等式を変形すると　$(2^x)^2-7\cdot2^x-8>0$

$2^x=t$ とおくと，$t>0$ であり，不等式は　$t^2-7t-8>0$

よって　$(t+1)(t-8)>0$

$t+1>0$ であるから　$t-8>0$　　すなわち　$t>8$

ゆえに　$2^x>8$　　すなわち　$2^x>2^3$

底 2 は 1 より大きいから　$\boldsymbol{x>3}$ 答

(4) 不等式を変形すると　$3\cdot\left\{\left(\dfrac{1}{3}\right)^x\right\}^2+5\cdot\left(\dfrac{1}{3}\right)^x-2<0$

$\left(\dfrac{1}{3}\right)^x=t$ とおくと，$t>0$ であり，不等式は　$3t^2+5t-2<0$

よって　$(t+2)(3t-1)<0$

$t+2>0$ であるから　$3t-1<0$　　すなわち　$0<t<\dfrac{1}{3}$

ゆえに　$0<\left(\dfrac{1}{3}\right)^x<\dfrac{1}{3}$　　底 $\dfrac{1}{3}$ は 1 より小さいから　$\boldsymbol{x>1}$ 答

第5章 第1節　問　題

教 p.174

1 光の進む速さが，毎秒 3.0×10^8 m であるとすると，光は 1 km を進むのに約 $3.3\times10^{\square}$ 秒かかる。□ に適する整数を求めよ。

指針 **指数法則**（指数を求める）　（距離）÷（速さ）を計算する。その際，$1\,\text{km}=10^3\,\text{m}$ として単位をそろえておく。

解答 1 km は 10^3 m であるから，光が 1 km 進むのにかかる時間は

$$10^3\div(3.0\times10^8)=\frac{1}{3.0}\times10^{-5}$$
$$=0.33\cdots\times10^{-5}\fallingdotseq3.3\times10^{-6}\ (\text{秒})$$

よって　**−6**　答

教 p.174

2 a，b は正の数とする。次の式を簡単にせよ。

(1) $\left(a^{\frac{1}{2}}-a^{-\frac{1}{2}}\right)^2$　　(2) $\left(a^{\frac{1}{3}}-b^{-\frac{1}{3}}\right)\left(a^{\frac{2}{3}}+a^{\frac{1}{3}}b^{-\frac{1}{3}}+b^{-\frac{2}{3}}\right)$

指針 **指数法則**　次の展開の公式を利用する。

(1) $(a-b)^2=a^2-2ab+b^2$　　(2) $(a-b)(a^2+ab+b^2)=a^3-b^3$

解答 (1) $\left(a^{\frac{1}{2}}-a^{-\frac{1}{2}}\right)^2=\left(a^{\frac{1}{2}}\right)^2-2\cdot a^{\frac{1}{2}}\cdot a^{-\frac{1}{2}}+\left(a^{-\frac{1}{2}}\right)^2=a-2\cdot1+a^{-1}=\boldsymbol{a+\frac{1}{a}-2}$　答

(2) $\left(a^{\frac{1}{3}}-b^{-\frac{1}{3}}\right)\left(a^{\frac{2}{3}}+a^{\frac{1}{3}}b^{-\frac{1}{3}}+b^{-\frac{2}{3}}\right)=\left(a^{\frac{1}{3}}\right)^3-\left(b^{-\frac{1}{3}}\right)^3=a-b^{-1}=\boldsymbol{a-\frac{1}{b}}$　答

教 p.174

3 次の式を計算せよ。

(1) $(\sqrt[3]{9}+\sqrt[3]{6}+\sqrt[3]{4})(\sqrt[3]{3}-\sqrt[3]{2})$

(2) $\left(2^{\frac{1}{2}}+2^{\frac{3}{4}}\times3^{\frac{1}{4}}+3^{\frac{1}{2}}\right)\left(2^{\frac{1}{2}}-2^{\frac{3}{4}}\times3^{\frac{1}{4}}+3^{\frac{1}{2}}\right)$

指針 **累乗根，指数の計算**　展開の公式を使える形であることに注意する。

(1) $a=\sqrt[3]{3}$，$b=\sqrt[3]{2}$ とすると　$(a^2+ab+b^2)(a-b)$

(2) $a=2^{\frac{1}{4}}$，$b=3^{\frac{1}{4}}$ とすると　$(a^2+\sqrt{2}\,ab+b^2)(a^2-\sqrt{2}\,ab+b^2)$

解答 (1) $(\sqrt[3]{9}+\sqrt[3]{6}+\sqrt[3]{4})(\sqrt[3]{3}-\sqrt[3]{2})$

$=\{(\sqrt[3]{3})^2+\sqrt[3]{3}\times\sqrt[3]{2}+(\sqrt[3]{2})^2\}(\sqrt[3]{3}-\sqrt[3]{2})$

$=(\sqrt[3]{3})^3-(\sqrt[3]{2})^3=3-2=\mathbf{1}$　答

(2) $a=2^{\frac{1}{4}}$, $b=3^{\frac{1}{4}}$ とおく。

$$\left(2^{\frac{1}{2}}+2^{\frac{3}{4}}\times3^{\frac{1}{4}}+3^{\frac{1}{2}}\right)\left(2^{\frac{1}{2}}-2^{\frac{3}{4}}\times3^{\frac{1}{4}}+3^{\frac{1}{2}}\right)$$
$$=(a^2+\sqrt{2}\,ab+b^2)(a^2-\sqrt{2}\,ab+b^2)$$
$$=(a^2+b^2)^2-(\sqrt{2}\,ab)^2=a^4+2a^2b^2+b^4-2a^2b^2$$
$$=a^4+b^4=\left(2^{\frac{1}{4}}\right)^4+\left(3^{\frac{1}{4}}\right)^4=2+3=\mathbf{5}$$ 答

教 p.174

4 次の関数のグラフをかけ。

(1) $y=2^x-1$　　(2) $y=2^{x-1}$

指針 **指数関数のグラフ**　$y=2^x$ のグラフをもとにしてかけばよい。

解答 (1) $y=2^x-1$ のグラフは，$y=2^x$ のグラフを y 軸方向に -1 だけ平行移動したもので，図のようになる。

(2) $y=2^{x-1}$ のグラフは，$y=2^x$ のグラフを x 軸方向に 1 だけ平行移動したもので，図のようになる。

(1)

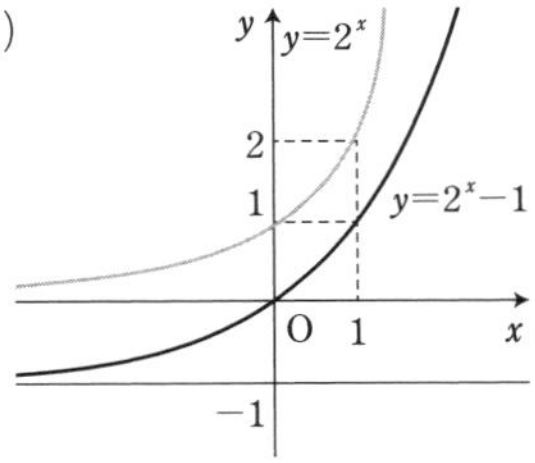

(2)

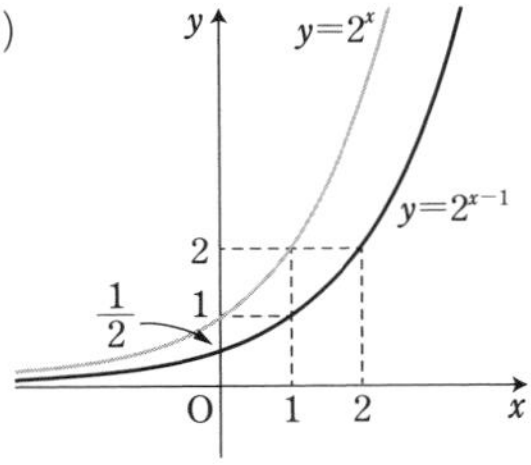

教 p.174

5 5つの数 $\dfrac{1}{3}$, $\sqrt[3]{3^2}$, $\dfrac{1}{\sqrt{3}}$, $\sqrt{27}$, $\sqrt[4]{3^3}$ を小さい方から順に並べよ。

指針 **指数法則**(数の大小比較)　底を 3 にそろえて，累乗で表す。

解答 底を 3 にそろえると

$$\frac{1}{3}=3^{-1},\ \sqrt[3]{3^2}=3^{\frac{2}{3}},\ \frac{1}{\sqrt{3}}=3^{-\frac{1}{2}},\ \sqrt{27}=3^{\frac{3}{2}},\ \sqrt[4]{3^3}=3^{\frac{3}{4}}$$

底 3 は 1 より大きいから，小さい方から順に並べると

$$3^{-1},\ 3^{-\frac{1}{2}},\ 3^{\frac{2}{3}},\ 3^{\frac{3}{4}},\ 3^{\frac{3}{2}}$$

すなわち　$\mathbf{\dfrac{1}{3}}$, $\mathbf{\dfrac{1}{\sqrt{3}}}$, $\mathbf{\sqrt[3]{3^2}}$, $\mathbf{\sqrt[4]{3^3}}$, $\mathbf{\sqrt{27}}$ 答

教 p.174

6 次の方程式，不等式を解け。

(1) $8^{2x}=16$　(2) $27^x=3^{4-x}$　(3) $\sqrt{3^x}\geqq 3^{x+2}$

(4) $\left(\dfrac{1}{16}\right)^x<2^{x+5}$　(5) $9^x-3^x=6$　(6) $2\cdot 4^x-9\cdot 2^x+4>0$

指針 **指数関数を含む方程式，不等式**　方程式では　$a^x=a^y \iff x=y$

不等式では，$a>1$ のとき　$p<q \iff a^p<a^q$

解答 (1) $(2^3)^{2x}=2^4$ から　$2^{6x}=2^4$

よって　$6x=4$　ゆえに　$\boldsymbol{x=\dfrac{2}{3}}$ 答

(2) $3^{3x}=3^{4-x}$ から　$3x=4-x$　これを解いて　$\boldsymbol{x=1}$ 答

(3) $\sqrt{3^x}=3^{\frac{x}{2}}$ から　$3^{\frac{x}{2}}\geqq 3^{x+2}$

底 3 は 1 より大きいから　$\dfrac{x}{2}\geqq x+2$　よって　$\boldsymbol{x\leqq -4}$ 答

(4) $\left(\dfrac{1}{16}\right)^x=(2^{-4})^x=2^{-4x}$ から　$2^{-4x}<2^{x+5}$

底 2 は 1 より大きいから　$-4x<x+5$　よって　$\boldsymbol{x>-1}$ 答

(5) $(3^x)^2-3^x-6=0$　$3^x=t$ とおくと，$t>0$ で

$t^2-t-6=0$　因数分解して　$(t+2)(t-3)=0$

$t+2>0$ であるから　$t=3$　ゆえに　$3^x=3$

よって　$\boldsymbol{x=1}$ 答

(6) $2\cdot(2^x)^2-9\cdot 2^x+4>0$　$2^x=t$ とおくと，$t>0$ で

$2t^2-9t+4>0$　因数分解して　$(2t-1)(t-4)>0$

これを解いて　$0<t<\dfrac{1}{2}$，$4<t$

ゆえに　$0<2^x<\dfrac{1}{2}$，$4<2^x$

すなわち　$0<2^x<2^{-1}$，$2^2<2^x$

底 2 は 1 より大きいから　$\boldsymbol{x<-1,\ 2<x}$ 答

5章 指数関数と対数関数

教 p.174

7 関数 $y=4^x-2^{x+2}+1$ $(-1\leqq x\leqq 3)$ について，次の問いに答えよ。

(1) $t=2^x$ として，y を t の関数で表せ。また，t のとりうる値の範囲を求めよ。

(2) y の最大値，最小値を求めよ。

指針 **指数関数を含む関数の最大値，最小値**

(1) $4^x=(2^x)^2$，$2^{x+2}=4\cdot 2^x$　　また，$-1\leqq x\leqq 3$ から　$2^{-1}\leqq t\leqq 2^3$

(2) (1) を利用する。

解答 (1) $t=2^x$ とおくと，$-1\leqq x\leqq 3$ から　$2^{-1}\leqq t\leqq 2^3$ すなわち $\boldsymbol{\frac{1}{2}\leqq t\leqq 8}$ 答

また　$\boldsymbol{y}=(2^x)^2-4\cdot 2^x+1\boldsymbol{=t^2-4t+1}$ 答

(2) $y=t^2-4t+1$ より　$y=(t-2)^2-3$

$\frac{1}{2}\leqq t\leqq 8$ であるから，y は $t=8$ で最大値 33 をとり，$t=2$ で最小値 -3 をとる。

$t=8$ のとき　$2^x=8$　ゆえに　$x=3$

$t=2$ のとき　$2^x=2$　ゆえに　$x=1$

よって　**$x=3$ で最大値 33，$x=1$ で最小値 -3** 答

教 p.174

8 3 つの数 $3^{\frac{1}{3}}$，$4^{\frac{1}{4}}$，$5^{\frac{1}{5}}$ を小さい方から順に並べよ。

指針 **指数法則**(数の大小比較)　$4^{\frac{1}{4}}=2^{\frac{1}{2}}$　$2^{\frac{1}{2}}$ と $3^{\frac{1}{3}}$ について，2 と 3 の最小公倍数が 6 であるから，$\left(2^{\frac{1}{2}}\right)^6$ と $\left(3^{\frac{1}{3}}\right)^6$ の大小を比較する。

$2^{\frac{1}{2}}$ と $5^{\frac{1}{5}}$ についても同様にする。

解答 $4^{\frac{1}{4}}=2^{\frac{1}{2}}$ であるから，3 つの数 $2^{\frac{1}{2}}$，$3^{\frac{1}{3}}$，$5^{\frac{1}{5}}$ の大小関係を考える。

$2^{\frac{1}{2}}$ と $3^{\frac{1}{3}}$ について　$\left(2^{\frac{1}{2}}\right)^6=8$，$\left(3^{\frac{1}{3}}\right)^6=9$

$8<9$　すなわち　$\left(2^{\frac{1}{2}}\right)^6<\left(3^{\frac{1}{3}}\right)^6$ であり，$2^{\frac{1}{2}}>0$，$3^{\frac{1}{3}}>0$ であるから

$2^{\frac{1}{2}}<3^{\frac{1}{3}}$　すなわち　$4^{\frac{1}{4}}<3^{\frac{1}{3}}$

$2^{\frac{1}{2}}$ と $5^{\frac{1}{5}}$ について　$\left(2^{\frac{1}{2}}\right)^{10}=32$，$\left(5^{\frac{1}{5}}\right)^{10}=25$

$32>25$　すなわち　$\left(2^{\frac{1}{2}}\right)^{10}>\left(5^{\frac{1}{5}}\right)^{10}$ であり，$2^{\frac{1}{2}}>0$，$5^{\frac{1}{5}}>0$ であるから

$2^{\frac{1}{2}}>5^{\frac{1}{5}}$　すなわち　$4^{\frac{1}{4}}>5^{\frac{1}{5}}$

よって，3 つの数 $3^{\frac{1}{3}}$，$4^{\frac{1}{4}}$，$5^{\frac{1}{5}}$ を小さい方から順に並べると　$\boldsymbol{5^{\frac{1}{5}}}$，$\boldsymbol{4^{\frac{1}{4}}}$，$\boldsymbol{3^{\frac{1}{3}}}$ 答

第2節　対数関数

3　対数とその性質

まとめ

1　対数

① $a>0$, $a\neq1$ とするとき，任意の正の数 M に対して $a^p=M$ を満たす実数 p が，ただ1つ定まる。

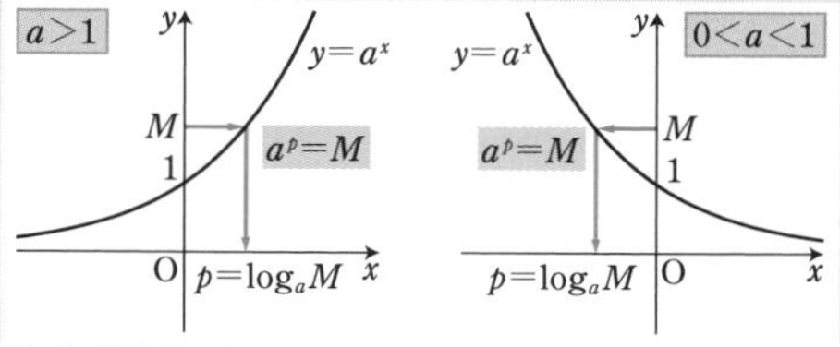

　このpを，a を **底** とする M の **対数** といい，$\log_a M$ と書く。

また，M をこの対数の **真数** という。

対数の真数は，正の数である。

指数と対数

$$a^p=M \iff p=\log_a M \qquad \text{ただし}\quad a>0,\ a\neq1,\ M>0$$

注意 log は，対数を意味する英語 logarithm の略である。

② **対数の値**　$a^p=M$ のとき $p=\log_a M$ であるから

$$\log_a a^p=p$$

2　対数の性質

① 次のことが成り立つ。

$$\log_a a=1,\ \log_a 1=0,\ \log_a \frac{1}{a}=-1$$

② **対数の性質**　$a>0$, $a\neq1$, $M>0$, $N>0$ で，k が実数のとき

1　$\log_a MN=\log_a M+\log_a N$

2　$\log_a \dfrac{M}{N}=\log_a M-\log_a N$

3　$\log_a M^k=k\log_a M$

性質 2，3 の特別な場合として，次のことが成り立つ。

$$\log_a \frac{1}{N}=-\log_a N,\quad \log_a \sqrt[n]{M}=\frac{1}{n}\log_a M$$

3　底の変換公式

① a, b, c は正の数で，$a\neq1$, $b\neq1$, $c\neq1$ のとき

4　$\log_a b=\dfrac{\log_c b}{\log_c a}$　　特に　$\log_a b=\dfrac{1}{\log_b a}$

A 対数

教 p.175

練習 11

次の関係を $p=\log_a M$ の形に書け。

(1) $3^5=243$　(2) $8^{\frac{1}{3}}=2$　(3) $10^{-1}=0.1$

指針 **対数の定義**　$a^p=M$ のとき，$a>0$，$a\neq1$，$M>0$ であれば $p=\log_a M$ と書ける。

解答 (1) $\mathbf{5=\log_3 243}$ 答　(2) $\mathbf{\frac{1}{3}=\log_8 2}$ 答

(3) $\mathbf{-1=\log_{10} 0.1}$ 答

教 p.175

練習 12

次の関係を $a^p=M$ の形に書け。

(1) $\log_2 8=3$　(2) $\log_{10}\dfrac{1}{100000}=-5$　(3) $\log_3\sqrt{3}=\dfrac{1}{2}$

指針 **対数の定義**　$p=\log_a M$ のとき，$a^p=M$ である。

解答 (1) $\mathbf{2^3=8}$ 答　(2) $\mathbf{10^{-5}=\dfrac{1}{100000}}$ 答

(3) $\mathbf{3^{\frac{1}{2}}=\sqrt{3}}$ 答

教 p.176

練習 13

次の対数の値を求めよ。

(1) $\log_2 32$　(2) $\log_{10}\sqrt{1000}$　(3) $\log_{10} 0.001$

(4) $\log_9 3$　(5) $\log_{0.5} 4$　(6) $\log_{\frac{1}{3}} 27$

指針 **対数の値**　真数が底の p 乗の形の場合は $\log_a a^p=p$ により求める。

解答 (1) $\log_2 32=\log_2 2^5=\mathbf{5}$ 答

(2) $\log_{10}\sqrt{1000}=\log_{10} 10^{\frac{3}{2}}=\mathbf{\dfrac{3}{2}}$ 答

(3) $\log_{10} 0.001=\log_{10} 10^{-3}=\mathbf{-3}$ 答

(4) $\log_9 3=\log_9 9^{\frac{1}{2}}=\mathbf{\dfrac{1}{2}}$ 答

(5) $4=\left(\dfrac{1}{2}\right)^{-2}=(0.5)^{-2}$ であるから

$\log_{0.5} 4=\log_{0.5}(0.5)^{-2}=\mathbf{-2}$ 答

(6) $27=\left(\dfrac{1}{3}\right)^{-3}$ であるから　$\log_{\frac{1}{3}} 27=\log_{\frac{1}{3}}\left(\dfrac{1}{3}\right)^{-3}=\mathbf{-3}$ 答

B 対数の性質

練習 14 教 p.177

次の式を簡単にせよ。

(1) $\log_6 12+\log_6 3$　　(2) $\log_5 15-\log_5 75$

(3) $\log_3 \sqrt[3]{6}-\dfrac{1}{3}\log_3 2$　　(4) $\log_2 \dfrac{\sqrt{2}}{3}+\dfrac{3}{2}\log_2 3-\log_2 \dfrac{\sqrt{3}}{2}$

指針 **対数の計算**　対数の性質 **1**～**3** を用いて計算するが，公式を「左辺→右辺」に用いる方法と「右辺→左辺」に用いる方法がある。
本問では「右辺→左辺」の方法を用いると計算が簡単である。

1　$\log_a MN=\log_a M+\log_a N$

2　$\log_a \dfrac{M}{N}=\log_a M-\log_a N$

3　$\log_a M^k=k\log_a M$

解答 (1) $\log_6 12+\log_6 3=\log_6(12\times 3)=\log_6 36=\log_6 6^2=\mathbf{2}$ 答

(2) $\log_5 15-\log_5 75=\log_5 \dfrac{15}{75}=\log_5 \dfrac{1}{5}=\log_5 5^{-1}=\mathbf{-1}$ 答

(3) $\log_3 \sqrt[3]{6}-\dfrac{1}{3}\log_3 2=\log_3 \sqrt[3]{6}-\log_3 \sqrt[3]{2}$

$=\log_3 \dfrac{\sqrt[3]{6}}{\sqrt[3]{2}}=\log_3 \sqrt[3]{\dfrac{6}{2}}=\log_3 \sqrt[3]{3}=\mathbf{\dfrac{1}{3}}$ 答

(4) $\log_2 \dfrac{\sqrt{2}}{3}+\dfrac{3}{2}\log_2 3-\log_2 \dfrac{\sqrt{3}}{2}=\log_2 \dfrac{\sqrt{2}}{3}+\log_2 3^{\frac{3}{2}}-\log_2 \dfrac{\sqrt{3}}{2}$

$=\log_2\left(\dfrac{\sqrt{2}}{3}\times 3\sqrt{3}\times\dfrac{2}{\sqrt{3}}\right)=\log_2 2\sqrt{2}=\log_2 2^{\frac{3}{2}}=\mathbf{\dfrac{3}{2}}$ 答

別解 (1) $\log_6 12+\log_6 3=\log_6 \dfrac{6^2}{3}+\log_6 3$

$=(\log_6 6^2-\log_6 3)+\log_6 3=2\log_6 6=\mathbf{2}$ 答

(2) $\log_5 15-\log_5 75=\log_5 \dfrac{75}{5}-\log_5 75$

$=(\log_5 75-\log_5 5)-\log_5 75=-\log_5 5=\mathbf{-1}$ 答

(3) $\log_3 \sqrt[3]{6}-\dfrac{1}{3}\log_3 2=\dfrac{1}{3}\log_3(2\times 3)-\dfrac{1}{3}\log_3 2$

$=\dfrac{1}{3}(\log_3 2+\log_3 3)-\dfrac{1}{3}\log_3 2=\dfrac{1}{3}\log_3 3=\mathbf{\dfrac{1}{3}}$ 答

(4) $\log_2 \dfrac{\sqrt{2}}{3}+\dfrac{3}{2}\log_2 3-\log_2 \dfrac{\sqrt{3}}{2}$

$=(\log_2 \sqrt{2}-\log_2 3)+\dfrac{3}{2}\log_2 3-(\log_2 \sqrt{3}-\log_2 2)$

5章 指数関数と対数関数

$$=\frac{1}{2}-\log_2 3+\frac{3}{2}\log_2 3-\frac{1}{2}\log_2 3+1=\frac{1}{2}+1=\mathbf{\frac{3}{2}}$$ 答

C 底の変換公式

教 p.178

練習 15

次の式を簡単にせよ。

(1) $\log_4 8$　　(2) $\log_{27} 3$　　(3) $\log_2 3\cdot\log_3 8$

指針 **底の変換公式**　底の変換公式を用いる。底は計算のしやすいものを選べばよい。

解答 (1) $\log_4 8=\dfrac{\log_2 8}{\log_2 4}=\dfrac{\log_2 2^3}{\log_2 2^2}=\mathbf{\dfrac{3}{2}}$ 答

(2) $\log_{27} 3=\dfrac{\log_3 3}{\log_3 27}=\dfrac{\log_3 3}{\log_3 3^3}=\mathbf{\dfrac{1}{3}}$ 答

(3) $\log_2 3\cdot\log_3 8=\log_2 3\times\dfrac{\log_2 8}{\log_2 3}=\log_2 8$

$=\log_2 2^3=\mathbf{3}$ 答

注意 (3) で底を 3 でそろえると

$$\log_2 3\cdot\log_3 8=\frac{\log_3 3}{\log_3 2}\cdot\log_3 2^3=\frac{3\log_3 2}{\log_3 2}=3$$

底を 10 でそろえると

$$\log_2 3\cdot\log_3 8=\frac{\log_{10} 3}{\log_{10} 2}\cdot\frac{\log_{10} 8}{\log_{10} 3}=\frac{3\log_{10} 2}{\log_{10} 2}=3$$

のように底は 1 以外の正の数であればどれでも答えは求められる。

教 p.178

問 4

次の等式を証明せよ。

$$\log_a b\cdot\log_b c\cdot\log_c a=1$$

指針 **等式の証明**　底の変換公式を用いる。底を a にそろえる。

解答 $\log_a b\cdot\log_b c\cdot\log_c a=\log_a b\cdot\dfrac{\log_a c}{\log_a b}\cdot\dfrac{\log_a a}{\log_a c}=\log_a a=1$ 終

教 p.178

練習 16

次の等式を証明せよ。

$$\log_a b\cdot\log_b c\cdot\log_c d=\log_a d$$

指針 **等式の証明**　底の変換公式を用いる。底を a にそろえる。

解答 $\log_a b\cdot\log_b c\cdot\log_c d=\log_a b\cdot\dfrac{\log_a c}{\log_a b}\cdot\dfrac{\log_a d}{\log_a c}=\log_a d$ 終

4 対数関数

まとめ

1 対数関数のグラフ

① $a>0$, $a \neq 1$ とするとき，関数 $\boldsymbol{y=\log_a x}$ を，a を **底** とする x の **対数関数** という。

② 対数関数 $y=\log_a x$ のグラフは，指数関数 $y=a^x$ のグラフと，直線 $y=x$ に関して対称で，次のようになる。

1 点 (1, 0), (a, 1) を通り，y 軸を漸近線としてもつ曲線である。

2 $a>1$ のとき右上がりの曲線，$0<a<1$ のとき右下がりの曲線である。

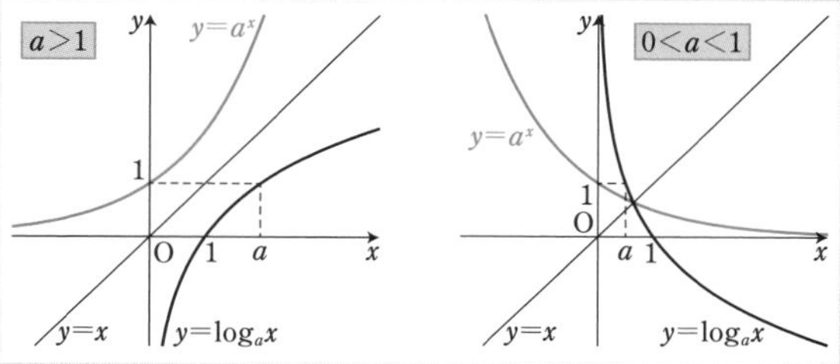

2 対数関数の性質

① **対数関数 $\boldsymbol{y=\log_a x}$ の性質**

1 定義域は正の数全体，値域は実数全体である。

2 $a>1$ のとき

x の値が増加すると y の値も増加する。

$$0<p<q \iff \log_a p<\log_a q$$

$0<a<1$ のとき

x の値が増加すると y の値は減少する。

$$0<p<q \iff \log_a p>\log_a q$$

注意 $a>0$, $a \neq 1$ のとき「$0<p=q \iff \log_a p=\log_a q$」が成り立つ。

A 対数関数のグラフ

問 5 教 p.180

関数 $y=\log_{\frac{1}{2}} x$ のグラフをかけ。また，そのグラフは，関数 $y=\log_2 x$ のグラフと x 軸に関して対称であることを示せ。

指針 **対数関数のグラフ** 関数 $y=f(x)$ のグラフを x 軸，y 軸，原点に関して対称移動して得られる曲線の方程式は，それぞれ次のようになる。

x 軸：$y=-f(x)$　　y 軸：$y=f(-x)$　　原点：$y=-f(-x)$

解答 対数関数 $y=\log_{\frac{1}{2}}x$ において，x のいろいろな値に対応する y の値を求めると，次の表のようになり，グラフは図のようになる。

x	$\frac{1}{4}$	$\frac{1}{2}$	1	2	4	$4\sqrt{2}$	8	$8\sqrt{2}$	16
y	2	1	0	−1	−2	−2.5	−3	−3.5	−4

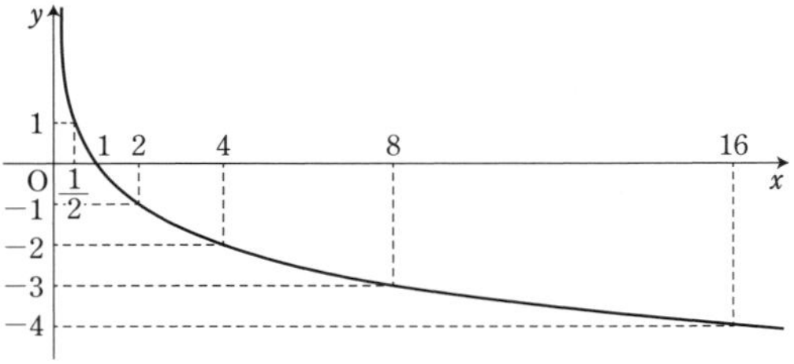

$f(x)=\log_2 x$ とすると　$\log_{\frac{1}{2}}x=\dfrac{\log_2 x}{\log_2 \frac{1}{2}}=-\log_2 x=-f(x)$

したがって，$y=\log_{\frac{1}{2}}x$ のグラフは，$y=\log_2 x$ のグラフと x 軸に関して対称である。 終

練習 17 教 p.180

次の関数のグラフをかけ。

(1) $y=\log_3 x$　　　(2) $y=\log_{\frac{1}{3}}x$

指針 **対数関数のグラフ**　グラフは点 $(1,\ 0)$ を通り，y 軸を漸近線としている。

(1) は点 $(3,\ 1)$，$\left(\frac{1}{3},\ -1\right)$，(2) は点 $\left(\frac{1}{3},\ 1\right)$，$(3,\ -1)$ を通る。

解答 (1) $y=\log_3 x$ のグラフは点 $(1,\ 0)$，$(3,\ 1)$ を通り，y 軸を漸近線とする右上がりの曲線で，図のようになる。

(2) $y=\log_{\frac{1}{3}}x$ のグラフは点 $(1,\ 0)$，$\left(\frac{1}{3},\ 1\right)$ を通り，y 軸を漸近線とする右下がりの曲線で，図のようになる。

(1)

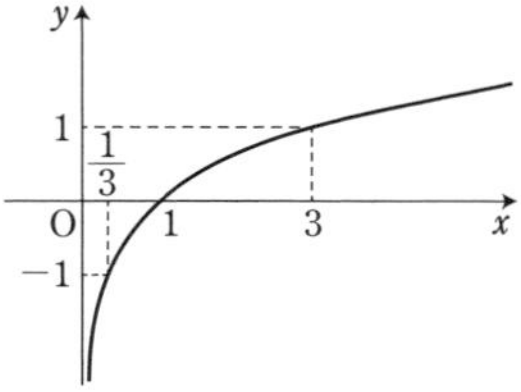

(2)

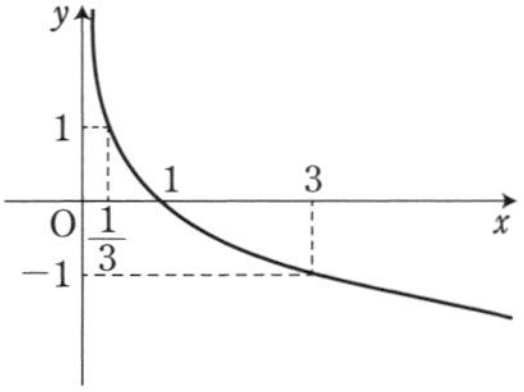

B 対数関数の性質

教 p.181

練習 18

$\log_3 2$, $\log_9 6$, $\frac{1}{2}$ の大小を不等号を用いて表せ。

指針 **対数の大小**　底をそろえて真数の大小を比べる。底 3 は 1 より大きいので,

$0<p<q \iff \log_3 p<\log_3 q$

解答 対数の底を 3 にそろえると

$$\log_9 6=\frac{\log_3 6}{\log_3 9}=\frac{\log_3 6}{\log_3 3^2}=\frac{1}{2}\log_3 6=\log_3\sqrt{6},\quad \frac{1}{2}=\log_3 3^{\frac{1}{2}}=\log_3\sqrt{3}$$

底 3 は 1 より大きく, $\sqrt{3}<2<\sqrt{6}$ であるから

$\log_3\sqrt{3}<\log_3 2<\log_3\sqrt{6}$　すなわち　$\boldsymbol{\frac{1}{2}<\log_3 2<\log_9 6}$ 答

C 対数関数を含む方程式, 不等式

教 p.181

練習 19

次の方程式, 不等式を解け。

(1) $\log_3 x=1.5$　　(2) $\log_{\frac{1}{2}} x=-3$　　(3) $\log_{0.5} x\geqq 2$

指針 **対数関数を含む方程式, 不等式**　基本的な方程式については,

対数の定義により, $\log_a x=p$ のとき　$x=a^p$

不等式については, $\log_a x<p$ のとき　$\log_a x<\log_a a^p$

$a>1$ ならば　$x<a^p$,　$0<a<1$ ならば　$x>a^p$

ただし, $x>0$ に注意して解を求める。

解答 (1) 対数の定義から, 解は

$$\boldsymbol{x}=3^{1.5}=3^{\frac{3}{2}}=\sqrt{3^3}=\boldsymbol{3\sqrt{3}}$$ 答

(2) 対数の定義から, 解は

$$\boldsymbol{x}=\left(\frac{1}{2}\right)^{-3}=(2^{-1})^{-3}=2^3=\boldsymbol{8}$$ 答

(3) 真数は正であるから　$x>0$　…… ①

与えられた不等式は　$\log_{0.5} x\geqq\log_{0.5} 0.5^2$

すなわち　$\log_{0.5} x\geqq\log_{0.5} 0.25$

底 0.5 は 1 より小さいから　$x\leqq 0.25$　…… ②

①, ② から, 解は

$$\boldsymbol{0<x\leqq 0.25}$$ 答

教 p.181

練習 20

次の方程式，不等式を解け。

(1) $\log_2(x-2)=4$　(2) $\log_3(x+2)<2$　(3) $\log_{\frac{1}{3}}(x-1)\leqq 2$

指針 **対数関数を含む方程式，不等式**　真数は正であることに注意して，練習 19 と同様にして解く。

解答 (1) 対数の定義から　$x-2=2^4=16$

よって　$\boldsymbol{x=18}$ 答

(2) 真数は正であるから，$x+2>0$ より　$x>-2$ …… ①

与えられた不等式は　$\log_3(x+2)<\log_3 3^2$

すなわち　$\log_3(x+2)<\log_3 9$

底 3 は 1 より大きいから　$x+2<9$

すなわち　$x<7$ …… ②　①，② から，解は　$\boldsymbol{-2<x<7}$ 答

(3) 真数は正であるから，$x-1>0$ より　$x>1$ …… ①

与えられた不等式は　$\log_{\frac{1}{3}}(x-1)\leqq\log_{\frac{1}{3}}\left(\frac{1}{3}\right)^2$

すなわち　$\log_{\frac{1}{3}}(x-1)\leqq\log_{\frac{1}{3}}\frac{1}{9}$

底 $\frac{1}{3}$ は 1 より小さいから　$x-1\geqq\frac{1}{9}$

すなわち　$x\geqq\frac{10}{9}$ …… ②　①，② から，解は　$\boldsymbol{x\geqq\frac{10}{9}}$ 答

教 p.182

練習 21

次の方程式を解け。

(1) $\log_3 x+\log_3(x-8)=2$　(2) $\log_2(x-1)+\log_2(x+5)=4$

指針 **対数関数を含む方程式の解法**

① 真数は常に正であることから，その条件を求める。

② $\log_a A=\log_a B$ と変形して $A=B$ とする。

これを方程式として解く。

③ 真数の条件 ① を満たすものを解とする。

解答 (1) 真数は正であるから，$x>0$ かつ $x-8>0$ より　$x>8$

方程式を変形すると　$\log_3 x(x-8)=2$

よって　$x(x-8)=3^2$　整理して　$x^2-8x-9=0$

すなわち　$(x+1)(x-9)=0$

$x>8$ であるから，解は　$\boldsymbol{x=9}$ 答

(2) 真数は正であるから，$x-1>0$ かつ $x+5>0$ より　$x>1$

方程式を変形すると　$\log_2(x-1)(x+5)=4$

よって　$(x-1)(x+5)=2^4$　整理して　$x^2+4x-21=0$

すなわち　$(x+7)(x-3)=0$

$x>1$ であるから，解は　$\boldsymbol{x=3}$　答

練習 22　教 p.182

次の不等式を解け。

(1)　$2\log_2(3-x)\leqq\log_2 4x$　(2)　$2\log_{0.5}(x-2)<\log_{0.5}(2x-1)$

(3)　$\log_2(x+1)+\log_2(x-2)\geqq 2$

指針　対数関数を含む不等式の解法

①　真数は常に正であることから，その条件を求める。

②　$a>1$ のとき　$\log_a p<\log_a q \iff 0<p<q$

　$0<a<1$ のとき　$\log_a p<\log_a q \iff p>q>0$

③　真数の条件 ① を満たすものを解とする。

解答 (1)　真数は正であるから，$3-x>0$ かつ $4x>0$ より

$0<x<3$　…… ①

与えられた不等式は　$\log_2(3-x)^2\leqq\log_2 4x$

底 2 は 1 より大きいから　$(3-x)^2\leqq 4x$

整理して　$x^2-10x+9\leqq 0$

すなわち　$(x-1)(x-9)\leqq 0$

これを解いて　$1\leqq x\leqq 9$　…… ②

①，② から，解は　$\boldsymbol{1\leqq x<3}$　答

(2)　真数は正であるから，$x-2>0$ かつ $2x-1>0$ より

$x>2$　…… ①

与えられた不等式は　$\log_{0.5}(x-2)^2<\log_{0.5}(2x-1)$

底 0.5 は 1 より小さいから　$(x-2)^2>2x-1$

整理して　$x^2-6x+5>0$　すなわち　$(x-1)(x-5)>0$

これを解いて　$x<1,\ 5<x$　…… ②

①，② から，解は　$\boldsymbol{x>5}$　答

(3)　真数は正であるから，$x+1>0$ かつ $x-2>0$ より

$x>2$　…… ①

不等式を変形すると　$\log_2(x+1)(x-2)\geqq\log_2 2^2$

底 2 は 1 より大きいから　$(x+1)(x-2)\geqq 4$

整理して　$x^2-x-6\geqq 0$　すなわち　$(x+2)(x-3)\geqq 0$

これを解いて　$x\leqq -2,\ 3\leqq x$　…… ②

①，② から，解は　$\boldsymbol{x\geqq 3}$　答

教 p.182

深める

方程式 $\log_2 x(x-7)=3$ の解が教科書の応用例題 2 の方程式の解と同じになるかどうかを確かめよう。

指針 **対数関数を含む方程式の解法** 方程式 $\log_2 x(x-7)=3$ を解いて，応用例題 2 の解と比較する。

解答 対数の定義から $x(x-7)=2^3$

整理して $x^2-7x-8=0$ すなわち $(x-8)(x+1)=0$

よって $x=-1,\ 8$

したがって，応用例題 2 の方程式の解と同じにはならない。 終

D 対数関数を含む関数の最大値，最小値

教 p.183

練習 23

次の関数の最大値と最小値を求めよ。

$$y=(\log_3 x)^2-\log_3 x^4-3 \quad (1 \leqq x \leqq 27)$$

指針 **対数関数を含む関数の最大値，最小値** $\log_3 x=t$ とおくと，y は t の 2 次関数になる。x の変域から t の変域を求め，その範囲で最大，最小を調べる。

解答 $\log_3 x=t$ とおく。

$\log_3 x$ の底 3 は 1 より大きいから，$1 \leqq x \leqq 27$ のとき

$$\log_3 1 \leqq \log_3 x \leqq \log_3 27$$

すなわち $0 \leqq t \leqq 3$ …… ①

与えられた関数の式を変形すると

$$y=(\log_3 x)^2-4\log_3 x-3$$

よって，y を t で表すと

$$y=t^2-4t-3=(t-2)^2-7$$

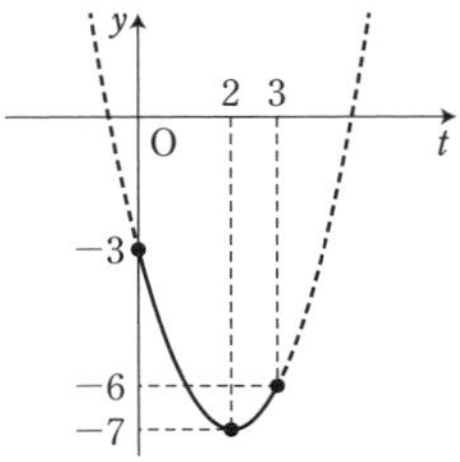

① の範囲において，y は

$t=0$ で最大値 -3 をとり，

$t=2$ で最小値 -7 をとる。

$t=0$ のとき $\log_3 x=0$ ゆえに $x=1$

$t=2$ のとき $\log_3 x=2$ ゆえに $x=3^2=9$

したがって，この関数は **$x=1$ で最大値 -3** をとり，

$x=9$ で最小値 -7 をとる。 答

5 常用対数

まとめ

1 常用対数

① 10 を底とする対数を **常用対数** という。

② 正の数 x は常に，次の形で表される。

$x=a\times10^n$　ただし，n は整数で，$1\leqq a<10$

このとき，x の常用対数は　$\log_{10}x=\log_{10}(a\times10^n)=n+\log_{10}a$

ここで，$1\leqq a<10$ から　$0\leqq\log_{10}a<1$

2 常用対数の応用

① N を整数部分が 3 桁(けた)の正の数とすると，$10^2\leqq N<10^3$ が成り立つ。

各辺の常用対数をとると

$\log_{10}10^2\leqq\log_{10}N<\log_{10}10^3$　すなわち　$2\leqq\log_{10}N<3$

また，このことの逆も成り立つ。

注意 N を整数部分が n 桁の正の数とすると，$10^{n-1}\leqq N<10^n$

すなわち　$n-1\leqq\log_{10}N<n$ が成り立つ。

② N を小数第 3 位に初めて 0 でない数字が現れる正の数とすると

$0.001\leqq N<0.01$　すなわち　$10^{-3}\leqq N<10^{-2}$

したがって　$-3\leqq\log_{10}N<-2$

また，このことの逆も成り立つ。

注意 N を小数第 n 位に初めて 0 でない数字が現れる正の数とすると

$10^{-n}\leqq N<10^{-(n-1)}$　すなわち　$-n\leqq\log_{10}N<-(n-1)$

が成り立つ。

③ 自然現象や社会現象の中には，その生成発展や衰退の様子が，指数関数で表されるものが多い。このような現象に関する問題にも，対数が利用できる場合がある。

A 常用対数

教 p.184

問 6 教科書の巻末の常用対数表を用いて，次の数の常用対数の値を求めよ。

(1) 3.14　(2) 65.4　(3) 2980　(4) 0.91

指針 **常用対数表の利用**　正の数は，整数部分が 1 桁の数と 10^n の形の数の積で表される。$x=a\times10^n$，n は整数，$1\leqq a<10$ のとき，常用対数表で $\log_{10}a$ の値を調べて，$\log_{10}x=n+\log_{10}a$ により，x の常用対数を求められる。

解答 (1) $\log_{10}3.14=\mathbf{0.4969}$ 答

(2) $\log_{10}65.4=\log_{10}(6.54\times10)=\log_{10}6.54+1$

$=0.8156+1=\mathbf{1.8156}$ 答

(3) $\log_{10}2980=\log_{10}(2.98\times10^3)=\log_{10}2.98+3$

$=0.4742+3=\mathbf{3.4742}$ 答

(4) $\log_{10}0.91=\log_{10}(9.1\times10^{-1})=\log_{10}9.1-1$

$=0.9590-1=\mathbf{-0.0410}$ 答

教 p.184

練習 24

$\log_{10}2=0.3010$，$\log_{10}3=0.4771$ として，次の値を求めよ。

(1) $\log_{10}18$　(2) $\log_{10}0.6$　(3) $\log_{10}25$　(4) $\log_3 30$

指針 **常用対数の値**　与えられた式を公式

$\log_a MN=\log_a M+\log_a N$，　$\log_a \dfrac{M}{N}=\log_a M-\log_a N$，　$\log_a b=\dfrac{\log_c b}{\log_c a}$

を使って，$\log_{10}2$，$\log_{10}3$ で表す。

解答 (1) $\log_{10}18=\log_{10}(2\times3^2)=\log_{10}2+2\log_{10}3$

$=0.3010+2\times0.4771=\mathbf{1.2552}$ 答

(2) $\log_{10}0.6=\log_{10}\dfrac{2\times3}{10}=\log_{10}2+\log_{10}3-\log_{10}10$

$=0.3010+0.4771-1=\mathbf{-0.2219}$ 答

(3) $\log_{10}25=\log_{10}\left(\dfrac{10}{2}\right)^2=\log_{10}\dfrac{10^2}{2^2}=2-2\log_{10}2$

$=2-2\times0.3010=\mathbf{1.3980}$ 答

(4) $\log_3 30=\log_3(3\times10)=\log_3 3+\log_3 10$

$=1+\dfrac{\log_{10}10}{\log_{10}3}=1+\dfrac{1}{0.4771}$

$=3.09599\cdots\cdots\fallingdotseq\mathbf{3.0960}$ 答

B 常用対数の応用

教 p.185

練習 25

2^{100} は何桁の整数か。ただし，$\log_{10}2=0.3010$ とする。

指針 **整数の桁数**　2^{100} が n 桁であるとき $n-1\leqq\log_{10}2^{100}<n$ であることから，$\log_{10}2^{100}$ の値を求める。$\log_{10}2^{100}$ の整数部分に 1 を加えた値が求める n となることに注意する。

解答 $\log_{10}2^{100}=100\log_{10}2=100\times0.3010=30.10$

ゆえに　$30<\log_{10}2^{100}<31$

よって　$10^{30}<2^{100}<10^{31}$

したがって，2^{100} は **31 桁** の整数である。 答

練習 26 教 p.185

$\left(\dfrac{1}{3}\right)^{30}$ を小数で表したとき，小数第何位に初めて 0 でない数字が現れるか。ただし，$\log_{10}3=0.4771$ とする。

指針 **小数と常用対数**　$\left(\dfrac{1}{3}\right)^{30}$ は小数第 n 位に初めて 0 でない数字が現れるとすると　$10^{-n}\leqq\left(\dfrac{1}{3}\right)^{30}<10^{-(n-1)}$ より　$-n\leqq\log_{10}\left(\dfrac{1}{3}\right)^{30}<-(n-1)$

解答 $\log_{10}\left(\dfrac{1}{3}\right)^{30}=-30\log_{10}3=-30\times0.4771=-14.313$

ゆえに　$-15<\log_{10}\left(\dfrac{1}{3}\right)^{30}<-14$

よって　$10^{-15}<\left(\dfrac{1}{3}\right)^{30}<10^{-14}$

したがって，$\left(\dfrac{1}{3}\right)^{30}$ は **小数第 15 位** に初めて 0 でない数字が現れる。 答

問 7 教 p.186

不等式 $\left(\dfrac{1}{2}\right)^{n}<0.001$ を満たす最小の整数 n を求めよ。ただし，$\log_{10}2=0.3010$ とする。

指針 **不等式と常用対数**　両辺の常用対数をとることによって，n についての 1 次不等式を導く。

解答 両辺の常用対数をとると，底 10 は 1 より大きいから

$$\log_{10}\left(\frac{1}{2}\right)^{n}<\log_{10}0.001 \quad \text{すなわち} \quad -n\log_{10}2<-3$$

これを解いて　$n>\dfrac{3}{0.3010}=9.9\cdots\cdots$

よって，求める最小の整数 n は　　$\boldsymbol{n=10}$ 答

練習 27 教 p.186

不等式 $1.2^n<100$ を満たす最大の整数 n を求めよ。ただし，$\log_{10}2=0.3010$，$\log_{10}3=0.4771$ とする。

指針 **不等式と常用対数** 両辺の常用対数をとることによって，n についての1次不等式を導く。$\log_{10}1.2=\log_{10}\frac{2^2\times3}{10}$

解答 両辺の常用対数をとると，底10は1より大きいから

$$n\log_{10}1.2<\log_{10}100 \quad \text{すなわち} \quad n\log_{10}\frac{2^2\times3}{10}<2$$

$n(2\log_{10}2+\log_{10}3-\log_{10}10)<2$ より

$$n(2\times0.3010+0.4771-1)<2 \qquad \text{よって} \quad n<\frac{2}{0.0791}=25.2\cdots\cdots$$

したがって，求める最大の整数 n は　$\boldsymbol{n=25}$ 答

練習 28 教 p.186

あるガラス板を1枚通るごとに，光線はその強さの1割を失う。このガラス板を何枚以上重ねると，これを通ってきた光線の強さが，もとの強さの半分以下になるか。ただし，$\log_{10}2=0.3010$，$\log_{10}3=0.4771$ とする。

指針 **常用対数の利用** 光がガラス板1枚を通過するごとに，その光の強さは $1-\frac{1}{10}=\frac{9}{10}$ 倍になるから，$\left(\frac{9}{10}\right)^n\leqq\frac{1}{2}$ を満たす最小の整数 n の値を求めることになる。

解答 光がガラス板1枚を通過するごとに，その光の強さは $\frac{9}{10}$ 倍になる。

この光が n 枚重ねたガラス板を通過したときの強さがもとの強さの半分以下になるとすると　$\left(\frac{9}{10}\right)^n\leqq\frac{1}{2}$

両辺の常用対数をとると，底10は1より大きいから

$$n(2\log_{10}3-1)\leqq-\log_{10}2$$

$2\log_{10}3-1=2\times0.4771-1=-0.0458$ であるから

$$n\geqq\frac{-0.3010}{-0.0458}=\frac{0.3010}{0.0458}=6.5\cdots\cdots$$

これを満たす最小の整数 n は　$n=7$

答　**7枚以上**

研究 対数と無理数

教 p.187

練習 1

次の問いに答えよ。

(1) $\log_2 5$ が無理数であることを証明せよ。

(2) (1) を用いて $\log_2 10$ が無理数であることを証明せよ。

(3) (2) を用いて $\log_{10} 2$ が無理数であることを証明せよ。

指針 **対数と無理数** (1) 背理法を用いて証明する。

(2) $\log_2 10$ を $\log_2 5$ を用いて表し，(1) を利用する。

(3) $\log_{10} 2$ を $\log_2 10$ を用いて表して，(2) を利用する。

解答 (1) $5>1$ であるから $\log_2 5>\log_2 1$ すなわち，$\log_2 5>0$ である。

よって，$\log_2 5$ が無理数でない，すなわち有理数であると仮定すると，2 つの自然数 m，n を用いて

$$\log_2 5=\frac{m}{n}$$

と表すことができる。このとき $2^{\frac{m}{n}}=5$ すなわち $2^m=5^n$

ところが，この等式の左辺は偶数であるが，右辺は奇数である。

これは矛盾している。

したがって，$\log_2 5$ は無理数である。 終

(2) $\log_2 10=\log_2(5\times2)=\log_2 5+1$

(1) より，$\log_2 5$ は無理数であるから，$\log_2 5+1$ も無理数である。

したがって，$\log_2 10$ は無理数である。 終

(3) $\log_{10} 2=\dfrac{1}{\log_2 10}$

(2) より，$\log_2 10$ は無理数であるから，$\dfrac{1}{\log_2 10}$ も無理数である。

したがって，$\log_{10} 2$ は無理数である。 終

第5章 第2節　問　題

教 p.188

9 次の式を簡単にせよ。

(1) $\dfrac{1}{2}\log_5 3+3\log_5\sqrt{2}-\log_5\sqrt{24}$

(2) $\log_2 3\cdot\log_{27}25\cdot\log_5 32$

(3) $(\log_2 3+\log_4 9)(\log_3 4+\log_9 2)$

指針 **対数の計算**　(1) は対数の性質の公式，(2)，(3) は底の変換公式を利用する。

解答 (1) $\dfrac{1}{2}\log_5 3+3\log_5\sqrt{2}-\log_5\sqrt{24}=\log_5\dfrac{\sqrt{3}\cdot(\sqrt{2})^3}{\sqrt{24}}$

$=\log_5 1=\mathbf{0}$ 答

(2) $\log_2 3\cdot\log_{27}25\cdot\log_5 32=\log_2 3\cdot\dfrac{\log_2 25}{\log_2 27}\cdot\dfrac{\log_2 32}{\log_2 5}$

$=\log_2 3\cdot\dfrac{\log_2 5^2}{\log_2 3^3}\cdot\dfrac{\log_2 2^5}{\log_2 5}$

$=\log_2 3\cdot\dfrac{2\log_2 5}{3\log_2 3}\cdot\dfrac{5\log_2 2}{\log_2 5}=\mathbf{\dfrac{10}{3}}$ 答

(3) $a=\log_2 3$ とおくと

$\log_4 9=\dfrac{\log_2 9}{\log_2 4}=\dfrac{2\log_2 3}{2\log_2 2}=a$，　$\log_3 4=\dfrac{\log_2 4}{\log_2 3}=\dfrac{2\log_2 2}{\log_2 3}=\dfrac{2}{a}$，

$\log_9 2=\dfrac{\log_2 2}{\log_2 9}=\dfrac{\log_2 2}{2\log_2 3}=\dfrac{1}{2a}$

よって

$(\log_2 3+\log_4 9)(\log_3 4+\log_9 2)=(a+a)\left(\dfrac{2}{a}+\dfrac{1}{2a}\right)$

$=2a\cdot\dfrac{5}{2a}=\mathbf{5}$ 答

教 p.188

10 $p=\log_a x$，$q=\log_a y$，$r=\log_a z$ であるとき，次の各式を p，q，r で表せ。

(1) $\log_a x^2y^3z$　　(2) $\log_a\dfrac{x^3}{y^2z}$　　(3) $\log_a\dfrac{x\sqrt{z^3}}{a^2y}$

指針 **対数の式の計算**　対数の性質の公式を用いて，真数を分解して，いくつかの対数の和，差の形にする。

教科書 p.188

解答 (1) $\log_a x^2y^3z=\log_a x^2+\log_a y^3+\log_a z$

$=2\log_a x+3\log_a y+\log_a z=\boldsymbol{2p+3q+r}$ 答

(2) $\log_a \dfrac{x^3}{y^2z}=\log_a x^3-(\log_a y^2+\log_a z)$

$=3\log_a x-2\log_a y-\log_a z=\boldsymbol{3p-2q-r}$ 答

(3) $\log_a \dfrac{x\sqrt{z^3}}{a^2y}=\log_a x+\dfrac{3}{2}\log_a z-(\log_a a^2+\log_a y)$

$=\log_a x+\dfrac{3}{2}\log_a z-2\log_a a-\log_a y$

$=\boldsymbol{p-q+\dfrac{3}{2}r-2}$ 答

教 p.188

11 関数 $y=\log_2\dfrac{1}{x}$ のグラフをかけ。また，そのグラフは，関数 $y=\log_2 x$ のグラフと，どのような位置関係にあるか。

指針 **対数関数のグラフ**　関数 $y=f(x)$ のグラフを x 軸，y 軸，原点に関して対称移動して得られる曲線の方程式は，それぞれ次のようになる。

x 軸：$y=-f(x)$　　y 軸：$y=f(-x)$　　原点：$y=-f(-x)$

解答 2 を底とする対数関数 $y=\log_2\dfrac{1}{x}$ において，x のいろいろな値に対応する y の値を求めると，次の表のようになり，グラフは図のようになる。

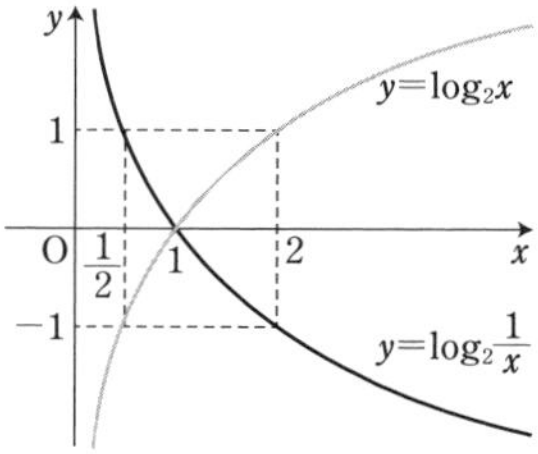

x	$\frac{1}{4}$	$\frac{1}{2}$	1	2	4	8
y	2	1	0	−1	−2	−3

$f(x)=\log_2 x$ とすると

$$\log_2\frac{1}{x}=\log_2 x^{-1}=-\log_2 x=-f(x)$$

であるから，$y=\log_2\dfrac{1}{x}$ のグラフは，関数 $y=\log_2 x$ のグラフと **x 軸に関して対称** である。 答

5章 指数関数と対数関数

教 p.188

12 次の方程式，不等式を解け。

(1) $\log_8(x+2)^2=2$　　(2) $\log_3(x-2)+\log_3(2x-7)=2$

(3) $\log_2 x+\log_2(6-x)<3$　　(4) $\log_{\frac{1}{2}}(x-1)+\log_{\frac{1}{2}}(x-2)\geqq -1$

指針　**対数関数を含む方程式，不等式**　(1) 対数の定義による。

(2) まず真数が正である条件を求めて，$\log_a A=\log_a B \iff A=B$

(3) 真数が正である条件と底が 1 より大きいことに注意する。

(4) 真数が正である条件と底が 1 より小さいことに注意する。

解答 (1) 対数の定義により　$(x+2)^2=8^2$

整理すると　$x^2+4x-60=0$

因数分解して　$(x-6)(x+10)=0$

よって　$\boldsymbol{x=6,\ -10}$ 答

(2) 真数は正であるから　$x-2>0$ かつ $2x-7>0$

よって　$x>\dfrac{7}{2}$　…… ①

方程式を変形すると　$\log_3(x-2)(2x-7)=\log_3 9$

よって　$(x-2)(2x-7)=9$　整理すると　$2x^2-11x+5=0$

因数分解して　$(x-5)(2x-1)=0$　① から　$\boldsymbol{x=5}$ 答

(3) 真数は正であるから　$x>0$ かつ $6-x>0$

よって　$0<x<6$　…… ①

不等式を変形すると　$\log_2 x(6-x)<\log_2 8$

底 2 は 1 より大きいから　$x(6-x)<8$

整理すると　$x^2-6x+8>0$　因数分解して　$(x-2)(x-4)>0$

よって　$x<2,\ 4<x$　…… ②

① と ② の共通範囲を求めて　$\boldsymbol{0<x<2,\ 4<x<6}$ 答

(4) 真数は正であるから　$x-1>0$ かつ $x-2>0$

よって　$x>2$　…… ①

不等式を変形すると　$\log_{\frac{1}{2}}(x-1)(x-2)\geqq\log_{\frac{1}{2}}2$

底 $\dfrac{1}{2}$ は 1 より小さいから　$(x-1)(x-2)\leqq 2$

整理すると　$x^2-3x\leqq 0$　因数分解して　$x(x-3)\leqq 0$

よって　$0\leqq x\leqq 3$　…… ②

① と ② の共通範囲を求めて　$\boldsymbol{2<x\leqq 3}$ 答

教 p.188

13 6^{30} は何桁の整数か。ただし，$\log_{10}2=0.3010$，$\log_{10}3=0.4771$ とする。

指針 **整数の桁数**　6^{30} が n 桁であるとき，$n-1 \leqq \log_{10}6^{30} < n$ であることから n を求める。

解答 $\log_{10}6^{30}=30\log_{10}6=30(\log_{10}2+\log_{10}3)$

$=30(0.3010+0.4771)=23.343$

ゆえに　$23 < \log_{10}6^{30} < 24$

よって　$10^{23} < 6^{30} < 10^{24}$

したがって，6^{30} は **24 桁** の整数である。 答

教 p.188

14 放射性元素の原子核は，粒子を放出して別の原子核に変化し，もとの原子核の数は減少していく。放射性元素の初めの原子核の数を N_0 とし，この原子核の数が初めの数の半数になるまでの時間を T 年とすると，t 年後に存在する原子核の数 N について，関係式 $N=N_0\left(\frac{1}{2}\right)^{\frac{t}{T}}$ が成り立つ。初めの原子核の数が半数になるのに 1600 年かかる放射性元素について，原子核の数が初めの数の $\frac{1}{10}$ になるのは約何年後か。ただし，$\log_{10}2=0.3010$ とし，答えは整数で求めよ。

指針 **常用対数の利用**　t 年後に存在する原子核の数が $N_0\left(\frac{1}{2}\right)^{\frac{t}{1600}}$ であるから，

$N_0\left(\frac{1}{2}\right)^{\frac{t}{1600}} \leqq \frac{1}{10}N_0$ を満たす最小の整数 t の値を求めることになる。

解答 求める条件は　$N_0\left(\frac{1}{2}\right)^{\frac{t}{1600}} \leqq \frac{1}{10}N_0$　すなわち　$\left(\frac{1}{2}\right)^{\frac{t}{1600}} \leqq \frac{1}{10}$

両辺の常用対数をとると，底 10 は 1 より大きいから

$\log_{10}\left(\frac{1}{2}\right)^{\frac{t}{1600}} \leqq \log_{10}\frac{1}{10}$　ゆえに　$-\frac{t}{1600}\log_{10}2 \leqq -1$

よって　$t \geqq \frac{1600}{\log_{10}2}=\frac{1600}{0.3010}=5315.6\cdots\cdots$　答　**約 5316 年後**

第5章　演習問題A

教 p.189

1. $x^{\frac{1}{2}}+x^{-\frac{1}{2}}=3$ のとき，次の式の値を求めよ。

(1)　$x+x^{-1}$　　　　(2)　x^2+x^{-2}

指針　**指数の計算**　(1)　条件式の両辺を2乗。(2)　(1)の結果を利用。

解答　(1)　$x^{\frac{1}{2}}+x^{-\frac{1}{2}}=3$ の両辺を2乗すると

$$\left(x^{\frac{1}{2}}\right)^2+2x^{\frac{1}{2}}x^{-\frac{1}{2}}+\left(x^{-\frac{1}{2}}\right)^2=9$$

すなわち　$x+2+x^{-1}=9$　　ゆえに　$x+x^{-1}=\mathbf{7}$　答

(2)　$x+x^{-1}=7$ の両辺を2乗すると　$x^2+2xx^{-1}+(x^{-1})^2=49$

すなわち　$x^2+2+x^{-2}=49$　　ゆえに　$x^2+x^{-2}=\mathbf{47}$　答

教 p.189

2. 次の関数のグラフをかけ。

(1)　$y=\left(\frac{1}{3}\right)^{x-1}$　　(2)　$y=\log_2 2x$　　(3)　$y=\log_2(x+1)$

指針　**指数関数のグラフ，対数関数のグラフ**　(1)は $y=\left(\frac{1}{3}\right)^x$ のグラフをもとにして，(2)，(3)は $y=\log_2 x$ のグラフをもとにしてかけばよい。

解答　(1)　$y=\left(\frac{1}{3}\right)^{x-1}$ のグラフは，$y=\left(\frac{1}{3}\right)^x$ のグラフを x 軸方向に1だけ平行移動したもので，図のようになる。

(2)　$\log_2 2x=\log_2 x+\log_2 2=\log_2 x+1$

$y=\log_2 2x$ のグラフは，$y=\log_2 x$ のグラフを y 軸方向に1だけ平行移動したもので，図のようになる。

(3)　$y=\log_2(x+1)$ のグラフは，$y=\log_2 x$ のグラフを x 軸方向に -1 だけ平行移動したもので，図のようになる。

(1)
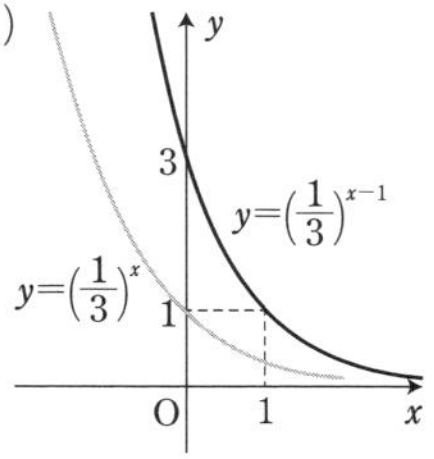

(2)
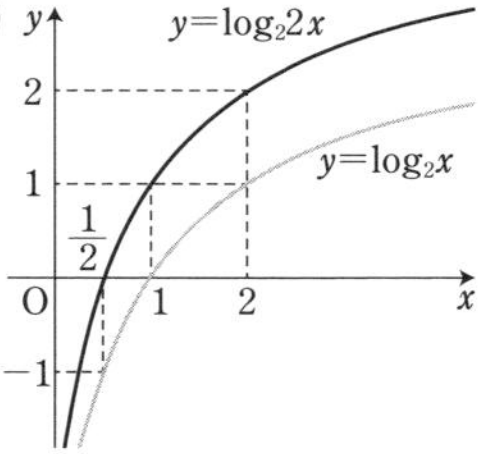

(3)
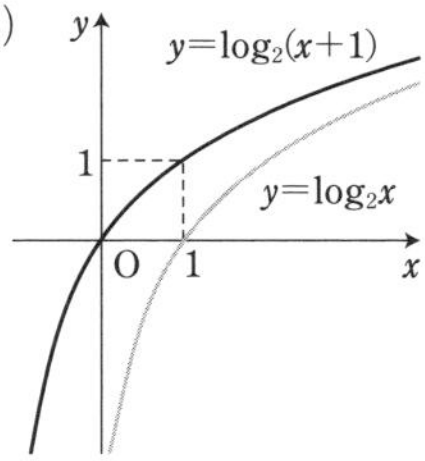

教 p.189

3. 関数 $y=-4^x+2^{x+1}$ の最大値を求めよ。

指針 **指数関数を含む関数の最大値**　$2^x=t$ とおくと，y は t の 2 次関数になる。t の変域に注意して y の最大値を求める。

解答 与えられた関数の式を変形すると　$y=-(2^x)^2+2\cdot 2^x$

$2^x=t$ とおくと，$t>0$ で　$y=-t^2+2t=-(t-1)^2+1$

ゆえに，y は $t=1$ で最大値 1 をとる。

$t=1$ のとき　$2^x=1$　すなわち　$x=0$

したがって，この関数は $\boldsymbol{x=0}$ **で最大値 1** をとる。 答

教 p.189

4. $a=\log_2 3$，$b=\log_3 7$ とするとき，$\log_{42} 56$ を a，b で表せ。

指針 **対数の計算**　対数の性質と底の変換公式を利用して，$\log_2 3$ と $\log_3 7$ が現れるように変形する。まず，底を 2 にそろえる。

解答 $\log_{42} 56=\dfrac{\log_2 56}{\log_2 42}=\dfrac{\log_2 (2^3\times 7)}{\log_2 (2\times 3\times 7)}=\dfrac{3\log_2 2+\log_2 7}{\log_2 2+\log_2 3+\log_2 7}$

$=\dfrac{3+\log_2 7}{1+\log_2 3+\log_2 7}$　ここで，$\log_2 7=\log_2 3\cdot\log_3 7=ab$

したがって　$\log_{42} 56=\boldsymbol{\dfrac{ab+3}{ab+a+1}}$ 答

教 p.189

5. 0，1，$\log_3 2^{1.5}$，$\log_3 3^{1.5}$，$\log_3 0.5^{1.5}$ の大小を不等号を用いて表せ。

指針 **対数の大小**　$0=\log_3 1$，$1=\log_3 3$　また，指数の 1.5 は扱いにくいから，真数を 2 乗して大小の見当をつける。

解答 $0=\log_3 1$，$1=\log_3 3$，$\log_3 2^{1.5}$，$\log_3 3^{1.5}$，$\log_3 0.5^{1.5}$ のそれぞれの真数の 2 乗を計算すると　$1^2=1$，$3^2=9$，$(2^{1.5})^2=2^3=8$，

$(3^{1.5})^2=3^3=27$，$(0.5^{1.5})^2=\left(\dfrac{1}{2}\right)^3=\dfrac{1}{8}$　$\dfrac{1}{8}<1<8<9<27$ であるから

$(0.5^{1.5})^2<1^2<(2^{1.5})^2<3^2<(3^{1.5})^2$　よって　$0.5^{1.5}<1<2^{1.5}<3<3^{1.5}$

x の値が増加すると $y=\log_3 x$ の値も増加するから

$\log_3 0.5^{1.5}<\log_3 1<\log_3 2^{1.5}<\log_3 3<\log_3 3^{1.5}$

すなわち　$\boldsymbol{\log_3 0.5^{1.5}<0<\log_3 2^{1.5}<1<\log_3 3^{1.5}}$ 答

教 p.189

6. 次の方程式を解け。

(1) $(\log_3 x)^2-\log_3 x^2=0$　　(2) $(\log_2 x)^2+\log_2 4x=4$

指針 **対数関数を含む方程式**　(1) $\log_3 x=t$　(2) $\log_2 x=t$ とおくと，t についての2次方程式となる。t の値域は実数全体である。

解答 (1) 方程式を変形すると　$(\log_3 x)^2-2\log_3 x=0$

$\log_3 x=t$ とおくと　$t^2-2t=0$

因数分解すると　$t(t-2)=0$　よって　$t=0,\ 2$

$t=0$ のとき　$\log_3 x=0$　ゆえに　$x=1$

$t=2$ のとき　$\log_3 x=2$　ゆえに　$x=9$

したがって，求める解は　$\boldsymbol{x=1,\ 9}$ 答

(2) 方程式を変形すると　$(\log_2 x)^2+\log_2 x+2=4$

$\log_2 x=t$ とおくと　$t^2+t-2=0$

因数分解すると　$(t-1)(t+2)=0$　よって　$t=1,\ -2$

$t=1$ のとき　$\log_2 x=1$　ゆえに　$x=2$

$t=-2$ のとき　$\log_2 x=-2$　ゆえに　$x=\dfrac{1}{4}$

したがって，求める解は　$\boldsymbol{x=2,\ \dfrac{1}{4}}$ 答

教 p.189

7. 不等式 $2^n<3^{20}<2^{n+1}$ を満たす整数 n を求めよ。ただし，$\log_{10}2=0.3010$，$\log_{10}3=0.4771$ とする。

指針 **常用対数の利用**　不等式の各辺の常用対数をとると n の1次不等式。

解答 各辺の常用対数をとると，底10は1より大きいから

$$\log_{10}2^n<\log_{10}3^{20}<\log_{10}2^{n+1}$$

すなわち　$n\log_{10}2<20\log_{10}3<(n+1)\log_{10}2$

よって　$n\times0.3010<20\times0.4771<(n+1)\times0.3010$

$n<\dfrac{20\times0.4771}{0.3010}=31.7\cdots\cdots$　から　$n\leqq31$　…… ①

$n+1>\dfrac{20\times0.4771}{0.3010}=31.7\cdots\cdots$ から　$n+1\geqq32$

すなわち　$n\geqq31$　…… ②　①，② から　$\boldsymbol{n=31}$ 答

第5章　演習問題B

教 p.189

8. 次の式の値を求めよ。

(1) $10^{\log_{10}3}$　(2) $10^{\log_{100}2}$　(3) $10^{\log_{0.1}2}$　(4) $100^{-\log_{10}2}$

指針 **対数の計算**　まず，値を求める式を x とおき，

対数の定義　$a^p=M \iff p=\log_a M$

により，対数の形にして求める。

解答 (1) $x=10^{\log_{10}3}$ とおくと，対数の定義より

$$\log_{10}3=\log_{10}x$$

ゆえに　$10^{\log_{10}3}=\mathbf{3}$　答

(2) $x=10^{\log_{100}2}$ とおくと，対数の定義より

$$\log_{100}2=\log_{10}x$$

$$\log_{100}2=\frac{\log_{10}2}{\log_{10}100}=\frac{1}{2}\log_{10}2=\log_{10}2^{\frac{1}{2}}$$

であるから　$2^{\frac{1}{2}}=x$

ゆえに　$10^{\log_{100}2}=\boldsymbol{\sqrt{2}}$　答

(3) $x=10^{\log_{0.1}2}$ とおくと，対数の定義より

$$\log_{0.1}2=\log_{10}x$$

$$\log_{0.1}2=\frac{\log_{10}2}{\log_{10}0.1}=-\log_{10}2=\log_{10}2^{-1}$$

であるから　$2^{-1}=x$

ゆえに　$10^{\log_{0.1}2}=\boldsymbol{\frac{1}{2}}$　答

(4) $x=100^{-\log_{10}2}$ とおくと，対数の定義より

$$-\log_{10}2=\log_{100}x$$

$$-\log_{10}2=-\frac{\log_{100}2}{\log_{100}10}=-\frac{\log_{100}2}{\frac{1}{2}}=-2\log_{100}2=\log_{100}2^{-2}$$

であるから　$2^{-2}=x$

ゆえに　$100^{-\log_{10}2}=\boldsymbol{\frac{1}{4}}$　答

注意 一般に $M=a^p$ のとき $p=\log_a M$ であるから，$M=a^{\log_a M}$ である。

教 p.189

9. 関数 $y=\log_2 x+\log_2(16-x)$ の最大値を求めよ。

教科書 $p.189$

指針 **対数関数を含む関数の最大値**　与えられた関数を変形し，x の変域に注意して y の最大値を求める。

解答 真数は正であるから，$x>0$ かつ $16-x>0$ より

$0<x<16$ …… ①

与えられた関数の式を変形すると

$y=\log_2 x(16-x)$ …… ②

ここで　$x(16-x)=-x^2+16x=-(x-8)^2+64$

① の範囲において，$x(16-x)$ は $x=8$ で最大値 64 をとる。

② の対数の底 2 は 1 より大きいから $x(16-x)$ が最大のとき y も最大となる。

このとき　$y=\log_2 64=6$

したがって，この関数は **$x=8$ で最大値 6** をとる。 答

教 p.189

10. $2^x=3^y=6^z$，$xyz\neq 0$ のとき，次の等式が成り立つことを証明せよ。

$$\frac{1}{x}+\frac{1}{y}=\frac{1}{z}$$

指針 **等式の証明**　条件の式の各辺の常用対数をとって，x，y を z を用いて表し，$\frac{1}{x}+\frac{1}{y}$ に代入する。または，$2\times 3=6$ に着目して，$2^x=A$ とおくとき，$2=A^{\frac{1}{x}}$ などから考える。

解答 各辺の常用対数をとると

$\log_{10} 2^x=\log_{10} 3^y=\log_{10} 6^z$

すなわち　$x\log_{10} 2=y\log_{10} 3=z\log_{10} 6$

よって　$x=\dfrac{z\log_{10} 6}{\log_{10} 2}$，　$y=\dfrac{z\log_{10} 6}{\log_{10} 3}$

$$\frac{1}{x}+\frac{1}{y}=\frac{\log_{10} 2}{z\log_{10} 6}+\frac{\log_{10} 3}{z\log_{10} 6}=\frac{\log_{10} 6}{z\log_{10} 6}=\frac{1}{z}$$

ゆえに　$\dfrac{1}{x}+\dfrac{1}{y}=\dfrac{1}{z}$ 終

別解 $2^x=3^y=6^z=A$ とおく。

$xyz\neq 0$ であるから　$A\neq 1$，$A>0$

$2=A^{\frac{1}{x}}$，$3=A^{\frac{1}{y}}$，$6=A^{\frac{1}{z}}$ となるから

$2\times 3=6$ より　$A^{\frac{1}{x}}\cdot A^{\frac{1}{y}}=A^{\frac{1}{z}}$

すなわち　$A^{\frac{1}{x}+\frac{1}{y}}=A^{\frac{1}{z}}$

よって　$\dfrac{1}{x}+\dfrac{1}{y}=\dfrac{1}{z}$ 終

教 p.189

11. 次の問いに答えよ。ただし，$\log_{10}2=0.3010$，$\log_{10}3=0.4771$ とする。
(1) 18^{100} は何桁の整数か。　(2) $10^{0.52}<4$ を示せ。
(3) 18^{100} の最高位の数字を求めよ。

指針 **常用対数の利用**　$\log_{10}18^{100}$ の値を求める。この値の整数部分から桁数がわかり，小数部分から最高位の数字が求まる。

解答 (1) $\log_{10}18^{100}=100\log_{10}18=100\log_{10}(2\times3^2)$
$=100(\log_{10}2+2\log_{10}3)$
$=100(0.3010+2\times0.4771)=125.52$

$125<\log_{10}18^{100}<126$ であるから
$10^{125}<18^{100}<10^{126}$

よって，18^{100} は **126 桁** の整数である。 答

(2) $\log_{10}4=\log_{10}2^2=2\log_{10}2=0.6020$
ゆえに　$0.52<\log_{10}4$　すなわち　$\log_{10}10^{0.52}<\log_{10}4$
底 10 は 1 より大きいから　$10^{0.52}<4$ 終

(3) $\log_{10}3=0.4771$ であるから　$\log_{10}3<0.52$
すなわち　$\log_{10}3<\log_{10}10^{0.52}$ であるから　$3<10^{0.52}$
(2) と合わせて　$3<10^{0.52}<4$
$\log_{10}18^{100}=125.52$ から　$18^{100}=10^{125.52}=10^{125}\times10^{0.52}$
ゆえに　$10^{125}\times3<18^{100}<10^{125}\times4$
したがって，18^{100} の最高位の数字は **3** 答

第6章 微分法と積分法

第1節 微分係数と導関数

1 微分係数

まとめ

1 平均の速さと瞬間の速さ

① 真空中で，静止していた物体が，落下し始めてから x 秒間に落ちる距離を y m とすると，y は x の関数で，$y=4.9x^2$ で与えられる。

よって，$0 \leqq a < b$ とすると，物体が落下し始めて，a 秒後から b 秒後までの $(b-a)$ 秒間の **平均の速さ** は

$$\frac{4.9b^2-4.9a^2}{b-a}=\frac{4.9(b+a)(b-a)}{b-a}=4.9(b+a)\ (\mathrm{m/s})$$

$b<a$ とした場合の $(a-b)$ 秒間の平均の速さも同じ式で与えられる。

② ①から，1秒後から b 秒後までの間の平均の速さは，$b>1$ のときも $b<1$ のときも　　$4.9(b+1)$ m/s　…… Ⓐ

平均の速さ Ⓐ は，b が限りなく1に近づくとき，$4.9(1+1)=9.8\ (\mathrm{m/s})$ に限りなく近づく。このようにして求められた 9.8 m/s を物体が落下し始めてから1秒後における **瞬間の速さ** という。

2 平均変化率と微分係数

① 関数 $y=f(x)$ において，x の値が a から b まで変化するとき，y の変化量 $f(b)-f(a)$ の，x の変化量 $b-a$ に対する割合

$$\frac{f(b)-f(a)}{b-a} \quad \cdots\cdots \text{Ⓑ}$$

を，x が a から b まで変化するときの関数 $f(x)$ の **平均変化率** という。

② 関数 $f(x)$ の平均変化率 Ⓑ において，a の値を定め，b を a に限りなく近づけるとき，Ⓑ がある一定の値 α に限りなく近づく場合，この値 α を，関数 $f(x)$ の $x=a$ における **微分係数** または変化率といい，$\boldsymbol{f'(a)}$ で表す。

3 極限値と微分係数

① 関数 $f(x)$ において，x が a と異なる値をとりながら a に限りなく近づくとき，$f(x)$ がある一定の値 α に限りなく近づく場合

$$\lim_{x \to a} f(x)=\alpha \qquad \text{または} \qquad x \longrightarrow a \text{ のとき } f(x) \longrightarrow \alpha$$

と書き，この値 α を，$x \longrightarrow a$ のときの $f(x)$ の **極限値** という。

② **微分係数** $f'(a)=\lim_{b \to a}\dfrac{f(b)-f(a)}{b-a}=\lim_{h \to 0}\dfrac{f(a+h)-f(a)}{h}$

4　微分係数の図形的な意味

① **平均変化率の意味**　関数 $f(x)$ において，x が a から $a+h$ まで変化するときの平均変化率

$$\frac{f(a+h)-f(a)}{h}$$

は，曲線 $y=f(x)$ 上の 2 点

$A(a,\ f(a))$，$P(a+h,\ f(a+h))$

を通る直線 AP の傾きを表している。

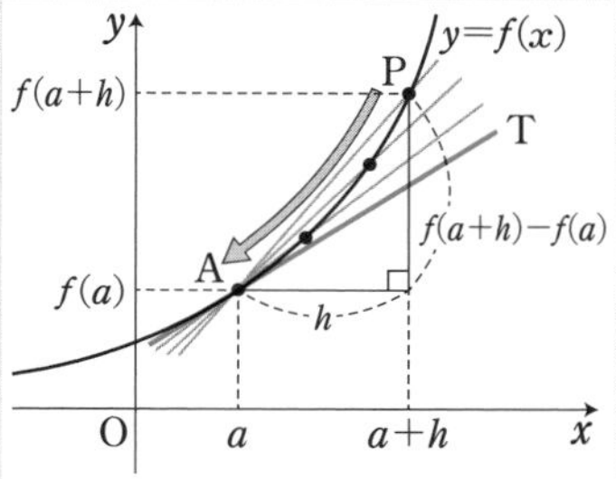

② ① の点 P の h を 0 に限りなく近づけると，点 P は曲線上を移動しながら，点 A に限りなく近づく。このとき，直線 AP は，点 A を通り傾きが $f'(a)$ の直線 AT に限りなく近づく。この直線 AT を，曲線 $y=f(x)$ 上の点 A における曲線の **接線** といい，A をこの接線の **接点** という。

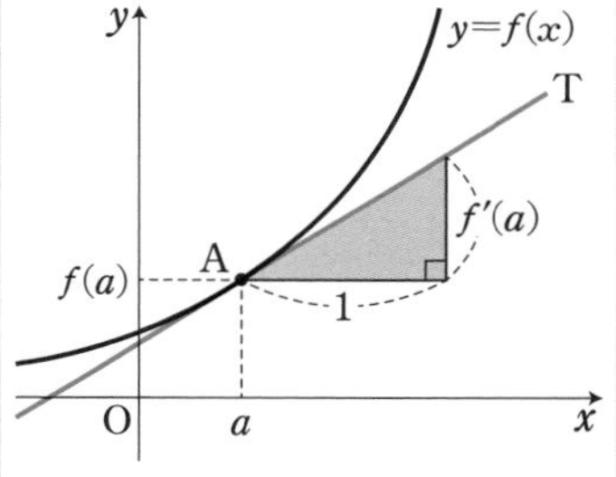

③ **接線の傾きと微分係数**　曲線 $y=f(x)$ 上の点 $A(a,\ f(a))$ における曲線の接線の傾きは，関数 $f(x)$ の $x=a$ における微分係数 $f'(a)$ で表される。

A 平均の速さと瞬間の速さ

教 p.193

練習 1

教科書 192 ページの落下運動において，2 秒後における瞬間の速さを求めよ。

指針　**瞬間の速さ**　2 秒後から b 秒後までの間の平均の速さは $4.9(b+2)$ m/s である。b が限りなく 2 に近づくときの $4.9(b+2)$ m/s が物体が落下し始めてから 2 秒後における瞬間の速さである。

解答　b が限りなく 2 に近づくとき，$4.9(2+2)=19.6$ (m/s) に限りなく近づく。
よって，2 秒後における瞬間の速さは　**19.6 m/s**　答

B 平均変化率と微分係数

教 p.193

練習 2

x が a から b まで変化するとき，次の関数の平均変化率を求めよ。

(1)　$y=2x$　　　　(2)　$y=2x^2-1$

指針 **平均変化率**　定義により，$y=f(x)$ において，$\dfrac{f(b)-f(a)}{b-a}$ を計算する。

解答 (1) $\dfrac{2b-2a}{b-a}=\dfrac{2(b-a)}{b-a}=\mathbf{2}$ 答

(2) $\dfrac{(2b^2-1)-(2a^2-1)}{b-a}=\dfrac{2(b+a)(b-a)}{b-a}=\mathbf{2(b+a)}$ 答

C 極限値と微分係数　　D 微分係数の図形的な意味

教 p.194

練習 3

次の極限値を求めよ。

(1) $\lim_{x\to 2}(x^2+1)$　　(2) $\lim_{h\to 0}(12+6h+h^2)$

指針 **極限値**　$\lim_{x\to a}f(x)$ は，x が a とは異なる値をとりながら a に限りなく近づくとき，$f(x)$ がある一定の値 α に近づく場合の α である。

$f(a)$ が存在するときは，$\lim_{x\to a}f(x)=f(a)$ となる場合が多い。

本問の場合も，$\lim_{x\to a}f(x)=f(a)$ で求めてよい。

解答 (1) $\lim_{x\to 2}(x^2+1)=2^2+1=\mathbf{5}$ 答

(2) $\lim_{h\to 0}(12+6h+h^2)=12+6\cdot 0+0=\mathbf{12}$ 答

教 p.195

練習 4

関数 $f(x)=x^3+2$ の $x=1$ における微分係数 $f'(1)$ を求めよ。

指針 **微分係数と極限値**　定義 $f'(a)=\lim_{h\to 0}\dfrac{f(a+h)-f(a)}{h}$ により求める。

解答

$$f'(1)=\lim_{h\to 0}\frac{f(1+h)-f(1)}{h}=\lim_{h\to 0}\frac{\{(1+h)^3+2\}-(1^3+2)}{h}$$

$$=\lim_{h\to 0}\frac{3h+3h^2+h^3}{h}$$

$$=\lim_{h\to 0}(3+3h+h^2)=\mathbf{3}$$ 答

教 p.195

深める

関数 $f(x)=x^2$ の $x=a$ における微分係数 $f'(a)$ を求めてみよう。

指針 **微分係数と極限値**　定義 $f'(a)=\lim_{h\to 0}\dfrac{f(a+h)-f(a)}{h}$ により求める。

解答 $f'(a)=\lim_{h\to 0}\frac{f(a+h)-f(a)}{h}=\lim_{h\to 0}\frac{(a+h)^2-a^2}{h}=\lim_{h\to 0}\frac{2ah+h^2}{h}$

$=\lim_{h\to 0}(2a+h)=\boldsymbol{2a}$ 答

発展 関数の極限値

まとめ

関数の極限値

① $f(x)$ を x の多項式で表された関数とし，a をこの関数の定義域に属する値とする。x が a と異なる値をとりながら a に限りなく近づくとき，$f(x)$ の値は $f(a)$ に限りなく近づく。すなわち，次のことが成り立つ。

$$\lim_{x\to a}f(x)=f(a)$$

② 関数 $f(x)$ が $x=a$ で定義されていなくても，極限値 $\lim_{x\to a}f(x)$ が存在することがある。

③ **関数の極限値の性質** $\lim_{x\to a}f(x)=\alpha$，$\lim_{x\to a}g(x)=\beta$ とする。

1 $\lim_{x\to a}kf(x)=k\alpha$ ただし k は定数

2 $\lim_{x\to a}\{f(x)+g(x)\}=\alpha+\beta$， $\lim_{x\to a}\{f(x)-g(x)\}=\alpha-\beta$

3 $\lim_{x\to a}\{kf(x)+lg(x)\}=k\alpha+l\beta$ ただし k，l は定数

4 $\lim_{x\to a}f(x)g(x)=\alpha\beta$

5 $\lim_{x\to a}\frac{f(x)}{g(x)}=\frac{\alpha}{\beta}$ ただし $\beta\neq 0$

練習 1 教 p.196

次の極限値を求めよ。

(1) $\lim_{x\to 2}(2x^2-3x-1)$　　(2) $\lim_{x\to -1}(3x^3-x^2-5x+2)$

指針 **関数の極限値** a が関数 $f(x)$ の定義域に属するとき

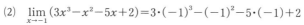

$$\lim_{x\to a}f(x)=f(a)$$

解答 (1) $\lim_{x\to 2}(2x^2-3x-1)=2\cdot 2^2-3\cdot 2-1=\boldsymbol{1}$ 答

(2) $\lim_{x\to -1}(3x^3-x^2-5x+2)=3\cdot(-1)^3-(-1)^2-5\cdot(-1)+2$

$=\boldsymbol{3}$ 答

教 p.197

練習 2

次の極限値を求めよ。

(1) $\displaystyle\lim_{x\to-3}\frac{x^2-9}{x+3}$　　(2) $\displaystyle\lim_{x\to0}\frac{x^3}{x}$

指針 **関数の極限値**　まず分数式を約分して，分母が0にならないようにする。

解答 (1) $\displaystyle\lim_{x\to-3}\frac{x^2-9}{x+3}=\lim_{x\to-3}\frac{(x+3)(x-3)}{x+3}$

$\displaystyle=\lim_{x\to-3}(x-3)=-3-3=\mathbf{-6}$ 答

(2) $\displaystyle\lim_{x\to0}\frac{x^3}{x}=\lim_{x\to0}x^2=0^2=\mathbf{0}$ 答

教 p.197

練習 3

次の極限値を求めよ。

(1) $\displaystyle\lim_{x\to1}\frac{3x+1}{2x-3}$　　(2) $\displaystyle\lim_{x\to-2}\frac{x^2+3x+2}{x^2+2x}$

(3) $\displaystyle\lim_{x\to2}\frac{1}{x-2}\left(1-\frac{2}{x}\right)$

指針 **関数の極限値**　(2), (3) まず分数式を約分する。

解答 (1) $\displaystyle\lim_{x\to1}\frac{3x+1}{2x-3}=\frac{3\cdot1+1}{2\cdot1-3}=\mathbf{-4}$ 答

(2) $\displaystyle\lim_{x\to-2}\frac{x^2+3x+2}{x^2+2x}=\lim_{x\to-2}\frac{(x+1)(x+2)}{x(x+2)}$

$\displaystyle=\lim_{x\to-2}\frac{x+1}{x}=\frac{-2+1}{-2}=\mathbf{\frac{1}{2}}$ 答

(3) $\displaystyle\lim_{x\to2}\frac{1}{x-2}\left(1-\frac{2}{x}\right)=\lim_{x\to2}\frac{1}{x-2}\cdot\frac{x-2}{x}$

$\displaystyle=\lim_{x\to2}\frac{1}{x}=\mathbf{\frac{1}{2}}$ 答

2 導関数

まとめ

1 導関数

① 関数 $y=f(x)$ において，x の各値 a に対して，微分係数 $f'(a)$ を対応させると，1つの新しい関数が得られる。この新しい関数を，もとの関数 $f(x)$ の **導関数** といい，記号 $\boldsymbol{f'(x)}$ で表す。

② $f(x)$ の導関数 $f'(x)$ は次の式で書き表される。

$$f'(x)=\lim_{h\to 0}\frac{f(x+h)-f(x)}{h}$$

ここで，h は x の変化量を表している。h を **x の増分** といい，
関数 $y=f(x)$ の変化量 $f(x+h)-f(x)$ を **y の増分** という。x と y の増分を，それぞれ Δx，Δy で表すことがある。
この記号を用いると，導関数は次のように表される。

$$f'(x)=\lim_{\Delta x\to 0}\frac{\Delta y}{\Delta x}=\lim_{\Delta x\to 0}\frac{f(x+\Delta x)-f(x)}{\Delta x}$$

注意 Δ はギリシャ文字で，デルタと読む。

③ 関数 $f(x)$ から導関数 $f'(x)$ を求めることを，$f(x)$ を **微分する** という。

④ 関数 $y=f(x)$ の導関数を表す記号として，$f'(x)$ のほかに y'，$\dfrac{dy}{dx}$，$\dfrac{d}{dx}f(x)$ などが用いられる。

⑤ c を定数とするとき，関数 $y=c$ を **定数関数** という。

⑥ **関数 x^n と定数関数の導関数**

1 関数 x^n の導関数は　$(x^n)'=nx^{n-1}$ (n は正の整数)

2 定数関数 c の導関数は　$(c)'=0$

2 導関数の性質

① **導関数の性質** 関数 $f(x)$，$g(x)$ について，次の性質が成り立つ。
k，l は定数とする。

1 $y=kf(x)$ ならば $y'=kf'(x)$

2 $y=f(x)+g(x)$ ならば $y'=f'(x)+g'(x)$

3 $y=kf(x)+lg(x)$ ならば $y'=kf'(x)+lg'(x)$

性質 3 において，$k=1$，$l=-1$ とすると

$y=f(x)-g(x)$ ならば $y'=f'(x)-g'(x)$

3 変数が x，y でない場合の導関数

① 変数が x，y 以外の文字で表されている場合にも，導関数については，今までと同様に取り扱う。

例えば，関数 $s=f(t)$ の導関数を $f'(t)$，s'，$\dfrac{ds}{dt}$，$\dfrac{d}{dt}f(t)$ などで表す。

また，この導関数を求めることを，変数を明示して，s を t で微分するということがある。

教科書 p.199〜201

A 導関数

教 p.199

練習 5

導関数の定義にしたがって，次の関数の導関数を求めよ。

(1) $y=3x^2$　　(2) $y=-x^2$

指針 **導関数 $f'(x)$**　関数 $f(x)$ の導関数 $f'(x)$ は

$$f'(x)=\lim_{h\to 0}\frac{f(x+h)-f(x)}{h}$$ で求める。

解答 (1) $y'=\displaystyle\lim_{h\to 0}\frac{3(x+h)^2-3x^2}{h}=\lim_{h\to 0}\frac{3x^2+6xh+3h^2-3x^2}{h}$

$=\displaystyle\lim_{h\to 0}\frac{6xh+3h^2}{h}=\lim_{h\to 0}(6x+3h)=\boldsymbol{6x}$ 答

(2) $y'=\displaystyle\lim_{h\to 0}\frac{-(x+h)^2-(-x^2)}{h}=\lim_{h\to 0}\frac{-x^2-2xh-h^2+x^2}{h}$

$=\displaystyle\lim_{h\to 0}\frac{-2xh-h^2}{h}=\lim_{h\to 0}(-2x-h)=\boldsymbol{-2x}$ 答

B 導関数の性質

教 p.201

練習 6

次の関数を微分せよ。

(1) $y=x^2-2x-1$　　(2) $y=-3x^2-5x+6$

(3) $y=3x^3-2x^2+4x-7$　　(4) $y=-2x^3+5x+1$

(5) $y=x^4-3x^3+4x-3$　　(6) $y=\dfrac{4}{3}x^3-\dfrac{1}{6}x^2+\dfrac{2}{3}x-1$

(7) $y=(2x-1)(3x+5)$　　(8) $y=(2x+1)(x^2+x+1)$

指針 **微分**　導関数の性質により，各項ごとに導関数を求めれば，多項式で表された関数の導関数を求めることができる。

(7), (8) 展開してから微分する。

解答 (1) $\boldsymbol{y'}=(x^2)'-2(x)'-(1)'$

$=2x-2\cdot 1=\boldsymbol{2x-2}$ 答

(2) $\boldsymbol{y'}=-3(x^2)'-5(x)'+(6)'$

$=-3\cdot 2x-5\cdot 1=\boldsymbol{-6x-5}$ 答

(3) $\boldsymbol{y'}=3(x^3)'-2(x^2)'+4(x)'-(7)'$

$=3\cdot 3x^2-2\cdot 2x+4\cdot 1=\boldsymbol{9x^2-4x+4}$ 答

(4) $\boldsymbol{y'}=-2(x^3)'+5(x)'+(1)'$

$=-2\cdot 3x^2+5\cdot 1=\boldsymbol{-6x^2+5}$ 答

(5) $y'=(x^4)'-3(x^3)'+4(x)'-(3)'$
$=4x^3-3\cdot3x^2+4\cdot1=\boldsymbol{4x^3-9x^2+4}$ 答

(6) $y'=\frac{4}{3}(x^3)'-\frac{1}{6}(x^2)'+\frac{2}{3}(x)'-(1)'$
$=\frac{4}{3}\cdot3x^2-\frac{1}{6}\cdot2x+\frac{2}{3}\cdot1=\boldsymbol{4x^2-\frac{1}{3}x+\frac{2}{3}}$ 答

(7) $y=6x^2+7x-5$ となるから
$y'=6(x^2)'+7(x)'-(5)'$
$=6\cdot2x+7\cdot1=\boldsymbol{12x+7}$ 答

(8) $y=2x^3+3x^2+3x+1$ となるから
$y'=2(x^3)'+3(x^2)'+3(x)'+(1)'$
$=2\cdot3x^2+3\cdot2x+3\cdot1=\boldsymbol{6x^2+6x+3}$ 答

練習 7 教 p.202

関数 $f(x)=-x^3+2x^2$ について，次の微分係数を求めよ。
(1) $f'(0)$ (2) $f'(1)$ (3) $f'(-3)$

指針 **導関数と微分係数** 関数 $f(x)$ の導関数 $f'(x)$ を求めて，x に a を代入する。

解答 $f'(x)=-3x^2+4x$

(1) $f'(0)=-3\cdot0^2+4\cdot0=\boldsymbol{0}$ 答

(2) $f'(1)=-3\cdot1^2+4\cdot1=\boldsymbol{1}$ 答

(3) $f'(-3)=-3\cdot(-3)^2+4\cdot(-3)=\boldsymbol{-39}$ 答

練習 8 教 p.202

次の条件をすべて満たす 2 次関数 $f(x)$ を求めよ。
$f(2)=-2,\quad f'(0)=3,\quad f'(1)=-1$

指針 **関数の決定** $f(x)=ax^2+bx+c\ (a\neq0)$ とおいて，条件から a，b，c の値を求める。

解答 $f(x)=ax^2+bx+c$ とおくと $f'(x)=2ax+b$
$f(2)=-2$ から $4a+2b+c=-2$ …… ①
$f'(0)=3$ から $b=3$ …… ②
$f'(1)=-1$ から $2a+b=-1$ …… ③
②を③に代入して $2a+3=-1$ これを解いて $a=-2$
$a=-2$，$b=3$ を ① に代入して
$-8+6+c=-2$ ゆえに $c=0$
よって $\boldsymbol{f(x)=-2x^2+3x}$ 答

6章 微分法と積分法

C 変数が x, y でない場合の導関数

教 p.203

練習 9

1辺の長さ a の立方体の表面積 S と体積 V をそれぞれ a の関数と考え，S と V を a で微分せよ。

指針 **変数が x, y でない場合の導関数**　S と V を a で表し，それぞれ $\dfrac{dS}{da}$, $\dfrac{dV}{da}$ を求める。

解答 1辺の長さ a の立方体の表面積と体積は

$S=6a^2$, $V=a^3$

S を a で微分すると　$\boldsymbol{\dfrac{dS}{da}=12a}$ 答

V を a で微分すると　$\boldsymbol{\dfrac{dV}{da}=3a^2}$ 答

研究 関数 x^n の導関数の公式の証明

教科書の 199 ページで学んだ，次の公式を証明してみよう。

$$(x^n)'=nx^{n-1}\quad (n \text{ は正の整数})$$

証明 導関数の定義により

$$(x^n)'=\lim_{h\to 0}\frac{(x+h)^n-x^n}{h}$$

二項定理により

$$(x+h)^n={}_n\mathrm{C}_0x^n+{}_n\mathrm{C}_1x^{n-1}h+{}_n\mathrm{C}_2x^{n-2}h^2+\cdots\cdots+{}_n\mathrm{C}_nh^n$$
$$=x^n+nx^{n-1}h+{}_n\mathrm{C}_2x^{n-2}h^2+\cdots\cdots+{}_n\mathrm{C}_nh^n$$

よって　$(x+h)^n-x^n=nx^{n-1}h+{}_n\mathrm{C}_2x^{n-2}h^2+\cdots\cdots+{}_n\mathrm{C}_nh^n$

ここで，$h\neq 0$ として両辺を h で割ると

$$\frac{(x+h)^n-x^n}{h}=nx^{n-1}+{}_n\mathrm{C}_2x^{n-2}h+\cdots\cdots+{}_n\mathrm{C}_nh^{n-1}$$

$h \longrightarrow 0$ のとき，この式の右辺の第2項以降は，0に限りなく近づく。

よって　$\displaystyle\lim_{h\to 0}\frac{(x+h)^n-x^n}{h}=nx^{n-1}$

したがって　$(x^n)'=nx^{n-1}$ 終

第6章 第1節 問題

教 p.204

1 次の関数を微分せよ。

(1) $y=2x^3-4x+1$　　(2) $y=-\frac{1}{2}x^4-\frac{2}{3}x^3+\frac{1}{2}x^2-x$

(3) $y=(x+1)(x-1)(x-3)$　　(4) $y=(3-x)^3$

(5) $y=(x+1)(x^2-x+1)$　　(6) $y=(2x-1)(4x^2+2x+1)$

指針 **導関数の計算**　$\{kf(x)+lg(x)\}'=kf'(x)+lg'(x)$，$(x^n)'=nx^{n-1}$，$(c)'=0$ を用いて計算する。(3)～(6)は展開，整理してから微分する。

解答 (1) $y'=2(x^3)'-4(x)'+(1)'=\boldsymbol{6x^2-4}$ 答

(2) $y'=-\frac{1}{2}(x^4)'-\frac{2}{3}(x^3)'+\frac{1}{2}(x^2)'-(x)'$

$=\boldsymbol{-2x^3-2x^2+x-1}$ 答

(3) $y=(x^2-1)(x-3)=x^3-3x^2-x+3$ となるから

$y'=(x^3)'-3(x^2)'-(x)'+(3)'=\boldsymbol{3x^2-6x-1}$ 答

(4) $y=-x^3+9x^2-27x+27$ となるから

$y'=-(x^3)'+9(x^2)'-27(x)'+(27)'=\boldsymbol{-3x^2+18x-27}$ 答

(5) $y=x^3+1$ となるから　$y'=(x^3)'+(1)'=\boldsymbol{3x^2}$ 答

(6) $y=(2x)^3-1=8x^3-1$ となるから

$y'=8(x^3)'-(1)'=\boldsymbol{24x^2}$ 答

教 p.204

2 関数 $f(x)=x^2-x+1$ について，次の問いに答えよ。

(1) x が a から b まで変化するときの，関数 $f(x)$ の平均変化率を求めよ。

(2) $x=c$ における微分係数 $f'(c)$ が，(1)の平均変化率に一致するとき，$c=\frac{a+b}{2}$ であることを示せ。

指針 **平均変化率と微分係数**　(1) 平均変化率は $\frac{f(b)-f(a)}{b-a}$ により求める。

(2) $f'(x)$ に c を代入して $f'(c)$ を求める。

解答 (1) $\frac{f(b)-f(a)}{b-a}=\frac{(b^2-b+1)-(a^2-a+1)}{b-a}=\frac{(b-a)(b+a-1)}{b-a}$

$=\boldsymbol{a+b-1}$ 答

(2) $f'(x)=2x-1$ であるから $f'(c)=2c-1$

(1) から $2c-1=a+b-1$ よって $c=\dfrac{a+b}{2}$ 終

教 p.204

3 次のことを証明せよ。ただし，a，b は定数とする。

(1) $y=(ax+b)^2$ のとき $y'=2a(ax+b)$

(2) $y=(ax+b)^3$ のとき $y'=3a(ax+b)^2$

指針 **微分の計算** それぞれ展開してから微分して，因数分解する。

解答 (1) $y=a^2x^2+2abx+b^2$ であるから

$y'=2a^2x+2ab=2a(ax+b)$ 終

(2) $y=a^3x^3+3a^2bx^2+3ab^2x+b^3$ であるから

$y'=3a^3x^2+6a^2bx+3ab^2=3a(a^2x^2+2abx+b^2)$

$=3a(ax+b)^2$ 終

注意 一般に，$y=(ax+b)^n$ のとき

$y'=na(ax+b)^{n-1}$ n は自然数

教 p.204

4 関数 $f(x)=x^3+px^2+qx$ について，$f'(x)=0$ を満たす実数 x の値が存在するための，定数 p と q についての条件を求めよ。

指針 **導関数の性質** まず，$f'(x)$ を求める。$f'(x)=0$ は 2 次方程式となるから，2 次方程式の解の判別式による。

解答 $f'(x)=3x^2+2px+q$ であるから

$f'(x)=0$

すなわち $3x^2+2px+q=0$ …… ①

を満たす実数 x の値が存在するための条件は，x についての 2 次方程式 ① が実数解をもつことである。

よって，① の判別式 D について $D \geqq 0$

$\dfrac{D}{4}=p^2-3q$ であるから $\boldsymbol{p^2-3q \geqq 0}$ 答

教 p.204

5 底面の直径と高さがともに a である直円柱の体積を V とする。V を a の関数と考え，$a=2$ における微分係数を求めよ。

教科書 p.204

指針 **変数が x，y でない場合の微分係数**　V を a で表し，$\dfrac{dV}{da}$ を求める。

$\dfrac{dV}{da}$ で $a=2$ として，$a=2$ における微分係数を求める。

解答　$V=\left\{\pi\left(\dfrac{a}{2}\right)^2\right\}\times a$　　よって　$V=\dfrac{\pi}{4}a^3$

ゆえに　$\dfrac{dV}{da}=\dfrac{3}{4}\pi a^2$

したがって，V の $a=2$ における微分係数は

$\dfrac{3}{4}\pi\times 2^2=\boldsymbol{3\pi}$　答

教 p.204

6　k は 0 でない定数とする。次の等式を満たす 2 次関数 $f(x)$ を求めよ。

$$f(x)+x^2f'(x)=kx^3+k^2x+1$$

指針 **関数とその導関数を含む等式から関数の決定**　$f(x)=ax^2+bx+c\ (a\neq 0)$ とおいて，等式から a，b，c の値を求める。

解答　$f(x)=ax^2+bx+c$ とおくと　$f'(x)=2ax+b$

与えられた等式に代入して整理すると

$$2ax^3+(a+b)x^2+bx+c=kx^3+k^2x+1$$

両辺の係数を比較して

$2a=k$ …… ①，$a+b=0$ …… ②，$b=k^2$ …… ③，$c=1$

①，②，③ から　$\dfrac{k}{2}+k^2=0$　すなわち　$k\left(k+\dfrac{1}{2}\right)=0$

$a\neq 0$ より $k\neq 0$ であるから　$k=-\dfrac{1}{2}$

よって　$a=-\dfrac{1}{4}$，$b=\dfrac{1}{4}$，$c=1$

ゆえに　$\boldsymbol{f(x)=-\dfrac{1}{4}x^2+\dfrac{1}{4}x+1}$　答

第2節　導関数の応用

3 接線

まとめ

1　接線の方程式

①　曲線 $y=f(x)$ 上の点 $A(a,\ f(a))$ における曲線の接線の方程式は

$$\boldsymbol{y-f(a)=f'(a)(x-a)}$$

A 接線の方程式

教 p.205

練習 10

次の曲線上の点における，曲線の接線の方程式を求めよ。

(1)　$y=-x^2+2x+4$　$(-1,\ 1)$　　(2)　$y=x^3$　$(-2,\ -8)$

指針　**接線の方程式**　曲線 $y=f(x)$ 上の点 $A(a,\ f(a))$ における曲線の接線の傾きは $f'(a)$ である。

解答　(1)　$f(x)=-x^2+2x+4$ とおくと

$$f'(x)=-2x+2$$

ゆえに　$f'(-1)=-2\cdot(-1)+2=4$

よって，点 $(-1,\ 1)$ における接線の方程式は

$$y-1=4(x+1)$$

すなわち　$\boldsymbol{y=4x+5}$　答

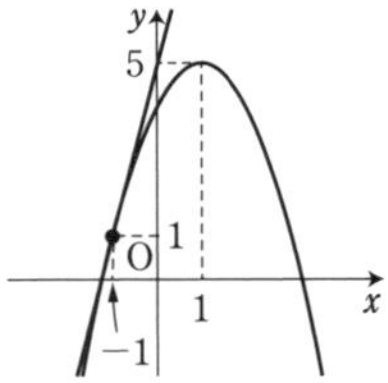

(2)　$f(x)=x^3$ とおくと

$$f'(x)=3x^2$$

ゆえに　$f'(-2)=3\cdot(-2)^2=12$

よって，点 $(-2,\ -8)$ における接線の方程式は

$$y+8=12(x+2)$$

すなわち　$\boldsymbol{y=12x+16}$　答

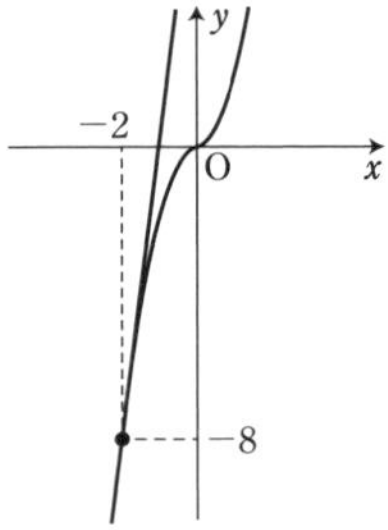

B 曲線上にない点から曲線に引いた接線の方程式

教 p.206

練習 11

次の曲線に，与えられた点から引いた接線の方程式と，接点の座標を求めよ。

(1)　$y=x^2-3x$，$(3,\ -4)$　　(2)　$y=x^3$，$(-1,\ -5)$

指針 **接線の方程式**　接点の座標を(1)は$(a,\ a^2-3a)$，(2)は$(a,\ a^3)$として接線の方程式を求める。その接線が，(1)は$(3,\ -4)$を，(2)は$(-1,\ -5)$を通ると考える。

解答 (1)　$y=x^2-3x$ を微分すると　　$y'=2x-3$

求める接線の接点の座標を$(a,\ a^2-3a)$とすると，

接線の方程式は　　$y-(a^2-3a)=(2a-3)(x-a)$

すなわち　　$y=(2a-3)x-a^2$　…… ①

この直線が点$(3,\ -4)$を通るから　　$-4=(2a-3)\cdot3-a^2$

整理すると　　$a^2-6a+5=0$

これを解いて　　$a=1,\ 5$

$a=1$ のとき　接点の座標は$(1,\ -2)$で，接線の方程式は，① より

$y=-x-1$

$a=5$ のとき　接点の座標は$(5,\ 10)$で，接線の方程式は，① より

$y=7x-25$

答　**接線 $y=-x-1$，接点 $(1,\ -2)$　または**

接線 $y=7x-25$，接点 $(5,\ 10)$

(2)　$y=x^3$ を微分すると　　$y'=3x^2$

求める接線の接点の座標を$(a,\ a^3)$とすると，

接線の方程式は　　$y-a^3=3a^2(x-a)$

すなわち　　$y=3a^2x-2a^3$　…… ①

この直線が点$(-1,\ -5)$を通るから　　$-5=3a^2\cdot(-1)-2a^3$

整理すると　　$2a^3+3a^2-5=0$

因数分解して　　$(a-1)(2a^2+5a+5)=0$

a は実数であるから　$a=1$

このとき接点の座標は$(1,\ 1)$で，接線の方程式は，① より

$y=3x-2$

答　**接線 $y=3x-2$，接点 $(1,\ 1)$**

深める　教 p.206

放物線 $y=f(x)$ とその接線 $y=g(x)$ について，$f(x)=g(x)$ を整理して得られる2次方程式は重解をもつ。このことを，教科書の応用例題1の放物線 $y=x^2+4$ とその2本の接線について，それぞれ確かめよう。

指針 **放物線とその接線の方程式から得られる2次方程式**　2つの2次方程式 $x^2+4=-2x+3$，$x^2+4=6x-5$ について，それぞれの判別式が0になることを確かめる。

解答　$x^2+4=-2x+3$ とすると　$x^2+2x+1=0$

この2次方程式の判別式を D_1 とすると　$\frac{D_1}{4}=1^2-1\cdot1=0$

また，$x^2+4=6x-5$ とすると　$x^2-6x+9=0$

この2次方程式の判別式を D_2 とすると　$\frac{D_2}{4}=(-3)^2-9\cdot1=0$

よって，それぞれ2次方程式は重解をもつ。 終

参考　$x^2+4=-2x+3$ を解くと　$x=-1$

$x^2+4=6x-5$ を解くと　$x=3$

4　関数の値の変化

まとめ

1　関数の増減

① a，b が実数で，$a<b$ とするとき，不等式　$a\leqq x\leqq b$，$a<x<b$，$a<x$，$x\leqq b$　などを満たす実数 x 全体の集合を **区間** という。

② 関数 $f(x)$ において，ある区間の任意の値 u，v について

$$u<v \quad ならば \quad f(u)<f(v)$$

が成り立つとき，$f(x)$ はその区間で **単調に増加** するという。また，

$$u<v \quad ならば \quad f(u)>f(v)$$

が成り立つとき，$f(x)$ はその区間で **単調に減少** するという。

③ ある区間で

常に　$f'(x)>0$　ならば，$f(x)$ はその区間で **単調に増加** する。

常に　$f'(x)<0$　ならば，$f(x)$ はその区間で **単調に減少** する。

常に　$f'(x)=0$　ならば，$f(x)$ はその区間で **定数** である。

2　関数の極大，極小

① 関数 $f(x)$ について，

$x=a$ を含む十分小さい区間では，$x\neq a$ ならば $f(x)<f(a)$ が成り立つとき，$f(x)$ は $x=a$ で **極大** になるといい，$f(a)$ を **極大値** という。

$x=b$ を含む十分小さい区間では，$x\neq b$ ならば $f(x)>f(b)$ が成り立つとき，$f(x)$ は $x=b$ で **極小** になるといい，$f(b)$ を **極小値** という。

② 極大値と極小値をまとめて **極値** という。

③ **関数の極大，極小**

1　関数 $f(x)$ が $x=a$ で極値をとるならば

$$f'(a)=0$$

x	……	a	……
$f'(x)$	$+$	0	$-$
$f(x)$	↗	極大	↘

2　関数 $f(x)$ の極値を求めるには，

$f'(x)=0$ となる x の値を求め，その前後におけ

る $f'(x)$ の符号を調べる。

x	……	a	……
$f'(x)$	−	0	+
$f(x)$	↘	極小	↗

3 $f'(x)$ の符号が，$x=a$ の前後で

正から負 に変わるとき　$f(a)$ は **極大値**

負から正 に変わるとき　$f(a)$ は **極小値**

④ 関数 $f(x)$ が $x=a$ で極値をとるならば，$f'(a)=0$ である。しかし，このことの逆は成り立たない。すなわち

$f'(a)=0$ であっても，$f(x)$ は $x=a$ で極値をとるとは限らない。

A 関数の増減

教 p.209

問 1 関数 $f(x)=x^3+2x$ は，常に単調に増加することを示せ。

指針 **関数の増減**　すべての実数 x について，$f'(x)>0$ となることを示す。

解答 関数 $f(x)=x^3+2x$ の導関数は　$f'(x)=3x^2+2$

よって，任意の実数 x に対して $x^2 \geqq 0$ であるから　$f'(x)>0$

ゆえに，関数 $f(x)=x^3+2x$ は，常に単調に増加する。 終

教 p.209

練習 12 次の関数の増減を調べよ。

(1) $f(x)=x^3+6x^2+9x$　　(2) $f(x)=-2x^3+6x+3$

(3) $f(x)=-x^3-2x$

指針 **関数の増減**　まず $f'(x)=0$ となる x の値を求め，その x の値の前後における $f'(x)$ の符号を調べ，増減表を作る。(3) は，常に $f'(x)<0$ となる。

解答 (1) $f'(x)=3x^2+12x+9$

$=3(x+3)(x+1)$

$f'(x)=0$ となる x の値を求め，$f'(x)$ の符号の変化を調べて，$f(x)$ の値の増減を表にすると，右のようになる。

x	……	-3	……	-1	……
$f'(x)$	+	0	−	0	+
$f(x)$	↗	0	↘	-4	↗

よって，**区間 $x \leqq -3$ および区間 $-1 \leqq x$ で単調に増加**し，

区間 $-3 \leqq x \leqq -1$ で単調に減少する。 答

(2) $f'(x)=-6x^2+6=-6(x+1)(x-1)$

$f'(x)=0$ となる x の値を求め，$f'(x)$ の符号の変化を調べて，$f(x)$ の値の増減を表にすると，右のようになる。

x	……	-1	……	1	……
$f'(x)$	−	0	+	0	−
$f(x)$	↘	-1	↗	7	↘

よって，**区間 $-1 \leqq x \leqq 1$ で単調に増加**し，

区間 $x \leqq -1$ および区間 $1 \leqq x$ で単調に減少する。 答

(3)　$f'(x)=-3x^2-2$　任意の実数 x に対して，$-3x^2 \leqq 0$ であるから
$f'(x)<0$　　よって，**常に単調に減少**する。 答

B 関数の極大，極小

教 p.211

練習 13

次の関数の極値を求めよ。また，そのグラフをかけ。
(1)　$y=2x^3+3x^2$　　　　(2)　$y=-x^3+x^2+x$

指針　**関数のグラフと極値**　$y'=0$ となる x の値を求め，増減表をかく。増減表では極大，極小の区別を記入し，グラフでは極大となる点と極小となる点の座標がわかるようにかく。

解答 (1)　　$y'=6x^2+6x=6x(x+1)$
$y'=0$ とすると　　$x=-1,\ 0$
y の増減表は次のようになる。

x	……	-1	……	0	……
y'	+	0	−	0	+
y	↗	極大 1	↘	極小 0	↗

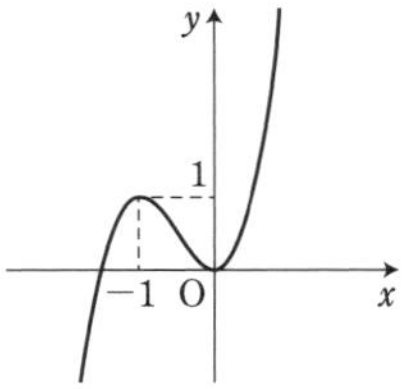

ゆえに，y は **$x=-1$ で極大値 1，$x=0$ で極小値 0**　答
また，グラフは図のようになる。

(2)　　$y'=-3x^2+2x+1=-(3x+1)(x-1)$
$y'=0$ とすると　　$x=-\frac{1}{3},\ 1$
y の増減表は次のようになる。

x	……	$-\frac{1}{3}$	……	1	……
y'	−	0	+	0	−
y	↘	極小 $-\frac{5}{27}$	↗	極大 1	↘

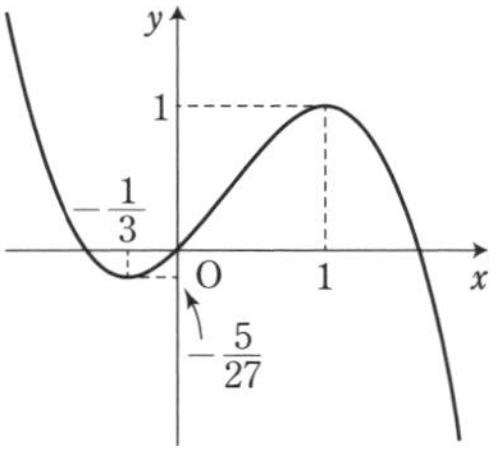

ゆえに，y は **$x=1$ で極大値 1，$x=-\frac{1}{3}$ で極小値 $-\frac{5}{27}$**　答
また，グラフは図のようになる。

教 p.212

練習 14

次の関数のグラフをかけ。
(1)　$y=x^3+6x^2+12x+5$　　　　(2)　$y=2-x^3$

指針 **関数の極値，グラフ**　$f'(a)=0$ であっても，$x=a$ の前後で $f'(x)$ の符号が変わらないときは $f(a)$ は極値ではない。

解答 (1)　$y'=3x^2+12x+12=3(x+2)^2$

$y'=0$ とすると　$x=-2$

y の増減表は次のようになる。

x	……	-2	……
y'	$+$	0	$+$
y	↗	-3	↗

ゆえに，グラフは図のようになる。

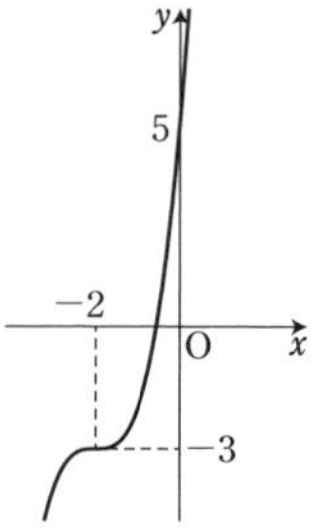

(2)　$y'=-3x^2$

$y'=0$ とすると　$x=0$

y の増減表は次のようになる。

x	……	0	……
y'	$-$	0	$-$
y	↘	2	↘

ゆえに，グラフは図のようになる。

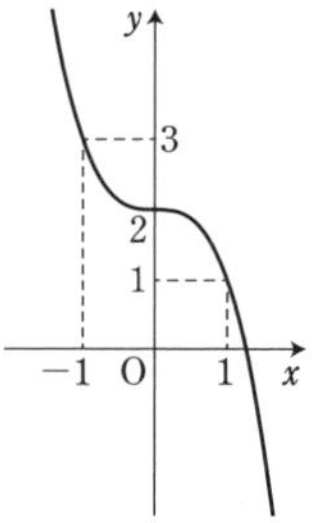

練習 15　教 p.213

次の関数の極値を求めよ。また，そのグラフをかけ。

(1)　$y=3x^4+4x^3-12x^2+5$　　(2)　$y=x^4-8x^2+16$

(3)　$y=-x^4+4x^3-4x^2+2$　　(4)　$y=x^4+2x^3+1$

指針 **4次関数の極値，グラフ**　3次関数の場合と同様に，$y'=0$ となる x の値を求め，増減表をかく。増減表では極大，極小の区別を記入し，グラフでは極大となる点と極小となる点の座標がわかるようにかく。

解答 (1)　$y'=12x^3+12x^2-24x$

$=12x(x^2+x-2)=12x(x-1)(x+2)$

$y'=0$ とすると　　$x=0,\ 1,\ -2$

よって，y の増減表は次のようになる。

x	……	-2	……	0	……	1	……
y'	$-$	0	$+$	0	$-$	0	$+$
y	↘	極小 -27	↗	極大 5	↘	極小 0	↗

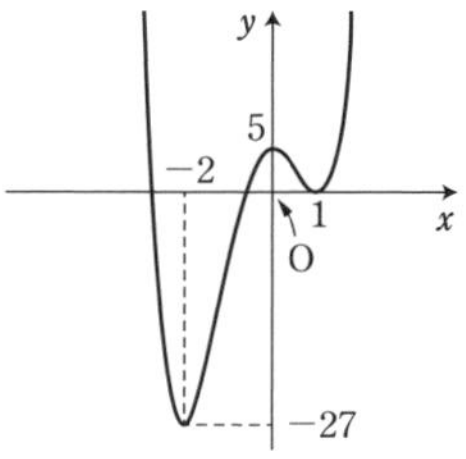

ゆえに，y は **$x=0$ で極大値 5，$x=-2$ で極小値 -27，$x=1$ で極小値 0** をとる。 答

また，グラフは図のようになる。

(2) $y'=4x^3-16x=4x(x+2)(x-2)$

$y'=0$ とすると　$x=0,\ -2,\ 2$

よって，y の増減表は次のようになる。

x	……	-2	……	0	……	2	……
y'	$-$	0	$+$	0	$-$	0	$+$
y	↘	極小 0	↗	極大 16	↘	極小 0	↗

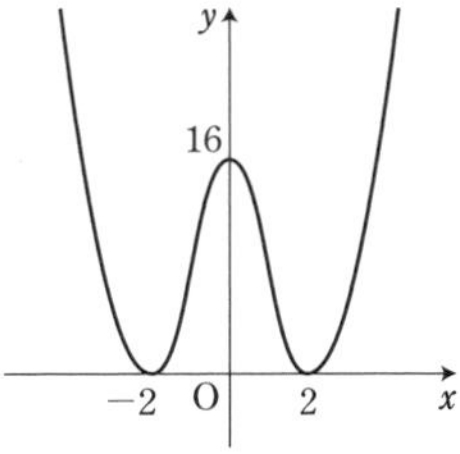

ゆえに，y は **$x=0$ で極大値 16,**

$x=\pm 2$ で極小値 0 をとる。 答

また，グラフは図のようになる。

(3) $y'=-4x^3+12x^2-8x$

$=-4x(x^2-3x+2)=-4x(x-1)(x-2)$

$y'=0$ とすると　$x=0,\ 1,\ 2$

よって，y の増減表は次のようになる。

x	……	0	……	1	……	2	……
y'	$+$	0	$-$	0	$+$	0	$-$
y	↗	極大 2	↘	極小 1	↗	極大 2	↘

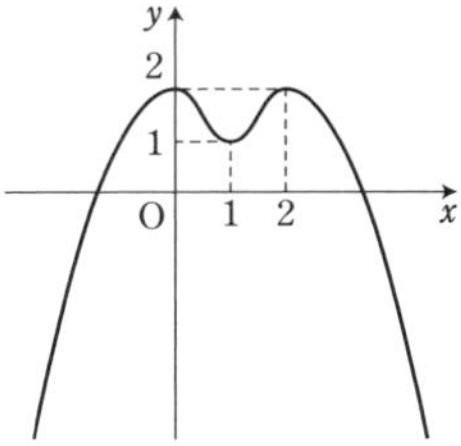

ゆえに，y は **$x=0,\ 2$ で極大値 2，$x=1$ で極小値 1** をとる。 答

また，グラフは図のようになる。

(4) $y'=4x^3+6x^2=2x^2(2x+3)$　　$y'=0$ とすると　$x=0,\ -\dfrac{3}{2}$

よって，y の増減表は次のようになる。

x	……	$-\dfrac{3}{2}$	……	0	……
y'	$-$	0	$+$	0	$+$
y	↘	極小 $-\dfrac{11}{16}$	↗	1	↗

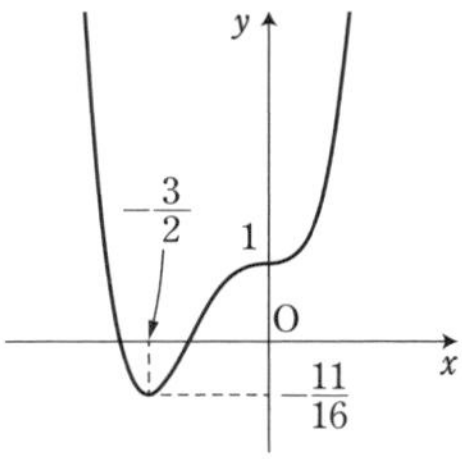

ゆえに，y は **$x=-\dfrac{3}{2}$ で極小値 $-\dfrac{11}{16}$** をとる。 答

また，グラフは図のようになる。

練習 16　教 p.214

関数 $f(x)=x^3+ax^2+bx+c$ が $x=-1$ で極大値 5 をとり，$x=1$ で極小値をとるように，定数 $a,\ b,\ c$ の値を定めよ。また，極小値を求めよ。

指針 **3次関数の決定**　$f'(x)$ を求めて，$f'(-1)=0$，$f'(1)=0$，$f(-1)=5$ から a，b，c についての連立方程式を解く。ただし，$f'(a)=0$ であっても $f(x)$ は $x=a$ で極値をとるとは限らないから，求めた $f(x)$ について，$x=-1$ で極大，$x=1$ で極小になることを増減表により確かめる。

解答 与えられた関数を微分すると　$f'(x)=3x^2+2ax+b$

$x=-1$，$x=1$ で極値をとるから　$f'(-1)=0$，$f'(1)=0$

よって　$\begin{cases} 3-2a+b=0 \\ 3+2a+b=0 \end{cases}$　これを解くと　$a=0$，$b=-3$

また　$f(-1)=5$ から　$-1+a-b+c=5$　　よって　$c=3$

ゆえに　$f(x)=x^3-3x+3$　…… ①

逆に，関数 ① が条件を満たすことを示す。

$$f'(x)=3x^2-3=3(x+1)(x-1)$$

$f'(x)=0$ とすると　$x=-1$，1

関数 ① の増減表は右のようになる。

x	……	-1	……	1	……
$f'(x)$	$+$	0	$-$	0	$+$
$f(x)$	↗	極大 5	↘	極小 1	↗

したがって，関数 ① は

　$x=-1$ で極大値 5

　$x=1$　で極小値 1

をとり，条件を満たす。

よって　**$a=0$，$b=-3$，$c=3$；極小値 1**　答

5 最大値・最小値

まとめ

1　最大値，最小値

①　区間 $a\leqq x\leqq b$ で定義された関数の最大値，最小値は，この区間での関数の極値と区間の両端での関数の値を比べて求める。

練習 17　教 p.215

次の関数の最大値と最小値を求めよ。

(1)　$y=x^3-3x+4$　$(-2\leqq x\leqq 3)$

(2)　$y=-2x^3+6x^2-8$　$(1\leqq x\leqq 3)$

(3)　$y=x^4-4x^3+12$　$(-1\leqq x\leqq 4)$

指針 **最大値，最小値**　まず区間内に極値があれば求める。また，区間の両端での関数の値を求める。増減表に両端での値も記入して，最大値，最小値を求める。増減表でわかりにくいときはグラフをかく。

解答 (1)　$y'=3x^2-3=3(x+1)(x-1)$

$y'=0$ とすると　　$x=\pm1$

区間 $-2\leqq x\leqq 3$ における y の増減表は，次のようになる。

x	-2	……	-1	……	1	……	3
y'		$+$	0	$-$	0	$+$	
y	2	↗	極大 6	↘	極小 2	↗	22

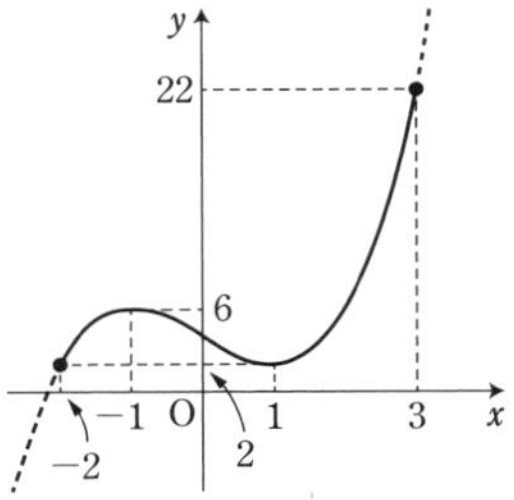

ゆえに　**$x=3$　　で最大値 22**

$x=-2,\ 1$ で最小値 2　答

(2)　$y'=-6x^2+12x=-6x(x-2)$

$y'=0$ とすると　　$x=0,\ 2$

区間 $1\leqq x\leqq 3$ における y の増減表は，次のようになる。

x	1	……	2	……	3
y'		$+$	0	$-$	
y	-4	↗	極大 0	↘	-8

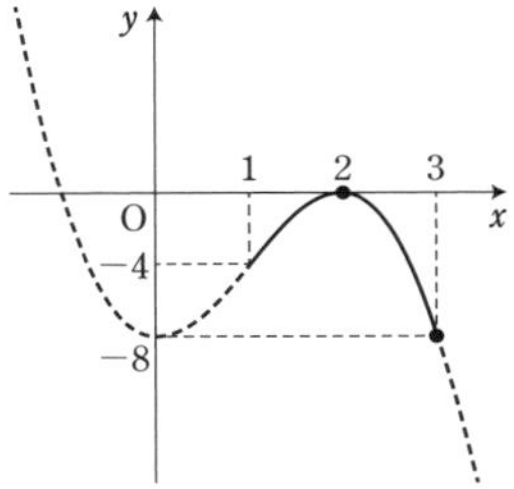

ゆえに　**$x=2$ で最大値 0**

$x=3$ で最小値 -8　答

(3)　$y'=4x^3-12x^2=4x^2(x-3)$

$y'=0$ とすると　　$x=0,\ 3$

区間 $-1\leqq x\leqq 4$ における y の増減表は，次のようになる。

x	-1	……	0	……	3	……	4
y'		$-$	0	$-$	0	$+$	
y	17	↘	12	↘	極小 -15	↗	12

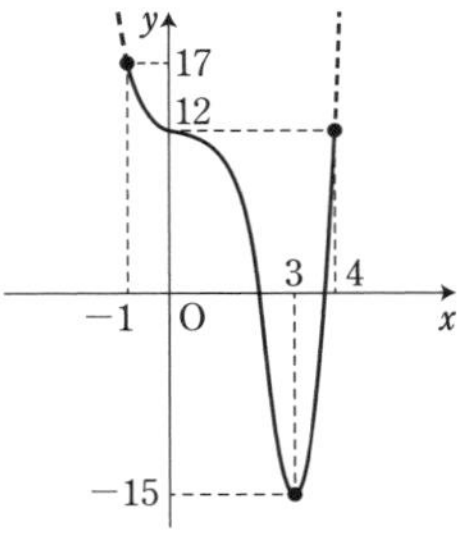

ゆえに　**$x=-1$ で最大値 17，$x=3$ で最小値 -15**　答

教 p.216

練習 18

底面の直径と高さの和が 18 cm である直円柱の体積が最大となるのは，高さが何 cm のときか。

指針　**最大，最小の利用**　底面の直径を x cm とした方が計算しやすい。直円柱の体積を V cm^3 として微分法を用いる。変域に注意する。

解答　底面の直径を x cm，体積を V cm^3 とする。
高さは $(18-x)$ cm であるから

$$V=\pi\left(\frac{x}{2}\right)^2\cdot(18-x)=\frac{\pi}{4}(18x^2-x^3)$$

x の値の範囲は

$x>0$，$18-x>0$　すなわち　$0<x<18$

V を x で微分すると

$$V'=\frac{\pi}{4}(36x-3x^2)=-\frac{3}{4}\pi x(x-12)$$

$V'=0$ とすると　$x=0$，12

よって，$0<x<18$ における V の増減表は，次のようになる。

x	0	……	12	……	18
V'		$+$	0	$-$	
V		↗	極大	↘	

ゆえに，$x=12$ で V は最大である。
このときの高さは　$18-12=$**6 (cm)**　答

6　関数のグラフと方程式・不等式

まとめ

1　方程式の実数解の個数

①　方程式 $f(x)=0$ の実数解は，関数 $y=f(x)$ のグラフと x 軸の共有点の x 座標である。よって，関数 $y=f(x)$ の増減を調べてグラフをかくことにより，方程式 $f(x)=0$ の実数解の個数を調べることができる。

2　不等式の証明

①　**関数の増減と不等式の証明**　ある区間における関数 $f(x)$ の最小値が m ならば，その区間で不等式 $f(x)\geqq m$ が成り立つ。

A　方程式の実数解の個数

練習 19　教 p.217

次の方程式の異なる実数解の個数を求めよ。

(1)　$x^3+3x^2-5=0$　　(2)　$-x^3+3x^2+9x-7=0$

(3)　$-x^3+3x^2-4=0$　　(4)　$x^4-2x^3-1=0$

指針　**方程式の実数解の個数**　$f(x)=0$ の実数解の個数は，$y=f(x)$ のグラフをかき，x 軸との共有点の個数を求めればよい。

解答 (1) $y=x^3+3x^2-5$ とおくと

$y'=3x^2+6x=3x(x+2)$

$y'=0$ とすると　$x=-2,\ 0$

y の増減表は次のようになる。

x	……	-2	……	0	……
y'	$+$	0	$-$	0	$+$
y	↗	極大 -1	↘	極小 -5	↗

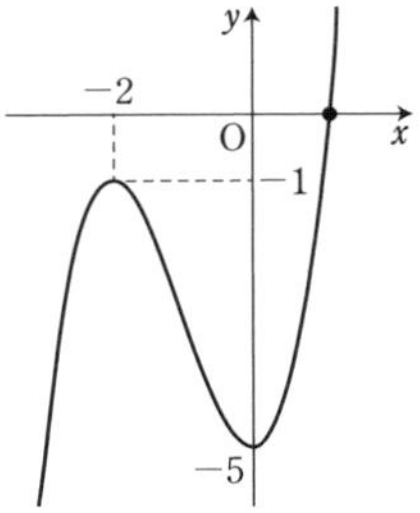

ゆえに，この関数のグラフは，図のようになり，グラフと x 軸の共有点の個数は 1 個である。

方程式 $x^3+3x^2-5=0$ の実数解は　**1 個**　答

(2) $y=-x^3+3x^2+9x-7$ とおくと

$y'=-3x^2+6x+9=-3(x+1)(x-3)$

$y'=0$ とすると　$x=-1,\ 3$

y の増減表は次のようになる。

x	……	-1	……	3	……
y'	$-$	0	$+$	0	$-$
y	↘	極小 -12	↗	極大 20	↘

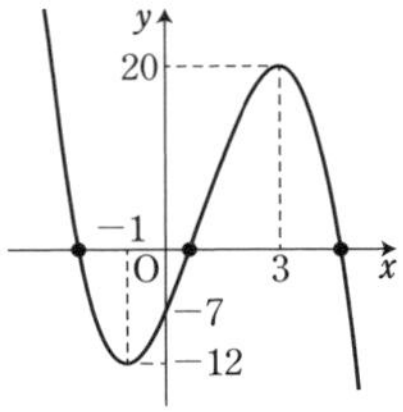

ゆえに，この関数のグラフは，図のようになり，グラフと x 軸の共有点の個数は 3 個である。

方程式 $-x^3+3x^2+9x-7=0$ の異なる実数解は　**3 個**　答

(3) $y=-x^3+3x^2-4$ とおくと

$y'=-3x^2+6x=-3x(x-2)$

$y'=0$ とすると　$x=0,\ 2$

y の増減表は次のようになる。

x	……	0	……	2	……
y'	$-$	0	$+$	0	$-$
y	↘	極小 -4	↗	極大 0	↘

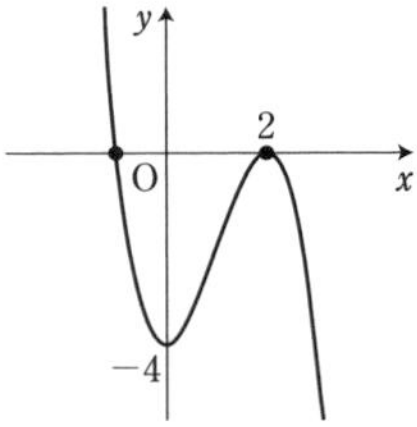

ゆえに，この関数のグラフは，図のようになり，グラフと x 軸の共有点の個数は 2 個である。

方程式 $-x^3+3x^2-4=0$ の異なる実数解は　**2 個**　答

(4) $y=x^4-2x^3-1$ とおくと

$y'=4x^3-6x^2=2x^2(2x-3)$

$y'=0$ とすると　　$x=0,\ \dfrac{3}{2}$

y の増減表は次のようになる。

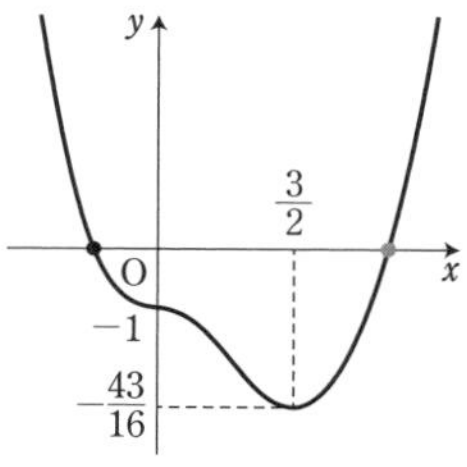

x	……	0	……	$\frac{3}{2}$	……
y'	$-$	0	$-$	0	$+$
y	↘	-1	↘	極小 $-\frac{43}{16}$	↗

ゆえに，この関数のグラフは，図のようになり，グラフと x 軸の共有点の個数は 2 個である。

方程式 $x^4-2x^3-1=0$ の異なる実数解の個数は　**2 個**　答

問 2　教 p.218

3 次方程式 $x^3+3x^2-a=0$ について，次の問いに答えよ。

(1)　異なる 2 個の実数解をもつように，定数 a の値を定めよ。

(2)　ただ 1 個の実数解をもつように，定数 a の値の範囲を定めよ。

指針　**定数 a を含む方程式の実数解**　3 次方程式 $x^3+3x^2-a=0$ について，実数解の個数は，$y=x^3+3x^2$ のグラフと直線 $y=a$ の共有点の個数に一致する。

解答　与えられた方程式を変形すると　　$x^3+3x^2=a$

よって，この方程式の実数解の個数は 3 次関数 $y=x^3+3x^2$　…… ①

のグラフと直線 $y=a$ の共有点の個数に一致する。

関数 ① を微分すると

$$y'=3x^2+6x=3x(x+2)$$

$y'=0$ とすると　　$x=0,\ -2$

y の増減表は次のようになる。

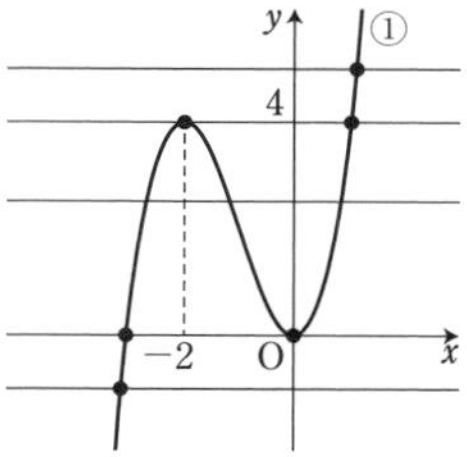

x	……	-2	……	0	……
y'	$+$	0	$-$	0	$+$
y	↗	極大 4	↘	極小 0	↗

ゆえに，関数 ① のグラフは，図のようになる。

(1)　曲線 ① と直線 $y=a$ が異なる 2 個の共有点をもつのは，図から

　　$\boldsymbol{a=0,\ 4}$　答

(2)　曲線 ① と直線 $y=a$ がただ 1 個の共有点をもつのは，図から

　　$\boldsymbol{a<0,\ 4<a}$　答

教 p.218

練習 20

a は定数とする。次の方程式の異なる実数解の個数を調べよ。

(1) $2x^3-3x^2-a=0$　　(2) $x^4-2x^2-2+a=0$

指針 **定数 a を含む方程式の実数解**

(1) $y=2x^3-3x^2$ のグラフと直線 $y=a$ の共有点の個数を調べる。

(2) $y=-x^4+2x^2+2$ のグラフと直線 $y=a$ の共有点の個数を調べる。

解答 (1) 与えられた方程式を変形すると $2x^3-3x^2=a$ であるから，

この方程式の異なる実数解の個数は　$y=2x^3-3x^2$ …… ①

のグラフと直線 $y=a$ の共有点の個数に一致する。

関数 ① を微分すると　$y'=6x^2-6x=6x(x-1)$

$y'=0$ とすると　$x=0,\ 1$

y の増減表は次のようになる。

x	……	0	……	1	……
y'	+	0	−	0	+
y	↗	極大 0	↘	極小 −1	↗

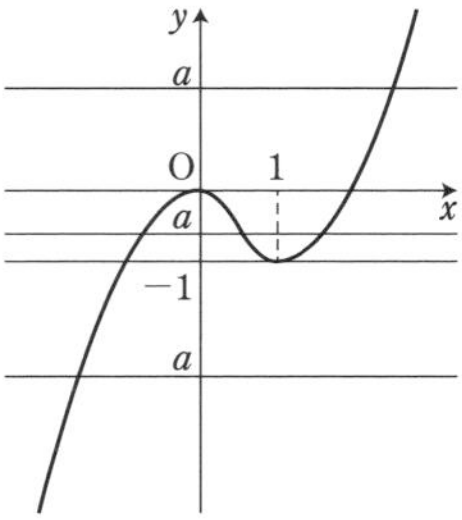

ゆえに，関数 ① のグラフは，図のようになる。

このグラフと直線 $y=a$ の共有点の個数から，与えられた方程式の異なる実数解の個数は

$a<-1,\ 0<a$ のとき 1 個

$a=-1,\ 0$ のとき 2 個

$-1<a<0$ のとき 3 個 答

(2) 与えられた方程式を変形すると $-x^4+2x^2+2=a$ であるから，

この方程式の異なる実数解の個数は　$y=-x^4+2x^2+2$ …… ①

のグラフと直線 $y=a$ の共有点の個数に一致する。

関数 ① を微分すると　$y'=-4x^3+4x=-4x(x+1)(x-1)$

$y'=0$ とすると　$x=0,\ \pm1$

y の増減表は次のようになる。

x	……	−1	……	0	……	1	……
y'	+	0	−	0	+	0	−
y	↗	極大 3	↘	極小 2	↗	極大 3	↘

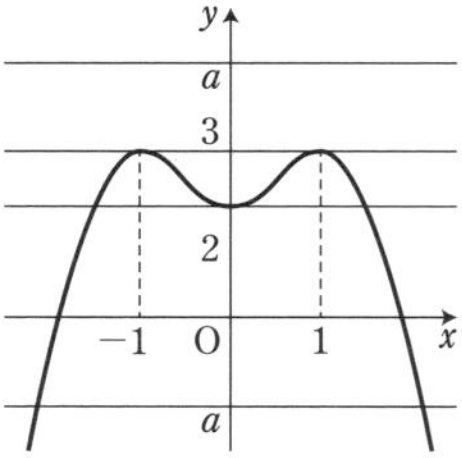

ゆえに，関数 ① のグラフは，図のようになる。

このグラフと直線 $y=a$ の共有点の個数から，与えられた方程式の異なる実数解の個数は

$a>3$　　　のとき 0 個
$a=3$, $a<2$ のとき 2 個
$a=2$　　　のとき 3 個
$2<a<3$　　のとき 4 個　答

B 不等式の証明

練習 21　教 p.219

$x \geqq 1$ のとき，不等式 $2x^3-9x^2+12x-4 \geqq 0$ が成り立つことを証明せよ。

指針 **不等式の証明**　左辺を $f(x)$ とおいて，$x \geqq 1$ で $f(x)$ の最小値が 0 以上であることを示す。

解答　$f(x)=2x^3-9x^2+12x-4$
とおいて，導関数を求めると
$$f'(x)=6x^2-18x+12=6(x-1)(x-2)$$
$f'(x)=0$ とすると　　$x=1,\ 2$
$x \geqq 1$ における $f(x)$ の増減表は次のようになる。

x	1	……	2	……
$f'(x)$		$-$	0	$+$
$f(x)$	1	↘	0	↗

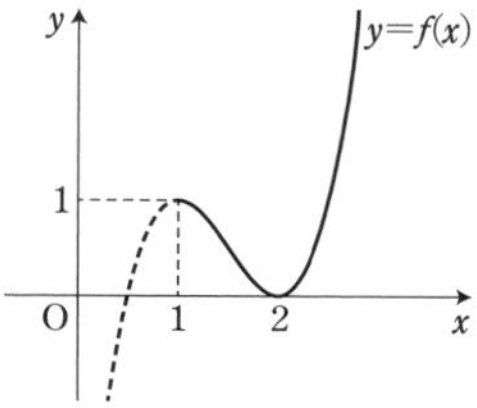

よって，関数 $f(x)$ は $x \geqq 1$ のとき $x=2$ で最小値 0 をとる。
ゆえに，$x \geqq 1$ のとき　$f(x) \geqq 0$　　　よって　$2x^3-9x^2+12x-4 \geqq 0$　終

練習 22　教 p.219

不等式 $x^4+3 \geqq 4x$ を証明せよ。

指針 **不等式の証明**　(左辺)−(右辺) を $f(x)$ とおいて，$f(x)$ の最小値が 0 以上であることを示す。

解答　$f(x)=x^4+3-4x$ とおくと
$$f'(x)=4x^3-4=4(x-1)(x^2+x+1)$$
$f'(x)=0$ とすると　　$x=1$
$f(x)$ の増減表は右のようになる。
よって，関数 $f(x)$ は $x=1$ で最小値 0 をとる。
ゆえに　　$f(x) \geqq 0$
したがって　　$x^4+3 \geqq 4x$　終

x	……	1	……
$f'(x)$	$-$	0	$+$
$f(x)$	↘	極小 0	↗

第6章 第2節　問　題

教 p.220

7 曲線 $y=x^3+ax+b$ 上の点 $(1,\ 2)$ における曲線の接線が次の条件を満たすとき，定数 a，b の値を，それぞれ求めよ。

(1) 原点Oを通る　　(2) 傾きが4

指針 **接線と曲線の決定**　$y=f(x)$ とおき，$f(1)=2$，$f'(1)$ の条件から a，b についての連立方程式を作る。

解答 $y=f(x)$ とおく。

$f(1)=2$ から　$2=1+a+b$　　よって　$a+b=1$　…… ①

また，$f'(x)=3x^2+a$ より　$f'(1)=a+3$

(1) 原点Oと点 $(1,\ 2)$ を通るから，接線の傾きは　2

よって，$a+3=2$ より　$a=-1$

① に代入して　$-1+b=1$　　ゆえに　$b=2$

したがって　$\boldsymbol{a=-1,\ b=2}$ 答

(2) 接線の傾きが4であるから　$a+3=4$　　よって　$a=1$

① に代入して　$1+b=1$　　ゆえに　$b=0$

したがって　$\boldsymbol{a=1,\ b=0}$ 答

教 p.220

8 次の関数の増減を調べ，極値があればその極値を求めよ。また，そのグラフをかけ。

(1) $y=x^3-27x$　　(2) $y=-\dfrac{1}{3}x^3-2x$　　(3) $y=-x^4-\dfrac{4}{3}x^3+4x^2$

指針 **関数の増減，極値，グラフ**　導関数を求めて増減表を作る。

解答 (1) $y'=3x^2-27=3(x+3)(x-3)$

$y'=0$ とすると　　$x=\pm 3$

y の増減表は次のようになる。

x	……	-3	……	3	……
y'	$+$	0	$-$	0	$+$
y	↗	極大 54	↘	極小 -54	↗

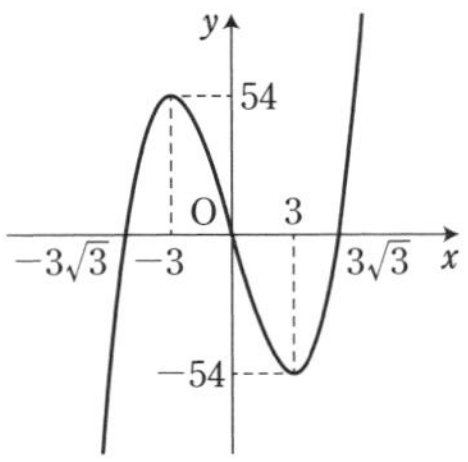

よって，この関数は

$x\leqq -3$，$3\leqq x$ で単調に増加，$-3\leqq x\leqq 3$ で単調に減少

$x=-3$ で極大値 54，$x=3$ で極小値 -54 答

また，グラフは図のようになる。

(2) $y'=-x^2-2<0$ であるから

y は**常に単調に減少，極値はない。** 答

また，グラフは図のようになる。

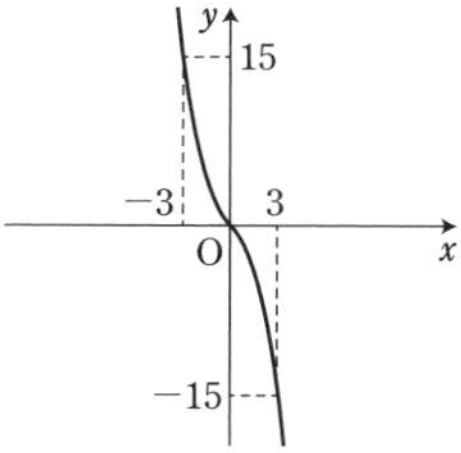

(3) $y'=-4x^3-4x^2+8x$

$=-4x(x-1)(x+2)$

$y'=0$ とすると　$x=-2,\ 0,\ 1$

y の増減表は次のようになる。

x	……	-2	……	0	……	1	……
y'	+	0	−	0	+	0	−
y	↗	極大 $\frac{32}{3}$	↘	極小 0	↗	極大 $\frac{5}{3}$	↘

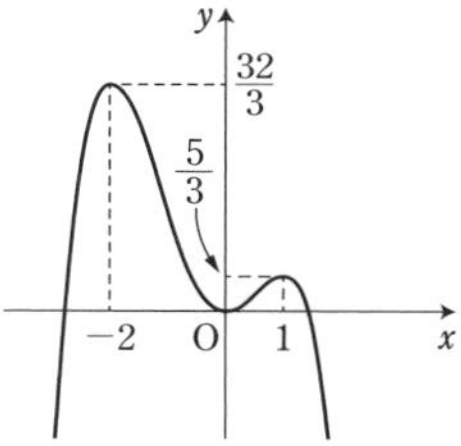

よって，この関数は

$x\leqq-2$，$0\leqq x\leqq1$ で単調に増加，

$-2\leqq x\leqq0$，$1\leqq x$ で単調に減少

$x=-2$ で極大値 $\frac{32}{3}$，$x=1$ で極大値 $\frac{5}{3}$

$x=0$ で極小値 0 答

また，グラフは図のようになる。

教 p.220

9　$f(x)$ は 3 次関数で，$x=0$ で極小値 0 をとり，$x=2$ で極大値 4 をとる。$f(x)$ を求めよ。

指針　**3次関数の決定**　求める関数を $f(x)=ax^3+bx^2+cx+d$ とする。

$f'(0)=0$，$f(0)=0$，$f'(2)=0$，$f(2)=4$ から a，b，c，d を求める。

このとき，求めた関数 $f(x)$ が条件を満たすことを示さなければならない。

解答　求める関数を $f(x)=ax^3+bx^2+cx+d$ とおく。ただし，$a\neq0$

$f'(x)=3ax^2+2bx+c$

$f(x)$ は $x=0$ で極小値 0 をとるから　$f'(0)=0$，$f(0)=0$

よって　$c=0$　…… ①，$d=0$　…… ②

$f(x)$ は $x=2$ で極大値 4 をとるから　$f'(2)=0$，$f(2)=4$

よって　$12a+4b+c=0$　…… ③

$8a+4b+2c+d=4$　…… ④

①～④ を解くと　$a=-1$，$b=3$，$c=0$，$d=0$

6章 微分法と積分法

ゆえに　$f(x)=-x^3+3x^2$ …… ⑤

このとき　$f'(x)=-3x^2+6x$

$=-3x(x-2)$

$f'(x)=0$ とすると　$x=0,\ 2$

したがって，関数 ⑤ は

$x=2$ で極大値 4

$x=0$ で極小値 0

をとるから，条件を満たす。

よって，求める 3 次関数は

$f(x)=-x^3+3x^2$ 答

x	……	0	……	2	……
$f'(x)$	−	0	+	0	−
$f(x)$	↘	極小 0	↗	極大 4	↘

教 p.220

10 a，b は定数で，$a>0$ とする。関数 $y=ax^3+3ax^2+b$ について，区間 $-1\leqq x\leqq 2$ における最大値，最小値を a，b で表せ。

指針　**関数の最大値，最小値**　極値と区間の両端での値を比べて，最大値と最小値を求める。$a>0$ の条件に注意する。

解答　$y'=3ax^2+6ax=3ax(x+2)$

$y'=0$ とすると　$x=-2,\ 0$

$a>0$ より，区間 $-1\leqq x\leqq 2$ における y の増減表は，次のようになる。

x	-1	……	0	……	2
y'		−	0	+	
y	$2a+b$	↘	極小 b	↗	$20a+b$

y は $x=0$ で極小と同時に最小となる。

また，最大値は $x=-1$ のときと $x=2$ のときの y の値を比較して，

$(20a+b)-(2a+b)=18a>0$ より，$20a+b>2a+b$ であるから

$x=2$ で最大値 $20a+b$，$x=0$ で最小値 b 答

教 p.220

11 底面の半径 r，高さ h の直円錐（すい）に，右の図のように直円柱が内接している。この直円柱のうちで，体積が最大であるものの底面の半径と高さを求めよ。

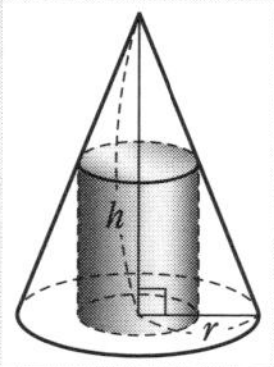

指針 **最大・最小の利用**　直円柱の底面の半径を x として，体積を x で表す。r, h は定数として扱う。

解答 直円柱の底面の半径を x, 高さを y とすると

$x:r=(h-y):h$ より　$r(h-y)=xh$

よって　$y=h-\dfrac{h}{r}x$

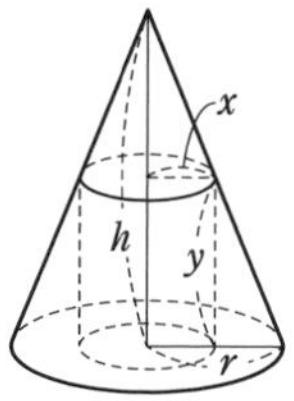

直円柱の体積を V とすると

$$V=\pi x^2y=\pi x^2\left(h-\frac{h}{r}x\right)=\frac{\pi h}{r}(rx^2-x^3)$$

また　$0<x<r$　　V を x で微分すると

$$V'=\frac{\pi h}{r}(2rx-3x^2)=\frac{\pi h}{r}\cdot 3x\left(\frac{2}{3}r-x\right)$$

$V'=0$ とすると，$0<x<r$ より　$x=\dfrac{2}{3}r$

$0<x<r$ における V の増減表は，右のようになる。

x	0	……	$\frac{2}{3}r$	……	r
V'		$+$	0	$-$	
V		↗	極大	↘	

ゆえに，$x=\dfrac{2}{3}r$ で，V は最大である。

このとき　$y=h-\dfrac{h}{r}\cdot\dfrac{2}{3}r=\dfrac{h}{3}$

答 **半径 $\dfrac{2}{3}r$，高さ $\dfrac{h}{3}$**

教 p.220

12 方程式 $x^3-6x+a=0$ が異なる 2 個の正の解と 1 個の負の解をもつように定数 a の値の範囲を定めよ。

指針 **定数 a を含む方程式の実数解**　3 次方程式 $x^3-6x+a=0$ の異なる実数解の個数は，$y=-x^3+6x$ のグラフと直線 $y=a$ の共有点の個数に一致する。

解答 与えられた方程式を変形すると　　$-x^3+6x=a$

よって，この方程式の異なる実数解の個数は 3 次関数

$$y=-x^3+6x \quad \cdots\cdots \text{①}$$

のグラフと直線 $y=a$ の共有点の個数に一致する。

関数 ① を微分すると

$$y'=-3x^2+6=-3(x+\sqrt{2})(x-\sqrt{2})$$

$y'=0$ とすると　　$x=\pm\sqrt{2}$

y の増減表は，次のようになる。

6章 微分法と積分法

x	……	$-\sqrt{2}$	……	$\sqrt{2}$	……
y'	$-$	0	$+$	0	$-$
y	↘	極小 $-4\sqrt{2}$	↗	極大 $4\sqrt{2}$	↘

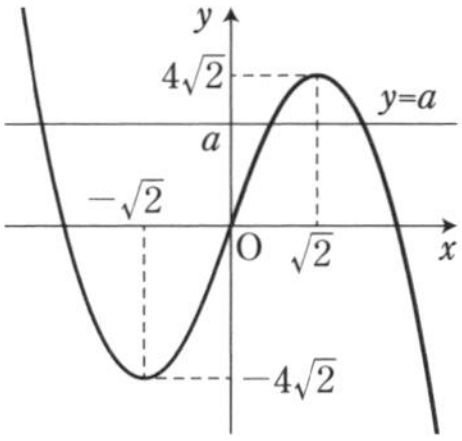

ゆえに，関数 ① のグラフは図のようになる。
この関数のグラフと直線 $y=a$ の共有点の個数と，共有点の x 座標の符号から，与えられた方程式が 2 個の正の解と 1 個の負の解をもつ定数 a の値の範囲は　　$\boldsymbol{0<a<4\sqrt{2}}$　答

教 p.220

13 不等式 $x^4+4x^3+28>0$ を証明せよ。

指針 **不等式の証明**　　左辺を $f(x)$ とおいて，$f(x)$ の最小値が 0 より大きいことを示す。

解答 $f(x)=x^4+4x^3+28$ とおいて，導関数を求めると

$$f'(x)=4x^3+12x^2=4x^2(x+3)$$

$f'(x)=0$ とすると　　$x=0,\ -3$

$f(x)$ の増減表は次のようになる。

x	……	-3	……	0	……
$f'(x)$	$-$	0	$+$	0	$+$
$f(x)$	↘	極小 1	↗	28	↗

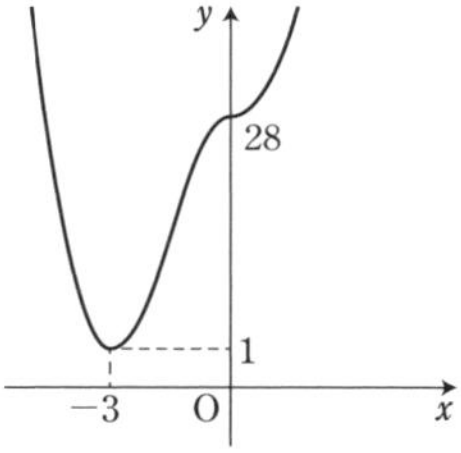

よって，関数 $f(x)$ は $x=-3$ で最小値 1 をとる。
ゆえに　$f(x)>0$　　よって　$x^4+4x^3+28>0$　終

教 p.220

14 関数 $f(x)=x^3+ax^2+3x$ が常に単調に増加するように，定数 a の値の範囲を定めよ。

指針 **関数の増減**　　常に $f'(x)>0$ ならば，関数 $f(x)$ は，常に単調に増加する。また，$f'(k)=0$ であっても，その前後で $f'(x)>0$ であるとき，$f(x)$ は常に単調に増加する。したがって，$f'(x)\geqq 0$ となる定数 a の値の範囲を求める。$f'(x)$ は 2 次関数であることに着目。

解答 　$f'(x)=3x^2+2ax+3$

関数 $f(x)$ が常に単調に増加するためには，$f'(x)\geqq 0$　すなわち

$3x^2+2ax+3 \geqq 0$ が常に成り立てばよい。
$3x^2+2ax+3=0$ の判別式を D とすると

$$\frac{D}{4}=a^2-3\cdot3=a^2-9$$

x^2 の係数が正の数であるから　$D \leqq 0$
よって　$a^2-9 \leqq 0$　ゆえに　$(a+3)(a-3) \leqq 0$
求める定数 a の値の範囲は　$\boldsymbol{-3 \leqq a \leqq 3}$　答

教 p.220

15 3次関数 $y=ax^3+bx^2+cx+d$ のグラフが右の図のようになるとき，a，b，c，d の値の符号をそれぞれ求めよ。ただし，図中の黒丸は極値をとる点を表している。

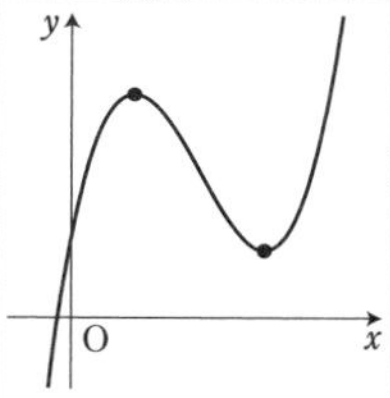

指針　**グラフから3次関数の係数の符号決定**　$f(x)=ax^3+bx^2+cx+d$ とおく。
a の値の符号は，グラフの形に着目する。
d の値の符号は $f(0)$ の符号，c の値の符号は $f'(0)$ の符号を調べる。
b の値の符号は，a の値の符号と $y=f'(x)$ の頂点の x 座標の符号から求める。

解答　$f(x)=ax^3+bx^2+cx+d$ とする。このとき　$f'(x)=3ax^2+2bx+c$
グラフの形から　$a>0$　　$f(0)>0$ であるから　$d>0$
また，$f'(0)=c$ であり，グラフより $y=f(x)$ の $x=0$ における接線の傾きは正であるから　$c>0$
更に，グラフより，この3次関数は極値を2つもち，極値をとる x の値の符号はどちらも正である。
よって，方程式 $f'(x)=0$ を満たす実数 x は2つあり，それらを α，β $(0<\alpha<\beta)$ とすると，$f(x)$ の増減表は次のようになる。

x	……	α	……	β	……
$f'(x)$	+	0	−	0	+
$f(x)$	↗	極大	↘	極小	↗

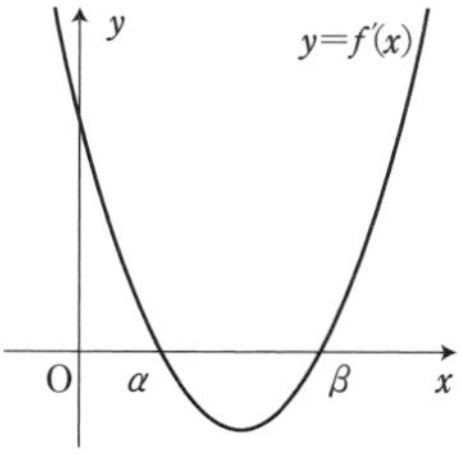

増減表と $\alpha>0$，$\beta>0$ より，$y=f'(x)$ のグラフは右の図のような下に凸の放物線となり，頂点の x 座標 $-\dfrac{b}{3a}$ について　$-\dfrac{b}{3a}>0$
$a>0$ であるから　$b<0$

答　$\boldsymbol{a}$：**正**，$\boldsymbol{b}$：**負**，$\boldsymbol{c}$：**正**，$\boldsymbol{d}$：**正**

教科書 p.221～225

第3節　積分法

7　不定積分

まとめ

1　導関数と不定積分

① 関数 $f(x)$ に対して，微分すると $f(x)$ になる関数，すなわち

$$F'(x)=f(x)$$

となる関数 $F(x)$ を，$f(x)$ の **不定積分** または **原始関数** という。

② 関数 $f(x)$ の不定積分を，記号 $\int f(x)\,dx$ で表す。

③ $F'(x)=f(x)$ のとき　$\int f(x)dx=F(x)+C$　　**C は定数**

関数 $f(x)$ の不定積分を求めることを，$f(x)$ を **積分する** といい，上の定数 C を **積分定数** という。

注意 今後，特に断らなくても，C は積分定数を表すものとする。

④ **関数 x^n の不定積分**

$$\int x^n\,dx=\frac{1}{n+1}x^{n+1}+C \qquad (n \text{ は } 0 \text{ または正の整数})$$

2　不定積分の性質

① k，l は定数とする。

1　$\int kf(x)\,dx=k\int f(x)\,dx$

2　$\int \{f(x)+g(x)\}\,dx=\int f(x)\,dx+\int g(x)\,dx$

3　$\int \{kf(x)+lg(x)\}dx=k\int f(x)dx+l\int g(x)dx$

等式3において，$k=1$，$l=-1$ とすると

$$\int \{f(x)-g(x)\}\,dx=\int f(x)\,dx-\int g(x)\,dx$$

A 導関数と不定積分　　**B** 不定積分の性質

教 p.224

練習 23

次の不定積分を求めよ。

(1) $\int 6x^2\,dx$　　(2) $\int 2x^3\,dx$

(3) $\int (9x^2-2x-1)\,dx$　　(4) $\int (1-2x^2-4x^3)\,dx$

教科書 p.224

指針 **不定積分**　関数 x^n の不定積分，不定積分の性質の公式を利用する。

解答 (1) $\int 6x^2\,dx=6\int x^2\,dx=6\cdot\frac{x^3}{3}+C=\boldsymbol{2x^3+C}$ 答

(2) $\int 2x^3\,dx=2\int x^3\,dx=2\cdot\frac{x^4}{4}+C=\boldsymbol{\frac{x^4}{2}+C}$ 答

(3) $\int (9x^2-2x-1)\,dx=9\int x^2\,dx-2\int x\,dx-\int dx$

$$=9\cdot\frac{x^3}{3}-2\cdot\frac{x^2}{2}-x+C$$

$$=\boldsymbol{3x^3-x^2-x+C}$$ 答

(4) $\int (1-2x^2-4x^3)\,dx=\int (-4x^3-2x^2+1)\,dx$

$$=-4\int x^3\,dx-2\int x^2\,dx+\int dx$$

$$=-4\cdot\frac{x^4}{4}-2\cdot\frac{x^3}{3}+x+C$$

$$=\boldsymbol{-x^4-\frac{2}{3}x^3+x+C}$$ 答

練習 24 教 p.224

次の不定積分を求めよ。

(1) $\int (3x-1)(2x+1)\,dx$　　(2) $\int x^2(3-x)\,dx$

(3) $\int (3t+1)(3t-1)\,dt$　　(4) $\int (2t-1)^2\,dt$

指針 **不定積分**　$\int f(x)\,dx$ について，$f(x)$ を展開，整理して積分する。

解答 (1) $\int (3x-1)(2x+1)\,dx=\int (6x^2+x-1)\,dx$

$$=6\int x^2\,dx+\int x\,dx-\int dx$$

$$=\boldsymbol{2x^3+\frac{x^2}{2}-x+C}$$ 答

(2) $\int x^2(3-x)\,dx=\int (-x^3+3x^2)\,dx=-\int x^3\,dx+3\int x^2\,dx$

$$=\boldsymbol{-\frac{x^4}{4}+x^3+C}$$ 答

(3) $\int (3t+1)(3t-1)\,dt=\int (9t^2-1)\,dt=\boldsymbol{3t^3-t+C}$ 答

(4) $\int (2t-1)^2\,dt=\int (4t^2-4t+1)\,dt=\boldsymbol{\frac{4}{3}t^3-2t^2+t+C}$ 答

教 p.225

練習 25

条件 $F'(x)=-6x^2+4x+5$，$F(2)=0$ を満たす関数 $F(x)$ を求めよ。

指針 **関数の決定**　$F'(x)$ を積分すると $F(x)$ である。$F(2)=0$ より，積分定数 C を求める。

解答 $F'(x)=-6x^2+4x+5$ であるから

$$F(x)=\int(-6x^2+4x+5)\,dx=-2x^3+2x^2+5x+C$$

$F(2)=0$ から　$-2\cdot2^3+2\cdot2^2+5\cdot2+C=0$　　よって　$C=-2$

ゆえに，求める関数は　　$\boldsymbol{F(x)=-2x^3+2x^2+5x-2}$ 答

教 p.225

練習 26

曲線 $y=f(x)$ は点 $(2,\ 1)$ を通り，その曲線上の各点 $(x,\ y)$ における接線の傾きは $2x-4$ で表される。この曲線の方程式を求めよ。

指針 **接線の傾きが与えられた曲線の方程式**　接線の傾きが $f'(x)$ であるから，この $f'(x)$ を積分して $f(x)$ を求める。$f(2)=1$ より，C を求める。

解答 $f'(x)=2x-4$ であるから　$f(x)=\int(2x-4)\,dx=x^2-4x+C$

この曲線は点 $(2,\ 1)$ を通るから　$f(2)=1$　すなわち　$2^2-4\cdot2+C=1$

よって　$C=5$　　ゆえに　$\boldsymbol{y=x^2-4x+5}$ 答

教 p.225

練習 27

曲線 $y=f(x)$ は点 $(1,\ 0)$，$(0,\ -2)$ を通り，その曲線上の各点 $(x,\ y)$ における接線の傾きは $3x^2-ax-1$ で表される。定数 a の値およびこの曲線の方程式を求めよ。

指針 **曲線の方程式**　$f(1)=0$，$f(0)=-2$ より a と C の連立方程式を作る。

解答 $f'(x)=3x^2-ax-1$ であるから

$$f(x)=\int(3x^2-ax-1)\,dx=x^3-\frac{a}{2}x^2-x+C$$

$f(1)=0$，$f(0)=-2$ より

$$1^3-\frac{a}{2}\cdot1^2-1+C=0\ \cdots\cdots\ ①,\qquad C=-2\ \cdots\cdots\ ②$$

①，② から　$a=-4$

ゆえに　　$\boldsymbol{a=-4,\ y=x^3+2x^2-x-2}$ 答

8 定積分

まとめ

1 面積と不定積分

① 関数 $f(x)$ は，区間 $a \leqq x \leqq b$ で常に $f(x) \geqq 0$ であるとする。点 $(a,\ 0)$，$(a,\ f(a))$ を，それぞれ A，B とし，$a \leqq x \leqq b$ である任意の数 x に対し，点 $(x,\ 0)$，$(x,\ f(x))$ を，それぞれ P，Q とする。曲線 $y=f(x)$ と x 軸，および 2 直線 AB，PQ で囲まれた図形 APQB の面積を，x の関数と考え，$S(x)$ で表す。

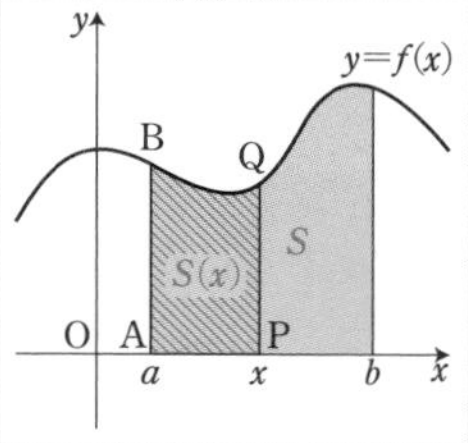

面積 $S(x)$ は関数 $f(x)$ の 1 つの不定積分である。

$F(x)$ を $f(x)$ の任意の不定積分とすると　$S(x)=F(x)-F(a)$

特に，$x=b$ とおくと，曲線 $y=f(x)$ と x 軸，および 2 直線 $x=a$，$x=b$ で囲まれた図形の面積 S は，次のように表される。

$$\boldsymbol{S=F(b)-F(a)} \qquad \text{ただし}\quad F(x)=\int f(x)\,dx$$

2 定積分

① 関数 $f(x)$ の 1 つの不定積分を $F(x)$ とするとき，2 つの実数 a，b に対して，$F(b)-F(a)$ を，$f(x)$ の a から b までの **定積分** といい，記号 $\int_a^b f(x)\,dx$ で表す。また，$F(b)-F(a)$ を，記号 $\Big[F(x)\Big]_a^b$ で表す。

② 関数 $f(x)$ の不定積分の 1 つを $F(x)$ とするとき

$$\int_a^b f(x)\,dx=\Big[F(x)\Big]_a^b=F(b)-F(a)$$

③ 定積分 $\int_a^b f(x)\,dx$ において，a を定積分の **下端**，b を **上端** という。

また，この定積分を求めることを，関数 $f(x)$ を a から b まで **積分する** という。

注意 定積分の下端，上端の大小について，$a<b$，$a=b$，$a>b$ のいずれであってもよいものとする。

3 定積分の性質

① **定積分の性質 I**　k，l は定数とする。

1 $\displaystyle\int_a^b kf(x)\,dx=k\int_a^b f(x)\,dx$

2 $\displaystyle\int_a^b \{f(x)+g(x)\}\,dx=\int_a^b f(x)\,dx+\int_a^b g(x)\,dx$

3 $\displaystyle\int_a^b \{kf(x)+lg(x)\}\,dx=k\int_a^b f(x)\,dx+l\int_a^b g(x)\,dx$

等式 3 において，$k=1$，$l=-1$ とすると

$$\int_a^b \{f(x)-g(x)\}\,dx=\int_a^b f(x)\,dx-\int_a^b g(x)\,dx$$

② **定積分の性質 II**

4 $\displaystyle\int_a^a f(x)\,dx=0$　　5 $\displaystyle\int_b^a f(x)\,dx=-\int_a^b f(x)\,dx$

6 $\displaystyle\int_a^b f(x)\,dx=\int_a^c f(x)\,dx+\int_c^b f(x)\,dx$

注意 性質 6 は a，b，c の大小関係に関係なく成り立つ。

4 定積分と微分法

① a が定数のとき，$\displaystyle\int_a^x f(t)\,dt$ は x の関数である。

$\displaystyle\int_a^x f(t)\,dt$ は $f(x)$ の 1 つの不定積分で，次の公式が成り立つ。

$$\frac{d}{dx}\int_a^x f(t)\,dt=f(x)\qquad \text{ただし } a \text{ は定数}$$

A 面積と不定積分

教 p.226

練習 28

$f(x)=x+1$ のとき，教科書 226 ページの図と同様の台形を考え，その面積を $S(x)$ とするとき，$S'(x)=f(x)$ が成り立つことを示せ。

指針 **面積と不定積分** 教科書 *p.*226 と同様に，点 A，B，P，Q の座標をとり，台形 APQB の面積を求める。

解答 $a>-1$ とする。A$(a,\ 0)$，B$(a,\ a+1)$，P$(x,\ 0)$，Q$(x,\ x+1)$ であるから，図の台形 APQB の面積 $S(x)$ は

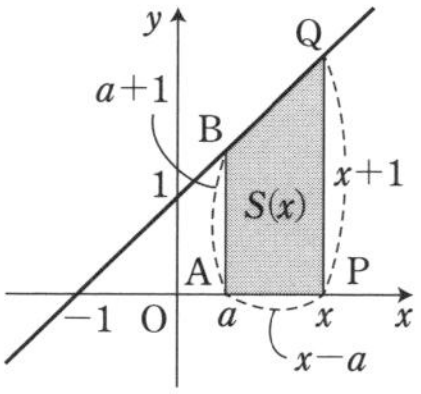

$$S(x)=\frac{1}{2}\{(a+1)+(x+1)\}(x-a)$$

$$=\frac{1}{2}(x^2+2x-a^2-2a)$$

この関数を微分すると

$$S'(x)=x+1$$

すなわち，$S'(x)=f(x)$ が成り立つ。 終

B 定積分

練習 29 教 p.229

次の定積分を求めよ。

(1) $\int_0^3 (6x^2-8x+3)\,dx$　　(2) $\int_{-1}^3 (x-1)(2x-1)\,dx$

(3) $\int_1^{-2} \left(2-\frac{4}{3}t^3\right)dt$

指針 **定積分の計算**　定積分の定義にしたがって計算する。

(3) 変数が x でない関数でも，不定積分の値の差として求める。

解答 (1) $\int_0^3 (6x^2-8x+3)\,dx=\Big[2x^3-4x^2+3x\Big]_0^3$

$=(2\cdot3^3-4\cdot3^2+3\cdot3)=\mathbf{27}$ 答

(2) $\int_{-1}^3 (x-1)(2x-1)dx=\int_{-1}^3 (2x^2-3x+1)\,dx=\left[\frac{2}{3}x^3-\frac{3}{2}x^2+x\right]_{-1}^3$

$=\left(\frac{2}{3}\cdot3^3-\frac{3}{2}\cdot3^2+3\right)-\left\{\frac{2}{3}\cdot(-1)^3-\frac{3}{2}\cdot(-1)^2+(-1)\right\}=\mathbf{\frac{32}{3}}$ 答

(3) $\int_1^{-2}\left(2-\frac{4}{3}t^3\right)dt=\left[2t-\frac{1}{3}t^4\right]_1^{-2}$

$=\left\{2\cdot(-2)-\frac{1}{3}\cdot(-2)^4\right\}-\left(2\cdot1-\frac{1}{3}\cdot1^4\right)=\mathbf{-11}$ 答

C 定積分の性質

問 3 教 p.230

教科書 229 ページの等式 **2** を証明せよ。また，等式 **1** と **2** を用いて等式 **3** を証明せよ。

指針 **定積分の性質**　$f(x)$，$g(x)$ の不定積分の 1 つをそれぞれ $F(x)$，$G(x)$ として証明する。

解答 **2 の証明**

$f(x)$，$g(x)$ の不定積分の 1 つをそれぞれ $F(x)$，$G(x)$ とすると

$$\int\{f(x)+g(x)\}\,dx=\int f(x)\,dx+\int g(x)\,dx=F(x)+G(x)$$

よって　$\int_a^b\{f(x)+g(x)\}\,dx=\Big[F(x)+G(x)\Big]_a^b$

$=\{F(b)+G(b)\}-\{F(a)+G(a)\}$

$=\{F(b)-F(a)\}+\{G(b)-G(a)\}$

$=\int_a^b f(x)\,dx+\int_a^b g(x)\,dx$ 終

6章 微分法と積分法

3 の証明

1 から　$k\int_a^b f(x)\,dx=\int_a^b kf(x)\,dx$,　$l\int_a^b g(x)\,dx=\int_a^b lg(x)\,dx$

よって，**2** から

$$k\int_a^b f(x)\,dx+l\int_a^b g(x)\,dx=\int_a^b kf(x)\,dx+\int_a^b lg(x)\,dx$$
$$=\int_a^b \{kf(x)\,dx+lg(x)\}\,dx$$ 終

教 p.230

練習 30

次の定積分を求めよ。

(1) $\int_1^3(6x^2+2x-5)\,dx$　　(2) $\int_{-1}^2(x^3-4x^2+3)\,dx$

指針 **定積分の計算**　定積分の性質 I の公式を利用して計算する。

解答 (1) $\int_1^3(6x^2+2x-5)\,dx=\int_1^3 6x^2\,dx+\int_1^3 2x\,dx-\int_1^3 5\,dx$

$$=2\Big[x^3\Big]_1^3+\Big[x^2\Big]_1^3-5\Big[x\Big]_1^3$$
$$=2(3^3-1^3)+(3^2-1^2)-5(3-1)=\mathbf{50}$$ 答

(2) $\int_{-1}^2(x^3-4x^2+3)\,dx=\int_{-1}^2 x^3\,dx-4\int_{-1}^2 x^2\,dx+3\int_{-1}^2 dx$

$$=\left[\frac{x^4}{4}\right]_{-1}^2-4\left[\frac{x^3}{3}\right]_{-1}^2+3\Big[x\Big]_{-1}^2$$
$$=\frac{2^4-(-1)^4}{4}-\frac{4\{2^3-(-1)^3\}}{3}+3\{2-(-1)\}$$
$$=\mathbf{\frac{3}{4}}$$ 答

教 p.230

問 4

$f(x)$ の不定積分の 1 つを $F(x)$ として，教科書 230 ページの定積分の性質 **4**～**6** を証明せよ。

指針 **定積分の性質**　$F(x)$ を用いて，定積分を表す。

解答 **4 の証明**

$$\int_a^a f(x)\,dx=\Big[F(x)\Big]_a^a=F(a)-F(a)=0$$ 終

5 の証明

$$\int_b^a f(x)\,dx=\Big[F(x)\Big]_b^a=F(a)-F(b)=-\{F(b)-F(a)\}$$
$$=-\int_a^b f(x)\,dx$$ 終

6 の証明

$$\int_a^c f(x)\,dx+\int_c^b f(x)\,dx=\{F(c)-F(a)\}+\{F(b)-F(c)\}$$
$$=F(b)-F(a)$$
$$=\int_a^b f(x)\,dx$$ 終

練習 31 教 p.231

次の定積分を求めよ。

(1) $\int_1^{-3} x^2\,dx+\int_{-3}^2 x^2\,dx$

(2) $\int_1^4 (3x^2-2x+1)\,dx-\int_0^4 (3x^2-2x+1)\,dx$

(3) $\int_{-2}^3 (2x^3-4x)\,dx+\int_1^3 (4x-2x^3)\,dx$

指針 **定積分の計算**　定積分の性質の公式 5，6 を用いて計算する。

解答 (1) $\int_1^{-3} x^2\,dx+\int_{-3}^2 x^2\,dx=\int_1^2 x^2\,dx=\left[\frac{x^3}{3}\right]_1^2=\mathbf{\frac{7}{3}}$ 答

(2) $\int_1^4 (3x^2-2x+1)\,dx-\int_0^4 (3x^2-2x+1)\,dx$

$=\int_1^4 (3x^2-2x+1)\,dx+\int_4^0 (3x^2-2x+1)\,dx$

$=\int_1^0 (3x^2-2x+1)\,dx=\left[x^3-x^2+x\right]_1^0=\mathbf{-1}$ 答

(3) $\int_{-2}^3 (2x^3-4x)\,dx+\int_1^3 (4x-2x^3)\,dx$

$=\int_{-2}^3 (2x^3-4x)\,dx-\int_1^3 (2x^3-4x)\,dx$

$=\int_{-2}^3 (2x^3-4x)\,dx+\int_3^1 (2x^3-4x)\,dx$

$=\int_{-2}^1 (2x^3-4x)\,dx=\left[\frac{x^4}{2}-2x^2\right]_{-2}^1=\mathbf{-\frac{3}{2}}$ 答

練習 32 教 p.231

等式 $f(x)=3x^2-2\int_{-1}^1 f(t)dt$ を満たす関数 $f(x)$ を求めよ。

指針 **定積分を含む式を満たす関数**　a を定数として，$\int_{-1}^1 f(t)\,dt=a$ とおくと，$f(x)=3x^2-2a$ であり，この $f(x)$ について定積分を計算する。

解答 $\int_{-1}^{1} f(t)\,dt=a$ とおくと　$f(x)=3x^2-2a$

よって　$\int_{-1}^{1} f(t)\,dt=\int_{-1}^{1}(3t^2-2a)\,dt=\Big[t^3-2at\Big]_{-1}^{1}=2-4a$

ゆえに，$2-4a=a$ から　$a=\dfrac{2}{5}$　　よって　$\boldsymbol{f(x)=3x^2-\dfrac{4}{5}}$　答

D 定積分と微分法

教 p.232

問 5　関数 $g(x)=\int_0^x (3t^2-t)\,dt$ を微分せよ。

指針　**定積分で表された関数**　教科書 232 ページの公式により，定積分を計算しなくても $g'(x)$ は求めることができる。

解答　$\boldsymbol{g'(x)}=\dfrac{d}{dx}\int_0^x (3t^2-t)\,dt\boldsymbol{=3x^2-x}$　答

教 p.232

練習 33　次の等式を満たす関数 $f(x)$，および定数 a の値を求めよ。

$$\int_a^x f(t)dt=x^2-3x+2$$

指針　**定積分で表された関数**　等式の両辺を微分すると $f(x)$ が得られる。
また，等式で $x=a$ として a についての方程式を作る。

解答　この等式の両辺の関数を x で微分すると　$f(x)=2x-3$
また，与えられた等式で $x=a$ とおくと，左辺は 0 になるから
　$0=a^2-3a+2$　　$(a-1)(a-2)=0$ より　$a=1,\ 2$
したがって　$\boldsymbol{f(x)=2x-3,\ a=1,\ 2}$　答

9 面積

まとめ

1 曲線と x 軸の間の面積

① 面積 I

区間 $a \leqq x \leqq b$ で常に $f(x) \geqq 0$ とする。
曲線 $y=f(x)$ と x 軸，および 2 直線 $x=a$，$x=b$ で囲まれた図形の面積 S は

$$S=\int_a^b f(x)\,dx$$

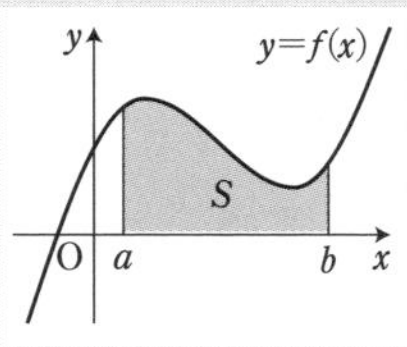

2　2つの曲線の間の面積

①　面積Ⅱ

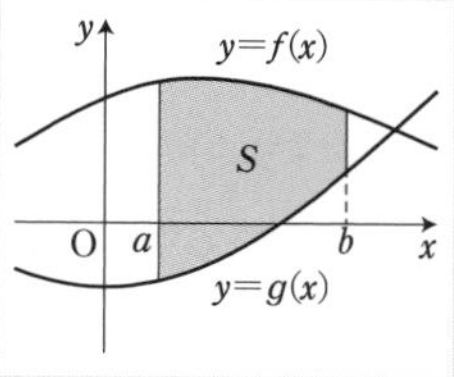

区間 $a \leqq x \leqq b$ で常に $f(x) \geqq g(x)$ とする。
2つの曲線 $y=f(x)$，$y=g(x)$，および2直線 $x=a$，$x=b$ で囲まれた図形の面積 S は

$$S=\int_a^b\{f(x)-g(x)\}dx$$

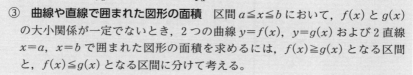

②　x 軸の下側の部分の面積

区間 $a \leqq x \leqq b$ で，常に $g(x) \leqq 0$ とする。
曲線 $y=g(x)$ と x 軸，および2直線 $x=a$，$x=b$ で囲まれた図形の面積 S は　$S=\int_a^b\{0-g(x)\}dx=-\int_a^b g(x)dx$

③　曲線や直線で囲まれた図形の面積　区間 $a \leqq x \leqq b$ において，$f(x)$ と $g(x)$ の大小関係が一定でないとき，2つの曲線 $y=f(x)$，$y=g(x)$ および2直線 $x=a$，$x=b$ で囲まれた図形の面積を求めるには，$f(x) \geqq g(x)$ となる区間と，$f(x) \leqq g(x)$ となる区間に分けて考える。

A　曲線と x 軸の間の面積

練習 34　教 p.233

次の曲線や直線で囲まれた図形の面積 S を求めよ。

(1)　$y=x^2+1$，x 軸，$x=-2$，$x=1$

(2)　$y=4-x^2$，x 軸　　(3)　$y=x^3+1$，x 軸，$x=2$

指針　**曲線と x 軸の間の面積**　図をかいて，区間で $f(x) \geqq 0$ であることを確認する。

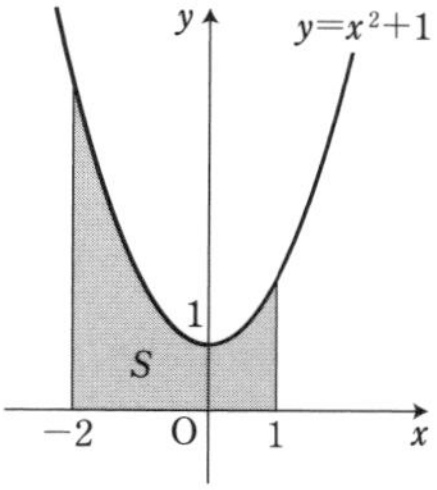

解答　(1)　区間 $-2 \leqq x \leqq 1$ で $y>0$ であるから

$$S=\int_{-2}^1(x^2+1)dx$$
$$=\left[\frac{x^3}{3}+x\right]_{-2}^1=\mathbf{6}$$　答

(2)　$y=0$ とすると　　$4-x^2=0$

$(x+2)(x-2)=0$

よって　$x=\pm 2$

区間 $-2 \leqq x \leqq 2$ で $y \geqq 0$ であるから

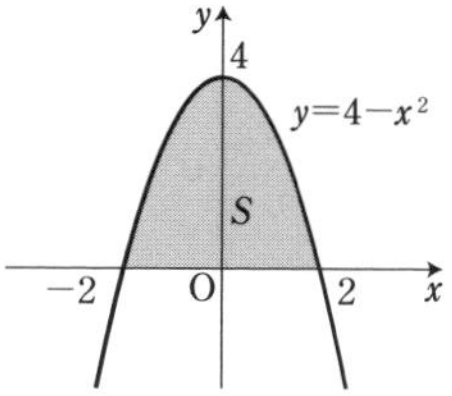

$$S=\int_{-2}^2(4-x^2)dx$$
$$=\left[-\frac{x^3}{3}+4x\right]_{-2}^2=\frac{\mathbf{32}}{\mathbf{3}}$$　答

(3) $y=0$ とすると　$x^3+1=0$

$(x+1)(x^2-x+1)=0$

よって，実数解は　$x=-1$

区間 $-1\leqq x\leqq 2$ で $y\geqq 0$ であるから

$$S=\int_{-1}^{2}(x^3+1)\,dx$$

$$=\left[\frac{x^4}{4}+x\right]_{-1}^{2}$$

$$=\frac{27}{4}$$ 答

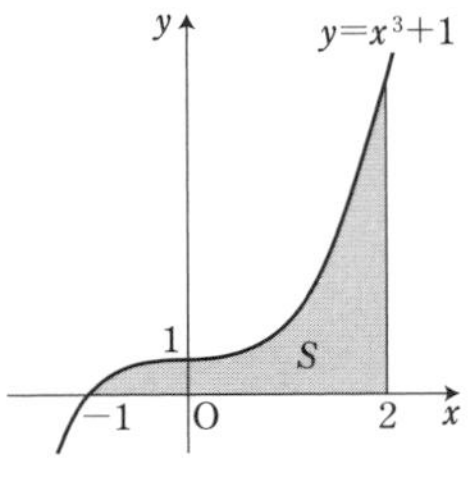

B 2つの曲線の間の面積

教 p.235

練習 35

次の曲線や直線で囲まれた図形の面積 S を求めよ。

(1) $y=x^2-2x-3$，$y=2x-3$

(2) $y=x^2-6x+7$，$y=-x^2+2x+1$

指針 **面積の計算**　交点の座標を求める。また，図をかいて，囲まれた部分のグラフの上下関係を調べて面積を求める。

解答 (1) 放物線と直線は図のようになり，それらの交点の x 座標は，方程式 $x^2-2x-3=2x-3$ の解である。

これを解くと

$x^2-4x=0$　から　$x=0,\ 4$

求める面積を S とすると

$$S=\int_{0}^{4}\{(2x-3)-(x^2-2x-3)\}\,dx$$

$$=\int_{0}^{4}(4x-x^2)\,dx=\left[2x^2-\frac{x^3}{3}\right]_{0}^{4}=\frac{32}{3}$$ 答

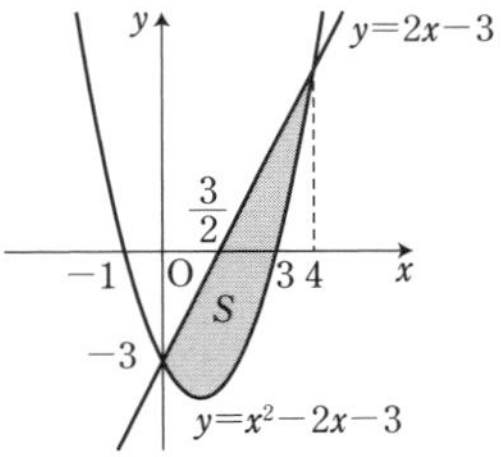

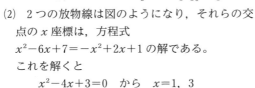

(2) 2つの放物線は図のようになり，それらの交点の x 座標は，方程式

$x^2-6x+7=-x^2+2x+1$ の解である。

これを解くと

$x^2-4x+3=0$　から　$x=1,\ 3$

よって，求める面積 S は

$$S=\int_{1}^{3}\{(-x^2+2x+1)-(x^2-6x+7)\}\,dx$$

$$=\int_{1}^{3}(-2x^2+8x-6)\,dx=\left[-\frac{2}{3}x^3+4x^2-6x\right]_{1}^{3}=\frac{8}{3}$$ 答

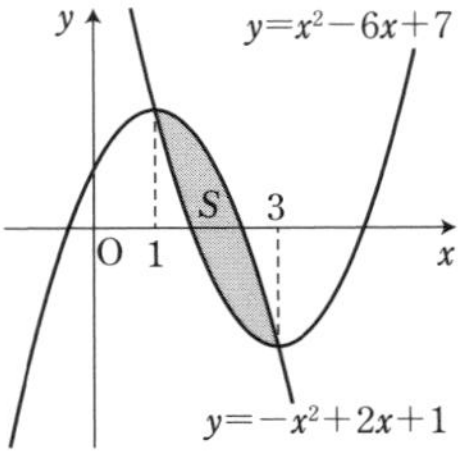

教 p.236

練習 36

放物線 $y=x^2-3x-4$ と x 軸で囲まれた図形の面積 S を求めよ。

指針 **x 軸の下側の部分の面積**　x 軸すなわち直線 $y=0$ が上側，放物線が下側にある場合である。

解答 放物線と x 軸の交点の x 座標は，方程式

$x^2-3x-4=0$ を解いて　　$x=-1,\ 4$

区間 $-1 \leqq x \leqq 4$ において $y \leqq 0$ であるから，求める面積を S とすると

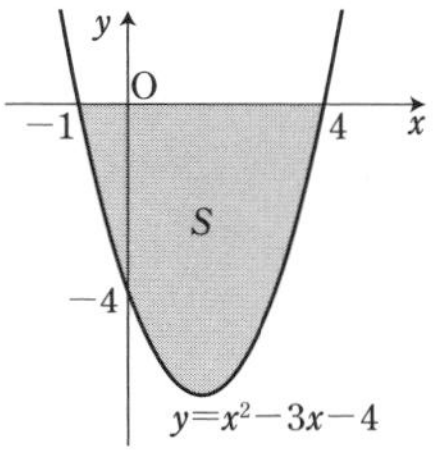

$$S=-\int_{-1}^{4}(x^2-3x-4)\,dx$$

$$=-\left[\frac{x^3}{3}-\frac{3}{2}x^2-4x\right]_{-1}^{4}$$

$$=\boldsymbol{\frac{125}{6}}$$ 答

教 p.236

練習 37

曲線 $y=x^2(x-4)$ と x 軸で囲まれた図形の面積 S を求めよ。

指針 **x 軸の下側の部分の面積**　曲線と x 軸の共有点を求めグラフをかく。

解答 曲線と x 軸の共有点の x 座標は，方程式

$x^2(x-4)=0$ を解いて　　$x=0,\ 4$

区間 $0 \leqq x \leqq 4$ において $y \leqq 0$ であるから，求める面積 S は

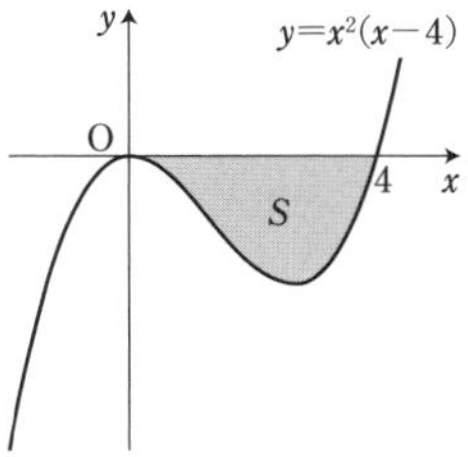

$$S=-\int_{0}^{4}x^2(x-4)\,dx=-\int_{0}^{4}(x^3-4x^2)\,dx$$

$$=-\left[\frac{x^4}{4}-\frac{4}{3}x^3\right]_{0}^{4}$$

$$=\boldsymbol{\frac{64}{3}}$$ 答

教 p.237

練習 38

曲線 $y=x^3-3x^2+2x$ と x 軸で囲まれた 2 つの部分の面積の和 S を求めよ。

指針 **3 次関数と面積**　交点の座標を求める。また，図をかいて，囲まれた部分のグラフの上下関係を調べて面積を求める。

解答 曲線 $y=x^3-3x^2+2x$ と x 軸の交点の x 座標は，方程式 $x^3-3x^2+2x=0$ の解である。これを解くと

$x(x-1)(x-2)=0$ から　$x=0,\ 1,\ 2$

また，曲線は，図のようになり

区間 $0\leqq x\leqq 1$ において　　$y\geqq 0$

区間 $1\leqq x\leqq 2$ において　　$y\leqq 0$

よって，求める面積の和 S は

$$S=\int_0^1(x^3-3x^2+2x)\,dx-\int_1^2(x^3-3x^2+2x)\,dx$$

$$=\left[\frac{x^4}{4}-x^3+x^2\right]_0^1-\left[\frac{x^4}{4}-x^3+x^2\right]_1^2$$

$$=\frac{1}{4}-\left(-\frac{1}{4}\right)=\mathbf{\frac{1}{2}}$$ 答

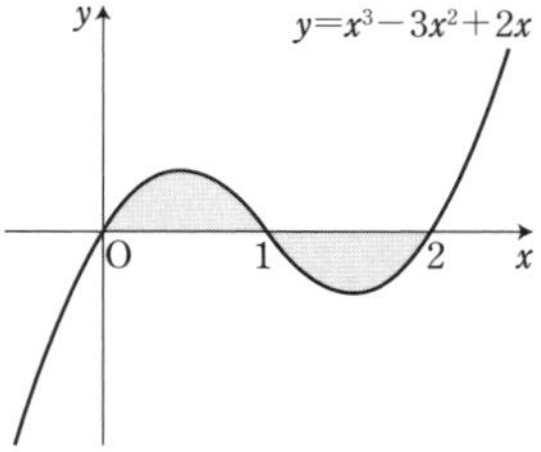

教 p.237

練習 39

2 つの曲線 $y=x^2-4$ $(-1\leqq x\leqq 3)$，$y=-x^2+2x$ $(-1\leqq x\leqq 3)$ と直線 $x=3$ で囲まれた 2 つの部分の面積の和 S を求めよ。

指針 **曲線と直線で囲まれた部分の面積**　図をかき，グラフの上下関係を調べる。$-1\leqq x\leqq 2$ と $2\leqq x\leqq 3$ の区間に分けて求める。

解答 2 つの放物線の交点の x 座標は，

$x^2-4=-x^2+2x$ より

$$x^2-x-2=0$$

これを解いて　$x=-1,\ 2$

図から，求める面積 S は

$$S=\int_{-1}^2\{(-x^2+2x)-(x^2-4)\}\,dx$$

$$+\int_2^3\{(x^2-4)-(-x^2+2x)\}\,dx$$

$$=\int_{-1}^2(-2x^2+2x+4)\,dx+\int_2^3(2x^2-2x-4)\,dx$$

$$=-2\left[\frac{x^3}{3}-\frac{x^2}{2}-2x\right]_{-1}^2+2\left[\frac{x^3}{3}-\frac{x^2}{2}-2x\right]_2^3=9+\frac{11}{3}=\mathbf{\frac{38}{3}}$$ 答

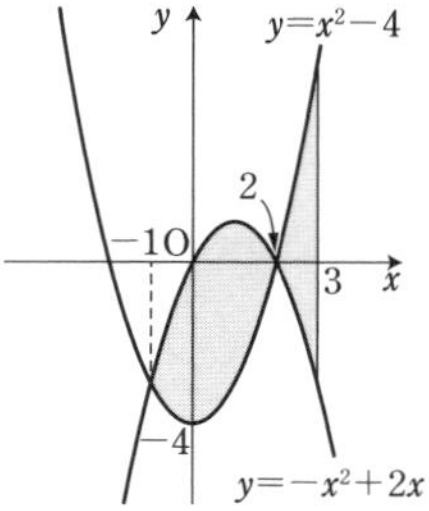

C 絶対値のついた関数の定積分

教 p.238

練習 40

次の定積分を求めよ。

(1) $\displaystyle\int_{-1}^3|x|\,dx$　　　(2) $\displaystyle\int_0^2|x^2-1|\,dx$

指針 **絶対値のついた関数の定積分**

(1) 関数 $y=|x|$ は，$x \geqq 0$ のとき　$y=x$，$x \leqq 0$　のとき　$y=-x$

(2) 関数 $y=|x^2-1|$ は，$x \leqq -1$，$1 \leqq x$ のとき　$y=x^2-1$

$-1 \leqq x \leqq 1$　　のとき　$y=-x^2+1$

(1)，(2) ともグラフは，x 軸より下側にある部分を x 軸に関して対称に折り返したものである。

解答 (1) $\displaystyle\int_{-1}^{3}|x|\,dx=\int_{-1}^{0}(-x)\,dx+\int_{0}^{3}x\,dx$

$\displaystyle=\left[-\frac{x^2}{2}\right]_{-1}^{0}+\left[\frac{x^2}{2}\right]_{0}^{3}$

$\displaystyle=\frac{1}{2}+\frac{9}{2}=\mathbf{5}$　答

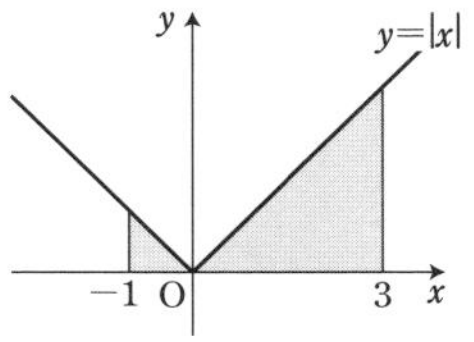

(2) $\displaystyle\int_{0}^{2}|x^2-1|\,dx$

$\displaystyle=\int_{0}^{1}(-x^2+1)\,dx+\int_{1}^{2}(x^2-1)\,dx$

$\displaystyle=\left[-\frac{x^3}{3}+x\right]_{0}^{1}+\left[\frac{x^3}{3}-x\right]_{1}^{2}$

$\displaystyle=\frac{2}{3}+\frac{4}{3}=\mathbf{2}$　答

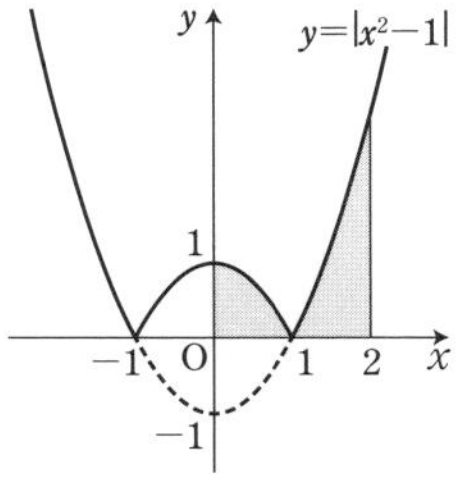

深める 教 p.238

$\displaystyle\int_{-2}^{2}(x-1)\,dx$，$\displaystyle\int_{-2}^{2}|x-1|\,dx$，$\displaystyle\left|\int_{-2}^{2}(x-1)\,dx\right|$ の大小を比較してみよう。

指針 **絶対値のついてない関数とついた関数の定積分の大小**

それぞれの関数の定積分を求めて，大小を比較する。

解答 $\displaystyle\int_{-2}^{2}(x-1)\,dx=\left[\frac{1}{2}x^2-x\right]_{-2}^{2}=-4$

$\displaystyle\int_{-2}^{2}|x-1|\,dx=\int_{-2}^{1}\{-(x-1)\}\,dx+\int_{1}^{2}(x-1)\,dx$

$\displaystyle=\left[-\frac{1}{2}x^2+x\right]_{-2}^{1}+\left[\frac{1}{2}x^2-x\right]_{1}^{2}=5$

$\displaystyle\left|\int_{-2}^{2}(x-1)\,dx\right|=4$

よって　$\displaystyle\boldsymbol{\int_{-2}^{2}(x-1)\,dx<\left|\int_{-2}^{2}(x-1)\,dx\right|<\int_{-2}^{2}|x-1|\,dx}$　答

D 曲線と接線で囲まれた図形の面積

教 p.239

練習 41

曲線 $y=x^3+2x^2-3x$ と，その曲線上の点 $(-2,\ 6)$ における接線で囲まれた図形の面積 S を求めよ。

指針 **曲線と接線で囲まれた図形の面積**　接線の方程式を作り接線と曲線の共有点の座標を求める。

解答 $y=x^3+2x^2-3x$ …… ①　の右辺を $f(x)$ とおくと

$f(x)=x^3+2x^2-3x,\ f'(x)=3x^2+4x-3$

ゆえに　$f'(-2)=1$

よって，点 $(-2,\ 6)$ における接線の方程式は

$y-6=1\cdot\{x-(-2)\}$

すなわち　$y=x+8$ …… ②

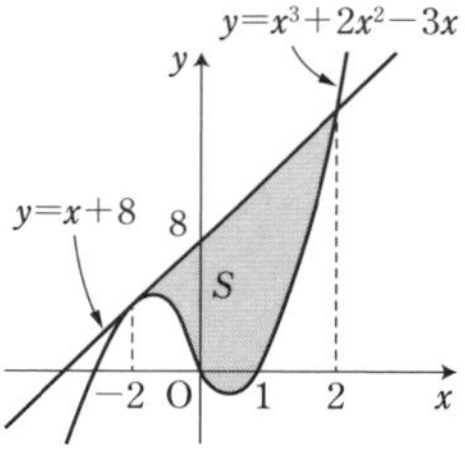

①，② から，y を消去すると

$x^3+2x^2-3x=x+8$

すなわち　$x^3+2x^2-4x-8=0$

左辺を因数分解すると

$(x+2)^2(x-2)=0$

ゆえに　$x=-2,\ 2$

よって，曲線 ① と接線 ② の接点でない共有点の x 座標は 2 であり，曲線 ① と接線 ② は図のようになる。

したがって，求める面積 S は

$$S=\int_{-2}^{2}\{(x+8)-(x^3+2x^2-3x)\}dx$$

$$=\int_{-2}^{2}(-x^3-2x^2+4x+8)\,dx$$

$$=\left[-\frac{x^4}{4}-\frac{2}{3}x^3+2x^2+8x\right]_{-2}^{2}=\mathbf{\frac{64}{3}}$$ 答

研究 放物線と直線で囲まれた図形の面積

まとめ

放物線と直線で囲まれた図形の面積

① 定積分 $\int_{\alpha}^{\beta}(x-\alpha)(x-\beta)\,dx$ を計算すると

$$\int_{\alpha}^{\beta}(x-\alpha)(x-\beta)dx=-\frac{1}{6}(\beta-\alpha)^3 \quad \cdots\cdots \text{Ⓐ}$$

② Ⓐ を利用すると，方程式の 2 次の係数が a の放物線と直線が $x=\alpha$，β $(\alpha<\beta)$ で交わるとき，これら放物線と直線で囲まれた図形の面積 S は

$S=\frac{|a|}{6}(\beta-\alpha)^3$ で表されることが示される。

研究 $(x+a)^n$ の微分と積分

まとめ

$(x+a)^n$ の微分と積分

① 一般に，次のことが成り立つ。

$y=(x+a)^n$ のとき　$y'=n(x+a)^{n-1}$ （n は正の整数）

② 次のことが成り立つ。ただし，C は積分定数とする。

$$\int(x+a)^n dx=\frac{1}{n+1}(x+a)^{n+1}+C \quad (n \text{ は } 0 \text{ または正の整数})$$

練習 1 教 p.242

関数 $y=(x-2)^4$ を微分せよ。

指針 **$(x+a)^n$ の微分**　公式を利用する。$a=-2$，$n=4$ として微分する。

解答 $y'=4(x-2)^3$ 答

練習 2 教 p.243

定積分 $\int_1^2(x+1)^3dx$ を求めよ。

指針 **$(x+a)^n$ の積分**　公式を利用する。$a=1$，$n=3$，積分区間に注意。

解答 $\int_1^2(x+1)^3dx=\left[\frac{1}{4}(x+1)^4\right]_1^2=\frac{3^4}{4}-\frac{2^4}{4}=\frac{65}{4}$ 答

教 p.243

練習 3

定積分 $\displaystyle\int_{-3}^{2}(x+3)^2(x-2)\,dx$ を求めよ。

指針 **$(x+a)^n$ の積分** 与式を公式が使える形に変形する。$(x-2)$ を，$\{(x+3)-5\}$ として分配法則を適用して式変形する。

解答

$$\int_{-3}^{2}(x+3)^2(x-2)\,dx=\int_{-3}^{2}(x+3)^2\{(x+3)-5\}\,dx$$
$$=\int_{-3}^{2}(x+3)^3\,dx-5\int_{-3}^{2}(x+3)^2\,dx$$
$$=\left[\frac{1}{4}(x+3)^4\right]_{-3}^{2}-5\left[\frac{1}{3}(x+3)^3\right]_{-3}^{2}$$
$$=\frac{1}{4}\cdot5^4-\frac{5}{3}\cdot5^3=-\boldsymbol{\frac{625}{12}}$$ 答

教 p.243

練習 4

次の等式を証明せよ。

$$\int_{\alpha}^{\beta}(x-\alpha)^2(x-\beta)\,dx=-\frac{1}{12}(\beta-\alpha)^4$$

指針 **$(x+a)^n$ の積分** 練習 3 と同じように，与式を公式が使える形に変形する。$(x-\beta)$ を $\{(x-\alpha)-(\beta-\alpha)\}$ として分配法則を適用して式変形する。この結果は，3 次関数のグラフと接線で囲まれた面積を求めることに利用できる。

解答

$$\int_{\alpha}^{\beta}(x-\alpha)^2(x-\beta)\,dx=\int_{\alpha}^{\beta}(x-\alpha)^2\{(x-\alpha)-(\beta-\alpha)\}\,dx$$
$$=\int_{\alpha}^{\beta}(x-\alpha)^3\,dx-(\beta-\alpha)\int_{\alpha}^{\beta}(x-\alpha)^2\,dx$$
$$=\left[\frac{1}{4}(x-\alpha)^4\right]_{\alpha}^{\beta}-(\beta-\alpha)\left[\frac{1}{3}(x-\alpha)^3\right]_{\alpha}^{\beta}$$
$$=\frac{1}{4}(\beta-\alpha)^4-(\beta-\alpha)\cdot\frac{1}{3}(\beta-\alpha)^3=-\frac{1}{12}(\beta-\alpha)^4$$ 終

参考 上の結果を利用すると，練習 3 は

$$\int_{-3}^{2}(x+3)^2(x-2)\,dx=-\frac{1}{12}\{2-(-3)\}^4=-\boldsymbol{\frac{625}{12}}$$ 答

第6章 第3節　問　題

教 p.244

16 次の定積分を求めよ。

(1) $\displaystyle\int_0^1 (x^2+x+3)\,dx$　(2) $\displaystyle\int_{-1}^2 (3x+1)(x-2)\,dx$

(3) $\displaystyle\int_3^{-2} (t^3+2t-1)\,dt$　(4) $\displaystyle\int_{-1}^3 (x+1)^2(x-3)\,dx$

(5) $\displaystyle\int_0^3 |4-2x|\,dx$　(6) $\displaystyle\int_0^2 |x^2+x-2|\,dx$

指針 **定積分の計算**　定積分の性質の公式を利用して計算する。

(2), (4)　展開してから積分する。

(5), (6)　グラフをかき，区間をどのように分けるかを確認する。

解答 (1) $\displaystyle\int_0^1 (x^2+x+3)\,dx=\left[\frac{x^3}{3}+\frac{x^2}{2}+3x\right]_0^1=\frac{1}{3}+\frac{1}{2}+3=\boldsymbol{\frac{23}{6}}$ 答

(2) $\displaystyle\int_{-1}^2 (3x+1)(x-2)\,dx=\int_{-1}^2 (3x^2-5x-2)\,dx$

$\displaystyle=\left[x^3-\frac{5}{2}x^2-2x\right]_{-1}^2=(8-10-4)-\left(-1-\frac{5}{2}+2\right)=-\boldsymbol{\frac{9}{2}}$ 答

(3) $\displaystyle\int_3^{-2} (t^3+2t-1)dt=\left[\frac{t^4}{4}+t^2-t\right]_3^{-2}=-\boldsymbol{\frac{65}{4}}$ 答

(4) $\displaystyle\int_{-1}^3 (x+1)^2(x-3)\,dx=\int_{-1}^3 (x^3-x^2-5x-3)\,dx$

$\displaystyle=\left[\frac{x^4}{4}-\frac{x^3}{3}-\frac{5}{2}x^2-3x\right]_{-1}^3=-\boldsymbol{\frac{64}{3}}$ 答

(5) グラフは図のようになる。

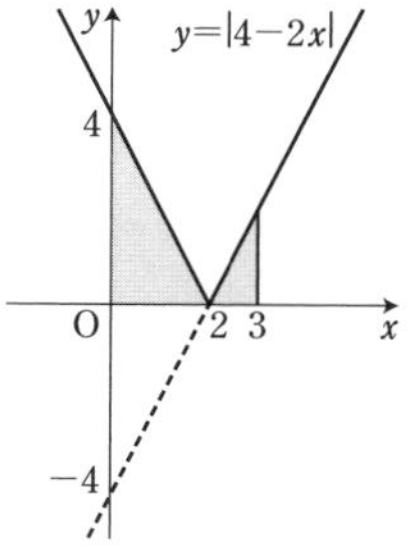

よって $\displaystyle\int_0^3 |4-2x|\,dx$

$\displaystyle=\int_0^2 (4-2x)\,dx+\int_2^3 (2x-4)\,dx$

$\displaystyle=\left[4x-x^2\right]_0^2+\left[x^2-4x\right]_2^3$

$=4+1=\boldsymbol{5}$ 答

6章 微分法と積分法

(6) グラフは図のようになる。

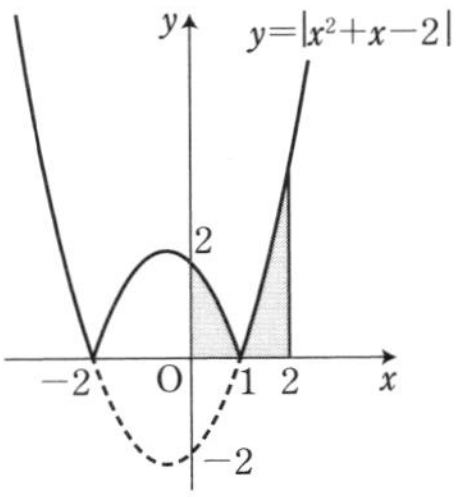

よって $\int_0^2 |x^2+x-2|\,dx$

$=\int_0^1 (-x^2-x+2)\,dx+\int_1^2 (x^2+x-2)\,dx$

$=\left[-\dfrac{x^3}{3}-\dfrac{x^2}{2}+2x\right]_0^1+\left[\dfrac{x^3}{3}+\dfrac{x^2}{2}-2x\right]_1^2$

$=\dfrac{7}{6}+\dfrac{11}{6}=\mathbf{3}$ 答

教 p.244

17 a は定数とする。定積分 $\int_{-1}^{1} \dfrac{1}{2}(ax+a+1)^2 dx$ の値が最小となるような a の値を求めよ。

指針 **定積分と関数の決定**　定積分を計算して得られる，a の関数を最小とする a の値を求める。

解答 $\int_{-1}^{1} \dfrac{1}{2}(ax+a+1)^2 dx=\dfrac{1}{2}\int_{-1}^{1} \{a^2x^2+2a(a+1)x+(a+1)^2\}\,dx$

$=\dfrac{1}{2}\left[\dfrac{1}{3}a^2x^3+a(a+1)x^2+(a+1)^2x\right]_{-1}^{1}$

$=\dfrac{1}{3}a^2+(a+1)^2=\dfrac{4}{3}a^2+2a+1$

$=\dfrac{4}{3}\left(a+\dfrac{3}{4}\right)^2+\dfrac{1}{4}$

よって，与えられた定積分は $a=-\dfrac{3}{4}$ のとき最小値をとる。 答 $\boldsymbol{a=-\dfrac{3}{4}}$

教 p.244

18 関数 $f(x)=\int_0^x (t-1)(t+3)\,dt$ のグラフをかけ。

指針 **定積分で表された関数のグラフ**　導関数 $f'(x)$ は積分しなくても求められるが，$f(x)$ は積分して求める。

解答 $f'(x)=(x-1)(x+3)$ より，$f'(x)=0$ とすると $x=1,\ -3$

また $f(x)=\int_0^x (t^2+2t-3)\,dt=\left[\dfrac{t^3}{3}+t^2-3t\right]_0^x=\dfrac{x^3}{3}+x^2-3x$

$f(x)$ の増減表は次のようになる。

x	……	-3	……	1	……
$f'(x)$	$+$	0	$-$	0	$+$
$f(x)$	↗	極大 9	↘	極小 $-\frac{5}{3}$	↗

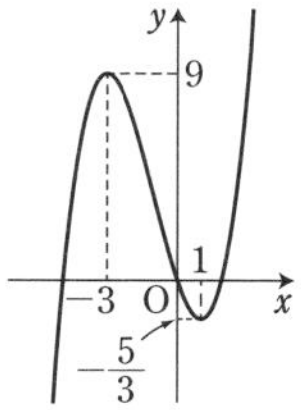

ゆえに，$f(x)$ は $x=-3$ で極大値 9

$x=1$　で極小値 $-\frac{5}{3}$ をとる。

よって，グラフは図のようになる。

教 p.244

19 次の曲線や直線で囲まれた図形の面積 S を求めよ。

(1) $y=-x^2$，$y=x-2$　　(2) $y=x^2-4$，x 軸，$x=-3$，$x=4$

(3) $y=x(x+2)^2$，x 軸

指針 **面積**　グラフをかいて曲線と直線の上下関係を確認する。

解答 (1) 放物線と直線の交点の x 座標は

$-x^2=x-2$ より　　$x^2+x-2=0$

を解いて　$x=-2,\ 1$

求める面積 S は，図から

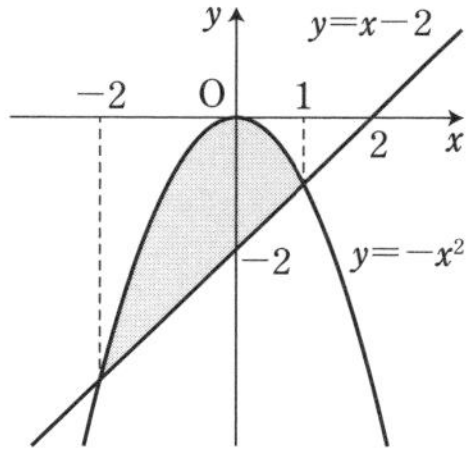

$$S=\int_{-2}^{1}\{-x^2-(x-2)\}\,dx$$

$$=\int_{-2}^{1}(-x^2-x+2)\,dx$$

$$=\left[-\frac{x^3}{3}-\frac{x^2}{2}+2x\right]_{-2}^{1}=\mathbf{\frac{9}{2}}$$ 答

(2) 放物線と x 軸の交点の x 座標は

$x^2-4=0$ より　　$x=\pm 2$

求める面積 S は，図から

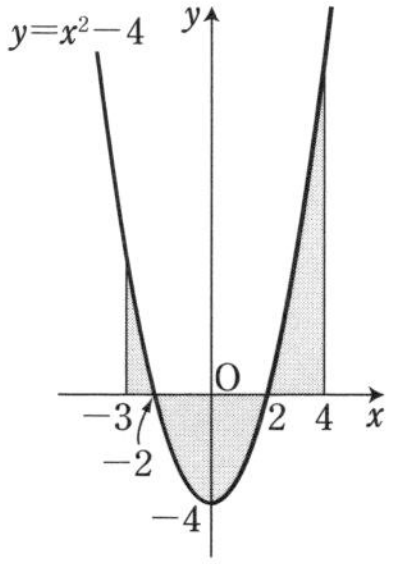

$$S=\int_{-3}^{-2}(x^2-4)\,dx-\int_{-2}^{2}(x^2-4)\,dx$$

$$+\int_{2}^{4}(x^2-4)\,dx$$

$$=\left[\frac{x^3}{3}-4x\right]_{-3}^{-2}-\left[\frac{x^3}{3}-4x\right]_{-2}^{2}+\left[\frac{x^3}{3}-4x\right]_{2}^{4}$$

$$=\frac{7}{3}+\frac{32}{3}+\frac{32}{3}=\mathbf{\frac{71}{3}}$$ 答

(3) 曲線 $y=x(x+2)^2$ と x 軸の共有点の x 座標は

$x(x+2)^2=0$ より　　$x=0,\ -2$

求める面積 S は，図から

$$S=-\int_{-2}^{0} x(x+2)^2\,dx$$
$$=-\int_{-2}^{0} (x^3+4x^2+4x)\,dx$$
$$=-\left[\frac{x^4}{4}+\frac{4}{3}x^3+2x^2\right]_{-2}^{0}=\mathbf{\frac{4}{3}}$$ 答

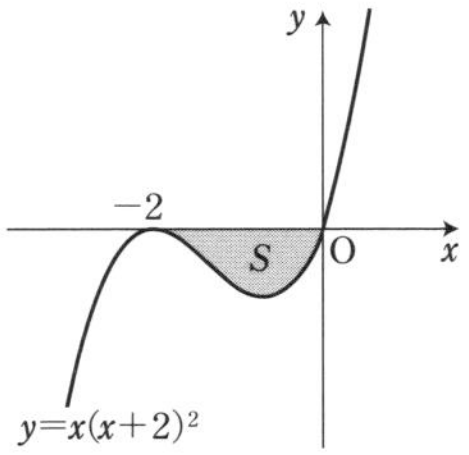

研究

教 p.244

20 放物線 $y=x^2$ 上に 2 点 A$(-1,\ 1)$，B$(2,\ 4)$ がある。

(1) 点 A における放物線の接線の方程式を求めよ。

(2) 点 B における放物線の接線の方程式を求めよ。

(3) (1)，(2) で求めた 2 つの接線と，放物線で囲まれた部分の面積 S を求めよ。

指針　**接線の方程式，面積**　　曲線 $y=f(x)$ 上の点 $(a,\ f(a))$ における曲線の接線の方程式は，$y-f(a)=f'(a)(x-a)$ により求める。

(3) グラフをかき，区間をどのように分けるかを確認する。

解答 (1) $f(x)=x^2$ とおくと　$f'(x)=2x$　　ゆえに　$f'(-1)=2\cdot(-1)=-2$

点 A における接線の方程式は　$y-1=-2(x+1)$

すなわち　$\boldsymbol{y=-2x-1}$ 答

(2) $f'(2)=2\cdot2=4$ であるから，点 B における接線の方程式は

$y-4=4(x-2)$　すなわち　$\boldsymbol{y=4x-4}$ 答

(3) 2 つの接線の交点の x 座標は

$-2x-1=4x-4$ より　$x=\dfrac{1}{2}$

求める面積 S は

$$S=\int_{-1}^{\frac{1}{2}}\{x^2-(-2x-1)\}\,dx+\int_{\frac{1}{2}}^{2}\{x^2-(4x-4)\}\,dx$$
$$=\int_{-1}^{\frac{1}{2}}(x^2+2x+1)\,dx+\int_{\frac{1}{2}}^{2}(x^2-4x+4)\,dx$$
$$=\left[\frac{x^3}{3}+x^2+x\right]_{-1}^{\frac{1}{2}}+\left[\frac{x^3}{3}-2x^2+4x\right]_{\frac{1}{2}}^{2}$$

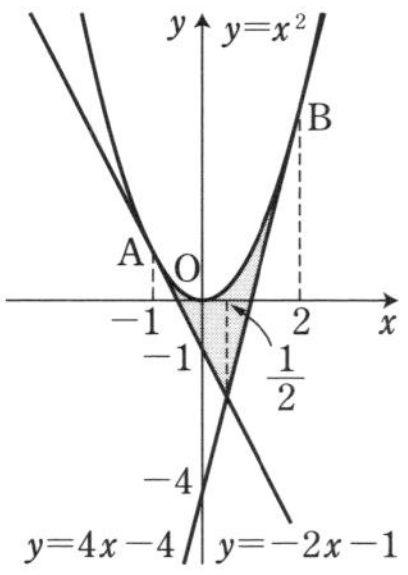

$=\left(\frac{1}{24}+\frac{1}{4}+\frac{1}{2}\right)-\left(-\frac{1}{3}+1-1\right)+\left(\frac{8}{3}-8+8\right)-\left(\frac{1}{24}-\frac{1}{2}+2\right)$

$=\frac{\mathbf{9}}{\mathbf{4}}$ 答

教 p.244

21 次の連立不等式の表す領域の面積を求めよ。

$$\begin{cases} y \leqq 2x+1 \\ y \geqq -x+2 \\ y \geqq x^2 \end{cases}$$

指針 **連立不等式の表す領域の面積**　図をかき，境界の放物線と 2 本の直線について，グラフの上下関係と交点の x 座標を求める。

解答 $\begin{cases} y=2x+1 & \cdots\cdots ① \\ y=-x+2 & \cdots\cdots ② \\ y=x^2 & \cdots\cdots ③ \end{cases}$　$\begin{cases} y\leqq 2x+1 & \cdots\cdots ④ \\ y\geqq -x+2 & \cdots\cdots ⑤ \\ y\geqq x^2 & \cdots\cdots ⑥ \end{cases}$　とおく。

① と ② の交点の x 座標を求めると，$2x+1=-x+2$ から　$x=\frac{1}{3}$

② と ③ の交点の x 座標を求めると，$-x+2=x^2$ から

$(x+2)(x-1)=0$　　よって　$x=-2,\ 1$

③ と ① の交点の x 座標を求めると，

$x^2=2x+1$ から　$x=1\pm\sqrt{2}$

ゆえに，④，⑤，⑥ の表す領域の共通部分は，図の斜線部分となる。

ただし，境界線を含む。

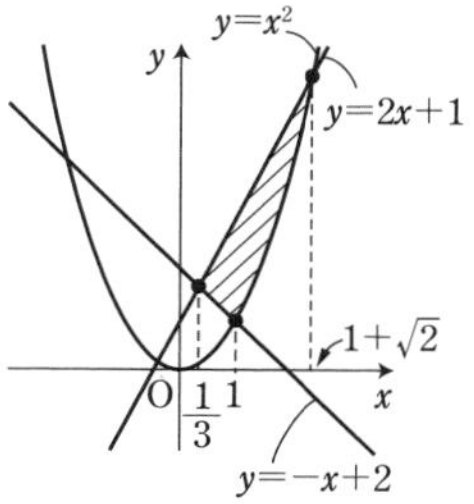

よって，求める面積は

$\int_{\frac{1}{3}}^{1+\sqrt{2}}(2x+1-x^2)\,dx-\int_{\frac{1}{3}}^{1}(-x+2-x^2)\,dx$

$=\left[-\frac{1}{3}x^3+x^2+x\right]_{\frac{1}{3}}^{1+\sqrt{2}}-\left[-\frac{1}{3}x^3-\frac{1}{2}x^2+2x\right]_{\frac{1}{3}}^{1}$

$=-\frac{1}{3}(1+\sqrt{2})^3+(1+\sqrt{2})^2+(1+\sqrt{2})-\left(-\frac{1}{81}+\frac{1}{9}+\frac{1}{3}\right)$

$-\left\{\left(-\frac{1}{3}-\frac{1}{2}+2\right)-\left(-\frac{1}{81}-\frac{1}{18}+\frac{2}{3}\right)\right\}$

$=\frac{\mathbf{2+4\sqrt{2}}}{\mathbf{3}}$ 答

教 p.244

22 放物線 $y=x(x-1)$ と直線 $y=(\sqrt[3]{2}-1)x$ で囲まれた図形の面積は，x 軸で2等分されることを証明せよ。

指針 **面積の2等分**　放物線と直線，放物線と x 軸で囲まれた部分の面積をそれぞれ求めればよい。

解答 放物線と直線の交点の x 座標は

$x(x-1)=(\sqrt[3]{2}-1)x$ より　$x(x-\sqrt[3]{2})=0$

よって　　$x=0,\ \sqrt[3]{2}$

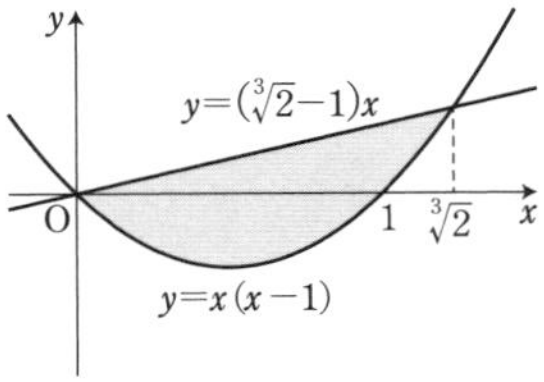

放物線と直線で囲まれた部分の面積は

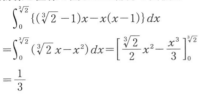

$$\int_0^{\sqrt[3]{2}}\{(\sqrt[3]{2}-1)x-x(x-1)\}\,dx$$

$$=\int_0^{\sqrt[3]{2}}(\sqrt[3]{2}\,x-x^2)\,dx=\left[\frac{\sqrt[3]{2}}{2}x^2-\frac{x^3}{3}\right]_0^{\sqrt[3]{2}}$$

$$=\frac{1}{3}$$

放物線と x 軸で囲まれた部分の面積は

$$-\int_0^1 x(x-1)\,dx=-\int_0^1(x^2-x)\,dx=-\left[\frac{x^3}{3}-\frac{x^2}{2}\right]_0^1=\frac{1}{6}$$

よって，放物線 $y=x(x-1)$ と直線 $y=(\sqrt[3]{2}-1)x$ で囲まれた図形の面積は，x 軸で2等分される。 終

第6章　演習問題A

教 p.245

1. a は定数とする。次の各場合に，関数 $y=x^2(a-x)$ の極値を調べよ。

(1)　$a<0$　　(2)　$a=0$　　(3)　$a>0$

指針　**関数の極値**　$y'=-x(3x-2a)$ から，0 と $\frac{2}{3}a$ の大小関係により場合分けをして増減表を作る。

解答　$y=ax^2-x^3$ であるから　$y'=2ax-3x^2=-x(3x-2a)$

(1)　$a<0$ のとき　$\frac{2}{3}a<0$

であるから，y の増減表は右のようになる。

x	……	$\frac{2}{3}a$	……	0	……
y'	−	0	+	0	−
y	↘	極小 $\frac{4}{27}a^3$	↗	極大 0	↘

ゆえに，y は

$x=\frac{2}{3}a$ で極小値 $\frac{4}{27}a^3$，

$x=0$　で極大値 0　答

(2)　$a=0$ のとき　$y'=-3x^2$　　$x\neq0$ のとき $y'<0$ となるから，y は常に単調に減少する。よって，極値は **ない**。 答

(3)　$a>0$ のとき　$\frac{2}{3}a>0$

であるから，y の増減表は右のようになる。

x	……	0	……	$\frac{2}{3}a$	……
y'	−	0	+	0	−
y	↘	極小 0	↗	極大 $\frac{4}{27}a^3$	↘

ゆえに，y は

$x=0$　で極小値 0，

$x=\frac{2}{3}a$ で極大値 $\frac{4}{27}a^3$　答

教 p.245

2. 半径が 3 の球に内接する直円錐のうちで，体積が最も大きいものの底面の半径，高さ，およびそのときの体積を求めよ。

指針　**関数の最大**　直円錐の高さを h として，体積 V を h で表し，V の増減表を作る。h の値の範囲に注意する。

解答　直円錐の底面の半径を r，高さを h，体積を V とすると　$0<h<6$

$r^2+(h-3)^2=3^2$ より

$r^2=3^2-(h-3)^2=h(6-h)$

であるから

$V=\frac{1}{3}\pi r^2h=\frac{\pi}{3}h^2(6-h)$

$=2\pi h^2-\frac{\pi}{3}h^3$

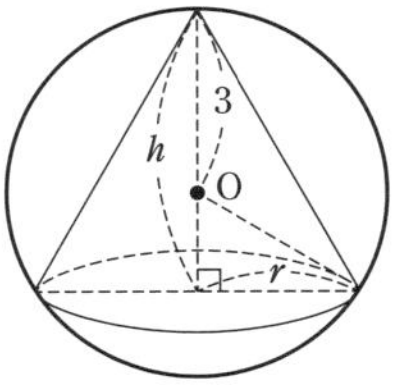

よって　$\frac{dV}{dh}=4\pi h-\pi h^2=\pi h(4-h)$

$\frac{dV}{dh}=0$ とすると，

$0<h<6$ より　$h=4$

$0<h<6$ における V の増減表は

右のようになる。

ゆえに，V は $h=4$ で

最大値 $\frac{32}{3}\pi$ をとる。

h	0	……	4	……	6
$\frac{dV}{dh}$		+	0	−	
V		↗	極大 $\frac{32}{3}\pi$	↘	

このとき　$r=\sqrt{4\cdot 2}=2\sqrt{2}$　　答　**半径 $2\sqrt{2}$，高さ 4，体積 $\frac{32}{3}\pi$**

教 p.245

3\. 次の不等式を証明せよ。ただし，p と q は定数とする。

$$\int_0^1(px+q)^2dx \geqq \left\{\int_0^1(px+q)\,dx\right\}^2$$

指針　**定積分で表された不等式**　　左辺，右辺の定積分をそれぞれ計算して (左辺)−(右辺)≧0 を示す。

解答　$\int_0^1(px+q)^2dx=\int_0^1(p^2x^2+2pqx+q^2)\,dx$

$$=\left[\frac{p^2}{3}x^3+pqx^2+q^2x\right]_0^1=\frac{p^2}{3}+pq+q^2$$

$$\left\{\int_0^1(px+q)\,dx\right\}^2=\left\{\left[\frac{p}{2}x^2+qx\right]_0^1\right\}^2=\left(\frac{p}{2}+q\right)^2=\frac{p^2}{4}+pq+q^2$$

よって　$\int_0^1(px+q)^2dx-\left\{\int_0^1(px+q)dx\right\}^2$

$$=\left(\frac{p^2}{3}+pq+q^2\right)-\left(\frac{p^2}{4}+pq+q^2\right)=\frac{p^2}{3}-\frac{p^2}{4}=\frac{p^2}{12}\geqq 0$$

したがって　$\int_0^1(px+q)^2dx \geqq \left\{\int_0^1(px+q)\,dx\right\}^2$

等号は $p=0$ のとき成り立つ。 終

教 p.245

4. 放物線 $y=x^2+1$ 上の点 $(a,\ b)$ における放物線の接線と放物線 $y=x^2$ で囲まれた図形の面積は，a の値に関係なく一定であることを証明せよ。

指針 **面積**　接線の方程式を求めて，この接線と放物線 $y=x^2$ との交点の x 座標を求める。接線と放物線の上下関係に注意して求めた面積が，a を含まない定数になることを示す。

解答 $f(x)=x^2+1$ とおくと，$f'(x)=2x$ より　$f'(a)=2a$

また，$b=a^2+1$ であるから，接線の方程式は

$$y-(a^2+1)=2a(x-a)$$

すなわち　$y=2ax-a^2+1$

この直線と放物線 $y=x^2$ の 2 つの交点の x 座標は，

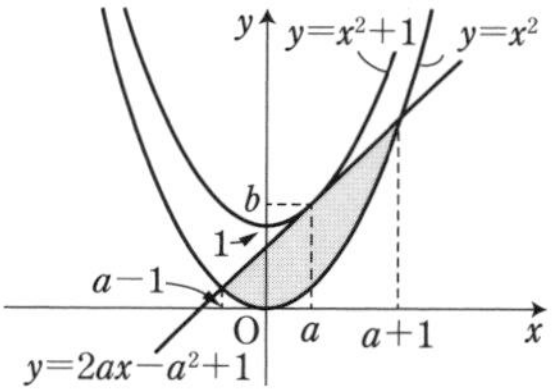

$2ax-a^2+1=x^2$ より

$$x^2-2ax+(a+1)(a-1)=0$$

よって　$\{x-(a-1)\}\{x-(a+1)\}=0$

ゆえに　$x=a-1,\ a+1$

直線と放物線 $y=x^2$ で囲まれた図形の面積を S とすると

$$S=\int_{a-1}^{a+1}\{(2ax-a^2+1)-x^2\}\,dx$$

$$=\int_{a-1}^{a+1}\{-x^2+2ax-(a^2-1)\}\,dx$$

$$=-\frac{1}{3}\Big[x^3\Big]_{a-1}^{a+1}+a\Big[x^2\Big]_{a-1}^{a+1}-(a^2-1)\Big[x\Big]_{a-1}^{a+1}$$

$$=-\frac{1}{3}(6a^2+2)+a\cdot 4a-(a^2-1)\cdot 2$$

$$=-2a^2-\frac{2}{3}+4a^2-2a^2+2=\frac{4}{3}\ (\text{一定})$$ 終

第6章　演習問題 B

教 p.245

5. $a>0$ とする。関数 $y=x(x-3)^2$ の $0\leqq x\leqq a$ における最大値を求めよ。

指針 **3次関数の最大値**　微分して増減を調べる。a の値により場合分けをして最大値を求める。

解答 $y=x^3-6x^2+9x$ であるから

$y'=3x^2-12x+9=3(x-1)(x-3)$

$y'=0$ とすると　$x=1,\ 3$

y の増減表は，次のようになる。

x	……	1	……	3	……
y'	+	0	−	0	+
y	↗	極大 4	↘	極小 0	↗

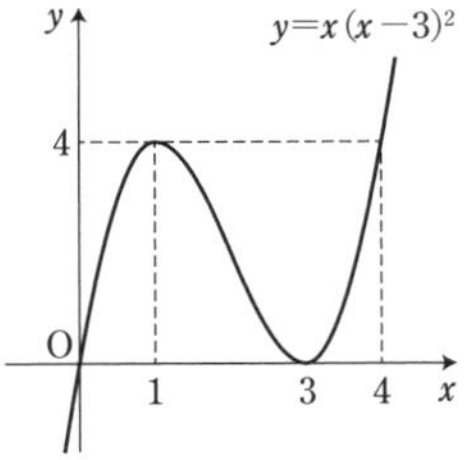

$y=4$ とすると　$x(x-3)^2=4$

これを解くと　$x=1,\ 4$

ゆえに　**$0<a<1$，$4<a$ のとき　　$x=a$ で最大値 $a(a-3)^2$**

$1\leqq a<4$ のとき　　$x=1$ で最大値 4

$a=4$ のとき　　$x=1,\ 4$ で最大値 4 答

教 p.245

6. x 軸上の点 A$(a,\ 0)$ を通り，y 軸に平行な直線が，次の 2 つの曲線と交わる点を，それぞれ P，Q とする。a が $0\leqq a\leqq 2$ の範囲を動くとき，線分 PQ の長さの最大値と最小値を求めよ。

$$y=x^3-5x+5,\qquad y=1-x^2$$

指針　**線分の長さの最大，最小**　　まず，PQ の長さを a で表す。

PQ$=|f(a)|$ とおき，$|f(a)|$ の値の変化を調べる。

$y=x^3-5x+5$ より　$y'=3x^2-5$　　$y'=0$ とすると　$x=\pm\sqrt{\dfrac{5}{3}}$

y は $x=-\sqrt{\dfrac{5}{3}}$ で極大，$x=\sqrt{\dfrac{5}{3}}$ で極小となるから，グラフは解答の図のようになる。

解答　点 P，Q の座標は

P$(a,\ a^3-5a+5)$，Q$(a,\ 1-a^2)$

よって，$f(a)=(a^3-5a+5)-(1-a^2)$

とおくと

$f(a)=a^3+a^2-5a+4$

$f'(a)=3a^2+2a-5$

$=(a-1)(3a+5)$

$0\leqq a\leqq 2$ において，$f'(a)=0$ とすると

$a=1$

$0\leqq a\leqq 2$ において，$f(a)$ の増減表は次のようになる。

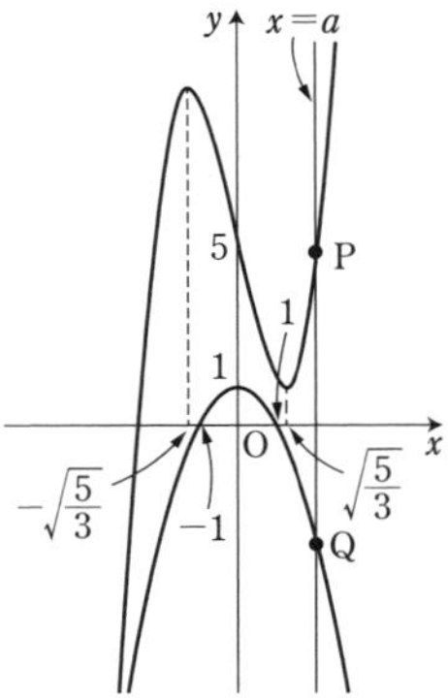

a	0	……	1	……	2
$f'(a)$		$-$	0	$+$	
$f(a)$	4	↘	極小 1	↗	6

よって，$0 \leqq a \leqq 2$ において，$f(a) \geqq 0$ であるから

$$\mathrm{PQ}=|f(a)|=f(a)$$

したがって，PQ の長さは

$a=2$ のとき最大値 6，$a=1$ のとき最小値 1 答

教 p.245

7. 次の等式を満たす関数 $f(x)$ を求めよ。

$$f(x)=x^2+\int_{-1}^{0} xf(t)\,dt+\int_{0}^{1} f(t)\,dt$$

指針 **定積分を含む式を満たす関数**　$\int_{-1}^{0} f(t)\,dt$，$\int_{0}^{1} f(t)\,dt$ は定数であるから $\int_{-1}^{0} f(t)\,dt=a$，$\int_{0}^{1} f(t)\,dt=b$ とおくことができる。このとき，$f(x)=x^2+ax+b$ となり，この $f(x)$ について 2 つの定積分を計算して連立方程式を作る。

解答 $\int_{-1}^{0} f(t)\,dt=a$，$\int_{0}^{1} f(t)\,dt=b$ とおくと　$f(x)=x^2+ax+b$

よって　$\int_{-1}^{0} f(t)\,dt=\int_{-1}^{0} (t^2+at+b)\,dt$

$$=\left[\frac{t^3}{3}+\frac{a}{2}t^2+bt\right]_{-1}^{0}=\frac{1}{3}-\frac{a}{2}+b$$

ゆえに，$\frac{1}{3}-\frac{a}{2}+b=a$ から　$\frac{3}{2}a-b=\frac{1}{3}$　…… ①

また　$\int_{0}^{1} f(t)\,dt=\int_{0}^{1} (t^2+at+b)\,dt$

$$=\left[\frac{t^3}{3}+\frac{a}{2}t^2+bt\right]_{0}^{1}=\frac{1}{3}+\frac{a}{2}+b$$

ゆえに，$\frac{1}{3}+\frac{a}{2}+b=b$ から　$\frac{a}{2}+\frac{1}{3}=0$　…… ②

①，② を解いて　$a=-\frac{2}{3}$，$b=-\frac{4}{3}$

したがって　$\boldsymbol{f(x)=x^2-\frac{2}{3}x-\frac{4}{3}}$ 答

6章 微分法と積分法

教 p.245

8. $0<m<2$ とする。放物線 $y=x(2-x)$ と直線 $y=mx$ で囲まれた図形の面積が，この放物線と x 軸で囲まれた図形の面積の $\dfrac{1}{8}$ であるという。このとき，定数 m の値を求めよ。

指針 **面積**　放物線と直線で囲まれた図形の面積 S_1 と，放物線と x 軸で囲まれた図形の面積 S_2 をそれぞれ計算して，$S_1=\dfrac{1}{8}S_2$ とおく。

面積の計算には，等式

$$\int_{\alpha}^{\beta}(x-\alpha)(x-\beta)\,dx=-\frac{1}{6}(\beta-\alpha)^3$$

を用いる。

解答 放物線 $y=x(2-x)$ と直線 $y=mx$ で囲まれた図形の面積を S_1，この放物線と x 軸で囲まれた図形の面積を S_2 とする。

放物線と直線は図のようになり，

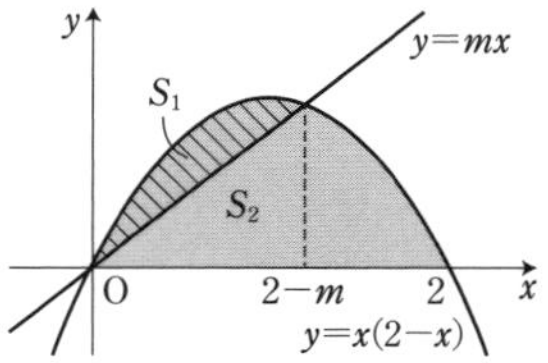

それらの交点の x 座標は

$x(2-x)=mx$ より

$x(x-2+m)=0$

よって　$x=0,\ 2-m$

ゆえに　$S_1=\displaystyle\int_0^{2-m}\{(2x-x^2)-mx\}\,dx$

$=-\displaystyle\int_0^{2-m}x\{x-(2-m)\}\,dx$

$=-\left\{-\dfrac{1}{6}(2-m-0)^3\right\}=\dfrac{1}{6}(2-m)^3$

また，放物線と x 軸の交点の x 座標は

$x(2-x)=0$ より　$x=0,\ 2$

区間 $0\leqq x\leqq 2$ において，$y\geqq 0$ であるから

$$S_2=\int_0^2 x(2-x)\,dx=-\int_0^2 x(x-2)\,dx=-\left\{-\frac{1}{6}(2-0)^3\right\}=\frac{4}{3}$$

$S_1=\dfrac{1}{8}S_2$ より　　$\dfrac{1}{6}(2-m)^3=\dfrac{1}{8}\cdot\dfrac{4}{3}$

よって　　$(2-m)^3=1$

$2-m$ は実数であるから　$2-m=1$

したがって　　$\boldsymbol{m=1}$　答

総合問題

1　※問題文は教科書 246 頁を参照

指針　不等式の証明

(1)　2 次方程式 $ax^2+bx+c=0$ の判別式を利用する。

(2)　$(a_1x+b_1)^2+(a_2x+b_2)^2+(a_3x+b_3)^2 \geqq 0$ から

$(a_1{}^2+a_2{}^2+a_3{}^2)x^2+2(a_1b_1+a_2b_2+a_3b_3)x+(b_1{}^2+b_2{}^2+b_3{}^2) \geqq 0$

ここで (1) を利用する。

(3)　$a_1=x$，$a_2=y$，$a_3=z$，$b_1=\dfrac{1}{x}$，$b_2=\dfrac{1}{y}$，$b_3=\dfrac{1}{z}$ として (2) を利用する。

(4)　$a_1=\dfrac{p}{\sqrt{s}}$，$a_2=\dfrac{q}{\sqrt{t}}$，$a_3=\dfrac{r}{\sqrt{u}}$，$b_1=\sqrt{s}$，$b_2=\sqrt{t}$，$b_3=\sqrt{u}$ として (2) を利用する。

(5)　$\dfrac{a^2}{ab+ac}+\dfrac{b^2}{bc+ba}+\dfrac{c^2}{ca+cb} \geqq \dfrac{(a+b+c)^2}{2(ab+bc+ca)}$ から

$\dfrac{a}{b+c}+\dfrac{b}{c+a}+\dfrac{c}{a+b} \geqq \dfrac{a^2+b^2+c^2-(ab+bc+ca)}{2(ab+bc+ca)}+\dfrac{3}{2}$

$a^2+b^2+c^2-(ab+bc+ca) \geqq 0$ を示す。

解答　(1)　2 次方程式 $ax^2+bx+c=0$ の判別式を D とすると

$$D=b^2-4ac$$

a が正であるから，2 次不等式 $ax^2+bx+c \geqq 0$ がすべての実数 x に対して成り立つのは，$D \leqq 0$ のときである。

よって　　$\boldsymbol{b^2-4ac \leqq 0}$　答

(2)　すべての実数 x に対して　$(a_1x+b_1)^2+(a_2x+b_2)^2+(a_3x+b_3)^2 \geqq 0$

が成り立つから，2 次不等式

$$(a_1{}^2+a_2{}^2+a_3{}^2)x^2+2(a_1b_1+a_2b_2+a_3b_3)x+(b_1{}^2+b_2{}^2+b_3{}^2) \geqq 0$$

がすべての実数 x に対して成り立つ。

$a=a_1{}^2+a_2{}^2+a_3{}^2$，$b=2(a_1b_1+a_2b_2+a_3b_3)$，$c=b_1{}^2+b_2{}^2+b_3{}^2$ とすると，a，b，c は正の実数であるから，(1) より

$$\{2(a_1b_1+a_2b_2+a_3b_3)\}^2-4(a_1{}^2+a_2{}^2+a_3{}^2)(b_1{}^2+b_2{}^2+b_3{}^2) \leqq 0$$

変形すると

$$(a_1{}^2+a_2{}^2+a_3{}^2)(b_1{}^2+b_2{}^2+b_3{}^2) \geqq (a_1b_1+a_2b_2+a_3b_3)^2$$　終

(3)　$a_1=x$，$a_2=y$，$a_3=z$，$b_1=\dfrac{1}{x}$，$b_2=\dfrac{1}{y}$，$b_3=\dfrac{1}{z}$ とすると，a_1，a_2，a_3，b_1，b_2，b_3 は正の実数であるから，(2) で示した不等式に代入して

$$(x^2+y^2+z^2)\left\{\left(\frac{1}{x}\right)^2+\left(\frac{1}{y}\right)^2+\left(\frac{1}{z}\right)^2\right\} \geqq \left(x\cdot\frac{1}{x}+y\cdot\frac{1}{y}+z\cdot\frac{1}{z}\right)^2$$

すなわち　$(x^2+y^2+z^2)\left(\dfrac{1}{x^2}+\dfrac{1}{y^2}+\dfrac{1}{z^2}\right)\geqq 9$　終

(4)　$a_1=\dfrac{p}{\sqrt{s}}$，$a_2=\dfrac{q}{\sqrt{t}}$，$a_3=\dfrac{r}{\sqrt{u}}$，$b_1=\sqrt{s}$，$b_2=\sqrt{t}$，$b_3=\sqrt{u}$ とすると，

a_1，a_2，a_3，b_1，b_2，b_3 は正の実数であるから，(2) で示した不等式に代入して

$$\left\{\left(\frac{p}{\sqrt{s}}\right)^2+\left(\frac{q}{\sqrt{t}}\right)^2+\left(\frac{r}{\sqrt{u}}\right)^2\right\}\{(\sqrt{s})^2+(\sqrt{t})^2+(\sqrt{u})^2\}$$

$$\geqq\left(\frac{p}{\sqrt{s}}\cdot\sqrt{s}+\frac{q}{\sqrt{t}}\cdot\sqrt{t}+\frac{r}{\sqrt{u}}\cdot\sqrt{u}\right)^2$$

すなわち　$\dfrac{p^2}{s}+\dfrac{q^2}{t}+\dfrac{r^2}{u}\geqq\dfrac{(p+q+r)^2}{s+t+u}$　終

(5)　$\dfrac{a^2}{ab+ac}+\dfrac{b^2}{bc+ba}+\dfrac{c^2}{ca+cb}\geqq\dfrac{(a+b+c)^2}{2(ab+bc+ca)}$ を整理すると

$$\frac{a}{b+c}+\frac{b}{c+a}+\frac{c}{a+b}\geqq\frac{a^2+b^2+c^2+2(ab+bc+ca)}{2(ab+bc+ca)}$$

ここで　(右辺)$=\dfrac{a^2+b^2+c^2-(ab+bc+ca)}{2(ab+bc+ca)}+\dfrac{3}{2}$

(分子)$=a^2+b^2+c^2-(ab+bc+ca)$

$=\dfrac{1}{2}\{(a-b)^2+(b-c)^2+(c-a)^2\}\geqq 0$

ゆえに　$\dfrac{a^2+b^2+c^2+2(ab+bc+ca)}{2(ab+bc+ca)}\geqq\dfrac{3}{2}$

よって　$\dfrac{a}{b+c}+\dfrac{b}{c+a}+\dfrac{c}{a+b}\geqq\dfrac{3}{2}$　終

2　※問題文は教科書 247 頁を参照

指針　多項式の割り算と余り

(1)　$P_1(x)$ を $(x+1)^2$ で割ったときの商を $Q_1(x)$，$(x-1)^2$ で割ったときの商を $Q_2(x)$ とすると

$P_1(x)=(x+1)^2Q_1(x)+x-2$，$P_1(x)=(x-1)^2Q_2(x)+x+2$

(2)　商を $Q_3(x)$，余りを $ax+b$ とすると

$P_1(x)=(x+1)(x-1)Q_3(x)+ax+b$

(1) を利用して，a，b の値を求める。

(3)　商を $Q_4(x)$ とすると　$P_1(x)=(x+1)^2(x-1)Q_4(x)+sx^2+tx+u$

$P_1(x)$ を $(x+1)^2$ で割った余りと，sx^2+tx+u を $(x+1)^2$ で割った余りは等しい。

(4)　(3) から　$P_1(x)=(x+1)^2(x-1)Q_4(x)+s(x+1)^2+x-2$

(1) の $P_1(1)$ の値を利用する。

(5) 余りを $R(x)=kx^3+lx^2+mx+n$ とする。$P_1(x)$ を $(x+1)^2$ で割った余りと $R(x)$ を $(x+1)^2$ で割った余りは等しいから，
$R(x)=(x-1)^2(kx+p)+x-2$ (p は定数)と表される。
同様に，$R(x)=(x+1)^2(kx+q)+x+2$ (q は定数)

(6) 余りを dx^2+ex+f とすると，条件から

$$a^3=da^2+ea+f,\ b^3=db^2+eb+f,\ c^3=dc^2+ec+f$$

これから，d，e，f を a，b，c で表す。

解答 (1) $P_1(x)$ を $(x+1)^2$ で割った余りが $x-2$ であるから，商を $Q_1(x)$ とすると，次の等式が成り立つ。

$$P_1(x)=(x+1)^2Q_1(x)+x-2$$

この等式より　$P_1(-1)=-1-2=-3$

また，$P_1(x)$ を $(x-1)^2$ で割った余りが $x+2$ であるから，商を $Q_2(x)$ とすると，次の等式が成り立つ。

$$P_1(x)=(x-1)^2Q_2(x)+x+2$$

この等式より　$P_1(1)=1+2=3$

よって，$P_1(x)$ を $x+1$，$x-1$ で割った余りは，それぞれ　**-3, 3**　答

(2) $P_1(x)$ を $(x+1)(x-1)$ で割った商を $Q_3(x)$，余りを $ax+b$ とすると，次の等式が成り立つ。

$$P_1(x)=(x+1)(x-1)Q_3(x)+ax+b \quad (a,\ b \text{ は定数})$$

(1) より　$P_1(-1)=-3$，$P_1(1)=3$

よって　$-a+b=-3$，$a+b=3$

これを解いて　$a=3$，$b=0$

よって，求める余りは　**$3x$**　答

(3) $P_1(x)$ を $(x+1)^2(x-1)$ で割った余りが sx^2+tx+u であるから，商を $Q_4(x)$ とすると，次の等式が成り立つ。

$$P_1(x)=(x+1)^2(x-1)Q_4(x)+sx^2+tx+u$$

よって，$P_1(x)$ を $(x+1)^2$ で割った余りは，sx^2+tx+u を $(x+1)^2$ で割った余りに等しい。

ゆえに，sx^2+tx+u を $(x+1)^2$ で割った余りは $x-2$ である。　終

(4) (3) より，次の等式が成り立つ。

$$sx^2+tx+u=s(x+1)^2+x-2$$

よって　$P_1(x)=(x+1)^2(x-1)Q_4(x)+s(x+1)^2+x-2$

(1) より，$P_1(1)=3$ であるから　$4s-1=3$　すなわち　$s=1$

よって，求める余りは　$(x+1)^2+x-2=$**x^2+3x-1**　答

(5) $P_1(x)$ を $(x+1)^2(x-1)^2$ で割った余りは 3 次以下の多項式であるから，k，l，m，n を実数として，商を $Q_5(x)$，余りを kx^3+lx^2+mx+n とすると，次の等式が成り立つ。

総合問題

$$P_1(x)=(x+1)^2(x-1)^2Q_5(x)+kx^3+lx^2+mx+n$$

$P_1(x)$ を $(x+1)^2$ で割った余りは，kx^3+lx^2+mx+n を $(x+1)^2$ で割った余りに等しいから，次の等式が成り立つ。

$$kx^3+lx^2+mx+n=(x+1)^2(kx+p)+x-2 \quad (p \text{ は定数})$$

同様にして，次の等式も成り立つ。

$$kx^3+lx^2+mx+n=(x-1)^2(kx+q)+x+2 \quad (q \text{ は定数})$$

これらを連立して

$$(x+1)^2(kx+p)+x-2=(x-1)^2(kx+q)+x+2$$

$$kx^3+(2k+p)x^2+(k+2p+1)x+p-2$$

$$=kx^3+(-2k+q)x^2+(k-2q+1)x+q+2$$

整理すると　$(4k+p-q)x^2+2(p+q)x+p-q-4=0$

この等式が x についての恒等式であるから

$$4k+p-q=0,\ p+q=0,\ p-q-4=0$$

これらを解いて　　$k=-1,\ p=2,\ q=-2$

よって，求める余りは　$\boldsymbol{-x^3+4x}$　答

(6)　$P_2(x)$ を $(x-a)(x-b)(x-c)$ で割った余りは 2 次以下の多項式であるから，d，e，f を実数として，商を $Q_6(x)$，余りを dx^2+ex+f とすると，次の等式が成り立つ。

$$P_2(x)=(x-a)(x-b)(x-c)Q_6(x)+dx^2+ex+f$$

$P_2(x)$ を $x-a$ で割った余りは $P_2(a)=da^2+ea+f$ であるから

$$da^2+ea+f=a^3 \quad \cdots\cdots ①$$

b，c についても同様にして

$$db^2+eb+f=b^3 \quad \cdots\cdots ②$$

$$dc^2+ec+f=c^3 \quad \cdots\cdots ③$$

①−② から　$(a^2-b^2)d+(a-b)e=a^3-b^3$

すなわち　　$(a+b)(a-b)d+(a-b)e=(a-b)(a^2+ab+b^2)$

$a \neq b$ であるから，両辺を $a-b$ で割ると

$$(a+b)d+e=a^2+ab+b^2 \quad \cdots\cdots ④$$

同様に，②−③ から

$$(b+c)d+e=b^2+bc+c^2 \quad \cdots\cdots ⑤$$

④−⑤ から　$ad-cd=a^2+ab-bc-c^2$

すなわち　　$(a-c)d=(a-c)(a+b+c)$

$a \neq c$ であるから，両辺を $a-c$ で割ると

$$d=a+b+c \quad \cdots\cdots ⑥$$

⑥ を ④ に代入すると

$$(a+b)(a+b+c)+e=a^2+ab+b^2$$

よって　　$e=-ab-bc-ca \quad \cdots\cdots ⑦$

⑥ と ⑦ を ① に代入すると

$$(a+b+c)a^2+(-ab-bc-ca)a+f=a^3$$

ゆえに　$f=abc$

よって，$P_2(x)$ を $(x-a)(x-b)(x-c)$ で割った余りは

$$(a+b+c)x^2-(ab+bc+ca)x+abc$$

$P_2(x)$ のうち次数が最も低くなるのは，$Q_6(x)=0$ のときであるから，求める多項式は　$\boldsymbol{(a+b+c)x^2-(ab+bc+ca)x+abc}$　答

別解（3 次方程式の解と係数の関係を利用する）

①，②，③ を求めるところまでは同じ。

①，②，③ から　$\begin{cases} a^3-da^2-ea-f=0 \\ b^3-db^2-eb-f=0 \\ c^3-dc^2-ec-f=0 \end{cases}$

これは，a，b，c が t の 3 次方程式 $t^3-dt^2-et-f=0$ の解であることを表している。

3 次方程式の解と係数の関係により

$$a+b+c=d,\ ab+bc+ca=-e,\ abc=f$$

よって

$$P_2(x)=(x-a)(x-b)(x-c)Q_6(x)+(a+b+c)x^2-(ab+bc+ca)x+abc$$

この中で次数が最も低くなるのは，$Q_6(x)=0$ のときである。

したがって，求める多項式は　$\boldsymbol{(a+b+c)x^2-(ab+bc+ca)x+abc}$　答

3　※問題文は教科書 247 頁を参照

指針　**多項式の割り算と余り**

$P_1(x)=(x^2+1)Q_1(x)+ax+b$，$P_2(x)=(x^2+1)Q_2(x)+cx+d$

(3)　$P(x)$ を x^2+1 で割った商を $Q(x)$，余りを $ex+f$ とすると

$$P(x)=(x^2+1)Q(x)+ex+f$$

$P_1(x)-P(x)P_2(x)$ を x^2+1 で割った余りは

$(a-cf-de)x+b-df+ce$　と表される。

割り切れるから　$(a-cf-de)x+b-df+ce=0$

解答　(1)　$P_1(x)=(x^2+1)Q_1(x)+ax+b$，$P_2(x)=(x^2+1)Q_2(x)+cx+d$ であるから

$$P_1(x)+P_2(x)=(x^2+1)\{Q_1(x)+Q_2(x)\}+(a+c)x+b+d$$

よって，$P_1(x)+P_2(x)$ を x^2+1 で割った余りは　$\boldsymbol{(a+c)x+b+d}$　答

(2)　$P_1(x)P_2(x)=\{(x^2+1)Q_1(x)+ax+b\}\{(x^2+1)Q_2(x)+cx+d\}$

$$=(x^2+1)\{(x^2+1)Q_1(x)Q_2(x)+(cx+d)Q_1(x)+(ax+b)Q_2(x)+ac\}+(ad+bc)x+bd-ac$$

よって，$P_1(x)P_2(x)$ を x^2+1 で割った余りは　$\boldsymbol{(ad+bc)x+bd-ac}$　答

(3)　e，f を実数として，$P(x)$ を x^2+1 で割った商を $Q(x)$，余りを $ex+f$ と

総合問題

すると

$$P(x)=(x^2+1)Q(x)+ex+f$$

と表すことができる。

このとき，(2) から，$P(x)P_2(x)$ を x^2+1 で割った余りは

$$(cf+de)x+df-ce$$

よって，(1) から，$P_1(x)-P(x)P_2(x)$ を x^2+1 で割った余りは

$$(a-cf-de)x+b-df+ce$$

$P_1(x)-P(x)P_2(x)$ は x^2+1 で割り切れるから

$$a-cf-de=0,\ b-df+ce=0$$

これを解くと　$e=\dfrac{ad-bc}{c^2+d^2}$，$f=\dfrac{ac+bd}{c^2+d^2}$

よって，$P(x)$ を x^2+1 で割った余りは　$\boldsymbol{\dfrac{ad-bc}{c^2+d^2}x+\dfrac{ac+bd}{c^2+d^2}}$ 答

4　※問題文は教科書 248 頁を参照

指針 **領域と最大・最小の応用**

(3)　(1)，(2) の不等式と $x \geqq 0$，$y \geqq 0$ を満たす領域を図示する。合計 k 個を購入するとして，$x+y=k$ の表す直線がこの領域を通過するために必要な整数 k の値を求める。

(4)　(3) を利用する。

解答 (1)　$\boldsymbol{2x+5y \geqq 200}$ 答

(2)　$\boldsymbol{7x+3y \geqq 420}$ 答

(3)　4 つの不等式 $x \geqq 0$，$y \geqq 0$，$2x+5y \geqq 200$，$7x+3y \geqq 420$ を同時に満たす領域 D は，右の図の斜線部分である。

ただし，境界線を含む。

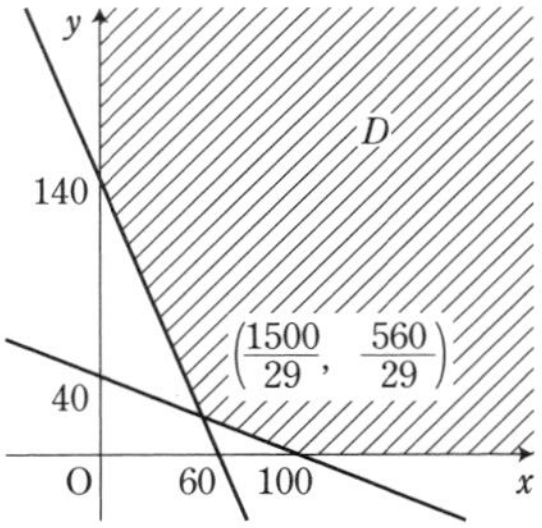

商品 A，B の購入数の合計は　$x+y$ 個

$$x+y=k \quad \cdots\cdots ①$$

とおくと，$y=-x+k$ であり，これは傾きが -1，y 切片が k である直線を表す。

この直線 ① が領域 D と共有点をもつときの k の値の最小値を求めればよい。

領域 D において，2 直線 $2x+5y=200$，$7x+3y=420$ の交点 $\left(\dfrac{1500}{29},\ \dfrac{560}{29}\right)$ を直線 ① が通るとき，k は最小で，そのとき　$k=\dfrac{2060}{29}=71.03\cdots\cdots$

よって，$k \geqq \dfrac{2060}{29}$ のとき，直線 ① と領域 D は共有点をもつ。

k は整数であるから，2 つの商品 A，B を最低でも合計で 72 個以上購入する必要がある。

実際，$\dfrac{1500}{29}=51.7\cdots\cdots$，$\dfrac{560}{29}=19.3\cdots\cdots$ であるから，点 $(52,\ 20)$ は領域 D に含まれる点であり，$x+y=72$ を満たす。 答 **72 個以上**

(4) 2 つの商品 A，B の値段は同じであるから，A，B の購入数の合計が最も少ないとき，A，B の合計購入金額が最も少なくなる。

(3) より，$x+y=72$ のとき，A，B の合計購入金額が最も少なくなる。

x，y は整数であるから，求める $(x,\ y)$ の組は，直線 $x+y=72$ 上の点で，x 座標，y 座標がともに整数であり，かつ領域 D に含まれる点である。

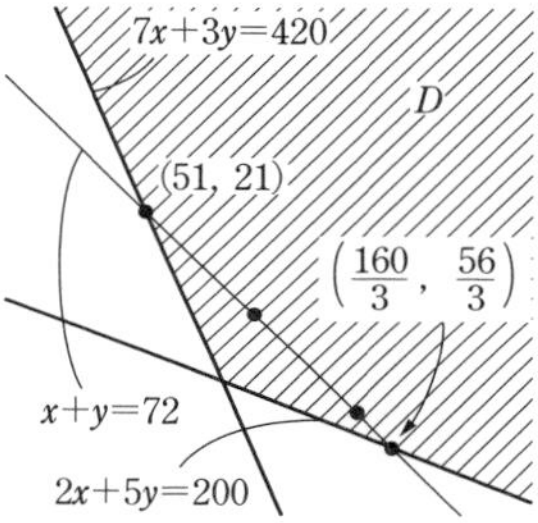

直線 $x+y=72$ と直線 $2x+5y=200$ の交点は $\left(\dfrac{160}{3},\ \dfrac{56}{3}\right)$

直線 $x+y=72$ と直線 $7x+3y=420$ の交点は $(51,\ 21)$

$\dfrac{160}{3}=53.3\cdots\cdots$，$\dfrac{56}{3}=18.6\cdots\cdots$ であるから，3 点 $(51,\ 21)$，$(52,\ 20)$，$(53,\ 19)$ は条件を満たし，直線 $x+y=72$ 上のそれ以外の点は条件を満たさない。

よって，求める $(x,\ y)$ の組は **$(x,\ y)=(51,\ 21)$，$(52,\ 20)$，$(53,\ 19)$**

答

5 ※問題文は教科書 248 頁を参照

指針 **2 倍角の公式，加法定理と図形**

(1) $\theta=\dfrac{2}{5}\pi$ であることを利用する。

(2) 2 倍角の公式，加法定理を利用する。

(3) $0<\dfrac{2}{5}\pi<\dfrac{\pi}{2}$ であるから $\cos\dfrac{\pi}{2}<\cos\dfrac{2}{5}\pi<\cos 0$ よって $0<t<1$

(4) 余弦定理を利用する。

解答 (1) $\theta=\dfrac{2}{5}\pi$ であるから $\cos 2\theta=\cos\dfrac{4}{5}\pi=\cos\left(\pi-\dfrac{\pi}{5}\right)=-\cos\dfrac{\pi}{5}$

$$\cos 3\theta=\cos\dfrac{6}{5}\pi=\cos\left(\pi+\dfrac{\pi}{5}\right)=-\cos\dfrac{\pi}{5}$$

よって $\cos 2\theta=\cos 3\theta$ 終

別解 (1) $\theta=\dfrac{2}{5}\pi$ であるから $5\theta=2\pi$

$2\theta+3\theta=2\pi$ より　　$2\theta=2\pi-3\theta$

よって　　$\cos 2\theta=\cos(2\pi-3\theta)=\cos 3\theta$　終

(2)　$\cos 2\theta=2\cos^2\theta-1$

$\cos 3\theta=\cos(2\theta+\theta)=\cos 2\theta\cos\theta-\sin 2\theta\sin\theta$

$=(2\cos^2\theta-1)\cos\theta-2\sin^2\theta\cos\theta$

$=2\cos^3\theta-\cos\theta-2(1-\cos^2\theta)\cos\theta=4\cos^3\theta-3\cos\theta$

答　$\boldsymbol{\cos 2\theta=2t^2-1,\quad \cos 3\theta=4t^3-3t}$

(3)　$0<\dfrac{2}{5}\pi<\dfrac{\pi}{2}$ であるから　$\cos\dfrac{\pi}{2}<\cos\dfrac{2}{5}\pi<\cos 0$

よって　$0<t<1$　　(1), (2) より　$2t^2-1=4t^3-3t$

すなわち　$4t^3-2t^2-3t+1=0$

左辺を因数分解すると　$(t-1)(4t^2+2t-1)=0$

よって　$t=1,\ \dfrac{-1\pm\sqrt{5}}{4}$　　$0<t<1$ であるから　$\boldsymbol{t=\dfrac{-1+\sqrt{5}}{4}}$　答

(4)　(3) より　$\cos\theta=\dfrac{-1+\sqrt{5}}{4}$

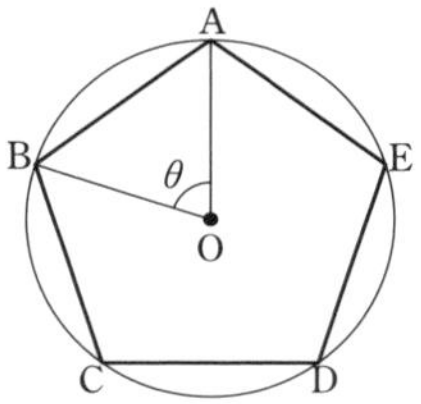

△OAB において，余弦定理により

$AB^2=OA^2+OB^2-2\cdot OA\cdot OB\cos\theta$

$=1^2+1^2-2\cdot 1\cdot 1\cdot\dfrac{-1+\sqrt{5}}{4}$

$=\dfrac{5-\sqrt{5}}{2}$

$AB>0$ より　$AB=\sqrt{\dfrac{5-\sqrt{5}}{2}}=\dfrac{\sqrt{10-2\sqrt{5}}}{2}$　　答　$\boldsymbol{\dfrac{\sqrt{10-2\sqrt{5}}}{2}}$

6　※問題文は教科書 249 頁を参照

指針　三角関数の値を解にもつ方程式の作成

(1)　2 倍角の公式，加法定理を利用する。

(2)　$\cos 3\theta=\cos 4\theta$ から　$4\cos^3\theta-3\cos\theta=8\cos^4\theta-8\cos^2\theta+1$

解答 (1)　$\cos 4\theta=2\cos^2 2\theta-1=2(2\cos^2\theta-1)^2-1=8\cos^4\theta-8\cos^2\theta+1$

$\cos 5\theta=\cos 4\theta\cos\theta-\sin 4\theta\sin\theta$

$=(8\cos^4\theta-8\cos^2\theta+1)\cos\theta-2\sin\theta\sin 2\theta\cos 2\theta$

$=8\cos^5\theta-8\cos^3\theta+\cos\theta-4\cos\theta(1-\cos^2\theta)(2\cos^2\theta-1)$

$=16\cos^5\theta-20\cos^3\theta+5\cos\theta$　終

(2)　$\cos 3\theta=\cos 4\theta$ から　$4\cos^3\theta-3\cos\theta=8\cos^4\theta-8\cos^2\theta+1$

整理すると　$8\cos^4\theta-4\cos^3\theta-8\cos^2\theta+3\cos\theta+1=0$

$x=\cos\theta$ とすると　　$8x^4-4x^3-8x^2+3x+1=0$

左辺を因数分解すると　$(x-1)(8x^3+4x^2-4x-1)=0$

$\cos\frac{2}{7}\pi \neq 1$ であるから，求める 3 次方程式は

$$\boldsymbol{8x^3+4x^2-4x-1=0}$$ 答

(3)　$x=\cos\theta$ とすると，$\cos 5\theta=0$ であるから，(1)より等式 $16x^5-20x^3+5x=0$ が成り立つ。

$16x^5-20x^3+5x=0$ から　$16x\left(x^4-\frac{5}{4}x^2+\frac{5}{16}\right)=0$

$\cos\frac{\pi}{10}\neq 0$，$\cos\frac{3}{10}\pi\neq 0$ であるから　$x^4-\frac{5}{4}x^2+\frac{5}{16}=0$

よって，求める 2 次方程式は　$\boldsymbol{x^2-\frac{5}{4}x+\frac{5}{16}=0}$ 答

7　※問題文は教科書 249 頁を参照

指針　**常用対数の利用**

(2)　求める条件は $\left(1+\frac{p}{100}\right)^{10}\geqq 2$　これを満たす最小の自然数 p の値を求める。

解答　(1)　$p=10$ のとき，計画通りに利益が増えたとすると，3 年後の利益は

$$1000\times\left(1+\frac{10}{100}\right)^3=1000\times 1.1^3=1000\times 1.331=1331$$

よって　**1331 万円** 答

(2)　計画通りに利益が増えたとすると，1 年後の利益は $\left(1+\frac{p}{100}\right)$ 倍になる。

$x=1+\frac{p}{100}$ とすると，10 年間で利益が 2 倍以上になるとき，不等式

$$x^{10}\geqq 2 \quad \cdots\cdots \text{①}$$

が成り立つ。① の両辺の常用対数をとると

$$\log_{10}x^{10}\geqq\log_{10}2 \quad \text{すなわち} \quad 10\log_{10}x\geqq\log_{10}2$$

よって　$\log_{10}x\geqq\frac{1}{10}\log_{10}2$

ここで，常用対数表より $\log_{10}2=0.3010$ であるから

$$\frac{1}{10}\log_{10}2=0.03010$$

ゆえに　$\log_{10}\left(1+\frac{p}{100}\right)\geqq 0.03010 \quad \cdots\cdots$ ②

常用対数表より　$\log_{10}1.07=0.0294$，　$\log_{10}1.08=0.0334$

よって，② を満たす最小の自然数 p は

$1+\frac{p}{100}=1.08$　　すなわち　$p=8$　　答　**8**

8 ※問題文は教科書 250 頁を参照

指針 **3次関数の極値，グラフと直線**

(1) 増減表を利用する。

(2) $y=x^3-3a^2x$ のグラフと直線 $y=k$ が異なる 2 つの共有点をもつ k の値を求める。

(4) $y'=3x^2-3b^2$　$3x^2-3b^2=m$ が異なる 2 つの実数解をもつことを示す。

(5) 接線の方程式を $y=mx+n$ とおく。$x^3-3b^2x=mx+n$ は異なる 2 つの実数解をもつから，$3b^2+m=3a^2$ とおいて，(2)，(3) を利用する。

解答 (1) $y'=3x^2-3a^2$

$=3(x+a)(x-a)$

$y'=0$ とすると　$x=-a$，a

y の増減表は右のようになる。

x	$\cdots$	$-a$	$\cdots$	a	$\cdots$
y'	$+$	0	$-$	0	$+$
y	↗	極大 $2a^3$	↘	極小 $-2a^3$	↗

答　**$x=-a$ で極大値 $2a^3$，**

$x=a$ で極小値 $-2a^3$ をとる。

(2) 方程式 $x^3-3a^2x=k$ の異なる実数解の個数は，関数 $y=x^3-3a^2x$ のグラフと直線 $y=k$ の共有点の個数に等しい。

(1) より，関数 $y=x^3-3a^2x$ のグラフは，右の図のようになる。

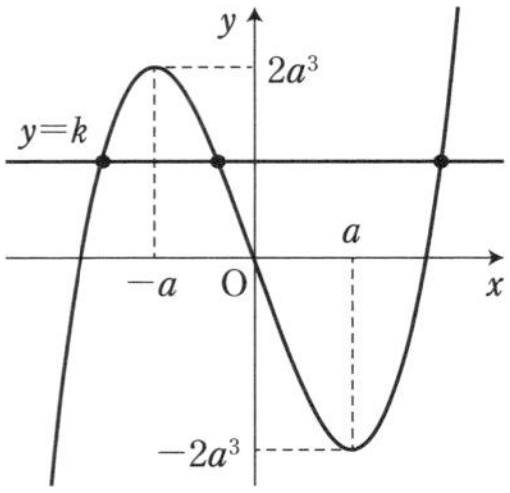

よって，このグラフと直線 $y=k$ が異なる 2 つの共有点をもつような k の値は

$k=-2a^3$，$2a^3$　答

(3) まず，方程式 $x^3-3a^2x=k_1$ の実数解を求める。

(2) より $k_1=-2a^3$ であるから

$$x^3-3a^2x=-2a^3 \quad すなわち \quad x^3-3a^2x+2a^3=0$$

左辺を因数分解すると　$(x-a)^2(x+2a)=0$

よって　　$\alpha_1=-2a$，$\beta_1=a$　…… ①

次に，方程式 $x^3-3a^2x=k_2$ の実数解を求める。

(2) より $k_2=2a^3$ であるから

$$x^3-3a^2x=2a^3 \quad すなわち \quad x^3-3a^2x-2a^3=0$$

左辺を因数分解すると　$(x+a)^2(x-2a)=0$

よって　　$\alpha_2=-a$，$\beta_2=2a$　…… ②

①，② より　　$\alpha_1=2\alpha_2$，$2\beta_1=\beta_2$　終

(4) $y=x^3-3b^2x$ を微分すると　　$y'=3x^2-3b^2$

接線の傾きが m となる接点の座標を $(t,\ t^3-3b^2t)$ とすると

$$3t^2-3b^2=m \qquad すなわち \quad t^2=\frac{m+3b^2}{3}$$

ここで，$\frac{m+3b^2}{3}$ は正の実数であるから　$t=\pm\sqrt{\frac{m+3b^2}{3}}$

よって，接線の傾きが m となる接点が 2 つ存在するから，関数 $y=x^3-3b^2x$ のグラフには，傾き m の接線が 2 本引ける。 終

(5) 傾きが正である接線の方程式を $y=mx+n$ とおく。この接線と関数 $y=x^3-3b^2x$ のグラフの共有点の x 座標は，方程式 $x^3-3b^2x=mx+n$ すなわち $x^3-(3b^2+m)x=n$ の 2 つの実数解である。

ここで，$3b^2+m$ は正の実数であるから，a を $3b^2+m=3a^2$ を満たす正の実数とする。このとき，(2) から　$n=-2a^3$，$2a^3$

よって，$x^3-3a^2x=-2a^3$ の実数解を α_1，$\beta_1(\alpha_1<\beta_1)$，$x^3-3a^2x=2a^3$ の実数解を α_2，$\beta_2\,(\alpha_2<\beta_2)$ とすると，図から　$\alpha_1<\alpha_2<0<\beta_1<\beta_2$

ゆえに，①，② より

$$\mathrm{SP}=\alpha_2-\alpha_1=-a-(-2a)=a,\ \mathrm{PO}=0-\alpha_2=-(-a)=a,$$
$$\mathrm{OQ}=\beta_1-0=a,\ \mathrm{QR}=\beta_2-\beta_1=2a-a=a$$

したがって，SP＝PO＝OQ＝QR が成り立つから，

3 点 P，O，Q は線分 SR を 4 等分する点である。 終

総合問題

第1章　式と証明

1　3次式の展開と因数分解

1　適当な公式を用いて，次の式を展開せよ。　》教 p.9 練習 1

(1)　$(a+3)^3$　(2)　$(2x-1)^3$　(3)　$(4x+y)^3$

(4)　$(-5a+2b)^3$　(5)　$(ab-2)^3$　(6)　$(2x^2+3y)^3$

2　適当な公式を用いて，次の式を展開せよ。　》教 p.9 練習 2

(1)　$(x+4)(x^2-4x+16)$　(2)　$(1-a)(1+a+a^2)$

(3)　$(2a+3b)(4a^2-6ab+9b^2)$　(4)　$(5x-2y)(25x^2+10xy+4y^2)$

3　次の式を因数分解せよ。　》教 p.10 練習 4

(1)　$64x^6-1$　(2)　$a^6+26a^3b^3-27b^6$　(3)　$(x-y)^3+8$

2　二項定理

4　次の式の展開式における，[　] 内に指定された項の係数を求めよ。

(1)　$(3x+1)^5$　$[x^4]$　(2)　$(3x-2)^5$　$[x^3]$

(3)　$(2-x)^{10}$　$[x^7]$　(4)　$(2x-3y)^7$　$[x^5y^2]$

》教 p.13 練習 7

5　二項定理の等式を用いて，次の等式を導け。　》教 p.14 練習 8

(1)　${}_n\mathrm{C}_0+2\,{}_n\mathrm{C}_1+2^2\,{}_n\mathrm{C}_2+\cdots\cdots+2^n\,{}_n\mathrm{C}_n=3^n$

(2)　${}_n\mathrm{C}_0-\dfrac{{}_n\mathrm{C}_1}{2}+\dfrac{{}_n\mathrm{C}_2}{2^2}-\cdots\cdots+(-1)^n\dfrac{{}_n\mathrm{C}_n}{2^n}=\left(\dfrac{1}{2}\right)^n$

6　次の式の展開式における，[　] 内に指定された項の係数を求めよ。

(1)　$(a+b+c)^6$　$[ab^2c^3]$　(2)　$(x+y-3z)^8$　$[x^5yz^2]$

》教 p.14 練習 9

研究　$(a+b+c)^n$ の展開式

7　次の式の展開式における，[　] 内に指定された項の係数を求めよ。

(1)　$(x+y+z)^6$　$[x^2yz^3]$　(2)　$(x+2y+3z)^6$　$[x^3y^2z]$

(3)　$(2x-3y+z)^7$　$[x^2y^2z^3]$　(4)　$(x+y-3z)^8$　$[x^5z^3]$

》教 p.15 練習 1

3 多項式の割り算

8 次のような多項式 B を，それぞれ求めよ。 教 p.18 練習 11

(1) x^3-x^2+3x+1 を B で割ると，商が $x+1$，余りが $3x-1$

(2) $6x^4+7x^3-9x^2-x+2$ を B で割ると，商が $2x^2+x-3$，余りが $6x-1$

9 次の式 A，B を x についての多項式とみて，A を B で割った商と余りを求めよ。

(1) $A=2x^3+7ax^2+5a^2x+6a^3$，$B=x+3a$

(2) $A=x^3-3ax^2+4a^3$，$B=x^2-2ax-2a^2$

(3) $A=x^4+x^2y^2+y^4$，$B=x^2+xy+y^2$

(4) $A=2x^2+4xy-3y^2-5x+2y-1$，$B=x+y+2$ 教 p.18 練習 12

4 分数式とその計算

10 次の式を計算せよ。 教 p.20 練習 14

(1) $\dfrac{(7a^2b)^2}{21x^3y^3}\times\dfrac{3x^2y}{35(ab^2)^2}$　(2) $\dfrac{3axy^3}{5b^2}\div\dfrac{6ay^3}{10b^2x}$

(3) $\dfrac{a^2-11a+24}{a^2-6a-16}\times\dfrac{a^2+2a}{a^2-6a+9}$　(4) $\dfrac{x^2-8x-20}{3x^2+5x-2}\times\dfrac{3x^2-31x+10}{x^3-2x^2-80x}$

(5) $\dfrac{a^2+3a+2}{a^2-5a+6}\div\dfrac{a^2+4a+3}{a^2+a-12}$　(6) $\dfrac{x^2-9}{x+2}\div(x^2-x-6)$

(7) $\dfrac{6x^2-7x-20}{x^2-4}\times\dfrac{x^2-x-2}{6x^2-15x}\div\dfrac{3x^2+7x+4}{x^2+2x}$

11 次の式を計算せよ。

(1) $\dfrac{x^2+4}{x-2}-\dfrac{4x}{x-2}$　(2) $\dfrac{3}{x(3-x)}+\dfrac{x}{3(x-3)}$　(3) $\dfrac{a}{a+b}+\dfrac{b}{a-b}$

(4) $\dfrac{1}{x^2-x}+\dfrac{1}{x^2-3x+2}$　(5) $\dfrac{2x-1}{x^2-x-6}-\dfrac{2x+1}{x^2+x-12}$

(6) $\dfrac{x-2}{2x^2-5x+3}+\dfrac{3x-1}{2x^2+x-6}+\dfrac{2x-5}{x^2+x-2}$ 教 p.21 練習 16

12 次の式を簡単にせよ。 教 p.21 練習 17

(1) $\dfrac{x-1+\dfrac{2}{x+2}}{x+1-\dfrac{2}{x+2}}$　(2) $1-\dfrac{1}{1-\dfrac{1}{1-x}}$

5 恒等式

13 次の等式が x についての恒等式となるように，定数 a，b，c，d の値を定めよ。

教 p.23 練習 18

(1) $a(x+2)-b(x-2)=4x$

(2) $2x^2-7x-1=a(x-1)^2+b(x-1)+c$

(3) $a(x+2)^2+b(x+3)^2+c(x+2)(x+3)=x^2$

(4) $a(x+1)^3+b(x+1)^2+c(x+1)+d=3x^3-2x-1$

(5) $ax^3-7x^2-18x-b=(x+1)(x-4)(cx+d)$

14 次の等式が x についての恒等式となるように，定数 a，b，c の値を定めよ。

教 p.24 練習 19

(1) $\dfrac{4}{(x-1)(x-3)}=\dfrac{a}{x-1}+\dfrac{b}{x-3}$

(2) $\dfrac{x+1}{(x-1)(3x-1)}=\dfrac{a}{x-1}+\dfrac{b}{3x-1}$　(3) $\dfrac{3}{x^3-1}=\dfrac{a}{x-1}+\dfrac{bx+c}{x^2+x+1}$

6 等式の証明

15 次の等式を証明せよ。

教 p.28 練習 20

(1) $a^4+b^4=\dfrac{1}{2}\{(a^2+b^2)^2+(a-b)^2(a+b)^2\}$

(2) $(a^2+3b^2)(c^2+3d^2)=(ac-3bd)^2+3(ad+bc)^2$

(3) $a^2(b-c)+b^2(c-a)+c^2(a-b)=bc(b-c)+ca(c-a)+ab(a-b)$

16 $a+b+c=0$ のとき，次の等式が成り立つことを証明せよ。

(1) $a^2-2bc=b^2+c^2$

(2) $(a+b)(b+c)(c+a)+abc=0$

(3) $a^2(b+c)+b^2(c+a)+c^2(a+b)+3abc=0$

教 p.28 練習 21，22

17 次のことが成り立つことを証明せよ。

教 p.29 練習 23，24

(1) $\dfrac{a}{b}=\dfrac{c}{d}$ のとき　[1] $\dfrac{a-b}{b}=\dfrac{c-d}{d}$　[2] $\dfrac{ab+cd}{ab-cd}=\dfrac{a^2+c^2}{a^2-c^2}$

(2) $\dfrac{x}{a}=\dfrac{y}{b}=\dfrac{z}{c}$ のとき

[1] $\dfrac{x+y+z}{a+b+c}=\dfrac{x}{a}$　[2] $\dfrac{x^2+y^2+z^2}{a^2+b^2+c^2}=\dfrac{xy+yz+zx}{ab+bc+ca}$

18 (1)　$a:b:c=2:3:4$，$a-b+c=5$ のとき，a，b，c の値を求めよ。

(2)　$a:b:c=1:3:4$，$2a+4b+c=-36$ のとき，a，b，c の値を求めよ。

» 教 p.30 練習 25

19 (1)　$3x=2y\neq0$ のとき，$\dfrac{3x+y}{x+2y}$ の値を求めよ。

(2)　$3x=-4y=6z\neq0$ のとき，$\dfrac{xy+yz+zx}{x^2+y^2+z^2}$ の値を求めよ。

» 教 p.30 練習 26

7 不等式の証明

20 次のことを証明せよ。

(1)　$x>-3$，$y>2$ のとき　　$xy-6>2x-3y$

(2)　$a>b>c>d$ のとき　　$ab+cd>ac+bd$

» 教 p.32 練習 27

21 次の不等式を証明せよ。また，等号が成り立つのはどのようなときか。

(1)　$x^2+x+1\geqq3x$　　(2)　$x^2-2x+2>0$

(3)　$2x^2+3y^2\geqq4xy$　　(4)　$9x^2\geqq y(6x-y)$

» 教 p.33 練習 28，29

22 $a>0$，$b>0$ のとき，次の不等式が成り立つことを証明せよ。

(1)　$2\sqrt{a}+\sqrt{b}>\sqrt{4a+b}$　　(2)　$\sqrt{\dfrac{a+b}{2}}\geqq\dfrac{\sqrt{a}+\sqrt{b}}{2}$

» 教 p.34 練習 30

23 $a>0$，$b>0$ のとき，次の不等式が成り立つことを証明せよ。

(1)　$ab+\dfrac{1}{ab}\geqq2$　　(2)　$\left(1+\dfrac{b}{a}\right)\left(1+\dfrac{a}{b}\right)\geqq4$

(3)　$\left(a+\dfrac{1}{b}\right)\left(b+\dfrac{9}{a}\right)\geqq16$

» 教 p.37 練習 32

定期考査対策問題

1 (1) $(3a-4b)^3$ を展開せよ。

(2) $8x^3+125$ を因数分解せよ。

(3) x^3+4x^2-8x-8 を因数分解せよ。

2 $x+y=2$, $xy=-1$ のとき，次の式の値を求めよ。

(1) x^3+y^3　　(2) x^6+y^6

3 (1) $(2x+3y)^5$ の展開式における x^3y^2 の項の係数を求めよ。

(2) 等式 ${}_nC_0+6{}_nC_1+6^2{}_nC_2+\cdots\cdots+6^n{}_nC_n=7^n$ を証明せよ。

4 次の条件を満たす多項式 A, B を求めよ。

(1) A を x^2-2x-1 で割ると，商が $2x-3$，余りが $-2x$ となる。

(2) $6x^3-x^2+3x+5$ を B で割ると，商が $3x+1$，余りが $-2x+3$ となる。

5 次の式を計算せよ。

(1) $\dfrac{x^2+9x+20}{x^3-4x^2+4x}\times\dfrac{x^2-2x}{x+5}$　　(2) $\dfrac{3}{(x+1)(x-2)}+\dfrac{x-6}{(x-2)(x+2)}$

6 次の等式が x についての恒等式となるように，定数 a, b, c の値を定めよ。

$$\frac{6x^2+7x+9}{(x+1)(x^2+1)}=\frac{a}{x+1}+\frac{bx+c}{x^2+1}$$

7 次の等式を証明せよ。

(1) $a^4+b^4+c^4+d^4-4abcd=(a^2-b^2)^2+(c^2-d^2)^2+2(ab-cd)^2$

(2) $a+b+c=0$ のとき　$ab(a+b)^2+bc(b+c)^2+ca(c+a)^2=0$

8 次の不等式を証明せよ。また，等号が成り立つのはどのようなときか。

(1) $x^2-2xy+5y^2+2x+2y+2\geqq 0$

(2) $a>b>0$ のとき　$\sqrt{a-b}>\sqrt{a}-\sqrt{b}$

9 $x>0$, $y>0$ のとき，不等式 $\left(3x+\dfrac{1}{y}\right)\left(\dfrac{3}{x}+y\right)\geqq 16$ を証明せよ。また，等号が成り立つのはどのようなときか。

第2章 複素数と方程式

1 複素数

24 次の複素数の実部と虚部をいえ。 教 p.42 練習1

(1) $5-2i$　(2) $\dfrac{1+\sqrt{5}\,i}{2}$　(3) -2　(4) $-3i$

25 次の等式を満たす実数 x，y の値を求めよ。 教 p.43 練習2

(1) $x+yi=2+3i$　(2) $x-3i=1+yi$

(3) $(x+2y)+(x-2)i=0$　(4) $(x+3y)+(2x-y)i=9+4i$

26 次の式を計算せよ。

(1) $(2+3i)+(3-5i)$　(2) $(5+3i)-(6-8i)$　(3) $(3-4i)-(3+4i)$

(4) $(5+2i)(2-3i)$　(5) $(3-2i)^2$　(6) $(2-5i)(2i-5)$

(7) $(6-2i)(6+2i)$　(8) i^5　(9) $(1+2i)^3$

教 p.43，44 練習3，4

27 次の複素数と共役な複素数をいえ。また，共役な複素数との和，積を求めよ。

(1) $3+4i$　(2) $5-2i$　(3) $\dfrac{1-\sqrt{5}\,i}{2}$　(4) $-\sqrt{6}\,i$　(5) -7

教 p.44 練習5

28 次の式を計算せよ。 教 p.45 練習6

(1) $\dfrac{2}{1+i}$　(2) $\dfrac{2+3i}{2-3i}$　(3) $\dfrac{i}{\sqrt{3}+i}$　(4) $\dfrac{3-2i}{i}$

29 次の式を計算せよ。 教 p.46 練習7

(1) $\sqrt{-27}\sqrt{-12}$　(2) $\dfrac{\sqrt{-24}}{\sqrt{-6}}$　(3) $\dfrac{\sqrt{-75}}{\sqrt{15}}$　(4) $\dfrac{\sqrt{8}}{\sqrt{-6}}$

2 2次方程式の解と判別式

30 次の2次方程式を解け。 教 p.47 練習8

(1) $x^2=-18$　(2) $x^2+5x+7=0$　(3) $-x^2+4x-7=0$

(4) $5x^2+3x+2=0$　(5) $3x^2-\sqrt{5}\,x+1=0$　(6) $x^2+4\sqrt{3}\,x+13=0$

(7) $(x+1)(x+3)=2x$　(8) $1.4x-1.2x^2=0.6$　(9) $\dfrac{x^2+1}{2}=\dfrac{x-1}{3}$

31 次の 2 次方程式の解の種類を判別せよ。 教 p.49 練習 9

(1) $x^2-3x+1=0$　(2) $6x^2-7x+3=0$

(3) $4x^2-12x+9=0$　(4) $-13x^2+12x-3=0$

(5) $5x^2-4\sqrt{5}x+4=0$　(6) $-2x^2+3\sqrt{2}x-2=0$

32 m は定数とする。次の 2 次方程式の解の種類を判別せよ。

(1) $x^2-mx+2m-3=0$　(2) $x^2+(m+3)x+m^2=0$

教 p.49 練習 10

3 解と係数の関係

33 次の 2 次方程式について，2 つの解の和と積を求めよ。 教 p.50 練習 11

(1) $x^2-4x+2=0$　(2) $6x^2+5x-4=0$　(3) $-3x^2+x+1=0$

(4) $5x^2+3=0$　(5) $x^2+3\sqrt{7}x=0$　(6) $2x(3-x)=14$

34 2 次方程式 $2x^2-6x-3=0$ の 2 つの解を α，β とするとき，次の式の値を求めよ。

(1) $\alpha^2\beta+\alpha\beta^2$　(2) $\alpha^2+\beta^2$　(3) $(\alpha-\beta)^2$

(4) $\alpha^3+\beta^3$　(5) $\dfrac{\beta^2}{\alpha}+\dfrac{\alpha^2}{\beta}$ 教 p.51 練習 12

35 次の各場合について，定数 m の値と 2 つの解を求めよ。

(1) 2 次方程式 $x^2+6x+m=0$ の 1 つの解が他の解の 2 倍である。

(2) 2 次方程式 $x^2-(m-1)x+m=0$ の 2 つの解の比が 2：3 である。

(3) 2 次方程式 $x^2-2mx+m^2+2m+3=0$ の 2 つの解の差が 2 である。

教 p.51 練習 13，14

36 次の 2 次式を，複素数の範囲で因数分解せよ。 教 p.52 練習 15

(1) $3x^2-5x-12$　(2) x^2+3x+1　(3) x^2+4x+5

(4) x^2+3　(5) $3x^2+5x+1$　(6) $4x^2-2x+1$

37 次の 2 数を解とする 2 次方程式のうち，係数がすべて整数であるものを作れ。

教 p.53 練習 16

(1) 2，3　(2) $\dfrac{2}{3}$，$-\dfrac{3}{2}$

(3) $\dfrac{5+\sqrt{7}}{3}$，$\dfrac{5-\sqrt{7}}{3}$　(4) $\dfrac{1-\sqrt{2}i}{2}$，$\dfrac{1+\sqrt{2}i}{2}$

38 和と積が次のようになる 2 数を求めよ。

(1) 和が 1，積が -2 (2) 和が 4，積が 2 (3) 和が -1，積が 1

教 p.53 練習 17

39 2 次方程式 $x^2-2x+7=0$ の 2 つの解を α，β とするとき，次の 2 数を解とする 2 次方程式を作れ。

(1) $\alpha+2$，$\beta+2$ (2) -2α，-2β (3) α^2，β^2

教 p.54 練習 18

40 2 次方程式 $x^2-2(m-3)x+4m=0$ が次のような異なる 2 つの解をもつように，定数 m の値の範囲を定めよ。

(1) 2 つとも正 (2) 2 つとも負 (3) 異符号

教 p.55 練習 19

4 剰余の定理と因数定理

41 次の多項式を，[ ] 内の 1 次式で割ったときの余りを求めよ。

(1) x^3-2x+1 $[x+2]$

(2) x^3+2x^2-2x-1 $[x-1]$

(3) $2x^3-x^2-8x+1$ $[2x+3]$

(4) $3x^4-8x^3-5x^2+12$ $[3x-2]$

教 p.56 練習 20，21

42 次の条件を満たすように，定数 a の値を定めよ。

(1) x^3+ax^2+3x+1 を $x+3$ で割ると 1 余る。

(2) ax^3-2x^2+ax-1 を $x+2$ で割ると 11 余る。

教 p.57 練習 22

43 多項式 $P(x)$ を $x-2$ で割ると余りが 5，$x-3$ で割ると余りが 9 である。$P(x)$ を $(x-2)(x-3)$ で割ったときの余りを求めよ。

教 p.57 練習 23

44 次の式を因数分解せよ。 教 p.58 練習 24

(1) x^3+3x^2-x-3 (2) $x^3+4x^2-3x-18$

(3) $x^3-27x-54$ (4) $2x^3+9x^2+13x+6$

45 次のことが成り立つように，定数 a，b の値を定めよ。

(1) x^2-2x+a が $x-1$ で割り切れる。

(2) $x^3-x^2-2a^2x-a+1$ が $x+1$ で割り切れる。

(3) ax^3+bx^2-7x+6 が $x+2$ で割り切れ，$x-3$ で割ると 30 余る。

教 p.58 練習 25

5 高次方程式

46 次の方程式を解け。 教 p.60，61 練習 26，27

(1) $x^3=-64$

(2) $27x^3-8=0$

(3) $x^4-5x^2-36=0$

(4) $x^4-144=0$

(5) $x^4-7x^2+12=0$

(6) $x^4+13x^2+12=0$

47 次の方程式を解け。 教 p.61，62 練習 28，29

(1) $x^3-5x^2+4=0$

(2) $x^3-2x^2+x+4=0$

(3) $2x^3-7x^2+2x+3=0$

(4) $x^4+x^3-2x^2-4x-8=0$

(5) $x^4-2x^3+2x-1=0$

(6) $x^4-3x^3-x^2-3x+18=0$

48 3 次方程式 $x^3+ax^2+x+b=0$ が -1 と 2 を解にもつとき，定数 a，b の値と他の解を求めよ。

教 p.63 練習 30

49 3 次方程式 $x^3-5x^2+ax+b=0$ が $3+2i$ を解にもつとき，実数の定数 a，b の値と他の解を求めよ。

教 p.64 練習 31

発展 3次方程式の解と係数の関係

50 3 次方程式 $x^3-3x^2-2x+7=0$ の 3 つの解を α，β，γ とするとき，次の式の値を求めよ。 教 p.66 練習 1

(1) $\dfrac{1}{\alpha}+\dfrac{1}{\beta}+\dfrac{1}{\gamma}$

(2) $\alpha^2+\beta^2+\gamma^2$

(3) $\alpha^3+\beta^3+\gamma^3$

(4) $(1-\alpha)(1-\beta)(1-\gamma)$

(5) $(\alpha+\beta)(\beta+\gamma)(\gamma+\alpha)$

定期考査対策問題

1 次の式を計算せよ。

(1) $(5-4i)+(3+8i)$　(2) $(6-5i)-(3+2i)$　(3) $(7+2i)(5-4i)$

(4) $\dfrac{1-2i}{2-i}$　(5) $(3-2i)^3$　(6) $\sqrt{-2}\sqrt{-10}$

2 等式 $(2+i)x-(3-6i)y=15$ を満たす実数 x, y の値を求めよ。

3 (1) 2 次方程式 $x^2+ax+a+8=0$ (a は定数) の解の種類を判別せよ。

(2) 方程式 $kx^2+4x+3=0$ がただ 1 つの実数解をもつとき，定数 k の値を求めよ。また，そのときの実数解を求めよ。

4 2 次方程式 $x^2-2x+5=0$ の 2 つの解を α, β とするとき，次の式の値を求めよ。

(1) $\alpha^2\beta+\alpha\beta^2$　(2) $(\alpha-\beta)^2$　(3) $\dfrac{\alpha^2}{\beta}+\dfrac{\beta^2}{\alpha}$　(4) $\alpha^4+\beta^4$

5 次の式を，複素数の範囲で因数分解せよ。

(1) $5x^2-2x+1$　(2) x^4-7x^2-18

6 2 次方程式 $x^2-2mx+m+6=0$ が次のような異なる 2 つの解をもつように，定数 m の値の範囲を定めよ。

(1) 2 つとも負　(2) 異符号　(3) 2 つとも 1 より大きい

7 (1) 次の多項式を [　] 内の式で割ったときの余りを求めよ。

(ア) x^3+x^2+2x-1　$[x-2]$　(イ) x^3+4　$[2x+3]$

(2) 次の条件を満たす定数 a の値を求めよ。

(ア) $9x^3+2x+a$ を $3x+2$ で割ったときの余りが 1 となる。

(イ) $x^3+ax+a+5$ が $x-3$ で割り切れる。

8 次の方程式を解け。

(1) $x^3=-27$　(2) $x^4-4x^2-12=0$

(3) $x^3-9x^2+23x-15=0$　(4) $(x-2)(x-1)x=3\cdot4\cdot5$

9 3 次方程式 $x^3+ax^2+bx-10=0$ が $2+i$ を解にもつとき，実数の定数 a, b の値を求めよ。また，他の解を求めよ。

第3章 図形と方程式

1 直線上の点

51 2点 A(-3), B(5) を結ぶ線分 AB について，次の点の座標を求めよ。

(1) $4:3$ に内分する点　　(2) $4:3$ に外分する点

(3) $3:4$ に外分する点　　(4) 中点

》教p.74 練習2

2 平面上の点

52 次の2点間の距離を求めよ。

(1) $(2,\ 3)$, $(7,\ 5)$　　(2) $(1,\ -2)$, $(-3,\ 4)$

(3) $(0,\ 0)$, $(-12,\ -5)$

》教p.75 練習3

53 3点 A$(1,\ 1)$, B$(-2,\ -3)$, C$(5,\ -2)$ を頂点とする △ABC は，直角二等辺三角形であることを示せ。

》教p.76 練習4

54 △ABC の重心を G とするとき，次の等式を証明せよ。

$$AB^2+AC^2=BG^2+CG^2+4AG^2$$

》教p.76 練習5

55 2点 A$(-4,\ 2)$, B$(3,\ -8)$ を結ぶ線分 AB に対して，次の点の座標を求めよ。

(1) $3:1$ に内分する点　　(2) $2:3$ に内分する点

(3) $3:1$ に外分する点　　(4) $2:3$ に外分する点

(5) 中点

》教p.78 練習6

56 次の3点を頂点とする三角形の重心の座標を求めよ。

》教p.79 練習7

(1) $(-1,\ 0)$, $(1,\ 2\sqrt{3})$, $(2,\ \sqrt{3})$　　(2) $(-1,\ -1)$, $(1,\ 1)$, $(-1,\ 3)$

57 (1) 点 A$(-2,\ 1)$ に関して，点 P$(3,\ -4)$ と対称な点 Q の座標を求めよ。

(2) 点 A$(3,\ 2)$ に関して，原点 O と対称な点 Q の座標を求めよ。

》教p.79 練習8

3 直線の方程式

58 次の直線の方程式を求めよ。 教 p.81 練習 10

(1) 点 $(-2,\ 3)$ を通り，傾きが 2

(2) 点 $(5,\ -4)$ を通り，傾きが $-\dfrac{3}{4}$

(3) 点 $(3,\ 6)$ を通り，x 軸に垂直

(4) 点 $(3,\ -2)$ を通り，x 軸に平行

59 次の 2 点を通る直線の方程式を求めよ。

(1) $\mathrm{A}(-4,\ 3)$，$\mathrm{B}(6,\ -3)$　(2) $\mathrm{A}(3,\ -4)$，$\mathrm{B}(-1,\ 0)$

(3) $\mathrm{A}(-2,\ 4)$，$\mathrm{B}(-2,\ -1)$　(4) $\mathrm{A}(2,\ 5)$，$\mathrm{B}(-3,\ 5)$

(5) $\mathrm{A}(-3,\ 0)$，$\mathrm{B}(0,\ 5)$ 教 p.82 練習 11

4 2 直線の関係

60 次の直線の方程式を求めよ。 教 p.84 練習 14

(1) 点 $(6,\ 4)$ を通り，次の直線に平行な直線，垂直な直線

(ア) $y=3x+2$　(イ) $y=-1$　(ウ) $x=2$

(2) 点 $(-2,\ 3)$ を通り，直線 $3x-5y-12=0$ に平行な直線，垂直な直線

61 次の連立方程式が，ただ 1 組の解をもつ，解をもたない，無数の解をもつための必要十分条件を，それぞれ求めよ。

$$3x-2y+4=0,\ ax+3y+c=0$$

教 p.85 練習 15

62 2 直線 $8x+7y-19=0$，$3x-5y+6=0$ の交点と点 $(-4,\ 1)$ を通る直線の方程式を求めよ。 教 p.86 練習 16

63 次の直線に関して，点 $\mathrm{A}(-3,\ 5)$ と対称な点の座標を求めよ。

(1) $y=x$　(2) $3x-2y+12=0$

教 p.87 練習 17

64 次の直線と，原点および点 $(1,\ 2)$ との距離を，それぞれ求めよ。

(1) $y=3x+1$　(2) $4x+3y=2$　(3) $y=4$　(4) $x=-1$

教 p.89 練習 18

65 3 点 A(3, 4), B(0, 0), C(5, 0) を頂点とする △ABC について，次の 3 直線の方程式をそれぞれ求めよ。また，それらが 1 点で交わることを示し，その交点の座標を求めよ。

(1) 各辺の垂直二等分線

(2) 各頂点から対辺に下ろした垂線 教 p.90 練習 19

5 円の方程式

66 次の円の方程式を求めよ。 教 p.92 練習 20

(1) 中心が原点，半径が 5 (2) 中心が点 (3, −2)，半径が 4

67 次の円の方程式を求めよ。 教 p.93 練習 22

(1) 点 (−2, 1) を中心とし，点 (1, −3) を通る

(2) 2 点 (4, −2), (−6, 2) を直径の両端とする

(3) 点 (3, 4) を中心とし，x 軸に接する

68 次の方程式はどのような図形を表すか。 教 p.94 練習 23, 24

(1) $x^2+y^2+4x-6y=0$ (2) $3x^2+3y^2-6x+12y+5=0$

(3) $x^2+y^2-\sqrt{3}x+y+1=0$ (4) $x^2+y^2+6x-2y+15=0$

69 3 点 A(1, 1), B(2, −1), C(3, 2) がある。 教 p.95 練習 25

(1) 3 点 A, B, C を通る円の方程式を求めよ。

(2) △ABC の外心の座標と，外接円の半径を求めよ。

6 円と直線

70 次の円と直線の位置関係(異なる 2 点で交わる，接する，共有点をもたない)を調べよ。また，共有点があるときは，その座標を求めよ。

(1) $x^2+y^2=1$, $x-y=1$ (2) $x^2+y^2=3$, $x+y=\sqrt{6}$

(3) $x^2+y^2=2$, $2x+3y=6$ (4) $x^2+y^2+2x-4y=0$, $x+2y+2=0$

教 p.96, 97 練習 26, 27

71 円 $x^2+y^2=25$ と直線 $y=3x+k$ が共有点をもつとき，定数 k の値の範囲を求めよ。また，接するときの k の値と接点の座標を求めよ。

教 p.98 練習 28

72 次の円と直線の共有点の個数は，定数 k の値によってどのように変わるか。

(1) $x^2+y^2=1$，$y=-x+k$　　(2) $x^2+y^2+4y=0$，$y=kx+2$

教 p.99 練習 29

73 直線 $4x+3y-5=0$ が次の円によって切り取られる弦の長さを求めよ。

(1) $x^2+y^2=4$　　(2) $x^2+y^2+4x-2y-1=0$

教 p.100 練習 30

74 次の円の，円上の点 P における接線の方程式を求めよ。

(1) $x^2+y^2=9$，点 $\mathrm{P}(1,\ 2\sqrt{2})$　　(2) $x^2+y^2=100$，点 $\mathrm{P}(-6,\ 8)$

(3) $x^2+y^2=49$，点 $\mathrm{P}(-7,\ 0)$

教 p.101 練習 31

75 次の点を通り，与えられた円に接する直線の方程式と，接点の座標を求めよ。

(1) 点 $(4,\ 2)$，$x^2+y^2=4$　　(2) 点 $(-2,\ 4)$，$x^2+y^2=10$

教 p.102 練習 32

7 2つの円

76 次の 2 円の位置関係を調べよ。 教 p.104 練習 33

(1) $x^2+y^2=9$，$(x-1)^2+(y-2)^2=36$

(2) $(x-3)^2+y^2=4$，$x^2+y^2-2x+4y+4=0$

(3) $x^2+y^2+2x-8y-73=0$，$x^2+y^2+4x-2y-35=0$

77 次の円の方程式を求めよ。 教 p.104 練習 34

(1) 中心が点 $(4,\ 4)$ で，円 $x^2+y^2-2x-3=0$ と外接する円

(2) 中心が点 $(1,\ -2)$ で，円 $x^2+y^2+6x-2y+6=0$ と内接する円

78 次の 2 つの円の共有点の座標を求めよ。 教 p.105 練習 35

(1) $x^2+y^2=5$，$x^2+y^2-4x-4y+7=0$

(2) $x^2+y^2-4y-4=0$，$x^2+y^2-2x=0$

79 2 つの円 $x^2+y^2=4$，$x^2+y^2-4x-2y+1=0$ の 2 つの交点と点 $(1,\ -1)$ を通る円の中心と半径を求めよ。

教 p.106 練習 36

8 軌跡と方程式

80 次のような点Pの軌跡を求めよ。 教 p.108，109 練習 37，38

(1) 2点 A$(-1,\ 5)$，B$(7,\ -1)$ から等距離にある点P

(2) 2点 A$(-\sqrt{2},\ 0)$，B$(\sqrt{2},\ 0)$ に対して，$\mathrm{AP}^2+\mathrm{BP}^2=20$ である点P

(3) 2点 A$(-3,\ 0)$，B$(1,\ 0)$ からの距離の比が $1:3$ である点P

81 次のような点Pの軌跡を求めよ。 教 p.110 練習 39

(1) 点 A$(1,\ 3)$ と直線 $x-2y-1=0$ 上の点Qを結ぶ線分AQの中点P

(2) 点 A$(5,\ 0)$ と円 $(x+1)^2+y^2=16$ 上の点Qを結ぶ線分AQの中点P

(3) 2点 A$(4,\ 0)$，B$(2,\ 3)$ と円 $x^2+y^2=1$ 上の点Qを頂点とする三角形の重心P

(4) 点 A$(2,\ -2)$ と放物線 $y=x^2$ 上の点Qを結ぶ線分AQを $1:2$ に内分する点P

9 不等式の表す領域

82 次の不等式の表す領域を図示せよ。 教 p.112 練習 40，41

(1) $y>3x+2$　(2) $y\geqq -3x+5$　(3) $x-2y-4\geqq 0$

(4) $2x+3y-3<0$　(5) $3x-9\geqq 0$　(6) $2y+4<0$

83 次の不等式の表す領域を図示せよ。

(1) $x^2+y^2>9$　(2) $x^2+2x+y^2\geqq 0$

(3) $x^2+y^2-6x-4y-3<0$ 教 p.113，114 練習 42，43

84 右の図の斜線部分は，どのような不等式の表す領域か。ただし，境界線を含まないものとする。 教 p.114 練習 44

(1)

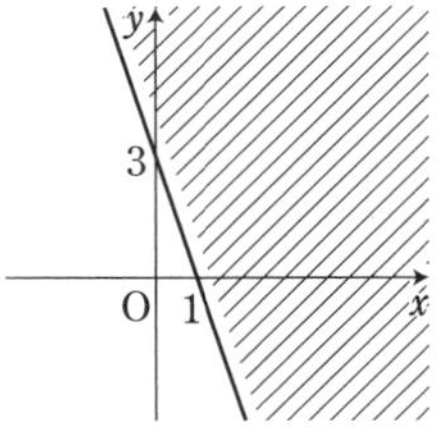

(2)

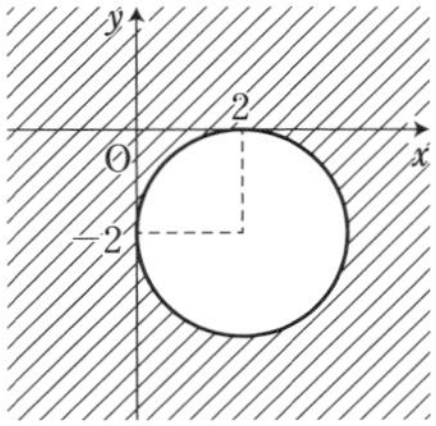

85 次の連立不等式の表す領域を図示せよ。

(1) $\begin{cases} y \leqq x+1 \\ y \geqq -x+1 \end{cases}$　(2) $\begin{cases} 2x+3y>6 \\ x-3y<9 \end{cases}$　(3) $\begin{cases} 2y-3x>6 \\ x^2+y^2<9 \end{cases}$

教 p.115 練習 45

86 次の不等式の表す領域を図示せよ。

(1) $(x-1)(x-2y)>0$　(2) $(2x-y-3)(x-y+1) \leqq 0$

(3) $(x+y-1)(x^2+y^2-4)<0$　(4) $(x^2+y^2-2)(x^2+y^2-4x) \geqq 0$

教 p.115 練習 46

87 (1) 4 つの不等式 $x \geqq 0$, $y \geqq 0$, $2x+y \leqq 5$, $x+3y \leqq 6$ を満たす x, y の値に対して，$x+y$ のとる値の範囲を求めよ。

(2) x, y が 3 つの不等式 $x+y \leqq 6$, $2x+y \geqq 6$, $x+2y \geqq 4$ を満たすとき，$2x+3y$ の最大値，最小値を求めよ。

教 p.116 練習 47

88 x, y は実数とする。次のことを証明せよ。

(1) $x^2+y^2<25$　ならば　$3x+4y<25$

(2) $x^2+y^2<4$　ならば　$x^2+y^2-8x+12>0$

(3) $x+y>\sqrt{2}$　ならば　$x^2+y^2>1$

教 p.117 練習 48

定期考査対策問題

1 A(−5, −1), B(1, −2), C(4, 3) を頂点とする △ABC の辺 AB, BC, CA をそれぞれ 2 : 3 に外分する点 P, Q, R の座標を求めよ。また, △PQR の重心の座標を求めよ。

2 次の 3 点を頂点とする △ABC はどのような形か。

A(1, 2), B(−2, −2), C(5, −1)

3 直線 $y=4x-2$ 上にあって, 2 点 A(1, 4), B(4, 3) から等距離にある点 P の座標を求めよ。

4 四角形 ABCD の辺 AB, BC, CD, DA の中点をそれぞれ P, Q, R, S とする。等式 $AC^2+BD^2=2(PR^2+QS^2)$ を証明せよ。

5 A(1, −4), B(3, 2) とする。次の直線の方程式を求めよ。

(1) 点 A を通り, 傾きが −2 の直線

(2) 2 点 A, B を通る直線

(3) 点 A を通り, 直線 $3x+2y+1=0$ に平行な直線, 垂直な直線

6 3 点 A(2, 5), B(4, 9), C(−1, a) が一直線上にあるとき, 定数 a の値を求めよ。

7 (1) 点 A(−1, 5) に関して, 点 P(3, 2) と対称な点 Q の座標を求めよ。

(2) 直線 $2x+3y-5=0$ を ℓ とする。直線 ℓ に関して点 A(3, 4) と対称な点 B の座標を求めよ。

8 3 点 A(1, 1), B(3, 7), C(−3, −1) を頂点とする △ABC の面積を求めよ。

9 次のような円の方程式を求めよ。

(1) 点 (2, 1) を中心とし, 点 (5, 5) を通る

(2) 点 (3, −2) を中心とし, x 軸に接する

(3) 3 点 (−5, 7), (1, −1), (2, 6) を通る

10 (1) 円 $x^2+y^2-10x+12y=3$ の中心の座標と半径を求めよ。

(2) 方程式 $x^2+y^2+2kx-4ky+4k^2+6=0$ が円を表すような定数 k の値の範囲を求めよ。

11 次のような，円の接線の方程式を求めよ。

(1) 円 $x^2+y^2=4$ 上の点 $(1,\ -\sqrt{3})$ における接線

(2) 点 $(3,\ 2)$ から円 $x^2+y^2=4$ に引いた接線

12 直線 $2x-y+5=0$ が円 $x^2+y^2=9$ によって切り取られる弦の長さを求めよ。

13 2 円 $x^2+y^2-4x-5=0$，$x^2+y^2+2y-15=0$ について

(1) 2 円は 2 点で交わることを示せ。

(2) 2 円の 2 つの交点と原点を通る円の方程式を求めよ。

(3) 2 円の 2 つの交点を通る直線の方程式を求めよ。

14 (1) 点 Q が直線 $y=x+3$ 上を動くとき，点 $\mathrm{A}(4,\ 1)$ と Q を結ぶ線分 AQ を 1：2 に内分する点 P の軌跡を求めよ。

(2) 2 点 $\mathrm{A}(5,\ 0)$，$\mathrm{B}(7,\ -6)$ と円 $x^2+y^2=9$ 上を動く点 Q とでできる △ABQ の重心 P の軌跡を求めよ。

15 次の不等式の表す領域を図示せよ。

(1) $\begin{cases} 2x-3y>6 \\ 4x+3y<12 \end{cases}$　　(2) $1<x^2+y^2\leqq 9$

(3) $(x+y)(x^2+y^2-2x)>0$

16 $x^2+y^2\leqq 4$，$y\geqq 0$ のとき，$-x+y$ の最大値と最小値を求めよ。

17 x，y は実数とする。次のことを証明せよ。

$$x^2+y^2<4 \quad \text{ならば} \quad x^2+y^2>10x-16$$

第4章 三角関数

1 一般角と弧度法

89 次の角のうち，その動径が $120°$ の動径と一致するものはどれか。

$300°$，$840°$，$1320°$，$-240°$，$-480°$，$-960°$

教 p.125 練習2

90 次の角を弧度法で表せ。 教 p.127 練習3

(1) $30°$　(2) $45°$　(3) $-210°$　(4) $72°$　(5) $420°$

91 次の角を度数法で表せ。 教 p.127 練習4

(1) $\dfrac{\pi}{3}$　(2) $\dfrac{11}{6}\pi$　(3) $\dfrac{\pi}{8}$　(4) $-\dfrac{7}{12}\pi$　(5) 2

92 次のような扇形の弧の長さと面積を求めよ。 教 p.127 練習5

(1) 半径が5，中心角が $\dfrac{\pi}{4}$　(2) 半径が12，中心角が $\dfrac{11}{6}\pi$

2 三角関数

93 θ が次の値のとき，$\sin\theta$，$\cos\theta$，$\tan\theta$ の値を，それぞれ求めよ。

(1) $\dfrac{2}{3}\pi$　(2) $-\dfrac{\pi}{6}$　(3) $\dfrac{7}{4}\pi$　(4) $-\dfrac{19}{6}\pi$

教 p.129 練習6

94 (1) θ の動径が第2象限にあり，$\sin\theta=\dfrac{1}{\sqrt{5}}$ のとき，$\cos\theta$ と $\tan\theta$ の値を求めよ。

(2) θ の動径が第3象限にあり，$\cos\theta=-\dfrac{12}{13}$ のとき，$\sin\theta$ と $\tan\theta$ の値を求めよ。 教 p.130 練習7

95 (1) $\cos\theta=-\dfrac{4}{5}$ のとき，$\sin\theta$ と $\tan\theta$ の値を求めよ。

(2) $\tan\theta=-2\sqrt{2}$ のとき，$\sin\theta$ と $\cos\theta$ の値を求めよ。

教 p.130 練習8

96 次の等式を証明せよ。 》教p.131 練習 9

(1) $(\tan\theta+\cos\theta)^2-(\tan\theta-\cos\theta)^2=4\sin\theta$

(2) $\dfrac{\cos\theta}{1+\sin\theta}+\dfrac{\cos\theta}{1-\sin\theta}=\dfrac{2}{\cos\theta}$

(3) $(\tan\theta+1)^2+(1-\tan\theta)^2=\dfrac{2}{\cos^2\theta}$

(4) $\dfrac{\sin\theta}{1+\cos\theta}+\dfrac{1}{\tan\theta}=\dfrac{1}{\sin\theta}$ (5) $\dfrac{\cos\theta-1}{\sin\theta}+\dfrac{\sin\theta}{\cos\theta-1}=-\dfrac{2}{\sin\theta}$

97 (1) $\sin\theta+\cos\theta=\dfrac{\sqrt{3}}{2}$ のとき，$\sin\theta\cos\theta$，$\sin^3\theta+\cos^3\theta$ の値を求めよ。

(2) $\sin\theta-\cos\theta=\dfrac{1}{\sqrt{2}}$ のとき，$\sin\theta\cos\theta$，$\sin^3\theta-\cos^3\theta$ の値を求めよ。

》教p.131 練習 10

3 三角関数の性質

98 θ が次の値のとき，$\sin\theta$，$\cos\theta$，$\tan\theta$ を鋭角の三角関数で表し，その値を求めよ。

(1) $\dfrac{11}{3}\pi$ (2) $-\dfrac{31}{6}\pi$ (3) $\dfrac{19}{4}\pi$ (4) $\dfrac{10}{3}\pi$ (5) $-\dfrac{25}{6}\pi$

》教p.132〜134 練習 11〜14

4 三角関数のグラフ

99 次の関数のグラフをかけ。また，その周期をいえ。

(1) $y=3\cos\theta$ (2) $y=-\dfrac{1}{3}\tan\theta$ (3) $y=\sin\theta-1$

(4) $y=\sin\left(\theta-\dfrac{\pi}{6}\right)$ (5) $y=\cos\left(\theta+\dfrac{\pi}{3}\right)$ (6) $y=\tan\left(\theta-\dfrac{\pi}{2}\right)$

(7) $y=\cos 4\theta$ (8) $y=\sin\dfrac{\theta}{3}$ (9) $y=\tan 3\theta$

》教p.138〜140 練習 15〜17

100 次の関数のグラフをかけ。また，周期を求めよ。

(1) $y=\cos\left(3\theta-\dfrac{\pi}{2}\right)$ (2) $y=\tan\left(\dfrac{\theta}{2}-\dfrac{\pi}{3}\right)$ (3) $y=2\sin\left(2\theta+\dfrac{\pi}{3}\right)+1$

》教p.140 練習 18

5 三角関数の応用

101 $0 \leqq \theta < 2\pi$ のとき，次の方程式を解け。また，θ の範囲に制限がないときの解を求めよ。

(1) $\sin\theta = \dfrac{\sqrt{3}}{2}$　　(2) $\cos\theta = \dfrac{1}{\sqrt{2}}$

(3) $\cos\theta = -1$　　(4) $\tan\theta = \dfrac{1}{\sqrt{3}}$

(5) $2\cos\theta + 1 = 0$　　(6) $\tan\theta + 1 = 0$

教 p.141 練習 19，20

102 $0 \leqq \theta < 2\pi$ のとき，次の不等式を解け。 教 p.142 練習 21，22

(1) $\sin\theta > \dfrac{1}{2}$　　(2) $\cos\theta \leqq \dfrac{\sqrt{3}}{2}$　　(3) $\tan\theta < -\sqrt{3}$

(4) $\sqrt{2}\sin\theta \leqq -1$　　(5) $2\cos\theta + \sqrt{2} > 0$　　(6) $\tan\theta + 1 \geqq 0$

103 $0 \leqq \theta < 2\pi$ のとき，次の方程式を解け。 教 p.143 練習 23

(1) $\sin\left(\theta - \dfrac{\pi}{3}\right) = -\dfrac{\sqrt{3}}{2}$　　(2) $\cos\left(\theta + \dfrac{\pi}{6}\right) = \dfrac{1}{\sqrt{2}}$

(3) $\tan\left(\theta + \dfrac{\pi}{4}\right) = \dfrac{1}{\sqrt{3}}$　　(4) $\cos\left(\theta - \dfrac{\pi}{6}\right) = -1$

104 $0 \leqq \theta < 2\pi$ のとき，次の不等式を解け。 教 p.143 練習 24

(1) $\sin\left(\theta + \dfrac{\pi}{4}\right) \leqq \dfrac{\sqrt{3}}{2}$　　(2) $\tan\left(\theta - \dfrac{\pi}{6}\right) > 1$

(3) $\cos\left(\theta - \dfrac{\pi}{3}\right) < -\dfrac{\sqrt{3}}{2}$　　(4) $\tan\left(\theta + \dfrac{\pi}{6}\right) \geqq -\sqrt{3}$

105 次の関数の最大値，最小値があれば，それを求めよ。また，そのときの θ の値を求めよ。

(1) $y = \sin^2\theta - 4\sin\theta + 1$ $(0 \leqq \theta < 2\pi)$

(2) $y = \sin^2\theta + \cos\theta + 1$ $(0 \leqq \theta < 2\pi)$

(3) $y = 2\tan^2\theta + 4\tan\theta + 5$ $\left(-\dfrac{\pi}{2} < \theta < \dfrac{\pi}{2}\right)$ 教 p.144 練習 25

6 加法定理

106 次の値を求めよ。 教p.148，149 練習 26，27，29

(1) $\sin 195^\circ$　(2) $\cos 195^\circ$　(3) $\tan 105^\circ$

(4) $\sin\frac{11}{12}\pi$　(5) $\cos\frac{11}{12}\pi$　(6) $\tan\frac{13}{12}\pi$

107 $\frac{\pi}{2}<\alpha<\pi$，$0<\beta<\frac{\pi}{2}$ とする。次の値を求めよ。

(1) $\sin\alpha=\frac{1}{3}$，$\cos\beta=\frac{2}{5}$ のとき　$\sin(\alpha+\beta)$，$\cos(\alpha+\beta)$

(2) $\cos\alpha=-\frac{3}{5}$，$\sin\beta=\frac{5}{13}$ のとき　$\sin(\alpha-\beta)$，$\cos(\alpha-\beta)$

(3) $\tan\alpha=-2$，$\tan\beta=1$ のとき　$\tan(\alpha+\beta)$，$\tan(\alpha-\beta)$

教p.148，149 練習 28，30

108 次の2直線のなす角 θ を求めよ。ただし，$0<\theta<\frac{\pi}{2}$ とする。

(1) $x-2y+4=0$，$3x-y-3=0$　(2) $y=-x$，$y=(2-\sqrt{3})x$

教p.150 練習 31

研究 点の回転

109 次の点Pを，原点Oを中心として与えられた角だけ回転した位置にある点Qの座標を求めよ。 教p.151 練習 1

(1) P(2，−1)，$\frac{2}{3}\pi$　(2) P(−6，2)，$-\frac{\pi}{4}$

7 加法定理の応用

110 次の値を求めよ。 教p.152 練習 32

(1) $\frac{\pi}{2}<\alpha<\pi$，$\sin\alpha=\frac{1}{3}$ のとき　$\cos 2\alpha$，$\sin 2\alpha$，$\tan 2\alpha$

(2) $\pi<\alpha<\frac{3}{2}\pi$，$\cos\alpha=-\frac{3}{4}$ のとき　$\cos 2\alpha$，$\sin 2\alpha$，$\tan 2\alpha$

111 等式 $\sin 2\alpha\tan\alpha=1-\cos 2\alpha$ を証明せよ。 教p.153 練習 33

112 半角の公式を用いて，次の値を求めよ。 教 p.153 練習 34

(1) $\sin\dfrac{\pi}{12}$　(2) $\cos\dfrac{5}{8}\pi$　(3) $\tan\dfrac{5}{12}\pi$

113 $0<\alpha<\pi$ のとき，次の値を求めよ。

(1) $\cos\alpha=-\dfrac{3}{5}$ のとき　$\sin\dfrac{\alpha}{2}$，$\cos\dfrac{\alpha}{2}$，$\tan\dfrac{\alpha}{2}$

(2) $\tan\alpha=2$ のとき　$\tan 2\alpha$，$\tan\dfrac{\alpha}{2}$ 教 p.153 練習 35

114 $0\leqq x<2\pi$ のとき，次の方程式，不等式を解け。 教 p.154 練習 36

(1) $\sin 2x=\cos x$　(2) $2\cos 2x+4\cos x-1=0$

(3) $\cos 2x<\sin x$　(4) $\cos 2x\geqq\cos^2 x$

発展 和と積の公式

115 次の式を，2 つの三角関数の和または差の形に変形せよ。

(1) $\sin 2\theta\cos 3\theta$　(2) $\cos 4\theta\cos\theta$　(3) $\sin 3\theta\sin 5\theta$

教 p.155 練習 1

116 公式を用いて，次の値を求めよ。 教 p.155 練習 2

(1) $\sin 75^\circ\cos 15^\circ$　(2) $\cos 75^\circ\sin 15^\circ$　(3) $\sin 37.5^\circ\sin 7.5^\circ$

117 次の式を，2 つの三角関数の積の形に変形せよ。 教 p.156 練習 3

(1) $\sin 2\theta+\sin 4\theta$　(2) $\cos 4\theta-\cos 2\theta$　(3) $\cos 3\theta+\cos 2\theta$

118 公式を用いて，次の値を求めよ。 教 p.156 練習 4

(1) $\sin 75^\circ-\sin 15^\circ$　(2) $\cos 15^\circ+\cos 105^\circ$　(3) $\cos 105^\circ-\cos 15^\circ$

119 $0\leqq x<2\pi$ のとき，方程式 $\cos x+\cos 3x=0$ を解け。 教 p.156 練習 5

8 三角関数の合成

120 次の式を $r\sin(\theta+\alpha)$ の形に変形せよ。ただし，$r>0$，$-\pi<\alpha<\pi$ とする。

(1) $\sqrt{2}\sin\theta-\sqrt{2}\cos\theta$　(2) $-\sin\theta+\sqrt{3}\cos\theta$

(3) $\dfrac{1}{2}\sin\theta+\dfrac{\sqrt{3}}{2}\cos\theta$　(4) $\sqrt{6}\sin\theta-\sqrt{2}\cos\theta$

教 p.157 練習 37

121 $0 \leqq x < 2\pi$ のとき，次の方程式を解け。

(1) $\sin x + \sqrt{3}\cos x = -1$　　(2) $2(\sin x - \cos x) = \sqrt{6}$

(3) $\sqrt{3}\sin 2x - \cos 2x = -\sqrt{2}$

» 教 p.158 練習 38

122 $0 \leqq x < 2\pi$ のとき，次の不等式を解け。

(1) $\sin x + \cos x \geqq \dfrac{1}{\sqrt{2}}$　　(2) $\cos x < \sqrt{3}\sin x$

(3) $\sqrt{2} \leqq \sin x - \sqrt{3}\cos x < \sqrt{3}$

» 教 p.158 練習 39

123 次の関数の最大値，最小値を求めよ。(1)，(2) については，そのときの x の値も求めよ。

(1) $y = -\sin x + \cos x$ $(0 \leqq x < 2\pi)$

(2) $y = \sin 2x - \sqrt{3}\cos 2x$ $(0 \leqq x < \pi)$

(3) $y = 4\sin x + 3\cos x$　　(4) $y = \sqrt{7}\sin x - 3\cos x$

» 教 p.159 練習 40

124 $0 \leqq x \leqq \pi$ のとき，次の関数の最大値，最小値を求めよ。(1) については，そのときの x の値も求めよ。

» 教 p.159 練習 41

(1) $y = \sin x + \sqrt{3}\cos x$　　(2) $y = 2\sin x + \cos x$

定期考査対策問題

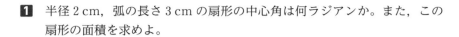

1 半径 2 cm，弧の長さ 3 cm の扇形の中心角は何ラジアンか。また，この扇形の面積を求めよ。

2 次の値を求めよ。

(1) $\pi<\theta<2\pi$，$\cos\theta=-\dfrac{4}{5}$ のとき　$\sin\theta$，$\tan\theta$

(2) θ の動径が第 3 象限にあり，$\tan\theta=4$ のとき　$\sin\theta$，$\cos\theta$

3 (1) 等式 $(1-\tan^2\theta)\cos^2\theta+2\sin^2\theta=1$ を証明せよ。

(2) $\tan\theta=3$ のとき，$\dfrac{1}{1+\sin\theta}+\dfrac{1}{1-\sin\theta}$ の値を求めよ。

4 次の値を求めよ。

(1) $\cos\dfrac{9}{4}\pi$　　(2) $\sin\left(-\dfrac{10}{3}\pi\right)$　　(3) $\tan\dfrac{29}{6}\pi$

5 $y=2\cos\left(2\theta-\dfrac{\pi}{3}\right)$ のグラフをかけ。また，その周期をいえ。

6 次の関数の最大値と最小値を求めよ。また，そのときの θ の値を求めよ。

(1) $y=\sin\left(\theta+\dfrac{\pi}{6}\right)$ $(0\leqq\theta\leqq\pi)$

(2) $y=2\cos^2\theta+2\sin\theta+1$ $(0\leqq\theta<2\pi)$

7 α が鋭角，β が鈍角で，$\cos\alpha=\dfrac{1}{4}$，$\sin\beta=\dfrac{2}{3}$ のとき，$\sin(\alpha-\beta)$，$\cos(\alpha-\beta)$ の値を求めよ。

8 点 $(1,\ 0)$ を通り，直線 $y=x-1$ と $\dfrac{\pi}{6}$ の角をなす直線の方程式を求めよ。

9 $0\leqq x<2\pi$ のとき，次の方程式，不等式を解け。

(1) $\cos 2x=3\cos x-2$　　(2) $\cos 2x>\sin x$

10 次の関数の最大値と最小値，およびそのときの x の値を求めよ。

$$y=-\sin x+\sqrt{3}\cos x\ (0\leqq x<2\pi)$$

第5章 指数関数と対数関数

1 指数の拡張

125 次の値を求めよ。 教p.164 練習1

(1) 8^0　(2) 4^{-3}　(3) 100^{-2}　(4) $(-3)^{-5}$　(5) 0.5^{-3}

126 次の式を計算せよ。ただし，$a \neq 0$，$b \neq 0$ とする。 教p.165 練習2

(1) a^5a^{-3}　(2) $(a^{-1})^{-2}$　(3) $(a^2b^{-1})^3$

(4) $(a^{-3}b)^{-2}$　(5) $a^{-2} \div a^3$　(6) $a^{-3} \div a^{-3}$

127 次の値を求めよ。 教p.166 練習3

(1) $\sqrt[4]{256}$　(2) $\sqrt[3]{216}$　(3) $\sqrt[5]{0.00001}$

128 次の式を計算せよ。 教p.167 練習4

(1) $(\sqrt[4]{5})^8$　(2) $\sqrt[4]{4^8}$　(3) $\sqrt[3]{4}\sqrt[3]{10}$　(4) $\sqrt[4]{3}\sqrt[4]{27}$

(5) $\dfrac{\sqrt[4]{64}}{\sqrt[4]{4}}$　(6) $\dfrac{\sqrt[3]{48}}{\sqrt[3]{3}}$　(7) $\sqrt[5]{\sqrt{1024}}$　(8) $\sqrt[8]{81}$

129 次の値を求めよ。 教p.168 練習5

(1) $9^{\frac{3}{2}}$　(2) $8^{-\frac{4}{3}}$　(3) $0.04^{1.5}$　(4) $\left(\dfrac{125}{64}\right)^{-\frac{2}{3}}$

130 次の式を計算せよ。(5)，(6) は $a>0$ として，a^r の形に書け。

(1) $2^{-\frac{1}{2}} \times 2^{\frac{5}{6}} \div 2^{\frac{1}{3}}$　(2) $\left\{\left(\dfrac{16}{25}\right)^{-\frac{3}{4}}\right\}^{\frac{2}{3}}$　(3) $\sqrt[4]{6} \times \sqrt{6} \times \sqrt[4]{12}$

(4) $\sqrt{6} \times \sqrt[4]{54} \div \sqrt[4]{6}$　(5) $\sqrt[3]{a^2} \times \sqrt[4]{a^3}$　(6) $\sqrt[4]{a^3} \times \sqrt{a} \div \sqrt[6]{a^5}$

教p.169 練習6

2 指数関数

131 次の関数のグラフをかけ。 教p.171 練習7

(1) $y=4^x$　(2) $y=-4^x$　(3) $y=4^{-x}$　(4) $y=-\left(\dfrac{1}{4}\right)^x$

132 次の数の大小を不等号を用いて表せ。 教p.172 練習8

(1) $\sqrt[4]{64}$，$\sqrt[3]{128}$，$\sqrt[7]{512}$　(2) 1，$\left(\dfrac{1}{3}\right)^2$，$\left(\dfrac{1}{3}\right)^{-3}$，$\left(\dfrac{1}{3}\right)^4$

133 次の方程式，不等式を解け。

(1) $2^x=64$　(2) $2^{3x-2}=128$　(3) $125^{x-1}=\left(\dfrac{1}{25}\right)^{x-6}$

(4) $2^x>64$　(5) $243^x<3^{2x+3}$　(6) $\left(\dfrac{1}{2}\right)^{5x+4}>\left(\dfrac{1}{8}\right)^x$

教 p.173 練習 9

134 次の方程式，不等式を解け。

(1) $4^x+2^{x+1}-24=0$　(2) $10^{2x}+10^x=2$

(3) $9^{x+1}-28\cdot3^x+3=0$　(4) $16^x-3\cdot4^x-4\geqq0$

(5) $\left(\dfrac{1}{9}\right)^x-\dfrac{1}{3^x}-6<0$　(6) $\left(\dfrac{1}{4}\right)^{x-1}-9\cdot\left(\dfrac{1}{2}\right)^x+2>0$

教 p.173 練習 10

3 対数とその性質

135 次の (1)～(5) を $p=\log_a M$ の形に書け。(6)～(8) を $a^p=M$ の形に書け。

(1) $2^5=32$　(2) $3^0=1$　(3) $16^{\frac{1}{4}}=2$

(4) $4^{-\frac{1}{2}}=\dfrac{1}{2}$　(5) $10^{-2}=0.01$　(6) $\log_{10}1000=3$

(7) $\log_{\sqrt{2}}32=10$　(8) $\log_{25}\dfrac{1}{5}=-\dfrac{1}{2}$

教 p.175 練習 11，12

136 次の対数の値を求めよ。 教 p.176 練習 13

(1) $\log_3 9$　(2) $\log_2\dfrac{1}{4}$　(3) $\log_{100}1$　(4) $\log_2\sqrt{8}$

(5) $\log_{\sqrt{3}}3$　(6) $\log_{64}4$　(7) $\log_{0.2}25$　(8) $\log_{25}\sqrt{\dfrac{1}{5}}$

137 次の式を簡単にせよ。

(1) $\log_8 2+\log_8 32$　(2) $\log_3 45-\log_3 5$

(3) $3\log_5 12-\log_5 300-2\log_5 60$　(4) $\log_{0.5}\dfrac{8}{13}-2\log_{0.5}\dfrac{2}{3}+\log_{0.5}\dfrac{26}{9}$

(5) $\log_2\sqrt[3]{18}-\dfrac{2}{3}\log_2 3$　(6) $\log_5\sqrt{2}+\dfrac{1}{2}\log_5\dfrac{25}{12}-\dfrac{3}{2}\log_5\dfrac{1}{\sqrt[3]{6}}$

教 p.177 練習 14

138 底の変換公式を用いて，次の式を簡単にせよ。

(1) $\log_8 32$　(2) $\log_9 \dfrac{1}{3}$　(3) $\log_{\frac{1}{5}} \sqrt[5]{125}$

(4) $\log_2 3 \cdot \log_3 2$　(5) $\log_3 5 \cdot \log_5 9$　(6) $\log_4 5 \cdot \log_5 8$

教 p.178 練習 15

139 a，b，c，d を 1 と異なる正の数とするとき，次の等式を証明せよ。

(1) $\log_a b \cdot \log_b c = \log_a c$　(2) $\log_a b \cdot \log_b c \cdot \log_c d \cdot \log_d a = 1$

教 p.178 練習 16

4 対数関数

140 次の関数のグラフをかけ。 教 p.180 練習 17

(1) $y = \log_5 x$　(2) $y = 5^x$　(3) $y = \log_{\frac{1}{5}} x$

141 次の数の大小を不等号を用いて表せ。

(1) $\log_3 8$，$\log_9 16$，2　(2) $\log_{\frac{1}{2}} 3$，$\log_{\frac{1}{4}} 5$，-2

教 p.181 練習 18

142 次の方程式，不等式を解け。

(1) $\log_2 x = -5$　(2) $\log_{\frac{1}{3}} x = 4$　(3) $\log_4 (x-3) = \dfrac{1}{2}$

(4) $\log_3 (3x-1) = 2.5$　(5) $\log_{10} x < 3$　(6) $\log_{\frac{1}{3}} x > 2$

(7) $\log_{0.5} x \leqq -2$　(8) $\log_{\frac{1}{3}} (x-1) > 1$　(9) $\log_3 (1-2x) \leqq 0$

教 p.181 練習 19，20

143 次の方程式を解け。

(1) $\log_2 x + \log_2 (x+3) = 2$

(2) $\log_4 (2x+3) + \log_4 (4x+1) = 2\log_4 5$

(3) $\log_2 (3-x) = \log_4 (2x+18)$ 教 p.182 練習 21

144 次の不等式を解け。

(1) $2\log_{0.1} (x-1) < \log_{0.1} (7-x)$　(2) $\log_{10} (x-3) + \log_{10} x \leqq 1$

(3) $\log_2 (1-x) + \log_2 (3-x) < 1 + \log_2 3$ 教 p.182 練習 22

145 次の関数の最大値，最小値があれば，それを求めよ。また，そのときの x の値を求めよ。

(1) $y=(\log_3 x)^2+2\log_3 x$　　(2) $y=\left(\log_2 \dfrac{4}{x}\right)\left(\log_2 \dfrac{x}{2}\right)$

(3) $y=(\log_3 x)^2-4\log_3 x+3$ $(1 \leqq x \leqq 27)$

教 p.183 練習 23

5 常用対数

146 $\log_{10}2=0.3010$，$\log_{10}3=0.4771$ として，次の値を求めよ。(3)，(4) は小数第 5 位を四捨五入して，小数第 4 位まで求めよ。

(1) $\log_{10}0.2$　(2) $\log_{10}240$　(3) $\log_{10}\sqrt[3]{54}$　(4) $\log_{\sqrt{3}}24$

教 p.184 練習 24

147 $\log_{10}2=0.3010$，$\log_{10}3=0.4771$ とする。次の数は何桁の整数か。

(1) 2^{50}　(2) 3^{30}　(3) 6^{52}

教 p.185 練習 25

148 $\log_{10}2=0.3010$，$\log_{10}3=0.4771$ とする。次の数を小数で表したとき，小数第何位に初めて 0 でない数字が現れるか。

(1) $\left(\dfrac{1}{2}\right)^{100}$　(2) $\dfrac{1}{(\sqrt{2})^{25}}$　(3) $\sqrt[3]{(0.06)^{10}}$

教 p.185 練習 26

149 不等式 $\left(\dfrac{1}{3}\right)^n<0.0001$ を満たす最小の整数 n を求めよ。ただし，$\log_{10}2=0.3010$，$\log_{10}3=0.4771$ とする。

教 p.186 練習 27

150 1 枚で 70 % の花粉を除去できるフィルターがある。99.99 % より多くの花粉を一度に除去するには，このフィルターは最低何枚必要か。ただし，$\log_{10}3=0.4771$ とする。

教 p.186 練習 28

研究 対数と無理数

151 次の問いに答えよ。

教 p.187 練習 1

(1) $\log_2 3$ が無理数であることを証明せよ。

(2) (1) を用いて $\log_2 6$ が無理数であることを証明せよ。

(3) (2) を用いて $\log_6 4$ が無理数であることを証明せよ。

定期考査対策問題

1 次の式を簡単にせよ。

(1) $\sqrt[3]{125}$　(2) $\sqrt[5]{0.00001}$　(3) $(\sqrt[4]{5})^8$　(4) $\sqrt{\sqrt[4]{256}}$

2 次の計算をせよ。ただし，$a>0$ とする。

(1) $a^{-\frac{1}{2}}\times a^{\frac{2}{3}}$　(2) $\sqrt{7}\times\sqrt[3]{7}\times\sqrt[6]{7}$　(3) $\sqrt[3]{54}\times\sqrt[3]{-2}\times\sqrt[3]{16}$

3 次の 3 つの数の大小を不等号を用いて表せ。

(1) $0.5^{\frac{1}{2}}$，0.5^{-2}，$2^{\frac{1}{4}}$　(2) $\sqrt{2}$，$\sqrt[3]{3}$，$\sqrt[6]{6}$

4 次の方程式，不等式を解け。

(1) $\left(\dfrac{1}{9}\right)^x=3$　(2) $\left(\dfrac{1}{5}\right)^x\leqq\dfrac{1}{125}$

(3) $5^{2x+1}+4\cdot5^x-1=0$　(4) $4^x+2^x-20>0$

5 次の式を簡単にせよ。

(1) $\log_6 4+\log_6 9$　(2) $\log_3 4-\log_3 20+2\log_3\sqrt{125}$

(3) $\log_2 9\cdot\log_3 5\cdot\log_{25} 8$　(4) $(\log_3 5+\log_9 25)(\log_5 27-\log_{25} 3)$

6 3 つの数 $\log_2 7$，$\log_4 55$，3 の大小を不等号を用いて表せ。

7 次の方程式，不等式を解け。

(1) $\log_2(x-1)=3$　(2) $\log_5(4x+1)=2$

(3) $\log_4(x+3)>2$　(4) $\log_{\frac{1}{3}}(1-2x)\geqq-1$

8 関数 $y=(\log_2 x)^2-\log_2 x^6+5$ $(4\leqq x\leqq 64)$ の最大値と最小値を求めよ。

9 $\left(\dfrac{1}{30}\right)^{20}$ を小数で表したとき，小数第何位に初めて 0 でない数字が現れるか。ただし，$\log_{10}3=0.4771$ とする。

10 ある国では，この数年間に石油の産出量が 1 年に 20 % ずつ増加している。このままの状態で石油の産出量が増加し続けると，産出量が初めて現在の 10 倍以上になるのは何年後か。ただし，$\log_{10}2=0.3010$，$\log_{10}3=0.4771$ とする。

第6章 微分法と積分法

1 微分係数

152 x が a から b まで変化するとき，次の関数の平均変化率を求めよ。

(1) $y=4x-1$　(2) $y=x^2-2x+2$　(3) $y=-2x^3+x^2$

教 p.193 練習2

153 次の極限値を求めよ。 教 p.194 練習3

(1) $\lim_{x \to 2}(2x+3)$　(2) $\lim_{h \to 0}(27+9h+h^2)$

(3) $\lim_{h \to 0}\dfrac{h^2-2h}{h}$　(4) $\lim_{h \to 0}\dfrac{h^3-10h^2+8h}{h}$

154 次の関数の与えられた x の値における微分係数を求めよ。

(1) $f(x)=-x^2+3x-4$，$x=-2$　(2) $f(x)=2x^3-x^2$，$x=1$

教 p.195 練習4

発展 関数の極限値

155 次の極限値を求めよ。 教 p.196，197 練習1～3

(1) $\lim_{x \to -1}(x^2+x)$　(2) $\lim_{x \to -2}(x^2+1)(x-1)$　(3) $\lim_{x \to -1}\dfrac{x^2+1}{x-2}$

(4) $\lim_{x \to 1}\dfrac{x^3-1}{x-1}$　(5) $\lim_{x \to 2}\dfrac{x^2-x-2}{x^2+x-6}$　(6) $\lim_{x \to -3}\dfrac{1}{x+3}\left(\dfrac{12}{x-3}+2\right)$

2 導関数

156 導関数の定義にしたがって，次の関数の導関数を求めよ。

(1) $y=-3x+4$　(2) $y=x^2-3x+5$　(3) $y=x^3-3x$

教 p.199 練習5

157 次の関数を微分せよ。 教 p.201 練習6

(1) $y=-2$　(2) $y=-3x^2+6x-5$　(3) $y=x^3-5x^2-6$

(4) $y=-2x^3+6x^2+4x$　(5) $y=2x^4-4x^2+3$

(6) $y=-\dfrac{1}{2}x^5+\dfrac{3}{4}x^3-\dfrac{2}{5}x$

(7) $y=(x-1)(3-2x)$　(8) $y=(x+3)^3$　(9) $y=(2x-3)^3$

158 次の関数について，与えられた微分係数を求めよ。

(1) $f(x)=-3x^2+2x+4$，$f'(0)$　(2) $f(x)=x^3-4x+3$，$f'(1)$

教 p.202 練習 7

159 次の条件をすべて満たす 2 次関数 $f(x)$ を求めよ。

$f(2)=6$，$f'(0)=2$，$f'(1)=4$

教 p.202 練習 8

160 次の関数を，(　)内の変数で微分せよ。ただし，右辺では，変数以外の文字は定数とする。

(1) $y=2t^2$ (t)　(2) $S=\pi r^2$ (r)　(3) $V=V_0(1+\beta t)$ (t)

(4) $s=h+v_0t-\alpha t^2$ (t)　(5) $t=k(a+bx)(c-dx)$ (x)

教 p.203 練習 9

3 接線

161 次の曲線上の与えられた点における，曲線の接線の方程式を求めよ。

(1) $y=x^2-3x+2$，$(1,\ 0)$　(2) $y=-2x^2+4x-1$，$(0,\ -1)$

(3) $y=x^3+4$，$(-2,\ -4)$　(4) $y=5x-x^3$，$(2,\ 2)$

教 p.205 練習 10

162 次の曲線に，与えられた点から引いた接線の方程式と，接点の座標を求めよ。

(1) $y=x^2+3x+4$ $(0,\ 0)$　(2) $y=x^2-x+3$ $(1,\ -1)$

(3) $y=x^3+2$ $(0,\ 4)$

教 p.206 練習 11

4 関数の値の変化

163 次の関数の増減を調べよ。

教 p.209 練習 12

(1) $f(x)=-2x^2+3x+1$　(2) $f(x)=-\dfrac{1}{3}x^3+2x^2-3x+5$

(3) $f(x)=2x^3+3x$　(4) $f(x)=-x(x+2)^2$

164 次の関数の極値を求めよ。また，そのグラフをかけ。

(1) $y=x^3-3x^2-9x+11$　(2) $y=-x^3+3x$

(3) $y=x^3+6x^2+12x$　(4) $y=(x-1)^2(x+2)$

教 p.211，212 練習 13，14

165 次の関数の極値を求めよ。また，そのグラフをかけ。

(1) $y=\dfrac{3}{2}x^4+2x^3-6x^2+5$　　(2) $y=x^4+4x$

(3) $y=-3x^4+16x^3-18x^2$　　(4) $y=x^4-6x^2-8x-3$

» 教 p.213 練習 15

166 関数 $f(x)=x^3+ax^2+bx+c$ は $x=-1$ で極大値 34 をとり，$x=5$ で極小値 d をとる。定数 a，b，c，d の値を求めよ。 » 教 p.214 練習 16

5 最大値・最小値

167 次の関数の最大値と最小値を求めよ。

(1) $y=x^3-9x\ (-3\leqq x\leqq 3)$　　(2) $y=x^3-6x^2+9x\ (-1\leqq x\leqq 2)$

(3) $y=-x^3-3x^2+5\ (-3\leqq x\leqq 2)$　　(4) $y=-2x^3+3x^2-7\ (-2\leqq x\leqq 1)$

(5) $y=x^4-8x^2\ (-1\leqq x\leqq 3)$　　(6) $y=3x^4-2x^3-3x^2\ (-2\leqq x\leqq 2)$

» 教 p.215 練習 17

168 辺の長さが 6 cm と 16 cm の長方形のボール紙がある。図の斜線部分を切り取り，点線に沿って折り曲げてふたつきの箱を作る。この箱の最大容積を求めよ。

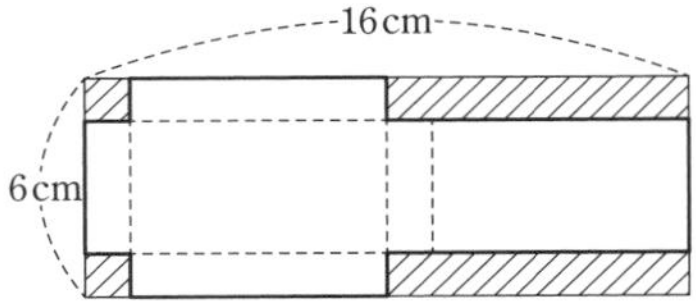

» 教 p.216 練習 18

6 関数のグラフと方程式・不等式

169 次の方程式の異なる実数解の個数を求めよ。

(1) $x^3-6x+7=0$　　(2) $x^3+2x^2+x=0$

(3) $x^3+4x^2+6x-1=0$　　(4) $x^4+2x^3-3x^2-4x+1=0$

» 教 p.217 練習 19

170 a は定数とする。次の方程式の異なる実数解の個数を調べよ。

(1) $x^3+x^2-x+a=0$　　(2) $3x^4-4x^3-12x^2+a=0$

» 教 p.218 練習 20

171 次のことが成り立つことを証明せよ。

(1) $x \geqq 0$ のとき $2x^3+1 \geqq 3x^2$

(2) $x>1$ のとき $x^3-3x^2+6x-4>0$

教 p.219 練習 21

172 不等式 $x^4-4x^3+28>0$ を証明せよ。

教 p.219 練習 22

7 不定積分

173 次の不定積分を求めよ。 教 p.224 練習 23

(1) $\int(-3)dx$　　(2) $\int(2x+5)dx$

(3) $\int 5(x-2)dx$　　(4) $\int(3x^2+2)dx$

(5) $\int(1+x-2x^2)dx$　　(6) $\int(4x^3-3x^2+1)dx$

174 次の不定積分を求めよ。 教 p.224 練習 24

(1) $\int x(x+2)dx$　　(2) $\int(2t-1)(3t+1)dt$

(3) $\int(3-2x)(3x-2)dx$　　(4) $\int(t-1)^3dt$

(5) $\int(2x-3)^2dx$　　(6) $\int(x-1)^2(x+2)dx$

175 次の条件を満たす関数 $F(x)$ を求めよ。

(1) $F'(x)=4x+2$, $F(0)=1$

(2) $F'(x)=3(x-1)(x-2)$, $F(1)=-1$ 教 p.225 練習 25

176 曲線 $y=f(x)$ が次の条件を満たすとき，曲線の方程式を求めよ。

(1) 点 $(1,\ 1)$ を通り，曲線上の各点 $(x,\ y)$ における接線の傾きは $3x^2+2$

(2) 点 $(1,\ -1)$, $(2,\ -3)$ を通り，曲線上の各点 $(x,\ y)$ における接線の傾きは $6x^2+ax-1$ （ただし，a は定数） 教 p.225 練習 26，27

演習

演習編

8 定積分

177 次の定積分を求めよ。

(1) $\int_{1}^{2}(2x-1)dx$　(2) $\int_{0}^{1}(x^2+3x)dx$　(3) $\int_{-2}^{1}(6x^2+2x-3)dx$

(4) $\int_{-1}^{2}(t^2-4t+2)dt$　(5) $\int_{3}^{2}(y^2-6y-4)dy$

(6) $\int_{0}^{2}(x^3-3x^2-2x+5)dx$

教 p.229 練習 29

178 次の定積分を求めよ。

教 p.231 練習 31

(1) $\int_{1}^{1}(4x^2+x-3)dx$　(2) $\int_{0}^{1}(3x^2-1)dx+\int_{1}^{2}(3x^2-1)dx$

(3) $\int_{2}^{4}(x^2+x)dx-\int_{0}^{4}(x^2+x)dx$

(4) $\int_{1}^{3}(9x^2-2x^3)dx-\int_{2}^{3}(9x^2-2x^3)dx$

179 次の等式を満たす関数 $f(x)$ を求めよ。

(1) $f(x)=x+\int_{0}^{3}f(t)dt$

(2) $f(x)=\int_{1}^{3}\{2x-f(t)\}dt$

(3) $f(x)=x^2-\int_{0}^{2}xf(t)dt+2\int_{0}^{1}f(t)dt$

(4) $f(x)=1+\int_{0}^{1}(x-t)f(t)dt$

教 p.231 練習 32

180 次の等式を満たす関数 $f(x)$，および定数 a の値を求めよ。

(1) $\int_{a}^{x}f(t)dt=x^2+2x-3$

(2) $\int_{1}^{x}f(t)dt=2x^2+x+a$

教 p.232 練習 33

9 面積

181 次の曲線や直線で囲まれた図形の面積 S を求めよ。

(1) $y=x^2+3$，x 軸，$x=-1$，$x=3$

(2) $y=-2x^2+x+2$，x 軸，y 軸，$x=1$

(3) $y=-x^2+2x$，x 軸

(4) $y=-x^2-2x+3$，x 軸

(5) $y=x^3+3x^2+3x+1$，x 軸，y 軸

教 p.233 練習 34

182 次の曲線や直線で囲まれた図形の面積 S を求めよ。

(1) $y=x$，$y=4x-x^2$

(2) $y=2x-1$，$y=x^2-3x+5$

(3) $y=x^2-4$，$y=-x^2+2x$

(4) $y=x^2-4x+2$，$y=-x^2+2x-2$

教 p.235 練習 35

183 次の曲線と x 軸で囲まれた図形の面積 S を求めよ。

(1) $y=x^2+4x$　　(2) $y=x^2+3x+2$

(3) $y=x^3-5x^2$　　(4) $y=-(x-1)^2(x+1)$

教 p.236 練習 36，37

184 曲線 $y=-x^3+x^2+2x$ と x 軸で囲まれた 2 つの部分の面積の和 S を求めよ。

教 p.237 練習 38

185 次の曲線や直線で囲まれた 2 つの部分の面積の和 S を求めよ。

(1) $y=2x^2$ $(0\leqq x\leqq 3)$，$y=-x^2+6x$ $(0\leqq x\leqq 3)$，$x=3$

(2) $y=x^2-3$ $(-1\leqq x\leqq 2)$，$y=-2x$，$x=-1$，$x=2$

教 p.237 練習 39

186 次の定積分を求めよ。

(1) $\int_1^3 |x-2|\,dx$　　(2) $\int_0^3 |x^2-4|\,dx$

(3) $\int_0^3 |x^2-x-2|\,dx$　　(4) $\int_{-1}^2 |2x^2-x-1|\,dx$

教 p.238 練習 40

演習
演習編

187 曲線 $y=x^3-5x^2+5x+8$ と，その曲線上の点 $(3,\ 5)$ における接線で囲まれた図形の面積 S を求めよ。

≫ 教 p.239 練習 41

研究 $(x+a)^n$ の微分と積分

188 次の関数を微分せよ。

(1) $y=(2x+1)^3$　(2) $y=(x-1)^4$　(3) $y=(-2x+1)^5$

≫ 教 p.242 練習 1

189 次の定積分を求めよ。

(1) $\int_{-2}^{-1}(x+1)^2dx$　(2) $\int_{-1}^{-2}(2t+1)^3dt$

≫ 教 p.243 練習 2

190 定積分 $\int_{1}^{3}(x-1)^2(x-3)dx$ を求めよ。

≫ 教 p.243 練習 3

定期考査対策問題

1 関数 $f(x)=3x^2-5$ について

(1) x が -1 から 5 まで変化するときの平均変化率を求めよ。

(2) $x=2$ における微分係数を，定義に従って求めよ。

2 次の関数を微分せよ。

(1) $y=5x^2-3x+6$　(2) $y=x^3-4x^2+7x-5$

(3) $y=(2x+3)(x^3-2)$　(4) $y=(2x-3)^3$

3 3 次関数 $f(x)=x^3+ax^2+bx+1$ が $f(1)=1$，$f'(1)=0$ を満たすとき，定数 a，b の値を求めよ。

4 次の接線の方程式を求めよ。

(1) 曲線 $y=-x^2+4x+1$ の，傾き 2 の接線

(2) 曲線 $y=x^3-2$ に点 $(0,\ -4)$ から引いた接線

5 次の関数の極値を求めよ。また，そのグラフをかけ。

(1) $y=x^3+3x^2-9x+5$　(2) $y=3x^4+16x^3+24x^2-7$

6 関数 $f(x)=x^3+ax^2+2x+3$ が次の条件を満たすように，定数 a の値の範囲をそれぞれ定めよ。

(1) 極値をもつ。　(2) 常に単調に増加する。

7 $x=1$ で極小値 4 をとり，$x=2$ で極大値 5 をとる 3 次関数 $f(x)$ を求めよ。

8 次の関数の最大値と最小値を求めよ。

(1) $y=x^3-9x^2+24x\ (-1\leqq x\leqq 5)$

(2) $y=3x^4-4x^3-12x^2+5\ (-1\leqq x\leqq 1)$

9 3 次方程式 $2x^3+3x^2-12x+a=0$ が次の解をもつとき，定数 a の値の範囲を求めよ。

(1) 異なる 3 個の実数解

(2) ただ 1 つの実数解

(3) 異なる 2 個の正の解と 1 個の負の解

10 $x\geqq\dfrac{1}{3}$ のとき，不等式 $2x^3+\dfrac{1}{9}>x^2$ を証明せよ。

11 次の不定積分を求めよ。

(1) $\int(2x^2+x-3)dx$　(2) $\int(x-1)(1-3x)dx$　(3) $\int(2t-1)^3dt$

12 次の条件を満たす関数 $F(x)$ を求めよ。

$$F'(x)=4x^2-x+1,\ F(0)=3$$

13 次の定積分を求めよ。

(1) $\int_{-1}^{2}(x^2-6x+1)dx$　(2) $\int_{-2}^{2}(x+1)(x^2-3)dx$

(3) $\int_{0}^{1}(3x+1)^2dx$　(4) $\int_{1}^{1}x^2(x+1)dx$

(5) $\int_{-1}^{2}(t^2+2t)dt-\int_{3}^{2}(t^2+2t)dt$

14 $f(a)=\int_{0}^{1}(4ax^2-a^2x)dx$ の最大値を求めよ。

15 次の等式を満たす関数 $f(x)$ を求めよ。

$$f(x)=3x^2-x\int_{0}^{2}f(t)dt+2$$

16 (1) 等式 $\int_{a}^{x}f(t)dt=x^3-3x^2+x+a$ を満たす関数 $f(x)$ と定数 a の値を求めよ。

(2) 関数 $f(x)=\int_{1}^{x}(t^2-t-2)dt$ の極値を求めよ。

17 定積分 $\int_{0}^{2}|x^2+3x-4|dx$ を求めよ。

18 放物線 $y=x^2-6x+8$ と，この放物線上の点 (6, 8)，(0, 8) における接線で囲まれた図形の面積 S を求めよ。

演習編の答と略解

原則として，問題の要求している答の数値・図などをあげ，[　] には略解やヒントを付した。

第 1 章　式と証明

1 (1) $a^3+9a^2+27a+27$
(2) $8x^3-12x^2+6x-1$
(3) $64x^3+48x^2y+12xy^2+y^3$
(4) $-125a^3+150a^2b-60ab^2+8b^3$
(5) $a^3b^3-6a^2b^2+12ab-8$
(6) $8x^6+36x^4y+54x^2y^2+27y^3$

2 (1) x^3+64　(2) $1-a^3$　(3) $8a^3+27b^3$
(4) $125x^3-8y^3$

3 (1) $(2x+1)(2x-1)(4x^2-2x+1)\times(4x^2+2x+1)$
(2) $(a-b)(a+3b)(a^2+ab+b^2)(a^2-3ab+9b^2)$
(3) $(x-y+2)(x^2-2xy+y^2-2x+2y+4)$

4 (1) 405　(2) 1080　(3) -960　(4) 6048

5 [$(1+x)^n={}_nC_0+{}_nC_1x+{}_nC_2x^2+\cdots\cdots+{}_nC_nx^n$ を利用。
(1) $x=2$，(2) $x=-\dfrac{1}{2}$ を代入]

6 (1) 60　(2) 1512

7 (1) 60　(2) 720　(3) 7560　(4) -1512

8 (1) x^2-2x+2　(2) $3x^2+2x-1$

9 (1) 商 $2x^2+ax+2a^2$，余り 0
(2) 商 $x-a$，余り $2a^3$
(3) 商 x^2-xy+y^2，余り 0
(4) 商 $2x+2y-9$，余り $-5y^2+7y+17$

10 (1) $\dfrac{a^2}{5b^2xy^2}$　(2) x^2　(3) $\dfrac{a}{a-3}$
(4) $\dfrac{x-10}{x(x+8)}$　(5) $\dfrac{(a+2)(a+4)}{(a-2)(a+3)}$　(6) $\dfrac{x+3}{(x+2)^2}$
(7) $\dfrac{1}{3}$

11 (1) $x-2$　(2) $\dfrac{x+3}{3x}$　(3) $\dfrac{a^2+b^2}{(a+b)(a-b)}$
(4) $\dfrac{2}{x(x-2)}$　(5) $\dfrac{2}{(x+2)(x+4)}$　(6) $\dfrac{4}{x+2}$

12 (1) $\dfrac{x+1}{x+3}$　(2) $\dfrac{1}{x}$

13 (1) $a=2$，$b=-2$
(2) $a=2$，$b=-3$，$c=-6$
(3) $a=9$，$b=4$，$c=-12$
(4) $a=3$，$b=-9$，$c=7$，$d=-2$
(5) $a=3$，$b=8$，$c=3$，$d=2$

14 (1) $a=-2$，$b=2$　(2) $a=1$，$b=-2$
(3) $a=1$，$b=-1$，$c=-2$

15 [(1) (右辺)＝(左辺)を示す。
(2)，(3) 左辺と右辺が同じ式になることを示す]

16 [(1) $a^2-2bc-(b^2+c^2)$ に $c=-(a+b)$ を代入
(2)，(3) 左辺に $c=-(a+b)$ を代入]

17 [(1) $\dfrac{a}{b}=\dfrac{c}{d}=k$ とおく
(2) $\dfrac{x}{a}=\dfrac{y}{b}=\dfrac{z}{c}=k$ とおく]

18 (1) $a=\dfrac{10}{3}$，$b=5$，$c=\dfrac{20}{3}$
(2) $a=-2$，$b=-6$，$c=-8$

19 (1) $\dfrac{9}{8}$　(2) $-\dfrac{10}{29}$

20 [(1) $(xy-6)-(2x-3y)=(x+3)(y-2)>0$
(2) $(ab+cd)-(ac+bd)=(a-d)(b-c)>0$]

21 (1) 等号成立は $x=1$ のとき
(3) 等号成立は $x=y=0$ のとき
(4) 等号成立は $3x=y$ のとき
[(1) $(x^2+x+1)-3x=(x-1)^2$
(2) $x^2-2x+2=(x-1)^2+1$
(3) $(2x^2+3y^2)-4xy=2(x-y)^2+y^2$
(4) $9x^2-y(6x-y)=(3x-y)^2$]

22 [(1) $(2\sqrt{a}+\sqrt{b})^2-(\sqrt{4a+b})^2=4\sqrt{ab}$
(2) $\left(\sqrt{\dfrac{a+b}{2}}\right)^2-\left(\dfrac{\sqrt{a}+\sqrt{b}}{2}\right)^2=\left(\dfrac{\sqrt{a}-\sqrt{b}}{2}\right)^2$]

23 [(1) $ab+\dfrac{1}{ab}\geqq 2\sqrt{ab\cdot\dfrac{1}{ab}}$
(2) $\left(1+\dfrac{b}{a}\right)\left(1+\dfrac{a}{b}\right)=2+\dfrac{b}{a}+\dfrac{a}{b}$
(3) $\left(a+\dfrac{1}{b}\right)\left(b+\dfrac{9}{a}\right)=10+ab+\dfrac{9}{ab}$]

第2章　複素数と方程式

24　(1) 実部5，虚部 -2

(2) 実部 $\frac{1}{2}$，虚部 $\frac{\sqrt{5}}{2}$　(3) 実部 -2，虚部0

(4) 実部0，虚部 -3

25　(1) $x=2$，$y=3$　(2) $x=1$，$y=-3$

(3) $x=2$，$y=-1$　(4) $x=3$，$y=2$

26　(1) $5-2i$　(2) $-1+11i$　(3) $-8i$

(4) $16-11i$　(5) $5-12i$　(6) $29i$　(7) 40　(8) i

(9) $-11-2i$

27　共役な複素数，和，積の順に

(1) $3-4i$，6，25　(2) $5+2i$，10，29

(3) $\frac{1+\sqrt{5}i}{2}$，1，$\frac{3}{2}$　(4) $\sqrt{6}i$，0，6

(5) -7，-14，49

28　(1) $1-i$　(2) $-\frac{5}{13}+\frac{12}{13}i$　(3) $\frac{1}{4}+\frac{\sqrt{3}}{4}i$

(4) $-2-3i$

29　(1) -18　(2) 2　(3) $\sqrt{5}i$　(4) $-\frac{2\sqrt{3}}{3}i$

30　(1) $x=\pm 3\sqrt{2}i$　(2) $x=\frac{-5\pm\sqrt{3}i}{2}$

(3) $x=2\pm\sqrt{3}i$　(4) $x=\frac{-3\pm\sqrt{31}i}{10}$

(5) $x=\frac{\sqrt{5}\pm\sqrt{7}i}{6}$　(6) $x=-2\sqrt{3}\pm i$

(7) $x=-1\pm\sqrt{2}i$　(8) $x=\frac{7\pm\sqrt{23}i}{12}$

(9) $x=\frac{1\pm\sqrt{14}i}{3}$

31　(1) 異なる2つの実数解

(2) 異なる2つの虚数解　(3) 重解

(4) 異なる2つの虚数解　(5) 重解

(6) 異なる2つの実数解

32　(1) $m<2$，$6<m$ のとき　異なる2つの実数解；$m=2$，6のとき　重解；

$2<m<6$ のとき　異なる2つの虚数解

(2) $-1<m<3$ のとき　異なる2つの実数解；

$m=-1$，3のとき　重解；

$m<-1$，$3<m$ のとき　異なる2つの虚数解

33　和，積の順に

(1) 4，2　(2) $-\frac{5}{6}$，$-\frac{2}{3}$　(3) $\frac{1}{3}$，$-\frac{1}{3}$

(4) 0，$\frac{3}{5}$　(5) $-3\sqrt{7}$，0　(6) 3，7

34　(1) $-\frac{9}{2}$　(2) 12　(3) 15　(4) $\frac{81}{2}$

(5) -27

35　(1) $m=8$，2つの解は -2，-4

(2) $m=6$，2つの解は2，3；

$m=\frac{1}{6}$，2つの解は $-\frac{1}{3}$，$-\frac{1}{2}$

(3) $m=-2$，2つの解は -3，-1

36　(1) $(x-3)(3x+4)$

(2) $\left(x+\frac{3-\sqrt{5}}{2}\right)\left(x+\frac{3+\sqrt{5}}{2}\right)$

(3) $(x+2-i)(x+2+i)$

(4) $(x-\sqrt{3}i)(x+\sqrt{3}i)$

(5) $3\left(x+\frac{5-\sqrt{13}}{6}\right)\left(x+\frac{5+\sqrt{13}}{6}\right)$

(6) $4\left(x-\frac{1+\sqrt{3}i}{4}\right)\left(x-\frac{1-\sqrt{3}i}{4}\right)$

37　(1) $x^2-5x+6=0$　(2) $6x^2+5x-6=0$

(3) $3x^2-10x+6=0$　(4) $4x^2-4x+3=0$

38　(1) -1，2　(2) $2+\sqrt{2}$，$2-\sqrt{2}$

(3) $\frac{-1+\sqrt{3}i}{2}$，$\frac{-1-\sqrt{3}i}{2}$

39　(1) $x^2-6x+15=0$　(2) $x^2+4x+28=0$

(3) $x^2+10x+49=0$

40　(1) $m>9$　(2) $0<m<1$　(3) $m<0$

41　(1) -3　(2) 0　(3) 4　(4) 8

42　(1) $a=4$　(2) $a=-2$

43　$4x-3$

44　(1) $(x-1)(x+1)(x+3)$

(2) $(x-2)(x+3)^2$　(3) $(x+3)^2(x-6)$

(4) $(x+1)(x+2)(2x+3)$

45　(1) $a=1$　(2) $a=1$，$-\frac{1}{2}$

(3) $a=2$，$b=-1$

46　(1) $x=-4$，$2\pm 2\sqrt{3}i$

(2) $x=\frac{2}{3}$，$\frac{-1\pm\sqrt{3}i}{3}$　(3) $x=\pm 2i$，± 3

(4) $x=\pm 2\sqrt{3}$，$\pm 2\sqrt{3}i$　(5) $x=\pm\sqrt{3}$，± 2

(6) $x=\pm i$，$\pm 2\sqrt{3}i$

47　(1) $x=1$，$2\pm 2\sqrt{2}$

(2) $x=-1$，$\frac{3\pm\sqrt{7}i}{2}$　(3) $x=1$，3，$-\frac{1}{2}$

(4) $x=\pm 2$，$\frac{-1\pm\sqrt{7}i}{2}$　(5) $x=1$，-1

(6) $x=2,\ 3,\ -1\pm\sqrt{2}\,i$

48　$a=-4$, $b=6$, 他の解は 3

49　$a=7$, $b=13$, 他の解は -1, $3-2i$

50　(1) $\dfrac{2}{7}$　(2) 13　(3) 24　(4) 3　(5) 1

第３章　図形と方程式

51　(1) $\dfrac{11}{7}$　(2) 29　(3) -27　(4) 1

52　(1) $\sqrt{29}$　(2) $2\sqrt{13}$　(3) 13

53　[$AB=CA$, $AB^2+CA^2=BC^2$]

54　[$A(a,\ b)$, $B(-c,\ 0)$, $C(c,\ 0)$ とする。]

55　(1) $\left(\dfrac{5}{4},\ -\dfrac{11}{2}\right)$　(2) $\left(-\dfrac{6}{5},\ -2\right)$

(3) $\left(\dfrac{13}{2},\ -13\right)$　(4) $(-18,\ 22)$

(5) $\left(-\dfrac{1}{2},\ -3\right)$

56　(1) $\left(\dfrac{2}{3},\ \sqrt{3}\right)$　(2) $\left(-\dfrac{1}{3},\ 1\right)$

57　(1) $(-7,\ 6)$　(2) $(6,\ 4)$

58　(1) $y=2x+7$　(2) $y=-\dfrac{3}{4}x-\dfrac{1}{4}$

(3) $x=3$　(4) $y=-2$

59　(1) $y=-\dfrac{3}{5}x+\dfrac{3}{5}$　(2) $y=-x-1$

(3) $x=-2$　(4) $y=5$　(5) $-\dfrac{x}{3}+\dfrac{y}{5}=1$

60　平行な直線, 垂直な直線の順に

(1) (ア) $y=3x-14$, $y=-\dfrac{1}{3}x+6$

(イ) $y=4$, $x=6$　(ウ) $x=6$, $y=4$

(2) $3x-5y+21=0$, $5x+3y+1=0$

61　ただ１組の解をもつ：$a\fallingdotseq-\dfrac{9}{2}$；

解をもたない：$a=-\dfrac{9}{2}$, $c\fallingdotseq-6$；

無数の解をもつ：$a=-\dfrac{9}{2}$, $c=-6$

62　$4x-27y+43=0$

63　(1) $(5,\ -3)$　(2) $\left(\dfrac{3}{13},\ \dfrac{37}{13}\right)$

64　原点, 点 $(1,\ 2)$ の順に

(1) $\dfrac{\sqrt{10}}{10}$, $\dfrac{\sqrt{10}}{5}$　(2) $\dfrac{2}{5}$, $\dfrac{8}{5}$　(3) 4, 2

(4) 1, 2

65　(1) 3 直線の方程式 $y=-\dfrac{3}{4}x+\dfrac{25}{8}$,

$x=\dfrac{5}{2}$, $y=\dfrac{1}{2}x$；交点 $\left(\dfrac{5}{2},\ \dfrac{5}{4}\right)$

(2) 3 直線の方程式 $x=3$, $y=\dfrac{1}{2}x$,

$y=-\dfrac{3}{4}x+\dfrac{15}{4}$；交点 $\left(3,\ \dfrac{3}{2}\right)$

66　(1) $x^2+y^2=25$　(2) $(x-3)^2+(y+2)^2=16$

67　(1) $(x+2)^2+(y-1)^2=25$

(2) $(x+1)^2+y^2=29$　(3) $(x-3)^2+(y-4)^2=16$

68　(1) 中心 $(-2,\ 3)$, 半径 $\sqrt{13}$ の円

(2) 中心 $(1,\ -2)$, 半径 $\dfrac{\sqrt{30}}{3}$ の円

(3) 点 $\left(\dfrac{\sqrt{3}}{2},\ -\dfrac{1}{2}\right)$

(4) 方程式が表す図形はない

69　(1) $x^2+y^2-5x-y+4=0$

(2) 外心 $\left(\dfrac{5}{2},\ \dfrac{1}{2}\right)$, 半径 $\dfrac{\sqrt{10}}{2}$

70　(1) 異なる 2 点で交わる；$(0,\ -1)$, $(1,\ 0)$

(2) 接する, $\left(\dfrac{\sqrt{6}}{2},\ \dfrac{\sqrt{6}}{2}\right)$

(3) 共有点をもたない　(4) 接する, $(-2,\ 0)$

71　$-5\sqrt{10}\leqq k\leqq5\sqrt{10}$；

$k=5\sqrt{10}$ のとき　接点 $\left(-\dfrac{3\sqrt{10}}{2},\ \dfrac{\sqrt{10}}{2}\right)$,

$k=-5\sqrt{10}$ のとき　接点 $\left(\dfrac{3\sqrt{10}}{2},\ -\dfrac{\sqrt{10}}{2}\right)$

72　(1) $-\sqrt{2}<k<\sqrt{2}$ のとき　2 個,

$k=\pm\sqrt{2}$ のとき　1 個,

$k<-\sqrt{2}$, $\sqrt{2}<k$ のとき　0 個

(2) $k<-\sqrt{3}$, $\sqrt{3}<k$ のとき　2 個,

$k=\pm\sqrt{3}$ のとき　1 個,

$-\sqrt{3}<k<\sqrt{3}$ のとき　0 個

73　(1) $2\sqrt{3}$　(2) $2\sqrt{2}$

74　(1) $x+2\sqrt{2}\,y=9$　(2) $-3x+4y=50$

(3) $x=-7$

75　(1) $y=2$, $(0,\ 2)$；

$4x-3y=10$, $\left(\dfrac{8}{5},\ -\dfrac{6}{5}\right)$

(2) $-3x+y=10$, $(-3,\ 1)$；

$x+3y=10$, $(1,\ 3)$

76　与えられた 2 円を順に ①, ② とする。

(1) 円 ① は円 ② の内部にある

(2) 2 つの円 ①, ② は 2 点で交わる

(3) 円 ① と円 ② は内接する

77 (1) $(x-4)^2+(y-4)^2=9$

(2) $(x-1)^2+(y+2)^2=49$

78 (1) $(1,\ 2)$, $(2,\ 1)$

(2) $(2,\ 0)$, $\left(\frac{2}{5},\ -\frac{4}{5}\right)$

79 中心 $\left(\frac{4}{3},\ \frac{2}{3}\right)$, 半径 $\frac{\sqrt{26}}{3}$

80 (1) 直線 $4x-3y-6=0$

(2) 原点を中心とし，半径が $2\sqrt{2}$ の円

(3) 中心が点 $\left(-\frac{7}{2},\ 0\right)$, 半径が $\frac{3}{2}$ の円

81 (1) 直線 $x-2y+2=0$

(2) 中心が点 $(2,\ 0)$, 半径が 2 の円

(3) 中心が点 $(2,\ 1)$, 半径が $\frac{1}{3}$ の円

(4) 放物線 $y=3x^2-8x+4$

82 (1)〔図〕 境界線を含まない

(2)〔図〕 境界線を含む

(3)〔図〕 境界線を含む

(4)〔図〕 境界線を含まない

(5)〔図〕 境界線を含む

(6)〔図〕 境界線を含まない

(1)

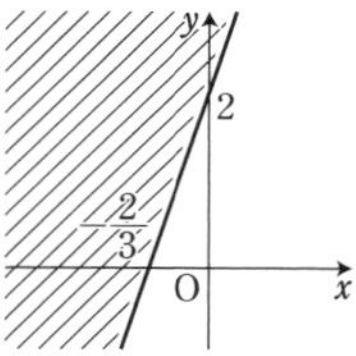

(2)

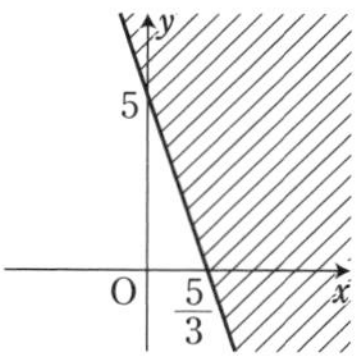

(3)

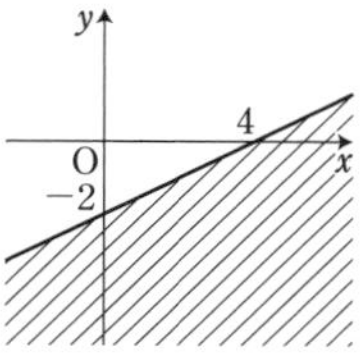

(4)

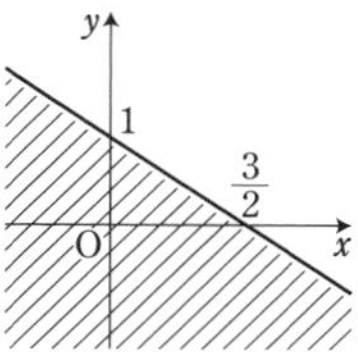

(5)

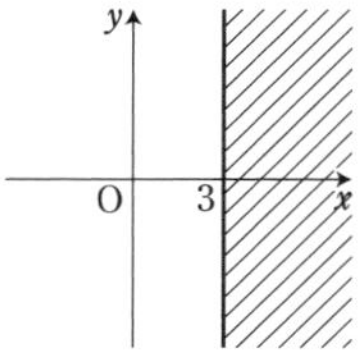

(6)

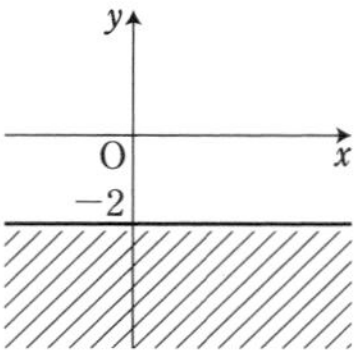

83 (1)〔図〕 境界線を含まない

(2)〔図〕 境界線を含む

(3)〔図〕 境界線を含まない

(1)

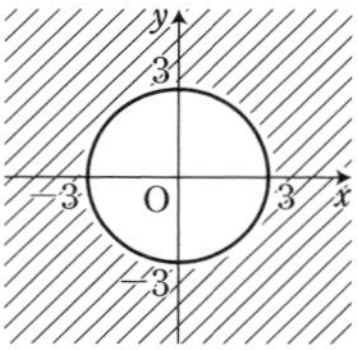

(2)

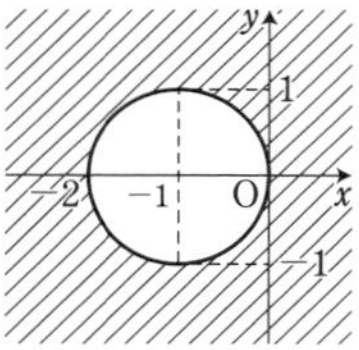

(3)

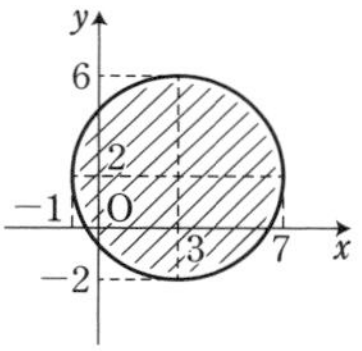

84 (1) $y>-3x+3$ (2) $(x-2)^2+(y+2)^2>4$

85 (1)〔図〕 境界線を含む

(2)〔図〕 境界線を含まない

(3)〔図〕 境界線を含まない

(1)

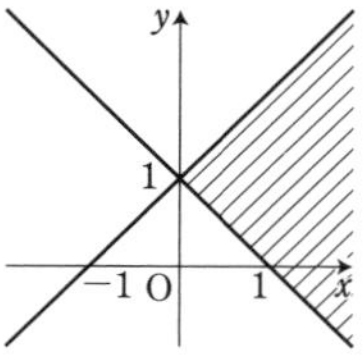

(2)

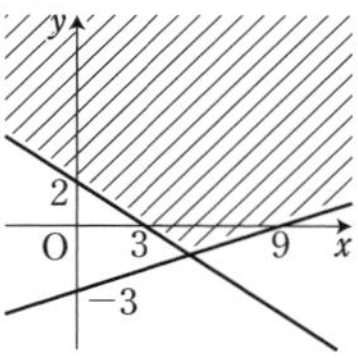

(3)

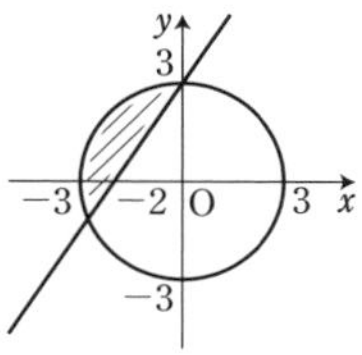

86 (1)〔図〕 境界線を含まない

(2)〔図〕 境界線を含む

(3)〔図〕 境界線を含まない

(4)〔図〕 境界線を含む

(1)

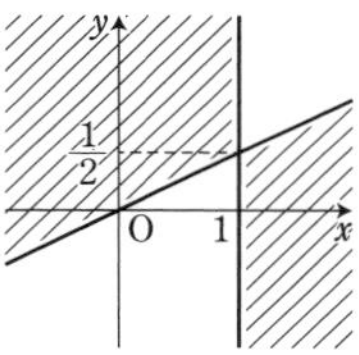

(2)

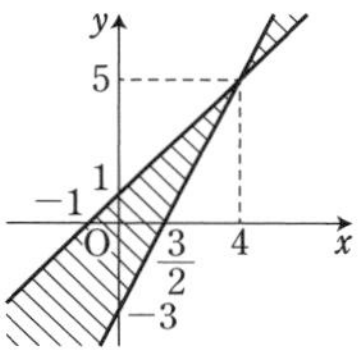

(3)

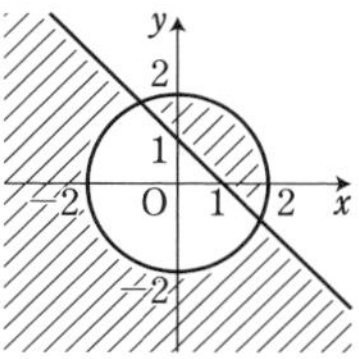

(4)

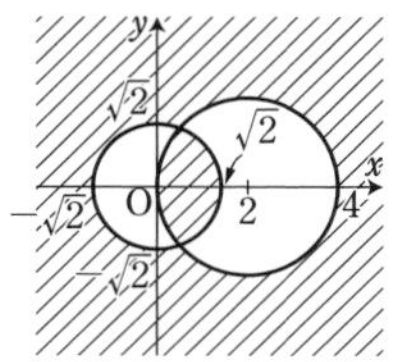

87 (1) $0 \leqq x+y \leqq \dfrac{16}{5}$

(2) $x=0$, $y=6$ のとき最大値 18,

$x=\dfrac{8}{3}$, $y=\dfrac{2}{3}$ のとき最小値 $\dfrac{22}{3}$

88 [(1), (2), (3) 不等式の表す領域を順に P, Q として $P \subset Q$ を示す。]

第4章 三角関数

89 840°, −240°, −960°

90 (1) $\dfrac{\pi}{6}$ (2) $\dfrac{\pi}{4}$ (3) $-\dfrac{7}{6}\pi$ (4) $\dfrac{2}{5}\pi$

(5) $\dfrac{7}{3}\pi$

91 (1) 60° (2) 330° (3) 22.5° (4) −105°

(5) $\left(\dfrac{360}{\pi}\right)^{\circ}$

92 弧の長さ，面積の順に

(1) $\dfrac{5}{4}\pi$, $\dfrac{25}{8}\pi$ (2) 22π, 132π

93 $\sin\theta$, $\cos\theta$, $\tan\theta$ の順に

(1) $\dfrac{\sqrt{3}}{2}$, $-\dfrac{1}{2}$, $-\sqrt{3}$

(2) $-\dfrac{1}{2}$, $\dfrac{\sqrt{3}}{2}$, $-\dfrac{1}{\sqrt{3}}$

(3) $-\dfrac{1}{\sqrt{2}}$, $\dfrac{1}{\sqrt{2}}$, -1

(4) $\dfrac{1}{2}$, $-\dfrac{\sqrt{3}}{2}$, $-\dfrac{1}{\sqrt{3}}$

94 (1) $\cos\theta=-\dfrac{2}{\sqrt{5}}$, $\tan\theta=-\dfrac{1}{2}$

(2) $\sin\theta=-\dfrac{5}{13}$, $\tan\theta=\dfrac{5}{12}$

95 (1) $\sin\theta=\dfrac{3}{5}$, $\tan\theta=-\dfrac{3}{4}$ または

$\sin\theta=-\dfrac{3}{5}$, $\tan\theta=\dfrac{3}{4}$

(2) $\sin\theta=\dfrac{2\sqrt{2}}{3}$, $\cos\theta=-\dfrac{1}{3}$ または

$\sin\theta=-\dfrac{2\sqrt{2}}{3}$, $\cos\theta=\dfrac{1}{3}$

96 [左辺を変形する。(1) $4\tan\theta\cos\theta$

(2) $\dfrac{2\cos\theta}{1-\sin^2\theta}$ (3) $2(1+\tan^2\theta)$

(4) $\dfrac{1+\cos\theta}{(1+\cos\theta)\sin\theta}$ (5) $\dfrac{2-2\cos\theta}{\sin\theta(\cos\theta-1)}$]

97 順に (1) $-\dfrac{1}{8}$, $\dfrac{9\sqrt{3}}{16}$ (2) $\dfrac{1}{4}$, $\dfrac{5\sqrt{2}}{8}$

98 $\sin\theta$, $\cos\theta$, $\tan\theta$ の順に

(1) $-\dfrac{\sqrt{3}}{2}$, $\dfrac{1}{2}$, $-\sqrt{3}$

(2) $\dfrac{1}{2}$, $-\dfrac{\sqrt{3}}{2}$, $-\dfrac{1}{\sqrt{3}}$

(3) $\dfrac{1}{\sqrt{2}}$, $-\dfrac{1}{\sqrt{2}}$, -1

(4) $-\dfrac{\sqrt{3}}{2}$, $-\dfrac{1}{2}$, $\sqrt{3}$

(5) $-\dfrac{1}{2}$, $\dfrac{\sqrt{3}}{2}$, $-\dfrac{1}{\sqrt{3}}$

99 (1)〜(9)〔図〕，また，周期は

(1) 2π (2) π (3) 2π (4) 2π (5) 2π (6) π

(7) $\dfrac{\pi}{2}$ (8) 6π (9) $\dfrac{\pi}{3}$

(1)

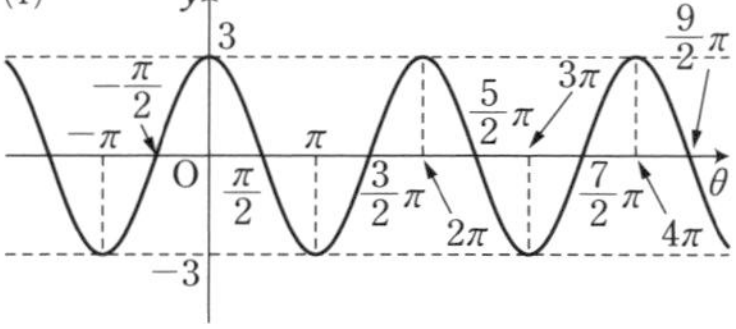

(2)

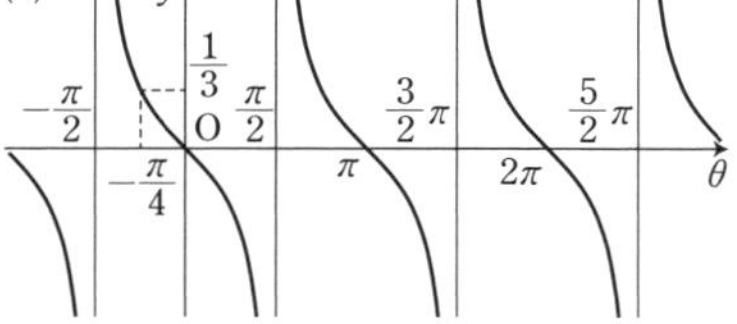

(3)

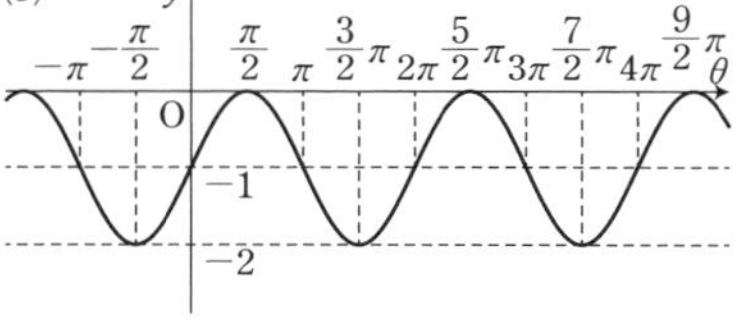

(4)

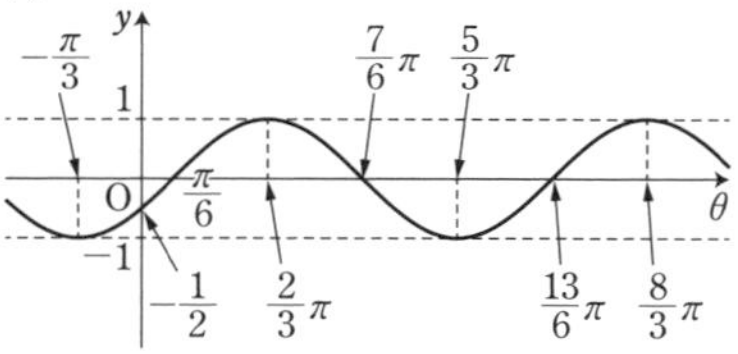

(5)

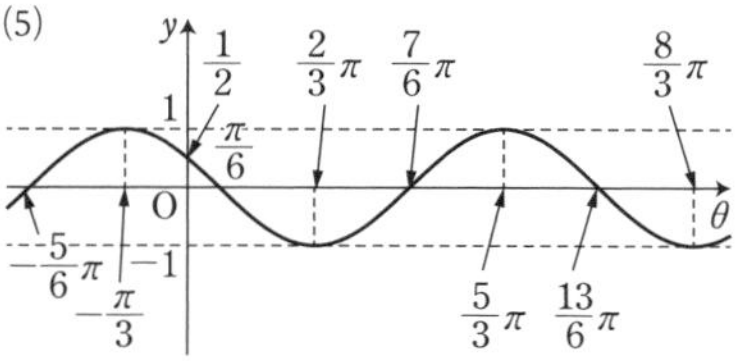

(6)

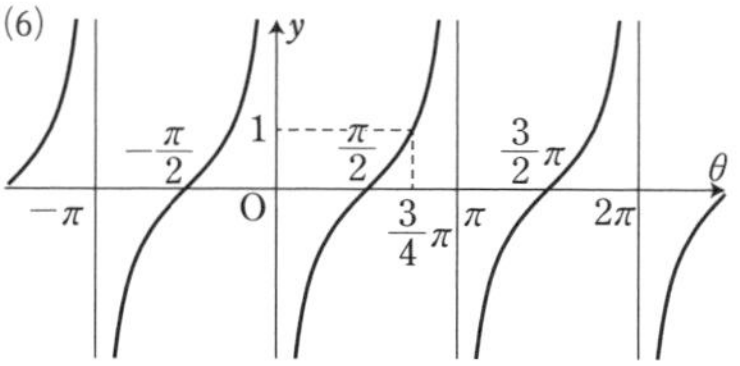

(7)

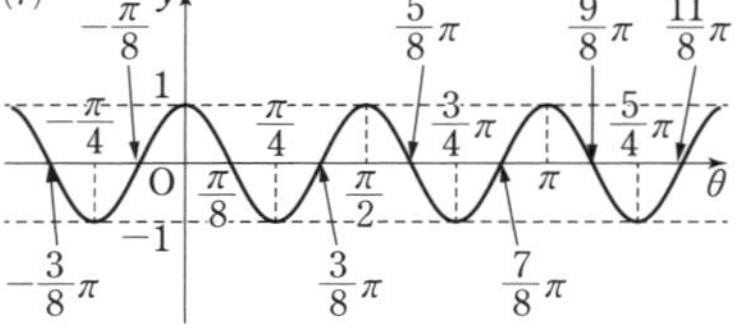

(8)

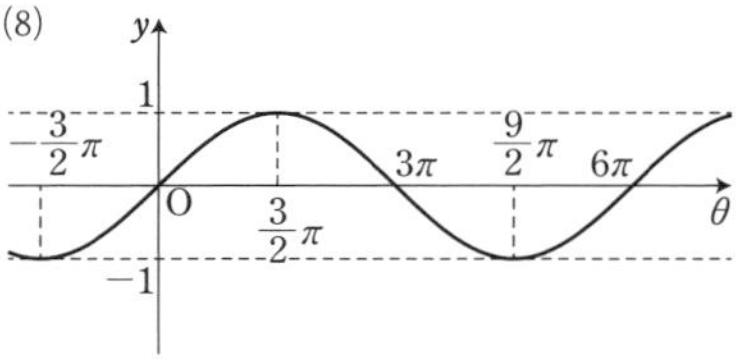

(9)

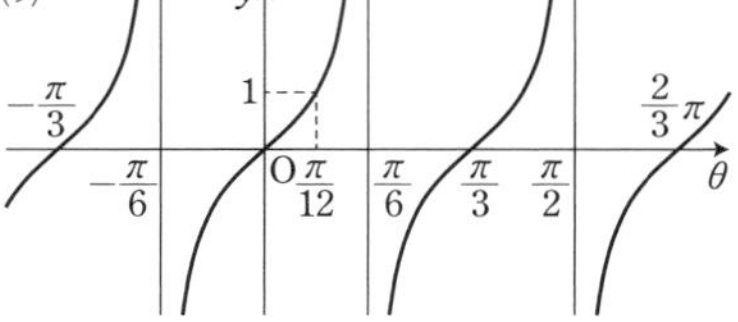

100 (1)～(3)［図］，また，周期は (1) $\frac{2}{3}\pi$

(2) 2π (3) π

(1)

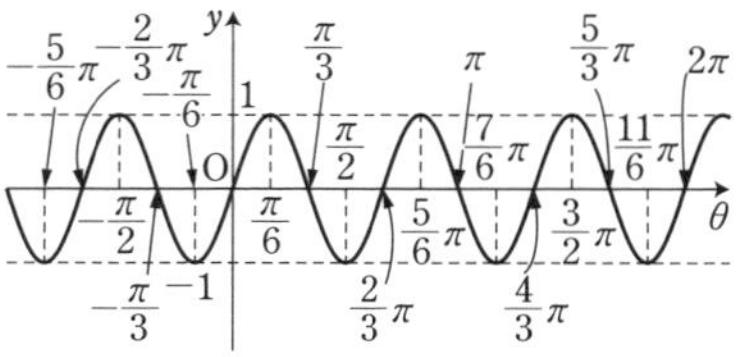

(2)

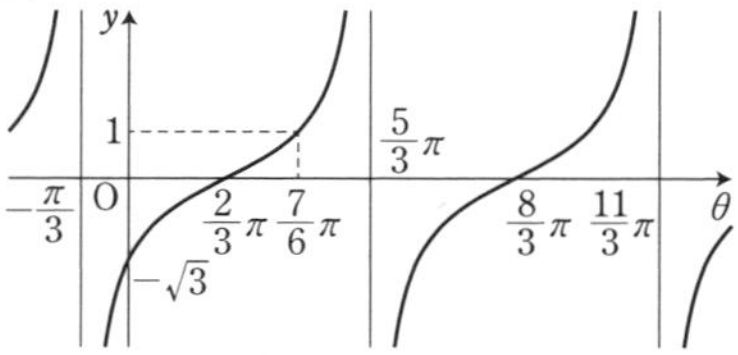

(3)

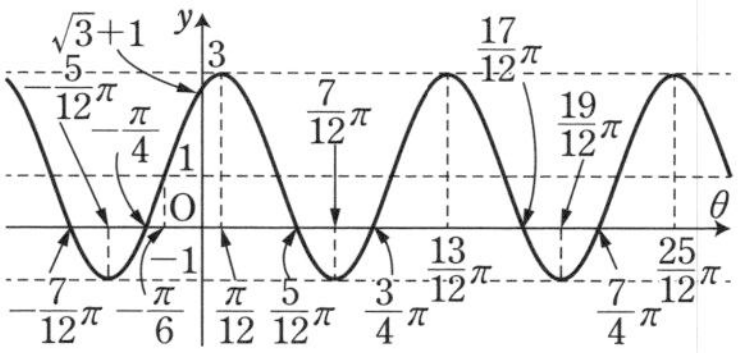

101 $0 \leqq \theta < 2\pi$ のときの解；θ の範囲に制限がないときの解　の順に示す。なお，n は整数とする。

(1) $\theta=\frac{\pi}{3}$，$\frac{2}{3}\pi$；$\theta=\frac{\pi}{3}+2n\pi$，$\frac{2}{3}\pi+2n\pi$

(2) $\theta=\frac{\pi}{4}$，$\frac{7}{4}\pi$；$\theta=\frac{\pi}{4}+2n\pi$，$\frac{7}{4}\pi+2n\pi$

$\left(\text{または } \theta=\pm\frac{\pi}{4}+2n\pi\right)$

(3) $\theta=\pi$；$\theta=(2n+1)\pi$

(4) $\theta=\frac{\pi}{6}$，$\frac{7}{6}\pi$；$\theta=\frac{\pi}{6}+n\pi$

(5) $\theta=\frac{2}{3}\pi$，$\frac{4}{3}\pi$；$\theta=\frac{2}{3}\pi+2n\pi$，$\frac{4}{3}\pi+2n\pi$

$\left(\text{または } \theta=\pm\frac{2}{3}\pi+2n\pi\right)$

(6) $\theta=\frac{3}{4}\pi$，$\frac{7}{4}\pi$；$\theta=\frac{3}{4}\pi+n\pi$

102 (1) $\frac{\pi}{6}<\theta<\frac{5}{6}\pi$　(2) $\frac{\pi}{6} \leqq \theta \leqq \frac{11}{6}\pi$

(3) $\frac{\pi}{2}<\theta<\frac{2}{3}\pi$，$\frac{3}{2}\pi<\theta<\frac{5}{3}\pi$

(4) $\frac{5}{4}\pi \leqq \theta \leqq \frac{7}{4}\pi$

(5) $0 \leqq \theta<\frac{3}{4}\pi$，$\frac{5}{4}\pi<\theta<2\pi$

(6) $0 \leqq \theta<\frac{\pi}{2}$，$\frac{3}{4}\pi \leqq \theta<\frac{3}{2}\pi$，$\frac{7}{4}\pi \leqq \theta<2\pi$

103 (1) $\theta=0$，$\frac{5}{3}\pi$　(2) $\theta=\frac{\pi}{12}$，$\frac{19}{12}\pi$

(3) $\theta=\frac{11}{12}\pi$，$\frac{23}{12}\pi$　(4) $\theta=\frac{7}{6}\pi$

104 (1) $0 \leqq \theta \leqq \frac{\pi}{12}$，$\frac{5}{12}\pi \leqq \theta<2\pi$

(2) $\frac{5}{12}\pi<\theta<\frac{2}{3}\pi$，$\frac{17}{12}\pi<\theta<\frac{5}{3}\pi$

(3) $\frac{7}{6}\pi<\theta<\frac{3}{2}\pi$

(4) $0 \leqq \theta<\frac{\pi}{3}$，$\frac{\pi}{2} \leqq \theta<\frac{4}{3}\pi$，$\frac{3}{2}\pi \leqq \theta<2\pi$

105 (1) $\theta=\frac{3}{2}\pi$ で最大値 6，

$\theta=\frac{\pi}{2}$ で最小値 -2

(2) $\theta=\frac{\pi}{3}$，$\frac{5}{3}\pi$ で最大値 $\frac{9}{4}$；

$\theta=\pi$ で最小値 0

(3) 最大値はない，$\theta=-\frac{\pi}{4}$ で最小値 3

106 (1) $\frac{\sqrt{2}-\sqrt{6}}{4}$　(2) $-\frac{\sqrt{6}+\sqrt{2}}{4}$

(3) $-2-\sqrt{3}$　(4) $\frac{\sqrt{6}-\sqrt{2}}{4}$　(5) $-\frac{\sqrt{2}+\sqrt{6}}{4}$

(6) $2-\sqrt{3}$

107 順に

(1) $\frac{2(1-\sqrt{42})}{15}$，$-\frac{4\sqrt{2}+\sqrt{21}}{15}$

(2) $\frac{63}{65}$，$-\frac{16}{65}$　(3) $-\frac{1}{3}$，3

108 (1) $\theta=\frac{\pi}{4}$　(2) $\theta=\frac{\pi}{3}$

109 (1) $\left(\frac{\sqrt{3}}{2}-1,\ \sqrt{3}+\frac{1}{2}\right)$

(2) $(-2\sqrt{2},\ 4\sqrt{2})$

110 順に

(1) $\frac{7}{9}$，$-\frac{4\sqrt{2}}{9}$，$-\frac{4\sqrt{2}}{7}$

(2) $\frac{1}{8}$，$\frac{3\sqrt{7}}{8}$，$3\sqrt{7}$

111 [(左辺)$=2\sin^2\alpha$]

112 (1) $\frac{\sqrt{6}-\sqrt{2}}{4}$　(2) $-\frac{\sqrt{2-\sqrt{2}}}{2}$

(3) $2+\sqrt{3}$

113 順に

(1) $\frac{2}{\sqrt{5}}$，$\frac{1}{\sqrt{5}}$，2　(2) $-\frac{4}{3}$，$\frac{\sqrt{5}-1}{2}$

114 (1) $x=\frac{\pi}{6}$，$\frac{\pi}{2}$，$\frac{5}{6}\pi$，$\frac{3}{2}\pi$

(2) $x=\frac{\pi}{3}$，$\frac{5}{3}\pi$　(3) $\frac{\pi}{6}<x<\frac{5}{6}\pi$

(4) $x=0$，π

115 (1) $\frac{1}{2}(\sin 5\theta-\sin\theta)$

(2) $\frac{1}{2}(\cos 5\theta+\cos 3\theta)$

(3) $\frac{1}{2}(\cos 2\theta-\cos 8\theta)$

116 (1) $\dfrac{2+\sqrt{3}}{4}$ (2) $\dfrac{2-\sqrt{3}}{4}$ (3) $\dfrac{\sqrt{3}-\sqrt{2}}{4}$

117 (1) $2\sin 3\theta\cos\theta$ (2) $-2\sin 3\theta\sin\theta$

(3) $2\cos\dfrac{5}{2}\theta\cos\dfrac{\theta}{2}$

118 (1) $\dfrac{1}{\sqrt{2}}$ (2) $\dfrac{1}{\sqrt{2}}$ (3) $-\dfrac{\sqrt{6}}{2}$

119 $x=\dfrac{\pi}{4}$, $\dfrac{\pi}{2}$, $\dfrac{3}{4}\pi$, $\dfrac{5}{4}\pi$, $\dfrac{3}{2}\pi$, $\dfrac{7}{4}\pi$

120 (1) $2\sin\left(\theta-\dfrac{\pi}{4}\right)$ (2) $2\sin\left(\theta+\dfrac{2}{3}\pi\right)$

(3) $\sin\left(\theta+\dfrac{\pi}{3}\right)$ (4) $2\sqrt{2}\sin\left(\theta-\dfrac{\pi}{6}\right)$

121 (1) $x=\dfrac{5}{6}\pi$, $\dfrac{3}{2}\pi$ (2) $x=\dfrac{7}{12}\pi$, $\dfrac{11}{12}\pi$

(3) $x=\dfrac{17}{24}\pi$, $\dfrac{23}{24}\pi$, $\dfrac{41}{24}\pi$, $\dfrac{47}{24}\pi$

122 (1) $0\leqq x\leqq\dfrac{7}{12}\pi$, $\dfrac{23}{12}\pi\leqq x<2\pi$

(2) $\dfrac{\pi}{6}<x<\dfrac{7}{6}\pi$

(3) $\dfrac{7}{12}\pi\leqq x<\dfrac{2}{3}\pi$, $\pi<x\leqq\dfrac{13}{12}\pi$

123 (1) $x=\dfrac{7}{4}\pi$ で最大値 $\sqrt{2}$，$x=\dfrac{3}{4}\pi$ で最小値 $-\sqrt{2}$

(2) $x=\dfrac{5}{12}\pi$ で最大値 2，$x=\dfrac{11}{12}\pi$ で最小値 -2

(3) 最大値 5，最小値 -5

(4) 最大値 4，最小値 -4

124 (1) $x=\dfrac{\pi}{6}$ で最大値 2，$x=\pi$ で最小値 $-\sqrt{3}$

(2) 最大値 $\sqrt{5}$，最小値 -1

第 5 章　指数関数と対数関数

125 (1) 1 (2) $\dfrac{1}{64}$ (3) $\dfrac{1}{10000}$ (4) $-\dfrac{1}{243}$

(5) 8

126 (1) a^2 (2) a^2 (3) a^6b^{-3} (4) a^6b^{-2}

(5) a^{-5} (6) 1

127 (1) 4 (2) 6 (3) 0.1

128 (1) 25 (2) 16 (3) $2\sqrt[3]{5}$ (4) 3 (5) 2

(6) $2\sqrt[3]{2}$ (7) 2 (8) $\sqrt{3}$

129 (1) 27 (2) $\dfrac{1}{16}$ (3) 0.008 (4) $\dfrac{16}{25}$

130 (1) 1 (2) $\dfrac{5}{4}$ (3) $6\sqrt[4]{2}$ (4) $3\sqrt{2}$

(5) $a^{\frac{17}{12}}$ (6) $a^{\frac{5}{12}}$

131 (1)～(4)〔図〕

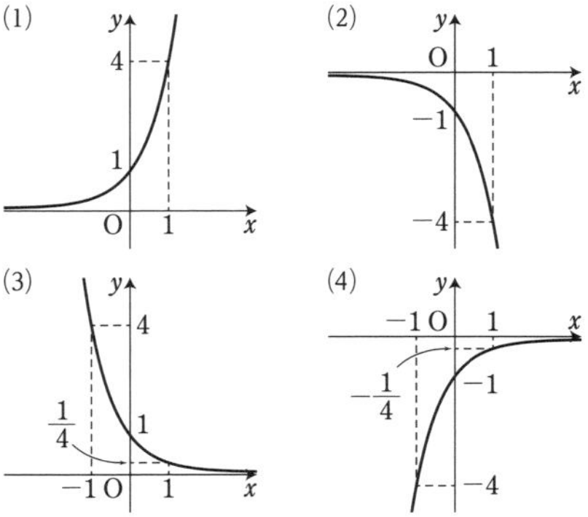

132 (1) $\sqrt[7]{512}<\sqrt[4]{64}<\sqrt[3]{128}$

(2) $\left(\dfrac{1}{3}\right)^4<\left(\dfrac{1}{3}\right)^2<1<\left(\dfrac{1}{3}\right)^{-3}$

133 (1) $x=6$ (2) $x=3$ (3) $x=3$ (4) $x>6$

(5) $x<1$ (6) $x<-2$

134 (1) $x=2$ (2) $x=0$ (3) $x=1,\ -2$

(4) $x\geqq 1$ (5) $x>-1$ (6) $x<-1$, $2<x$

135 (1) $5=\log_2 32$ (2) $0=\log_3 1$

(3) $\dfrac{1}{4}=\log_{16}2$ (4) $-\dfrac{1}{2}=\log_4\dfrac{1}{2}$

(5) $-2=\log_{10}0.01$ (6) $10^3=1000$

(7) $(\sqrt{2})^{10}=32$ (8) $25^{-\frac{1}{2}}=\dfrac{1}{5}$

136 (1) 2 (2) -2 (3) 0 (4) $\dfrac{3}{2}$ (5) 2

(6) $\dfrac{1}{3}$ (7) -2 (8) $-\dfrac{1}{4}$

137 (1) 2 (2) 2 (3) -4 (4) -2 (5) $\dfrac{1}{3}$

(6) 1

138 (1) $\dfrac{5}{3}$ (2) $-\dfrac{1}{2}$ (3) $-\dfrac{3}{5}$ (4) 1

(5) 2 (6) $\dfrac{3}{2}$

139 [(1) $\log_a b\cdot\dfrac{\log_a c}{\log_a b}$

(2) $\log_a b\cdot\dfrac{\log_a c}{\log_a b}\cdot\dfrac{\log_a d}{\log_a c}\cdot\dfrac{\log_a a}{\log_a d}$]

140 (1)~(3)〔図〕

(1)

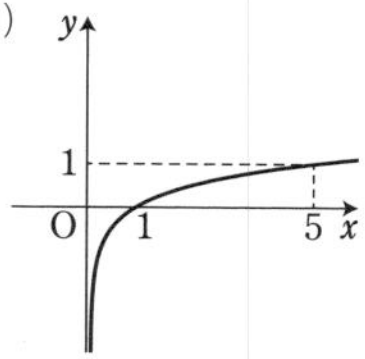

(2)

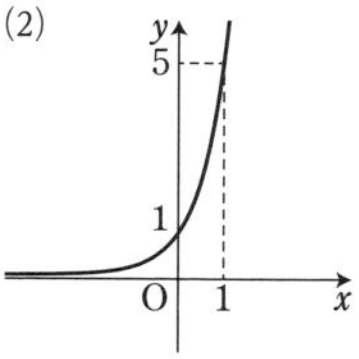

(3)

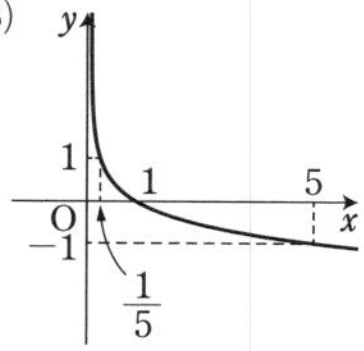

141 (1) $\log_9 16 < \log_3 8 < 2$

(2) $-2 < \log_{\frac{1}{2}} 3 < \log_{\frac{1}{4}} 5$

142 (1) $x=\frac{1}{32}$ (2) $x=\frac{1}{81}$ (3) $x=5$

(4) $x=3\sqrt{3}+\frac{1}{3}$ (5) $0<x<1000$

(6) $0<x<\frac{1}{9}$ (7) $x \geqq 4$ (8) $1<x<\frac{4}{3}$

(9) $0 \leqq x < \frac{1}{2}$

143 (1) $x=1$ (2) $x=1$ (3) $x=-1$

144 (1) $3<x<7$ (2) $3<x \leqq 5$

(3) $2-\sqrt{7}<x<1$

145 (1) $x=\frac{1}{3}$ で最小値 -1，最大値はない

(2) $x=2\sqrt{2}$ で最大値 $\frac{1}{4}$，最小値はない

(3) $x=1$ で最大値 3，$x=9$ で最小値 -1

146 (1) -0.6990 (2) 2.3801 (3) 0.5774

(4) 5.7854

147 (1) 16 桁 (2) 15 桁 (3) 41 桁

148 (1) 第 31 位 (2) 第 4 位 (3) 第 5 位

149 9

150 8 枚

151 [(1) m，n を自然数とする。$\log_2 3=\frac{m}{n}$ から $2^m=3^n$

(2), (3) 背理法を利用]

第 6 章 微分法と積分法

152 (1) 4 (2) $a+b-2$

(3) $-2a^2-2ab-2b^2+a+b$

153 (1) 7 (2) 27 (3) -2 (4) 8

154 (1) 7 (2) 4

155 (1) 0 (2) -15 (3) $-\frac{2}{3}$ (4) 3 (5) $\frac{3}{5}$

(6) $-\frac{1}{3}$

156 (1) $y'=-3$ (2) $y'=2x-3$

(3) $y'=3x^2-3$

157 (1) $y'=0$ (2) $y'=-6x+6$

(3) $y'=3x^2-10x$ (4) $y'=-6x^2+12x+4$

(5) $y'=8x^3-8x$ (6) $y'=-\frac{5}{2}x^4+\frac{9}{4}x^2-\frac{2}{5}$

(7) $y'=-4x+5$ (8) $y'=3x^2+18x+27$

(9) $y'=24x^2-72x+54$

158 (1) 2 (2) -1

159 $f(x)=x^2+2x-2$

160 (1) $\frac{dy}{dt}=4t$ (2) $\frac{dS}{dr}=2\pi r$

(3) $\frac{dV}{dt}=\beta V_0$ (4) $\frac{ds}{dt}=v_0-2\alpha t$

(5) $\frac{dt}{dx}=-2kbdx+k(bc-ad)$

161 (1) $y=-x+1$ (2) $y=4x-1$

(3) $y=12x+20$ (4) $y=-7x+16$

162 (1) $y=7x$，$(2, 14)$；$y=-x$，$(-2, 2)$

(2) $y=-3x+2$，$(-1, 5)$；$y=5x-6$，$(3, 9)$

(3) $y=3x+4$，$(-1, 1)$

163 (1) $x \leqq \frac{3}{4}$ で単調に増加，

$\frac{3}{4} \leqq x$ で単調に減少

(2) $1 \leqq x \leqq 3$ で単調に増加，

$x \leqq 1$，$3 \leqq x$ で単調に減少

(3) 常に単調に増加

(4) $-2 \leqq x \leqq -\frac{2}{3}$ で単調に増加，

$x \leqq -2$，$-\frac{2}{3} \leqq x$ で単調に減少

164 (1) $x=-1$ で極大値 16，$x=3$ で極小値 -16；〔図〕

(2) $x=-1$ で極小値 -2，$x=1$ で極大値 2；〔図〕

(3) 極値はない，〔図〕

(4) $x=-1$ で極大値 4，$x=1$ で極小値 0；〔図〕

(1)
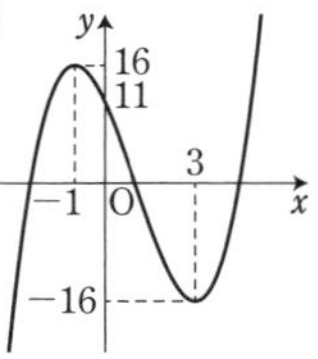

(2)
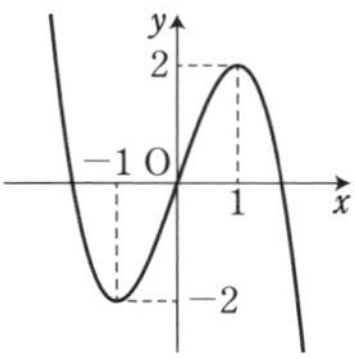

(3)
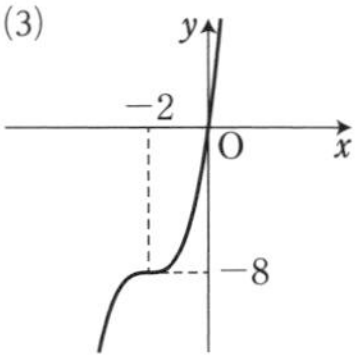

(4)
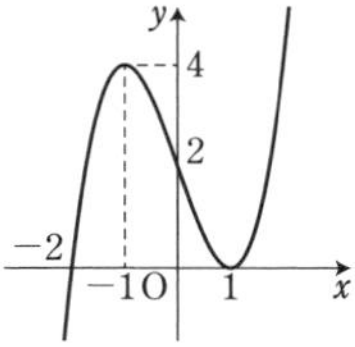

165 (1) $x=-2$ で極小値 -11，$x=0$ で極大値 5，$x=1$ で極小値 $\frac{5}{2}$；〔図〕

(2) $x=-1$ で極小値 -3；〔図〕

(3) $x=0$ で極大値 0，$x=1$ で極小値 -5，$x=3$ で極大値 27；〔図〕

(4) $x=2$ で極小値 -27；〔図〕

(1)
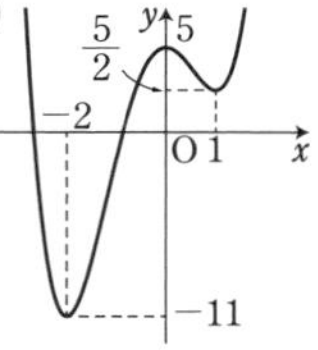

(2)
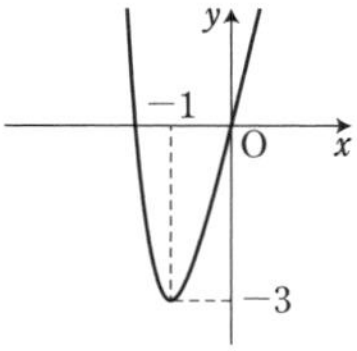

(3)
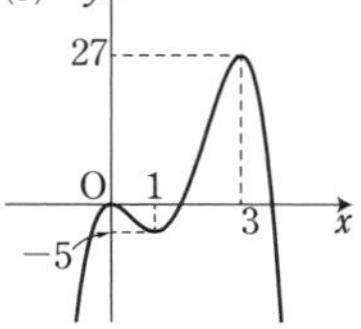

(4)
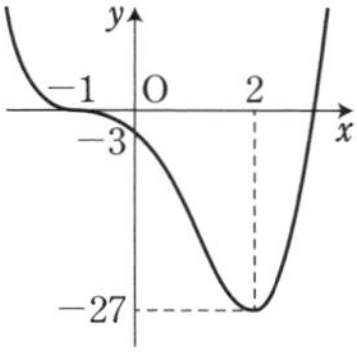

166 $a=-6$，$b=-15$，$c=26$，$d=-74$

167 (1) $x=-\sqrt{3}$ で最大値 $6\sqrt{3}$，$x=\sqrt{3}$ で最小値 $-6\sqrt{3}$

(2) $x=1$ で最大値 4，$x=-1$ で最小値 -16

(3) $x=-3$，0 で最大値 5，$x=2$ で最小値 -15

(4) $x=-2$ で最大値 21，$x=0$ で最小値 -7

(5) $x=3$ で最大値 9，$x=2$ で最小値 -16

(6) $x=-2$ で最大値 52，$x=1$ で最小値 -2

168 $\frac{800}{27}$ cm^3

169 (1) 1 個 (2) 2 個 (3) 1 個 (4) 4 個

170 (1) $a<-1$，$\frac{5}{27}<a$ のとき 1 個；

$a=-1$，$\frac{5}{27}$ のとき 2 個；

$-1<a<\frac{5}{27}$ のとき 3 個

(2) $a>32$ のとき 0 個；$a=32$ のとき 1 個；

$a<0$，$5<a<32$ のとき 2 個；

$a=0$，5 のとき 3 個；

$0<a<5$ のとき 4 個

171 [(1) $f(x)=2x^3+1-3x^2$ とおくと $f(x)\geqq 0$

(2) $f(x)=x^3-3x^2+6x-4$ とおくと，$f(x)$ は単調に増加する。]

172 [$f(x)=x^4-4x^3+28$ とおくと，$f(x)$ は $x=3$ で最小値 1 をとる。]

173 C は積分定数とする

(1) $-3x+C$ (2) x^2+5x+C

(3) $\frac{5}{2}x^2-10x+C$ (4) x^3+2x+C

(5) $x+\frac{x^2}{2}-\frac{2}{3}x^3+C$ (6) x^4-x^3+x+C

174 C は積分定数とする

(1) $\frac{x^3}{3}+x^2+C$ (2) $2t^3-\frac{t^2}{2}-t+C$

(3) $-2x^3+\frac{13}{2}x^2-6x+C$

(4) $\frac{t^4}{4}-t^3+\frac{3}{2}t^2-t+C$

(5) $\frac{4}{3}x^3-6x^2+9x+C$

(6) $\frac{x^4}{4}-\frac{3}{2}x^2+2x+C$

175 (1) $F(x)=2x^2+2x+1$

(2) $F(x)=x^3-\frac{9}{2}x^2+6x-\frac{7}{2}$

176 (1) $y=x^3+2x-2$

(2) $y=2x^3-5x^2-x+3$

177 (1) 2 (2) $\frac{11}{6}$ (3) 6 (4) 3 (5) $\frac{38}{3}$

(6) 2

178 (1) 0 (2) 6 (3) $-\frac{14}{3}$ (4) $\frac{27}{2}$

179 (1) $f(x)=x-\frac{9}{4}$ (2) $f(x)=4x-\frac{16}{3}$

(3) $f(x)=x^2-\frac{4}{3}x+\frac{2}{3}$

(4) $f(x)=\frac{12}{13}x+\frac{6}{13}$

180 (1) $f(x)=2x+2$；$a=1,\ -3$

(2) $f(x)=4x+1$；$a=-3$

181 (1) $\frac{64}{3}$ (2) $\frac{11}{6}$ (3) $\frac{4}{3}$ (4) $\frac{32}{3}$

(5) $\frac{1}{4}$

182 (1) $\frac{9}{2}$ (2) $\frac{1}{6}$ (3) 9 (4) $\frac{1}{3}$

183 (1) $\frac{32}{3}$ (2) $\frac{1}{6}$ (3) $\frac{625}{12}$ (4) $\frac{4}{3}$

184 $\frac{37}{12}$

185 (1) 8 (2) $\frac{23}{3}$

186 (1) 1 (2) $\frac{23}{3}$ (3) $\frac{31}{6}$ (4) $\frac{15}{4}$

187 $\frac{64}{3}$

188 (1) $y'=6(2x+1)^2$ (2) $y'=4(x-1)^3$

(3) $y'=-10(-2x+1)^4$

189 (1) $\frac{1}{3}$ (2) 10

190 $-\frac{4}{3}$

定期考査対策問題(第 1 章)

1 (1) $27a^3-108a^2b+144ab^2-64b^3$

(2) $(2x+5)(4x^2-10x+25)$

(3) $(x-2)(x^2+6x+4)$

2 (1) 14 (2) 198

3 (1) 720 [(2) 二項定理利用]

4 (1) $A=2x^3-7x^2+2x+3$

(2) $B=2x^2-x+2$

5 (1) $\dfrac{x+4}{x-2}$ (2) $\dfrac{x}{(x+1)(x+2)}$

6 $a=4$, $b=2$, $c=5$

7 [(1) 右辺から左辺を導く

(2) $c=-(a+b)$ を代入。または $a+b=-c$, $b+c=-a$, $c+a=-b$ を代入。]

8 (1) 等号成立は $x=-\dfrac{3}{2}$, $y=-\dfrac{1}{2}$ のとき

[(1) $(\text{左辺})=(x-y+1)^2+(2y+1)^2$

(2) $(\sqrt{a-b})^2-(\sqrt{a}-\sqrt{b})^2=2\sqrt{b}(\sqrt{a}-\sqrt{b})$]

9 等号成立は $xy=1$ のとき

$\left[(\text{左辺})=3\left(xy+\dfrac{1}{xy}\right)+10,\ xy>0,\ \dfrac{1}{xy}>0\right]$

定期考査対策問題(第 2 章)

1 (1) $8+4i$ (2) $3-7i$ (3) $43-18i$

(4) $\dfrac{4}{5}-\dfrac{3}{5}i$ (5) $-9-46i$ (6) $-2\sqrt{5}$

2 $x=6$, $y=-1$

3 (1) $a<-4$, $8<a$ のとき 異なる 2 つの実数解,

$a=-4$, 8 のとき 重解,

$-4<a<8$ のとき 異なる 2 つの虚数解

(2) $k=0$ のとき実数解 $x=-\dfrac{3}{4}$, $k=\dfrac{4}{3}$ のとき実数解 $x=-\dfrac{3}{2}$

4 (1) 10 (2) -16 (3) $-\dfrac{22}{5}$ (4) -14

5 (1) $5\left(x-\dfrac{1+2i}{5}\right)\left(x-\dfrac{1-2i}{5}\right)$

(2) $(x+\sqrt{2}i)(x-\sqrt{2}i)(x+3)(x-3)$

6 (1) $-6<m<-2$ (2) $m<-6$

(3) $3<m<7$

7 (1) (ア) 15 (イ) $\dfrac{5}{8}$

(2) (ア) $a=5$ (イ) $a=-8$

8 (1) $x=-3$, $\dfrac{3\pm3\sqrt{3}i}{2}$

(2) $x=\pm\sqrt{6}$, $\pm\sqrt{2}i$ (3) $x=1$, 3, 5

(4) $x=5$, $-1\pm\sqrt{11}i$

9 $a=-6$, $b=13$, 他の解は 2, $2-i$

定期考査対策問題（第３章）

1　P(−17, 1), Q(−5, −12), R(22, 11), 重心 (0, 0)

2　∠A＝90° の直角二等辺三角形

3　(−2, −10)

4　[A$(a,\ b)$, B$(-c,\ 0)$, C$(c,\ 0)$, D$(d,\ e)$ とおく。]

5　(1) $y=-2x-2$　(2) $y=3x-7$
(3) 平行 $3x+2y+5=0$, 垂直 $2x-3y-14=0$

6　$a=-1$

7　(1) (−5, 8)　(2) (−1, −2)

8　10

9　(1) $(x-2)^2+(y-1)^2=25$
(2) $(x-3)^2+(y+2)^2=4$
(3) $x^2+y^2+4x-6y-12=0$

10　(1) 中心 (5, −6), 半径 8
(2) $k<-\sqrt{6}$, $\sqrt{6}<k$

11　(1) $x-\sqrt{3}\,y=4$　(2) $y=2$, $12x-5y=26$

12　4

13　(2) $x^2+y^2-6x-y=0$　(3) $2x+y-5=0$
[(1) 中心間の距離 $\sqrt{5}$]

14　(1) 直線 $x-y-1=0$
(2) 中心が点 (4, −2), 半径が 1 の円

15　(1)〔図〕 境界線を含まない
(2)〔図〕 境界線は円 $x^2+y^2=1$ 上の点を含まないで他は含む。
(3)〔図〕 境界線を含まない

(1)
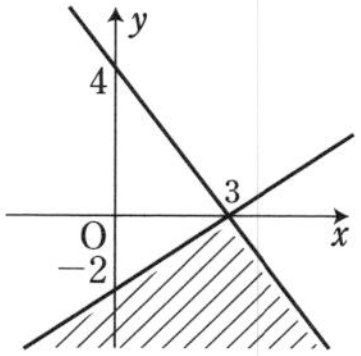

(2)
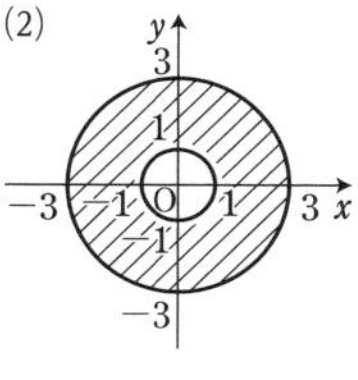

(3)
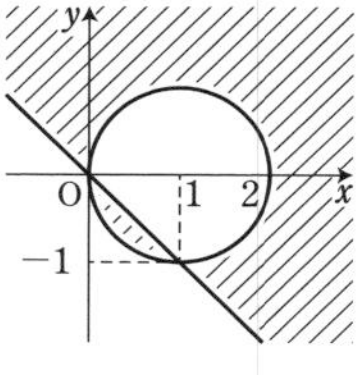

16　$x=-\sqrt{2}$, $y=\sqrt{2}$ のとき最大値 $2\sqrt{2}$, $x=2$, $y=0$ のとき最小値 −2

17　[不等式の表す領域を順に P, Q とすると $P\subset Q$]

定期考査対策問題（第 4 章）

1 中心角 $\frac{3}{2}$ ラジアン，面積 $3\,\mathrm{cm}^2$

2 (1) $\sin\theta=-\frac{3}{5}$，$\tan\theta=\frac{3}{4}$

(2) $\sin\theta=-\frac{4}{\sqrt{17}}$，$\cos\theta=-\frac{1}{\sqrt{17}}$

3 (2) 20
[(1) (左辺)$=(\cos^2\theta-\sin^2\theta)+2\sin^2\theta$]

4 (1) $\frac{1}{\sqrt{2}}$ (2) $\frac{\sqrt{3}}{2}$ (3) $-\frac{1}{\sqrt{3}}$

5 〔図〕，周期 π

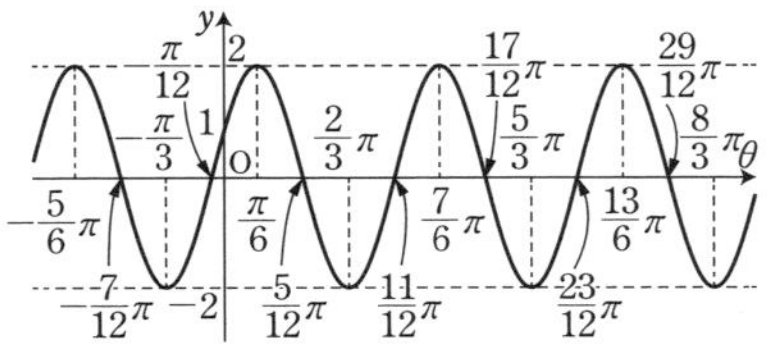

6 (1) $\theta=\frac{\pi}{3}$ で最大値 1，$\theta=\pi$ で最小値 $-\frac{1}{2}$

(2) $\theta=\frac{\pi}{6}$，$\frac{5}{6}\pi$ で最大値 $\frac{7}{2}$，$\theta=\frac{3}{2}\pi$ で最小値 -1

7 $\sin(\alpha-\beta)=-\frac{2+5\sqrt{3}}{12}$，
$\cos(\alpha-\beta)=\frac{2\sqrt{15}-\sqrt{5}}{12}$

8 $y=(2+\sqrt{3})x-2-\sqrt{3}$，
$y=(2-\sqrt{3})x-2+\sqrt{3}$

9 (1) $x=0$，$\frac{\pi}{3}$，$\frac{5}{3}\pi$

(2) $0\leqq x<\frac{\pi}{6}$，$\frac{5}{6}\pi<x<\frac{3}{2}\pi$，$\frac{3}{2}\pi<x<2\pi$

10 $x=\frac{11}{6}\pi$ で最大値 2，$x=\frac{5}{6}\pi$ で最小値 -2

定期考査対策問題（第 5 章）

1 (1) 5 (2) 0.1 (3) 25 (4) 2

2 (1) $a^{\frac{1}{6}}$ (2) 7 (3) -12

3 (1) $0.5^{\frac{1}{2}}<2^{\frac{1}{4}}<0.5^{-2}$ (2) $\sqrt[6]{6}<\sqrt{2}<\sqrt[3]{3}$

4 (1) $x=-\frac{1}{2}$ (2) $x\geqq 3$ (3) $x=-1$

(4) $x>2$

5 (1) 2 (2) $2\log_3 5$ (3) 3 (4) 5

6 $\log_2 7<\log_4 55<3$

7 (1) $x=9$ (2) $x=6$ (3) $x>13$

(4) $-1\leqq x<\frac{1}{2}$

8 $x=64$ で最大値 5，$x=8$ で最小値 -4

9 小数第 30 位

10 13 年後

定期考査対策問題（第 6 章）

1 (1) 12 (2) 12

2 (1) $y'=10x-3$ (2) $y'=3x^2-8x+7$
(3) $y'=8x^3+9x^2-4$ (4) $y'=24x^2-72x+54$

3 $a=-2$, $b=1$

4 (1) $y=2x+2$ (2) $y=3x-4$

5 (1) $x=-3$ で極大値 32，$x=1$ で極小値 0 〔図〕
(2) $x=0$ で極小値 -7 〔図〕

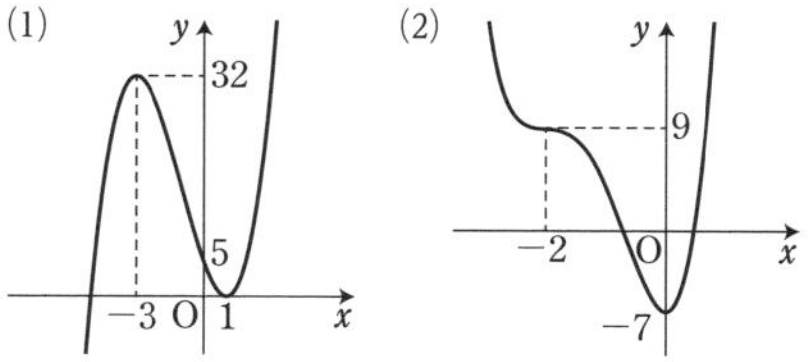

6 (1) $a<-\sqrt{6}$, $\sqrt{6}<a$
(2) $-\sqrt{6}\leqq a\leqq\sqrt{6}$

7 $f(x)=-2x^3+9x^2-12x+9$

8 (1) $x=2$, 5 で最大値 20，$x=-1$ で最小値 -34
(2) $x=0$ で最大値 5，$x=1$ で最小値 -8

9 (1) $-20<a<7$ (2) $a<-20$, $7<a$
(3) $0<a<7$

10 $\left[f(x)=\left(2x^3+\dfrac{1}{9}\right)-x^2\right.$ とおくと，$f(x)$ は単調に増加する。$\left.f\left(\dfrac{1}{3}\right)>0\right]$

11 C は積分定数とする
(1) $\dfrac{2}{3}x^3+\dfrac{x^2}{2}-3x+C$ (2) $-x^3+2x^2-x+C$
(3) $2t^4-4t^3+3t^2-t+C$

12 $F(x)=\dfrac{4}{3}x^3-\dfrac{x^2}{2}+x+3$

13 (1) -3 (2) $-\dfrac{20}{3}$ (3) 7 (4) 0 (5) $\dfrac{52}{3}$

14 $a=\dfrac{4}{3}$ で最大値 $\dfrac{8}{9}$

15 $f(x)=3x^2-4x+2$

16 (1) $f(x)=3x^2-6x+1$, $a=0$, 1, 2
(2) $x=-1$ で極大値 $\dfrac{10}{3}$，$x=2$ で極小値 $-\dfrac{7}{6}$

17 5

18 18

●**表紙デザイン**
株式会社リーブルテック

初版
第 1 刷　2022 年 7 月 1 日　発行
第 2 刷　2023 年 3 月 1 日　発行
第 3 刷　2024 年 3 月 1 日　発行

ISBN978-4-87740-138-2

教科書ガイド
数研出版 版
数学 II

制　作　株式会社チャート研究所
発行所　**数研図書株式会社**
〒604-0861　京都市中京区烏丸通竹屋町上る
大倉町205番地
〔電話〕 075-254-3001